CB143579

COMPREENDER E TRANSFORMAR O ENSINO

CÓPIA NÃO AUTORIZADA É CRIME
ABDR
ASSOCIAÇÃO BRASILEIRA DE DIREITOS REPROGRÁFICOS
RESPEITE O DIREITO AUTORAL

S123c Sacristán, J. Gimeno
Compreender e transformar o ensino / J. Gimeno Sacristán e A. I. Pérez Gómez; tradução Ernani F. da Fonseca Rosa – 4. ed. – Artmed, 1998.
400 p. ; 25 cm.

ISBN 978-85-7307-374-4

1. Educação - Observações pedagógicas. I. Gómez, A.I. Pérez. II. Título

CDU 37.012

Catalogação na publicação: Mônica Ballejo Canto - CRB 10/1023

COMPREENDER E TRANSFORMAR O ENSINO

J. Gimeno Sacristán
Catedrático de Didáctica y Organización Escolar, Universidad de Valencia

A. I. Pérez Gómez
Catedrático de Didáctica y Organización Escolar, Universidad de Málaga

Tradução
Ernani F. da Fonseca Rosa

Consultoria, supervisão e revisão técnica desta edição:
Maria da Graça Souza Horn
Pedagoga. Mestre em Educação.

Reimpressão 2007

artmed®

1998

Obra originalmente publicada sob o título:
Comprender y transformar la enseñanza
© Ediciones Morata, S. L., 1996
ISBN 84-7112-373-8

Design de capa:
Flávio Wild

Assistente de design:
Gustavo Demarchi

Preparação do original:
Magda Regina S. da Rosa

Supervisão editorial:
Letícia Bispo de Lima

Editoração eletrônica:
Formato Artes Gráficas

Reservados todos os direitos de publicação, em língua portuguesa, à
ARTMED® EDITORA S.A.
Av. Jerônimo de Ornelas, 670 - Santana
90040-340 Porto Alegre RS
Fone (51) 3027-7000 Fax (51) 3027-7070

É proibida a duplicação ou reprodução deste volume, no todo ou em parte, sob quaisquer formas ou por quaisquer meios (eletrônico, mecânico, gravação, fotocópia, distribuição na Web e outros), sem permissão expressa da Editora.

SÃO PAULO
Av. Angélica, 1091 - Higienópolis
01227-100 São Paulo SP
Fone (11) 3665-1100 Fax (11) 3667-1333

SAC 0800 703-3444

IMPRESSO NO BRASIL
PRINTED IN BRAZIL

SUMÁRIO

INTRODUÇÃO

Compreender e transformar o ensino é uma tentativa, por parte de seus autores, de levar aos profissionais da educação, especialmente aos professores/as, pontos básicos do pensamento e da pesquisa educativa sobre os problemas fundamentais que a prática do ensino tem colocado. Por isso, este é um trabalho de síntese, sempre parcial e provisório, para resgatar a discussão sobre a realidade educativa e as atividades mais relevantes que os docentes devem desenvolver em seu contexto profissional e com seus alunos/as. Sem compreender o que se faz, a prática pedagógica é mera reprodução de hábitos existentes, ou respostas que os docentes devem fornecer a demandas e ordens externas. Se algumas idéias, valores e projetos se tornam realidade na educação é porque os docentes os fazem seus de alguma maneira: em primeiro lugar, interpretando-os, para depois adaptá-los. Já é uma crença bastante comum que os professores/as ou qualquer agente educativo são mediadores inevitáveis entre os ideais e as práticas, entre os projetos e as realidades. Apenas na medida em que cada um tenha claro esses projetos e essas idéias, pode ser um profissional consciente e responsável.

Estamos longe de entender os professores/as como meros executores de práticas pensadas e decididas por outros, vítimas de modas e de linguagens que lhes são propostas distantes dos desafios mais urgentes que têm diante de si. Confiamos que o pensamento pode ajudar-lhes a aclarar as situações nas quais trabalham e as dimensões dos problemas diante dos quais, implícita ou explicitamente, devem dar soluções. Mas duvidamos, por outro lado, de que a prática do ensino dentro das instituições escolares possa ser uma atividade que se solucione com diretrizes procedentes das distintas "ciências" que dizem iluminar os fatos educativos.

Lamentemos ou não, as teorias educativas não determinam nem determinaram em grande medida a realidade, ainda que, talvez, o discurso sobre a mesma sim. Quando acontece o inverso, se deve, em muitos casos, ao fato de que as idéias frutificam, legitimando opções ou direções procedentes de outros âmbitos de determinação, distanciados do pensamento rigoroso. Foi-se o tempo em que se confiava na esperança de dispor de um conhecimento científico, que nunca tivemos, como recurso para fundamentar a ação. Da mesma forma, nos sentirmos profissionais valorizados e nos defendermos da insegurança supõe admitir que os fatos educativos são práticas de caráter histórico e aberto. Isso tem um significado pessoal e social sujeito a valorizações que não podem reduzir-se, mascarar-se ou superar-se com explicações científicas.

Nem por isso negamos o valor da teorização e da pesquisa. Trata-se de lhe conceder outro potencial e outro lugar na determinação que possa ter da prática. O valor do pensamento em educação consiste mais em servir de instrumento para a deliberação constante em que toda a ação pedagógica deveria apoiar-se, desde as opções sobre estratégias de política educativa para todo o sistema escolar até as decisões práticas que, em momentos determinados, os professores/as tomam em suas aulas ou nas escolas. A utilidade do pensamento consiste em possibilitar a elucidação de problemas, mostrar contextos, fundamentar alternativas e valorizar retrospectivamente a prática.

O profissional do ensino, antes de ser um técnico eficaz, e mais do que ser um fiel servidor de diretrizes das mais variadas tendências, num sistema submetido a controles técnicos que mascaram seu caráter ideológico, deve ser alguém responsável que fundamenta sua prática numa opção de valores e em idéias que lhe ajudam a esclarecer as situações, os projetos e os planos, bem como as previsíveis conseqüências de suas práticas.

Esta é uma dimensão sutil, mas decisiva, da qualidade do ensino que se refere à forma de entender a atuação profissional de uma perspectiva intelectual e ética, que se concretiza na possibilidade de dispor de esquemas conceituais iluminadores e orientadores dos caminhos a serem percorridos.

A prática – a boa e correta prática – não pode ser deduzida diretamente de conhecimentos científicos descontextualizados das ações realizadas em situações reais. Em primeiro lugar, porque a realidade educativa em que os professores/as devem trabalhar não foi criada pela ciência, como acontece com muitas das tecnologias modernas. Se acreditássemos que os professores/as podem realizar um ensino "adequado" a partir do conhecimento científico, deveríamos explicar-lhes por que sempre se deparam com uma realidade que os impede de tentarem realizar esta prática. A profissionalidade do docente, antes de se deduzir simplesmente da ciência, deve assentar-se sobre o bom julgamento ilustrado pelo saber e apoiar-se num senso crítico e ético que seja capaz de apreciar o que convém fazer, o que é possível e como fazê-lo dentro de determinadas circunstâncias.

Furtamo-nos de contribuir para a idéia de que a formação do professorado e sua atualização se deduz de possuir habilidades e conhecimentos seguros, cuja aplicabilidade emana de sua própria autoridade científica, em muitos casos obscurecida por argumentos presumidos. A formação, pelo contrário, entendida como desenvolvimento profissional, é fruto da reflexão sobre a ação, ajudada por quanta tradição de pensamento tenha sido capaz de dar sentido à realidade educativa. Os professores/as serão profissionais mais respeitados quando puderem explicar as razões de seus atos, os motivos pelos quais tomam umas decisões e não outras, quando ampararem suas ações na experiência depurada de seus colegas e quando souberem argumentar tudo isso numa linguagem além do senso comum, incorporando as tradições de pensamento que mais contribuíram para extrair o significado da realidade do ensino institucionalizado. Para transformar, é preciso ter consciência e compreensão das dimensões que se entrecruzam na prática dentro da qual nos movemos.

Não podemos dar receitas porque acreditamos que elas não sejam possíveis, ainda que disponhamos de experiência acumulada e de análises que recomendam determinadas orientações práticas ao invés de outras; não podemos nem queremos proporcionar um *vade-mecum* pedagógico porque nos centramos nos temas e questões que versam sobre todas as técnicas e sobre diferentes áreas do currículo escolar. Ocupamo-nos de temas que afetam todo o ensino em nosso contexto.

A contribuição que oferecemos pretende ser uma ajuda a esse exercício de conscentização, por meio de uma série de capítulos que afetam o sentido e o desenvolvimento prático do ensino.

Em primeiro lugar, queremos propor o debate sobre as funções sociais que o ensino escolarizado cumpre nas sociedades ocidentais contemporâneas, caracterizadas politicamente pela consolidação da democracia de caráter formal, bem como social e economicamente pela permanência, quando não o incremento, da desigualdade, da injustiça e da discriminação de importantes grupos da população. Por outro lado, consideramos que a importância decisiva dos poderosos e onipresentes meios de comunicação de massas, como instrumentos de produção e difusão de valores, informações, modos de opinião, formas de pensar e modelos de conduta, proporcionam à escola o desafio de reconsiderar sua função. Facilitar, por meio da educação, o desenvolvimento de indivíduos com capacidade de pensar e atuar de maneira racional e com relativa autonomia exige da escola propostas, processos e estratégias, parcialmente diferentes dos desenvolvidos em épocas anteriores. Levando em conta o complexo e dialético processo de socialização que a escola cumpre nas sociedades contemporâneas, é necessário aprofundar a análise para compreender quais são os objetivos explícitos ou latentes do processo de socialização e mediante quais mecanismos e procedimentos ocorrrem na atualidade.

Coerentes com a análise precedente, propomos, nos Capítulos 2, 3 e 4 a necessidade de repensar os processos de ensino-aprendizagem, de modo que o propósito de formar cidadãos para intervir de forma relativamente autônoma e racional nos intercâmbios sociais da sociedade democrática orientem e configurem as práticas educativas concretas. Neste sentido se desenvolvem os conceitos de *aprendizagem relevante* e *reconstrução do conhecimento experiencial dos alunos/as* como eixo de uma prática educativa que pretende provocar a formação de um pensamento útil, para interpretar e intervir na complexa realidade artificial do mundo contemporâneo. Organizar as práticas de ensino em qualquer dos níveis do sistema educativo, com o propósito de provocar a reconstrução racional e consciente do conhecimento e a ação dos alunos/as significará uma profunda transformação dos modos habituais de aprender e ensinar.

Desta perspectiva se analisam e discutem os enfoques didáticos que mais influência exerceram até nossos dias sobre as práticas educativas, debatendo seus pressupostos, estratégias e conseqüências, ao mesmo tempo que se oferecem alternativas, orientadas para favorecer o desenvolvimento de um *ensino para a compreensão.*

No Capítulo 5 debatemos os modelos e procedimentos que consideramos mais adequados para conhecer, interpretar e intervir na vida da aula. A dissociação habitual entre a teoria e a prática desvirtua o caráter educativo da pesquisa, já que impede ou dificulta o vínculo enriquecedor entre o conhecimento e a ação, para desenvolver uma ação informada e reflexiva, ao mesmo tempo que um conhecimento educativo comprometido com opções de valor e depurado nas tensões e resistências da prática. Com este propósito nos detemos na análise e, discussão dos pressupostos éticos e epistemológicos, nos princípios metodológicos e estratégias, bem como nas técnicas que configuram o enfoque interpretativo de investigação, pois consideramos que oferece uma série imprescindível de procedimentos para questionar a complexidade real no âmbito educativo.

Após abordar as funções do ensino escolarizado, os processos de ensino-aprendizagem e os modos de conhecer e intervir na escola, nos centramos em três grandes núcleos problemáticos de importância imediata para os docentes, vendo-os como profissionais que atuam individualmente e como membros de uma comunidade profissional que deveria atuar colegiadamente.

O Capítulo 6 dedica-se a esclarecer o conceito de currículo; uma categoria conceitual que serviu para conectar as dimensões políticas, sociais e pedagógicas do pensamento e a prática escolar. É evidente para qualquer observador que o ensino institucionalizado existe enquanto desenvolve um currículo no qual se concretizam as finalidades tácitas e as evidentes da educação. Examiná-lo suporá descobrir a realidade na qual trabalhamos e as complexas relações entre as idéias e as realidades.

No Capítulo 7 trataremos de considerar as forças que levam a determinar o que entendemos por conteúdos do ensino; um conceito que se modela dentro de um jogo cruzado de influências que chegam aos professores/as sob a aparência de uma normalidade cotidiana poucas vezes discutida.

Os Capítulos 8 e 9 dedicam-se à abordagem das diferentes práticas que se entrecruzam na função de planejar os currículos e a prática de ensino. Administrações centrais, escolas e professores/as, além dos materiais curriculares, são agentes que, de diferentes âmbitos, tomam decisões relativamente autônomas dando forma à experiência escolar e cultural na qual os estudantes aprendem. Examinaremos as dimensões dessa experiência em que os diferentes membros da comunidade educativa estão chamados a desempenhar um papel ativo.

Analisar a prática de avaliar é o conteúdo do Capítulo 10, algo que a instituição e os docentes praticam com grande prazer e que tantas resistências causa nos estudantes. A avaliação é um microcosmos por meio do qual se pode examinar o sentido da escolaridade, boa parte da profissionalidade docente e as vivências que os alunos/as têm do ensino.

Finalmente, refletiremos sobre a própria figura do professor/a, pois a partir da maneira de se entender a si mesmo se deduz uma forma de compreensão do próprio papel como profissional na manutenção ou na transformação das condições herdadas da realidade, a qual posteriormente não será alheia à sua forma de entender como deve tratar a seus alunos/as. O docente pode por acaso pretender para os outros aquilo que ele não pode ser em seu ofício, como permanente aprendiz na sociedade, da cultura e das formas de guiar seus alunos/as? Não será estranho que a atitude e o conceito que tem de si mesmo como profissional se projete nas inseguranças, na tolerância e na atitude epistemológica frente à cultura que colabora para que outros descubram, bem como nas técnicas pedagógicas por meio das quais o tente.

CAPÍTULO 1

AS FUNÇÕES SOCIAIS DA ESCOLA: DA REPRODUÇÃO À RECONSTRUÇÃO CRÍTICA DO CONHECIMENTO E DA EXPERIÊNCIA

A. I. Pérez Gómez

EDUCAÇÃO E SOCIALIZAÇÃO

A educação, num sentido amplo, cumpre uma iniludível função de socialização, desde que a configuração social da espécie se transforma em um fator decisivo da hominização e em especial da humanização do homem.

A espécie humana, constituída biologicamente como tal, elabora instrumentos, artefatos, costumes, normas, códigos de comunicação e convivência como mecanismos imprescindíveis para a sobrevivência dos grupos e da espécie. Paralelamente, e posto que as aquisições adaptativas da espécie às peculiaridades do meio não se fixam biologicamente nem se transmitem através da herança genética, os grupos humanos põem em andamento mecanismos e sistemas externos de transmissão para garantir a sobrevivência nas novas gerações de suas conquistas históricas. Este processo de aquisição por parte das novas gerações das conquistas sociais – processo de socialização – costuma denominar-se genericamente como processo de educação.

Nos grupos humanos reduzidos e nas sociedades primitivas, a aprendizagem dos produtos sociais, assim como a educação dos novos membros da comunidade aconteceram como socialização direta da geração jovem, mediante a participação cotidiana das crianças nas atividades da vida adulta. No entanto, a aceleração do desenvolvimento histórico das comunidades humanas, bem como a complexização das estruturas e a diversificação de funções e tarefas da vida nas sociedades, cada dia mais povoadas e complexas, torna ineficazes e insuficientes os processos de socialização direta das novas gerações nas células primárias de convivência: a família, o grupo de iguais, os centros ou grupos de trabalho e produção.

Para suprir tais deficiências surgem desde o início e ao longo da história diferentes formas de especialização no processo de educação ou socialização secundária (tutor, preceptor, academia, escola religiosa, escola laica...), que conduziram aos sistemas de escolarização obrigatória para todas as camadas da população nas sociedades industriais contemporâneas. Nestas sociedades a preparação das novas gerações para sua participação no mundo do trabalho e na vida pública requer a intervenção de instâncias específicas como a escola, cuja peculiar função é atender e canalizar o processo de socialização.

A função da escola, concebida como instituição especificamente configurada para desenvolver o processo de socialização das novas gerações, aparece puramente conservadora: garantir a reprodução social e cultural como requisito para a sobrevivência mesma da sociedade.

Por outro lado, a escola não é a única instância social que cumpre com esta função reprodutora; a família, os grupos sociais, os meios de comunicação são instâncias primárias de convivência e intercâmbios que exercem de modo direto o influência reprodutor da comunidade social. No entanto, a escola, ainda que cumpra esta função de forma delegada, especializa-se precisamente no exercício exclusivo e cada vez mais complexo e sutil de tal função. A escola, por seus conteúdos, por suas formas e por seus sistemas de organização, introduz nos alunos/as, paulatina, mas progressivamente, as idéias, os conhecimentos, as concepções, as disposições e os modos de conduta que a sociedade adulta requer. Dessa forma, contribui decisivamente para a interiorização das idéias, dos valores e das normas da comunidade, de maneira que mediante este processo de socialização prolongado a sociedade industrial possa substituir os mecanismos de controle externo da conduta por disposições mais ou menos aceitas de autocontrole.

De qualquer forma, como veremos ao longo deste capítulo, o processo de socialização das novas gerações nem é tão simples, nem pode ser caracterizado de modo linear ou mecânico, nem na sociedade, nem na escola. A tendência conservadora lógica, presente em toda comunidade social para reproduzir os comportamentos, os valores, as idéias, as instituições, os artefatos e as relações que são úteis para a própria existência do grupo humano, choca-se inevitavelmente com a tendência, também lógica, que busca modificar os caracteres desta formação que se mostram especialmente desfavoráveis para alguns dos indivíduos ou grupos que compõem o complexo e conflitante tecido social. O delicado equilíbrio da convivência nas sociedades que conhecemos ao longo da história requer tanto a conservação quanto a mudança, e o mesmo ocorre com o frágil equilíbrio da estrutura social da escola como grupo humano complexo, bem como com as relações entre esta e as demais instâncias primárias da sociedade.

CARÁTER PLURAL E COMPLEXO DO PROCESSO DE SOCIALIZAÇÃO NA ESCOLA

Dentro deste complexo e dialético processo de socialização que a escola cumpre nas sociedades contemporâneas, é necessário aprofundar a análise para compreender quais são os objetivos explícitos ou latentes do processo de socialização e mediante que mecanismos e procedimentos ocorrem. Estudaremos neste trecho os objetivos de tal processo, abordando as formas e os modos de sua realização.

Parece claro para todos os autores e correntes da sociologia da educação que o objetivo básico e prioritário da socialização dos alunos/as na escola é prepará-los para sua *incorporação no mundo do trabalho.*

Desde as correntes funcionalistas até a teoria da correspondência, passando pela teoria do capital humano, do enfoque credencialista ou das diferentes posições marxistas e estruturalistas, todos, ainda que com importantes matizes diferenciais, concordam em admitir que, ao menos desde o surgimento das sociedades industriais, a função principal que a sociedade delega e encarrega à escola é a incorporação futura ao mundo do trabalho, (uma análise detalhada dessas posições pode ser vista em Fernández Enguita, 1990b; Lerena, 1980).

As discrepâncias entre tais enfoques teóricos surgem quando se trata de definir o que significa a preparação para o mundo do trabalho, como se realiza este processo, que conseqüências tem para promover a igualdade de oportunidades ou a mobilidade social, ou para reproduzir e reafirmar as diferenças sociais de origem dos indivíduos e grupos. Como veremos ao longo deste capítulo, não é fácil definir o que significa, em termos de conhecimentos, disposições, habilidades e atitudes, preparar os alunos/as para sua incorporação não-conflitante no mundo do trabalho, especialmente em sociedades pós-industriais, nas quais emergem diferentes postos de trabalho autônomos ou assalariados e nas quais o desenvolvimento econômico requer mudanças aceleradas nas características do mercado de trabalho.

De qualquer forma, é importante indicar que a preparação para o mundo do trabalho requer o desenvolvimento nas novas gerações, não só, nem principalmente de conhecimentos, idéias, habilidades e capacidades formais, mas também da formação de disposições, atitudes, interesses e pautas de comportamento. Estas devem ajustar-se às possibilidades e exigências dos postos de trabalho e sua forma de organização em coletividades ou instituições, empresas, administrações, negócios, serviços...

A segunda função do processo de socialização na escola é a formação do cidadão/ã para sua *intervenção na vida pública*. A escola deve prepará-los para que se incorporem à vida adulta e pública, de modo que se possa manter a dinâmica e o equilíbrio nas instituições, bem como as normas de convivência que compõem o tecido social da comunidade humana. Como afirma Fernández Enguita (1990a):

> "O estado responde pela ordem social e a protege em última instância e, em sua forma democrática, é um dos principais eixos do consenso coletivo que permite a uma sociedade, marcada por antagonismos de todo tipo, não ser um cenário permanente de conflitos" (p. 34).

Preparar para a vida pública nas sociedades formalmente democráticas na esfera política, governadas pela implacável e às vezes selvagem lei do mercado na esfera econômica, comporta necessariamente que a escola assuma as vivas contradições que marcam as sociedades contemporâneas desenvolvidas. O mundo da economia, governado pela lei da oferta e da procura e pela estrutura hierárquica das relações de trabalho, bem como pelas evidentes e escandalosas diferenças individuais e grupais, impõe exigências contraditórias aos processos de socialização na escola. O mundo da economia parece requerer, tanto na formação de idéias como no desenvolvimento de disposições e condutas, exigências diferentes às que demanda a esfera política numa sociedade formalmente democrática na qual todos os indivíduos, por direito, são iguais perante a lei e as instituições.

Acompanhando Fernández Enguita (1990a) em sua excelente análise, a sociedade é mais ampla do que o Estado. Na esfera política, efetivamente, todas as pessoas têm, em princípio, os mesmos direitos; na esfera econômica, no entanto, a primazia não é dos direitos da pessoa mas os da propriedade. Dessa forma, a escola encontra-se frente a demandas inclusive contraditórias no processo de socialização das futuras gerações. Deve provocar o desenvolvimento de conhecimentos, idéias, atitudes e pautas de comportamento que permitam sua incorporação eficaz no mundo civil, no âmbito da liberdade do consumo, da liberdade de escolha e participação política, da liberdade e responsabilidade na esfera da vida familiar. Características bem diferentes daquelas que requer sua incorporação submissa e disciplinada, para a maioria, no mundo do trabalho assalariado.

É evidente que dentre exigências tão díspares e, contraditórias descansa uma ideologia tão flexível, frouxa e eclética que aceita e assume a dissociação e as inevitáveis respostas esquizofrênicas do indivíduo e dos grupos. Uma ideologia que não apela para a lógica da razão para sua legitimação, mas que se justifica exclusivamente com a força do que existe, a aceitação e a consolidação do *status quo*, da realidade que se impõe inexoravelmente.

Neste sentido a socialização, a escola transmite e consolida, algumas vezes de forma explícita e em outras implicitamente, uma ideologia cujos valores são o individualismo, a competitividade e a falta de solidariedade, a igualdade formal de oportunidades e a desigualdade "natural" de resultados em função de capacidades e esforços individuais. Assume-se a idéia de que a escola é igual para todos e de que, portanto, cada um chega onde suas capacidades e seu trabalho pessoal lhes permitem . Impõe-se a ideologia aparentemente contraditória do individualismo e do conformismo social (Goodman, 1989b; Green, 1990).

> "Já que apenas uns poucos indivíduos podem na realidade manifestar seus singulares pensamentos, valores e capacidade artística, dentro da estrutura social, a grande maioria é abandonada a uma comum e pobre uniformidade (...). Enquanto se cria uma poderosa imagem do homem ou da mulher solitário fazendo-se por si memo, as sociedades que se baseiam no individualismo proporcionam, na realidade, poucas oportunidades para que a maioria das pessoas manifeste sua individualidade. É um paradoxo significativo que o individualismo e o conformismo social coexistam como partes da mesma ordem social dentro das sociedades avançadas" (Goodman, 1989b, p. 102).

Dessa forma, aceitam-se as características de uma sociedade desigual e discriminatória, pois aparecem como o resultado natural e inevitável das diferenças individuais evidenciadas em capacidades e esforços. A ênfase no individualismo, na promoção da autonomia individual, no respeito à liberdade de cada um para conseguir, mediante a concorrência com os demais, o máximo de suas possibilidades, justifica as desigualdades de resultados, de aquisições e, portanto, a divisão de trabalho e a configuração hierárquica das relações sociais. O caráter aberto da estrutura social para a mobilidade individual oculta a determinação social do desenvolvimento do sujeito como conseqüência das profundas diferenças de origem que se introjetam nas formas de conhecer, sentir, esperar e atuar dos indivíduos. Este processo vai minando progressivamente as possibilidades dos mais desfavorecidos social e economicamente, em particular num meio que estimula a competitividade, em detrimento da solidariedade, desde os primeiros momentos da aprendizagem escolar.

Este é, pois, um dos pilares do processo de socialização como reprodução na escola. As pessoas chegam a aceitar como inevitáveis, e inclusive convenientes, as peculiaridades contraditórias da ordem existente, não restando senão a oportunidade de se adaptar e se preparar para ascender, mediante a participação competitiva, até o máximo de suas possibilidades na escala aberta para todos pela "igualdade de oportunidades" que a escola comum e obrigatória oferece. A instituição educativa socializa preparando o cidadão/dã para aceitar como natural a arbitrariedade cultural que impõe uma formação social contingente e histórica (Bourdeiu e Passeron, 1977). Assim, a escola legitima a ordem existente e se converte em válvula de escape das contradições e desajustes sociais. Como veremos a seguir, este processo de reprodução da arbitrariedade cultural implícita na ideologia dominante nem é linear, nem automático, nem isento de contradições e resistências, como mostraram os trabalhos de Appel e Giroux, entre outros.

Como a escola realiza este complexo processo de socialização?

OS MECANISMOS DE SOCIALIZAÇÃO NA ESCOLA

De uma perspectiva idealista, habitualmente hegemônica na análise pedagógica do ensino, geralmente se descreveu a escola e suas funções sociais, o processo de socialização das gerações jovens, como um processo de inculcação e doutrinamento ideológico. Dentro desta interpretação idealista, a escola cumpre a função de impor a ideologia dominante na comunidade social mediante um processo mais ou menos aberto e explícito de transmissão de idéias e comunicação de mensagens, seleção e organização de conteúdos de aprendizagem. Dessa forma, os alunos/as, assimilando os conteúdos explícitos do currículo e interiorizando as mensagens dos processos de comunicação que se ativam na aula, vão configurando um corpo de idéias e representações subjetivas, conforme as exigências do *status quo*, a aceitação da ordem real como inevitável, natural e conveniente.

No entanto, o processo de socialização da escola, apesar da importância do doutrinamento ideológico e da inculcação de representações particulares e idéias dominantes foi e é, sobretudo nas sociedades com fórmulas políticas de representação democrática, muito mais sutil, sinuoso e subterrâneo. Isto ocorre para fazer frente às contradições crescentes entre seus objetivos político-sociais e os estritamente econômicos.

Como afirma Fernández Enguita (1990b), desde o funcionalismo de Durkheim ao estruturalismo de Althusser, passando pelas análises realizadas por Foucalt ou a teoria da correspondência de Bowles e Gintis, apesar de suas diferentes concepções, todos eles consideram que:

> "A escola é uma trama de relações sociais materiais que organizam a experiência cotidiana e pessoal do aluno/a com a mesma força ou mais que as relações de produção podem organizar as do operário na oficina ou as do pequeno produtor no mercado. Por que então continuar olhando o espaço escolar como se nele não houvesse outra coisa em que se fixar além das idéias que se transmitem?" (Fernández Enguita, 1990b, p. 152).

A atenção exclusiva à transmissão de conteúdos e ao intercâmbio de idéias supôs um corte na concepção e no trabalho pedagógico induzido pela primazia da filosofia idealista e da psicologia cognitiva como bases prioritárias da teoria e da prática pedagógica. O influência crescente da sociologia da educação e da psicologia social no terreno pedagógico provocou a ampliação do foco de análise, de modo que se compreenda que os processos de socialização que ocorrem na escola acontecem também, e preferencialmente, como conseqüência das práticas sociais, das relações sociais que se estabelecem e se desenvolvem em tal grupo social, em tal cenário institucional.

Os alunos/as aprendem e assimilam teorias, disposições e condutas não apenas como conseqüência da transmissão e intercâmbio de idéias e conhecimentos explícitos no currículo oficial, mas também e principalmente como conseqüência das interações sociais de todo tipo que ocorrem na escola ou na aula. Além disso, normalmente, o conteúdo oficial do currículo, imposto desde fora para a aprendizagem dos alunos/as, como veremos depois com mais profundidade, não cala nem estimula os interesses e preocupações vitais da criança e do adolescente. Converte-se assim numa aprendizagem acadêmica para passar nos exames e esquecer depois, enquanto que a aprendizagem dos mecanismos, estratégias, normas e valores de interação social, que requer o êxito na complexa vida acadêmica e pessoal do grupo da aula e do colégio, configura paulatinamente representações e pautas de conduta que estendem seu valor e utilidade além do campo da escola. Esta vai induzindo assim uma forma de ser, pensar e agir, tanto mais válida e sutil quanto mais intenso seja o isomorfismo ou semelhança entre a vida social da aula e as relações sociais no mundo do trabalho ou na vida pública.

Assim, para compreender a extensão, a complexidade e a especificidade dos mecanismos de socialização na escola se requer uma análise exaustiva das fontes e fatores explícitos ou latentes, acadêmicos ou sociais, que exercem influência relevante na configuração do pensamento e ação dos alunos/as. De pouco ou nada serve restringir o estudo aos efeitos explícitos dos conteúdos também explícitos do currículo oficial. O que o aluno/a aprende e assimila mais ou menos consciente, e que condiciona seu pensamento e sua conduta a médio e longo prazo, se encontra além e aquém dos conteúdos explícitos nesse currículo.

Acompanhando a interessante análise do modelo ecológico de Doyle (Doyle, 1977; Pérez Gómez, 1983b), que se desenvolverá mais amplamente no capítulo dedicado ao ensino, é importante indicar que os mecanismos de socialização na escola se encontram no tipo de *estrutura de tarefas acadêmicas* que se trabalhe na aula e na forma que adquire a *estrutura de relações sociais* da escola e da aula. Convém não esquecer que ambos os componentes da vida da aula e da escola encontram-se mutuamente inter-relacionados, de modo que uma forma de conceber a atividade acadêmica requer uma estrutura de relações sociais compatíveis e convergentes. De modo inverso, uma forma de organizar as relações sociais e a participação dos indivíduos e dos grupos exige e favorece uns e não outros modos de conceber e trabalhar as tarefas acadêmicas.

Nesse sentido, não querendo ser exaustivo, já que será objeto de análise ao longo dos próximos capítulos, pode-se afirmar que alguns aspectos do desenvolvimento do currículo, que indicamos a seguir, são especialmente relevantes para entender os mecanismos de socialização que a escola utiliza:

1. A seleção e a organização dos conteúdos do currículo. Concretamente, o que se escolhe e o que se omite da cultura pública da comunidade e quem tem o poder de selecionar ou intervir em sua modificação.
2. O modo e o sentido da organização das tarefas acadêmicas, bem como o grau de participação dos alunos/as na configuração das formas de trabalho.
3. A ordenação do espaço e do tempo na aula e na escola. A flexibilidade ou rigidez do cenário, do programa e da seqüência de atividades.
4. As formas e estratégias de valorização da atividade dos alunos/as. Os critérios de valorização, assim como a utilização diagnóstica ou classificatória dos resultados e a própria participação dos interessados no processo de avaliação.
5. Os mecanismos de distribuição de recompensas como recursos de motivação extrínseca e a forma e grau de provocar a competitividade ou a colaboração.
6. Os modos de organizar a participação dos alunos/as na formulação, no estabelecimento e no controle das formas e normas de convivência e interação.
7. O clima de relações sociais presidido pela ideologia do individualismo e da competitividade ou da colaboração e solidariedade.

Enfim, a análise deve abarcar os fatores que determinam o grau de participação e domínio dos próprios alunos/as sobre o processo de trabalho e os modos de convivência, de maneira que se possa chegar a compreender o grau de alienação ou autonomia dos estudantes quanto a seus próprios processos de produção e intercâmbio no âmbito escolar. Somente assim se poderá entender os conhecimentos, as capacidades, as disposições e as pautas de conduta que os estudantes desenvolvem como recursos mais adequados para resolver com relativo êxito os problemas que a interação e o intercâmbio real e simbólico colocam no cenário de relações sociais, as quais constituem o grupo da aula e a estrutura social da escola.

CONTRADIÇÕES NO PROCESSO DE SOCIALIZAÇÃO NA ESCOLA

Como já apontamos anteriormente, o processo de socialização como reprodução da arbitrariedade cultural dominante e preparação do aluno/a para o mundo do trabalho e para sua atividade como cidadão/dã não pode ser concebido como um processo linear, mecânico. Pelo contrário, é um processo complexo e sutil marcado por profundas contradições e inevitáveis resistências individuais e grupais.

Em primeiro lugar, a vida da aula como a de qualquer grupo ou instituição social pode ser descrita como um cenário vivo de interações onde se intercambiam explícita ou tacitamente idéias, valores e interesses diferentes e seguidamente enfrentados.

> "A escola é um cenário permanente de conflitos (...) O que acontece na aula é o resultado de um processo de negociação informal que se situa em algum lugar intermediário entre o que o professor/a ou a instituição escolar querem que os alunos/as façam e o que estes estão dispostos a fazer" (Fernández Enguita, 1990a, p. 147).

De qualquer forma, na aula sempre acontece um processo explícito ou disfarçado de negociação, relaxada ou tensa, abertamente desenvolvida ou provocada por meio de resistências não confessadas. Inclusive nas aulas, em que reina uma aparente disciplina e ordem impostos unilateralmente pela autoridade indiscutível do professor/a, e em particular em tais aulas, ocorre um potente e cego movimento de resistências subterrâneas que minam todos os processos de aprendizagem pretendidos, provocando, a médio e longo prazo, no pensamento e na conduta dos alunos/as, os efeitos contrários aos explicitamente pretendidos. O professor/a acredita governar a vida da aula quando apenas domina a superfície, ignorando a riqueza dos intercâmbios latentes. Como Wood (1984) afirma:

> "Os alunos/as que pertencem a culturas dominadas, por meio de seus atos na escola, constantemente penetram na falácia da escola e assim recusam suas mensagens ocultas. Uma variedade de situações ocorre com as mensagens nas aulas, de modo que com freqüência, são completamente ignoradas (...) estas mensagens ocultas amiúde são diretamente recusadas (...) outras vezes são simplesmente ignoradas de forma passiva (...) os estudantes criam suas próprias estruturas culturais que utilizam para se defender das imposições da escola" (p. 231).

Portanto, pode-se afirmar que na escola, como em qualquer instituição social marcada por contradições e interesses em confronto, existem espaços de relativa autonomia que podem ser utilizados para desequilibrar a evidente tendência à reprodução conservadora do *status quo* (Pérez Gómez, 1979). Assim, o processo de socialização acontece sempre através de um complicado e ativo movimento de negociação em que as reações e resistências de professores/as e alunos/as como indivíduos ou como grupos podem chegar a provocar a recusa e ineficiência das tendências reprodutoras da instituição escolar.

> "Existe nas escolas (...) mulheres e homens que tratam de modificar as instituições educativas em que trabalham. Para que essas modificações tenham efeito duradouro é necessário vincular tais atos a uma série de análises das relações entre a escolaridade e a dinâmica de classe social, raça e sexo que organiza nossa sociedade" (Apple,1989, p. 9).

Em segundo lugar, o processo de socialização na escola, como preparação para o mundo do trabalho, encontra hoje em dia fissuras que são importantes, que se referem às características plurais e às vezes contraditórias entre os diferentes âmbitos do mercado de trabalho. A simplificação e especialização do trabalho autônomo nas sociedades pós-industriais estabelecem para a escola, como já vimos, demandas plurais e contraditórias no processo de socialização. A escola homogênea em sua estrutura, em seus propósitos e em sua forma de funcionar dificilmente pode provocar o desenvolvimento de idéias, atitudes e pautas de comportamento tão diferenciadas para satisfazer as exigências do mundo do trabalho assalariado e burocrático (disciplina, submissão, padronização) ao mesmo tempo que as exigências do âmbito do trabalho autônomo (iniciativa, risco, diferenciação).

Dessa forma, nas sociedades avançadas contemporâneas, a escola enfrenta um processo de socialização com demandas diferenciadas e contraditórias na própria esfera da ocupação econômica. Começa a aparecer com força a quebra em alguma medida do isomorfismo entre as relações sociais na aula e as que se constroem no âmbito da produção. Aquelas têm correspondência em grande medida com as relações que se mantêm no mundo da empresa e das instituições burocráticas, mas não com as que emergem em outros âmbitos da economia.

Em terceiro lugar, a correspondência da socialização escolar com as exigências do mundo do trabalho dificultam a compatibilidade com as demandas de outras esferas da vida social, como a esfera política, a esfera do consumo e a esfera das relações de convivência familiar nas sociedades formalmente democráticas.

Ao menos em aparência e no terreno teórico se manifesta uma grande contradição entre a sociedade que requer para seu funcionamento político e social a participação ativa e responsável de todos os cidadãos considerados por direito como iguais, e essa mesma sociedade que na esfera econômica, ao menos para maioria da população, induz à submissão disciplinada e à aceitação de escandalosas diferenças de fato. A contradição evidenciada entre as exigências das diferentes esferas da sociedade dissolve-se em grande parte, quando se comprova que também na prática a esfera política e o âmbito civil requerem apenas a aparência de comportamentos democráticos ou, em outras palavras, quando os mecanismos formais de participação, independente da eficácia e honestidade de seu funcionamento, são garantia suficiente para manter o equilíbrio instável de uma comunidade social assolada pela desigualdade e pela injustiça. Pense-se como as estruturas democráticas formais podem funcionar por meio de mecanismos de delegação distanciada, os parlamentos escolhidos a cada quatro ou cinco anos, sem outra necessidade de contatos e controles sociais intermediários, inclusive quando não participem nem sequer 50% do eleitorado ou 30-40% da população nos processo eleitorais. Convém considerar, neste sentido, a tendência crescente à abstenção eleitoral nas sociedades ocidentais, cujo expoente mais escandaloso são os EUA.

Da mesma forma, na escola, os processos de socialização para as diferentes, e na aparência contraditórias, esferas da vida social devem assumir um certo grau de hipocrisia e esquizofrenia em relação às peculiaridades da sociedade. Mediante a transmissão ideológica – e em especial mediante a organização das experiências acadêmicas e sociais na aula –, o aluno/a começa a compreender e interiorizar idéias e condutas que têm correspondência com a aceitação da dissociação do mundo do direito e do mundo da realidade factual.

Aceitar a contradição entre aparências formais e realidades factuais faz parte do próprio processo de socialização na vida escolar, na qual, sob a ideologia da igualdade de oportunidades numa escola comum para todos, se desenvolve lenta mas decisivamente o processo de classificação, de exclusão das minorias e do posicionamento diferenciado para o mundo do trabalho e da participação social.

A função compensatória da escola em relação às diferenças sociais de origem dilui-se no terreno das declarações de princípio, pois, como bem demonstraram Bernstein, Baudelot e Establet, Bowles e Gentis..., a orientação homogeneizadora da escola não suprime senão que confirma – e além disso legitima – as diferenças sociais, transformando-as em outras de caráter individual. Diferente grau de domínio na linguagem, diferenças nas características culturais, nas expectativas sociais e nas atitudes e apoios familiares entre os grupos e classes sociais, transformam-se na escola uniforme, em barreiras e obstáculos intransponíveis para aqueles grupos distanciados socialmente das exigências cognitivas, instrumentais e de atitudes que caracterizam a cultura e a vida acadêmica da escola. As diferenças de origem consagram-se como diferenças de saída, a origem social transforma-se em responsabilidade individual.

Quando se evita esta análise em profundidade, aceitam-se as aparências de um currículo e certas formas de organizar a experiência dos alunos/as comuns e iguais para todos, é fácil aceitar a ideologia da igualdade de oportunidades, confundir as causas com os efeitos, aceitando a classificação social como conseqüência das diferenças individuais em capacidades e esforços.

Viver na escola, sob o manto da igualdade de oportunidades e da ideologia da competitividade e meritocracia, experiências de diferenciação, discriminação e classificação, como conseqüência do diferente grau de dificuldade que tem para cada grupo social o acesso à cultura acadêmica, é a forma mais eficaz de socializar as novas gerações na desigualdade. Deste modo, inclusive os mais desfavorecidos aceitarão e assumirão a legitimidade das diferenças sociais e econômicas e a mera vigência formal das exigências democráticas da esfera política, assim como a relevância e utilidade da ideologia do individualismo, a concorrência e a falta de solidariedade.

SOCIALIZAÇÃO E HUMANIZAÇÃO: A FUNÇÃO EDUCATIVA DA ESCOLA

Apesar da veracidade da argumentação sociológica sobre o caráter reprodutor, embora complexo, da instituição escolar, a relativa autonomia da ação na escola não provém exclusivamente das contradições internas e externas são geradas no próprio processo de reprodução conservadora da cultura dominante. A função educativa ultrapassa, vai mais além da reprodução, pelo menos teoricamente. A mesma tensão dialética que aparece em qualquer formação social, entre tendências conservadoras que se propõem garantir a sobrevivência mediante a reprodução do *status quo* e das aquisições históricas já consolidadas (socialização) e as correntes renovadoras que impulsionam a mudança, o progresso e a transformação, como condição também de sobrevivência e enriquecimento da condição humana (humanização), acontece de forma específica e singular na escola.

A função educativa da escola ultrapassa a função reprodutora do processo de socialização, já que se apóia no conhecimento público (a ciência, a filosofia, a cultura, a arte...) para provocar o desenvolvimento do conhecimento privado de cada um dos seus alunos/as. A utilização do conhecimento público, da experiência e da reflexão da comunidade social ao longo da história introduz um instrumento que quebra ou pode quebrar o processo reprodutor. O conhecimento nos diferentes âmbitos do saber é uma poderosa ferramenta para analisar e compreender as características, os determinantes e as conseqüências do complexo processo de socialização reprodutora. A vinculação iniludível e própria da escola com o conhecimento público, exige dela e dos que trabalham nela, que identifiquem e desmascarem o caráter reprodutor das influências que a própria instituição exerce sobre todos e cada um dos indivíduos que nela convivem bem como os conteúdos que transmite e as experiências e relações que organiza.

Dessa forma, as inevitáveis e legítimas influências que a comunidade exerce sobre a escola e sobre o processo de socialização sistemática das novas gerações devem sofrer a *mediação crítica da utilização do conhecimento*, em virtude de suas exigências e necessidades econômicas, políticas e sociais. A escola deve utilizar esse conhecimento para compreender as origens das influências, seus mecanismos, intenções e conseqüências, e oferecer para debate público e aberto as características e efeitos para o indivíduo e a sociedade desse tipo de processos de reprodução.

A função educativa da escola, portanto, imersa na tensão dialética entre reprodução e mudança, oferece uma contribuição complicada mas específica: utilizar o conhecimento, também social e historicamente construído e condicionado, como ferramenta de análise para compreender, para além das aparências superficiais do *status quo* real – assumido como natural pela ideologia dominante –, o verdadeiro sentido das influências de socialização e os mecanismos explícitos ou disfarçados que se utilizam para sua interiorização pelas novas gerações. Deste modo, explicitando o sentido das influências que o indivíduo recebe na escola e na sociedade, pode oferecer àquela espaços adequados de relativa autonomia para a construção sempre complexa e condicionada do indivíduo adulto.

Utilizando a lógica do saber, a estrutura de conhecimento construído criticamente em cada âmbito e a pluralidade de formas de investigação e busca racional, deve-se analisar na escola a complexidade particular que o processo de socialização adquire em cada época, comunidade e grupo social, assim como os poderosos e diferenciados mecanismos de imposição da ideologia dominante da igualdade de oportunidades numa sociedade marcada pela discriminação.

Em nossa opinião, a função educativa da escola na sociedade pós-industrial contemporânea deve-se concretizar em dois eixos complementares de intervenção:

- Organizar o desenvolvimento radical da função compensatória das desigualdades de origem, mediante a atenção e o respeito pela diversidade.
- Provocar e facilitar a reconstrução dos conhecimentos, das disposições e das pautas de conduta que a criança assimila em sua vida paralela e anterior à escola. Como diria Wood (1984, p. 239), preparar os alunos/as para pensar criticamente e agir democraticamente numa sociedade não-democrática.

Desenvolvimento radical da função compensatória

Para não sucumbir, ao longo do discurso, no terreno fácil de um otimismo ingênuo, próprio de posições idealistas, convém partir de uma constatação amplamente aceita: a escola como instituição social, que cumpre funções específicas e restringidas, não pode compensar as diferenças que uma sociedade de livre mercado provoca, dividida em classes ou grupos com oportunidades e possibilidades econômicas, políticas e sociais bem desiguais na prática.

Nas sociedades industriais avançadas, apesar de sua constituição formalmente democrática na esfera política, sobrevive a desigualdade e a injustiça. A escola não pode anular tal discriminação, mas sim atenuar seus efeitos e desmascarar o convencimento de seu caráter inevitável, se se propõe uma política radical para compensar as conseqüências individuais da desigualdade social.

Com este objetivo, deve-se substituir a lógica da homogeneidade, imperante na escola, com diferentes matizes, desde sua configuração, pela lógica da diversidade. A escola comum para todos e o currículo compreensivo que evita as diferenças e a classificação prematura dos indivíduos em ramos diferentes do sistema escolar, que dão acesso a possibilidades profissionais bem diferentes, não evitaram a classificação lenta mas também definitiva dos alunos/as em função quase mecânica de sua origem social (Skibeck, 1989). Embora seja certo que tanto nos modelos uniformes quanto nos diversificados pode-se fomentar e reproduzir a desigualdade e discriminação que existe na sociedade, uma vez consolidado o currículo comum e a organização escolar unificada, gratuita e obrigatória até os 16 anos, na maioria dos países desenvolvidos, o perigo de discriminação aloja-se de modo mais decisivo nos modelos uniformes de trabalho acadêmico.

Defender a conveniência de um currículo comum e compreensivo para a formação de todos os cidadãos não pode supor de modo algum impor a lógica didática da homogeneidade de ritmos, estratégias e experiências educativas para todos e cada um dos alunos/as. Se o acesso destes à escola está presidido pela diversidade, refletindo um desenvolvimento cognitivo, emocional e social evidentemente desigual, em virtude da quantidade e qualidade de suas experiências e intercâmbios sociais, prévios e paralelos à escola, o tratamento uniforme não pode supor mais do que a consagração da desigualdade e injustiça de sua origem social.

A intervenção compensatória da escola deve revestir-se de um modelo didático flexível e plural que permita atender às diferenças de origem, de modo que o acesso à cultura pública se acomode às exigências de interesses, ritmos, motivações e capacidades iniciais dos que se encontram mais distantes dos códigos e características em que se expressa. Assim, a igualdade de oportunidades de um currículo comum na escola compreensiva obrigatória não é mais do que um princípio e um objetivo necessário numa sociedade democrática. Sua realização é um evidente e complexo desafio que requer flexibilidade, diversidade e pluralidade metodológica e organizativa.

Como afirma Turner (1960), nas sociedades ocidentais a *mobilidade patrocinada* foi substituída pela *mobilidade competitiva*. No primeiro caso, a sociedade seleciona desde o princípio os que gozarão das melhores oportunidades escolares e sociais. No segundo, deixa que a seleção aconteça a partir dos próprios alunos/as, por meio de uma prolongada concorrência entre eles. Concorrência desigual desde o começo, pela diferente posição de partida em todos os aspectos, a partir do movimento em que se deparam com as tarefas escolares.

A lógica da uniformidade no currículo, nos ritmos, nos métodos e nas experiências didáticas favorece os grupos que, precisamente, não necessitam da escola para o desenvolvimento das habilidades instrumentais que a sociedade atual requer: aqueles grupos que, em seu ambiente familiar e social, se movem numa cultura parecida à que a escola trabalha e que, por isso mesmo, no trabalho acadêmico da aula só consolidam e reafirmam os mecanismos, as capacidades, as atitudes e as pautas de conduta já induzidos "espontaneamente" em seu ambiente.

Pelo contrário, para aqueles grupos sociais cuja cultura é bem diferente da acadêmica da aula, a lógica da homogeneidade não pode senão consagrar a discriminação de fato. Para estas crianças, o trato de igualdade na aula supõe de fato a ratificação de um atraso imediato e de um fracasso anunciado a médio prazo, já que possuem códigos de comunicação e intercâmbio bem diferentes dos que a escola requer. Manifestam deficiências bem claras na linguagem e na lógica do discurso racional, assim como nas habilidades e capacidades que a vida acadêmica requer, não dispondo de apoio familiar nem quanto às expectativas sociais e profissionais que a escola pode lhes abrir, nem quanto ao clima de interesses pelo mundo da cultura.

O desenvolvimento radical da função compensatória requer a lógica da diversidade pedagógica dentro do marco da escola compreensiva e comum para todos. As diferenças de partida devem ser enfrentadas como um desafio pedagógico dentro das responsabilidades habituais do profissional docente. A escola obrigatória que forma o cidadão/dã não pode dar-se ao luxo do fracasso escolar. A organização da aula e da escola, e a formação profis1sional do docente, devem garantir o tratamento educativo das diferenças trabalhando com cada aluno/a desde sua situação real, e não do nível homogêneo da suposta maioria estatística de cada grupo de classe.

O ensino obrigatório, que nos países desenvolvidos é, pelo menos, de 10 anos, deveria começar antes para cobrir os anos da infância, quando a maior plasticidade permite a maior eficácia compensatória. Se a escola se propõe o desenvolvimento radical da intervenção compensatória, mediante o tratamento pedagógico diversificado, tem tempo suficiente, respeitando os ritmos dos indivíduos, para garantir a formação básica do cidadão/dã, o desenvolvimento dos instrumentos cognitivos, de atitude e de conduta que permitam a cada jovem se posicionar e intervir com relativa autonomia na complexa trama social.

A igualdade de oportunidades não é um objetivo ao alcance da escola. O desafio educativo da escola contemporânea é atenuar, em parte, os efeitos da desigualdade e preparar cada indivíduo para lutar e se defender, nas melhores condições possíveis, no cenário social.

Queremos abranger o conceito de igualdade tanto a que tem sua origem nas classes sociais como a que se cria nos grupos de marginalização, ou nas deficiências físicas ou psicológicas hereditárias ou adquiridas. Para todos eles, somente a lógica de uma pedagogia diversificada no marco da escola compreensiva tem a chance de provocar e favorecer um desenvolvimento até o máximo de suas sempre indefinidas possibilidades.

Cabe fomentar, por outro lado, a pluralidade de formas de viver, pensar e sentir, estimular o pluralismo e cultivar a originalidade das diferenças individuais como a expressão mais genuína da riqueza da comunidade humana e da tolerância social. Assim, se se concebe a democracia mais como um estilo de vida e uma idéia moral do que como uma mera forma de governo (Dewey, 1967), onde os indivíduos, respeitando seus diferentes pontos de vista e projetos vitais, se esforçam através do debate e da ação política, da participação e cooperação ativa, para criar e construir um clima de entendimento e solidariedade, onde os conflitos inevitáveis se ofereçam abertamente ao debate público. No entanto, na situação atual, a divisão do trabalho e sua conseqüente hierarquização numa sociedade de mercado provoca a diferente valorização social dos efeitos da diversidade. Não é a mesma coisa, da perspectiva da consideração social, dedicar-se a atividades manuais do que a tarefas intelectuais, à economia que à arte. Por isso, e como teremos oportunidade de desenvolver nos capítulos seguintes, é delicado encontrar o equilíbrio perfeito entre o currículo comum e a estratégia didática da diversidade dentro da escola compreensiva, se nos propomos evitar na medida do possível os efeitos individuais da desigualdade social.

A reconstrução do conhecimento e da experiência

O segundo objetivo da tarefa educativa da escola obrigatória nas sociedades industriais deve ser, em nossa opinião, provocar e facilitar a reconstrução dos conhecimentos, atitudes e formas de conduta que os alunos/as e alunos/as assimilam direta e acriticamente nas práticas sociais de sua vida anterior e paralela à escola.

Na sociedade contemporânea, a escola perdeu o papel hegemônico na transmissão e distribuição da informação. Os meios de comunicação de massa, e em especial a televisão, que penetram nos mais recônditos cantos da geografia, oferecem de modo atrativo e ao alcance da maioria dos cidadãos uma abundante bagagem de informações nos mais variados âmbitos da realidade. Os fragmentos aparentemente sem conexão e assépticos de informação variada, que a criança recebe por meio dos poderosos e atrativos meios de comunicação, e os efeitos cognitivos de suas experiências e interações sociais com os componentes de seu meio de desenvolvimento, vão criando, de modo sutil e imperceptível para ela, incipientes mas arraigadas concepções ideológicas, que utiliza para explicar e interpretar a realidade cotidiana e para tomar decisões quanto a seu modo de intervir e reagir. A criança chega à escola com um abundante capital de informações e com poderosas e acríticas pré-concepções sobre os diferentes âmbitos da realidade.

Como é evidente, tanto o mundo das relações sociais que rodeiam a criança como a esfera dos meios de comunicação que transmitem informações, valores e concepções ideológicas, cumprem uma função mais próxima da reprodução da cultura dominante do que da reelaboração crítica e reflexiva da mesma. É ingênuo esperar que as organizações políticas, sindicais ou religiosas, ou o âmbito da empresa, mercado e propaganda estejam interessados em oferecer ao futuro cidadão/dã as chaves significativas para um debate aberto e racional, que permita opções relativamente autônomas sobre qualquer aspecto da vida econômica, política ou social. Seus interesses, mais ou menos legítimos, orientam-se em outras direções mais próximas da inculcação, persuasão ou sedução do indivíduo a qualquer preço do que da reflexão racional e da comparação crítica de pareceres e propostas.

Somente a escola pode cumprir esta função. Para desenvolver este complexo e conflitante objetivo, a escola compreensiva, apoiando-se na lógica da diversidade, deve começar por diagnosticar as pré-concepções e interesses com que os indivíduos e os grupos de alunos/as interpretam a realidade e decidem sua prática. Ao mesmo tempo, deve oferecer o conhecimento público como ferramenta inestimável de análise para facilitar que cada aluno/a questione, compare e reconstrua suas pré-concepções vulgares, seus interesses e atitudes condicionadas, assim como as pautas de conduta, induzidas pelo marco de seus intercâmbios e relações sociais. Como afirma Bernstein (1987):

> "A escola deve transformar-se numa comunidade de vida e, a educação deve ser concebida como uma contínua reconstrução da experiência. Comunidade de vida democrática e reconstrução da experiência baseadas no diálogo, na comparação e no respeito real pelas diferenças individuais, sobre cuja aceitação pode se assentar um entendimento mútuo, o acordo e os projetos solidários. O que importa não é a uniformidade, mas o discurso. O interesse comum realmente substantivo e relevante somente é descoberto ou é criado na batalha política democrática e permanece ao mesmo tempo tão contestado como compartilhado" (p. 47).

Isto não significa de modo algum, que o conhecimento, as atitudes ou formas de atuação reconstruídos pelo aluno/a na escola se encontrem livres de condicionamentos e contaminação; são o resultado, também condicionado, dos novos intercâmbios simbólicos e das novas relações sociais. A diferença está em que o aluno/a teve a oportunidade de conhecer os fatores e influências que condicionam seu desenvolvimento, de comparar diferentes propostas e modos de pensar e fazer, de descentrar e ampliar sua limitada esfera de experiência e conhecimento e, enriquecido pela comparação e pela reflexão, chegar a opções que sabe provisórias. Enfim, a escola, ao provocar a reconstrução das preocupações vulgares, facilita o processo de aprendizagem permanente, ajuda o indivíduo a compreender que todo conhecimento ou conduta encontram-se condicionados pelo contexto e, portanto, requerem ser comparados com representações alheias, assim como com a evolução de si mesmo e do próprio contexto.

Mais do que transmitir informação, a função educativa da escola contemporânea deve se orientar para provocar a organização racional da informação fragmentária recebida e a reconstrução das pré-concepções acríticas, formadas pela pressão reprodutora do contexto social, por meio de mecanismos e meios de comunicação cada dia mais poderosos e de influência mais sutil.

Agora, não se consegue a reconstrução dos conhecimentos, atitudes e modos de atuação dos alunos/as, nem exclusiva, nem prioritariamente, mediante a transmissão ou intercâmbio de idéias, por mais ricas e fecundas que sejam. Isto ocorre mediante a vivência de um tipo de relações sociais na aula e na escola, de experiências de aprendizagem, intercâmbio e atuação que justifiquem e requeiram esses novos modos de pensar e fazer.

De acordo com o primeiro objetivo educativo anteriormente proposto, colocar a exigência de provocar a reconstrução por parte dos alunos/as, de seus conhecimentos, atitudes e modos de atuação requer outra forma de organizar o espaço, o tempo, as atividades e as relações sociais na aula e na escola. É preciso transformar a vida da aula e da escola, de modo que se possam vivenciar práticas sociais e intercâmbios acadêmicos que induzam à solidariedade, à colaboração, à experimentação compartilhada, assim como a outro tipo de relações com o conhecimento e a cultura que estimulem a busca, a comparação, a crítica, a iniciativa e a criação.

Provocar a reconstrução crítica do pensamento e da ação nos alunos/as exige uma escola e uma aula onde se possa experimentar e viver a comparação aberta de pareceres e a participação real de todos na determinação efetiva das formas de viver, das normas e padrões que governam a conduta, assim como das relações do grupo da aula e da coletividade escolar. Apenas vivendo de forma democrática na escola pode se aprender a viver e sentir democraticamente na sociedade, a construir e respeitar o delicado equilíbrio entre a esfera dos interesses e necessidades individuais e as exigências da coletividade.

Como veremos nos próximos capítulos, a função da escola, em sua vertente compensatória e em sua exigência de provocar a reconstrução crítica do pensamento e da ação, requer a transformação radical das práticas pedagógicas e sociais que ocorrem na aula e na escola e das funções e atribuições do professor/a. O princípio básico que se deriva destes objetivos e funções da escola contemporânea é facilitar e estimular a *participação ativa e crítica* dos alunos/as nas diferentes tarefas que se desenvolvem na aula e que constituem o modo de viver da comunidade democrática de aprendizagem.

CAPÍTULO 2

Os processos de ensino-aprendizagem: análise didática das principais teorias da aprendizagem

A. I. Pérez Gómez

INTRODUÇÃO

Como vimos no capítulo anterior, a análise e intervenção nos mecanismos de socialização das novas gerações, é a meta fundamental da prática educativa na escola, tendo a pretensão de provocar a comparação crítica das aquisições espontâneas. Como tais mecanismos de socialização se refletem e se concretizam no desenvolvimento individual dos diferentes modos de pensar, sentir e agir, convém que nos detenhamos na consideração das diferentes teorias psicológicas que oferecem uma explicação mais ou menos convincente destes processos subjetivos de apreender a realidade, assim como dos modos e estratégias de interação sobre ela.

Consideram-se os processos de ensino-aprendizagem na instituição escolar o centro da investigação e da prática didáticas. Ninguém coloca em dúvida que toda intervenção educativa necessita apoiar-se no conhecimento teórico e prático, oferecido em parte pelas disciplinas que investigam a natureza dos fenômenos envolvidos nos complexos processos educativos. No entanto, o acordo se torna discrepância quando nos preocupamos em estabelecer as formas de relação entre o conhecimento teórico e especializado que as disciplinas oferecem e o modo mais racional de intervir em situações específicas e concretas.

Habitualmente, consolidou-se uma forma mecânica, simplista e hierárquica de transferência desde o conhecimento disciplinar, na verdade desde o conhecimento psicológico, para a organização e o desenvolvimento da prática didática. Em particular, nas últimas décadas, generalizou-se a pretensão de estabelecer uma dependência direta dos modelos de intervenção didática em relação aos princípios e conceitos que se derivam das teorias da aprendizagem. Apesar de essa pretensão ter-se demonstrado inútil e estéril desde as exigências concretas dos profissionais, no mundo da "academia" continua se mantendo a ilusão da possibilidade de estabelecer nas ciências humanas, e em particular no âmbito educativo, o mesmo ou semelhante esquema de transferência mecânica da teoria para a prática que se estabelece entre as ciências físicas e suas correspondentes tecnologias.

No presente capítulo nos propomos a três objetivos. *Em primeiro lugar*, queremos analisar, sem querer ser exaustivos, as principais teorias da aprendizagem a partir da potencialidade de suas implicações didáticas. A perspectiva de busca se situa na virtualidade dos conceitos e princípios das diferentes teorias, para facilitar a compreensão dos fenômenos de aprendizagem na escola e para apoiar conjuntamente com conceitos e princípios de outras disciplinas, integrados e filtrados pela reflexão didática sobre a prática, o planejamento, o desenvolvimento e a avaliação da intervenção educativa.

Em segundo lugar, desejamos oferecer idéias e reflexões para alimentar o debate sobre a utilização racional das teorias da aprendizagem na elaboração da teoria e prática didáticas. O caráter inacabado e mutante do desenvolvimento do indivíduo e do grupo, a natureza singular e imprevisível dos fenômenos de interação na vida da aula e a dimensão ético-política evidenciam como inevitáveis a descontinuidade entre as teorias da aprendizagem e as teorias didáticas. Isso se refere tanto às decisões sobre o currículo quanto aos processos de intercâmbio de interesses e valores no grupo da sala de aula e da escola, bem como aos problemas epistemológicos envolvidos, na construção e na reconstrução do conhecimento considerado válido.

Em terceiro lugar, nos propomos aprofundar o problema que consideramos de capital significação no momento atual do debate sobre as características e natureza da aprendizagem na aula e na escola: a aprendizagem relevante, que supõe a reconstrução do conhecimento que o indivíduo adquire em sua vida cotidiana anterior e paralela à escola.

ANÁLISE DIDÁTICA DAS PRINCIPAIS TEORIAS DA APRENDIZAGEM

É claro que a didática como ciência, como arte e como práxis necessita apoiar-se em alguma teoria psicológica da aprendizagem. No entanto, pelas razões anteriormente expostas, não se pode realizar uma transferência mecânica dos princípios psicológicos para as determinações normativas da didática.

A maioria das teorias psicológicas da aprendizagem são modelos explicativos que foram obtidos em situações experimentais e referem-se a aprendizagens de laboratório, que só relativamente podem explicar o funcionamento real dos processos naturais da aprendizagem incidental e da aprendizagem na aula. Estas teorias deveriam enfrentar estes processos como elementos de uma situação de intercâmbio, de comunicação, entre o indivíduo e seu meio físico e sociocultural, no qual se estabelecem relações concretas e se produzem fenômenos específicos que modificam o sujeito. Como veremos, nem todos os enfoques teóricos enfrentam o problema de compreender os processos de aprendizagem com a mesma pretensão de aproximação às situações naturais da aula.

Portanto, nos propomos, em primeiro lugar, a analisar as derivações didáticas que, como hipóteses de trabalho, podem ser extraídas das teorias de aprendizagem mais significativas. Com este propósito distinguimos dois amplos enfoques com suas diferentes correntes:

1) *As teorias associacionistas, de condicionamento, de E-R*, dentro das quais se podem distinguir duas correntes:

a) Condicionamento clássico: Pavlov, Watson, Guthrie.

b) Condicionamento instrumental ou operante: Hull, Thorndike, Skinner.

2) *As teorias mediacionais*: dentro das quais se podem distinguir múltiplas correntes com importantes matizes diferenciadores:

a) Aprendizagem social, condicionamento por imitação de modelos: Bandura, Lorenz, Tinbergen, Rosenthal.

b) Teorias cognitivas, dentro das quais distinguiremos várias correntes ao mesmo tempo:
   - Teoria da *Gestalt* e psicologia fenomenológica: Kofka, Köhler, Whertheimer, Maslow, Rogers.
   - Psicologia genético-cognitiva: Piaget, Bruner, Ausubel, Inhelder.
   - Psicologia genético-dialética: Vygotsky, Luria, Leontiev, Rubinstein, Wallon.

c) A teoria do processamento de informação: Gagné, Newell, Simon, Mayer, Pascual Leone.

Por sua importância pedagógica, dentro da perspectiva mediacional vamos reduzir a análise às seguintes teorias:
- Teoria da *Gestalt*.
- Psicologia genético-cognitiva.
- Psicologia genético-dialética.
- Processamento de informação.

O critério escolhido para a classificação é a concepção intrínseca da aprendizagem. O primeiro grupo concebe esta, em maior ou menor grau, como um processo cego e mecânico de associação de estímulos e respostas provocado e determinado pelas condições externas, ignorando a intervenção mediadora de variáveis referentes à estrutura interna. A explicação da influência das contingências externas sobre a conduta observável, e a organização manipulação de tais contingências para produzir, conseqüentemente, as condutas desejadas, são a pedra fundamental da teoria da aprendizagem. O segundo grupo, pelo contrário, considera que em toda aprendizagem intervém, de forma mais ou menos decisiva, as peculiaridades da estrutura interna. A aprendizagem é um processo de conhecimento, de compreensão de relações, em que as condições externas atuam mediadas pelas condições internas. A explicação de como se constroem, condicionados pelo meio, os esquemas internos que intervêm nas respostas condutuais é seu problema capital e um propósito prioritário.

Não nos deteremos na explicação dos princípios e pressupostos que configuram as diferentes teorias. Este seria o objeto de outra disciplina diferente: psicologia evolutiva e psicologia da aprendizagem. Pode-se consultar a respeito Palacios, Carretero, Marchesi (1984, 1985, 1986); Pérez Gómez (1988); Pozo (1989b). Simplesmente nos ocuparemos da análise das derivações didáticas dos diferentes enfoques, tentando esclarecer a virtualidade pedagógica de seus pressupostos.

Derivações didáticas das teorias do condicionamento

As derivações pedagógicas e didáticas dos princípios em que se apóiam as teorias do condicionamento são evidentes, principalmente quando o próprio Skinner (1968b) dedicou parte de seus trabalhos à aplicação prática de seus esquemas psicológicos sobre a aprendizagem. Suas teorias da aprendizagem supõem uma concepção do homem que expõe claramente em *Más allá de la libertad y la dignidad* (Skinner, 1972). Esta concepção baseia-se no seguinte princípio: o homem é o produto das contingências reforçantes do meio.

> "É necessário abolir o homem como essência, como autonomia, refúgio da ignorância antropológica da história para compreender a conduta complexa de cada homem, condicionado por suas contingências históricas" (Skinner, 1972, p. 254).

O objeto da ciência psicológica, nesta perspectiva, é conhecer tais contingências e controlar na medida do possível, seus efeitos reforçantes para a conduta humana. Tudo na vida, objetos, situações, acontecimentos, pessoas, instituições, tem um valor reforçante, reforça uma ou outra conduta. O comportamento humano está determinado por contingências sociais que rodeiam, orientam e especificam as influências dos reforçadores. A luta pela liberdade e dignidade deve ser formulada mais como revisão das contingências de reforço nas quais a pessoa vive do que como defesa do homem autônomo.

Esta concepção do homem norteia as aplicações pedagógicas e didáticas de seus princípios de aprendizagem, como se pode comprovar em *Walden dos* (Skinner, 1968a) e *The technology of teaching* (1968b). A educação transforma-se numa simples tecnologia para programar reforços no momento oportuno. Para isso, e de acordo com um princípio de discriminação e modelagem, é necessário dissecar analiticamente as condutas que se pretendem configurar, até chegar a identificar suas unidades operacionais mais básicas. Dessa forma, os programas de modelagem por reforço sucessivo das respostas, que supõem aproximação a tais unidades, são objeto e responsabilidade da tecnologia da educação. Ao prescindir das variáveis internas, da estrutura peculiar de cada indivíduo, ou ao desprezar a importância da dinâmica própria da aprendizagem, o ensino se reduz a preparar e organizar as contingências de reforço que facilitam a aquisição dos esquemas e tipos de conduta desejados. Uma vez determinada a conduta que vai se configurar e estabelecidas as contingências de reforço sucessivo das respostas intermediárias, a aprendizagem é inevitável, porque o meio está cientificamente organizado para produzi-lo.

É oportuno lembrar, inclusive, o próprio princípio da preparação e disposição do organismo para questionar toda uma montagem que esquece as peculiaridades individuais, inatas ou adquiridas, como instâncias intermediárias que resistem a uma modelagem tão simples e mecânica. Em sua história, cada indivíduo constrói certas pautas ou esquemas de percepção, de valorização e de comportamento que oferecem, no mínimo, resistências mais ou menos férreas a qualquer modificação e transformação arbitrárias e mecânicas programadas de fora.

Convém, no entanto, lembrar que as contribuições das diferentes teorias do condicionamento e aprendizagem anterior ao conhecimento do processo de aprendizagem e, como conseqüência, à regulação didática do mesmo, são de extraordinária importância sempre que permaneçam nos limites de sua descoberta. As teorias do condicionamento, desde a modelagem até o operante, contribuíram poderosamente para a compreensão dos fenômenos de aquisição, retenção, extinção e transferência de *determinados tipos simples de aprendizagem* ou de *componentes de todo processo de aprendizagem.*

A extrapolação inadequada de suas descobertas e a interpretação absoluta da aprendizagem desde sua ótica concreta produziram derivações verdadeiramente aberrantes e obscurecedoras de toda investigação fecunda. A modelagem, o conhecimento clássico de Pavlov, com suas leis de generalização, discriminação, inibição, extinção, a lei do efeito de Thorndike, o condicionamento de Skinner e seus princípios sobre o reforço positivo e negativo, o castigo e a proibição, os fenômenos de modelagem de conduta e de discriminação operante de estímulos, o reforço secundário..., são contribuições inquestio-náveis sempre que se apliquem para entender e produzir determinados fenômenos ou aspectos parciais de processos de aprendizagem.

A crítica mais rigorosa ao condutismo se coloca contra as posições epistemológicas que sustentam estas teorias e contra suas aplicações práticas no campo do ensino e da modificação de conduta. É nestes aspectos, quando o condicionamento se apresenta como teoria explicativa e normativa, que evidencia toda a sua radical debilidade. Suas posições teóricas carecem de consistência epistemológica. Ao reduzir suas investigações extrínsecas entre estímulo e resposta para comprovar a regularidade de correspondências entre certas entradas e determinadas saídas, estímulos e respostas, limita voluntariamente seu campo de estudo e necessariamente deveriam restringir do mesmo modo suas pretensões de interpretação e generalização universal. Suas posições teóricas de *caixa preta* limitam a análise ao observável. Portanto, suas conclusões só serão válidas para aqueles períodos da aprendizagem e para aqueles aspectos dos processos em que a relação *input-output* (entradas-saídas), estímulos e respostas observáveis, seja o todo da conduta, ou seja, quando a dinâmica interna do organismo seja tão simples e linear que possa ser explicada como simples via de transição. No momento em que a estrutura interna se complica e organiza como efeito das aprendizagens sucessivas, a relação estímulo-resposta se diversifica, ao estar mediada por variáveis internas que o organismo foi construindo e continua modificando.

Assim, apenas as condutas animais e as primeiras formas de reação da criança podem receber uma explicação satisfatória nas teorias do condicionamento. Quando o desenvolvimento complica e organiza o psiquismo infantil, a aprendizagem já não pode ser entendida como uma simples relação de entradas e saídas. As saídas, respostas, são mais o produto da estrutura interna do que do caráter do estímulo exterior. Existe uma mediação que transforma, e na qual não pode compreender a conduta sem explicar essa transformação. Pode-se afirmar que o condicionamento simplificou o problema real da conduta humana – desde suas propostas não poderia ser de outra forma. O reducionismo mecanicista que se faz ao adotar uma perspectiva biologicista desemboca necessariamente na redução e simplificação do objeto de estudo, na eliminação de sua complexidade.

Desde a perspectiva didática é o condutismo, ou melhor, o condicionamento operante de Skinner, que teve uma incidência mais significativa. *Os programas de reforço, o ensino programado, as máquinas de ensinar, os programas de economia de fichas na aula, a análise de tarefas, os programas de modificação de conduta...* são aplicações diretas dos princípios de Skinner à regulação do ensino. São, portanto, essas aplicações que merecem uma análise mais detalhada.

São dois os pressupostos fundamentais em que se assentam as diferenças técnicas e procedimentos didáticos do condutismo: por um lado, a consideração da aprendizagem como um processo cego e mecânico de associação de estímulos, respostas e recompensas; por outro, a crença no poder absoluto do reforço sempre que se apliquem adequadamente sobre unidades simples de conduta.

Apoiada nestes dois pilares, a educação, e de modo concreto o ensino, transforma-se numa tecnologia que prepara as contingências, as características do contexto e as peculiaridades de cada situação, e regula a administração de reforços. Não existem variáveis endógenas, internas, existe apenas uma organização estudada do cenário, de forma que cada componente desempenhe seu papel e em cada momento atue o reforço apropriado. Isso implica que as condutas complexas devem ser dissecadas em suas unidades mínimas constituintes, ordenando cuidadosamente as mesmas em função de sua seqüência hierárquica. O reforço de cada unidade constituiria o objetivo imediato de toda prática didática. Fixa-se e se aprende cada elemento por reforço e se provoca a seqüência de conduta desejada. A única responsabilidade didática para este enfoque é a eficácia da técnica na realização de objetivos parciais. A eficácia é o fim exclusivo da ação didática, para o qual se exige uma definição operacional de objetivos no mais baixo nível de abstração: a conduta observável. Deste modo, pretende-se que os objetivos de cada unidade de ensino possam ser programados com facilidade, reforçados independentemente e avaliados com clareza.

Seria conveniente questionar o sentido desta redução tecnológica da educação. Pode-se reduzir a riqueza axiológica e a complexidade teleológica da educação e do ensino a uma eficaz programação de objetivos operativos, concretos e observáveis? Se o psiquismo de cada indivíduo é um sistema complexo de relações e interações, como esquecer e ignorar os efeitos múltiplos de cada uma de suas condutas parciais de suas aprendizagens concretas? A eficácia numa aquisição, ao preço que for, pode acarretar efeitos secundários, respostas e tensões importantes que limitem as futuras aprendizagens, perturbem o desenvolvimento e sejam, portanto, claramente contraproducentes. Por exemplo, reforçar com prêmios concretos cada tarefa de aprendizagem pode ser eficaz, mas pedagogicamente questionável, porque pode acostumar os alunos/as a situar extrinsecamente os motivos de sua ocupação. De qualquer forma, é necessário questionar também o próprio princípio de eficácia condutista, porque se refere antes a uma eficácia a curto prazo e sobre tarefas simples de aprendizagem. Sem contar com as mediações internas não há eficácia duradoura nos processos educativos. A eficácia a longo prazo situa-se na qualidade das estruturas internas, dos esquemas de pensamento e atuação que o indivíduo desenvolve, não em associações passageiras.

A seqüência mecânica de estímulos, de respostas e de reforços não funciona na escola, é um esquema demasiado simplista e não reflete a riqueza de trocas na aula. Estímulos e reforços similares provocam reações bem distintas e inclusive contraditórias em diferentes indivíduos, e também nos próprios sujeitos em diferentes momentos, situações e contextos. Por outro lado, quando funciona, escapa do professor/a a complexidade dos efeitos secundários não previstos e não desejados que pode provocar o condicionamento mecânico de uma resposta ou de uma linha de comportamento. O aluno/a pode aprender mecanicamente uma conduta e ao mesmo tempo se tornar incapacitado para desenvolver estratégias de busca nesse mesmo âmbito, ou desencadear aversões emotivas em relação à mesma. Por exemplo, o indivíduo pode aprender, mediante prêmios ou reforços positivos, uma conduta desejada pelo professor/a, a memorização de uma determinada lição, ao mesmo tempo que aprende o hábito de agir na esperança da recompensa. Qual das aprendizagens é mais definitiva e mais relevante do ponto de vista pedagógico? Toda intervenção pedagógica deverá abordar as conseqüências educativas, a médio e longo prazo, da utilização freqüente da motivação extrínseca.

Assim, por um lado, o condicionamento absoluto da conduta do homem é uma missão impossível, porque não se pode manipular nem neutralizar todas as variáveis que intervêm na complexa situação individual e social de intercâmbios e interações. Por outro lado, tampouco está claro que fosse uma opção, do ponto de vista ético e pedagógico, defensável ou desejável. A singularidade da espécie humana reside, precisamente, em seu caráter criador, inacabado e em grande parte indeterminado. O indivíduo e a sociedade vão se configurando evolutivamente na medida em que se constroem. A grandeza e a miséria da espécie humana encontram-se, sem dúvida, na natureza indeterminada de seu pensamento e conduta.

Teorias mediacionais

Durante o presente século, e como reações à interpretação behaviorista da aprendizagem, surgem, se desenvolvem e se transformam diversas teorias psicológicas que englobamos na corrente cognitiva. Apesar de importantes e significativas diferenças entre elas, as agruparemos num conjunto por coincidirem em alguns pontos fundamentais:

- A importância das variáveis internas.
- A consideração da conduta como totalidade.
- A supremacia da aprendizagem significativa que supõe reorganização cognitiva e atividade interna.

Derivações da corrente da **Gestalt** *ou teoria do campo*

Wertheimer, Kofka, Köhler, Wheeler e Lewin são os principais representantes da interpretação gestaltista da aprendizagem. Supõem uma reação contra a orientação mecânica e atomista do associacionismo condutista. Consideram que a conduta é uma totalidade organizada. A compreensão parcelada e fracionária da realidade deforma e distorce a significação do conjunto. O todo – os fenômenos de aprendizagem e conduta – é algo mais do que a soma e justaposição linear das partes. Tão importante ou mais do que entender os elementos isolados da conduta é a compreensão das relações de co-determinação que se estabelecem entre os mesmde formar uma totalidade significativa. As forças que rodeiam os objetos, as relações que os ligam entre si, definem realmente suas propriedades funcionais, seu comportamento.

Apoiando-se nestes pressupostos, chegam assim a definir o conceito de campo (transferência do âmbito da física para o terreno da psicologia) como o mundo psicológico total em que opera a pessoa num determinado momento. É este conjunto de forças que interage ao redor do indivíduo o responsável pelos processos de aprendizagem. Consideram a aprendizagem como um processo de doação de sentido, de significado, às situações em que o indivíduo se encontra. Sob as manifestações observáveis se desenvolvem processos de discernimento e de busca intencional de objetivos e metas. O indivíduo não reage de forma cega e automática aos estímulos e pressões do meio objetivo, reage à realidade tal como a percebe subjetivamente. Sua conduta responde à sua compreensão das situações, ao significado que confere aos estímulos que configuram seu campo vital em cada momento concreto.

É necessário ressaltar a extraordinária riqueza didática que se aloja na teoria do campo. A interpretação holística e sistêmica da conduta e a consideração das variáveis internas como portadores de significação são de um valor inestimável para a regulação didática da aprendizagem humana na escola. Por outro lado, as leis da aprendizagem nesta teoria, ainda que sejam mais difusas e imprecisas, permitem uma explicação dos tipos mais complexos e superiores de aprendizagem. Os tipos de aprendizagem representacional, de conceitos, de princípios, de solução de problemas exigem a intervenção como mediadores das estruturas cognitivas que implicam operações cujo denominador comum é a compreensão significativa das situações.

Além disso, a importância que as teorias do campo concedem ao significado como eixo e motor de toda aprendizagem supõe a primazia da motivação intrínseca, da aprendizagem desejada, auto-iniciada, apoiada no interesse por resolver um problema, por estender a clareza e o significado a parcelas cada vez mais amplas do espaço vital, do território onde o indivíduo vive, onde satisfaz suas múltiplas e diversas necessidades. A motivação emerge das solicitações e exigências da própria existência, da necessidade de aprendizagem para compreender e agir racionalmente na troca adaptativa com o meio sócio-histórico e natural. A aprendizagem transforma-se num instrumento de desenvolvimento do aperfeiçoamento das capacidades intelectuais e da sobrevivência que permitem a expansão criadora da vida individual e coletiva.

A organização didática do ensino deverá levar em conta esta dimensão global e subjetiva dos fenômenos de aprendizagem. É todo um espaço vital do sujeito que se põe em jogo em cada momento. Não é um problema de mais ou menos conhecimentos, da quantidade de informação acumulada na reserva do indivíduo. Trata-se da orientação qualitativa de seu desenvolvimento, do aperfeiçoamento de seus instrumentos de adaptação e intervenção criativa, da clarificação e conscientização das forças e fatores que configuram seu específico espaço vital.

Apesar da riqueza didática destas posições, em minha opinião é imprescindível assinalar os pontos fracos que exigem um desenvolvimento mais satisfatório:

– *Em primeiro lugar*, existe um certo descuido da verificação empírica das hipóteses tão ricas e fecundas que entranham as teorias do campo. O desenvolvimento da especulação, de constructos hipotéticos e esquemas formais exige o complemento de uma rigorosa comprovação empírica de seus pontos mais significativos e de suas hipóteses mais aventuradas, se requer a busca de evidências em que apoiar tão sugestivas colocações.

– *Em segundo lugar*, parece arriscado estabelecer um rigoroso isomorfismo entre percepção e aprendizagem. A percepção é apenas o primeiro e fundamental passo dos complexos processos de aprendizagem que, sem dúvida, implicam fenômenos de associação e recompilação.

– *Em terceiro lugar*, é importante assinalar uma tendência a interpretar a aprendizagem em termos de percepção, recepção significativa, esquecendo de certa forma a importância da atividade, das ações e operações subjetivas na hora de fixar aquisições e de reformular os esquemas cognitivos. Ao fugir dos exageros do mecanicismo condutista, focaliza quase que exclusivamente a dimensão cognitiva e perceptiva do indivíduo, descuidando o importante mundo do comportamento.

– *Em quarto lugar*, a necessária reação frente à concepção mecanicista e atomista da aprendizagem não tem por que supor o desprezo de todas as descobertas realizadas pela investigação analítica. Concretamente, certos experimentos de condicionamento esclarecem de forma importante os processos de algum tipo de aprendizagem que a criança realiza na primeira infância, bem como lança luz sobre aspectos parciais da dinâmica emocional que acompanha toda aprendizagem.

As contribuições da psicologia genético-cognitiva

É realmente difícil e comprometedor realizar uma síntese, com a brevidade que este capítulo requer, de uma corrente tão rica, tão estruturada e tão fecunda como a psicologia psico-cognitiva. Desde o inestimável trabalho e a incomparável clarividência de Piaget e da Escola de Genebra que se formou ao seu redor, a extraordinária potência teórica dos princípios e proposições desta corrente não deixaram de se impor e se desenvolver, desde o começo do segundo terço do século XX até nossos dias. Piaget, Inhelder, Bruner, Flavell, Ausubel etc. são os representantes desta vasta e fecunda corrente. Em nossa opinião, os resultados teóricos de suas investigações são hoje em dia imprescindíveis para compreender a complexidade da aprendizagem humana.

Desde os postulados defendidos pela Gestalt, parece óbvia a necessidade de esclarecer o funcionamento da estrutura interna do organismo como mediadora dos processos de aprendizagem. O importante não é afirmar a existência de tal instância mediadora, o verdadeiramente urgente é estudar sua estrutura, sua gênese, seu funcionamento. A psicologia genético-cognitiva enfrenta cara a cara o problema e apresenta certos princípios de explicação. O que é, como funciona e como se cria essa instância mediadora? Resumiremos a seguir os postulados mais relevantes desta importante corrente do pensamento psicológico.

– A aprendizagem como aquisição não-hereditária no intercâmbio com o meio é um fenômeno incompreensível sem sua vinculação à dinâmica do desenvolvimento interno. As estruturas iniciais condicionam a aprendizagem. A aprendizagem provoca a modificação e transformação das estruturas que, ao mesmo tempo, uma vez modificadas, permitem a realização de novas aprendizagens de maior riqueza e complexidade. A gênese mental pode ser representada como movimento dialético de evolução em espiral. No centro deste processo se encontra a atividade. A aprendizagem é tanto um fator como um produto do desenvolvimento. De qualquer forma, é um processo de aquisição no intercâmbio com o meio, mediatizado por estruturas reguladoras no princípio hereditárias, posteriormente construídas com a intervenção de aquisições passadas.

– As estruturas cognitivas são os mecanismos reguladores aos quais se subordina a influência do meio. São o resultado de processos genéticos. Não surgem num momento sem algum motivo, nem são o princípio imutável de todas as coisas. Também se constroem em processos de troca. Por isso, denomina-se estas posições como *construtivismo genético.*

– São dois os movimentos que explicam todo processo de construção genética: *a assimilação,* processo de integração, inclusive forçada e deformada, dos objetos ou conhecimentos novos às estruturas velhas, anteriormente construídas pelo indivíduo; e *a acomodação,* a reformulação e a elaboração de estruturas novas como conseqüência da incorporação precedente. Ambos os movimentos constituem a *adaptação ativa* do indivíduo que atua e reage para *compensar as perturbações* geradas em seu equilíbrio interno pela estimulação do ambiente.

– A vinculação entre aprendizagem e desenvolvimento leva ao conceito de "nível de competência". Em franca oposição à interpretação condutista, Piaget considera que, para que o organismo seja capaz de dar uma resposta, é necessário supor um grau de sensibilidade específica às incitações diversas do meio. Este grau de sensibilidade ou nível de competência se constrói no curso do desenvolvimento, da história do indivíduo a partir das aquisições da aprendizagem.

– O conhecimento não é nunca uma mera cópia figurativa do real, é uma elaboração subjetiva que desemboca na aquisição de representações organizadas do real e na formação de instrumentos formais de conhecimento. O conteúdo e a forma é uma decisiva distinção psicológica para as formulações normativas da didática. Ao distinguir os aspectos figurativos (conteúdo) dos aspectos operativos (formais) e ao subordinar os primeiros aos segundos, Piaget estabelece as bases para uma concepção didática baseada nas ações sensório-motoras e nas operações mentais (concretas e formais). Uma concepção que subordina a imagem e a intuição à atividade e operação, já que as formas do conhecimento, as estruturas lógicas que podem se aprofundar nas transformações do real são o resultado não dos objetos mas da coordenação das ações que o indivíduo exerce ao manipular e explorar a realidade objetiva.

> "Existe um verbalismo da imagem como há um verbalismo da palavra, quando se esquece a primazia irredutível da atividade espontânea e da investigação pessoal e autônoma (...) A operação é irredutível para as formas perceptíveis ou imaginadas" (Piaget, 1973, p. 88-89).

– Piaget não enfatiza apenas a primazia da ação. Também, e principalmente, todos os processos cognitivos adquirem novas dimensões. A percepção, a representação simbólica e a imaginação, têm implícito um componente de atividade física, fisiológica ou mental. Em todas estas tarefas há uma participação ativa do sujeito nos diferentes processos de exploração, de seleção, de combinação e de organização das informações.

É evidente que Piaget define a primazia da atividade orientada, organizada, não de uma atividade arbitrária, cega, sem sentido:

> "Construir estruturas estruturando o real. Só se compreende um fenômeno reconstruindo as transformações das quais é o resultado e, para reconstruí-las, é necessário ter elaborado uma estrutura de transformação" (p. 37).

A atividade, será a constante de todo tipo de aprendizagem, desde a que acontece na etapa sensório-motora até a que culmina com as operações formais. De qualquer forma, os conteúdos figurativos podem ser adquiridos mediante observação ou recepção, mas os aspectos operativos do pensamento só se configuram a partir das ações e da coordenação das mesmas. São estes aspectos operativos que caracterizam os níveis superiores do pensamento, da conduta intelectual do homem.

– Dentro deste processo dialético, que explica a gênese do pensamento e da conduta, são quatro os fatores principais que, segundo Piaget, intervêm no desenvolvimento das estruturas cognitivas e que a regulação normativa da aprendizagem não pode de modo algum ignorar: maturação, experiência física, interação social e equilíbrio.

Levando em conta estas colocações, cabe destacar sete conclusões de decisiva importância para facilitar e orientar a regulação didática dos processos de ensino-aprendizagem:

– *Em primeiro lugar*, o caráter *construtivo* e dialético de todo processo de desenvolvimento individual. O conhecimento e o comportamento são o resultado de processos de construção subjetiva nas trocas cotidianas com o meio circundante. A criança e o adulto constroem seus esquemas de pensamento e ação sobre os esquemas anteriormente elaborados e como conseqüência de suas interações com o mundo exterior. Dessa forma, os processos educativos preocupados em estimular e orientar o desenvolvimento podem ser concebidos como processos de comunicação que estimulam os intercâmbios do indivíduo com o meio físico e psicossocial que o rodeia.

– *Em segundo lugar*, a enorme significação que tem para o desenvolvimento das capacidades cognitivas superiores a *atividade* do aluno/a, desde as atividades sensório-motoras de discriminação e manipulação de objetos, até as complexas operações formais. Estas são atividades – que constituirão o objeto da prática na Escola Infantil – as responsáveis em grande medida pelo desenvolvimento sa-tisfatório dos instrumentos formais do conhecimento.

– *Em terceiro lugar*, o espaço central que ocupa a linguagem como instrumento insubstituível das operações intelectuais mais complexas. Os níveis superiores do pensamento exigem um instrumento de expressão, um veículo de transporte que permita a variabilidade e a reversibilidade operacional. A falta de um desenvolvimento satisfatório deste instrumento é um *handicap* permanente para o exercício do pensamento formal.

– *Em quarto lugar*, a importância do *conflito cognitivo* para provocar o desenvolvimento do aluno/a. A criança progride questionando suas construções e esquemas cognitivos anteriores com os quais entendia a realidade. Sua interpretação necessariamente limitada e restrita da realidade cria esquemas de pensamento necessariamente deficientes, pois são parciais e limitados. O progresso requer o conflito cognitivo, a percepção da discrepância entre seus esquemas e a realidade ou as representações subjetivas da realidade elaboradas pelos demais. O conflito cognitivo pode ser perturbador e inibidor do desenvolvimento somente quando se converte de fora em *conflito afetivo*, quando se vinculam posições cognitivas com relações afetivas (por exemplo, entre as opiniões do pai ou da mãe, ou dos pais e dos professores/as) e se exige que a criança escolha vínculos afetivos quando somente deveria estar comparando e selecionando representações cognitivas.

– *Em quinto lugar*, a significação da *cooperação* para o desenvolvimento das estruturas cognitivas. A troca de opiniões, a comunicação de diferentes pontos de vista é a condição necessária para superar o egocentrismo do conhecimento infantil e permitir a descentração que exige a conquista da "objetividade".

– *Em sexto lugar*, a distinção e a vinculação entre desenvolvimento e aprendizagem. Nem toda aprendizagem provoca desenvolvimento. É necessário levar em conta a interação das aquisições, o aperfeiçoamento e transformação progressiva das estruturas e esquemas cognitivos. A acumulação de informações fragmentárias pode não configurar esquemas operativos de conhecimento e inclusive, algumas vezes, transformar-se em obstáculos ao desenvolvimento. A aprendizagem refere-se a conhecimentos particulares, enquanto que o pensamento e a inteligência são instrumentos gerais de conhecimento, interpretação e intervenção.

– *Em sétimo lugar*, a estreita vinculação das dimensões estrutural e afetiva da conduta. Como Piaget afirma:

> "não existe estrutura alguma (cognição) sem um elemento ativador (motivação) e vice-versa. A motivação está sempre conectada com um nível estrutural (cognoscitivo) determinado" (Piaget, 1970).

Na exposição das colocações da psicologia dialética, e no capítulo seguinte, aparecem algumas críticas às posições piagetianas e suas implicações didáticas.

A aprendizagem significativa de Ausubel

As contribuições de Ausubel, apesar de, ou precisamente por, sua restrição a um espaço concreto, mas crítico, do âmbito da aprendizagem, são muito importantes para a prática didática. Ausubel aborda a aprendizagem escolar, que para ele é fundamentalmente "um tipo de aprendizagem que se refere a corpos organizados de material significativo" (Ausubel,1976). Centra sua análise na explicação da aprendizagem de corpos de conhecimentos que incluem conceitos, princípios e teorias. É a pedra fundamental do desenvolvimento cognitivo do homem e o objeto prioritário da prática didática.

A aprendizagem significativa, seja por recepção, seja por descoberta, opõe-se à aprendizagem mecânica, repetitiva, memorialística. Compreende a aquisição de novos significados. Agora, esta operação requer certas condições precisas em que Ausubel se detém e se preocupa em identificar:

> "A essência da aprendizagem significativa reside em que as idéias expressadas simbolicamente são relacionadas de modo não-arbitrário, mas substan-

cial, com o que o aluno/a já sabe. O material que aprende é potencialmente significativo para ele" (p. 57).

Assim, a chave da aprendizagem significativa está na vinculação substancial das novas idéias e conceitos com a bagagem cognitiva do indivíduo.

São duas as dimensões que Ausubel distingue na significação potencial do material de aprendizagem:

– *Significação lógica*: coerência na estrutura interna do material, seqüência lógica nos processos e conseqüência nas relações entre seus elementos componentes.

– *Significação psicológica*: que seus conteúdos sejam compreensíveis desde a estrutura cognitiva que o sujeito que aprende possui .

A potencialidade significativa do material é a primeira condição para que se produza a aprendizagem significativa. O segundo requisito é a disposição positiva do indivíduo em relação à aprendizagem. Uma disposição tanto conjuntural ou momentânea quanto permanente ou estrutural. Esta segunda condição se refere ao componente motivacional, emocional, de atitude, que está presente em toda aprendizagem. Evidentemente, isto também está presente nos tipos de aprendizagem de nível superior, como os que Ausubel destaca em seus trabalhos.

Como se pode comprovar na Figura 2.1, a aprendizagem significativa requer condições precisas quanto a três dimensões: lógica, cognitiva e afetiva. O núcleo central desta teoria da aprendizagem reside na compreensão da união do material novo com os conteúdos conceituais da estrutura cognitiva do sujeito. "A estrutura cognitiva do aluno/a deve incluir os requisitos de capacidade intelectual, conteúdo ideativo e antecedentes experienciais" (Ausubel, 1972, p. 72).

O importante nas contribuições de Ausubel é que sua explicação da aprendizagem significativa implica a relação indissociável de aprendizagem e desenvolvimento. Por isso, ajuda a esclarecer os processos de construção genética do conhecimento. Na verdade, para Ausubel os novos significados não são as idéias ou conteúdos objetivos apresentados e oferecidos à aprendizagem mas produto de um intercâmbio, de uma fusão. Os novos significados são criados na interação da nova idéia, ou conceito potencialmente significativo, com as idéias pertinentes, que o aluno/a já possui de sua estrutura cognitiva. É evidente, segundo Ausubel, que a bagagem de idéias do indivíduo é enriquecida e modificada sucessivamente com cada nova incorporação.

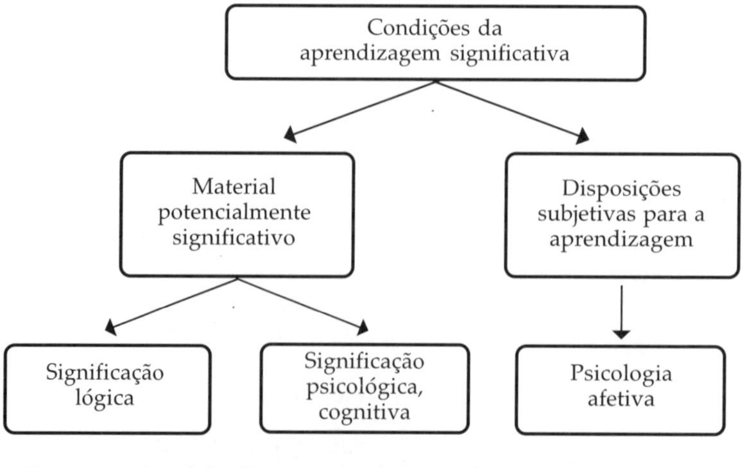

Figura 2.1. Modelo de aprendizagem significativa de Ausubel.

O significado psicológico dos materiais de aprendizagem é idiossincrático, experiencial, histórico, subjetivo. Cada indivíduo capta a significação do material novo em função das peculiaridades historicamente construídas de sua estrutura cognitiva. A potencialidade significativa do material encontra-se subordinada em cada indivíduo às características de sua bagagem cognitiva. Deste modo, o planejamento didático de todo processo de aprendizagem significativa deve começar por conhecer a peculiar estrutura ideativa e mental do indivíduo que realizará as tarefas de aprendizagem.

Como se produz a vinculação do material novo com os conteúdos ideativos de cada indivíduo? Ausubel considera que a estrutura cognitiva de cada sujeito evidencia uma *organização hierárquica e lógica*, na qual cada conceito ocupa um lugar determinado em função de seu nível de abstração, de generalização e capacidade de incluir outros conceitos. Assim, na aprendizagem significativa "adquire-se os significados de idéias e proposições num processo de inclusão correlativa em estruturas mais genéricas. Aprendizagem de idéias incluintes ou incluídas" (Ausubel, 1970). Desta maneira, a aprendizagem significativa produz ao mesmo tempo a estruturação do conhecimento prévio e a extensão de sua potencialidade explicativa e operativa. Provoca sua organização, seu afiançamento ou sua reformulação em função da estrutura lógica do material que se adquire, sempre que existam as condições para sua assimilação significativa.

O material aprendido de forma significativa é menos sensível às interferências a curto prazo e muito mais resistente ao esquecimento, porque não se encontra isolado, mas assimilado a uma organização hierárquica dos conhecimentos que se referem à própria área temática. A aprendizagem anterior e posterior não só não interferirá, como, pelo contrário, reforçará a significação e importância da aprendizagem atual, sempre e quando continue sendo válida dentro do conjunto hierárquico. Uma aprendizagem desse tipo parece funcionar à base de *organizadores*, de idéias gerais com forte capacidade de inclusão e esquemas processuais, que indicam a estrutura da hierarquia e a seqüência de seu funcionamento. Assim, a realização desta aprendizagem pode se favorecer desde fora, sempre que se *organize* o material de uma forma lógica e hierárquica e se apresente em seqüências ordenadas em função de sua potencialidade de inclusão.

Também a transferência é favorecida de forma importante por este tipo de aprendizagem. Para Ausubel, a transferência e a capacidade para realizá-la está em relação direta com a quantidade e qualidade das idéias estruturadas que o aluno/a possui. Uma estrutura rica em conteúdos e corretamente organizada manifesta uma potente capacidade de transferência, tanto de aplicação a múltiplas situações concretas (transferência lateral), quanto de solução de problemas e formulação de novos princípios a partir dos já possuídos (transferência vertical).

Nenhum destes resultados pode ser alcançado na aprendizagem, repetitiva, memorialística e sem sentido. Neste tipo de aprendizagem, a aquisição é penosa e rotineira, a retenção está repleta de interferências e a transferência é de caráter mecânico, restrita às situações com elementos estritamente idênticos àquelas em que se aprendeu o material.

O problema abordado por Ausubel é a explicação da aprendizagem por descoberta, que ele parece subordinar à aprendizagem por recepção. Os organizadores formais que servem para explicar a compreensão de novos conteúdos significativos e a solução de problemas são, enfim, estratégias de funcionamento do pensamento, estratégias de análise, diferenciação, assimilação e organização do assimilado. É difícil compreender e aceitar como a formação destas estratégias é explicada mediante a simples atividade interna que a aprendizagem receptiva requer. Ausubel afirma, e com razão, que o processo de aquisição de significados é um processo ativo, mas, em nossa opinião, requer um tipo de atividade intelectual diferente da aprendizagem por descoberta, já que, para ambas são exigidos princípios explicativos e condições para realização diferentes. As habilidades de investigação e solução de problemas requerem a prática, a participação ativa do indivíduo, a busca real, e não a mera organização do recebido significativamente. O modelo de estratégia didática que as proposições de Ausubel sugerem é excessivamente racionalista, estático e receptivo, o que indica importantes problemas, especialmente quando a intervenção educativa acontece em contextos culturais muito distanciados das exigências conceituais das disciplinas do saber, e o principal desafio didático consiste em interessar ativamente os alunos/as nos conteúdos do currículo.

De qualquer forma, pode-se afirmar que, apesar das limitações anotadas, a importância didática das contribuições de Ausubel é francamente extraordinária naquele reduzido e significativo espaço da aprendizagem que foi seu objeto de pesquisa: a aprendizagem significativa de materiais verbalmente recebidos.

O ponto de vista da psicologia dialética

Sob a orientação dos princípios psicológicos do materialismo dialético se desenvolve uma psicologia que durante todo nosso século produziu e continua produzindo contribuições de interesse para o campo da aprendizagem e do desenvolvimento cognitivo.

A escola soviética

Vygotsky, Luria, Leontiev, Rubinstein, Liublinsckaia, Talyzina, Galperin são, entre outros, os representantes mais significativos da escola soviética.

No tema que abordamos, a primeira proposição que é preciso considerar, já que condiciona as restantes, é a concepção dialética da relação entre aprendizagem e desenvolvimento. A validade dos estudos que a psicologia da aprendizagem realiza como independentes da análise do desenvolvimento é recusada dentro desses postulados. Para a psicologia soviética a aprendizagem está em função da comunicação e do desenvolvimento. Do mesmo modo, este último não é um simples desdobramento de caracteres pré-formados na estrutura biológica dos genes, mas o resultado do intercâmbio entre a informação genética e o contato experimental com as circunstâncias reais de um meio historicamente constituído.

O psiquismo e a conduta intelectual adulta é o resultado de uma peculiar e singular *impregnação social do organismo* de cada indivíduo. Essa impregnação não é um movimento unilateral, mas evidentemente dialético.

> "A atividade psíquica constitui uma função do cérebro e um reflexo do mundo exterior, porque a própria atividade cerebral é uma atividade reflexa condicionada pela ação deste mundo" (Rubinstein, 1967, p. 187).

Será necessário, para compreender qualquer fenômeno de aprendizagem, determinar o nível de desenvolvimento alcançado em função das experiências prévias. Isso implica considerar o grau de complexidade alcançado pelas estruturas funcionais do cérebro. Na perspectiva didática, o nível de desenvolvimento alcançado não é um ponto estável, mas um amplo e flexível intervalo. Esta é uma das contribuições mais significativas de Vygotsky (1973).

> "O desenvolvimento potencial da criança abrange desde sua capacidade de atividade independente até sua capacidade de atividade imitativa ou guiada" (Vygotsky, 1973).

É muito importante a compreensão deste princípio, *área de desenvolvimento potencial* ou *zona de desenvolvimento proximal*, pois é precisamente o eixo da relação dialética entre aprendizagem e desenvolvimento. Este tem uma dinâmica perfeitamente fluida, dentro de certos limites, pelas intervenções precisas da aprendizagem guiada intencionalmente. O que a criança pode fazer hoje com ajuda, favorece e facilita que o faça sozinha amanhã.

> "A aprendizagem cria uma área de desenvolvimento potencial, estimula e ativa processos internos no marco das inter-relações, que se transformam em aquisições internas" (Vygotsky, 1973, p. 57).

Em evidente oposição a Piaget, Vygotsky chega a afirmar que o desenvolvimento segue à aprendizagem, já que esta é quem cria a área de desenvolvimento potencial.

É justamente esta concepção dialética da aprendizagem e do desenvolvimento que produz a divergência em relação à teoria genética de Piaget e, em particular, sua oposição à concepção de etapas do desenvolvimento. Para a psicologia dialética, a concepção piagetiana das etapas é, antes de mais nada, uma descrição que uma explicação do desenvolvimento. É uma formulação baseada nas manifestações aparentes e relativamente estáveis do desenvolvimento. Para a explicação da evolução da criança não importa muito se o indivíduo passou pela etapa simbólica e já se encontra na etapa operacional. O verdadeiramente definitivo é como cada indivíduo atravessou tais etapas, o que construiu nelas, que atividades realizou, etc. "As etapas não dependem diretamente da idade, mas do conteúdo concreto que a criança aprende a dominar" (Rubinstein, 1967, p. 193), ou seja, as crianças não se diferenciam apenas no ritmo de seu desenvolvimento. Sob a aparente semelhança que concede a permanência numa mesma etapa do desenvolvimento, a diferenciação individual consiste na orientação concreta que o indivíduo toma.

No entanto, é necessário indicar que, para a psicologia soviética, não são somente a atividade e a coordenação das ações que o indivíduo realiza as responsáveis pela formação das estruturas formais da mente, mas também a *apropriação da bagagem cultural,* que é produto da evolução histórica da humanidade que se transmite na relação educativa. As conquistas históricas da humanidade que se comunicam de geração em geração não só implicam conteúdos, conhecimentos da realidade espaço temporal ou cultural, mas também supõem formas, estratégias, modelos de conhecimento, de investigação, de relação..., que o indivíduo capta, compreende, assimila e pratica. Por isso, a psicologia soviética ressalta o valor da *instrução,* da *transmissão educativa,* da *atividade tutorada,* mais do que a atividade experimental da criança por si só.

De modo coerente com a proposição anterior, a escola soviética concede uma importância fundamental ao desenvolvimento da linguagem, pois *a palavra é o instrumento mais rico para transmitir a experiência histórica da humanidade.* Como opina Bogoyavlensky (1973), podemos afirmar uma dependência do desenvolvimento fisiológico em relação ao psicológico, sobretudo quando a criança, por meio da palavra, começa a assimilar a experiência histórica do gênero humano. A linguagem, pois, é o instrumento prioritário de transmissão social. Luria afirma que por meio da linguagem, da generalização verbal, a criança se torna dona de um novo fator de desenvolvimento, a aquisição da experiência humana social... A linguagem é assimilada na comunicação que desenvolve com os adultos e logo se transforma, de forma estável, de meio de generalizações em instrumento de pensamento e em instrumento para regular o comportamento (Luria, 1973).

Por outro lado, também para a psicologia soviética, e como conseqüência de seu caráter construtivista, a atividade do indivíduo é o motor fundamental do desenvolvimento (Galperin, Leontiev, etc.). No entanto, não se concebe a atividade única, nem principalmente, como o intercâmbio isolado do indivíduo com seu meio físico, mas como a participação em processos, geralmente em grupo, de busca cooperativa, de intercâmbio de idéias e concepções e de ajuda na aprendizagem, na aquisição da riqueza cultural da humanidade.

Além disso, tampouco a experiência física que a criança realiza pode ser considerada, dentro desta perspectiva, como uma experiência neutra, carente de significado social. Pelo contrário, a escola soviética considera que toda experiência ocorre num mundo humanizado, com características que sustentam uma real intencionalidade sócio-histórica subjacente às manifestações e ordenações dos elementos com que a criança ingenuamente experimenta. Dentro deste mundo objetivo mediatizado, condicionado e humanizado pelo homem inicia-se o desenvolvimento mental psíquico da criança (Leontiev, 1973). Quando este se põe em contato com objetos materiais não só se interage com cores, formas, espaços, volumes, pesos e demais características físicas dos objetos e instrumentos, como se põe em contato também com a intencionalidade social subjacente à sua construção, bem como com a funcionalidade social com a qual se utiliza tal objeto ou artefato nos processos de uso ou intercâmbio.

Se a criança em suas trocas espontâneas com o meio físico e psicossocial se põe em contato com o sentido dos objetos, dos artefatos, das instituições, dos costumes e todo tipo de produções sociais, é de se pensar que a escola, de forma sistemática, cuide a aquisição mais depurada e organizada do substrato de idéias, significados e intencionalidade que configuram a estrutura social e material da comunidade na qual se desenvolve a vida do futuro cidadão/dã.

A escola de Wallon (Wallon, Zazzo, Merani)

A psicologia genético-dialética francesa de Wallon reafirma os postulados principais da escola soviética. Também para ele a aprendizagem é incompreensível sem sua localização dentro do processo de desenvolvimento, e o desenvolvimento é um conceito metafísico se não o explicarmos a partir da aprendizagem realizada no intercâmbio do organismo com meio. A diferenciação progressiva do psiquismo, que constitui o desenvolvimento, é função dos fenômenos de aprendizagem.

O importante para Wallon é explicar a passagem do orgânico para o psicológico. Uma transmissão que acontece mediante a impregnação social do psíquico. Do orgânico ao psíquico ocorre uma verdadeira gênese, presidida e condicionada pela penetração social. Não se poderia reduzir o psíquico ao orgânico, nem explicá-lo sem ele. Para Wallon, existem quatro elementos que explicam a passagem do orgânico para o psíquico: a emoção, a imitação, a motricidade e o *socius*.

Dentro desta teoria é particularmente importante, por suas repercussões pedagógicas, o papel que atribui à *emoção* enquanto constitui o vínculo do orgânico e do social para gerar o psiquismo. A emoção, num primeiro momento, é uma expressão corporal de um estado interno, mas paulatinamente vai adquirindo o caráter de comunicação, de intercâmbio de mensagens entre indivíduos. Esta passagem provoca as primeiras representações, figurações, que adquirirão consistência e ampliação nos movimentos da imitação diferida. De qualquer modo, a emoção comunicada exige a relação entre significante e significado, o primeiro momento do processo representacional (Wallon, 1975). Desde a origem, o pensamento vincula-se com aspectos emotivos, afetivos, com os quais estabelecerá um discurso permanente cheio de contradições e apoios. A importância que Wallon atribui à motivação intrínseca não é mais do que a expressão da natureza de suas concepções genéticas.

A dissociação entre afetividade e pensamento é metodológica, artificial e não pode transformar-se num princípio de procedimento na escola. Toda a atividade cognitiva da criança implica, em sua origem, seu desenvolvimento, ou sua conclusão, inevitáveis componentes afetivos que por si mesmos impulsionam a aprendizagem. Quando o ensino recorre a motivações extrínsecas é preciso perguntar-se o quanto separadas estão as tarefas empreendidas da realidade vital que preocupa o sujeito.

Se a conduta é explicada pelas condições de sua gênese, a tarefa principal da prática pedagógica na escola será procurar as condições satisfatórias que provoquem um pensamento, uma forma de sentir e uma conduta desejadas. No entanto, não se pode esquecer, para não cair no criticado condutismo, que parte destas condições é de natureza interna, e em nenhum momento pode ser ignorada. A penetração social do biológico produz um novo e superior nível de realidade que funciona de forma autônoma com seus próprios ritmos e leis. As estruturas psicológicas serão desde agora a variável mais importante da aprendizagem, tendo sempre presente que tais estruturas são redes complexas e interativas de pensamento, emoção e atividade.

É importante a contribuição do esquecido Wallon, já que a tendência intelectualista, generalizada na escola contemporânea, parece ignorar os determinantes afetivos e emotivos do pensamento e da conduta do aluno/a. Como veremos no próximo capítulo, este é o melhor modo de provocar no indivíduo uma aprendizagem artificial, acadêmica, e embora seja significativo é pouco relevante e útil para interpretar as características complexas e contraditórias da vida cotidiana e orientar as decisões que adotam sobre ela.

A aprendizagem como procedimento de informação

Desde os anos 60 se desenvolve uma perspectiva de extraordinária importância para a explicação psicológica da aprendizagem. Essa perspectiva, que integra contribuições do modelo condutista, dentro de um esquema fundamentalmente cognitivo, ao ressaltar a importância das estruturas internas que mediatizam as respostas conseguiu chamar a atenção da maior parte das investigações atuais no campo da psicologia da aprendizagem e da didática. Sob suas orientações se estabelece o diálogo entre neocondutistas e as correntes atuais da aprendizagem cognitiva.

Neste sentido, e como exemplo deste diálogo e permeabilidade de posições entre neocondutistas e cognitivos, assim como de suas claras derivações didáticas, cabe ressaltar o trabalho de Gagné. Distingue oito tipos de aprendizagem, que, embora formem um contínuo cumulativo e hierárquico, devem se considerar na realidade como aprendizagens diferentes, pois necessitam condições distintas e acabam em resultados diversos. Estes tipos de aprendizagem exigem formas prévias mais simples como requisito para as mais complexas.

– *Aprendizagem de sinais*: aprender a responder a um sinal (Pavlov).

– *Aprendizagem estímulo-resposta*: aprendizagem de movimentos precisos nos músculos em resposta a estímulos ou combinações de estímulos muito precisos também (Skinner, Thordike).

– *Encadeamento*: conectar numa série duas ou mais associações de estímulo-resposta previamente adquiridas (Skinner, Gilbert).

– *Associação verbal*: variedade verbal de encadeamento (Underwood).

– *Discriminação múltipla*: conjunto de cadeias de identificação ao discriminar sucessivamente estímulos precisos e respostas específicas (Mowrer, Postman).

– *Aprendizagem de conceitos*: aprender é responder a estímulos como partes de conjuntos ou classe em função de suas propriedades abstratas (Bruner, Kendler, Gagné).

– *Aprendizagem de princípios*: aprendizagem de cadeias de dois ou mais conceitos, aprendizagem de relações entre conceitos (Berlyne, Gagné, Bruner).

– *Resolução de problemas*: aprendizagem da combinação, relação e manipulação coerente de princípios para entender e controlar o meio, solucionar problemas (Simon, Newell, Bruner, etc.).

É necessário dizer que Gagné, embora apresente e afirme a necessidade seqüencial dos oito tipos de aprendizagem, atribui muito maior importância à aprendizagem de conceitos, princípios e solução de problemas, por serem as aprendizagens características da instrução escolar e constituir o eixo do comportamento inteligente do homem (Gagné, 1970, 1975).

Modelos de aprendizagem baseados na perspectiva do processamento de informação e simulação do comportamento

Os modelos de processamento de informação como tentativa de explicar a conduta cognitiva do ser humano são relativamente recentes. Pode-se afirmar que são Newell, Shaw e Simon, em 1958, os precursores de uma nova orientação cognitiva nos trabalhos e nas pesquisas sobre os processos de aprendizagem. Uma recente orientação que está produzindo resultados interessantes no âmbito da memória e que conseguiu estabelecer o diálogo entre neo-condutistas, neopiagetianos e demais correntes cognitivas. Os trabalhos de Neisser, Adams, Lindsay, Norman, Anderson, Mayer, Bower, Pascual Leone, Mandler, Atkinson e os anteriormente citados Newell e Simon são uma pequena amostra da importância crescente desta nova perspectiva que conta com escassos 30 anos de existência.

O modelo de processamento de informação considera o homem como um processador de informação, cuja atividade fundamental é receber informação, elaborá-la e agir de acordo com ela. Isso significa que todo ser humano é um ativo processador de sua experiência mediante um complexo sistema no qual a informação é recebida, transformada, acumulada, recuperada e utilizada. Isso supõe que o organismo não responde diretamente ao mundo real mas à própria e mediada representação subjetiva do mesmo. Uma mediação que seleciona, transforma e, inclusive, distorce com freqüência o caráter dos estímulos recebidos. É claramente uma perspectiva cognitiva, enquanto implica a primazia dos processos internos, mediadores entre o estímulo e a resposta.

Levando em consideração as diferentes perspectivas e proposições que constituem este enfoque, podemos apresentar o seguinte modelo como representativo de suas concepções (Figura 2. 2).

Pode-se considerar um modelo de aprendizagem mediacional, no qual os elementos mais importantes de explicação são as instâncias internas, tanto estruturais quanto funcionais que medeiam estímulo e resposta. Os elementos estruturais são três:

– *Registro sensitivo*: que recebe informação interna e externa.
– *Memória a curto prazo*: que oferece breves armazenamentos da informação selecionada.
– *Memória a longo prazo*: que organiza e conserva disponível a informação durante períodos mais longos.

As quatro categorias de processamento ou programas de controle do processamento da informação são:

– *Atenção*: que trabalha com orientações seletivas e assimilações de estímulos específicos.
– *Codificação*: que implica a tradução para símbolos dos estímulos, de acordo com vários fatores (características físicas, semânticas).

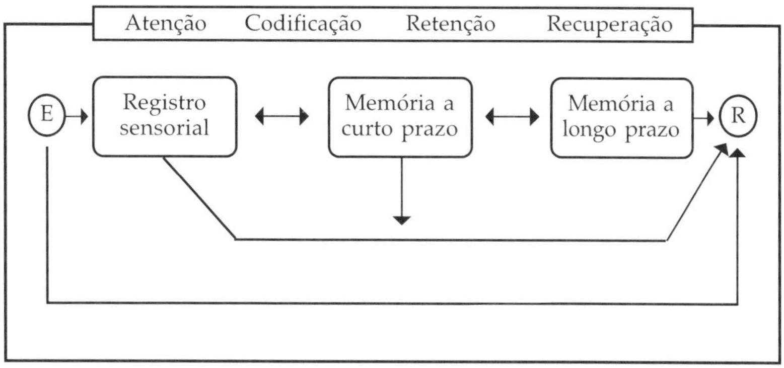

Figura 2.2. Modelo de processamento da informação de Mahoney (1974).

- *Armazenamento*: retenção organizada da informação codificada.
- *Recuperação*: que implica a utilização posterior da informação armazenada para guiar os resultados e as respostas.

O processamento da informação começa com os *processos de seleção* de estímulos que acontecem no registro sensitivo em virtude dos mecanismos de atenção. Explicar que estímulos se gravam e por quê, nesta primeira instância, supõe enfrentar os fenômenos de percepção e o papel das expectativas na seleção de estímulos... Parece que o contexto físico, o contexto temporal, a familiaridade do estímulo e as categorias conceituais propriamente ditas são os principais fatores que influem em nossa percepção.

Uma vez selecionada a informação, *codifica-se* e *armazena-se* por breves períodos de tempo na memória a curto prazo. Aqui também existem certos mecanismos que determinam o modo de armazenamento. Aceita-se, à luz dos trabalhos experimentais realizados, entre os quais se encontram os de Melton e Martin (1972), que o tempo de exposição do estímulo, a repetição, o lugar que o item ocupa numa série e os procedimentos mnemotécnicos, como sistemas de simplificação do material a ser retido, têm uma importância decisiva no que e no como da codificação e no armazenamento a curto prazo.

A retenção e a recuperação são os dois programas de controle que determinam o processamento da informação na memória a longo prazo. A retenção é um fenômeno dependente do modo que a informação foi codificada e assimilada ao material existente. *A recuperação*, por seu lado, é apresentada como um programa que implica ativos processos de reconstrução e organização idiossincrática e situacional do material recuperado, seguindo as propostas de Bartlet (1932) e Zangwill (1972).

Talvez, os fenômenos mais amplamente ressaltados (Tulving, Mandler, Bower, Coper) sejam os que se referem à *organização e significação* do material armazenado na memória a longo prazo. Isso implica que o armazenamento não se realiza de forma isolada e arbitrária, mas por assimilação significativa das novas informações aos próprios sistemas de categorias e significados previamente construídos. Os princípios propostos por Barlet afirmam que a memória implica um esforço em direção ao significado e à lembrança, uma construção –, a memória é construtiva, abstrata e baseada em significados.

Dessa forma, os componentes internos dos processos de aprendizagem constroem um sistema cognitivo organizado, de tal maneira que tanto as características das instâncias estruturais como os mecanismos dos processos de controle se criam e se transformam em virtude de seu próprio funcionamento ao processar a informação nos intercâmbios com o meio. Os esquemas, os conhecimentos, as especialidades e habilidades se formam num processo genético, e sua configuração pode e de fato se altera de algum modo ao longo do tempo, precisamente, pelos resultados dos processos posteriores de aprendizagem nos quais intervêm.

Podemos resumir as limitações mais importantes destas colocações desde a perspectiva didática nas seguintes proposições.

– *Primeira*, a debilidade do paralelismo entre a máquina e o homem. Como afirma Bower: "que uma máquina realize trabalho inteligente não significa, de modo algum, que o faça igual a nós" (Newell, Shaw e Simon, 1958, p. 437). Isso implica que as teorias derivadas da simulação do comportamento não são, em si mesmas, mais do que fonte de hipóteses e sugestões que serão examinadas no comportamento inteligente do homem. De nenhum modo podem supor em si teorias explicativas da aprendizagem humana, das quais se derivem diretamente normas e receitas de intervenção pedagógica.

Por outro lado, na própria evolução atual desta corrente, estabelece-se com força a polêmica da relação entre a consciência e o sistema computacional de assimilação e reação. No computador não existe mais do que o sistema computacional, um sistema algorítmico de representações simbólicas e regras ou instruções de atuação. Ninguém duvida de que no ser humano existe a consciência, o conhecimento do que se conhece e do próprio ato de conhecer. Além disso, é evidente também que tanto na percepção como na linguagem, ou na visão, por exemplo, foram identificados sistemas algorítmicos de processamento no homem; portanto, é necessário encontrar algum esquema de compreensão das interações que se produzem entre a consciência e os sistemas algorítmicos e mecânicos de atuação.

– *Segunda*, a importância da lacuna afetiva. No modelo de processamento da informação por simulação não existe a dimensão energética da conduta humana. As emoções, os sentimentos, a motivação, a interação, enfim, a personalidade, são fatores de capital importância na aprendizagem que recebem escassa ou nula consideração nestes modelos. Não se pode entender a aprendizagem escolar ignorando parcela tão definitiva do comportamento do aluno/a no grupo social da aula. Não há dúvida, também, que as colocações implícitas nestas teorias são propensas a descuidar da importância dos aspectos afetivos e motivacionais que intervêm em todo processo de aprendizagem. Não se pode simular o comportamento humano num computador e tampouco se pode pretender transferir, ponto por ponto, as características da conduta ali gerada, para explicar a aprendizagem ou qualquer outra atividade humana.

– *Terceira*, a exigência metodológica derivada da metáfora do computador e da pretensão de comparação experimental das hipóteses restringe o modelo à análise de um tipo de comportamento aparentemente racional. Este evitará normalmente as zonas mais ambíguas e difusas do pensamento, bem como as estratégias e os processos contraditórios do proceder mental do indivíduo. Por isso, a promissora potência explicativa e a virtualidade normativa desta perspectiva devem ser restringidas a seu específico campo de atenção, e complementadas com contribuições teóricas e modelos explicativos que dêem conta da importante intervenção dos aspectos afetivos e motivacionais na configuração da conduta em parte incerta e ambígua do aluno/a.

– *Quarta*. Suas propostas têm uma orientação claramente cognitiva, que parece ignorar a dimensão executiva e comportamental do desenvolvimento humano. Partindo do pressuposto da continuidade entre o conhecimento e a ação, processar corretamente a informação é aceito como o requisito imprescindível e suficiente para regular racionalmente a conduta. No entanto, na prática cotidiana e escolar, é bem conhecida a dissociação entre conhecimento e conduta entre o computador e o executor humano. Não existe uma relação linear entre o que uma pessoa diz, o que pensa e o que faz. Ao contrário do modo de processar a informação e executar as rotinas por parte da máquina, entre o conhecimento e a ação, no aluno/a intercalam-se complexos e contraditórios processos de tomada de decisões, entre os quais aparece com especial relevância a forma de sentir, o rico e complicado terreno das emoções, as tendências e as expectativas individuais e sociais.

No entanto, e levando em conta suas limitações, não há dúvida de que o desenvolvimento desta orientação é de capital importância para se entender a aprendizagem e a conduta inteligente do indivíduo e, naturalmente, para a elaboração de uma teoria e uma prática didáticas. O processamento de informação recupera a noção de mente, reintegra a informação subjetiva como um dado útil para a investigação e coloca em lugar privilegiado o estudo da memória ativa como explicação básica da elaboração de informação e, assim, da execução da atividade humana.

AS TEORIAS DA APRENDIZAGEM NA COMPREENSÃO E NAS PRÁTICAS EDUCATIVAS

O conceito de aprendizagem é um conceito prévio, um requisito indispensável para qualquer elaboração teórica sobre o ensino. No entanto, como veremos a seguir, a teoria e a prática didáticas necessitam de um corpo de conhecimentos sobre os processos de aprendizagem que cumpra duas condições fundamentais:

- Abranger, de forma integral e com tendência holística, as diferentes manifestações, processos e tipos ou classes de aprendizagem.
- Manter-se apegado ao real, sendo capaz de explicar não apenas fenômenos produzidos no laboratório, em condições especiais, mas também a complexidade dos fenômenos e processos da aprendizagem na aula, em condições normais da vida cotidiana.

O exame realizado ao longo das diferentes teoria da aprendizagem evidencia, de forma clara, não apenas a disparidade de enfoques, mas também, sobretudo, a existência de diferentes tipos de aprendizagem e a maior pertinência de cada uma das formulações teóricas para algumas classes determinadas. Está sem resolver a polêmica histórica entre a concepção unitária da aprendizagem e a consideração em sua existência de categorias bem diferenciadas. Toda teoria sobre a aprendizagem deverá explicar tanto as peculiaridades que identificam e distinguem diversas classes, quanto as características comuns subjacentes a estas e que justificam sua denominação como "processo de aprendizagem". É esta teoria, que integra sem simplificar, que distingue sem divorciar, que a prática pedagógica exige. Tanto para compreender como para orientar na escola os fenômenos de ensino-aprendizagem.

Podem, portanto, se distinguir diferentes tipos ou classes de aprendizagem (como, por exemplo, aprendizagem de sinais, de encadeamentos E-R, de conceitos, de princípios, etc.), porque neles podem acontecer diferentes processos, se necessitam distintas condições e se produzem resultados diversos.

Hoje em dia todo mundo sabe que o desenvolvimento teórico sobre os processos de aprendizagem não tem sido acompanhado de um progresso paralelo na prática, nem mesmo na teoria didática. De qualquer forma, é necessário reconhecer que a transferência não é questão de um movimento mecânico e que implica dificuldades e características que exigem uma investigação adicional. Analisaremos a seguir algumas das razões que podem explicar esta defasagem, tanto entre a teoria do desenvolvimento psicológico do homem e a teoria didática quanto entre a teoria e a prática didáticas.

1) As teorias da aprendizagem, como vimos nas páginas anteriores, são aproximações seguidamente parciais e restritas a aspectos e áreas concretas da aprendizagem. Dificilmente constituem um corpo integrado de conhecimentos capazes de explicar o sentido global dos fenômenos complexos que ocorrem na aprendizagem escolar, desde a influência dos fatores materiais, pessoais e metodológicos da instituição escolar até as influências semi-ocultas da experiência extra-escolar; desde a caracterização da dimensão cognitiva até a identificação da incidência afetiva. A teoria didática exige, para a regulação intencional dos fenômenos de aprendizagem, um corpo explicativo mais completo e integral.

2) A maioria das teorias da aprendizagem adquiriram seus princípios explicativos a partir da redução das complexas variáveis da aprendizagem escolar que se realiza na investigação de laboratório. Justamente o rigor da investigação experimental, apoiada na epistemologia positivista, baseia-se na simplificação das situações reais, no controle da neutralidade ou iniciativa de certas variáveis, para comprovar os efeitos das mudanças que a manipulação de uma variável exerce em outra. Estas situações artificiais dificilmente podem se reproduzir no ambiente "natural" da aula ou no extra-escolar.

A didática necessita de teorias que se aproximem ao que acontece em situações reais nas quais se produz a aprendizagem de forma sistemática ou de modo informal. A solução não está em prescindir da investigação do laboratório uma investigação analítica e rigorosa de capital importância. Em nossa opinião, a defasagem e a inadequação podem ser resolvidas sempre que a aprendizagem seja abordada por amplos programas de investigação natural, que respeitem a complexidade, a riqueza, a ambigüidade e, inclusive, a contradição da realidade. Dentro destes se deve realizar experimentos de laboratório, o mais concretos e específicos que precisem ser, cujas conclusões sejam interpretadas dentro – e nunca fora e de forma isolada – da lógica e do significado do sistema ecológico que compõem as interações dos alunos/as na instituição escolar.

Não podemos esquecer que a situação dentro da qual se estuda um problema, o configura e caracteriza de forma peculiar. Para compreender a aprendizagem que a criança realiza na aula, e poder extrair hipóteses e princípios que possam reverter na compreensão e orientação mais correta dos fenômenos de aprendizagem, é necessário que a investigação se realize no clima peculiar e característico que se produz na sala de uma instituição escolar. Somente assim se pode levar em conta tanto os fatores e variáveis que intervêm quanto a singularidade dos próprios processos cognitivos e afetivos envolvidos na aprendizagem.

No entanto, é verdade que não se pode elaborar uma teoria para cada caso particular. Uma teoria é um esquema formal que integra um corpo genérico de conhecimentos. Mas o que se pode exigir de uma *teoria compreensiva* é que sua estrutura formal, a lógica de suas proposições e seu conteúdo fático sejam suficientemente amplos e flexíveis para dar espaço *não apenas à explicação do comum e homogêneo, mas também ao diferencial e específico*. Este esquema formal amplo e flexível emergirá das situações naturais para abranger a complexidade e variedade dos diferentes contextos. De qualquer forma, se pretendemos compreender a singularidade dos fenômenos de aprendizagem que ocorrem no marco escolar, em cada criança ou grupo, devemos utilizar o conhecimento disponível como ferramentas mentais, como hipóteses de trabalho que orientam a busca e indagação, e não como princípios fixos de explicação, ou como normas inalteráveis de atuação.

3) A aprendizagem escolar é um tipo de aprendizagem peculiar, por se produzir dentro de uma instituição com uma clara função social, onde a aprendizagem dos conteúdos do currículo transforma-se no fim específico da vida e das relações entre os indivíduos que formam o grupo social.

Por um lado, como afirma Doyle (1977), os intercâmbios que se produzem no espaço escolar estão presididos pelo caráter avaliador que a instituição tem. A comunicação, a troca de significados, a aprendizagem de conteúdos, as formas, as expectativas e as condutas encontram-se profundamente mediatizados pela função avaliadora da escola. Esta legitima a aquisição do conhecimento que se considera válido socialmente e que se pode utilizar no futuro como valor de troca nas transações profissionais, comerciais e pessoais. Por isso, condiciona e artificializa as atividades e processos de aprendizagem, em virtude de seu valor na troca de atuações do aluno/a por qualificações do professor/a.

Por outro lado, como afirmam Scribner e Cole (1982), a aprendizagem escolar é uma aprendizagem fora de contexto. Na escola se produz objetos e processos que se pretende aprender à margem de onde acontecem o fenômeno. Os conteúdos da aprendizagem não vêm requeridos pelas exigências da vida comunitária na escola, mas por um currículo que se impõe de fora. Os conceitos e representações acadêmicas sobre o mundo social ou natural tampouco podem ser aprendidos espontaneamente como elementos da cultura que se vive na escola. A aprendizagem escolar está claramente descontextualizada, no momento em que se pede ao aluno/a que aprenda coisas distintas, de forma diferente e para um propósito também distinto, ao que está acostumado em sua aprendizagem cotidiana. Não é de estranhar, portanto, que o aluno/a construa esquemas e estruturas mentais diferentes para enfrentar as exigências tão díspares destes dois contextos de vida e aprendizagem.

Somente aquelas teorias que se preocupem em compreender as peculiaridades da singular e descontextualizada aprendizagem escolar, são capazes de contribuir com conhecimentos próximos nos quais podem apoiar-se para elaborar, experimentar e avaliar a prática escolar. Portanto, essas aprendizagens devem incorporar os processos de ensino e as condições do contexto da instituição escolar como fatores intervenientes.

4) As teorias da aprendizagem, mesmo compreendendo o influência dos elementos pessoais que intervêm na escola, devem reconhecer um elevado grau de indeterminação na aprendizagem e nas interações, pois tanto o docente como o discente se envolvem de forma particular numa situação, cuja dinâmica é difícil de prever. Isso ocorre porque a aprendizagem encontra-se balizada por inumeráveis incidências acidentais, freqüentemente provocadas por fatores e processos extra-escolares em grande parte imprevisíveis, ou por elaborações emergentes como conseqüência dos próprios processos de interação social. A teoria da aprendizagem que o professor/a necessita para orientar o ensino deve observar essa dimensão de indeterminação. Não se pode algoritmizar a seqüência de vicissitudes que se apresentarão nas relações pessoais dentro do marco escolar e que condicionam a aprendizagem.

5) A teoria e a prática didáticas possuem um irrecusável componente teleológico, intencional, que ultrapassa a natureza explicativa das teorias da aprendizagem. Este é um dos pontos mais obscuros e paradoxalmente mais cruciais para determinar a relação entre as teorias da aprendizagem e as do ensino. Não é difícil concordar que as teorias da aprendizagem são descritivas e pretendem conquistar o nível explicativo, enquanto que as do ensino, além disso, devem ser prescritivas, normativas.

Por outro lado, o componente utópico e inacabado da natureza humana impõe permanentes resistências à pretensão explicativa do pensamento e ação do homem considerado de forma individual ou coletiva. A orientação futura do homem se move necessariamente no terreno do possível, no território sempre incerto dos valores, das opções ética e políticas, no âmbito da construção do futuro em parte aberto e indeterminado. A didática apóia-se no conhecimento do homem e da sociedade, mas inevitavelmente se projeta para o futuro desconhecido que, em parte, contribui para construir.

Enfim, as teorias psicológicas da aprendizagem pretendem descrever e explicar como se produz a aprendizagem, e também as relações, no melhor dos casos, entre a aprendizagem, o desenvolvimento e o contexto físico, social e histórico em que o indivíduo vive. Pretendem, portanto, explicar o real, o já construído, como aprendem aqui e agora os seres humanos. A teoria e a prática pedagógicas enfrentam o problema teleológico de como intervir para provocar determinada forma de ser, de aprender, de sentir e de agir. Seu objetivo não é, necessariamente, reproduzir os modos de comportamento da comunidade social, entre os quais se encontram as formas de aprender, mas como potenciar uma forma de ser e de aprender que é com freqüência, discrepante com os modos induzidos espontaneamente pela tendência dominante na sociedade. A própria finalidade da intervenção didática é objeto de debate e confronto. Se se propõe a liberdade e autonomia do indivíduo formado como pretensão básica da prática educativa, a normatividade didática encontra-se carregada de uma radical indeterminação, quanto mais eficaz e rico seja o processo de intervenção mais imprevisíveis serão os resultados.

As teorias psicológicas pretendem explicar os fatos; a teoria e a prática educativas se propõem além disso debater as intenções, propor, experimentar e avaliar fórmulas de transformação do real dentro do âmbito do possível; provocar a construção da nova realidade, respeitando no processo os princípios que os valores debatidos e propostos realizam. A análise dos valores, bem como dos procedimentos para sua discussão e aceitação democráticas, não podem ser responsabilidade exclusiva de uma teoria psicológica; requer inevitavelmente a contribuição de outros campos do saber.

De qualquer forma, parece evidente que as teorias que mergulham no interior da caixa preta, com a intenção de esclarecer as estruturas e os processos internos que acontecem em toda aprendizagem, particularmente nos níveis superiores, possuem uma maior potencialidade didática. Apenas a partir deste esclarecimento se pode vislumbrar o que significa a atividade inteligente do homem e a conquista da autonomia relativa que todo organismo inteligente manifesta em relação às características e precisões do meio ambiente. O desenvolvimento e aperfeiçoamento intelectual – objetivo da prática didática – manifesta certo grau de independência que não pode ser renunciada e de capacidade de manobra individual e coletiva no espaço e no tempo.

6) Concluindo provisoriamente essa análise, podemos afirmar que as teorias da aprendizagem dão a informação básica, mas não suficiente, para organizar a teoria e a prática do ensino. Cabe a esta disciplina científica teórico-prática a organização das condições externas da aprendizagem e o controle do modo de interação destas; com as condições internas do sujeito, uma vez identificadas, durante todos os processos que balizam a aprendizagem; com o objetivo de produzir certos resultados determinados que suponham o desenvolvimento e aperfeiçoamento das próprias condições internas (estrutura cognitiva efetiva e de conduta do sujeito). Por isso, deve se dar especial atenção à interação nos processos de motivação, atenção, assimilação, organização, recuperação e transferência. Agora, tais processos não se desenvolvem na "redoma" da entidade individual chamada aluno/a, mas em complexas redes de intercâmbio social, dentro e fora da aula, dentro e fora do recinto escolar, de modo que as

variáveis contingências culturais, sociais e materiais do meio são de extraordinária importância para compreender e orientar os processos de aprendizagem e desenvolvimento. De pouco serve compreender somente a seqüência de atividades internas, se se ignora o conteúdo semântico dos intercâmbios, se se desconsidera o significado, as redes de interesses, as necessidades e as intenções que compõem a cultura do meio vital do aluno/a.

Convém ter presente que tanto as condições como os processos fazem parte de um sistema e que sua influência, para produzir certos resultados supõe a modificação, de algum modo, das próprias condições e processos internos que intervieram na aprendizagem. Da mesma forma, cabe considerar que toda troca é comunicação, e que as condições externas que incidem na comunicação diluem-se em dimensões sintáticas e semânticas de significativa influência e difícil discernimento. Por isso, a didática, como veremos no Capítulo 3, ao organizar as condições da troca, deve prestar um cuidado extraordinário a estas dimensões sutis de todo sistema de comunicação.

CAPÍTULO 3

A APRENDIZAGEM ESCOLAR: DA DIDÁTICA OPERATÓRIA À RECONSTRUÇÃO DA CULTURA NA SALA DE AULA

A.I. Pérez Gómez

A DIDÁTICA OPERATÓRIA

Uma vez que analisamos mais detidamente as contribuições que as diferentes teorias podem fazer para a compreensão e a orientação dos processos educativos, nos deteremos no que significa o problema mais interessante, da ótica pedagógica, da evolução atual das teorias da aprendizagem e suas inevitáveis implicações na prática educativa.

De nossa perspectiva, este problema se define como o processo de transição da didática operatória para a didática que propõe a construção da cultura. Supõe, pois, uma transferência desde as proposições, apoiadas em Piaget, de uma didática operatória, progressista e rousseauniana às proposições que, apoiando-se nas contribuições psicológicas de Vygotsky, Bruner, Wertsch, Cole e Scribner e nas propostas sociológicas sobre a cultura como construção social, propõem como objetivo fundamental da educação a reconstrução do conhecimento individual a partir da reinvenção da cultura. Neste processo de transição permanente não convém esquecer, como já lembramos no capítulo anterior, o avanço inestimável que supõem as aplicações dos pressupostos piagetianos para a compreensão e orientação de uma prática educativa ancorada na cultura pedagógica tradicional, de transmissão linear de conhecimento e concepção do aprendiz como um receptor passivo que acumula enciclopedicamente as informações, independente do grau de compreensão das mesmas.

Por outro lado, convém lembrar que ainda que sejam múltiplos os pronunciamentos e propostas de política educativa que dizem seguir as proposições piagetianas (Plowden, 1976; Programas Renovados de EGB*; Lei Geral de Educação 1970, etc.) na realidade apenas experiências isoladas e inovadoras orientaram sua prática pedagógica por pressupostos mais ou menos próximos da didática operatória. Em grande parte, a realidade de nossas escolas continua dominada pela cultura pedagógica tradicional.

* N. de R.T.: Significa Educação Geral Básica, que se constituía no grau de ensino hoje denominado no sistema de ensino espanhol Educação Primária.

Em síntese, e como vimos no Capítulo 2, as derivações pedagógicas mais importantes que se alimentam nas proposições piagetianas são as seguintes:

- A educação deve centrar-se na criança, ou seja, deve adaptar-se ao atual estágio de seu desenvolvimento.
- O princípio operativo mais importante na prática educativa é dar primazia à atividade. A criança deve descobrir o mundo por meio de sua atuação direta sobre ele. A educação deve preparar seu cenário de atuação. "Cada vez que ensinamos algo à criança, impedimos que o descubra por si mesma" (Piaget, 1964).
- A educação deve orientar-se para os processos autônomos e espontâneos de desenvolvimento e aprendizagem.
- Ainda que se reconheça uma relação dialética entre desenvolvimento e aprendizagem, afirma-se que é inútil e inclusive contraproducente querer forçar o desenvolvimento mediante a instrução. As fases de desenvolvimento têm um ritmo de maturação próprio e é um valor pedagógico o respeito à evolução espontânea.
- O ensino deve centrar-se no desenvolvimento de capacidades formais, operativas, e não na transmissão de conteúdos. São aquelas que estimulam a capacidade do indivíduo para uma aprendizagem permanente (aprender a aprender, aprender a pensar).
- O egocentrismo natural da criança em seu desenvolvimento espontâneo é corrigido progressivamente mediante a comparação com a realidade cada vez mais ampla, que resiste a ser enquadrada nas expectativas restringidas dos esquemas egocêntricos infantis. Este princípio implica fomentar tanto o conflito cognitivo e a comparação de pontos de vista quanto a elaboração compartilhada, o trabalho em grupo e a cooperação entre iguais.

As propostas didáticas de Furth, Aebli, Kamii ou Márquez são trabalhos mais ou menos diversificados sobre a aceitação destes princípios básicos da Escola de Genebra.

A INCORPORAÇÃO DO CONCEITO DE CULTURA

Já na mesma época em que se desenvolve a teoria piagetiana, Vygotsky (1978), desde uma posição também dialética e cognitiva, faz críticas e propõe alternativas.

Sua idéia fundamental é que o desenvolvimento da criança está sempre mediatizado por importantes determinações culturais. É ingênuo pensar na idéia de um desenvolvimento espontâneo da criança, abandonada a seus inocentes e isentas trocas com o mundo físico. Para Vygotsky, como depois para Bruner, assim como para toda a sociologia construtivista, o desenvolvimento filogenético e ontogenético do ser humano está mediado pela cultura e somente a impregnação social e cultural do psiquismo provocou a diferenciação humana ao longo da história. A humanidade é o que é porque cria, assimila e reconstrói a cultura formada por elementos materiais e simbólicos. Do mesmo modo, o desenvolvimento da criança se encontra inevitavelmente vinculado à sua incorporação mais ou menos criativa para a cultura de sua comunidade.

Por outro lado, as trocas espontâneas ou facilitadas da criança com seu meio físico não são, em nenhum caso, como parece se desprender da proposição piagetiana, trocas puramente físicas, independentes de mediação cultural. Pelo contrário, as formas, a cores, a estrutura, a configuração espacial e temporal dos objetos e sistemas físicos que compõem o contexto da experiência espontânea ou individual da criança respondem a uma intencionalidade social e cultural mais ou menos explícita. O plano e a forma dos objetos, bem como sua apresentação no espaço e no tempo, têm um sentido implícito, – são instrumentos para cumprir alguma função. Desde a cadeira, a roda ou a mesa até o anúncio televisivo mais complexo, todos os objetos criados pelo homem compartilham um sentido cultural dentro da comunidade de convivência.

Quando a criança entra em contato e os experimenta, não só interage com as características físicas dos mesmos, mais ou menos isoladamente consideradas, mas também com o objeto em seu conjunto e com sua funcionalidade social. O significado cultural desta função social vai se impondo à criança de forma tão "natural" como qualquer de suas características físicas. Deste modo, seu desenvolvimento, ainda que pudesse ser abandonado de modo exclusivo às trocas com o meio físico, já se encontraria profunda e sutilmente condicionado pelo significado da cultura presente no sentido, na estrutura e na funcionalidade dos objetos e sistemas físicos que configuram o cenário de suas trocas. Assim, se inevitavelmente o desenvolvimento da criança está social e culturalmente mediatizado, é mais importante que se explicite e controle conscientemente tal influência de modo que, no processo educativo formal e informal, possam ser detectados seus efeitos e estabelecer seu valor no processo de construção autônoma do novo indivíduo.

Uma vez aceita esta premissa, a teoria vygotskiana destaca a importância, também fundamental, da instrução como método mais direto e eficaz para introduzir a criança no mundo cultural do adulto, cujos instrumentos simbólicos serão essenciais para seu desenvolvimento autônomo. Sem prescindir da investigação e da descoberta como métodos educativos, Vygotsky coloca a relevância da ajuda do adulto para orientar o desenvolvimento das novas gerações.

Diretamente vinculado à ajuda do adulto e dos companheiros se propõe considerar a importância da linguagem, do mundo da representação, como segundo sistema de sinais: "o mundo processado pela linguagem frente ao mundo dos sentidos. Este sistema, o mundo codificado pela linguagem, representa a natureza transformada pela história e pela cultura" (Bruner, 1988a, p. 81). E este é um fato decisivo porque, como colocam Scribner e Cole (1982), o ensino deve descansar sobre a linguagem. Os processos de ensino e aprendizagem na escola se produzem fora de contexto, sem referenciais concretos e à margem do cenário onde ocorrem os fenômenos de que se trata na aula.

Assim, mediante a troca simbólica com o adulto, a criança pode ir realizando tarefas e resolvendo problemas que por si mesma seria incapaz de realizar, mas que vão criando condições para um processo paulatino, mas progressivo, de assunção de competências. As fases de desenvolvimento não definem para Vygotsky um ponto ou linha de capacidades que se possam exercitar, mas uma relativamente ampla zona de desenvolvimento competencial que abrange desde as tarefas que a criança pode fazer por si mesma àquelas que pode realizar com ajuda alheia (*área de desenvolvimento proximal*).

Este é o espaço adequado para a instrução, a área flexível de desenvolvimento proximal na qual a criança progride incorporando competências que paulatinamente vai controlando de forma autônoma ao assumir parte das tarefas que antes só podia desenvolver com a ajuda do adulto.

Desta perspectiva se propõe um modelo de aprendizagem guiado e em colaboração, baseado mais na interação simbólica com pessoas do que na interação prioritária com o meio físico. A linguagem, portanto, adquire um papel fundamental por ser o instrumento básico do intercâmbio simbólico entre as pessoas que torna possível a aprendizagem em colaboração. Como afirmam Edwards e Mercer (1988):

> "O modelo de criança-aluno/a implícito na pedagogia progressista (que se apóia nas proposições piagetianas) é o de um indivíduo psicológico, um organismo em solidão, mais do que o de um participante cultural" (p. 53).
>
> "Ao recusar o modelo tradicional e agarrar-se ao desenvolvimento cognitivo da criança, o movimento progressista perdeu de vista a importância da transmissão cultural" (p. 51).

Ao fugir da transmissão mecânica, linear e memorialística da cultura, própria do modelo pedagógico tradicional, o movimento progressista centrou-se no estudo e na promoção das habilidades formais que constituem o raciocínio. Agora, o raciocínio e a capacidade de pensar não são atividades formais independentes dos conteúdos que medeiam os intercâmbios culturais. O problema que se coloca para a educação não é prescindir da cultura, mas sim provocar que o aluno/a participe de forma ativa e crítica na reelaboração pessoal e grupal da cultura de sua comunidade.

APRENDER A CULTURA

O problema assim colocado recupera o dilema clássico e atual que se apresenta a todo docente. Como fazer com que os alunos/as aprendam por si mesmos, envolvendo-se ativamente, a cultura produzida pela comunidade dos adultos? Como apreender de forma relevante e criadora a herança cultural da humanidade?

Nas palavras de Barnes (1976):

> "Como pôr o conhecimento do adulto à disposição das crianças de modo que não se torne uma camisa de força. Como as crianças podem aprender a usar para seus próprios fins o conhecimento que os adultos lhes apresentam?" (p. 80).

O mesmo dilema apresenta-se claramente expresso de outra perspectiva em Contreras (1990):

> "A outra face desta tensão na aprendizagem escolar e na didática se reflete na necessidade, por um lado, de que o ensino e a aprendizagem se dêem fora do contexto para transcender a imediatez da ação e limitação da experiência, e o reconhecimento, por outro lado, de que a aprendizagem só acontecerá mediante processos de recontextualização" (p. 97).

Tanto Vygotsky como Bruner voltam o olhar para a aprendizagem espontânea, cotidiana, que a criança realiza em sua experiência vital para encontrar os modelos que podem orientar a aprendizagem sistemática na aula.

Já nas primeiras trocas entre a mãe ou o pai ou pessoa adulta e a criança, começa a elaborar-se uma espécie de plataformas de entendimento mútuo. Estas são denominadas *formatos de interação* e são a primeira cultura das crianças "As mães criam com os bebês formatos de interação, pequenos mundos construídos conjuntamente nos quais interagem de acordo com as realidades sociais que criaram em suas trocas" (Bruner, 1988, p. 120). As interações criança-adulto

> "logo começam a se dividir em formatos: tipos de atividades nas quais os participantes podem se predizer mutuamente, atribuir-se intenções e, em geral, fixar interpretações dos atos e aspirações do outro" (Bruner, 1988b, p. 120).

Enfim, os formatos são microcosmos de interação social que estabelecem certas pautas simples e repetitivas que regulam os intercâmbios, são criados pelo adulto na interação com a criança e aprendidos por este até que não somente os utiliza, mas também os interioriza e verbaliza. Como assinala Palacios (1988), o formato:

> "Não é um monólogo da mãe na presença da criança, mas um diálogo mãe-filho em que, no começo, o papel do adulto consiste em preencher de conteúdo tanto os momentos em que lhe corresponde falar como os que pertencerão à criança. À medida que esta vai sendo capaz de preencher seus momentos, a mãe vai retirando sua intervenção neles. Mas o que interessa assinalar é que se a criança chega a conseguir é porque antes, quando carecia de competências para fazê-lo, o adulto o havia feito por ele" (p. 14).

Da mesma maneira, nas trocas posteriores, no desenvolvimento evolutivo cotidiano, os adultos guiam a aprendizagem da criança mediante a facilitação de "modelos", esquemas de intervenção conjunta na realidade nos quais a criança começa por realizar as tarefas mais fáceis enquanto que o adulto reserva-se as mais complicadas. À medida que a criança adquire domínio em suas tarefas, o adulto começa a tirar seu apoio, deixando-lhe a execução dos fragmentos da atividade que antes aquele realizava.

É claramente um processo de aprendizagem guiada, apoiado pelo adulto, cujo objetivo é a transferência de competências deste para a criança. Da mesma maneira, na aprendizagem sistemática na escola, pode-se provocar a delegação de competências no manejo da cultura do docente para o aprendiz mediante um processo progressivo e conseqüente de apoios provisórios e o assumir paulatino de competência e responsabilidades por parte do aluno/a. Ao contrário do que acontecia na teoria piagetiana, a criança não é abandonada à sua própria capacidade de descoberta geralmente isolada, mas se pretende pôr em marcha um processo de diálogo desta com a realidade, apoiado na busca compartilhada com os companheiros e com os adultos, sempre e quando esses apoios sejam provisórios e desapareçam progressivamente, permitindo que a criança assuma o controle de sua atividade.

Dessa forma, Bruner concebe o processo educativo para qualquer das modalidades de pensamento (pragmático, icônico ou simbólico) e em qualquer dos âmbitos ou parcelas do mundo real.

Como comenta Palacios (1988):

> "a educação é para ele uma forma de diálogo, uma extensão do diálogo em que a criança aprende a construir conceitualmente o mundo com a ajuda, o guia e o apoio do adulto" (p. 15).

Os conceitos de *formato, apoio e transferência de competências* são claramente convergentes, e inclusive explicativos do conceito vygotskyano de *zona de desenvolvimento proximal*. Neste processo de diálogo, com a ajuda e o apoio do adulto, a criança vai assumindo progressivamente as competências operativas e simbólicas que lhe permitem acesso ao mundo da cultura, do pensamento e da ciência. Acontece um processo de transmissão do nível interpsicológico de intercâmbio, brinquedo e regulação compartilhados ao nível intrapsicológico de auto-regulação e domínio próprio (Wertsch, 1988).

De qualquer forma, em qualquer das explicações precedentes, fica pendente um tema de capital importância: como conseguir que a aprendizagem sistemática da cultura e da ciência na escola provoquem a participação criativa do aluno/a, quando a cultura de seu cenário vital cotidiano difere tanto das preocupações do mundo das disciplinas?

CULTURA ACADÊMICA E CULTURA EXPERIENCIAL

Como evitar que, como acontece hoje em dia na melhor das hipóteses, a aprendizagem significativa na aula constitua uma cultura particular, a cultura "acadêmica," que tem valor exclusivamente para resolver com êxito os problemas e demandas que se propõem ao aluno/a em sua vida escolar? Como passar de uma aprendizagem significativa para uma aprendizagem relevante que se apóie e questione as preocupações que o aluno/a criou em sua vida prévia e paralela à escola? Como evitar que se crie uma justaposição de duas estruturas semânticas paralelas na memória do aprendiz: aquela que utiliza para interpretar e resolver os problemas de sua vida cotidiana (*memória semântica experiencial*) e aquela que se usa para interpretar e responder as demandas da vida acadêmica (*memória semântica acadêmica*)? Nas palavras de Gilbert e Swiff (1985), como evitar que os alunos/as criem um duplo sistema conceitual: um escolar para aquelas aprendizagens descontextualizadas da escola e outro extra-escolar para os contextualizados fora dela?,levando em conta, além disso, segundo Claxton (1987), que pela determinação contextual de toda aprendizagem, o que se aprende fica ligado ao contexto em que se aprendeu. Neste caso, um contexto tão peculiar como a instituição escolar.

O modelo de aprendizagem promovido pelo movimento progressista da escola ativa resolve com bastante sucesso o problema da motivação, mas deixa pendente o tema da aquisição da cultura, dos instrumentos culturais que o homem necessita para se desenvolver de maneira relativamente autônoma no complexo mundo atual. O modelo que Vygotsky e Bruner propõem apresenta o desafio de criar espaços de diálogo, de significado compartilhado entre o âmbito do conhecimento privado experiencial e o âmbito do conhecimento público acadêmico, de modo que se possa racionalmente evitar a justaposição de dois tipos de esquemas de análise e resolução de problemas sem comunicação entre si: o experiencial e o acadêmico; o escolar e o extra-escolar.

Enfim, aborda-se de outra maneira o mesmo problema da relação teoria-prática na aprendizagem profissional ou na aprendizagem cotidiana (Schön, 1983, 1987; Pérez Gómez, 1990; Fenstermacher, 1987). Como conseguir que os conceitos que se elaboram nas teorias das diferentes disciplinas e que servem para uma análise mais rigorosa da realidade se incorporem ao pensamento do aprendiz como poderosos instrumentos e ferramentas de conhecimento e resolução de problemas, e não como meros adornos retóricos que são utilizados para passar nos exames e esquecer depois?

Bruner e em especial Edwards e Mercer (1988), apoiando-se nas proposições vygotskianas e nas sugestões da teoria da comunicação, começam a desenvolver uma promissora teoria na qual se explica o trajeto de competência do adulto para a criança, do professor/a para o aprendiz como um processo de *criação de âmbitos de significados compartilhados por meio de processos abertos de negociação, de construção de perspectivas intersubjetivas.*

REALIDADE, CIÊNCIA E CULTURA

Para compreender a riqueza desta proposta é necessário analisar previamente como se caracterizam diferentes conceitos-chave desta perspectiva reconstrucionista. Os conceitos de *realidade, ciência* e *cultura* são claramente reformulados nesta proposição e constituem os conceitos básicos para poder compreender o processo de criação de âmbitos de significado compartilhado.

Tanto para Bruner, quanto para Vygotsky

> "não existe um mundo real, único, preexistente à atividade mental humana (...) o mundo das aparências é criado pela mente" (Bruner, 1988a, p. 103).

O mundo real não é um contexto fixo, não é apenas nem principalmente o universo físico. O mundo que rodeia o desenvolvimento da criança é hoje, mais do que nunca, uma clara construção social em que as pessoas, os objetos, os espaços e as criações culturais políticas ou sociais adquirem um sentido peculiar, em virtude das coordenadas sociais e históricas que determinam sua configuração.

Existem múltiplas realidades como existem múltiplas formas de viver e dar sentido à vida desde as peculiaridades espaciais e temporais que rodeiam a vida de cada indivíduo e cada grupo. Enfim, existem tantas realidades como versões da realidade,quanto representações subjetivas que se elaboram sobre as múltiplas formas de viver.

> "Conhecemos o mundo de diferentes maneiras, desde diferentes atitudes, e cada uma das maneiras em que o conhecemos produz diferentes estruturas ou representações ou, de fato, realidades (...) tanto o olhar como o escutar estão formados pelas expectativas, pela atitude e pela intenção" (Bruner, 1988a, p. 115).

Já se pode ver agora a importância desta concepção se pretendemos que no processo educativo se criem, mediante negociação, âmbitos de significados compartilhados entre professores/as e alunos/as.

Em relação ao *conceito de ciência* também se postula uma posição relativista ao estilo de Kuhn (1975) (*A estrutura das revoluções científicas*) em que a ciência é considerada como um processo humano e socialmente condicionado de produção de conhecimento. Bruner, por exemplo, defende a epistemologia como *filosofia da compreensão* (Goodman, 1984) na qual as diferenças genuínas e significativas entre arte e ciência sejam compatíveis em sua função cognitiva comum, na qual se considerem como formas diferentes de abordar o conhecimento de uma realidade múltipla construída pelo homem ao longo da história. A modalidade de pensamento narrativa, para conhecer as realidades em que vive a espécie humana,é tão importante quanto a lógico-racional, pois "cada uma delas oferece modos característicos de ordenar a experiência, de construir a realidade. Ambas são complementares e irredutíveis entre si" (Bruner, 1988a, p. 23). A modalidade lógica pretende conhecer a verdade, mediante a verificação de hipóteses e a construção de generalizações que transcendem o particular. A modalidade narrativa pretende conhecer como se chega a dar significado à experiência, aborda as intenções e ações humanas e dá mais importância à criação de hipóteses de trabalho do que a sua verificação, detém-se mais na compreensão do singular do que na explicação do geral.

Para conhecer os assuntos humanos, sempre mutantes, criativos e singulares parece mais adequada a modalidade narrativa do pensamento, enquanto que a modalidade lógica acomoda-se melhor ao comportamento do mundo físico.

> "Para apreciar a condição humana, tenho a esperança de demonstrar que é muito mais importante compreender a maneira com que os seres humanos constroem seus mundos do que estabelecer a categoria ontológica dos produtos desses processos" (Bruner, 1988a, p. 55).

Assim, "a ciência", tal como se caracteriza nas disciplinas físicas, não é nem o único nem o mais privilegiado modo de conhecer, pois utiliza um método que não é adequado para o conhecimento de todos os âmbitos da realidade e, em especial, é pouco pertinente para conhecer todos os aspectos que singularizam a conduta humana. Conseqüentemente, o saber que se trabalha na escola deve atender e utilizar ambas as modalidades como única forma de abranger a riqueza dos mundos e versões múltiplas e possíveis que compõem a cultura da humanidade.

Por outro lado, o conhecimento acadêmico não pode de modo algum reduzir-se à transmissão dos produtos históricos da investigação científica ou da busca cognitiva da humanidade. O conhecimento foi, é e será uma aventura para o homem, um processo carregado de incerteza, de prova, de ensaio, de propostas e retificações compartilhadas, e da mesma maneira deve se aproximar o aluno/a, se não queremos destruir a riqueza motivadora da descoberta. O conhecimento acadêmico no modelo didático tradicional caracterizou-se precisamente por sua redução aos produtos, resultados, conclusões, sem compreender o valor determinante dos processos. No entanto, na aventura humana, os resultados são sempre provisórios, efêmeros, por mais decisivos que sejam. É o método, o processo de busca permanente, que garante o progresso indefinido da humanidade. Mas ao mesmo tempo, somente conhecendo e degustando a vida, e o significado dos produtos culturais da humanidade em sua viagem histórica e no momento presente, é que podem as novas gerações projetar-se para o futuro.

Por último, o *conceito de cultura* também recebe uma profunda atenção e elaboração dentro desta perspectiva.

Concebe-se a cultura como o conjunto de representações individuais, grupais e coletivas que dão sentido aos intercâmbios entre os membros de uma comunidade. Bruner (1988a) considera a cultura como:

> "Conhecimento do mundo implícito, mas apenas semiconectado, a partir do qual, mediante negociação, as pessoas alcançam modos de atuar satisfatórios em dados contextos" (p. 75).
>
> (...)
>
> "A cultura está recriando-se constantemente ao ser interpretada e renegociada por seus integrantes (...) é tanto um fórum para negociar e renegociar os significados e explicar a ação como um conjunto de regras ou especificações para a ação" (p. 128).

Os intercâmbios entre as pessoas e o mundo ao seu redor, assim como entre elas mesmas, encontram-se mediados por determinações culturais. Agora, tais determinações culturais são representações e comportamentos produzidos e construídos socialmente num espaço e num tempo concretos, apoiando-se em elaborações e aquisições anteriores. Dessa forma, a cultura é um sistema vivo em permanente processo de mudança como conseqüência da reinterpretação constante que os indivíduos e grupos que vivem nela fazem. Não é um marco estanque que rege imune as trocas. De certa forma, é sempre e ao mesmo tempo produto e determinante da natureza dos intercâmbios entre os homens.

Há duas características neste conceito de cultura que adquirem especial relevância para o tema que nos ocupa: o *caráter ambíguo* e o *caráter de fórum de negociação* das mediações culturais.

> "A cultura compreende um texto ambíguo que necessita ser interpretado constantemente pelos que participam nela" (Bruner, 1988a, p. 128).

A cultura não é um conjunto de determinações e normas claras e precisas, é, antes de mais nada, um conglomerado aberto de representações e normas de comportamento que contextualizam a rica, mutante e criadora vida dos membros de uma comunidade e que vai se ampliando, enriquecendo e modificando precisamente como conseqüência da vida inovadora daqueles que atuam sob o guarda-chuva de sua influência. Por isso, a cultura oferece sempre um espaço de negociação de significados e se recria constantemente como conseqüência deste mesmo processo de negociação.

Os indivíduos participam criadoramente na cultura ao estabelecer uma relação viva e dialética com a mesma. Por um lado, organizam suas trocas e dão significados a suas experiências em virtude do marco cultural em que vivem, influenciados pela cultura. Por outro, os resultados de suas experiências mediatizadas oferecem novos termos que enriquecem e ampliam seu mundo de representação e experiências, modificando, com isso, ainda que seja paulatina mas progressivamente, o marco cultural que deve alojar os novos significados e comportamentos sociais.

A criança experimenta e aprende esta dialética em sua vida espontânea e cotidiana. Incorpora-se à cultura produzindo elaborações e interpretações pessoais da mesma, mais ou menos errôneas ou acertadas em função do caráter de suas experiências e intercâmbios. Deste modo, ao mesmo tempo mediatizado e criador, vai elaborando o mundo de suas representações e modos de atuação. Assim constrói o que anteriormente denominamos estrutura semântica experiencial, um sistema de representação com relações significativas entre os elementos e concepções que o compõem, que se mostra ao mesmo tempo relevante para analisar o cenário e decidir os modos de intervenção nele.

A APRENDIZAGEM RELEVANTE NA ESCOLA: A RECONSTRUÇÃO DO PENSAMENTO E A AÇÃO DO ALUNO/A

Da mesma forma, mas sob uma orientação, um apoio e guia sistemáticos a aprendizagem acadêmica na escola deveria ser produzida O aluno/a entra progressivamente em contato com os produtos mais elaborados da ciência, do pensamento e da arte, com a finalidade de incorporá-los como instrumentos valiosos para a análise e solução de problemas. Agora, se queremos que estes conhecimentos se incorporem como ferramentas mentais, não apenas nem fundamentalmente na estrutura *semântica acadêmica* que o aluno/a utiliza para resolver com êxito as demandas da aula, mas em sua estrutura *semântica experiencial*, a aprendizagem deve desenvolver-se num processo de negociação de significados. Desta forma, estimula-se que os alunos/as ativem os esquemas e pré-concepções de sua estrutura *semântica experiencial*, para reafirmá-los ou reconstruí-los à luz do potencial cognitivo que representam os novos conceitos da cultura e dos conhecimentos públicos com os quais agora entram em contato.

A menos que se ativem as pré-concepções habituais dos alunos/as nos processos de aprendizagem na aula, ainda que tal aprendizagem de novos e poderosos esquemas de conhecimento seja significativa, não existe nenhuma garantia de que seja relevante e que o aluno/a, portanto, vai utilizá-los como ferramentas intelectuais em sua vida cotidiana, em substituição primitivas e deficientes pré-concepções elaboradas de forma empírica em suas trocas diárias.

Se na vida cotidiana o indivíduo aprende reinterpretando os significados da cultura, mediante contínuos e complexos processos de negociação, também na vida acadêmica o aluno/a deveria aprender reinterpretando, e não apenas adquirindo a cultura elaborada nas disciplinas acadêmicas, mediante processos de intercâmbio e negociação. A aula deve tornar-se um fórum de debate e negociação de concepções e representações da realidade. Não pode ser nunca um espaço de imposição da cultura, por mais que esta tenha demonstrado a potencialidade virtual de seus esquemas e concepções.

A imposição da cultura na aula, no melhor dos casos, que suponha uma assimilação significativa e não arbitrária dos conteúdos, conduz ao desenvolvimento da estrutura *semântica acadêmica* que, em princípio, necessariamente nem questiona nem enriquece por si mesma os esquemas que o aluno/a utiliza em sua vida cotidiana. A cultura assim assimilada não é um agente de pensamento que configure e oriente a atividade prática do sujeito, exceto naquelas restritas tarefas da própria vida acadêmica. Aprende-se a cultura assim enlatada para servir e jogar fora, para esquecer depois do exame. É, em todo caso, um mero adorno retórico que não reconstrói o pensamento habitual do aluno/a.

Como afirmam Edwards e Mercer (1988), para provocar na aula a transferência de competências e conhecimentos do professor/a para o aluno/a é imprescindível criar um espaço de conhecimento compartilhado. Nesse espaço, as novas posições da cultura acadêmica vão sendo reinterpretadas e incorporadas aos esquemas de pensamento experiencial prévios do próprio aluno/a e também que suas pré-concepções experienciais, ao serem ativadas para interpretar a realidade e propor alguma solução dos problemas, manifestem suas deficiências em comparação com as proposições da cultura acadêmica. Assim, num processo de transição contínua, o aluno/a incorpora a cultura pública ao reinterpretá-la pessoalmente e reconstrói seus esquemas e pré-concepções ao incorporar novas ferramentas intelectuais de análise e proposta.

Requerem-se duas condições para este processo de reconstrução do pensamento do aluno/a:

- Partir da cultura experiencial do aluno/a.
- Criar na aula um espaço de conhecimento compartilhado.

A cultura experiencial do aluno/a como ponto de partida do trabalho escolar

O aluno/a pode se envolver num processo aberto de intercâmbio e negociação de significados sempre que os novos conteúdos provoquem a ativação de seus esquemas habituais de pensar e atuar. Por isso, a aquisição da valiosa cultura acadêmica deve ser sempre um processo de reconstrução, e não simplesmente de justaposição. É necessário provocar no aluno/a a consciência das insuficiências de seus esquemas habituais e o valor potencial de novas formas e instrumentos de análise da realidade plural. Somente se poderá realizar esta provocação se o professor/a parte do conhecimento do estado atual do estudante, de suas concepções, inquietações, propósitos e atitudes.

A orientação habitual na prática docente é, ao contrário, partir das disciplinas e aproximá-las de modo mais ou menos motivador ao aluno/a. O movimento progressista, consciente da debilidade e deficiência do modelo tradicional, esquece-se das disciplinas e da cultura organizada e se detém exclusivamente no estado do aprendiz e nos processos de seu desenvolvimento espontâneo como conseqüência de seus intercâmbios com o meio.

A proposta que estamos comentando é alternativa e complexa, e pretende relacionar os dois termos do dilema. Utilizar a potencialidade explicativa das disciplinas e da cultura pública para, mediante um processo de diálogo e negociação, provocar a reconstrução das pré-concepções do aluno/a a partir do conhecimento de seu estado de desenvolvimento, suas preocupações e seus propósitos. O objetivo imediato não é a aquisição da cultura adulta mas a reconstrução, em alguma medida sempre incerta, das pré-concepções vulgares do aluno/a.

Por outro lado, nas sociedades desenvolvidas contemporâneas, como se pôde comprovar no Capítulo 1, a onipresença e grau de especialização dos meios de comunicação estão provocando uma mudança profunda na função da escola, debilitando sua função transmissora e fortalecendo a orientadora e compensatória. O aluno/a entra em contato com os instrumentos e produtos culturais por meio de vias e canais muito mais poderosos e atrativos de transmissão de informação. Portanto, não chega à escola somente com as influências restritas de sua cultura familiar, mas com um forte equipamento de influências culturais provenientes da comunidade local, regional, nacional e internacional. Com essas influências e interações elabora suas próprias representações, suas peculiares concepções sobre qualquer dos âmbitos da realidade. Pois bem, sobre estas representações e concepções não sistemáticas nem reflexivamente construídas que denominamos conhecimento "vulgar" ou experiencial, a escola e o professor/a devem organizar um processo de intercâmbio e negociação, para que o aluno/a as submeta à comparação, oferecendo-lhe os instrumentos poderosos da cultura acadêmica organizada em corpos de conhecimentos disciplinares e interdisciplinares. A cultura pública cumpre assim uma função crítica: *provocar e facilitar a reconstrução do conhecimento "vulgar"* que o aluno/a adquire em sua vida anterior e paralela à escola.

Convém levar em consideração que as diversas fontes de influência e de transmissão de informação no mundo pós-industrial contemporâneo desenvolvido não têm como objetivo o desenvolvimento cognitivo da criança, mas servir aos múltiplos interesses econômicos, sociais, políticos ou religiosos que os controlam. Assim, é fácil supor que os esquemas de pensamento que a criança desenvolve, nas sociedades de mercado atuais, são o reflexo das influências culturais mais diretas, imediatas e onipresentes e que normalmente respondem às forças e interesses da propaganda e publicidade a serviço das forças que controlam o mercado.

De qualquer forma, a criança na sociedade pós-industrial, em especial a de classe média e alta, vive e se desenvolve saturada de estímulos, oprimida por pedaços de informação geralmente fragmentária e desintegrada cujo sentido para a elaboração de uma visão geral da vida, da natureza e da sociedade normalmente lhe escapa. O déficit da criança contemporânea (com a óbvia exceção da pertencente a camadas sociais desfavorecidas) não se encontra nem na quantidade de informação, nem no grau de desenvolvimento de suas habilidades, nem tampouco no nível de aquisição das matérias instrumentais. Suas carências fundamentais se situam, em nossa opinião, no sentido de suas aquisições e no valor das atitudes formadas.

Noutras palavras, o déficit que nossa cultura contemporânea cria, com a qual a criança entra em contato nas trocas "espontâneas" de sua vida cotidiana, reside na formação do pensamento e desenvolvimento das atitudes. Déficit na capacidade de pensar, de organizar racionalmente os fragmentos de informação, de buscar seu sentido, de modo que os esquemas de significados que vai consolidando lhe sirvam de instrumentos intelectuais para analisar a realidade, mais além das impressões empíricas da configuração superficial, para ignorar o sentido tácito, a complexidade que sustenta as aparências.

Assim, as complexas e poderosas redes sociais de intercâmbio de informação e sua penetração incontrolável na vida cotidiana, destilando sutilmente na floresta de informações fragmentárias os valores da ideologia dominante, deixam para a escola uma função complexa: facilitar o desenvolvimento da capacidade de compreensão (Elliott, 1990b), a reconstrução crítica do conhecimento "de mundo" que a criança assimila acriticamente nas trocas de sua vida cotidiana (Pérez Gómez, 1983a, 1990). A informação que se oferece na escola deve desempenhar uma função instrumental; facilitar o processo de reconstrução, estimular o desenvolvimento na criança da capacidade de compreensão, de reorganização racional e significativa da informação reconstruída (Fenstermacher, 1987).

Os espaços de conhecimento compartilhado na sala de aula

A segunda condição que propusermos, para que se produza a reconstrução do pensamento no aluno/a, refere-se à necessidade de criar na aula um espaço de conhecimento compartilhado.

Como afirmam Perret-Clermon e Schuabauer-Leoni (1989):

> "A aprendizagem é um processo fundamental da vida humana, que implica ações e pensamento tanto quanto emoções, percepções, símbolos, categorias culturais, estratégias e representações sociais. Ainda que descrito freqüentemente como um processo individual, a aprendizagem é também uma experiência social com vários companheiros (pais, professores/as, colegas, etc.)" (p. 575).

A aprendizagem em aula não é nunca meramente individual, limitado às relações frente a frente de um professor/a e um aluno/a. É claramente uma aprendizagem dentro de um grupo social com vida própria, com interesses, necessidades e exigências que vão configurando uma cultura peculiar. Ao mesmo tempo, é uma aprendizagem que se produz dentro de uma instituição e limitada por funções sociais que esta cumpre. Conforme as proposições desenvolvidas no primeiro capítulo, a escola cumpre sempre uma função avaliadora que legitima socialmente a aquisição do conhecimento e as capacidades humanas que são consideradas válidas e úteis em tal comunidade. O aluno/a e o grupo constituído por estes se sentem constantemente avaliados na vida da aula, e respondem forçando seu comportamento para que se acomode aos padrões de sucesso acadêmico que a própria escola estabelece e ensina.

Como conseguir harmonizar tantos e tão diversos interesses na complexa vida da aula para provocar uma assimilação criativa da cultura pública por parte da criança?

A proposta de Edwards e Mercer (1988) é criar na aula, como contexto de comunicação, um ' *espaço compartilhado* (*perspectiva referencial comum*, de Vygotsky). Supõe se esforçar para criar, mediante negociação aberta e permanente, um contexto de compreensão comum, enriquecido constantemente com as contribuições dos diferentes participantes, cada um segundo suas possibilidades e competências.

A função do professor/a será facilitar o surgimento do contexto de compreensão comum e trazer instrumentos procedentes da ciência, do pensamento e das artes para enriquecer esse espaço de conhecimento compartilhado, mas nunca substituir o processo de construção dialética desse espaço, impondo suas próprias representações ou cerceando as possibilidades de negociação aberta de todos e cada um dos elementos que compõem o contexto de compreensão comum. Quando se substitui ou se restringe a negociação, se impõe a aprendizagem acadêmica à margem das exigências experienciais dos estudantes e se justapõe uma estrutura de aprendizagem, a acadêmica, que embora sirva para resolver os problemas da aula, não está conectada com os esquemas prévios dos alunos/as e nada pode na hora de provocar a reconstrução do conhecimento.

Então, criar o espaço de compreensão comum requer um compromisso de participação por parte dos alunos/as e do professor/a num processo aberto de comunicação. E quando os indivíduos e os grupos se envolvem em processos vivos de comunicação, os resultados e orientações são em certa medida sempre imprevisíveis. Os alunos/as devem participar na aula trazendo tanto seus conhecimentos e concepções como seus interesses, preocupações e desejos, envolvidos num processo vivo, em que o jogo de interações, conquistas e concessões provoque, como em qualquer outro âmbito da vida, o enriquecimento mútuo.

Deste modo, o debate aberto na aula envolve a todos, em diferente medida, porque se apóia nas preocupações e conhecimentos que cada um ativa e compartilha. A função do professor/a é facilitar a participação de todos e cada um no fórum de trocas simbólicas em que a aula deve transformar-se; oferecer instrumentos culturais de maior potencialidade explicativa (que enriqueçam o debate) e provocar a reflexão sobre as próprias trocas e suas conseqüências para o conhecimento e para a ação.

Como se pode comprovar, dificilmente, se criará um fórum real de debate cultural e um espaço de compreensão compartilhada se na realidade não se apóia nos conhecimentos, nas concepções, nos interesses e nas preocupações vitais do aluno/a, não só como indivíduo que faz parte de um grupo de aula, mas também como criança que experimenta, sente e age também fora da aula e da escola.

A preocupação fundamental do professor/a de seguir o programa do livro- texto para que se abordem os conteúdos e o medo à perda de tempo, quando o trabalho escolar se abre à preocupação do estudante, supõem uma perspectiva que perde de vista o problema e o objetivo fundamental de provocar a reconstituição do conhecimento extra-escolar com que a criança chega à escola.

Se a cultura formal e pública que constituem as disciplinas acadêmicas é, realmente, um poderoso instrumento para a análise dos diferentes âmbitos da realidade que rodeiam o aluno/a e para organizar de maneira mais racional e eficaz sua intervenção sobre os mesmos, deve-se fazer evidente no debate e fórum de negociação que supõem as trocas simbólicas na aula. Os conceitos e proposições da cultura pública serão assimilados pelo aluno/a como instrumentos e ferramentas de análise e proposta, quando realmente tenham conexão com suas preocupações intelectuais, vitais e, ao mesmo tempo, demonstrem sua superioridade quanto às preocupações prévias. E para que isto possa se produzir é imprescindível criar as condições de comunicação e troca na aula, de modo que o estudante vá expressando abertamente e sem prevenções suas peculiares formas de conceber a realidade, seus esquemas de pensamento e suas concepções empíricas; identifique suas deficiências na comparação reflexiva de diferentes proposições e reconheça as contribuições da cultura como conjunto de esquemas mais poderosos de análise e de propostas de intervenção.

As conseqüências desta perspectiva para a concepção e organização da vida da aula supõem um desafio didático de insuspeitadas proporções que tentaremos tratar no capítulo seguinte. É importante destacar que organizar a atividade da aula para criar, mediante a negociação aberta, um espaço de compreensão e conhecimento compartilhado no qual se produza a transferência de conhecimentos e competências do professor/a e da cultura pública para o aluno/a e sua cultura pessoal, requer, como veremos ao longo dos próximos capítulos, uma mudança profunda na concepção de todos os elementos que condicionam a vida e o trabalho na aula: professor/a, currículo, organização, avaliação, etc.

CAPÍTULO 4

ENSINO PARA A COMPREENSÃO

A. I. Pérez Gómez

No capítulo precedente desenvolvemos a idéia de que a aprendizagem escolar pode ser considerada como um prolongado processo de assimilação e reconstrução por parte do aluno/a da cultura e do conhecimento público da comunidade social. Atualmente, o problema é como conceber a prática docente na aula e na escola, de modo que facilite e provoque nas novas gerações aquele processo de reconstrução.

DIFERENTES ENFOQUES PARA ENTENDER O ENSINO

Para isso vamos começar apresentando e analisando criticamente as perspectivas mais significativas que dominaram, na teoria e na prática, o campo do ensino, identificando os problemas principais que percorrem este âmbito do conhecimento e da ação, e oferecendo depois propostas de interpretação e intervenção compatíveis com o propósito de provocar no aluno/a a reconstrução crítica do conhecimento cotidiano.

Seguindo Scardamalia e Bereiter em recente artigo (1989), podemos distinguir quatro modelos ou perspectivas que concebem o ensino e orientam a prática de modo bem diferente.

O ensino como transmissão cultural

Este enfoque apóia-se no fato comprovado de que o homem, ao longo da história, foi produzindo conhecimento eficaz, e que esse conhecimento pode se conservar e acumular, transmitindo-o às novas gerações. O conhecimento humano tornou-se mais complexo e organizou-se em teorias explicativas sobre a realidade cada vez mais abundantes, rigorosas e abstratas. O desenvolvimento do conhecimento ocasionou a especialização disciplinar, de modo que o conhecimento que se considera mais válido na atualidade encontra-se nas disciplinas científicas, artísticas e filosóficas. Supõe-se que é um conhecimento depurado pela comparação experimental, ou pelo julgamento reflexivo da comunidade de cientistas, artistas ou filósofos. Enfim, pode-se considerar um conhecimento elaborado pelo debate público e a reflexão compartilhada da coletividade humana.

Desta perspectiva, a função da escola e da prática docente é transmitir às novas gerações os corpos de conhecimento disciplinar que constituem nossa cultura. Podemos dizer que esta perspectiva governou e continua governando a maioria das práticas de ensino que acontecem em nossas escolas. Constitui o enfoque denominado tradicional, que se centra mais nos conteúdos disciplinares do que nas habilidades ou nos interesses dos alunos/as.

O problema principal que se coloca para este enfoque é a distinta natureza do conhecimento elaborado, que se aloja nas disciplinas, e do conhecimento incipiente que a criança desenvolve para interpretar e enfrentar os desafios de sua vida cotidiana. O conhecimento elaborado nos corpos teóricos das disciplinas requer esquemas também desenvolvidos de recepção nos indivíduos para uma compreensão significativa (Ausubel, 1976). O aluno/a que não possui tais esquemas desenvolvidos, não pode relacionar significativamente o novo conhecimento com seus incipientes esquemas de compreensão, daí que, frente à exigência escolar de aprendizagem dos conteúdos disciplinares, não pode senão incorporá-los de maneira arbitrária, memorialística, superficial ou fragmentária. Este tipo de conhecimento é dificilmente aplicável na prática e, por isso mesmo, facilmente esquecido.

O ensino como treinamento de habilidades

Nesta dimensão se leva em consideração tanto suas dificuldades intrínsecas como o fato da fugacidade dos conhecimentos, especialmente no mundo pós-industrial, no qual o vertiginoso ritmo de produção de novos conhecimentos torna obsoletos os precedentes em períodos cada vez mais breves. Ao contrário do enfoque precedente, volta-se o olhar para o desenvolvimento e treinamento de habilidades e capacidades formais desde as mais simples: leitura, escrita e cálculo, até as mais complexas e de ordem superior: solução de problemas, planejamento, reflexão, avaliação, etc.

O problema principal que se coloca para o enfoque de treinamento de habilidades na escola é a necessidade de vincular a formação de capacidades ao conteúdo e ao contexto cultural em que essas habilidades e tarefas adquirem significado. Na vida cotidiana, a criança adquire e desenvolve habilidades dentro de um contexto cultural, ao realizar tarefas carregadas de conteúdo e significado, em função do contexto e dos propósitos que dirigem sua conduta como indivíduo e como membro de uma comunidade de vida e de trocas. O desenvolvimento de habilidades dissociadas de seu conteúdo e do significado que lhe confere o contexto é tão difícil, carente de aplicação e desmotivador como a aprendizagem de conteúdos disciplinares distanciados dos esquemas de compreensão da criança.

Por outro lado, as capacidades formais não são independentes dos conteúdos a partir dos quais se desenvolvem. A lógica de uma disciplina está relacionada à natureza dos conceitos que a configuram; por isso, a pretensão de transferência universal de capacidades subjacente a este enfoque é uma pretensão inútil.

É necessário enfatizar que a pretendida renovação da escola fomentada desde uma perspectiva positivista obcecada com a eficiência, e que se infiltra na Espanha no começo dos anos 70, tem muito que ver com esta perspectiva ainda vigente em muitas escolas e no pensamento de muitos professores/as.

O ensino como fomento do desenvolvimento natural

Ainda que não possamos considerar uma perspectiva com amplo reflexo na prática docente em nossas escolas, convém considerá-la, porque, de certa forma, impregna o pensamento pedagógico de muitos docentes e de muitos pais.

Suas origens mais significativas encontram-se na teoria de Rousseau sobre a importância e força das disposições naturais do indivíduo para a aprendizagem. O ensino na escola e fora dela deve facilitar o meio e os recursos para o crescimento, mas este, seja físico ou mental, é dirigido por suas próprias regras. Por isso, o método mais adequado para garantir o crescimento e a educação é o respeito ao desenvolvimento espontâneo da criança. Nesta perspectiva se coloca a pedagogia da não intervenção (Summerhill), ao considerar que é a intervenção adulta, a influência da cultura, que distorce e "avilta" o desenvolvimento natural e espontâneo do indivíduo.

O ponto mais fraco desde enfoque é seu caráter idealista. O desenvolvimento do homem ao longo da evolução histórica e de seu crescimento individual é um desenvolvimento condicionado pela cultura, pelas interações sociais e materiais com o mundo físico, simbólico, das idéias e dos afetos. A espécie humana é o resultado desta complexa história de intercâmbios e interações, cujos produtos compõem a cultura e o meio "natural" de desenvolvimento do indivíduo e da coletividade.

Por outro lado, vivemos numa sociedade dividida em classes e, portanto, marcada por desigualdade social, econômica e cultural, na qual as influências do meio próximo em que o indivíduo nasce não podem nem ser evitados nem neutralizados em períodos tão precoces. Assim, abandonar o desenvolvimento da criança ao crescimento espontâneo é favorecer a reprodução das diferenças e desigualdades de origem. Para as crianças que pertencem a classes desfavorecidas, o desenvolvimento espontâneo supõe sua socialização na indigência material e cultural, e conseqüentemente a permanência da injusta discriminação.

No entanto, a perspectiva naturalista supõe uma chamada de atenção para promover o equilíbrio na escola e na sociedade entre as tendências que dão primazia à socialização e àquelas que defendem o desenvolvimento individual.

O ensino como produção de mudanças conceituais

O último enfoque que Scardamalia e Bereiter abordam apoia-se nas proposições de Sócrates e, mais recentemente, de Piaget e dos neo-piagetianos, para quem a aprendizagem é um processo de transformação mais do que de acumulação de conteúdos. O aluno/a é um ativo processador da informação que assimila, e o professor/a, um mero instigador deste processo dialético por meio do qual se transformam os pensamentos e as crenças do estudante. Para provocar este processo dialético de transformação o docente deve conhecer o estado atual de desenvolvimento do aluno/a, quais são suas preocupações, interesses e possibilidades de compreensão. O novo material de aprendizagem somente provocará a transformação das crenças e pensamentos do aluno/a quando consiga mobilizar os esquemas já existentes de seu pensamento.

Desta perspectiva, a importância está no pensamento, na capacidade e no interesse do aluno/a e não na estrutura das disciplinas científicas. Como já vimos no capítulo anterior, o problema aparece quando a didática operatória, apoiada em Piaget, ressalta em demasia o desenvolvimento das capacidades formais, esquecendo a importância chave dos conteúdos da cultura.

Em nossa opinião – o que iremos desenvolvendo ao longo deste capítulo –, pode-se considerar o ensino como um processo que facilita a transformação permanente do pensamento, das atitudes e dos comportamentos dos alunos/as, provocando a comparação de suas aquisições mais ou menos espontâneas em sua vida cotidiana com as proposições das disciplinas científicas, artísticas e especulativas, e também estimulando sua experimentação na realidade.

CONHECER A VIDA DA SALA DE AULA

O ensino nas sociedades contemporâneas se desenvolve em instituições sociais especializadas para cumprir esta função. A aprendizagem dos alunos/as ocorre em grupos sociais nos quais as relações e as trocas físicas, afetivas e intelectuais constituem a vida do grupo e condicionam os processos de aprendizagem. Assim, para que o professor/a possa intervir e facilitar os processos de reconstrução e transformação do pensamento e da ação dos alunos/as, deve conhecer as múltiplas influências que, previstas ou não, acontecem na complexa vida da aula e intervêm decisivamente no que os estudantes aprendem e nos modos de aprender.

Ao longo deste século, como aconteceu em outros campos das ciências naturais e sociais, também no âmbito da educação se pretendeu encontrar leis que expliquem a aprendizagem escolar e permitam derivar normas de intervenção tecnológica que garantam a eficácia da ação docente. Dessa forma, e por exigências da metodologia de pesquisa, desenvolveram-se modelos de explicação da vida na aula que passaremos a analisar a seguir. Nós os chamamos de modelos substantivos de explicação, e não paradigmas, porque é difícil considerar que tenham alcançado o grau de implantação geral dentro da comunidade científica, como sugere o termo paradigma segundo a proposição de Kuhn. Para um estudo mais detalhado dos modelos substantivos de investigação no campo do ensino podem se consultar os trabalhos de Pérez Gómez (1983b) e Shulman (1989).

O modelo processo-produto

Tanto na vertente que pretende constatar a eficácia dos métodos docentes globalmente considerados (Lippit e White, 1943), quanto na corrente denominada *análise de interação* (Flanders, 1970; Rosenchine, 1971; Gage e Needels, 1989), o modelo processo-produto, que se desenvolve desde os anos 40 até os anos 70, sustenta uma concepção bastante simples dos fenômenos de ensino-aprendizagem que ocorrem na aula. A vida da aula pode se reduzir às relações que se estabelecem entre o comportamento observável do professor/a quando ensina e o rendimento acadêmico do aluno/a.

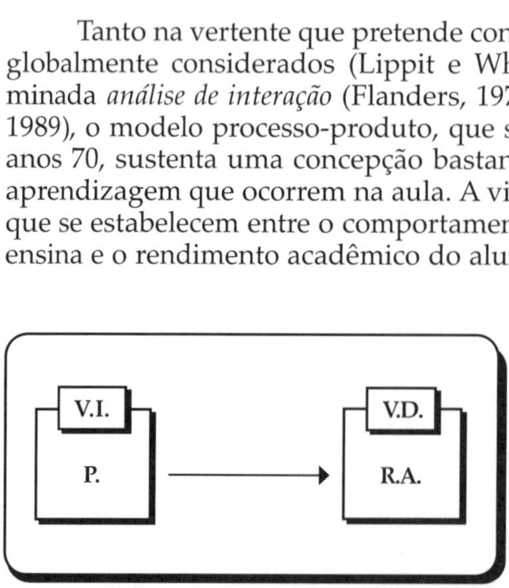

V.I. = Variável independente
P. = Professor/a
V.D. = Variável dependente
R.A. = Rendimento acadêmico

Figura 4.1. Modelo processo-produto.

Estes dois fatores, considerados de forma global ou de maneira mais minuciosa e fragmentária, são os eixos básicos da explicação dos fenômenos de ensino-aprendizagem.

O objetivo da investigação sobre o ensino é estabelecer correlações entre os padrões ou pautas de comportamento do professor/a, que podem ser vistos como estilos definidos de ensino (variável independente, denominada aqui processo), e o rendimento acadêmico dos alunos/as (variável dependente, denominada aqui produto). Dessa forma, se se consegue identificar os estilos de ensino que se correlacionam com rendimentos acadêmicos satisfatórios, o problema da eficácia docente está em vias de solução. Será necessário e suficiente treinar os futuros professores/as no domínio de tais métodos ou estilos docentes, de modo que sua reprodução na prática escolar garanta a eficácia dos resultados. O conceito de ensino subjacente a tais proposições é bem simples: o comportamento observável do professor/a é a variável mais significativa e decisiva na determinação do rendimento acadêmico do aluno/a. O ensino se reduz ao comportamento observável do docente, e a aprendizagem, ao rendimento acadêmico do estudante também observável e possível de ser medido.

Pois bem, é esta simplificação exagerada dos componentes e processos da vida da aula que provocou o abandono progressivo do modelo, apesar das contínuas retificações que tornaram mais complexo o modelo inicial, mas que não mudou substancialmente sua concepção simplista. Os estudos e investigações produziram resultados, na maioria das vezes, incongruentes com investigações anteriores e, de qualquer forma, irrelevantes para a orientação da prática. As críticas fundamentais que especificam esta idéia geral podem se resumir nas seguintes:

– Reduz-se a análise da prática educativa às condutas observáveis. Ao considerar apenas as manifestações observáveis e quantificáveis do comportamento, tanto do professor/a quanto do aluno/a, perde-se o significado dos processos reais de interação. A relação entre os comportamentos observáveis e os significados latentes não é nunca unívoca no homem, e sim polissêmica, mutante e situacional, condicionada pelo contexto. Uma mesma manifestação observável pode significar coisas muito distintas segundo os indivíduos, os momentos ou as circunstâncias.

– Define-se de modo unidirecional o fluxo da influência na aula. Mas isso não tem a ver com os movimentos reais. A aula está constituída como grupo psicossocial, na qual as trocas e as interações afetam a todos e cada um dos membros que participam dela. Não é certo que somente o professor/a influa nos alunos/as. As reações destes às iniciativas do docente incidem, por sua vez, de forma decisiva em seu futuro comportamento. Por outro lado, também os alunos/as desenvolvem suas próprias iniciativas, ainda que com bastante freqüência tenham que ocultá-las, quando o modelo de intercâmbio imposto pelo professor/a não as valorize, impeça-as e penalize. Inclusive a atitude surda de resistência ou de passividade é um comportamento do aluno/a que influi decisivamente na vida da aula e, naturalmente, na aprendizagem adquirida. Tanto os alunos/as quanto os professores/as são ativos processadores de informação e subjetivos construtores de significados, que utilizam com bastante liberdade seu comportamento, de ação ou de omissão, para expressar idéias e sentimentos complexos e mutantes.

– Descontextualizam-se as condutas do docente e dos alunos/as, como se pudessem ser tratadas como comportamentos genéricos universalmente válidos, independentes do contexto em que se produzem. Os comportamentos humanos são sempre em parte situacionais, condicionados pelo contexto, e não se pode entender nem interpretar a menos que conheçamos as determinações desse contexto. Assim sendo, condutas docentes que parecem induzir um tipo de comportamento discente num grupo de aula concreto podem provocar comportamentos bem diferentes em outro grupo de alunos/as em circunstâncias e momentos distintos.

– Define-se de forma muito restritiva a variável produto. O que os testes medem ou as provas de rendimento acadêmico referem-se, no melhor dos casos, a uma pequena parcela das aprendizagens desenvolvidas ao longo da vida na escola. A aprendizagem significativa de conteúdos relevantes que provocam a reconstrução do pensamento e da ação no aluno/a organiza-se em corpos de conhecimento cuja consolidação e sedimentação é lenta e pode não se manifestar em toda sua riqueza a curto prazo. As provas de rendimento acadêmico e os testes de inteligência referem-se, em geral, a uma cultura descontextualizada. Portanto, aqueles conhecimentos que se aprendem para resolver com sucesso os problemas acadêmicos e que se esquecem, por não se aplicar à interpretação e resolução dos problemas cotidianos, medem, na melhor das hipóteses, a riqueza da estrutura semântica acadêmica.

– Os instrumentos de observação são rígidos e têm correspondência com a pobreza conceitual que preside o modelo. A elaboração prévia de escalas de categorias de observação pode simplificar e homogeneizar a tarefa dos observadores, assim como a coleta e tratamento estatístico dos dados, mas necessariamente restringe o campo de observação. A pretensa objetividade e a padronização das categorias busca abranger comportamentos comuns e interações típicas, mas não pode dar conta dos comportamentos atípicos e singulares de cada aula, nem dos acontecimentos inesperados e surpreendentes, nem das peculiaridades situacionais e propriedades originais que definem o clima e os intercâmbios de cada grupo de aula. O observador busca padrões gerais de conduta que possam ser generalizados, de modo que seus sistemas conceituais e seus instrumentos e métodos de coleta de dados podem dificultar-lhe a consideração de acontecimentos inesperados e pouco usuais, mas que provavelmente são decisivos e relevantes na determinação da vida e da história da aula.

– Desconsidera-se a importância dos conteúdos nos processos de ensino-aprendizagem. Enfatiza-se tanto a importância dos processos de interação comportamental que se esquece a relevância dos conteúdos na determinação específica de tais processos. As interações e intercâmbios no clima da aula encontram-se mediatizados pelo conteúdo de ensino que se trabalha, pela relevância do mesmo e pela lógica de investigação e tratamento que requer. Os comportamentos docentes, os estilos de ensino, não podem ser indiferentes à natureza dos conteúdos culturais aos quais se aplicam. Neste modelo de ensino se concede muito pouca importância à diferenciação que os conteúdos do currículo requerem.

– Desconsidera-se a variável aluno/a como ativo mediador dos processos de ensino-aprendizagem. No entanto, é bastante evidente, hoje em dia, que as estratégias docentes não provocam diretamente rendimento acadêmico, a menos que se ativem por parte do aluno/a as estruturas psicológicas de processamento e organização da informação.

O modelo de dois fatores, processo-produto, só tem justificativa dentro de uma concepção condutista e mecânica da aprendizagem humana. Se o aluno/a é mais um objeto passivo de condicionamento ou modelagem do que ativo processador de informação e mediador de sua conduta, então talvez se poderiam aceitar os planos processo-produto. Mas ninguém duvida hoje em dia de que o estudante é um ativo mediador de suas respostas e que o objetivo-chave da educação e do ensino é provocar nele o desenvolvimento de capacidades, conhecimentos e atitudes que lhe permitam se desempenhar por si mesmo no meio em que vive. Aprender a aprender, perceber, interpretar, raciocinar, investigar e intervir na realidade são capacidades operativas que somente se aprendem agindo, fazendo, intervindo ativamente, mediando, enfim, entre as situações externas e as condutas.

O modelo mediacional

A inconsistência das investigações desenvolvidas no âmbito do modelo processo-produto, assim como a consciência de sua pobreza conceitual, abrem caminho aos modelos mediacionais que incorporam a variável mediadora do aluno/a e do professor/a como principais responsáveis pelos efeitos reais da vida na aula.

A análise e consideração dos processos mentais de mediação provoca o desenvolvimento de duas correntes de investigação: a que se centra na análise dos processos mentais do professor/a, quando planeja, organiza, intervém e avalia; e a que se preocupa fundamentalmente dos processos mentais e afetivos do aluno/a/a, quando participa em atividades de aprendizagem, como se pode observar no modelo de Winne e Marx (Figura 4.2).

Modelo mediacional centrado no professor/a

A forma de atuar do docente nos intercâmbios educativos, a maneira de planejar sua intervenção, de reagir frente às exigências previstas ou não da mutante vida da aula, dependem em grande medida de suas concepções mais básicas e de suas crenças pedagógicas. Isso ocorre devido às interrupções e à recusa de seu planejamento, o modo de refletir sobre sua prática e de avaliar seu comportamento e os efeitos de todo o processo no grupo de e em cada aluno/a em particular. O pensamento pedagógico do professor/a, seja ou não explícito ou consciente, é o substrato básico que influi decisivamente em seu comportamento docente em todas e cada uma das fases do ensino (Clark e Peterson, 1986; Yinger, 1986; Pérez Gómez e Gimeno, 1988).

Assim, o aspecto mais importante dentro dessa corrente são os processos de socialização do professor/a, já que se considera que neste longo processo de socialização vão se formando lenta mas decisivamente as crenças pedagógicas, as idéias e teorias implícitas sobre o aluno/a, o ensino, a aprendizagem e a sociedade. São estas crenças e teorias implícitas, e seus correspondentes hábitos de comportamento, os principais responsáveis pela forma com que o professor/a age e interage no espaço da aula. Como se desenvolve o processo de socialização e quais são os fatores que o determinam são as preocupações fundamentais deste modelo. Em relação a isso, podemos nos fazer as seguintes interrogações sobre os fatores determinantes dos processos de socialização: são as experiências vividas pelo docente quando era aluno/a ao longo de sua prolongada carreira escolar? São as crenças difusas mas relevantes que dominam o pensamento pedagógico da sociedade em geral? São as influências sistemáticas de sua aprendizagem teórica nos cursos de formação do professorado? São as primeiras experiências no âmbito da escola quando ainda é um profissional novato? São as pressões do meio escolar, a ideologia e forma de se comportar de seus companheiros, ou as pressões da administração?

De qualquer forma, o objetivo deste modelo é chegar a compreender como se formam as crenças, os pensamentos e os hábitos de comportamento do docente, por considerar que são os verdadeiros responsáveis pelo clima de intercâmbios que este cria na aula e pelas estratégias de ensino que utiliza em tais intercâmbios. São, enfim, os responsáveis diretos de seu conceito sobre os processos de ensino-aprendizagem e, portanto, de quantas decisões e atuações se derivam do mesmo.

Neste modelo, concebe-se o ensino como um processo complexo e vivo de relações e trocas, dentro de um contexto natural e mutante no qual o professor/a, com sua capacidade de interpretar e compreender a realidade, é o único instrumento suficientemente flexível para adaptar-se às diferenças e peculiaridades de cada momento e de cada situação. De pouco serve aprender rotinas e receitas técnicas de comportamentos, considerados ótimos a *priori*. O caráter situacional e vivo dos intercâmbios da aula tornam estéreis e inadequadas as formas rígidas de atuação e comportamento (válidas talvez em outras ocasiões) que se pretendem transferir mecanicamente para contextos bem distintos. Não há estilos docentes nem comportamentos concretos válidos e transferíveis universalmente; por isso, de pouco ou nada serve a aprendizagem mecânica dos mesmos e sua reprodução automática posterior. A base da eficácia docente encontra-se no pensamento do professor/a capaz de interpretar e diagnosticar cada situação singular e de elaborar, experimentar e avaliar estratégias de intervenção.

Modelo mediacional centrado no aluno/a

De maneira similar, este enfoque considera que, para compreender o que realmente acontece nos processos de ensino-aprendizagem, deve-se levar em conta que o aluno/a também influi nos resultados daqueles processos, como conseqüência de suas elaborações pessoais. As variações nos efeitos da aprendizagem existem em função das atividades mediadoras empregadas pelos alunos/as durante o processo de aprendizagem. O comportamento do professor/a, bem como os materiais e estratégias de ensino, não causam diretamente a aprendizagem, influem nos resultados somente na medida em que ativam no aluno/a respostas de processamento de informação. Frente a um mesmo comportamento docente ou frente a uma mesma estratégia de ensino, distintos alunos/as podem ativar diferentes processos cognitivos e afetivos, provocando, por isso mesmo, resultados de aprendizagem muito diferentes.

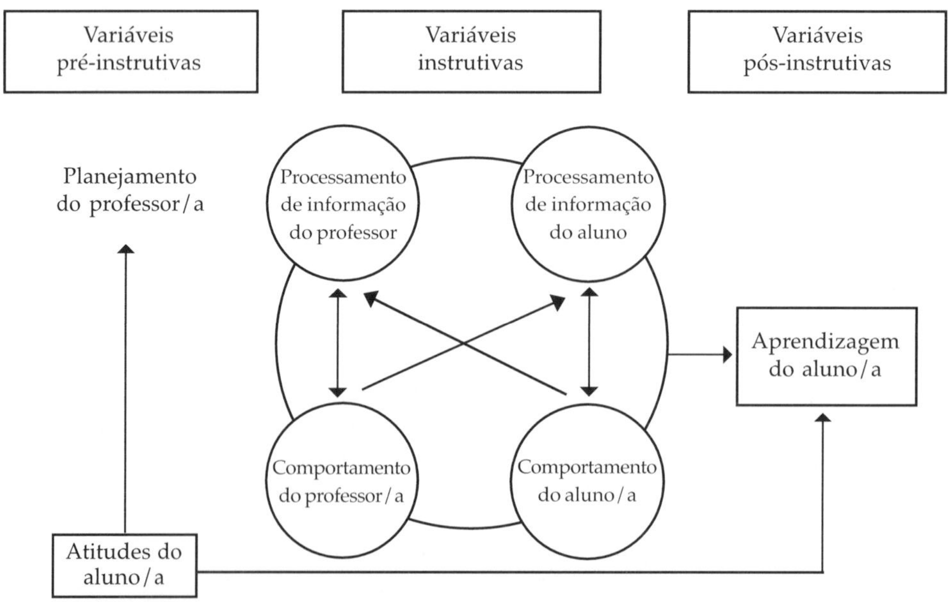

Figura 4.2. Modelo mediacional de análise do ensino (Winne e Marx, 1977).

Seguindo as proposições piagetianas e neopiagetianas, este enfoque assume que o aluno/a não é um passivo receptor de estímulos, e que o conhecimento não é nunca uma mera e fiel cópia da realidade, mas uma verdadeira elaboração subjetiva. Os processos de atenção seletiva, codificação, organização significativa e transferência da informação demonstram o ativo papel mediador do aluno/a na determinação do que se processa, como se processa e do que se recorda, se ativa e utiliza na interpretação da realidade, assim como na intervenção sobre as novas situações.

O conceito de ensino subjacente nestas proposições ressalta a importância da variável aluno/a, considerado como um ativo processador de informação. O professor/a, o currículo e as estratégias docentes são apêndices de um modelo que se preocupa fundamentalmente por conhecer como o indivíduo enfrenta as tarefas acadêmicas, como percebe as demandas das diferentes tarefas da aprendizagem escolar, que esquemas de pensamento ativa em cada momento e como se modificam estes mesmos esquemas em função das atividades nas quais se envolve.

Mesmo reconhecendo a potencialidade e riqueza explicativa deste modelo mediacional de três fatores, já que entra em cheio nos problemas de ensino-aprendizagem, analisando as importantes mediações subjetivas do professor/a e do aluno/a, convém levar em consideração suas limitações, entre as quais cabe ressaltar as seguintes:

– A ênfase nos processos de aprendizagem e nos mecanismos cognitivos do aluno/a provocou o desenvolvimento de uma tendência para reduzir a complexa problemática do ensino na escola e na aula a um problema de explicação psicológica. Nos processos de ensino intervêm fatores sociais e componentes éticos na complexa tomada de decisões sobre o que e para que ensinar que não podem ser atendidas a partir da mera explicação psicológica dos processos cognitivos do estudante.

– O modelo mediacional focalizou sua atenção no indivíduo particular como sujeito de aprendizagem. No entanto, no ambiente natural da aula não é um indivíduo, mas um grupo deles, dentro de uma específica instituição social, com uma forma particular de se relacionar e uma dinâmica coletiva peculiar, o elemento mediador e condicionante dos processos de aprendizagem individual.

– O modelo mediacional ressalta em sua explicação o enfoque cognitivo e não comportamental e assume, de fato, a relação direta e causal do pensamento para a conduta. No entanto, os vínculos entre o pensamento e a conduta, entre o processador e o executor humano são evidentemente complexos e permanecem suficientemente desconhecidos de maneira a aconselhar a prudência e o reconhecimento de certa descontinuidade entre o pensar e o fazer.

– Outra limitação importante do modelo mediacional é a escassa consideração que as variáveis contextuais merecem. A realidade exterior ao sujeito, o cenário dos processos de ensino-aprendizagem, perde aqui seu peso real como condições que intervêm na vida da aula, para serem assumidos apenas como instrumentos cuja efetiva influência depende do significado concedido pelos protagonistas.

Como veremos a seguir, ao analisar o modelo ecológico, a vida da aula se cria na interação e intercâmbio entre objetos, pessoas, grupos, instituições e papéis. E se é verdade que a interpretação subjetiva confere significado à realidade circundante, não é menos certo que tal interpretação não se cria no vazio, nem pode realizar-se e nem manter se supõe invenção desvinculada das condições reais. As condições reais físicas, psicológicas e sociais, que definem o cenário da aula, têm um peso específico na determinação dos acontecimentos, porque, em grande medida, limitam as expectativas e condicionam os processos, de pensamento e ação.

– Como conseqüência de sua ênfase psicologicista, o modelo mediacional concede escassa importância à consideração dos conteúdos do currículo como condicionantes da vida da aula, especialmente no modelo centrado no estudante. Focalizam-se os processos cognitivos, a participação ativa do aluno/a nas tarefas acadêmicas, mas não se analisa como essas tarefas acadêmicas são especificadas e peculiarizam em função do âmbito disciplinar ou interdisciplinar que se trabalhe. Preocupam-se muito mais com a análise dos processos formais de processamento da informação do que da formação dos conteúdos do pensamento.

O modelo ecológico de análise da sala de aula

O modelo ecológico representa uma perspectiva de orientação social na análise do ensino. Concebe a vida da aula em termos de trocas sócio-culturais e assume os principais pressupostos do modelo mediacional:

- Recíproca influência nas relações de classe entre professores/as e alunos/as.
- Ênfase no indivíduo como processador ativo de informação.
- Importância da criação e da troca de significados subjacentes aos comportamentos.

No entanto, preocupa-se em integrar estes pressupostos numa análise mais complexa dos mecanismos, fatores e sistemas sociais e culturais que conferem o sentido e a peculiaridade ao fluxo dos acontecimentos na aula. Afirmam que, na instituição escolar e na vida da aula, o docente e o estudante são efetivamente processadores ativos de informação e de comportamentos. Isso ocorre não apenas, nem principalmente como indivíduos isolados, mas como membros de uma instituição cuja intencionalidade e organização cria um concreto clima de intercâmbio, gera papéis e padrões de conduta individual, grupal e coletiva, e desenvolve enfim uma cultura peculiar. Deste modo, não se pode entender os processos de ensino-aprendizagem a menos que se estude a vida da aula na complexa estrutura de variáveis interdependentes, situacionalmente específicas, que configuram o grupo de classe como sistema social.

No enfoque ecológico, desenvolvido desde o final dos anos 70 (Doyle, 1977, 1981, 1990; Tikunoff, 1979; Bronfenbrenner, 1979, Pérez Gómez, 1983b), podem se distinguir as seguintes características:

– Supõe uma perspectiva naturalista já que se propõe captar as redes significativas de influências que configuram a vida real da aula, não os comportamentos dos indivíduos no laboratório. Seu objetivo é descrever com riqueza de detalhe e rigor analítico os processos de ensino-aprendizagem que acontecem no contexto sócio-cultural da aula, levando em conta o significado dos acontecimentos a partir da perspectiva dos que participam neles.

– Propõe-se detectar não apenas os processos, como também as relações entre o meio ambiente e o comportamento individual e coletivo. Assume-se que a aula é um espaço social de trocas e que os comportamentos do aluno/a e do professor/a são uma resposta, não mecânica, às demandas do meio. Os contextos físico e psicossocial não apenas impõem limites, como também induzem a determinados comportamentos. Por isso, neste modelo, as variáveis contextuais adquirem uma relevância prioritária.

– Defende-se uma perspectiva sistêmica. Considera-se a vida da aula como um sistema social, aberto, de comunicação e de troca. Como todo sistema aberto, não se pode explicar o comportamento de cada um de seus elementos sem conhecer a estrutura e funcionamento do conjunto, bem como de suas conexões com outros sistemas externos com os quais estabelece relações. Por outro lado, para conhecer a estrutura e funcionamento do mesmo é necessário identificar o comportamento e a participação relativamente autônoma de cada uma de suas partes (Bertalanffy, 1976; Bunge, 1980).

– Considera-se que a vida da aula, como sistema social, manifesta as seguintes características: multidimensionalidade, simultaneidade, imediatismo, imprevisibilidade e história. Qualquer pretensão de integrar a vida da aula desde um enfoque simplista ou unidirecional está condenado ao fracasso, porque ignora estas características que apresentam a escola e a aula como espaços ecológicos de trocas simultâneas e que evoluem, de maneira em parte imprevisível, devido à capacidade criadora de seus elementos e do sistema em seu conjunto.

São dois os modelos principais que se desenvolveram até agora dentro deste enfoque ecológico: o modelo semântico-contextual de Tikunoff e o modelo ecológico de Doyle.

O modelo de Tikunoff

No modelo de Tikunoff assume-se que só se pode captar a vida complexa da aula, em sua riqueza, levando em conta três tipos de variáveis sempre presentes e por cujas interações se configura o sistema de trocas que provocam a aprendizagem e o desenvolvimento dos estudantes e do docente (Figura 4.3).

– *Variáveis situacionais*: são as que definem o clima físico e psicossocial em que ocorrem as trocas. São as variáveis que constituem o contexto complexo e mutante em que vivem, experimentam e se relacionam os alunos/as e os professores/as. Entre elas cabe distinguir:

a) O *clima de objetivos e expectativas* que se cria no grupo e que se reflete na atmosfera da classe. Este clima é formado pelas relações de convergência ou conflito entre os objetivos e expectativas do professor/a, do indivíduo e do grupo.

b) O *cenário ou marco de convivência*, formado pela configuração do *espaço*, a estrutura de *atividades* que se desenvolvem, os *papéis* que os indivíduos desempenham e a organização e distribuição do *tempo*.

Dessa forma, as variáveis contextuais abrangem o cenário físico e o clima psicossocial em que se desenvolvem as trocas entre os alunos/as e entre estes e o docente. As variáveis contextuais são sempre, em parte, comuns a diferentes cenários e, em parte, singulares, situacionais e específicas de um grupo social que se organiza e evolui de maneira peculiar.

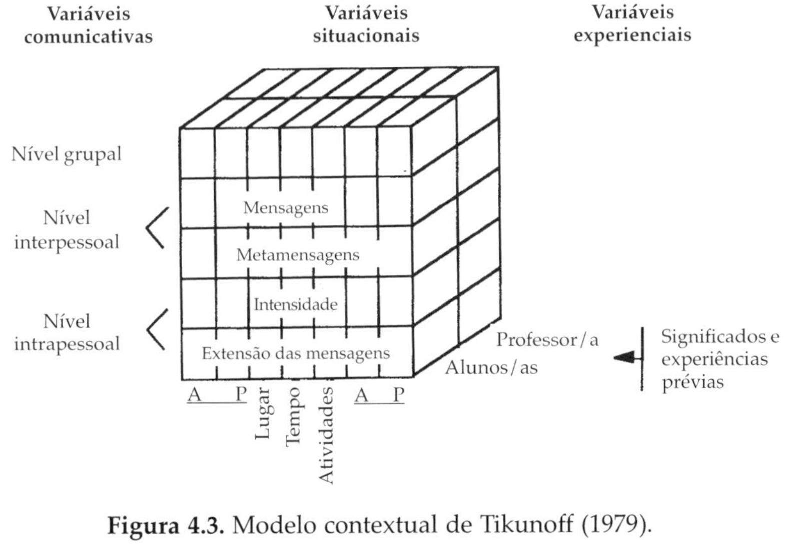

Figura 4.3. Modelo contextual de Tikunoff (1979).

– *Variáveis experienciais*. Referem-se aos significados e modos de atuação que os alunos/as e professores/as carregam. Nenhum deles se apresenta com neutralidade nas trocas da sala de aula. Pelo contrário, levam experiências e modos de compreensão específicos, bem como pressupostos que determinam seu conhecimento e sua atuação. Para compreender a significação real dos intercâmbios na sala de aula é imprescindível entender a trama de conceitos, teorias, estratégias, afetos e hábitos que cada um dos participantes acumulou em sua experiência histórica e que agora ativa nas trocas de sala de aula. A importância das variáveis experienciais reside em seu caráter geralmente implícito, de modo que cada um considera natural sua forma de interpretar e atuar, dificultando, portanto, seu questionamento e modificação.

– *Variáveis comunicativas*. Referem-se aos conteúdos das trocas na sala de aula. No complexo meio social e cultural da classe ocorrem diferentes processos de comunicação nos quais se podem distinguir vários níveis de criação, transformação e comunicação de significados:

a) *Nível intrapessoal*. Processo pelo qual os significados se transformam como conseqüência dos mecanismos e estratégias de processamento de informação que o indivíduo utiliza. É o processo pelo qual se incorporam novos conteúdos e novos significados à estrutura cognitiva e afetiva do sujeito.

b) *Nível interpessoal*. Refere-se ao intercâmbio de informação entre todos os que participam na vida da aula. Nestas trocas de informação, sejam pretendidas ou não previstas no planejamento, formais ou informais, transmitem-se significados tanto nas mensagens, conteúdo explícito da informação (os conteúdos do currículo), como nas metamensagens, mensagens acerca da relação entre os que interagem. A metacomunicação na aula é tão importante como a própria comunicação, pois informa tanto acerca da importância do próprio processo de comunicação como da importância e situação de cada um dos que participam no mesmo. Por meio dos processos de metacomunicação se comunicam e se estabelecem na aula muitas regras latentes de intercâmbio e comportamento.

c) *Nível grupal*. Refere-se às mensagens que o indivíduo recebe como membro de um grupo, orientadas para configurar o comportamento do mesmo com suas normas e pautas de interpretação e atuação. Neste sentido, pode-se dizer que também o grupo da classe atua como um processador coletivo de informação. Por isso, o aluno/a deve aprender os códigos de informação coletiva gerada pela coletividade da classe para poder intervir nas trocas.

A compreensão da vida da sala de aula no modelo de Tikunoff requer a atenção simultânea para este conjunto de variáveis que formam o sistema de trocas. Atender somente aos conteúdos do currículo, ou ao comportamento do professor/a ou dos alunos/as significa simplificar a riqueza da vida da aula e, portanto, sua compreensão deformada. Se a realidade é complexa e se quer respeitar a complexidade na compreensão da mesma, o modelo de análise e interpretação da mesma, o modelo de análise e interpretação deve também ser complexo. Pode se encontrar uma análise mais detalhada do ensino como sistema de comunicação em Pérez Gómez, 1985.

O modelo de Doyle

Também para Doyle a aprendizagem na aula acontece num espaço ecológico, carregado de influências simultâneas, como conseqüência das interações dos indivíduos dentro de um grupo social que vive num contexto.

A vida deste espaço ecológico está condicionada pela existência de dois subsistemas interdependentes mas com relativa autonomia: a *estrutura de tarefas acadêmicas* e a *estrutura social de participação*. Ambas as estruturas, como subsistemas de um espaço ecológico que cumpre uma concreta e definida função social, estão "atravessadas" pelo caráter intencional e avaliador que todos os acontecimentos que nelas se produzem adquirem. A vida da escola é uma vida em parte artificial, presidida constantemente pelo caráter avaliador dos acontecimentos que se produzem nela. Para Doyle, este caráter intencional e avaliador da vida da sala de aula define de forma radical o âmbito de significação de todos os acontecimentos, para o docente e, em especial, para os estudantes. A avaliação pode ser definida como uma *troca mais ou menos explícita e formalizada de atuações do aluno/a por qualificações do professor/a*. Essa troca, esses processos de transação, estabelecem os modos de aprender e de ensinar, condicionam os movimentos do aluno/a e do grupo e configuram a forma como se experimenta na aula o conhecimento acadêmico. Na Figura 4.4, podem se observar as características deste modelo.

Por outro lado, na vida deste grupo social se produzem inevitavelmente processos de negociação para regular as trocas. De forma explícita e aberta, nos grupos de aula com sistemas democráticos, e de forma oculta e conflitante, nos grupos com sistemas autoritários, a negociação sempre se produz. Inclusive naquelas aulas nas quais o professor/a é o único e inapelável determinante das normas e regras de jogo que dirigem a vida e as trocas da sala de aula, a negociação se produz adquirindo a forma de resistência passiva, de desinteresse ou de rebeldia por parte dos alunos/as.

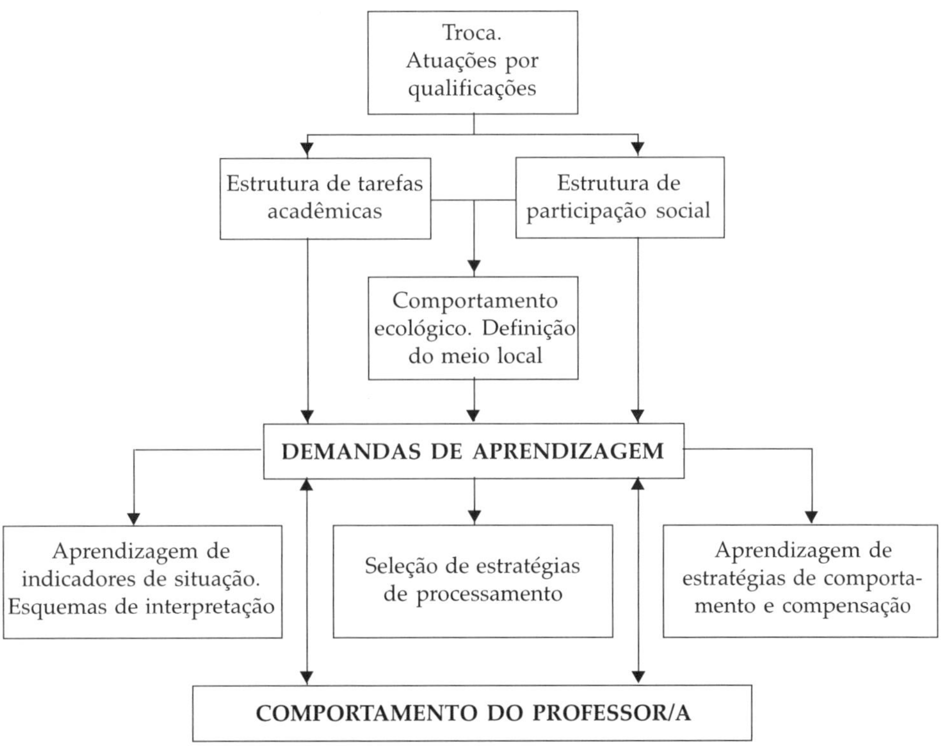

Figura 4.4. O modelo ecológico de Doyle (elaboração do autor a partir do esquema original).

A *estrutura de tarefas acadêmicas* é o sistema de atividades que concretizam o currículo em ação. Pode-se considerar como o conjunto de tarefas nas quais o indivíduo se envolve, os diferentes grupos de estudantes e a coletividade da aula. Denomina-se estrutura porque é necessário identificar o sentido de conjunto que adquirem as diferentes atividades que o indivíduo ou o grupo desenvolve. É este sentido, esta intencionalidade subjacente, seja evidente ou não para o professor/a e para os alunos/as, a verdadeira responsável pelo significado que as distintas atividades acadêmicas que os estudantes realizam adquirem. Em que, para que e como os alunos/as trabalham? Quem decide a natureza das tarefas acadêmicas, a distribuição do espaço e do tempo? Que modos de trabalhar, de compartilhar ou de competir suscita o tipo de tarefas? A resposta a essas perguntas define o sentido e a estrutura das tarefas acadêmicas.

Por outro lado, para Doyle – e toda vez que define os processos de ensino-aprendizagem como trocas de qualificações por atuações – há duas características-chave para definir a estrutura de tarefas acadêmicas: a *ambigüidade* e o *risco*. A *ambigüidade* se refere ao grau de clareza com que aparece aos olhos dos alunos/as o sentido e a demanda de uma determinada tarefa. Existem tarefas cujo final se prevê facilmente seguindo procedimentos mais ou menos conhecidos e estáveis, e existem tarefas de final incerto, com muitas possibilidades e múltiplos caminhos. O *risco* refere-se ao grau de segurança com que os alunos/as enfrentam a tarefa em virtude da confiança em suas capacidades e do tipo e importância das conseqüências que se derivam do sucesso ou fracasso de tal tarefa.

A ambigüidade e o risco são duas características que definem a estrutura de tarefas acadêmicas da perspectiva do aluno/a e cujo valor educativo não se pode estabelecer de antemão – e de modo universal – para todo estudante e para todo grupo da sala de aula. Assim, podemos encontrar tarefas ambíguas com multiplicidade de possibilidades tanto em seu desenvolvimento como em sua conclusão, que podem oferecer uma notável virtualidade pedagógica em algumas situações e para alguns alunos/as, enquanto que podem provocar a confusão e a paralisia noutra situação e para outros estudantes.

A *estrutura de participação social* refere-se ao sistema de normas e padrões culturais explícitos ou tácitos que regem as trocas e as relações sociais no grupo de sala de aula. De que modo se estabelece a participação dos alunos/as na vida da aula? Quem determina as normas que regem os intercâmbios? Que capacidade de iniciativa se reconhece para os alunos/as e em que domínios do âmbito acadêmico? Qual é a racionalidade dos costumes e pautas culturais implícitas? Também aqui a participação social é definida como uma estrutura, e não como uma norma ou um ato de troca isolado, o que interessa conhecer é o sentido geral de tais interações, o sistema de participação social que se define em cada grupo de aula.

Para determinar a estrutura social de participação, é necessário atender a quatro pontos principais:

- As formas de governo que regem as trocas na sala de aula.
- O clima psicossocial que se estabelece e que define as relações horizontais e verticais.
- Os padrões culturais que determinam os hábitos, geralmente inconscientes, de conduta.
- A definição de papéis e estereótipos individuais e grupais em torno dos quais se estabelecem as expectativas e os comportamentos próprios e alheios.

A estrutura de participação social, ao afetar a conduta e os sentimentos dos indivíduos e dos grupos, é um importante fator mediador das mensagens e significados que se trocam na aula.

No modelo ecológico, a estrutura de tarefas e relações sociais são subsistemas e, ao mesmo tempo, elementos de um mesmo sistema dentro do espaço ecológico que forma o grupo da classe, não podendo-se entendê-los de forma isolada. Uma estrutura de tarefas acadêmicas induz e requer necessariamente um tipo de relações sociais na aula, do mesmo modo que uma forma de estabelecer a estrutura de participação social favorece e estimula umas e não outras formas de conceber e desenvolver as tarefas acadêmicas; entre ambos os subsistemas se estabelecem fortes relações de dependência e estimulação. De modo que para entender e interpretar o fluxo complexo de trocas e significados na vida da sala de aula e assim detectar os efeitos na aprendizagem a curto, médio e longo prazo é imprescindível a análise holística desta realidade complexa e sistemática. O aluno/a aprende como conseqüência de sua participação na vida social da aula, bem como pela realização individual ou compartilhada das tarefas acadêmicas. Aprende modos de comportamento e interação ao mesmo tempo que conteúdos e modos de aprender, desenvolve atitudes sociais tanto como habilidades cognitivas e atitudes frente ao conhecimento e à investigação. Fragmentar a vida da aula não conduz senão a distorcer seu significado e impedir sua interpretação racional. Quando o professor/a se propõe desenvolver uma certa intencionalidade educativa, deve compreender a complexa rede de influências que tanto a estrutura de tarefas acadêmicas quanto a estrutura de participação social vão mediar, estimular ou impedir a realização daquela intencionalidade pedagógica.

COMPREENDER E INTERVIR NA ESCOLA

O ensino é uma atividade prática que se propõe dirigir as trocas educativas para orientar num sentido determinado as influências que se exercem sobre as novas gerações. Compreender a vida da sala de aula é um requisito necessário para evitar a arbitrariedade na intervenção. Mas nesta atividade, como noutras práticas sociais, como a medicina, a justiça, a política, a economia, etc., não se pode evitar o compromisso com a ação, a dimensão projetiva e normativa deste âmbito do conhecimento e atuação.

Isso porque estamos falando da evolução educativa do indivíduo e do grupo como uma realidade inacabada, que se constrói no processo de desenvolvimento e intervenção. Por outro lado, enquanto não se atua e experimenta não é possível conhecer, compreender e interpretar as peculiaridades e características de sua forma de ser. A vida da sala de aula, dos indivíduos e dos grupos que nela se desenvolvem, tem muitas formas diferentes de ser e diversos modos de manifestação em virtude das trocas e interações que se produzem, tanto na estrutura de tarefas acadêmicas como nos modos de relação social que se estabelecem. Cada uma dessas formas e modos distintos de ser cria a possibilidade de novos esquemas de conhecimento, novas formas de compreensão e novas perspectivas de intervenção. A relação entre compreensão e intervenção forma uma espiral dialética na qual ambos os elementos estimulam-se mutuamente.

É evidente que do modo que se concebe, interpreta e explica a vida da aula se deriva de maneira mais ou menos direta uma forma típica de atuação. Por isso, não se pode separar os modelos de compreensão e os modelos de intervenção. O professor/a, os alunos/as, os administradores e todos que participam no processo educativo intervêm condicionados por um modo de pensar mais ou menos explícito sobre os fenômenos educativos. Assim, também enriquecem, reafirmam, reproduzem ou transformam sua maneira de entender a vida da sala de aula em função das conseqüências pessoais e alheias que se derivam de sua forma de intervir. Por clareza expositiva, optamos por diferenciar estes dois capítulos que se referem à compreensão e à atuação na aula, embora estabeleceremos continuamente as relações de modo que não se sugira ou induza uma fragmentação não desejada.

Ao longo da história da teoria e da prática do ensino, e hoje em dia de forma mais evidente, podem se distinguir dimensões da prática que adquirem maior ou menor relevância em função dos modelos de prática, das condições históricas e dos propósitos educativos. Entre elas vamos distinguir três que, em nossa opinião, são as mais relevantes: a dimensão técnica, a dimensão artística e a dimensão ético-política.

A prática do ensino como atividade técnica

Como em outros campos da prática social, também no ensino surgiu e se desenvolveu com força uma perspectiva técnica que pretende proporcionar a esta atividade o *status* e rigor de uma ciência aplicada. O objetivo prioritário desta perspectiva é alcançar a eficácia na atuação, tentando regular a prática como um modelo de intervenção tecnológica que se apóia nas atividades do conhecimento científico.

O modelo processo-produto, que pode ser considerado como o expoente mais claro desta perspectiva, se propõe desenvolver conhecimento científico sobre as relações entre variáveis de comportamento docente e o rendimento acadêmico do aluno/a, com o propósito de poder orientar a prática docente de modo rigoroso e eficaz; à maneira de uma ciência aplicada. Sua lógica é bem simples e foi aplicada com sucesso em outros campos de intervenção sobre a realidade física e sobre a realidade social. Se se produz conhecimento científico que estabeleça relações de causalidade entre variáveis da realidade, destas leis que nos dizem como se comportam os elementos da realidade podem se derivar diretamente normas de intervenção tecnológica que nos garantam a eficácia na atuação. Se A produz B nas condições C, para conseguir B, temos apenas que preparar as condições C e ativar A.

A perspectiva tecnológica se propõe tirar este âmbito do conhecimento e da ação do obscurantismo de uma etapa pré-científica regida pelo improviso, o senso comum, o empirismo cego ou a especulação idealista carregada de preconceitos e proposições que não são demonstráveis. Tal perspectiva parte da idéia de que é possível entender, explicar e intervir de uma forma mais rigorosa, objetiva e científica nos processos de ensino-aprendizagem, de modo que o conhecimento adquirido pela investigação possa regular a prática, mediante a preparação científica dos professores/as, a elaboração também científica do currículo e a organização e gestão eficaz da escola e da aula.

Propõem, como modelo, a produção de objetos e a organização empresarial. Ainda que a complexidade do comportamento humano dificulte a produção do conhecimento científico necessário e suas derivações tecnológicas, assume-se o problema como uma dificuldade temporária. Pouco a pouco vai se incrementando o corpo de conhecimentos científicos sobre os processos de ensino-aprendizagem e, no momento oportuno, a intervenção docente será tão previsível e algorítmica como os procedimentos para produzir máquinas ou curar doenças.

Desde a perspectiva técnica, denominada por Schön (1983) *racionalidade técnica,* e por Habermas (1971) *razão instrumental* da prática social, a intervenção didática deve-se reduzir à escolha e ativação dos meios necessários para a realização de objetivos determinados previamente desde fora. Os problemas que se colocam para o professor/a são instrumentais e, portanto, técnicos, como aplicar os recursos e as estratégias necessárias para a realização dos objetivos que se indicam no currículo oficial. Deve-se utilizar este critério em todos e cada um dos passos que constituem a intervenção na prática: o plano e desenvolvimento do currículo, a produção de materiais, a formação do professor/a, a organização da escola e da aula, a gestão da vida acadêmica, a determinação dos materiais e procedimentos de evolução, etc. A eficácia requer o respeito ao conhecimento científico e a suas derivações tecnológicas. Assim sendo, quanto maior for a parcela de intervenção que se possa regular e determinar de antemão, por especialistas externos, mais garantias existem de evitar a subjetividade na atuação do docente, ou de outros agentes que distorcem e perturbam a intervenção científica eficaz.

O ensino programado, o livro-texto programado, o micro-ensino, os minicursos, o modelo de formação do professor/a baseado nas competências, o modelo de gestão empresarial da escola e da aula são, entre outros, exemplos bem eloqüentes desta forma de conceber a intervenção pedagógica.

O problema fundamental que se coloca para a perspectiva técnica de intervenção na aula é sua incapacidade para enfrentar a natureza dos fenômenos educativos. A realidade social, ao contrário da realidade física, resiste a ser enquadrada em esquemas fixos preestabelecidos, resiste às classificações taxionômicas, às generalizações universalmente válidas para todo tempo e contexto, aos procedimentos algorítmicos, nos quais os passos se encadeiam mecanicamente, conduzindo sempre aos mesmos resultados. A realidade social e, concretamente, a realidade da aula é sempre *complexa, incerta, mutante, singular e carregada de opções de valor.*

Por isso, os problemas da prática educativa não podem ser reduzidos a questões meramente instrumentais, nas quais a tarefa do docente se reduz à escolha certa de meios e procedimentos e à competente e rigorosa aplicação dos mesmos. *Em primeiro lugar*, na aula não se encontram todos os problemas claramente definidos, para cujo diagnóstico e tratamento existam receitas elaboradas por especialistas externos. Os problemas devem ser definidos dentro das situações vivas, ambíguas e conflitantes que caracterizam a vida da aula. Para o professor/a, os desafios didáticos não se reduzem à solução de problemas aplicando receitas, e sim começam com o esclarecimento de circunstâncias complexas, onde os problemas devem ser, em primeiro lugar, colocados, situados e valorizados. A primeira tarefa do professor/a é a *construção* subjetiva do problema. O docente deve possuir conhecimentos e capacidades para diagnosticar as situações e propor, sobre o diagnóstico permanente da evolução da situação, fórmulas de experimentação curricular. Esta não é a tarefa de um técnico que aplica estratégias e receitas elaboradas de fora da aula.

Além disso, as situações da prática na sala de aula apresentam-se sempre, em certa medida, como casos únicos, e como tal requerem soluções também singulares, adaptadas ao caso. Assim, ao serem casos únicos, não se ajustam adequadamente às categorias de problemas genéricos com que a técnica trabalha.

Em segundo lugar, como já repetimos em várias ocasiões, a aprendizagem escolar se realiza em grupo, sem que isto signifique que se estimule necessariamente a uniformidade. A intervenção técnica se apoiou seguidamente na agrupação homogênea dos indivíduos por capacidades, na consideração de um currículo comum e um ritmo de aprendizagem também idêntico para todos os alunos/as de um grupo. As receitas e estratégias curriculares pré-determinadas de fora partiam do pressuposto da homogeneidade dos grupos, do currículo e dos processos e ritmos de aprendizagem. Identificam os problemas e necessidades para os indivíduos de uma determinada idade, elabora-se um currículo com objetivos, conteúdos e métodos adequados a tal idade e se aplica sob o pressuposto de que a maioria pode e deve seguir proveitosamente esse processo. Mas nas sociedades contemporâneas, quando as diferenças culturais e sociais dos alunos/as que freqüentam a escola pública são tão escandalosas, quebra-se o princípio da homogeneidade, colocando-se a necessidade de atender as diferenças individuais e coletivas dos distintos indivíduos, culturas e grupos sociais.

Quando se quebra a lógica da homogeneidade, se propõe, também a da perspectiva técnica, o ensino individualizado como estratégia de superação e, na maioria das escolas, assume-se que a aprendizagem é uma experiência individual. No entanto, como afirma Goodman (1989), o ensino individualizado teve pouco a ver com o desenvolvimento da identidade individual dos estudantes: responder ao estilo único de aprendizagem de cada aluno/a, reconhecer e conceder a palavra ao conhecimento pessoal do mesmo e promover a originalidade e o pensamento próprio de cada estudante. Pelo contrário, tal como se tem praticado, a educação individualizada refere-se a um plano de instrução que separa a aprendizagem de cada criança da de seus companheiros e que ressalta o sucesso individual nos conteúdos de um currículo padronizado.

A perspectiva técnica desenvolve a idéia de que a aprendizagem, de qualquer maneira, é uma experiência individual, impondo-se na escola como na sociedade a ideologia do individualismo, da ênfase na competição e da importância das aquisições individuais como único valor na vida da aula.

Em terceiro lugar, na prática escolar, como em toda prática social, sempre é necessário reconhecer espaços de indeterminação, aqueles que correspondem ao caráter inacabado da natureza humana que vai se construindo na medida em que se vive e se experimenta individual e socialmente. Também na sala de aula como grupo social se produzem trocas permanentes que enriquecem e transformam as características do grupo e seus processos de aprendizagem. A aula evolui, cria novas condições e novos espaços de intercâmbio; a escola evolui, reproduz tanto como transforma as influências que recebe do contexto; e a própria sociedade humana evolui, criando novos padrões de cultura, novas formas de interação, novas pautas de costumes, novos interesses e necessidades, novos códigos de comunicação, novos artefatos e instituições que estimulam ao mesmo tempo que limitam a atuação do indivíduo e do grupo, mas que, em todo caso, o situam em novas coordenadas. Este espaço de indeterminação, de criatividade e utopia na sala de aula ultrapassa as possibilidades de tratamento exclusivamente técnico na aula.

As críticas precedentes não supõem uma recusa generalizada e a *priori* da utilização da técnica em qualquer situação da prática educativa. É fácil identificar múltiplas tarefas concretas às quais podem e devem se aplicar técnicas derivadas da investigação aplicada. O que as proposições prévias negam é a possibilidade de considerar a intervenção na aula como uma atividade exclusiva e prioritariamente técnica. Pelo contrário, deveria pensar-se, antes de mais nada, numa atividade reflexiva e artística na qual são imprescindíveis aplicações concretas de caráter técnico.

A dimensão heurística na prática escolar

Levando em consideração a crítica precedente à pretensão de conceber o ensino como uma atividade técnica, convém que nos detenhamos na análise da perspectiva heurística como modo de conceber a intervenção no espaço da sala de aula.

Podemos considerar Stenhouse, Elliottt, Eisner e Jackson como os representantes mais destacados deste modo de conceber a prática do ensino como uma atividade heurística.

A pedra fundamental desta proposição é a consideração do caráter subjetivo das variáveis que intervêm decisivamente nos processos de ensino-aprendizagem. A vida da sala de aula deve ser interpretada como uma rede viva de troca, criação e transformação de significados. Os processos de aprendizagem são, enfim, *processos de criação e transformação de significados*. A intervenção docente na aula encaminha-se para orientar e preparar as trocas entre os alunos/as e o conhecimento, de modo que os sistemas de significados compartilhados que os estudantes vão elaborando sejam enriquecidos e estimulados.

Como conseqüência, a intervenção na aula deve partir dos significados que realmente fluem no grupo da classe, dos significados que aqueles alunos/as trazem para suas trocas acadêmicas, desde sua experiência cotidiana anterior e paralela à escola e dos significados que geram como conseqüência de suas vivências na instituição escolar, compartilhando experiências de aprendizagem em contato progressivo com o conhecimento público.

Na perspectiva heurística, conscientes da importância da criação e transformação de significados como finalidade educativa, o dilema entre o conhecimento acadêmico e o conhecimento do aluno/a como ponto de partida para os processos de aprendizagem, é resolvido a favor deste último. O que importa é que o estudante ative seus esquemas de pensamento, que utilize seus códigos de interpretação do mundo e de comunicação com os demais, por incorretos e insuficientes que sejam (Freire, 1990). Apenas quando o aluno/a mobiliza seus próprios instrumentos de troca pode descobrir suas insuficiências, compará-los com elaborações alheias e preparar o caminho de sua transformação.

O docente não pode ser nunca um mero técnico que aplica um currículo e desenvolve técnicas e estratégias de comunicação e ensino elaboradas desde fora para uma suposta comunidade homogênea. Cada aluno/a e cada grupo construiu e continua construindo seus próprios esquemas de interpretação da realidade e, concretamente, está desenvolvendo redes de troca de significados peculiares no espaço e no tempo onde vive e evolui como grupo social. Intervir de maneira relevante nessa rede viva de troca de significados, sentimentos e atuações requer do professor/a uma atitude heurística, que busque todas as chaves que caracterizam a aula. O professor/a deve atuar como o clínico que diagnostica permanentemente a situação e elabora estratégias de intervenção específicas e adaptadas para a situação concreta da aula, comprovando as reações, esperadas ou não, lógicas ou irracionais, dos alunos/as e avaliando o significado das trocas que se produziram em conseqüência.

Por outro lado, como a elaboração de significados é um processo subjetivo dos indivíduos e dos grupos a partir de suas vivências e interações, e não uma simples incorporação ou cópia dos significados gerados por outros, o professor/a não pode substituir este processo de criação e comunicação de significados, interesses e expectativas alegando a superioridade de seu conhecimento e experiência. A virtualidade educativa da intervenção do docente reside em sua capacidade para estimular a participação ativa dos indivíduos e dos grupos na elaboração das próprias estratégias de aprendizagem e troca entre eles e de interação com a realidade e com o conhecimento público. Por isso, a função do docente se complica. Ele não pode se preocupar apenas em diagnosticar os efeitos de suas iniciativas e estratégias, muito menos em detectar somente os efeitos esperados na realização dos objetivos previstos no programa, mas deve também interpretar a riqueza educativa da vida da aula gerada por suas propostas e pelas dos alunos/as, por suas reações, sentimentos e criações. Do mesmo modo, deverá atender também às propostas, reações e trocas que partem do resto dos indivíduos e dos grupos dentro do âmbito da instituição escolar e que indubitavelmente estão determinando o sentido e intensidade da vida da aula.

Ao levar em conta o caráter subjetivo, mutante e criador das variáveis que configuram a vida da sala de aula, o ensino não pode ser concebido como uma mera aplicação de normas, técnicas e receitas preestabelecidas, mas como um espaço de vivências compartilhadas, de busca de significados, de produção de conhecimento e de experimentação na ação. Nem as características da aprendizagem, nem as possibilidades de desenvolvimento dos indivíduos ou dos grupos, nem os métodos de trabalho, nem a forma de organizar a escola e a aula, nem os modos de interação que emergem em cada grupo de classe, nem a cultura específica que se cria e compartilha na aula, nem as expectativas que se abrem para os indivíduos, nem os conflitos que se enfrentam, nem a forma de solucioná-los configuram padrões fixos e fechados. Tanto o professor/a quanto os alunos/as podem aprender que as características comuns entre as velhas e novas situações e acontecimentos, ou entre as experiências de outros grupos e as suas próprias, só podem ser generalizadas de maneira metafórica (Lakoff e Johnson, 1980). O homem aprende de sua experiência social que reproduzir mecanicamente estratégias e comportamentos passados é um modo obsoleto de empobrecer seu pensamento e sua ação, criando estereótipos que estancam a evolução. Da experiência humana não podem se criar algoritmos de atuação, mas hipóteses de trabalho para experimentar reflexivamente no futuro.

Do mesmo modo, a atuação do docente é, em parte, sempre um ato de criação, uma atitude artística apoiada no conhecimento e nas experiências passadas, mas projetada além de seus limites. O professor/a e os alunos/as embarcam numa empresa de reflexão e experimentação que é mais imprevisível quanto mais rica e profunda for. Por isso, tanto Stenhouse como Elliott não se detêm na radiografia de um modelo de objetivos que define a situação dos processos de ensino-aprendizagem para cada grupo de idade ou cada grupo de aula. Esse modelo ou radiografia do estado final das realizações da escola não pode ser previsto, nem predeterminado, quando se põe em marcha um processo rico de aprendizagem e experiência de interações livres dos indivíduos entre si, com a realidade e com o conhecimento e a cultura de cada comunidade. Em seu lugar, propõem se deter na consideração dos processos, no respeito aos princípios de procedimento, de modo que no trabalho, nas experiências e trocas na sala de aula, se realizem os valores que presidem a intencionalidade educativa. O ensino não é um meio para conseguir certos objetivos fixos, previamente estabelecidos, mas o espaço no qual se realizam os valores que orientam a intencionalidade educativa que, como veremos no trecho seguinte, se debate e decide dialeticamente na comunidade social, na escola e na aula.

Isso ocorre porque a criação e transformação de significados sobre a vida natural, individual e social é um processo de elaboração subjetiva dos indivíduos e dos grupos sobre a base de sua experiência no mundo social e cultural em que se desenvolvem. Por outro lado, é necessário que nesse processo se respeitem os ritmos e as diferenças individuais. Socializados numa escola uniforme é difícil para todos nós conceber a possibilidade de uma escola que proteja, respeite e fomente as diferenças e os ritmos individuais. Superar as desigualdades no desenvolvimento individual, provocadas pela discriminação econômica, social e cultural em que vivem os diferentes grupos e classes sociais, requer a atenção e o respeito às diferenças individuais, de modo que a aprendizagem parta do estado real de desenvolvimento para provocar sua transformação. É necessário basear-se no conhecimento, na linguagem e nos propósitos de cada grupo de alunos/as, inclusive quando estes podem ser considerados mais pobres e manifestem menor potencialidade para explicar os acontecimentos da realidade e para participar nas exigências do mundo contemporâneo.

Como afirma Barnes (1976):

> "Se se desanima constantemente os alunos/as para que não utilizem o entendimento que realmente possuem, começarão a acreditar que o conhecimento da escola é esotérico e sem relação com o raciocínio prático do conhecimento cotidiano que utilizam na ação (...) inclusive chegarão a desvalorizar sua própria capacidade para pensar" (p. 118).

Como já repetimos em diferentes ocasiões, somente se pode transformar significativamente o conhecimento que a criança utiliza, ou o indivíduo adulto, quando ela mesma mobiliza seus esquemas para interpretar a realidade. Por isso, a comunicação na aula deve começar respeitando e mobilizando os esquemas de pensamento, sentimento e ação de cada indivíduo e de cada grupo. Isto deverá ser considerado, ainda que tais esquemas pertençam a culturas supostamente menos desenvolvidas e a grupos sociais menos favorecidos e com menor possibilidade de participar no enriquecimento da evolução social. A função da comunicação que se estabelece na aula é oferecer oportunidades para que os alunos/as comparem ativamente as possibilidades de seus próprios esquemas como instrumentos de análise, de projeção e intervenção sobre a realidade.

Não é o currículo comum, nem a metodologia homogênea que garante a igualdade de oportunidades para os diferentes grupos e culturas que chegam à escola, mas a atenção às diferenças individuais mediante uma metodologia e um currículo suficientemente flexíveis e diversificados que estimulam a troca e a participação ativa de todos e cada um dos alunos/as nos processos de aprendizagem, experimentação e comunicação. Este argumento se desenvolverá mais extensamente nos capítulos 6 e 7. Pode-se consultar a respeito Gimeno, 1988, e Torres, 1991.

Este convencimento requer um modo clínico de intervenção na aula: organizar ali as expectativas e de modo que envolvam e engajem ativamente cada indivíduo. Além do respeito aos diferentes modos de conhecer, vivenciar e comunicar dos diferentes grupos e indivíduos, exige-se um diagnóstico constante do progresso das atividades e do grau de envolvimento de cada indivíduo nas mesmas, assim como um diagnóstico dos significados e expectativas que se criam como conseqüência de sua realização. A melhor maneira de envolver os alunos/as nas atividades de aprendizagem e partir de seus esquemas de pensamento e atuação é favorecer sua intervenção para determinar a estrutura, o conteúdo e a seqüência das atividades de aprendizagem. Como afirma Barnes (1976), adotar de antemão um absoluto controle sobre os conteúdos e sua seqüenciação conduz a uma forma de comunicação que implicitamente desvaloriza o conhecimento extra-escolar dos alunos/as.

Nem o sistema escolar, nem o currículo, nem a organização da escola e da aula, nem a tradição profissional favorecem esta exigência de participação ativa do aluno/a na determinação real da vida explícita da aula. O professor/a debate-se hoje em dia num dilema difícil de resolver. Encontra-se no meio do conflito entre sua responsabilidade de manter o controle sobre a ordem social e as relações na aula, assim como sobre a distribuição do currículo disciplinar e sua responsabilidade profissional de estimular a aprendizagem significativa e relevante de todos e cada um dos indivíduos do grupo de sala de aula. Nas circunstâncias que rodeiam e configuram a instituição escolar atual este dilema se coloca como praticamente insolúvel para a maioria dos docentes da escola obrigatória.

A perspectiva heurística que propõe a estimulação da aprendizagem para a compreensão em todos e de cada um dos alunos/as, mediante uma intervenção artística e clínica, requer a construção de um modelo de comunicação na aula, na qual tanto as relações sociais como o próprio conhecimento curricular e a estrutura de tarefas acadêmicas sejam negociados realmente no curso das interações docente-estudante de cada aula. Este modelo de comunicação que estimula a negociação real e aberta de todas as características que configuram a vida da aula exige, por sua vez, a transformação radical do sistema educativo, suas instituições e sua função social.

A dimensão ética da prática escolar: o debate sobre a qualidade do ensino

É evidente que o conceito de qualidade do ensino, como qualquer outro referente a uma atividade prática social, é por natureza um conceito polêmico, e elaborado de modo diverso em virtude de diferentes perspectivas teórico-práticas que afirmam distintos valores e defendem interesses variados e contrapostos.

Por sua significação e relevância na configuração da prática cotidiana, desde a política educativa à intervenção na sala de aula, apresentaremos a controvérsia em duas posições que representam proposições bem distantes:

- O *enfoque instrumental* que ressalta a qualidade dos produtos.
- O *enfoque ético* que se preocupa basicamente pela qualidade dos processos considerados em si mesmos.

No enfoque instrumental, a qualidade de qualquer empreendimento ou atividade relaciona-se fundamentalmente com a eficácia. O valor da prática, portanto, aparece vinculado com clareza à realização dos objetivos preestabelecidos. Os meios, os métodos e os processos não têm mais significação em si do que a função instrumental que cumprem para conseguir os objetivos apresentados; são, portanto, independentes dos fins e se justificam pela eficácia que conseguem. O fim justifica os meios e estes são em si mesmos eticamente diferentes.

A qualidade do ensino, neste caso, deve-se referir ao grau de correspondência entre os objetivos propostos e os resultados obtidos, ao nível de eficácia obtido na tarefa. Como em qualquer outro campo de atividade tecnológica no âmbito da prática social e, em nosso caso particular, a prática educativa, identifica-se a qualidade das tarefas com a eficácia dos resultados e os problemas relacionados com a eficiência apresentam claramente um caráter técnico e econômico, independente da complexidade e natureza da técnica ou sistema de técnicas que se empregam. A preocupação centra-se na obtenção dos objetivos da forma mais rápida e eficaz ao menor custo possível.

Assim, desde a perspectiva instrumental, a qualidade do ensino reside na eficácia com que se obtém os resultados previstos para cada etapa do sistema educativo, conferindo, portanto, especial relevância à definição de objetivos e à medição exata dos resultados.

O conceito de eficácia relaciona-se estreitamente com o conceito de economia em suas duas vertentes: externa e interna. Em sua vertente externa, ao considerar que o sistema educativo é eficaz quando seus produtos correspondem em qualidade e orientação às exigências das tarefas e trabalhos requeridos na economia de mercado. Em sua vertente interna, ao dar primazia à economia de esforços e recursos na realização satisfatória dos objetivos propostos,tanto na escola quanto no sistema educacional.

Nesta perspectiva, o ensino é um instrumento técnico a serviço de objetivos políticos, definidos prioritariamente por exigências econômicas, externas, cuja qualidade reside na eficácia e economia de sua realização. O ensino torna-se um meio para realizar fins externos, cuja determinação escapa precisamente aos que participam na vida cotidiana da escola. Como afirma Carr (1989):

> "Aqueles que não são ou não trabalham como docentes (políticos, patrões, economistas) tenderão a interpretar e avaliar a qualidade do ensino em termos de valores externos ao próprio ato educativo. Desde sua perspectiva, a educação aparece como algo que serve a propósitos externos, tais como o interesse nacional, as necessidades econômicas da sociedade, e as exigências da sociedade e as exigências do mercado de trabalho" (p. 3).

Em relação a essas idéias, convém lembrar aqui a clarividente crítica de Green (1976) ao movimento de eficácia na escola.

- Os fatores que se considera que incrementam a eficácia da escola são seguidamente triviais e questionáveis.
- O conceito de eficácia é extremamente estreito e restrito: refere-se geralmente ao desenvolvimento da leitura-escrita, da matemática, da aquisição de uma cultura enciclopédica.
- A ênfase em testes de aquisições padronizadas sugere as questões de para quem e no interesse de quem a escola é eficaz.
- A busca da eficácia acima de qualquer outra consideração distorce e reifica o conceito de cultura que se trabalha na escola, ignorando que a própria escola é um cenário cultural de interação, negociação e contraste social.

Pelo contrário, na perspectiva que denominamos ética, a qualidade do ensino não se situa principalmente na eficácia com que se conseguem os resultados preestabelecidos, mas se torna clara nas seguintes proposições:

– *Em primeiro lugar*, é preciso considerar que o ensino, como toda prática social, contingente a circunstâncias históricas e espaciais determinadas, encontra-se penetrado por opções de valor e, portanto, é preciso identificar sua qualidade nos valores intrínsecos que se desenvolvem na própria atividade, na própria configuração que adquire a própria prática, e não nos fins externos aos quais serve.

– *Em segundo lugar*, no ensino, como em outras formas de prática social, não tem sentido a diferenciação entre meios e fins, fatos e valores. Os meios não podem ser considerados independentes dos fins, nem os fins justificam os meios. Os fatos humanos estão inevitavelmente carregados de valores subjetivos e os valores devem ser considerados fatos que condicionam o sentimento, a conduta e o pensamento dos homens. Quando o indivíduo, o grupo ou a coletividade envolvem-se em qualquer atividade, em alguma medida estão sendo formados por ela. A forma específica de envolvimento produz a curto, médio ou longo prazo efeitos cujo sentido antropológico é necessário "valorizar", independente do valor ou qualidade dos resultados obtidos através de tal atividade humana.

Tanto Stenhouse como Elliott abordaram reiteradamente que os meios educativos (conteúdos, métodos, avaliação) não podem ser definidos, nem concientizados independentemente dos princípios de procedimento que devem se derivar logicamente da aceitação dos valores que presidem as metas educativas. De qualquer maneira, a forma de realizar uma ação, de desenvolver uma tarefa acadêmica, ou de organizar os intercâmbios entre os alunos/as não pode contradizer os princípios e valores que presidem a intencionalidade educativa, sem risco de renunciar a ela na prática. Quando tal contradição se produz, é fácil compreender que os valores que se realizam na atividade prática cotidiana prevalecerão sobre os que supostamente presidem a intencionalidade educativa pretendida.

– *Em terceiro lugar*, na prática educativa, não existem atividades indiferentes que adquiram seu sentido em função do objetivo extrínseco que se pretende alcançar. Pelo contrário, o significado intrínseco das tarefas e trocas nas quais os alunos/as se envolvem é o que vai definindo paulatina mas progressivamente o sentido e a qualidade do desenvolvimento dos diferentes aspectos de sua personalidade. Quando os alunos/as, por exemplo, desperdiçam seu tempo na realização de atividades e na aprendizagem de conteúdos nos quais não encontram sentido próprio, estão aprendendo algo mais do que os conteúdos sem sentido, estão aprendendo, de maneira mais ou menos consciente, a subordinar seus desejos e princípios às exigências contingentes impostas, de modo talvez sutil, desde fora. Estes se revelam como meros instrumentos para a realização de metas acadêmicas externas.Os estudantes estão aprendendo a alienar sua conduta a objetivos e valores alheios e extrínsecos. Por isso, Elliott (1990b), apoiando-se nas contribuições de Peters (1965), chega a afirmar que o que faz com que uma ação seja educativa não é a produção de estados finais extrínsecos, mas as qualidades intrínsecas que são evidenciadas na própria forma de realizar a ação.

– *Em quarto lugar*, os efeitos mais significativos da prática educativa não são sempre aqueles que se manifestam no prazo mais curto de tempo, como requer o enfoque instrumental ou como se exige normalmente ao docente e à escola. Os efeitos que têm uma vida mais prolongada e que intervêm de forma mais definitiva na configuração do homem adulto são encontrados nas estruturas e esquemas do pensamento e da conduta, não confundindo-se necessariamente com as manifestações imediatas dos conhecimentos, habilidades ou reações.

Limitar, portanto, o conceito de qualidade do ensino à medida dos produtos observáveis a curto prazo não supõe senão uma míope e pobre restrição de um campo tão complexo e extenso, que conduz inevitavelmente à ignorância no terreno do conhecimento e à imprudência no terreno da ação.

– *Em quinto lugar*, situar a qualidade do ensino no valor dos produtos supõe afirmar uma injustificada relação causal entre os processos de ensino e os de aprendizagem. Na melhor das hipóteses, podemos afirmar apenas que as estratégias de ensino se propõem e, às vezes, conseguem facilitar os processos de aprendizagem. A aquisição e elaboração do conhecimento no aprendiz é um processo de construção subjetiva, e não uma cópia passiva da realidade. O indivíduo aprende realmente, como afirma Fenstermacher (1987), quando se apossa do conhecimento, assimila-o e o adapta a suas circunstâncias únicas ou, segundo as contribuições piagetianas, quando acontece um autêntico processo de metabolismo simbólico, que provoca a reconstrução do próprio pensamento num nível superior de compreensão e ação. Portanto, é mais correto afirmar que o ensino facilita a aprendizagem, e não que a produza ou a cause.

– *Em último lugar*, o enfoque ético considera que situar a qualidade do ensino na correspondência entre resultados e objetivos preestabelecidos supõe uma grave restrição das possibilidades criadoras e inovadoras da atividade humana. A própria natureza do desenvolvimento humano transforna a educação num processo aberto, quanto mais satisfatório mais imprevisível. A prática educativa se justifica quando facilita para cada indivíduo um rico processo de aprendizagem e desenvolvimento sem limites conhecidos. Definir esses limites e especificá-los em particulares manifestações observáveis é sucumbir de novo à tentativa de controlar, afogando a riqueza e cerceando a diversidade. As metas educativas que se podem prever como desejáveis são princípios de procedimentos que estimulam o desenvolvimento autônomo do cidadão/dã e que, por isso mesmo, se diversificam quando se concretizam em cada aprendiz em particular.

Assim, para o enfoque ético, a transferência dos valores desde os processos para os produtos, a primazia dos resultados observáveis a curto prazo, a separação dos meios e dos fins, assim como a justificação extrínseca dos meios e dos processos em virtude do valor dos produtos constitui, hoje em dia, a manifestação mais evidente, ainda que sutil, do processo de alienação humana. O professor/a e o aluno/a alienam-se na prática do ensino ao situar fora deles os valores que justificam sua atuação. Este princípio aloja-se na concepção instrumental da vida humana e se reflete no modelo tecnológico de intervenção educativa, obcecado pela eficiência e pela produtividade observável e quantificável, logicamente, em consonância com os valores da ideologia, que prevalece nas sociedades ocidentais, dominadas pela lei do mercado, o pragmatismo e o progresso competitivo individual.

O modelo processo-produto de investigação didática, assim como a concepção instrumental do planejamento do ensino por objetivos operacionais, mais ou menos explícitos, são as manifestações mais escandalosas desta ideologia pedagógica da alienação. O princípio do eficientismo supõe uma grosseira transferência dos modos de entender os processos e mecanismos de produção de bens materiais para o complexo e imprevisível processo de desenvolvimento e construção das capacidades e formas de ser dos indivíduos, grupos e comunidades.

Em nossa opinião, a prática didática se justifica não à medida que consegue determinados e homogêneos resultados observáveis a curto prazo na maioria dos alunos/as, mas à medida que facilita e promove um processo de trabalho e trocas na sala de aula e na escola, onde se realizem os valores que se considerem educativos para a comunidade. O resultado deste processo é evidentemente complexo, imprevisível, divergente e só detectável em profundidade a longo prazo. De pouco adianta avaliar a prática educativa exclusivamente pelos resultados observáveis a curto prazo, pois em cada indivíduo podem estar significando realidades bem diferentes, ao ocultar ou não evidenciar os processos mais subterrâneos que estão formando os modos mais permanentes de pensar, sentir e atuar.

A cultura democrática na escola

Os modos mais permanentes de pensar, sentir e atuar são desenvolvidos na sala de aula e na escola e também, naturalmente, na vida extra-escolar, ao longo de um prolongado processo de socialização, de imersão e de aprendizagem da cultura da escola. Como colocávamos anteriormente, ao falar do modelo ecológico de análise da sala de aula, compreender este processo de socialização ou *a culturação* requer atender ao conjunto de influências explícitas ou implícitas que atuam de forma conjunta e sistemática no ecossistema da sala de aula. Será necessário analisar em cada classe e em cada escola como se cria e se desenvolve a estrutura de tarefas acadêmicas e a estrutura de relações sociais, o currículo acadêmico explicitamente pretendido e o currículo oculto, que transmite sub-repticiamente os interesses sociais mais ou menos confessáveis (Apple, 1989; Torres, 1991). Enfim, é necessário compreender o complexo sistema de comunicação que se estabelece na sala de aula, responsável imediato dos significados que se criam, se transmitem e transformam nas trocas educativas.

Para compreender a dinâmica mediadora do currículo é necessário colocar o problema que surge quando queremos transferir a riqueza virtual da cultura popular para a acadêmica, para provocar a transformação da cultura informal e empírica dos alunos/as. O desafio didático supõe que os conteúdos do currículo e das experiências e trocas que se criam ao desenvolver uma determinada estrutura de tarefas acadêmicas e relações sociais na aula deverão provocar não apenas a aprendizagem significativa de uma cultura paralela ou acrescentada, que o estudante aprende apenas para se desempenhar com sucesso frente às demandas específicas de tal ambiente, mas sim a *aprendizagem relevante* de uma cultura viva, que induz à transformação do pensamento comum e cotidiano do aluno/a.

Parece claro que o objetivo básico de toda atividade educativa é favorecer que os estudantes elaborem pessoalmente o conhecimento e o significado a partir de sua experiência vital com a realidade, que reconstruam a cultura, e não simplesmente a adquiram.

Em relação a isso, entendemos *a cultura como o conjunto de significados e condutas compartilhados*, desenvolvidos através do tempo por diferentes grupos de pessoas como conseqüência de suas experiências comuns, suas interações sociais e seus intercâmbios com o mundo. Para Geertz (1983), a cultura está formada pelos padrões de significados, codificados em símbolos e transmitidos historicamente, etc., mediante os quais as pessoas se comunicam, perpetuam e desenvolvem seus conhecimentos e atitudes sobre a vida. Assim entendida, a cultura se constrói, transmite e transforma o fio dos acontecimentos e fluxos que caracterizam a vida da comunidade ao longo dos tempos. Os indivíduos e os grupos que constituem as novas gerações apreendem a cultura, reproduzem-na tanto quanto a transformam.

Por outro lado, os significados e condutas compartilhados que compõem a cultura encontram-se tanto nas instituições, costumes, objetos e formas de vida, quanto nas representações mentais que os indivíduos e os grupos elaboram e que se transmitem nas disciplinas científicas, nas especulações filosóficas, nas narrações históricas, nas expressões artísticas e na sabedoria popular. Ao mesmo tempo, convém não esquecer que os indivíduos e os grupos das novas gerações, em função de sua posição social, podem "desfrutar" das experiências e significados que formam a cultura da comunidade de maneira muito desigual. Por isso, é oportuno falar de diversidade de culturas e de diversidade de códigos de expressão das mesmas, como manifestação da vida complexa e conflitante dos diferentes grupos sociais dentro da mesma comunidade ou entre comunidades distintas.

Além disso, os elementos da cultura devem ser considerados construções históricas e portanto relativas a um espaço e tempo contingentes, condicionadas e suscetíveis de transformação. Este inevitável e enriquecedor movimento dialético entre reprodução e transformação de significados e comportamentos constitui a chave para entender a relação ativa entre o indivíduo, os grupos e sua cultura.

A escola, como defendem Bowers e Flinders (1990), deve ser considerada como um espaço ecológico de intercâmbio de significados, de padrões culturais comunicados por meio do pensamento e da conduta. Assim, a aprendizagem na escola deve provocar a relação ativa e criadora dos indivíduos e grupos com a cultura popular da comunidade em geral e da comunidade local, em particular. Nesta concepção, a escola deve se preocupar em construir pontes entre a cultura acadêmica tradicional, a cultura dos alunos/as e a cultura que se está criando na comunidade social atual. Por isso, o currículo deve ser um meio de vida e de ação, de modo que os indivíduos construam e reconstruam o significado de suas experiências.

Os conteúdos da cultura popular, organizados nas disciplinas e âmbitos do saber, como conseqüência da reflexão e experimentação histórica da humanidade, devem ser considerados como instrumentos valiosos para ajudar a compreender a realidade natural e social, como ferramentas insubstituíveis para a construção crítica das próprias representações culturais. Dessa forma, a escola deveria penetrar no próprio íntimo da dialética reprodução-transformação da cultura, promovendo decididamente o ensino e a aprendizagem para a compreensão (Elliott, 1990b). Compreender a cultura significa elaborar ativamente os próprios significados e comportamentos, utilizando de modo crítico a riqueza conceitual dos significados compartilhados e organizados nas disciplinas do saber.

Aqui se situa, na minha opinião, como já indicamos no Capítulo 3, o principal desafio didático, o coração do dilema pedagógico. Como tornar significativa e relevante a cultura popular para alunos/as que constroem seus significados e comportamentos a partir da experiência imediata, estreitamente vinculada a seu contexto vital? Como provocar que os estudantes aprendam por si mesmos, envolvendo-se ativamente, a cultura produzida pelos adultos? A cultura do aluno/a é o reflexo incipiente de uma cultura local, construída a partir de aproximações empíricas a uma realidade restrita e de aceitações ideológicas, sem elaborar criticamente, enquanto que a cultura disciplinar é uma cultura depurada pela experimentação, reflexão e avaliação crítica ao longo da história por diferentes comunidades de profissionais, pensadores, cientistas e artistas. A cultura do aluno/a é o reflexo da cultura experiencial de sua comunidade, estreitamente vinculada ao contexto, enquanto que a cultura popular organizada em disciplinas é uma cultura conceitual e abstrata, distanciada do contexto imediato.

Além disso, o aluno/a, como indivíduo ou como grupo, situa-se frente à aprendizagem na escola dos mais diferentes pontos de partida. Seus interesses, preocupações, expectativas, habilidades, instrumentos, estilos e ritmos de aprendizagem podem, e de fato assim é, abranger uma enorme diversidade de posições iniciais.

Para provocar uma aprendizagem ao mesmo tempo rigorosa e relevante será necessário voltar o olhar para a aprendizagem espontânea, cotidiana, que a criança realiza em sua experiência vital, para encontrar os modelos que podem orientar a aprendizagem sistemática na sala de aula. O problema se coloca de novo na seguinte pergunta: como criar na aula um contexto "natural" de vivências e intercâmbios, em que a aprendizagem de conceitos abstratos venha exigido de forma lógica pelas solicitações das tarefas e problemas que espontaneamente se colocam nas interações que aquele contexto facilita ou induz?

Além disso é necessário levar em conta, como já colocamos no Capítulo 2, a determinação contextual de toda aprendizagem, já que aquilo que se aprende está ligado ao contexto em que se aprendeu. O que é mais preocupante, se levamos em consideração a peculiaridade do contexto escolar, um contexto artificial, despojado e separado do cenário da vida cotidiana, com uma função muito específica: transmitir a cultura e legitimar a aquisição do conhecimento considerado válido pela sociedade. Esse contexto escolar está impregnado inevitavelmente, como já vimos, pelo caráter avaliador que preside todos os intercâmbios entre alunos/as e professores/as. Como conseguir que a aprendizagem, que nasce ligada a um contexto físico e psicossocial tão peculiar e singular, possa incorporar-se à *memória semântica* experiencial que a criança utiliza para interpretar e decidir sobre os problemas e situações que a preocupam no cenário de sua vida cotidiana? Como conseguir que os conceitos que se elaboram nas teorias das diferentes disciplinas, e que servem para uma análise mais rigorosa da realidade, se incorporem ao pensamento do aprendiz como poderosos instrumentos e ferramentas de conhecimento e resolução de problemas, e não como meros adornos retóricos que se utilizam para passar nos exames e esquecer depois?

Se, como afirmam Brown, Collins e Duguid(1989), o conhecimento e a aprendizagem são fundamentalmente situacionais, sendo em grande parte produto da atividade, da cultura e do contexto, provocar na escola a aprendizagem relevante dos conceitos da cultura popular requer um procedimento similar ao que os homens utilizam na vida cotidiana para aprender os ofícios, os comportamentos, a utilização de ferramentas, o domínio das funções para as quais servem tais ferramentas ou a emergência dos sentimentos.

Conseqüentemente, caberia propor que a aprendizagem de conceitos se produza de forma similar à aprendizagem das ferramentas necessárias para a realização de qualquer ofício. As ferramentas conceituais, como quaisquer outras, só podem ser plenamente compreendidas mediante sua utilização prática na análise e compreensão de problemas reais e dentro da cultura em que têm significado.

> "A pessoa que usa as ferramentas ativamente (...) constrói uma rica compreensão implícita do mundo em que são utilizadas, assim como delas mesmas" (Brown, Collins e Duguid, 1989, p. 33).

Os instrumentos conceituais e a forma de utilizá-los, para analisar e transformar a realidade, refletem a sabedoria acumulada pela comunidade. Portanto, não é possível manejá-los apropriadamente sem compreender a cultura em que foram criados e são usados.

> "De modo similar, as ferramentas conceituais refletem a sabedoria acumulada da cultura em que são utilizadas, assim como as descobertas e experiências dos indivíduos. Seu significado não é invariável, mas um produto da negociação dentro da comunidade" (Brown, Collins e Duguid, 1989, p. 33).

A aprendizagem significativa e relevante das ferramentas conceituais da cultura popular implica um claro processo de *aculturação*. Aprendem-se os conceitos porque são utilizados dentro do contexto de uma comunidade social na qual adquirem significação, e se utilizam adequadamente tais conceitos como ferramentas de análise e tomada de decisões. Isso ocorre porque se participa das crenças, comportamentos e significados da cultura dessa comunidade e porque, para participar eficazmente na vida complexa deste grupo, tais instrumentos parecem úteis e relevantes.

Infelizmente, na escola, o aluno/a entra em contato com os conceitos abstratos das disciplinas de modo substancialmente teórico, não prático, e à margem do contexto, da comunidade e da cultura em que aqueles conceitos adquirem seu sentido funcional, como ferramentas úteis para compreender a realidade e planejar propostas de intervenção. As atividades das tarefas acadêmicas raramente podem ser consideradas como autênticas atividades, como práticas comuns de uma cultura na qual adquirem sentido, significado e intencionalidade, para resolver problemas ou projetar iniciativas. Pelo contrário, as atividades do trabalho acadêmico na sala de aula movem-se dentro de uma profunda contradição. Por um lado, adquirem sentido dentro da cultura da escola, dentro do contexto avaliador da instituição escolar, de modo que a intencionalidade da própria atividade é espúria e instrumental. A intenção principal de tais atividades na maioria das situações escolares é resolver com sucesso as demandas da vida acadêmica a superação dos exames. Por outro lado, o verdadeiro significado de tais conceitos refere-se à realidade cultural da comunidade social em que se criam e recriam de forma contínua, como conseqüência de sua utilização na prática cotidiana. Assim, por exemplo, os conceitos físicos, históricos ou geográficos adquirem na escola um sentido muito peculiar, pois só são utilizados, na melhor das hipóteses, para resolver problemas teóricos ou problemas artificiais "de laboratório", e a intenção de sua aprendizagem não é sua aplicação na realidade diária, mas servir de moeda de troca para o sucesso na avaliação.

As atividades acadêmicas, os conceitos e conteúdos da cultura escolar adquirem, um sentido muito peculiar dentro da cultura da escola e da aula. O aluno/a, ao se introduzir na cultura escolar e da sala de aula, adquire os conceitos que são necessários para se desempenhar satisfatoriamente entre as demandas dessa comunidade e dessa cultura. Quando o significado dos conceitos da cultura popular da comunidade social não parece relevante para sobreviver na cultura da escola, quando não se aprecia o valor intrínseco dos mesmos para analisar, compreender e tomar decisões na cultura da aula, não se pode produzir sua aprendizagem relevante. Abrem-se as portas para a aprendizagem memorialística ou, no melhor dos casos, para a aprendizagem significativa dentro de uma estrutura paralela da memória, fechada em si mesma e útil para a cultura da escola, mas não necessariamente para a cultura extra-escolar, a *memória semântica acadêmica.*

Assim, o problema pedagógico não se refere tanto ao êxito da motivação para aprender, mas sim à necessidade de contextualizar as tarefas de aprendizagem dentro da cultura da comunidade em que tais ferramentas e conteúdos adquirem seu significado compartilhado e negociado, ao serem utilizados na prática cotidiana. Como pode a escola se transformar num contexto significativo para a aprendizagem se se configura como uma estrutura artificial distanciada da vida e dos problemas relevantes na comunidade social?

Como podemos comprovar, o fio da argumentação nos leva desde o enfoque sobre os problemas cognitivos da aprendizagem, colocados ao longo do Capítulo 2, aos problemas sociais e políticos da configuração da cultura na escola e na aula. *O problema não é tanto como aprender, mas sim como construir a cultura da escola em virtude de sua função social e do significado que adquire como instituição dentro da comunidade social.* O aluno/a aprenderá de forma relevante o que considere necessário para sobreviver com êxito na escola, o que venha exigido pelas peculiaridades da cultura escolar.

A cultura que se vive, trabalhada na escola, pode e deve configurar-se como uma concretização da cultura social da comunidade onde são experimentados aberta e conscientemente os problemas, os conflitos, os interesses, as alternativas e as propostas de intervenção da própria comunidade. Ou, pelo contrário, pode se construir como um gueto artificial onde os problemas são simplificados e distorcidos, onde se estimule a aprendizagem acadêmica e enciclopédica, teórica e descontextualizada de instrumentos, estratégias e teorias, com pretenso valor universal, mas nula aplicação aos problemas cotidianos. Neste último caso, a escola se forma como um espaço separado, com uma função muito particular, que recebe inevitavelmente as influências da cultura social dominante, mas onde não se propõe a análise aberta das mesmas e o exame público e sistemático de suas origens e conseqüências. Neste contexto escolar, a cultura popular dificilmente adquire a significação prática que a aprendizagem relevante requer. Os conceitos das disciplinas não se mostram como ferramentas com potencialidade prática para analisar e organizar a intervenção do indivíduo e do grupo nos problemas de sua vida cotidiana, entre os quais se encontra sua própria vida como escolares.

Quando a estrutura acadêmica e social da escola oferecer um contexto de vida e interações educativo em si mesmo, por ser significativo e relevante, a *aprendizagem como processo de aculturação* dará lugar à aquisição das ferramentas conceituais necessárias para interpretar a realidade e tomar decisões. Neste caso, os alunos/as deixarão de se comportar como meros estudantes acadêmicos para atuar como profissionais inteligentes, desenvolvendo sua compreensão conceitual da realidade mediante a interação social e a colaboração na análise dos problemas, na proposta de atuações experimentais, na avaliação dos processos e resultados; enfim, mediante a construção cooperadora do conhecimento na própria dinâmica de intervenção social. Deste modo, as ferramentas conceituais das diferentes disciplinas que compõem a cultura popular podem ser aprendidas significativa e operativamente, pois têm relevância como elementos que tornam claro a vida da sala de aula e os costumes e exigências da escola e da sociedade. Assim, na sala de aula e na escola se vive uma cultura convergente com a cultura social, onde se fazem imprescindíveis os conceitos das disciplinas como instrumentos úteis para compreender, interpretar e decidir sobre os problemas da vida escolar e social. Esse processo somente poderá ser produzido quando se conseguir estabelecer a continuidade requerida entre a vida e a cultura social e a vida e a cultura escolar.

Se na vida cotidiana o homem aprende reinterpretando os significados da cultura, mediante contínuos e complexos processos de *negociação* a partir da prática, também na vida acadêmica o aluno/a deveria aprender, mediante processos de intercâmbio e negociação, reinterpretando, e não apenas adquirindo a cultura elaborada nas disciplinas acadêmicas. A aula deve tornar-se um fórum aberto de debate e negociação de concepções e representações da realidade. Não pode ser nunca um espaço de imposição da cultura por mais que esta tenha demonstrado a potencialidade virtual de seus esquemas e concepções.

Criar um espaço compartilhado de conhecimento e ação requer implicar os alunos/as em atividades relevantes, tarefas que sejam significativas e decididas no fórum aberto de debate e comunicação. Dessa forma, a aprendizagem configura-se como um processo de *aculturação*, de imersão na cultura do conhecimento popular, já que se vão adquirindo as ferramentas de tal cultura ao mesmo tempo que o sentido prático da mesma. Os conceitos são adquiridos ao serem utilizados na prática dentro de um contexto significativo, como ferramentas relevantes para a interpretação e intervenção em contextos complexos, carregados de possibilidades e incerteza, onde a busca, a proposta e o debate de alternativas, a experimentação conjunta e a correção de erros é a via normal de atuação racional.

Aprender a cultura é viver a cultura, é assimilar os conceitos utilizando-os no contexto complexo onde têm vida, no espaço de interações sociais e de produção de realidade, onde se apresentam os problemas reais da vida cotidiana. A sala de aula e a escola, como afirma Bruner (1988a), somente serão um espaço de cultura viva quando os alunos/as participarem num sistema de comunicação, no qual possam decidir e possuir uma real influência sobre o fluxo dos acontecimentos em cada momento. Estamos propondo claramente um modelo de escola, onde a organização do espaço, do tempo, dos alunos/as, bem como o modo de conceber o currículo, os conteúdos e as formas de avaliação, facilitem o processo de recriação ativa da cultura, em evidente contraposição às tendências bem desenvolvidas na atualidade de transformar as escolas em meras academias.

O problema de recontextualizar a aprendizagem e as tarefas acadêmicas na aula, mediante a participação ativa do aluno/a na determinação dos conteúdos e processos de ensino e avaliação, situa-se no centro do desafio didático. A aprendizagem relevante dos conteúdos, princípios e processos da cultura popular requer fóruns de negociação e intercâmbio, se se pretende a participação ativa dos alunos/as, de modo que se criem espaços de significados compartilhados. Enfim, estamos propondo a criação de uma comunidade democrática de aprendizagem na qual, como propõe o Holmes Group (1990), tanto o termo comunidade como o termo aprendizagem tenham o mesmo peso:

> "Uma rede de responsabilidade, confiança e respeito mútuos é tão importante quanto o conteúdo intelectual dos programas. Sem a vida da mente, a comunidade carece de propósitos intelectuais; sem a comunidade, o trabalho acadêmico carece de significado" (p. 24).

Toda aprendizagem relevante é no fundo um processo de diálogo com a realidade social e natural ou com a realidade imaginada. Na escola se aprende uma cultura socialmente selecionada e a interação com a mesma será produtiva e relevante, do ponto de vista educativo, quando o aluno/a se engaje num processo de diálogo criador com a mesma, aceitando e questionando, recusando e assumindo. Esse diálogo criador requer, em nossa opinião, uma *comunidade democrática de aprendizagem*, aberta ao exame e à participação real dos membros que a compõem, até o ponto de aceitar que se questione sua própria razão, as normas que regem as trocas e a própria proposta curricular. Uma comunidade democrática de aprendizagem, na qual o conhecimento, as relações sociais, a estrutura das tarefas acadêmicas, os modos e critérios de avaliação e a própria natureza e função social da escola aceitem submeter-se ao escrutínio público dos estudantes e docentes e às conseqüências de suas reflexivas determinações (Gitlin, 1990; Goodman, 1989a).

Apenas mediante a participação ativa dos alunos/as numa comunidade democrática de aprendizagem, envolvendo-se reflexivamente na determinação da vida social e acadêmica da escola e da aula, pode-se provocar a recontextualização da aprendizagem. Comportando-se deste modo, os alunos/as mobilizarão seus esquemas de pensamento e ação, abrindo-se ao escrutínio público e crítico e aceitando facilmente sua transformação, como conseqüência da comparação com ferramentas intelectuais mais poderosas (as disciplinas do saber compartilhado). Na comunidade democrática de aprendizagem e experiência em que a escola pública deve-se transformar, os estudantes deverão estar real e ativamente envolvidos na elaboração e no desenvolvimento das decisões mais importantes. Só assim aprenderão a relação seqüencial e dialética entre reflexão e atuação, entre debate, confronto de opiniões e respeito às diferenças individuais, entre propósitos e processos. Participando ativamente na determinação de sua vida na comunidade escolar compreenderão as dificuldades que implica tomar decisões democráticas e desenvolver projetos cooperativos, assim como a necessidade de utilizar o conhecimento público para propor e comparar alternativas, interpretar a complexidade das situações e desenvolver ética e eficazmente a ação. Os alunos/as aprendem democracia vivendo e construindo sua comunidade democrática de aprendizagem e de vida. Aprendem a pensar e atuar utilizando a cultura popular para transformar seu próprio pensamento e seus hábitos de comportamento, construindo a realidade e elaborando a cultura ao mesmo tempo.

Construir uma comunidade democrática de aprendizagem estabelece exigências que se estendem a todos os elementos que incidam na configuração do ecossistema da sala de aula e da escola. Como veremos nos capítulos seguintes, será necessário reconsiderar substancialmente a organização do espaço, do tempo e das relações na escola e na sala de aula, o plano e desenvolvimento do currículo, as estratégias e critérios de avaliação, a estrutura das tarefas acadêmicas, o sistema de relações sociais, a função do professor/a, assim como o próprio papel da escola na sociedade.

CAPÍTULO 5

COMPREENDER O ENSINO NA ESCOLA: MODELOS METODOLÓGICOS DE INVESTIGAÇÃO EDUCATIVA

A.I. Pérez Gómez

COMPLEXIDADE E SINGULARIDADE DOS FENÔMENOS EDUCATIVOS

O problema da investigação nas ciências sociais em geral, e na educação, em particular, está na peculiaridade do objeto de conhecimento: os fenômenos sociais, os fenômenos educativos. O caráter subjetivo e complexo destes requer uma metodologia de investigação que respeite sua natureza.

No entanto o modelo de ciência e de investigação científica que se impôs historicamente, e no qual fomos educados e socializados na vida acadêmica até nossos dias, é um modelo positivista que triunfou no desenvolvimento das ciências naturais e em seus espetaculares progressos nas aplicações tecnológicas. Dessa forma, se impôs como único modelo de concepção científica, adquirindo o monopólio da cientificidade. Por esta razão, de experiência e prestígio, quando o conhecimento em ciências sociais pretende superar o estado de pura especulação filosófica ou de saber de opinião, adere-se ao modelo positivista como única garantia de rigor e de eficiência.

Entretanto, reconhecendo o valor histórico de provocar a superação do obscurantismo anterior, tal pretensão se manifesta como uma empresa estéril. As características dos fenômenos sociais e educativos, em particular, ultrapassam as rígidas limitações das exigências do modelo experiencial de investigação, que se apóia em quatro pretensões fundamentais:

- A medida do observável.
- O fracionamento da realidade em variáveis isoladas, definidas operativamente para que seus correlatos empíricos possam ser medidos.
- O controle experiencial ou estatístico das variáveis, de modo que se possa manipular a variável independente, neutralizar as variáveis intervenientes e medir os efeitos na variável dependente.
- A previsão do comportamento futuro e o controle tecnológico dos fenômenos estudados.

Por outro lado, os fenômenos sociais, em geral, e os educativos, em particular, como vimos nos capítulos anteriores, manifestam duas características que os diferenciam claramente dos fenômenos naturais:

- O caráter radicalmente inacabado dos mesmos, sua dimensão criativa, autoformadora, aberta à mudança intencional.
- A dimensão semiótica de tais fenômenos. A relação em parte indeterminada e, portanto, polissêmica entre o significante observável e o significado latente de todo fenômeno social ou educativo.

Requer-se, portanto, um modelo metodológico de investigação que observe as peculiaridades dos fenômenos que são objetos de estudo. A natureza dos problemas estudados deve determinar as características das proposições, dos processos, das técnicas e instrumentos metodológicos utilizados e não o contrário.

É evidente que toda investigação realiza-se desde uma plataforma ou matriz conceitual, um paradigma (Kuhn, 1975), que define as características do objeto de investigação, o tipo de problemas que colocar e resolver, a própria essência dos processos de investigação, as estratégias, as técnicas e os instrumentos que se consideram mais adequados e os critérios de validação e legitimação do conhecimento produzido.

A relação entre o modelo metodológico e a conceitualização do objeto de estudo é claramente dialética. Por um lado, o conceito, sempre provisório, que se tem da realidade estudada determina a escolha dos procedimentos de investigação. Por outro, a utilização de certas estratégias metodológicas conduz a um tipo de conhecimento da realidade estudada e, à medida que o incrementamos, vamos exigindo e depurando os procedimentos de investigação. Conseqüentemente, incrementando e depurando também o conhecimento da realidade. Assim, a análise da pertinência dos métodos de investigação educativa se desenvolve ao mesmo tempo que ocorre a análise e o debate do conceito que vamos elaborando sobre os fenômenos educativos.

Como já colocamos nos capítulos anteriores, o objeto central da prática educativa na escola deve ser o de provocar a reconstrução das formas de pensar, sentir e atuar das novas gerações, oferecendo-lhes como instrumentos ou ferramentas de trabalho os esquemas conceituais que a humanidade foi criando e que se alojam nas diferentes formas de criação cultural. Portanto, além do mero rendimento acadêmico do aluno/a, avaliado por meio de provas objetivas, o objeto de investigação é um complexo sistema de comunicação. Ele ocorre num espaço institucional determinado, no qual se intercambiam, espontânea e intencionalmente, redes de significados que afetam o conteúdo e as formas de pensar, sentir, expressar e atuar dos que participam em tal sistema.

Dessa forma, os procedimentos de estudo e investigação devem ser de tal natureza que possam indagar a produção e a troca de significados, sejam quais forem seus meios ou veículos de transmissão e intercâmbio na complexa vida da sala de aula. Os indicadores externos e observáveis dos acontecimentos na aula não podem ser tratados como unidades que sejam suscetíveis de soma e subtração. Será necessário utilizar procedimentos que nos permitam chegar a compreender o significado de tais indicadores, situando-os no contexto físico, psicossocial e pedagógico que os condiciona.

A INTENCIONALIDADE EDUCATIVA DA INVESTIGAÇÃO

Existe um segundo aspecto que caracteriza e condiciona substancialmente a investigação educativa: a intencionalidade com que se empreende um processo de investigação.

Ao contrário do que normalmente acontece no âmbito das ciências naturais, o objetivo da investigação educativa não pode reduzir-se à produção de conhecimento para incrementar o corpo teórico do saber pedagógico. A didática é uma disciplina prática que se propõe provocar a reconstrução do conhecimento empírico do aluno/a na escola. O conhecimento que se ganha na investigação educativa de qualquer aula é, necessariamente, em parte, transferível para outras realidades e, em parte, situacional, específico e singular. Por isso, o objetivo da investigação educativa não pode ser somente a produção de conhecimento generalizável, já que sua aplicação será sempre limitada e mediada, como o aperfeiçoamento dos que participam concretamente em cada situação educativa – a transformação de seus conhecimentos, atitudes e comportamentos. O conhecimento pedagógico não será útil nem relevante a menos que se incorpore ao pensamento e à ação dos agentes, dos professores/as e dos alunos/as. Não é basicamente um conhecimento que possa materializar-se em objetos, em instrumentos ou materiais válidos de forma universal, independente do contexto, do investigador e do profissional.

Assim, a intencionalidade e o sentido de toda investigação educativa é a transformação e o aperfeiçoamento da prática. A dissociação habitual entre a teoria e a prática desvirtua o caráter educativo da investigação, já que impede ou dificulta o vínculo enriquecedor entre o conhecimento e a ação, para desenvolver uma ação informada e reflexiva ao mesmo tempo que um conhecimento educativo, comprometido com opções de valor e depurado nas tensões e resistências da prática. Se se utiliza o qualificativo de educativa é, como afirma Elliott (1990b), porque pretende ser uma investigação não apenas sobre a educação, mas também que eduque, que o próprio processo de investigação e o conhecimento que produz sirva para a transformação da prática. O próprio processo de investigação deve ser transformado em processo de aprendizagem dos modos, conteúdos, resistências e possibilidades da inovação da prática na aula conforme os valores que se consideram educativos.

A investigação educativa propõe transpor o vazio entre a teoria e a prática, entre a investigação e a ação, formando e transformando o conhecimento e a ação dos que participam na relação educativa, experimentando ao mesmo tempo que investigando ou refletindo sobre a prática. Dessa forma, o conhecimento que se pretende elaborar neste modelo de investigação encontra-se incorporado ao pensamento e à ação dos que intervêm na prática, o que determina a origem dos problemas, a forma de estudá-los e a maneira de oferecer a informação.

Se analisamos a escassa utilidade e influência que a investigação didática teve na prática educativa, teremos que convir que, tanto pela temática quanto pela forma de produzir e apresentar o conhecimento pedagógico e pela relação de dependência e subordinação que se estabeleceu entre o investigador e o profissional docente, a investigação neste campo tem sido escassamente educativa e, portanto, não tem valido muito a pena. Além disso, ocorre também a manifestação de recusa e desprezo que os professores/as tradicionalmente têm em relação às ofertas teóricas.

Para satisfazer esta finalidade, a investigação educativa deverá ser realizada respeitando no plano, no processo e nos resultados os princípios que lhe conferem o caráter de educativa. Que pressupostos, procedimentos, técnicas e instrumentos de investigação são os mais adequados para garantir a unidade prática, o caráter transformador do conhecimento?

PRESSUPOSTOS BÁSICOS DA INVESTIGAÇÃO EDUCATIVA A PARTIR DA PERSPECTIVA INTERPRETATIVA

As deficiências sentidas pelas pessoas e pelos professores/as que investigam a produção de conhecimento válido para a prática educativa dentro do modelo de investigação positivista provocaram o surgimento e desenvolvimento de um modelo alternativo, que sob diferentes denominações – qualitativo, naturalista, etnográfico, interpretativo, etc. (Guba, 1983; Erickson, 1989) – se preocupa fundamentalmente em indagar o significado dos fenômenos educativos na complexidade da realidade natural na qual se produzem. É importante estabelecer diferenças claras entre distintos autores e enfoques dentro deste conceito "guarda-chuva". No entanto, para o propósito do presente livro, o importante é captar os princípios e os pressupostos básicos fundamentais, em que convergem os diferentes enfoques, como alternativa clara e definida quanto às proposições defendidas e desenvolvidas pelo modelo positivista.

Analisaremos a seguir estes pressupostos epistemológicos, ontológicos e metodológicos sobre os quais se assenta a prática da investigação no modelo interpretativo, estabelecendo as comparações oportunas com as proposições e pressupostos em que se apóia a investigação positivista em ciências sociais e educação.

O conceito de realidade

Pode-se considerar o conceito de realidade social como o pressuposto ontológico-chave para entender as posições cerceantes sobre a natureza do conhecimento e suas formas de produção.

Ao contrário do enfoque positivista, que defende uma concepção relativamente estática da realidade social, à imagem e semelhança da realidade física, no enfoque interpretativo considera-se que a realidade social tem uma natureza constituída radicalmente diferente da realidade natural. O mundo social não é fixo, nem estável, mas dinâmico e mutante devido ao seu caráter inacabado e construtivo.

Por outro lado, a vida social é a criação convencional dos indivíduos, grupos e comunidades ao longo da história. As complexas assim como mutantes relações condicionadas, de conflito ou colaboração, entre os indivíduos, grupos e sociedades foram criando o que denominamos realidade social. Os modos de pensamento e comportamento individual ou coletivo, bem como as normas de convivência, os costumes e as instituições sociais, são o produto histórico de um conjunto de circunstâncias que os homens constroem de forma condicionada, ou seja, que as elaboram ativamente tanto quanto sofrem passivamente.

Portanto, se a realidade é uma criação histórica, relativa e contingente, do mesmo modo que se constrói pode se transformar, reconstruir ou destruir. É uma realidade em si mesma inacabada, em contínuo processo de criação e mudança. Por isso, não se pode conceder o caráter de realidade só para as manifestações atuais dos esquemas sociais dominantes, os costumes, as normas, as leis, as instituições e as idéias hegemônicas. As forças, as idéias e os comportamentos marginais, bem como as possibilidades ainda não exploradas de estabelecer outros modos de relações sociais, são também elementos, mais ou menos silenciados, da realidade. A que devemos conceder maior caráter real, às realidades atuais, já consolidadas ou às possibilidades latentes que diferentes grupos lutam por estabelecer; às formações sociais já construídas ou às idéias de transformação das mesmas, que se desenvolvem e utilizam para que emerjam novos modos de ser e viver?

Por outro lado, no âmbito social, tão importantes são as representações subjetivas dos fatos como os próprios fatos; ou melhor, os fatos sociais são redes complexas de elementos subjetivos e objetivos. Tão importantes são as características observáveis de um acontecimento como a interpretação subjetiva que os que participam no mesmo fazem. Assim, qualquer fenômeno que acontece na aula tem uma dimensão objetiva (o conjunto de manifestações observáveis) e uma dimensão subjetiva (o significado que tem para os que o vivem).

Não existe uma única realidade no âmbito do social, em geral, e do educativo, em particular, mas múltiplas realidades que se complementam mutuamente. De cada uma destas se oferecem perspectivas diferentes, matizadas de forma singular por cada sujeito ou grupo. Os indivíduos são agentes ativos que constroem de forma condicionada o sentido da realidade em que vivem.

Para compreender a complexidade real dos fenômenos educativos como fenômenos sociais, é imprescindível chegar aos significados, ter acesso ao mundo conceitual dos indivíduos e às redes de significados compartilhados pelos grupos, comunidades e culturas. A complexidade da investigação educativa reside precisamente nesta necessidade de ter acesso aos significados, já que estes só podem ser captados de modo situacional, no contexto dos indivíduos que os produzem e trocam. Os comportamentos do sujeito, seus processos de aprendizagem e as peculiaridades de seu desenvolvimento, somente podem ser compreendidos se somos capazes de entender os significados que se criam em suas trocas com a realidade física e social ao longo de sua singular biografia. Para esta perspectiva, o homem é um animal suspenso em redes de significados que, em grande parte, ele mesmo contribuiu para tecer.

As relações sujeito-objeto, investigador-realidade

O enfoque positivista parte de um pressuposto básico: a possibilidade e necessidade de que o investigador não afete a realidade investigada nem que o fenômeno estudado afete o investigador. Se existe uma realidade objetiva no mundo social como no mundo físico, o progresso da ciência requer o distanciamento metodológico e instrumental entre o que investiga e o objeto de estudo, de modo que se possa preservar a objetividade, evitando a contaminação tanto dos dados como do próprio investigador. Isso requer tomar as precauções metodológicas necessárias e a elaboração de instrumentos não-contaminados culturalmente, de maneira que os dados reflitam a realidade de um modo objetivo e o investigador possa permanecer neutro.

Para o enfoque interpretativo, todo processo de investigação é, em si mesmo, um fenômeno social e, como tal, caracterizado pela interação. Dessa forma, inevitavelmente, a realidade investigada é condicionada em certa medida pela situação de investigação, pois reage ante o que investiga ou ante a própria situação experimental. De maneira similar, o experimentador é influenciado pelas reações da realidade estudada, pelo conhecimento que vai adquirindo, pelas relações que estabelece e pelos significados que compartilha. Se a influência de interação existe de qualquer maneira, sendo praticamente impossível neutralizá-la sem pôr em risco o próprio processo de investigação, o correto é reconhecê-la, compreender seu alcance e suas conseqüências.

Por outro lado, se queremos passar do mundo operacional, das manifestações observáveis dos fenômenos, para o mundo das representações subjetivas, para compreender o sentido que tais acontecimentos têm para as pessoas que os vivem numa situação concreta, será necessário penetrar além do que permite um instrumento objetivo de aplicação distante. Sem vivências compartilhadas não se alcança a compreensão do mundo dos significados. Sem se envolver emocionalmente não existe autêntico conhecimento dos processos latentes, ocultos e subterrâneos que caracterizam a vida social dos grupos e das pessoas.

Para o enfoque interpretativo, a contaminação mútua do investigador e da realidade é uma condição indispensável para alcançar a compreensão da troca de significados. Por isso, o processo de investigação exigirá a vivência prolongada no âmbito da realidade natural na qual se produzem os fenômenos cujo sentido queremos compreender, bem como a atualização de métodos e instrumentos de análise e compreensão que mergulhem além das manifestações observáveis e que possuam a flexibilidade necessária para acomodar-se às exigências de um contexto mutante.

Objetivos da investigação

No enfoque positivista, o objetivo prioritário de toda investigação em educação, de modo similar ao que aconteceu no mundo físico, é a produção de conhecimento nomotético, a produção de leis, generalizações abstratas de verdade duradoura independentes do contexto e, portanto, universalmente válidas e transferíveis no espaço e no tempo. Para isso, estuda os fenômenos identificando os aspectos comuns, as semelhanças e os processos convergentes, as propriedades dos fenômenos que se repetem em diferentes situações e contextos, de modo que delas se possam derivar generalizações transferíveis.

A produção de conhecimento nomotético, generalizável de contexto para contexto, satisfaz a pretensão de previsão e controle, chave do enfoque positivista. Seguindo o modelo das ciências físicas, a produção de leis permite a previsão do comportamento futuro dos fenômenos, sua manipulação e seu controle tecnológico. Se conhecemos a relação estável que existe entre duas variáveis de um fenômeno e queremos produzir um tipo de comportamento desejado numa delas, só temos que manipular a outra no grau requerido por aquela relação estável.

No enfoque interpretativo, a finalidade da investigação não é a previsão nem o controle, mas a compreensão dos fenômenos e a formação dos que participam neles para que sua atuação seja mais reflexiva, rica e eficaz. O objetivo da investigação não é a produção de leis ou generalizações independentes do contexto, já que consideram que a compreensão dos significados não pode ser realizada sem contexto. Ao mesmo tempo, convém lembrar a idéia de Cronbach (1975) de que a validade das generalizações decai com o tempo, de modo que estas passam a ser mais história do que ciência. As generalizações em ciências sociais são sempre provisórias e probabilísticas, restritas a um espaço e a um tempo determinados e interpretáveis de maneira específica em cada contexto singular.

Os fenômenos sociais e educativos existem, sobretudo, na mente das pessoas e na cultura dos grupos que interagem na sociedade ou na aula, e não podem ser compreendidos a menos que entendamos os valores e idéias dos que neles participam. Ainda que nos fenômenos educativos possamos encontrar pontos comuns, elementos convergentes, aspectos que se repetem, as generalizações que forem extraídas de sua compreensão não podem ser aplicadas mecanicamente nem ao conhecimento nem à previsão e controle de outras realidades educativas, outras aulas ou outras experiências. Isto ocorre porque o significado daquelas é em parte situacional e se especificará agora de maneira distinta, própria e particular deste grupo social de estudantes, docentes, pais, neste bairro e escola concretos. A perspectiva interpretativa não nega, portanto, a existência de aspectos comuns, a possibilidade de identificar padrões compartilhados de comportamento, compreensão e sensibilidade, inclusive a conveniência de estabelecer categorias a partir das atributos característicos de pessoas, grupos ou comportamentos. O que a perspectiva interpretativa recusa é que tais padrões ou categorias constituam toda a realidade, e inclusive que qualquer realidade social possa ser compreendida ao ser reduzida a uma categoria. As realidades sociais e individuais sempre apresentam matizes diferenciais, aspectos específicos que singularizam as situações, os acontecimentos ou os comportamentos, de modo que a compreensão de sua identidade exige a atenção tanto aos aspectos comuns quanto aos matizes singulares que especificam qualquer categoria. Do mesmo modo, na aula sempre existem matizes singulares que conotam os acontecimentos e fenômenos, cobrindo as dimensões comuns.

Por outro lado, a previsão e controle tecnológicos do comportamento futuro dos indivíduos, ou grupos de classe não implicam valores eticamente defensáveis, já que suporiam a restrição das capacidades individuais e coletivas de autonomia e de escolha de alternativas no desenvolvimento. Em sua expressão mais extrema, o objetivo de prever e controlar científica e tecnologicamente o comportamento humano, nega na base a possibilidade da liberdade. Pelo contrário, o objetivo de compreender os significados dos acontecimentos e fenômenos sociais e a convicção de que estes são sempre, em parte, subjetivos, singulares e mediatizados pelo contexto, não concede ao conhecimento um caráter de restrição e manipulação do comportamento futuro, mas um valor instrumental, de apoio intelectual na análise da realidade e na deliberação, para adotar decisões práticas, cada vez mais coerentes e racionais.

Conseqüentemente, a investigação interpretativa, que propõe a compreensão dos significados no âmbito da realidade natural de interações sociais, não poderá reduzir seu estudo à identificação de pautas ou padrões comuns de comportamento, transferíveis de contexto para contexto, mas se preocupará também com a compreensão dos aspectos singulares, anômalos, imprevistos, diferenciadores. Estes aspectos não apenas oferecem a oportunidade de conhecer a nova realidade, a riqueza da diversidade e a diferença individual e grupal, o comportamento dos indivíduos e grupos frente aos acontecimentos insólitos, mas também são indispensáveis para compreender o sentido da realidade estudada, que se identifica precisamente pelos matizes singulares e diferenciais. Sem o conhecimento do singular, escapa o sentido próprio de qualquer realidade humana.

Em educação é mais importante – se cabe esta consideração, já que é o objetivo de toda prática educativa – provocar a reconstrução do conhecimento empírico do aluno/a, e isso não pode ser entendido nem se desenvolver sem respeito pela diversidade, pelas diferenças individuais que determinam o sentido, o ritmo e a qualidade de cada um dos processos de aprendizagem e desenvolvimento. A reconstrução do pensamento e da ação de cada aluno/a exige a atividade individual no contexto das interações na aula. Portanto, o conhecimento que se requer para orientar esse processo singular se cria, em parte, no sentido do próprio processo de reconstrução que não se repete.

Estratégias de investigação

A investigação desenvolvida dentro do enfoque positivista pretende seguir como ideal o conhecido modelo hipotético-educativo de raciocínio, que propõe os seguintes passos: teorias, proposições e conceitos, hipóteses, definições operacionais de variáveis, planos específicos das relações entre variáveis definidas operacionalmente, manipulando ou neutralizando as variáveis correspondentes, coleta de dados empíricos, comprovação de hipóteses, generalização e inferência (pode-se consultar a respeito Wallace, 1976).

Seguindo este modelo, os planos de investigação, sejam experimentais, dificilmente realizáveis em educação, ou quase experimentais, os mais freqüentes, exigem a restrição inicial das variáveis que se estudam, bem como da variedade e amplitude de resultados. Para que não se produzam confusões nas variáveis e se possa neutralizar as influências das variáveis intervenientes não desejadas, o plano de investigação deve ser estável e predeterminado de antemão. Apenas com um controle rigoroso durante todo o processo e o acompanhamento fiel do plano inicial, poder-se-á tentar estabelecer relações entre a ou as variáveis independentes e a ou as variáveis dependentes.

O enfoque interpretativo prefere seguir como estratégia de investigação uma lógica mista, indutiva-dedutiva, de modo que se produza constantemente uma interação entre as teorias ou hipóteses de trabalho e os dados, os enfoques e os acontecimentos. O propósito não é comprovar hipóteses, mas mergulhar na complexidade dos acontecimentos reais, e indagar sobre eles com a liberdade e flexibilidade que as situações exigirem, elaborando descrições e abstrações dos dados, sempre provisórias e utilizadas como hipóteses conseqüentes de busca e trabalho.

Dentro desta estratégia de investigação, não se estabelecem limitações nem restrições iniciais no estudo de um ambiente natural. Todas as variáveis intervenientes merecem ser consideradas em princípio, até que um primeiro conhecimento das mesmas e de seu funcionamento na situação concreta que é objeto de estudo permita estabelecer uma ordem de prioridades quanto à importância das diferentes influências e, como conseqüência, determinar focos mais definidos e singulares de análise. Tampouco se recomenda, por não ser necessário e ser contraproducente, estabelecer restrições nas variáveis conclusivas. Todos os resultados, previstos ou não, devem ser considerados como informações possivelmente úteis para interpretar e compreender a complexidade da realidade natural.

Os acontecimentos anômalos e imprevistos, as variáveis ou fatores estranhos são sempre bem-vindos, já que o objetivo prioritário desta estratégia não é construir teorias consistentes e organizar sua comparação, mas mergulhar na complexidade do mundo real do caso concreto que queremos estudar, bem como refletir sobre as observações, os registros, as informações e as perspectivas dos envolvidos, recolhidos pelas mais diversas técnicas. Tais fatos emergentes são ocasiões, "de ouro", para compreender o funcionamento da realidade, já que alteram a rotina e põem a descoberto conflitos, interesses, necessidades e comportamentos, habitualmente ocultos e soterrados.

O plano de investigação é, portanto, um plano flexível de enfoque progressivo, sensível às mudanças e modificações nas circunstâncias físicas, sociais ou pessoais, que possam supor influências significativas para o pensamento e a ação dos indivíduos e dos grupos. Não há, portanto, variáveis estranhas cuja influência perturbadora tenha que ser neutralizada. Se tais fatores variáveis podem intervir nos processos habituais da vida cotidiana da realidade investigada, também devem ser considerados no processo de investigação de maneira simultânea, tal como atuem na vida natural. O plano se denomina enfoque progressivo porque no processo de investigação vão se produzindo sucessivas definições na análise e focalização, conforme se evidencia a relevância dos diferentes problemas ou a significação dos distintos fatores.

A estratégia interpretativa em educação suporá mergulhar no ambiente natural da escola e da aula e indagar, observando, interrogando e comparando, os fatores que intervêm – e sua influência relativa na determinação e mno desenvolvimento dos problemas que aparecem – nesta realidade. Como a vida da aula e da escola é complexa e mutante, será necessário ir aprofundando sucessivamente aqueles aspectos e problemas que nem sempre aparecem à primeira vista, mas que permanecem ocultos para preservar o equilíbrio de poder que se estabelece nas relações dentro da instituição.

Técnicas e instrumentos de investigação

Ainda que possa haver técnicas e instrumentos de utilização polivalente, e, portanto, proveitosos e usados por ambos os enfoques, a filosofia distinta que existe em cada um deles também origina a produção de técnicas específicas e bem diferenciadas.

A proposição positivista pretende preservar a objetividade do investigador, evitando a contaminação tanto dele quanto dos dados, uma de suas preocupações fundamentais é a construção de instrumentos objetivos que se interponham entre o investigador e a realidade investigada. Dessa forma, permite-se o distanciamento desejado do investigador e a objetividade dos dados recolhidos. Assim, uma das tarefas que mais tempo e esforço necessitou na investigação positivista no campo da educação tem sido a elaboração e aperfeiçoamento de instrumentos de coleta de dados: testes, provas objetivas, questionários, enquetes, provas de rendimento acadêmico, escalas de observação da aula, etc., de modo que adquiram maior confiabilidade e validez e sejam assim utilizáveis nos diferentes contextos, com a pretensão de que se possa repetir os resultados de diferentes experimentos.

A construção de instrumentos objetivos e descontextualizados culturalmente tornou-se uma autêntica obsessão dentro da investigação positivista nas ciências sociais, em geral, e na educação, em particular. E não podia ser de outra forma dentro desta lógica de investigação, já que a qualidade do dado, base de todo processo de comparação, verificação ou refutação de hipótese, reside na objetividade dos instrumentos de coleta do mesmo. Este é o ponto crítico e o verdadeiro calcanhar de Aquiles deste enfoque de investigação. Como elaborar instrumentos objetivos, livres das condições culturais e contextuais das situações onde se produz a investigação?

– *Em primeiro lugar,* parece uma tarefa impossível, porque os instrumentos são elaborados por indivíduos que vivem e se desenvolvem numa determinada cultura e são portadores de uma forma de ver a vida e a realidade, com seus próprios valores e interesses.

– *Em segundo lugar,* os dados que pretendem detectar e medir no âmbito educativo são manifestações culturais próprias de uma comunidade nacional ou internacional, mais ou menos ampla. Manifestações que incluem idéias, informações, atitudes, valores, comportamentos, formas de proceder. Portanto, ou os instrumentos são influenciados pela cultura da comunidade na qual se produz o fenômeno educativo e, por isso, são instrumentos influenciados pelo contexto cultural, ou são estéreis como instrumentos que sirvam para medir o grau de aquisição dessa cultura pelas novas gerações.

– *Em terceiro lugar,* cada sala de aula e cada escola podem formar uma minicultura relativamente específica, em função do contexto espacial e social do ambiente. De modo que se queremos compreender os significados que interagem na rica e complexa vida da sala de aula, estejam ou não provocados pelo trabalho curricular explícito, os instrumentos válidos para captar esta cultura específica devem ser suficientemente flexíveis para mostrarem-se sensíveis às peculiaridades desse contexto. Conseqüentemente, se são sensíveis ao contexto específico, dificilmente podem ser objetivos no sentido de ser independentes de determinações culturais e contextuais concretas.

– *Em quarto lugar*, e em parte, como conseqüência do item anterior, o problema da qualidade e objetividade dos dados segue prevalecendo. A necessidade de quantificar e medir para permitir o tratamento matemático ou estatístico dos dados requer unidades de medida que sejam manifestações observáveis e, portanto, há necessidade de estabelecer correspondências unívocas entre tais manifestações observáveis e os significados respectivos. Como já vimos em várias ocasiões, a relação entre o significado e o significante na conduta humana, individual ou coletivamente considerada, é sempre polissêmica, em parte indeterminada e só interpretável com certo rigor em função do contexto e da situação. Quando uma criança ri na aula, manifestação observável, pode estar significando diferentes realidades, quanto a atitudes, sentimentos, expectativas, intencionalidade, etc. Somente indagando mais a fundo no contexto, no indivíduo, nas situações prévias e seguintes, assim como no processo e na história das relações na aula, e freqüentemente fora da mesma, pode-se chegar a interpretar de maneira mais acertada o sentido dessa manifestação de riso. O problema para o enfoque positivista se produz quando se encontra obrigado a tomar tal manifestação como unidade de medida e se acumula com outras manifestações de riso, para relacionar esta variável com outras referentes ao comportamento do docente ou dos alunos/as.

Procedendo dessa forma, a qualidade do dado é afetada, já que podem estar sendo somadas e elaboradas em forma matemática realidades só em parte homogêneas e, às vezes, só similares na aparência. As relações estatísticas que se estabeleçam a partir daqui com outras variáveis ou fatores já estão em si mesmas ameaçadas de inconsistência. Para compreender a vida da sala de aula parece mais interessante o sentido e intencionalidade do riso, assim como as repercussões e conseqüências que possa ter no pensamento e na conduta de cada um e dos demais, do que a simples manifestação de tal comportamento. Os instrumentos objetivos dificilmente podem indagar com suficiente profundidade e flexibilidade, em função do contexto, a captura do sentido e da intencionalidade das manifestações observáveis.

Agora pode-se compreender a longa marcha de investigações sobre educação que acabaram em resultados inconsistentes e inclusive contraditórios uns com os outros, dentro do chamado paradigma processo-produto (Pérez Gómez, 1983b). Esse paradigma desenvolveu suas investigações amparado no modelo positivista e monopolizou a investigação didática ao longo dos últimos 40 ou 50 anos. Em sua tentativa de estabelecer definidas relações entre variáveis do comportamento dos professores/as com variáveis do comportamento e rendimento acadêmico dos alunos/as, foi isolando, de forma sucessiva, comportamentos distintos e supostamente homogêneos do docente, que ao final produzia resultados bem diferentes segundo o tipo de alunos/as, de escola, de currículo, de relações pessoais, de momentos evolutivos, etc., e muitas variáveis intermediárias e mediadoras, de modo que as relações entre variáveis evidenciavam-se inconsistentes e inclusive contraditórias, nos diferentes experimentos ou investigações.

Levando em consideração todas estas deficiências, lacunas e fracassos, o enfoque interpretativo propõe o investigador como o principal instrumento de investigação. Serão o julgamento, a sensibilidade e a competência profissional do investigador os melhores e insubstituíveis instrumentos para captar a complexidade e polissemia dos fenômenos educativos, bem como para adaptar-se com flexibilidade às mudanças e ao surgimento de acontecimentos imprevistos e anômalos.

O investigador mergulha num processo permanente de indagação, reflexão e comparação, para captar os significados latentes dos acontecimentos observáveis, para identificar as características do contexto físico e psicossocial da sala de aula e da escola e estabelecer as relações conflitantes, difusas e mutantes entre o contexto e os indivíduos. De modo similar a como se produz a análise de um texto, relacionando as proposições isoladas com o texto em seu conjunto e com o ambiente ou contexto em que se produziram, de maneira que não se distorça o significado das palavras ou frases isoladamente consideradas, assim os acontecimentos de aprendizagem ou comportamento devem ser relacionados com o contexto acadêmico, físico e psicossocial ao qual respondem e no qual adquirem sentido.

Para cumprir esta função, a investigação torna-se um estudo de casos dentro do enfoque interpretativo, porque os acontecimentos só podem ser interpretados completamente dentro da situação que lhes confere significado. Devido a isso, e para poder compreender o caso em sua integridade e complexidade, propõem-se os seguintes procedimentos metodológicos:

– *A observação participativa e a observação externa.* O que supõe prolongadas permanências do ou dos investigadores no meio natural, observando, participando, diretamente ou não, na vida da aula, para registrar os acontecimentos, as redes de condutas, os esquemas de atuação comuns ou singulares, habituais ou insólitos. A observação no campo parece imprescindível para ir além das meras verbalizações sobre o pensamento ou a conduta, detectando o reflexo na prática das representações subjetivas.

– *A entrevista com os diferentes segmentos ou grupos diferenciados que participam na vida da aula.* Seu objetivo prioritário é captar as representações e impressões subjetivas, mais ou menos elaboradas dos participantes, a partir de sua própria perspectiva. Os diferentes modos e tipos de entrevista, mais ou menos estruturados e elaborados, pretendem indagar nas diferentes representações, no pensamento e nas atitudes, superando as verbalizações imediatas e habituais, buscando os pontos críticos, as teorias implícitas, as proposições latentes, os processos contraditórios nas próprias crenças e esquemas mentais, bem como nas relações entre o pensamento e os modos de sentir e o pensamento e os modos de atuar.

– *A triangulação, a comparação plural de fontes, os métodos, as informações, os recursos.* Seu objetivo é provocar a troca de pareceres ou a comparação de registros ou informações. Comparar as diferentes perspectivas dos diversos agentes com as quais se interpretam os acontecimentos da aula é um procedimento indispensável, tanto para aclarar as distorções e tendências subjetivas que necessariamente se produzem na representação individual ou grupal da vida cotidiana da aula, como para compreender a origem e processo de formação de tais representações subjetivas. Além disso, oferece aos alunos/as, professores/as e investigadores a possibilidade de relativizar suas próprias concepções, admitir a possibilidade de interpretações distintas e inclusive estranhas, enriquecer e ampliar o âmbito da representação subjetiva e construir mais criticamente seu pensamento e sua ação.

– Como apoios a estes procedimentos básicos são utilizados intensamente *instrumentos de registro e relato de dados, reflexões, impressões e acontecimentos*: o diário de campo, no qual costuma-se registrar, sem excessiva preocupação pela estrutura, ordem e esquematização sistemática, a corrente de acontecimentos e impressões que o investigador observa, vive, recebe e experimenta durante sua estada no campo, neste caso a escola e a sala de aula; o diário do investigador, onde, de forma mais calma, ordenada e sistemática, se organizam os dados e se expressam as reflexões sobre os mesmos, elaborando as impressões e propondo as futuras linhas de observação e os focos problemáticos de análises que se consideram mais relevantes; registros técnicos: gravações em vídeo e áudio para reter, além da própria lembrança seletiva do investigador, reflexos da realidade observada ou das representações indagadas através da entrevista. Tais registros são de um valor inquestionável, não apenas para ampliar as observações do investigador e facilitar o processo de análise e realização do informe, mas também para servir de comparação nos processos de triangulação com os estudantes e docentes. São também essenciais como pistas de revisão para comprovar os processos seguidos pelo investigador, permitindo-lhe analisar a correção do próprio processo de investigação.

O contexto de investigação

Na perspectiva positivista, o marco ideal para realizar a investigação experimental é o contexto do laboratório, já que reúne as condições para estabelecer o controle das variáveis intervenientes, a manipulação das variáveis independentes e a constatação das transformações operadas nas variáveis dependentes. No contexto cotidiano é muito difícil estabelecer este controle, daí que a verificação de hipóteses é uma tarefa praticamente impossível. A investigação experimental, que pretende estabelecer relações de causalidade entre distintos fatores, requer obviamente um controle estrito das variáveis intervenientes que podem alterar o curso de um fenômeno, se queremos garantir uma inferência confiável.

Na perspectiva positivista, desenvolve-se o modelo hipotético-dedutivo de investigação, pois o modelo de laboratório não é facilmente transferível para o campo das ciências sociais. Nesse modelo, são propostos planos quase-experimentais, estudos de amplas amostras, que utilizam o controle estatístico e não estritamente experimental das variáveis intervenientes, com a pretensão de estabelecer relações de probabilidade na co-variação dessas variáveis.

Da perspectiva interpretativa, pelo contrário, postula-se que a investigação deve ser realizada fundamentalmente no contexto "natural", no meio ecológico e complexo onde se produzem os fenômenos que queremos compreender. Considera-se que o laboratório é o protótipo de meio desnaturalizado, livre das variáveis contextuais que caracterizam e condicionam os intercâmbios simbólicos na vida cotidiana. Por isso, é provável que os resultados que são obtidos da investigação no laboratório careçam de significado em outro meio que não seja o próprio laboratório.

Para intervir e compreender a realidade da vida da aula e da escola, é preciso enfrentar a complexidade, a diversidade, a singularidade e o caráter evolutivo de tal realidade social, ainda que tal pretensão dificulte o processo de busca de relações e significados. A aceitação deste princípio não supõe, de modo algum, a recusa de processos mais definidos e parciais de investigação, enfoques mais minuciosos e restritivos. Além disso, tem-se a convicção de que tais indagações não podem conduzir a interpretações autônomas e independentes da realidade estudada, por serem necessariamente parciais e distorcidas e que requerem, portanto, sua integração permanente na perspectiva de conjunto, que pretende abranger a complexidade real do sistema concreto da aula ou escola que queremos compreender.

Como vimos anteriormente, o caráter em parte situacional dos significados que interagem na dinâmica vida da aula, exige um enfoque situacional dos processos de investigação. Só vinculando os acontecimentos ao contexto da classe, à situação concreta na qual se produzem e à história da própria vida do grupo, pode-se entender os significados aparentemente contraditórios, os acontecimentos imprevistos e surpreendentes, as condutas "anômalas" e "estranhas".

Grande parte da investigação pedagógica e didática desenvolvida nos últimos 50 anos, presidida pelo enfoque processo-produto, pode ser considerada uma investigação descontextualizada. Pretendeu-se estabelecer, por exemplo, relações de co-variação entre variáveis concretas do comportamento docente do professor/a com variáveis, também concretas e específicas, do comportamento ou rendimento acadêmico do aluno/a, como se ambos os tipos de variáveis fossem independentes do contexto e se pudesse compreender seu comportamento à margem das interações complexas, difusas e freqüentemente contraditórias que se estabelecem entre todos os elementos curriculares, sociais, culturais e pessoais que compõem o contexto da escola e do grupo de classe.

Como alternativa à concepção linear, parcial e restritiva do enfoque processo-produto e com a pretensão clara de compreender os acontecimentos acadêmicos no marco significativo do contexto escolar, desenvolve-se o denominado enfoque ecológico, apoiado fundamentalmente nos trabalhos de Bronfenbrenner (1979), Doyle (1977), Tikunoff (1979), Jackson (1975). A vida da aula deve ser entendida como um sistema aberto de troca de significados, um cenário vivo de interações motivadas por interesses, necessidades e valores confrontados no processo de aquisição e reconstrução da cultura individual e grupal, presididas pelo caráter avaliador e legitimador que a instituição escolar adquire socialmente .

Investigar para intervir na escola requer, portanto, compreender o meio complexo que preside e medeia as trocas simbólicas entre os indivíduos e grupos que a compõem. Como qualquer outro meio social, o escolar não é nem exclusiva, nem fundamentalmente o cenário físico ou psicossocial observável, não é somente o contexto real, mas o percebido e sentido pelos indivíduos e grupos. Isso implica compreender a inter-relação entre os dois subsistemas que compõem a vida da aula:

– A estrutura das tarefas acadêmicas, que definem o currículo em ação, tanto o explicitado e definido oficialmente quanto o oculto e o ausente. Isso significa a cultura acadêmica que se vive na escola, que se reproduz tanto quanto se transforma e que abrange tanto os conteúdos quanto os métodos, as experiências, as atividades e as estratégias de aprendizagem, interação e controle.

– A estrutura de participação social. Os modos, as normas e os princípios que regem os intercâmbios sociais no grupo de classe e no contexto social; o clima social de relações horizontais e verticais; os canais de participação na vida social da aula e da escola, de intervenção na construção dessa realidade social, sejam estes explícitos e táticos, democráticos ou autoritários, formais ou reais.

A perspectiva interpretativa de investigação em educação coincide com o modelo ecológico de análise da aula, já que requer o contexto natural, ecológico, como condição na produção de conhecimento válido e útil (Pérez Gómez, 1983b). Somente o conhecimento que emerge da análise e reflexão sobre a prática na realidade "natural", complexa e singular da aula pode ser utilizado como conhecimento aproveitável, útil para entender a prática e para transformá-la. O conhecimento teórico, transferido de outras realidades ou outras reflexões próprias ou alheias, imprescindível para enriquecer o processo de reflexão e superar o egocentrismo habitual, somente adquire valor prático quando se torna instrumento conceitual que possibilita a reflexão específica que se desenvolve na própria situação "natural".

Credibilidade e transferência dos dados

No modelo hipotético-dedutivo que se desenvolve dentro da perspectiva positivista, a preocupação fundamental da investigação educativa é, como já indicamos, produzir leis, enunciados em forma de leis, que estabeleçam relações de causalidade ou co-variação estatística, que expliquem de algum modo a realidade dos fenômenos estudados. A validade, portanto, é um dos critérios básicos de todo programa de investigação. O objetivo é prever e controlar o desenvolvimento futuro dos fenômenos educativos, e, para isso, é indispensável que as relações que se identificam entre variáveis cheguem a se expressar em proporções generalizáveis, livres do contexto e, portanto, aplicáveis e transferíveis em outros espaços e em outro tempo. A confiabilidade é somente um critério instrumental, a condição *sine qua non* do grau de validade das proposições comparadas.

No processo de comparação de hipóteses teóricas, definidas operativamente, com os dados empíricos que surgem no processo de investigação, é fundamental que os instrumentos de medida, bem como os planos de investigação, reunam as condições que garantam a confiabilidade dos mesmos, a constância na medida e, portanto, a replicabilidade do próprio processo de investigação e de seus resultados. Se de alguma forma, seja de modo experimental ou estatisticamente, não se consegue a confiabilidade exigida, a possibilidade de generalização e transferência dissolve-se na inconsistência e contradição.

Por isso, e como base indispensável de toda investigação educativa dentro desta perspectiva, aparece a obsessão pela confiabilidade e precisão dos instrumentos, assim como pela postura do próprio plano de investigação. Já indicamos anteriormente que, dentro do enfoque processo-produto de investigação didática, a maior parte do esforço e dos trabalhos realizados foi consumida tanto na elaboração de instrumentos de medição e coleta de dados quanto no aperfeiçoamento e desenvolvimento de modelos matemáticos, sucessivamente mais complexos, suscetíveis de abranger o maior número de variáveis que intervêm conjuntamente, isolando o efeito de algumas e neutralizando o influência de outras.

A segunda preocupação, dentro desse modelo, para dar aos dados a credibilidade exigida, é melhorar o ajuste entre os dados empíricos e a teoria (validade interna) e a comprovação do valor de generalização dos resultados para diferentes contextos espaciais e temporais (validade externa). Este é o calcanhar de Aquiles, nem sempre reconhecido, desse modelo de investigação. Inevitavelmente, o investigador positivista nas ciências sociais, em geral, e na educação, em particular, encontra-se imerso numa insolúvel contradição. Se dá primazia à confiabilidade e precisão dos instrumentos e do plano, se prioriza o rigor de todo o processo de investigação, artificializa o contexto dessa investigação até tais extremos que os resultados do mesmo só são generalizáveis, a rigor, para eesse contexto artificial. Com a obsessão de isolar algumas variáveis e neutralizar o efeito distorsivo de outras, transforma a realidade investigada em processos irreconhecíveis, bem diferentes daqueles que ocorrem no contexto da vida da aula. Deste modo, o rigor dinamita a relevância, a possibilidade de transferir os resultados, e empobrece a utilidade das descobertas, pois só funcionam no próprio contexto do laboratório artificialmente criado.

No enfoque interpretativo, também o rigor e a relevância são preocupações fundamentais, mas são abordados desde concepções, pressupostos e objetivos bem diferentes.

Em primeiro lugar, parte-se do convencimento de que a replicabilidade de uma investigação no marco natural e específico de cada realidade educativa não é um objetivo possível, nem sequer desejável. No mundo "natural", ecológico, da vida da aula nunca se repetem de maneira exata nem as mesmas situações, nem os mesmos acontecimentos, nem a mesma seqüência de fenômenos. Portanto, pretender a replicabilidade é ignorar o caráter singular, evolutivo e histórico dos processos educativos em qualquer escola ou aula, com a pretensão de impor, ou supor, um modelo único de atuação e troca, de relações e comportamentos. Propor-se como objetivo a replicabilidade de uma investigação supõe a necessidade de cercear as diferenças que especificam cada situação, cada contexto e cada grupo social de estudantes e docentes, bem como negar o caráter evolutivo, inacabado e criador dos próprios processos de troca e desenvolvimento educativo.

Em segundo lugar, a credibilidade da investigação é um objetivo claro que exige a constatação da consistência dos dados, mas não se pretende encontrá-la na replicabilidade e no mimetismo dos processos, e sim na comparação permanente das indagações, das inferências provisórias e das hipóteses de trabalho que vão aparecendo como fruto da reflexão, do debate e da comparação.

Pretende-se alcançar a consistência e o rigor dos dados e conclusões provisórias mediante procedimentos metodológicos que ressaltam a identificação de diferentes pontos de vista e perspectivas ou ângulos diferenciadores, bem como mediante o debate reflexivo de perspectivas subjetivas e a comparação permanente das elaborações teóricas com os registros múltiplos da realidade. Como estratégias básicas se utilizam as seguintes:

Sobreposição metodológica: Parte do pressuposto de que não há uma perspectiva privilegiada e objetiva da realidade, mas que todas as perspectivas se encontram direcionadas e condicionadas por um conjunto de interesses, necessidades, propósitos, formas de pensar e sentir e, portanto, são todas necessárias para compor o marco de interações que desenham a realidade fluida e complexa das trocas na sala de aula. Para cobrir esta pretensão é recomendável o pluralismo metodológico; todos os métodos racionais podem oferecer dados interessantes, mas nenhum definitivo, por isso se favorecem os processos de triangulação de instrumentos, de procedimentos metodológicos, de fontes de informação e de perspectivas de análise.

- *Replicabilidade paralela.* Às vezes é recomendável e possível a constituição de duas equipes de investigação que paralelamente estudam a mesma realidade e comparam e discutem suas descobertas e elaborações, relacionando-as estreitamente com seus procedimentos de busca, análise e interpretação.
- *Auditoria.* Propõe-se como um procedimento fundamental para comprovar a consistência dos dados assim como dos próprios processos de busca, análise, reflexão e interpretação. Concebe-se a auditoria como uma revisão da investigação, abrangendo suas teses, fontes, processos, decisões, documentos, discussões e interpretações. Durante todo o processo de investigação é necessário oferecer pistas claras de revisão dos processos e seqüências, de modo que, a qualquer momento, investigadores externos ou agentes internos possam comprovar a credibilidade dos dados e registros, bem como a racionalidade das decisões. Os diários de campo e os diários de investigação são materiais de valor inestimável para o desenvolvimento da auditoria.

Em relação à preocupação pela validade interna, o enfoque interpretativo também parte de pressupostos bem diferentes do enfoque positivista. Seu objetivo prioritário não é estabelecer a correspondência entre os dados e as inferências teóricas, entre a realidade e uma teoria privilegiada que a explica. Na investigação interpretativa não se conclui com uma explicação teórica como única ou prioritária. Nos informes de estudo de casos, por exemplo, são abordados os diferentes pontos de vista, interpretações teóricas, criados pelos distintos grupos de professores/as que vivem num mesmo marco educativo. Assim estimula-se a atitude de comparação e indagação do próprio leitor, ao refletir e elaborar as próprias interpretações sobre aqueles acontecimentos. Convém lembrar, ainda, que desenvolveremos este tema um pouco mais adiante. Essa audiência privilegiada dos informes de investigação na perspectiva interpretativa é realizada pelos próprios agentes que participam e elaboram perspectivas teóricas sobre os fatos vividos.

Por outro lado, ao insistir permanentemente na necessidade de triangulação, comprovação e comparação das diferentes interpretações subjetivas com os próprios fatos registrados e com as interpretações de outros grupos internos e externos aos próprios acontecimentos, esse modelo de investigação – em relação às múltiplas realidades que se confrontam num mesmo cenário social – oferece uma base mais rica e rigorosa para conferir validade interna à própria investigação.

Quanto à validade externa, ou transferibilidade dos resultados, convém ressaltar que, ao investigar sem alterar as condições do meio cotidiano, as elaborações teóricas são, em princípio, mais úteis para compreender e atuar sobre esse mesmo cenário. Estas são construídas como conseqüências da comparação, embora se propunham sempre como provisórias e hipotéticas. Ao mesmo tempo, e pelas mesmas razões, tais proporções teóricas representam maior poder de transferência hipotética a quaisquer outros cenários que apresentem semelhanças destacáveis com o cenário estudado.

De qualquer forma, a generalização é concebida neste enfoque como possibilidade de transferência de conhecimentos extraídos num contexto, que facilitam a pretensão de interpretar, compreender e atuar sobre outro contexto. Para que esta operação seja minimamente legítima, é imprescindível comprovar a semelhança desses contextos diferenciais, detectando a estrutura de fatores que constituem os elos de compreensão de cada um deles, identificando os elementos comuns e os elementos diferenciais. Não se propõe nunca a transferência como uma atividade mecânica, mas como um apoio ao inevitável processo de estudo e compreensão da nova realidade educativa que queremos entender. Esta pretensão de facilitar a compreensão requer a utilização instrumental do conhecimento e da experiência desenvolvida em processos anteriores de investigação. Somente apoiando-nos em descrições minuciosas e densas dos contextos estudados poderemos manejar ferramentas conceituais adquiridas num contexto para a compreensão de outro.

Os relatórios de investigação

Como não poderia deixar de ser, também os modos de elaborar os relatórios de investigação, bem como os objetivos e princípios que regem a utilização dos conhecimentos adquiridos no processo de investigação, são claramente diferentes em ambas as perspectivas.

Os relatórios de investigação que se desenvolvem dentro do enfoque positivista costumam ser despojados e concisos, seguindo um esquema padrão, desde a formulação da hipótese que será verificada até a formulação das conclusões, utilizando uma linguagem acadêmica especializada, o mais técnica possível, e uma sintaxe simples que permita estabelecer facilmente as correspondências legais encontradas. Tem-se uma idéia clara de que os destinatários de tais relatórios são prioritária, senão exclusivamente, os cientistas especializados que compõem a comunidade acadêmica, para os quais cabe supor um elevado nível de conhecimentos. Este exime de uma exposição detalhada e permite saltos e relações que são do conhecimento de todos. O ideal do relatório seria a formulação matemática, a expressão simples de algoritmos que explicam as relações de causalidade ou de co-variação entre as variáveis estudadas.

Por sua vez, os relatórios de investigação elaborados dentro da perspectiva interpretativa pretendem ser menos esquemáticos e conclusivos – não existem modelos-padrão de uso generalizado; são, antes de mais nada, o reflexo fiel do estilo singular de indagar e comunicar do próprio investigador. Pretende-se que o relatório aproxime do leitor, na medida do possível, a realidade viva dos fenômenos estudados. Para isso, é necessário um estilo ágil, narrativo e colorido, utilizando em grande parte a linguagem dos próprios indivíduos ou grupos, cujas perspectivas e interpretações da realidade são apresentadas e comparadas no próprio relatório.

Parte-se do pressuposto de que a audiência privilegiada de todo relatório de investigação interpretativa são os agentes que participam nas trocas da realidade investigada, assim como aqueles profissionais de contextos, talvez distantes, que se encontram envolvidos em processos de intervenção e transformação da realidade similares aos estudados no presente contexto. Por isso, a linguagem utilizada no relatório não deve estar reservada aos intelectuais especializados da comunidade de acadêmicos, mas deverá ser exeqüível aos profissionais intelectuais que intervêm na realidade e enfrentam problemas educativos em parte parecidos, em parte diferentes. Se se pretende que o leitor compreenda a realidade desde a perspectiva dos que vivem nela, será necessário elaborar um relatório repleto de descrições densas que caracterizem o contexto, configurado por suas peculiaridades mais distintivas, assim como de narrações vivas que aproximem a gênese e história dos acontecimentos e as conseqüências das diferentes ações e reações dos indivíduos e dos grupos.

A utilização do conhecimento

A investigação experimental desenvolvida dentro do enfoque positivista propõe uma utilização tecnológica do conhecimento adquirido em qualquer processo de investigação. Também na educação, o propósito da investigação, dentro desse enfoque, é estabelecer leis para prever e controlar o futuro dos acontecimentos e trocas de ensino-aprendizagem que acontecem na escola.

O esquema clássico de derivação do conhecimento é linear e hierárquico, de cima para baixo. Descobrem-se leis que explicam a relação entre variáveis e se derivam logicamente princípios tecnológicos de intervenção sobre a realidade (Bunge, 1973, 1976). Da lei: "Se A, nas condições X, produz B", pode-se originar o princípio tecnológico de intervenção conseqüente com tal lei: "Para conseguir B, nas condições X, façamos A". O propósito prioritário é desenvolver um conjunto de princípios e normas de intervenção na realidade que, ao se derivar logicamente de leis que explicam o funcionamento dessa realidade, garantam uma intervenção eficaz e econômica sobre a mesma. Considera-se que, se a intervenção na prática educativa não pode esquivar-se da singularidade subjetiva do professor/a, será desejável que ao menos os princípios de intervenção tecnológica garantam o máximo de racionalidade na prática. Dessa forma, tanto para a determinação de todos os elementos do currículo quanto para a própria organização da escola e da aula, bem como para o próprio processo de formação profissional do docente, defende-se um modelo de derivação tecnológica, de transferência de leis para princípios e normas de intervenção que desenhem caminhos claros de atuação, formas específicas, se for possível algorítmicas, de regulação do espaço, do tempo, dos conteúdos, dos métodos, das estratégias de avaliação, dos comportamentos dos docentes, assim como as próprias qualidades, atribuições e atitudes profissionais e seu próprio processo de formação.

Conseqüentemente se estabelece uma clara relação hierárquica de dependência do professor/a quanto ao cientista investigador. Este produz conhecimento em forma de leis e deriva princípios tecnológicos de intervenção racional sobre a prática. O professor/a não chega ao conhecimento científico nem, naturalmente, aos processos e canais de produção do mesmo. Em todo o seu tempo de formação profissional deve adquirir o conhecimento dos princípios tecnológicos de intervenção que outros derivaram, formando as competências e habilidades profissionais requeridas para aplicá-los nas situações concretas da realidade. Inclusive o próprio processo de decisão na prática sobre quais são as normas mais adequadas de intervenção em cada momento vem, em grande parte, determinado por disposições externas dos políticos, da administração, dos livros-texto ou dos especialistas, no que se denominou modelo de *controle remoto da qualidade do ensino* (Doyle, 1990).

Como já indicamos anteriormente, esta proposta linear e mecânica de intervenção implica o pressuposto de estabilidade e homogeneidade na realidade educativa. Somente é possível utilizar esta forma de racionalidade instrumental na prática quando supomos que a realidade das aulas e da escola é estável, pode-se conhecer as variáveis que condicionam seus processos de evolução e este conhecimento pode se generalizar para quantas realidades concretas cumpram com os requisitos genéricos do modelo. Assim, pressupõe-se que se podem estabelecer as condições cognitivas, afetivas e sociais da aprendizagem e da vida social dos indivíduos de uma determinada idade numa instituição escolar concreta, conhecer os fatores que regem esses processos e prescrever uma forma de tratá-los, um currículo homogêneo que se aplica de forma mecânica, para dirigir a vida e garantir a aprendizagem desejada.

Pelo contrário, dentro do enfoque interpretativo na investigação didática, propõe-se uma *utilização sempre hipotética e contextual* do conhecimento adquirido na investigação educativa, já que se presume a singularidade em parte irredutível das situações de ensino-aprendizagem, por efeito das interações sempre algo imprevisíveis dos indivíduos e grupos que compõem esse espaço ecológico social. Afirma-se, portanto, que a teoria não dita diretamente a prática.

Dentro desse enfoque, os acontecimentos teóricos têm sempre um valor instrumental, são concebidos como ferramentas conceituais que adquirem seu significado e potencialidade dentro de um processo discursivo de busca e intervenção na realidade. O verdadeiramente significativo é a relevância do processo discursivo, a potencialidade do mesmo para penetrar nas circunstâncias concretas que compõem cada realidade educacional. Neste processo de busca e compreensão, os acontecimentos derivados de outras investigações ou experiências pessoais ou alheias devem ser utilizados sempre como hipótese de trabalho, como ferramentas que ajudam a indagar e relacionar, nunca como algoritmos explicativos das relações entre elementos e fatores, pois, como já indicamos em diferentes ocasiões, considera-se que estas relações possuem sempre um matiz singular em virtude do contexto e da história próxima e remota do sistema, escola ou aula cuja vida queremos entender.

Assim, o investigador ou o profissional que intervém na escola, tentando compreender as relações que se estabelecem entre as pessoas e a instituição, deve produzir seu próprio conhecimento, seus próprios esquemas interpretativos, resultado da comparação com a realidade, com as experiências próprias e alheias e com as representações subjetivas que os participantes realizam de sua própria situação. Estes constituem fatores-chave nos processos de desenvolvimento e aprendizagem. Não cabe, portanto, o modelo de controle remoto da qualidade da intervenção educativa, já que o diagnóstico e o tratamento em qualquer realidade escolar devem ser realizados de modo situacional e evolutivo, em contato com a própria realidade que evolui, entre outras razões, como conseqüência da própria intervenção do docente sobre ela e do caráter de suas interações com o resto dos atores da vida na escola.

Por isso mesmo, não cabe estabelecer categorias fechadas entre investigadores e profissionais, muito menos relações de dependência hierárquica entre eles, já que o próprio professor/a deve tornar-se um investigador da realidade sobre a qual intervém, e não é possível derivar normas de intervenção tecnológicas, elaboradas pelos investigadores externos, que possam ser aplicadas de modo automático em qualquer ambiente escolar. Pensa-se, dentro do enfoque interpretativo, que o processo de investigação orientado para compreender a vida da aula, para oferecer conhecimento útil aos que têm a responsabilidade de intervir nele, deve ser considerado um processo de cooperação e comparação entre diferentes agentes que desempenham posições diferentes e complementares na realidade investigada. Por isso, podem tornar-se eixos de comparações de diferentes perspectivas, necessidades, interesses, concepções e propósitos. O observador externo cumpre uma importantíssima função como elemento de contraste, capaz de situar o debate mais além das obsessões recorrentes e das distorções inevitáveis dos que vivem e se sentem afetados pela própria dinâmica da realidade estudada. No entanto, sua perspectiva tampouco pode ser considerada objetiva e privilegiada, porque é o resultado de sua elaboração pessoal, em função de suas próprias concepções, suas relações atuais com a realidade investigada e seus propósitos concretos como acadêmico ou como investigador. A cooperação e comparação entre os diferentes indivíduos ou grupos que participam da realidade, e entre estes e os agentes externos, é chave em todo processo de reconstrução dos significados da vida social e acadêmica da aula. Superar o ego ou etnocentrismo das interpretações regionais dos indivíduos e dos grupos é um objetivo prioritário de toda investigação desenvolvida dentro do enfoque interpretativo.

Por outro lado, a convicção de que o conhecimento sobre a realidade educativa deve estar estreitamente vinculada aos determinantes sempre mutantes e situacionais da ação, e de que a única forma de estabelecer um controle sobre os mesmos é a participação democrática dos que se encontram envolvidos nela, concede um valor de primeira ordem à informação e à disseminação democrática do conhecimento que se vai elaborando ao longo da reflexão sobre a ação. O conhecimento deve ser produzido em processos de colaboração e se comparar e disseminar também mediante processos de troca e participação em situação de igualdade de oportunidades. A metáfora espacial de transferência vertical do conhecimento de cima para baixo, da teoria para a prática, da reflexão para a ação, da investigação para a técnica, não combina com as características éticas do desenvolvimento antropológico e educativo do homem. O conhecimento que pretende ser educativo propõe a transformação democrática da realidade, mas só pode favorecer tal pretensão se se produz, transforma e utiliza democraticamente, se emerge da intervenção democrática na realidade, se depura no debate aberto entre os participantes e se experimenta e avalia em estruturas de controle democrático (Goodman, 1989a e b).

CAPÍTULO 6

O CURRÍCULO: OS CONTEÚDOS DO ENSINO OU UMA ANÁLISE PRÁTICA?

J. Gimeno Sacristán

DUAS TRADIÇÕES E UM SÓ CAMPO TEÓRICO E PRÁTICO? UMA FORMA DE INTEGRAR IDÉIAS E PRÁTICA?

O ensino como atividade desperta em todos nós uma série de imagens bastante comuns, pois está enraizado na linguagem e na experiência cotidiana e não é apenas objeto dos especialistas ou dos professores/as. Todos temos experiência prática sobre o mesmo: conhecemos os ambientes escolares característicos, sabemos, grosso modo, o que são e o que fazem os professores/as que "ensinam", experimentamos o que é ser aluno/a em situação escolar, etc. Em ambientes não-escolares também identificamos com facilidade a atividade de ensinar. As práticas e as palavras têm sua história e refletem as atividades nas quais se forjaram os significados que arrastam até nós, projetando-se em nossas ações e pensamentos, na forma de dar sentido à experiência.

As imagens mais imediatas que o conceito de ensino nos sugere referem-se à atividade e aos agentes que participam nela. O *Diccionario de la lengua española* da Real Academia Espanhola lhe atribui o primeiro significado como "ação e efeitos de ensinar", junto a um segundo como "sistema e método de dar instrução". O *Diccionario de uso del español* de María Moliner, numa primeira acepção de *ensino*, dá o significado de *ação de ensinar*, seguida de uma segunda que se refere ao "conjunto de meios, pessoal e atividade dedicados ao ensino" e uma terceira centrada no "conjunto de idéias, princípios, hábitos, etc., que uma pessoa ensina ou comunica a outra com lições, com seu exemplo, com conselhos, etc.". Essa terceira acepção, que não é tão freqüente na linguagem usual, chama a atenção não apenas para a atividade e seus agentes, que é a primeira coisa que o ensino nos apresenta como evidência, mas também para o *conteúdo* do mesmo. Na linguagem especializada, o ensino denota sempre, ainda que seja implicitamente, a intenção de transmitir, de propor algo e até de doutrinar os outros, ou seja, pelo contrário, não é uma atividade vazia. Atividade e conteúdo ficam assim ligados no significado que a linguagem usual e a especializada dão ao conceito. Enquanto que a atividade é o que primeiro se manifesta a nós, porque está mais ligada à vivência de experiências, o conteúdo do mesmo fica mais oculto, ou antes suposto e não tão discutido. Parece como se não tivesse tanta relevância para a experiência pessoal sobre o ensino.

Na linguagem pedagógica científica e em muitas teorizações e investigações sobre o ensino ou sobre a instrução, parece se produzir uma situação semelhante: houve mais preocupação em formalizar rigorosamente a atividade do que em aclarar seu conteúdo e entender como uma e outro se relacionam. Até poderia se dizer, revisando a investigação pedagógica das últimas décadas, que a preocupação "científica" se debruçava sobre a atividade, enquanto que nos conteúdos se viam problemas e opções às quais não havia forma científica de responder. É lógico que o cientificismo dos anos 60 e 70 desse primazia ao estudo "objetivo" do que se podia observar e medir – atividade, em primeiro lugar – e deixasse de lado o que era discutível e problemático: o conteúdo. Esse discurso cientificista, com a intenção de ser mais preciso e analítico, subdivide os problemas complexos, desentranha atividades complicadas e, como conseqüência, oferece depois visões especializadas mas parciais, perdendo em muitos casos a visão unitária dos processos e das ações humanas.

Em educação, como acontece no estudo de outros fenômenos psicológicos e sociais, isso costuma acontecer com freqüência. E, no caso do ensino, aconteceu: a atividade, seus agentes e seu contexto desligaram-se em muitos casos dos conteúdos aos quais servem. A educação para ser compreendida exige ser entendida: a) Como uma *atividade* que se expressa de formas distintas, que dispensa processos que têm certas conseqüências nos alunos/as, e, por isso, é preciso entender os diversos métodos de conduzi-la; b) Como o *conteúdo* de um projeto de socialização e de formação: o que se transmite, o que se pretende, os efeitos que se obtêm; c) Como os agentes e os *elementos que determinam* a atividade e o conteúdo: forças sociais, instituição escolar, ambiente e clima pedagógico, professores/as, materiais, entre outros.

Sem conteúdo não há ensino, qualquer projeto educativo acaba se concretizando na aspiração de conseguir alguns efeitos nos sujeitos que se educam. Referindo-se estas afirmações ao tratamento científico do ensino, pode se dizer que sem formalizar os problemas relativos aos conteúdo não existe discurso rigoroso nem científico sobre o ensino, porque estaríamos falando de uma atividade vazia ou com significado à margem do para que serve. Quando há ensino é porque se ensina algo ou se ordena o ambiente para que alguém aprenda algo. Dito de outra maneira: a técnica de ensino não pode preencher todo o discurso didático evitando os problemas que o conteúdo coloca. Naturalmente que o meio através do qual comunicamos algo (atividade de ensinar, recursos didáticos, professores/as, etc.) tem importância decisiva no processo de comunicação, em seus resultados, em sua eficácia, e até é fonte de efeitos próprios, mas seu valor real é alcançado, precisamente, em relação ao conteúdo que comunicam.

A preocupação técnica de conseguir métodos válidos para transmitir as aprendizagens e a relação com a psicologia para se prover de critérios de autoridade científica fizeram com que a educação em geral e, mais em particular, a didática tenham se esquecido às vezes do conteúdo culturalizador da educação. A preocupação pelos métodos e pelos processos de aprendizagem levou, infelizmente, a que grande parte da investigação educativa disponível não se refira ao conteúdo do ensino.

É preciso acrescentar, por outro lado, que em parte o discurso pedagógico moderno produziu um certo complexo de culpa ao tratar o tema dos conteúdos. Movimentos progressistas, nas últimas décadas, culpando justamente a escola tradicional de academicismo e intelectualismo pouco relevante e vendo nessa instituição a agência reprodutora da cultura dominante, quiseram romper a imagem de um ensino transmissor e reprodutor, seguindo modelos de relação pedagógica nos quais se diminuía a importância dos conteúdos. Ressalvando, em troca, o valor das relações sociais adequadas para o desenvolvimento da personalidade, a importância de criar um clima no qual o autodesenvolvimento fosse possível, o interesse pela experiência do aluno/a mais do que pelo que pudesse lhe provocar uma cultura externa e elaborada, que, às vezes, era vista como produto de classes sociais distanciadas dos interesses populares.

O professor/a, de acordo com isso, devia perder seu papel de transmissor e fonte da informação e do saber. Mais do que uma fonte de conteúdo da aprendizagem, com seu ensino teria que ser o mediador da comunicação cultural, dando mais importância à suas condições pedagógicas do que à sua capacitação cultural, para participar na mediação entre alunos/as e cultura externa. A didática, como reflexão geral sobre o ensino, mais do que se deter no que ensinar tinha que se ocupar da instrução técnica e considerar as condições do meio em que os alunos/as deviam aprender. A preocupação necessária pelo aluno/a, que contra-atacava a atitude de submissão deste a uma cultura imposta desde fora, perdeu de vista em muitos casos que a função básica da escola seguia sendo cultural, tendo o professor/a como seu promotor fundamental, só que deveria descobrir outra forma de realizar tal função.

As preocupações psicológicas referentes ao bem-estar dos alunos/as, a seu desenvolvimento e às relações com seus professores/as dominaram sobre o sentido cultural da escolarização e do ensino. As pedagogias tornaram-se "suaves", invisíveis (Bernstein, 1983, 1988) e psicológicas (Varela e Álvarez Uría, 1991). Esta condição caracterizou o discurso sobre o pedagógico, embora a prática real tenha mudado bem menos, e o intelectualismo impositivo e absurdo continua exigindo dos alunos/as aprendizagens que nada lhes dizem, não porque em si mesmos sejam anti-educativos, mas pelas deformações tipicamente escolares às quais foram submetidos.

A linguagem especializada contribuía, assim, para parcializar, como dizíamos, a realidade, criando visões unilaterais da mesma, mas servia também para outros efeitos mais sutis de legitimação e afiançamento da divisão de funções da educação. Se historicamente predominaram os problemas técnicos sobre o conteúdo da didática, se de alguma forma se separou o estudo da atividade, seus agentes e seus cenários do conteúdo do processo de ensinar, é em parte devido a essa divisão de tarefas. Uns trabalham, por exemplo, em ciências sociais, outros em analisar interações na aula e muito poucos em ver como tais interações mediatizam o conhecimento social transmitido.

Existe outra razão menos óbvia e mais profunda de ordem política e social nessa divisão do objeto didático: os conteúdos são decididos fora do âmbito didático por agentes externos à instituição escolar. O discurso pedagógico preferiu centrar-se principalmente em torno dos problemas internos ao marco escolar específico, mais do que em ver o que condiciona a dinâmica interna desde fora. A atividade de ensinar parece apelar de forma mais imediata ao que ocorre apenas dentro dos marcos escolares, e, dentro destes, mais na aula do que na escola como meio ecológico, como reduto mais pessoal dos professores/as. O que acontece fora desses âmbitos mais escolares é como se já não fizesse parte do "fenômeno didático". Geralmente, os conteúdos, por vias diversas, são moldados, decididos, selecionados e ordenados fora da instituição escolar, das aulas, das escolas e à margem dos professores/as. É essa divisão de tarefas, produto da distribuição de atribuições e poderes sobre a educação, o que reforçou o sentido mais técnico da didática, fazendo com que se desprendesse da discussão dos conteúdos: o tratamento do "didático" costumava referir-se ao que acontecia no âmbito escolar. Dentro desta limitação, tornam a parcializar de novo os problemas, distinguindo os que são de ordem organizativo dos que pertencem ao âmbito didático, que ficaria para a pura técnica de ensino.

A conseqüência destes processos sociais de divisão de funções e dessa parcialização científica do objeto do ensino é que se perdem de vista as interações entre o que acontece dentro e o que acontece fora, separa-se o contexto interno do externo, reforçam-se as fronteiras entre os conhecimentos e obscurece-se a compreensão global dos mesmos. Outros raciocínios e práticas virão justificar depois que as atividades dos professores/as referem-se basicamente aos aspectos metodológicos do *como* ensinar, enquanto que as decisões sobre os conteúdos – o *que* ensinar – serão vistas como algo que pertence a outros: especialistas, administradores, políticos, editoras de livros-texto, etc. Uma análise mais cuidadosa nos fará compreender que nem o valor do que se decide fora da escola é independente de como se transforma depois dentro dela, nem que nada do que se produz em seu interior é totalmente alheio ao que acontece no exterior.

Transformar em tema central da didática os conteúdos, junto com os temas que geralmente costumam ser vistos como propriamente didáticos ou metodológicos, implica lutar por uma visão mais ajustada à realidade, mais integradora, oferecer perspectivas mais completas para os professores/as, ampliar o sentido restrito da técnica. Isto significa que nenhuma técnica é neutra para quem a recebe, para quem a pratica ou para a mensagem que transmite, pois, em nosso caso, o *saber fazer*, o como, encontra suas justificativas em critérios que vão mais além da racionalidade instrumental, mais além do logro da eficácia dos meios, devendo encontrar respaldo em relação aos fins aos quais serve.

O tema fundamental para a análise da prática do ensino está em ver como se cumpre a *função cultural das escolas*. É um debate no qual deveriam ser abordados não apenas os problemas internos que se referem diretamente às instituições escolares, mas também as relações entre a cultura escolar e o exterior, já que as aprendizagens escolares não acontecem no vazio. Elas estabelecem interações e interferências com estímulos, mensagens e conteúdos externos dos quais não podemos nos esquecer. Em muitos casos é conveniente aproveitarmos os recursos culturais presentes nas sociedades modernas; em outros casos, o ensino deve ordenar, depurar, aprofundar, sistematizar e criticar esses estímulos externos. No final das contas, a instrução nas escolas é uma forma de transmissão cultural ao lado de outras que afetam muito decisivamente os indivíduos nas sociedades modernas. Estes são pontos fundamentais de qualquer proposta educativa ou abordagem didática, não é uma diversão filosófica. No plano do conhecimento educativo, a análise da função cultural da escola define todo um programa de investigação e análise que parte desde a filosofia até a técnica pedagógica. Às vezes, um certo cientificismo, a mentalidade aparentemente modernizadora de adequar os programas à realidade ou ao progresso social e o imperativo da eficácia, que impõe um funcionamento tecnocrático nos sistemas escolares, fazem esquecer este problema fundamental (Forquin, 1989).

O CURRÍCULO COMO ESTUDO DO CONTEÚDO DO ENSINO

A discussão sobre o *que* ensinar centrou-se na tradição anglo-saxã, em torno do currículo, um conceito definido, primitivamente, nos fins e conteúdos do ensino, que mais tarde se ampliou. O pensamento pedagógico em torno do currículo é muito heterogêneo e disperso, podendo se encontrar inclusive posições que desprezam a análise e decisões sobre os conteúdos, pretendendo unicamente proporcionar esquemas de como organizá-los e manejá-los por parte dos professores/as. Considerando as proposições mais recentes, pode-se fazer uma aproximação entre os temas curriculares e os didáticos. Se a didática como reflexão geral não se preocupou muito com os conteúdos, mas basicamente da atividade de ensino (em inglês, *didactis* refere-se à arte do ensino, ao método), a teoria tradicional do currículo, e sobretudo alguma de suas versões norte-americanas, tampouco se ocuparam de como este se realiza na prática. Na história do pensamento científico curricular existe uma corrente dominante que separou os temas sobre o currículo dos da *instrução*. Os temas referem-se aos conteúdos do ensino e a instrução refere-se à ação de desenvolvê-los através de atividades na prática. O tema ocupava-se em estruturar o *plano* da instrução e esta, por sua vez, preocupava-se em como realizá-lo (Tanner e Tanner, 1980, p. 30) – outro dualismo que impediria compreender a prática mais corretamente.

Eisner (1979, p. 163-64) diz que o ensino é o conjunto de atividades que transformam o currículo na prática para produzir a aprendizagem. Ambos conceitos precisam ser entendidos em interação recíproca ou circular, pois se o ensino deve começar a partir de algum plano curricular prévio, a prática de ensiná-lo não apenas o torna realidade em termos de aprendizagem, mas que na própria atividade podem se modificar as primeiras intenções e surgir novos fins. É preciso ver o ensino não na perspectiva de ser atividade instrumento para fins e conteúdos pré-especificados antes de empreender a ação, mas como prática, na qual esses componentes do currículo são transformados e o seu significado real torna-se concreto para o aluno/a. Por outro lado, essa perspectiva é uma característica marcante do pensamento curricular mais atual.

Nas acepções mais recentes, o currículo trata de como o projeto educativo é realizado nas aulas (Kemmis, 1988, p. 12), ou seja, incorpora-se à dimensão dinâmica de sua realização. Não é só o *projeto*, mas seu desenvolvimento prático o que importa. Se a didática aborda os problemas relacionados com o conteúdo desse projeto, considerando o que acontece em torno de sua decisão, seleção, ordenação e desenvolvimento prático, superando uma mera aceitação instrumental metodológica e se, por outro lado, os estudos sobre o currículo estendem-se até a prática (superando o dualismo que comentávamos anteriormente entre currículo e instrução ou ensino) estamos frente a dois campos sobrepostos, mas que partem de tradições distintas, procedentes de âmbitos culturais e acadêmicos diferenciados, mas coincidentes em seu objeto. Isso é muito importante, não apenas para reorientar o pensamento e a investigação, mas também para estimular o valor formativo do conhecimento pedagógico para os professores/as, que é o que realmente importa.

O pensamento sobre o currículo se nutre de uma tradição anglo-saxã, enquanto que falar de didática e de *programas* tem sido mais próprio da tradição francesa, alemã e também da espanhola para referir-se a problemas muito semelhantes. Entre nós, os temas curriculares giravam em torno dos rótulos "programas escolares" e "planos de estudo". Hoje a primeira perspectiva se impôs e o campo do currículo, ainda que em algum momento foi considerado moribundo por alguns autores, reagrupa perspectivas muito diversas e linhas sugestivas de investigação em torno das decisões, organização e desenvolvimento na prática dos conteúdos do projeto educativo. Os estudos curriculares estão em vias de encontrar um esquema ordenador dos diferentes problemas que estão em torno dele e do ensino.

Os temas curriculares apresentam diferentes níveis de generalidade. No sistema educativo abordam-se problemas curriculares gerais ou *macrocurriculares*, como dizem Tanner e Tanner (1980, p. 162), referentes à estrutura de todo o currículo em seu conjunto. São os problemas que tradicionalmente foram tratados desde a filosofia da educação, da sociologia e da didática geral. Dentro dessas perspectivas globais se incluem problemas *microcurriculares* relacionados com cada matéria ou disciplina em particular, que é o que em nosso contexto deu conteúdo à didática especial.

Pela lógica da divisão do conhecimento em especializações é freqüente que os que se ocupam dos temas curriculares mais específicos não tratem do significado dos problemas gerais ou de como estes afetam os aspectos particulares. É evidente que a problemática da educação geral do cidadão/dã não pode ser reduzida à soma dos problemas próprios de cada área ou matéria, sem questionar e dar sentido ao conjunto do currículo para expressar nele um projeto educativo coerente. Demos como exemplo que a própria discussão do conceito de disciplina, sua adequação, contraposto ao de *área de conteúdo*, é produto de estabelecer papel das parcelas especializadas de conhecimento como problema macrocurricular. Desde uma perspectiva geral, a própria opção de ensinar distribuindo o conteúdo em disciplinas ou áreas separadas é uma opção a ser discutida, porque o discurso macrocurricular de cada parcela mal pode pôr em questão o todo. É preciso destacar as dimensões gerais, estruturais, de todo o projeto educativo para dar sentido aos enfoques dentro de cada parcela especializada, isto é, o sistema educativo exige um discurso comum que deve dar sentido à educação, especialmente ao se referir ao ensino obrigatório. Esse discurso é fundamental como conteúdo de formação dos docentes, para que surja um consenso profissional mínimo que dê significado à ação particularizada de cada um.

Ao longo da história de praticamente todo este século evidenciaram-se uma série de interrogações básicas como estruturadoras do que se entende por campo de estudos curriculares, todas elas em torno da pergunta: o que devemos ensinar? Um problema fundamental de cunho econômico, como assinala Kliebard (1989), pois o currículo é uma *seleção limitada de cultura*, já que o tempo de escolarização e as capacidades dos alunos/as são limitadas. Por isso, coloca-se a questão básica da relação entre a sociedade e a instituição escolar em dois sentidos: a) O que representa o conteúdo selecionado quanto ao capital comum disponível numa sociedade, dentro das formas possíveis de entender o que é cultura e conhecimento. b) Como se reparte socialmente a cultura selecionada às distintas coletividades sociais – alunos/as – que freqüentam o sistema educativo em seus diferentes níveis e especialidades, já que as decisões sobre o currículo implicam um problema de distribuição (Young, 1971), ao ser este um mecanismo pelo qual o conhecimento se diversifica socialmente em função de critérios como são os de idade, sexo, raça, origem social, etc. Na escolarização, em suma, não se aprende tudo, nem todos aprendem o mesmo, daí que o primeiro problema curricular tem um significado social e político.

Os problemas básicos que o tratamento do currículo agrupa dependem da orientação de que seja objeto, mas poderíamos resumi-los em torno das seguintes grandes questões:

Que objetivo, no nível de que se trate, o ensino deseja perseguir?

O que ensinar, ou que valores, atitudes e conhecimentos estão implicados nos objetivos?

Quem está autorizado a participar nas decisões do conteúdo da escolaridade?

Por que ensinar o que se ensina, deixando de lado muitas outras coisas? Trata-se da justificativa do conteúdo.

Todos esses objetivos devem ser para todos os alunos/as ou somente para alguns deles?

Quem tem melhor acesso às formas legítimas de conhecimento?

Esses conhecimentos servem a quais interesses?

Que processos incidem e transformam as decisões tomadas até que se tornem prática real?

Como se transmite a cultura escolar nas aulas e como deveria se fazer?(Já que a forma de ensinar não é neutra quanto ao conteúdo do ensinado.)

Como inter-relacionar os conteúdos selecionados oferecendo um conjunto coerente para os alunos/as?

Com que recursos metodológicos, ou com que materiais ensinar?

Que organização de grupos, professores/as, tempos e espaços convém adotar?

Quem deve definir e controlar o que é êxito e fracasso no ensino?

Como saber se houve sucesso ou não no ensino e que conseqüências tem sobre o mesmo as formas de avaliação dominantes?

Como podem se mudar as práticas escolares relacionadas com estes temas?

São perguntas que servem para ordenar o que vai sendo uma forma de entender estes problemas, e para estabelecer as discrepâncias e os desenvolvimentos a serem abrangidos. Vê-se com clareza que o estudo do currículo aborda os temas relacionados com a justificativa, a articulação, a realização e a comprovação do projeto educativo ao qual a atividade e os conteúdos do ensino servem. A sistematização de problemas e soluções que originam essas interrogações são preocupações didáticas, organizativas, sociais, políticas e filosóficas.

É evidente que não se podem encontrar respostas simples de valor universal e indiscutível para cada uma delas. Portanto, é preciso recuperar a discussão fundamental sobre a configuração, o plano e o desenvolvimento prático do projeto educativo e cultural da escola. É uma forma de integrar o discurso pedagógico desde a racionalização das idéias e valores que orientam as decisões em torno de seus conteúdos até a racionalização dos meios para obtê-los e comprovar seu sucesso.

Esta breve explicação, além de esclarecer a linguagem e os conceitos que circulam pelos âmbitos educativos, justifica que o capítulo dedicado aos conteúdos do ensino torne-se o tratamento do currículo do ensino, porque é desde essa tradição que melhor foram sistematizados.

UM SÓ CONCEITO OU DIVERSAS CONCEPÇÕES DE CURRÍCULO?

O termo currículo provém da palavra latina *currere*, que se refere à carreira, a um percurso que deve ser realizado e, por derivação, a sua representação ou apresentação. A escolaridade é um percurso para os alunos/as, e o currículo é seu recheio, seu conteúdo, o guia de seu progresso pela escolaridade. Ainda que o uso do conteúdo do termo remonte à Grécia de Platão e Aristóteles, entra em cheio na linguagem pedagógica quando a escolarização se torna uma atividade de massas (Hamilton e Gibson, 1980. Citado por Goodson, 1989, p. 13), que necessita estruturar-se em passagens e níveis. Aparece como problema a ser resolvido por necessidades organizativas, de gestão e de controle do sistema educativo, ao se necessitar uma ordem e uma seqüência na escolarização. Um sistema escolar complexo, freqüentado por muitos alunos/as, deve organizar-se e, servindo a interesses sociais com conseqüências tão decisivas, tende a ser controlado inevitavelmente. Implica, pois, a idéia de regular e controlar a distribuição do conhecimento. Além de expressar os conteúdos do ensino – o que é e, por isso mesmo, o que não é objeto de ensino –, estabelece a ordem de sua distribuição. É óbvio, que tem uma certa capacidade *reguladora da prática*, desempenhando o papel de uma espécie de partitura interpretável, flexível, mas de qualquer forma determinante da ação educativa.

Quatro vertentes para entender uma realidade

Não se entenderia a concepção alguma do currículo sem apelar para os contextos nos quais se elabora. As diferentes concepções e perspectivas são fruto das opções que se tomam no momento de dizer ao que nos referimos com esse conceito; por isso, não existe uma única concepção. Contreras (1990, p. 176 e ss.) considera que é preciso examinar quatro grupos de interrogações para atestar seu significado: a) se atendemos ao que se deve ensinar ou ao que os estudantes devem aprender, b) se pensamos no que se deveria ensinar e aprender ou no que realmente se transmite e se assimila, c) se nos limitamos aos conteúdos ou abrangemos também as estratégias, os métodos e os processos de ensino, d) se objetivamos o currículo como uma realidade estanque ou como algo que se delimita no processo de seu desenvolvimento. Da escolha que se faça dependerá a compreensão que se elabora sobre a realidade, as competências atribuídas aos professores/as e às escolas, bem como a maneira de enfocar a inovação. Para entender melhor a multiplicidade de significados existentes é conveniente analisar quatro dimensões.

A amplitude variável do significado

O conceito de currículo é bastante elástico; poderia ser qualificado de impreciso porque pode significar coisas distintas, segundo o enfoque que o desenvolva, mas a polissemia também indica riqueza neste caso porque, estando em fase de elaboração conceitual, oferece perspectivas diferentes sobre a realidade do ensino. Em primeiro lugar, se o currículo faz alusão aos conteúdos do projeto educativo e do ensino, a imprecisão provém da própria amplitude desses conteúdos, já que ensinar, num sistema escolar tão complexo e prolongado para os alunos/as, engloba níveis e modalidades que cumprem funções em parte semelhantes e em parte muito distintas – a escolarização cumpre fins muito diversos. Em segundo lugar, esses fins educativos tendem a se diversificar ou se traduzir em projetos educativos que implicam interpretações diferentes das finalidades educativas.

Quanto mais ambiciosas forem as pretensões que se tenham para que a instituição escolar cumpra com os alunos/as, tanto mais complexo e, por sua vez, mais ambíguo é o currículo no qual se representarão os conteúdos para alcançar esses objetivos. Para citar um caso concreto, se se busca que a educação fundamental transmita elementos básicos da cultura, é relativamente mais fácil concretizar essa finalidade num currículo do que se se pretende atender ao desenvolvimento e bem-estar global do aluno/a. Em ambos os casos, fala-se do currículo, no entanto a elasticidade, a ambigüidade e a amplitude do mesmo é diferente. A evolução histórica da instituição escolar que acolhe crianças e jovens e a do próprio pensamento educativo foram definindo a idéia de que a educação deve atender às mais diversas facetas da pessoa, estabelecendo explicitamente o ensino como um processo de socialização total e global dos indivíduos. Os diferentes setores que participam mais diretamente na educação (professores/as, pais e alunos/as) assumem em alguma medida o que se espera da escolarização: 1) dedicação a aspectos acadêmicos, 2) direta ou indiretamente também uma preparação para o desempenho de alguma atividade profissional, 3) atenção aos aspectos de educação moral, cívica e social, e 4) uma certa atenção a aspectos pessoais relacionados com o bem-estar físico, emocional, estímulo à expressão pessoal, auto-realização, etc. A ênfase em cada um desses aspectos pode variar segundo os grupos sociais e, fundamentalmente, na relação com o nível escolar, mas socialmente se desenvolve a idéia de que a escolarização vai além da preparação intelectual e acadêmica, o que se reflete nas crenças dos pais, professores/as, etc. (Goodlad, 1984, p. 63 e ss.; Overman, 1980).

Todos esses objetivos devem moldar um currículo de conteúdos muito diversificados, ainda que na prática – na mentalidade dos professores/as, nas atividades didáticas cotidianas, nas regulações da administração educativa e nos livros-texto – continue sendo dominante uma concepção restrita, ligada mais a conteúdos intelectuais.

O discurso das posições progressistas ao longo da história lutou para tornar a educação algo mais do que a transmissão de conhecimentos. É normal, então, encontrar concepções de currículo de conteúdo muito variável, quanto à sua amplitude, quando se fala, se investiga ou se regula sobre o currículo, provocando visões distintas e discussões que parecem se referir a realidades muito diferentes.

Por outro lado, o sistema educativo é tão complexo que em cada nível ou especialização os conceitos pedagógicos adquirem um significado apenas em parte equivalente. O ensino da engenharia química, por exemplo, tem pouca semelhança com o ensino da criança de 3 anos na Educação Infantil. Mal podemos ir além de relacionar essas duas atividades pelo fato de ambas serem parte do que chamamos educação formal. São diferentes os sujeitos, a amplitude dos objetivos, as tradições que se projetam em cada caso, o pensamento educativo que as fundamenta, etc. A complexidade do currículo é maior quando nos referimos ao ensino básico e obrigatório, pois os fins educativos são mais variáveis nesse período de escolaridade.

É preciso apontar outro dado que pertence à evolução recente do pensamento curricular. Dentro de qualquer parcela do currículo, como uma área ou uma disciplina qualquer, também se tende a ampliar o que se considera conteúdo da mesma. Costuma se dizer que, além dos conhecimentos próprios de cada caso, é importante, do ponto de vista educativo, considerar a relevância dos hábitos de trabalho do aluno/a nessa matéria. Habilidades específicas que pode desenvolver e que precisa para continuar progredindo na mesma, o método com o qual elabora o conhecimento, os valores relacionados com este, suas projeções na vida real, a atenção para atitudes favoráveis quanto a essa matéria, os processos de pensamento que estimulam seu estudo, etc. Já não é importante aprender apenas os conteúdos da biologia, mas como se pesquisa com os seres vivos, a projeção dos conhecimentos biológicos na economia, no meio ambiente, na saúde; é importante também estimular determinadas atitudes éticas frente à vida, etc.

Se a essas duas características acrescentamos que qualquer objetivo ou conteúdo da educação é polêmico, podendo se prever meios alternativos muito diferentes para alcançar o que se pretende, compreender-se-á a variedade de concepções e opções de que se dispõe ao tratar os conteúdos da educação.

Estas peculiaridades fazem com que a discussão e teorização em torno do currículo sejam dispersas e fruto de enfoques alternativos, às vezes opostos entre si. O pensamento curricular faz parte do pensamento social em geral e não se pode pretender para o primeiro um estatuto epistemológico diferente ao do segundo, com o agravante de que se trata de uma parcela com tradições de estudo muito recentes. O currículo significa coisas diversas para pessoas e para correntes de pensamento diferentes. Mas se pode entrever uma certa linha diretriz importante para destacar aqui: a evolução do tratamento dos problemas curriculares conduz ao dilatamento dos significados que compreende para moldar o que se pretende na educação (projeto), como organizá-lo dentro da escola (organização, desenvolvimento), mas também para refletir melhor os fenômenos curriculares tal como ocorrem realmente no ensino (prática) que se realiza nas condições concretas.

O currículo dentro de práticas diversas

Está subentendido que a escola, por meio do ensino, transmite uma certa cultura, um resumo adequado e uma seleção do que se entende por essa escola fora dela. De certo modo, pressupõe-se que a cultura transmitida pela instituição escolar, com seus diversos componentes e facetas, representa o que se entende por isso fora do âmbito escolar, esquecendo que essa correspondência não é totalmente exata, porque os conteúdos ou cultura escolar são objeto de reelaboração por meio de práticas diversas que têm importantes efeitos sobre os mesmos, tal como apontamos há pouco.

As transformações a que a cultura se vê submetida, no processo de se fazer realidade em ambientes escolares concretos, é conseqüência das forças que intervêm na *seleção* da mesma e, no processo de *elaboração* do currículo e no *contexto de realização* na prática. Como afirma Lundgren (1983) o currículo vem a ser uma espécie de *texto* cuja pretensão é a reprodução de uma forma de entender a realidade e os processos de produção social aos quais se diz que a escola deve servir. Obviamente, toda seleção cultural tem determinadas relações de correspondência com o contexto histórico-social no qual se localizam a cultura e as instituições escolares. O primeiro grande trecho dos estudos sobre o currículo preocupa-se em analisar a que tipos de interesses, opções e perspectivas serve.

Esse *texto* é formulado ou planejado fora do meio em que se realiza de forma prática, podendo se observar e distinguir forças e influências que atuam no *contexto de formulação*, da confecção do currículo, e outras que o fazem no *contexto de realização*, isto é, no próprio ensino. A seleção implícita e explícita no currículo é reelaborada nos processos e contextos nos quais se forma, bem como no ambiente em que se desenvolve praticamente. A cultura escolar é distribuída em instituições pedagógicas preexistentes, por meio de relações e métodos pedagógicos assentados em tradições e crenças, por professores/as que atuam concretamente, apoiando-se nas elaborações que realizam, por exemplo, os livros-texto, num modelo escolar no qual o poder de decisão está distribuído entre diferentes agentes, etc. Todos esses âmbitos são contextos prévios a qualquer proposta ou seleção curricular que acabarão filtrando-o.

Por isso, afirmamos que a cultura selecionada e organizada dentro do currículo não é a cultura em si mesma, mas uma versão escolarizada em particular. A ciência que está contida nos programas escolares não é a ciência em abstrato, como a literatura que se ensina-aprende nas escolas, não é tampouco "a literatura", mas versões e pacotes especialmente planejados para a escola. Não é por acaso que uma crítica muito freqüente é dizer que os conhecimentos escolares são, em muitos casos, caricaturas do conhecimento. Os critérios de seleção, o fato de que se escolham recortes de disciplinas isolados de marcos mais gerais de compreensão, querer lecionar muitas coisas ao mesmo tempo (sem tempo de se deter nos temas), o fato de se distribuir os saberes em cursos, níveis, etc. (nem sempre devidamente conectados entre si), são razões que nos evidenciam que a cultura contida no currículo é um saber "curricularizado", se nos permitem a expressão.

Toda a mecânica de elaboração do currículo introduz elementos que moldam a cultura escolar. O modo como se formula esse texto (*contexto de formulação*) o condiciona, ou seja, é um processo no qual intervêm agentes diversos. Não existe, então, uma correspondência total entre o que é o saber externo que potencialmente pode ser transmitido e a elaboração que se faz dos saberes contidos no currículo. As práticas de confecção do currículo, de sua apresentação, são aspectos que medeiam a relação cultura-conteúdos curriculares. Diria-se que o *texto*, que é o currículo, não responde às intenções de ser reprodutor do que entendemos por cultura fora da escola, mas que é uma cultura própria que tem certas finalidades intrinsecamente escolares e que presta, naturalmente, um peculiar serviço à socialização e à reprodução.

O contexto social, econômico, político e cultural que o currículo representa, ou deixa de fazê-lo, deve ser o primeiro referencial em relação a como analisar e avaliar um currículo. Esse é o primeiro contexto prático *externo* para entender a realidade curricular: o exercício de práticas políticas, econômicas e sociais que determinam as decisões curriculares, não podendo se esquecer que o currículo proposto para ao ensino é o fruto das opções tomadas dentro dessa prática. Esquecer isto na formação de professores/as implicaria reduzi-los a consumidores passivos de algo dado, cujos valores não se discutem. Este é o grande debate curricular acima de qualquer outro problema: como já dissemos, trata-se da análise da cultura da escola.

Este não é o único contexto externo à prática mediador do currículo real. As decisões administrativas sobre como desenvolver o ensino, a elaboração de materiais didáticos, a participação familiar, a influência dos grupos acadêmicos que pressionam para que sua especialização esteja representada na cultura escolar são, entre outras, forças ou práticas de intervenção que condicionam a cultura escolar.

Esses âmbitos medeiam o currículo que se costuma apresentar à instituição escolar, para que o desenvolva. A cultura contida nos currículos já formulados ou planejados para a escola sofre outra série de modificações quando se desenvolve num meio escolar concreto, em contextos que poderíamos chamar internos. Podemos apreciar o currículo elaborado e formulado num documento oficial ou num livro-texto como algo objetivo, por exemplo, nas prescrições que a administração faz, mas esses conteúdos são transformados, por sua vez, dentro de contextos escolares concretos (o *contexto de realização*). Estamos frente a outra condição que mostra a falta de correspondência entre a cultura exterior, a que se elabora no currículo explícito e a que se leciona na prática real.

Enfim, como acertadamente destaca Whitty (1985, p. 37) e Bates (1986, p. 9), entre outros, a escola e os professores/as não ensinam cultura ou conhecimento em abstrato, mas reconstruções dos mesmos, inscritos dentro de instituições e de práticas cotidianas. A cultura não é um objeto terminado que se transmite mecanicamente de uns para os outros, mas uma atividade mediatizada que se reproduz construindo e se reconstruindo por meio de sua aprendizagem e das condições em que esta se realiza. Essa aprendizagem é peculiar nas instituições e nos ambientes escolares. Por isso, para entender o currículo real é preciso esclarecer os *âmbitos práticos* em que é elaborado e desenvolvido, pois, do contrário, estaríamos falando de um objeto reificado à margem da realidade.

Por esta razão se diz que o currículo real é determinado na interação de todas essas práticas que Schubert (1986) chamou de *sistema curricular*. Como aponta este autor, é preciso um enfoque ecológico para entender como o currículo se configura em relação aos contextos não apenas pedagógicos, mas políticos, econômicos, legislativos, administrativos, organização de escolas, práticas de supervisão e de controle, etc., dos quais se derivam influências muito decisivas (Beltran, 1991; Gimeno, 1988, p. 22 e ss.).

Conforme demonstrado na Figura 6.1, o currículo é um âmbito de interação no qual se entrecruzam processos, agentes e âmbitos diversos que, num verdadeiro e complexo processo social, dão significado prático e real ao mesmo. Somente no marco de todas essas interações podemos chegar a captar seu valor real, daí que é imprescindível um *enfoque processual* para entender a dinâmica que dá significado e valores específicos a um currículo concreto, do qual falaremos mais tarde. Este não existe à margem das circunstâncias contextuais que o moldam, o que se pede é um marco conceitual apropriado que dê a razão de tal realidade. O que é o currículo real na prática? O que resulta dessas interações.

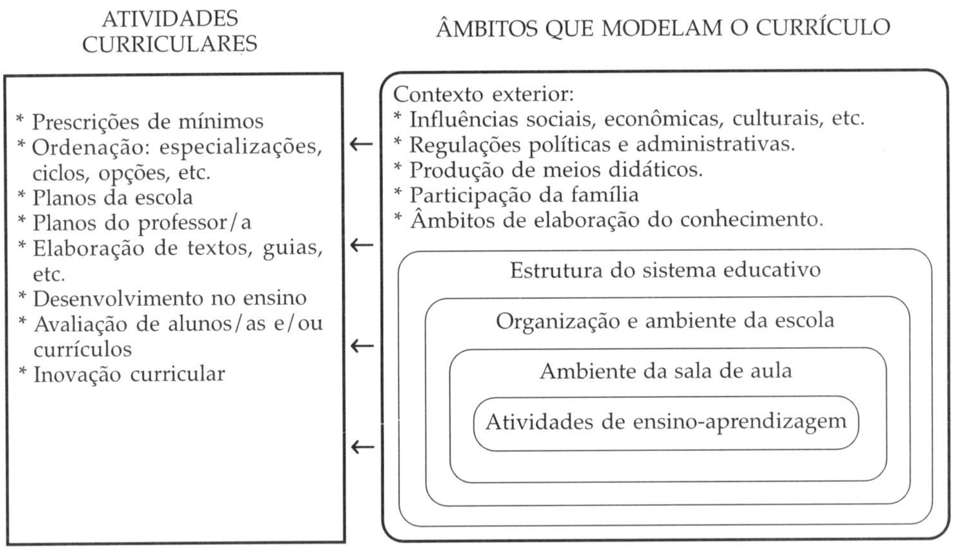

Figura 6.1. Práticas e transformações no currículo.

A representação gráfica ressalta a intenção de estabelecer relações entre os âmbitos ou contextos que moldam o currículo real, que se projetam em atividades diversas relacionadas com o currículo na prática de ensino.

a) Existe um *contexto didático* formado pela estrutura de tarefas que se desenvolvem nas atividades de ensino-aprendizagem que vem a ser o ambiente pedagógico mais imediato para o aluno/a. Não é indiferente o tipo de atividades de ensino-aprendizagem para extrair um resultado ou outro a um mesmo objetivo ou conteúdo curricular. O método condiciona os resultados que podem ser obtidos.

b) O ambiente ou *contexto psicossocial* que se cria nos grupos de ensino-aprendizagem, normalmente nas aulas, mas que pode ser visto em qualquer outra agrupação de trabalho, é um mundo complexo, fonte de influências e motivações para o aluno/a, dentro do qual a aprendizagem do currículo adota um enfoque psicológico e social especial.

c) A estrutura da escola, as relações internas, as formas de organização dos professores/as, sua coordenação, as atividades culturais realizadas, a disposição do espaço, a ordenação do tempo, etc. determinam um *contexto organizativo* que dá significado particular ao projeto concreto que uma escola tem para seus professores/as e alunos/as.

d) As escolas ou as salas de aulas não são entidades isoladas de uma realidade mais ampla que é o *contexto do sistema educativo* em seu conjunto. Muitas das peculiaridades do currículo para um nível ou período escolar são explicadas pelas interdependências que mantêm com níveis anteriores ou posteriores, pela função social e a seleção de alunos/as que um determinado tido de ensino realiza, etc. A separação da experiência intelectual da manual, por exemplo, que se observa nos currículos, está regulada pelo próprio sistema educativo em especialidades com funções diferenciadas. No *bachillerato**, o currículo sempre ficou muito marcado pelas exigências posteriores da Universidade.

* N. de R.T. No sistema educacional espanhol, *bachillerato* é o grau de ensino situado entre o ensino médio e o ensino superior.

e) Existe um *contexto exterior* ao meio pedagógico muito determinante do que se ensina nas aulas e de como se ensina. São muitas as fontes que co-determinam esse contexto: pressões econômicas e políticas, sistema de valores que preponderam, culturas dominantes sobre subculturas marginalizadas, regulamentações administrativas da prática escolar e do sistema educativo, influência da família na determinação da experiência de aprendizagem ou das opções curriculares e das ajudas aos filhos, sistemas de produção de meios didáticos de que se servem professores/as e alunos/as, pressões e influências dos meios acadêmicos e culturais que incidem na hierarquização de saberes escolares e na determinação do que se considera conhecimento legítimo. Demos um exemplo: se o currículo que se leciona nas aulas é controlado fortemente por meio de inspeções que analisam o que os professores/as ensinam, ou por meio de exames feitos fora para os alunos/as para decidir se se superou ou não um determinado curso ou ciclo de ensino, estamos frente a práticas políticas e administrativas de controle que condicionam muito o que os alunos/as aprendem e, sobretudo, o que os professores/as e as escolas ensinam. Entender o que afeta realmente os conteúdos do ensino supõe, como se vê, fixar-se em práticas não estritamente didáticas, mas muito decisivas para estas.

Uma proposição deste tipo pretende esclarecer, ao mesmo tempo que sistematizar, os problemas e práticas relacionadas com tudo aquilo que afete os currículos, gerando perguntas e programas de investigação e de reflexão para o professores/as. A vantagem está em propiciar um entendimento mais coerente da prática pedagógica não reduzida a problemas técnicos exclusivamente, mas apreciando como, dialeticamente, esferas diversas da realidade co-determinam a prática pedagógica. De tudo isso se deduz uma primeira conseqüência: os professores/as e os alunos/as não são os únicos agentes da configuração e do desenvolvimento curriculares. Como considerar as responsabilidades do professor/a quanto aos currículos, se os problemas que se colocam não são apenas de natureza técnico-pedagógica? O professor/a deve limitar-se a desenvolver o que outros agentes decidem previamente, ou deve participar nos diversos contextos práticos assinalados? Estão aí perguntas que necessitam respostas éticas e políticas.

O oculto e o manifesto: uma visão dos que aprendem

Se a cultura do currículo é uma cultura mediatizada, isto significa que a mediação torna-se fonte de distorção dos propósitos originais declarados externamente e de influências acrescentadas, procedentes dos contextos e das práticas que intervêm nesse processo. Para os alunos/as, o contexto de mediação por excelência do qual recebem influências é o ambiente escolar. Por isso é fundamental, para tornar claro o currículo concreto que o aluno/a recebe, considerar a seguinte dimensão: a realidade não se reduz ao que parece evidente de forma mais imediata, é preciso esquadrinhar nela, descobrir o que não está evidente.

Considerar que o ensino se reduz ao que os programas oficiais ou os próprios professores/as dizem que querem transmitir é uma ingenuidade. Uma coisa é o que dizem aos professores/as o que devem ensinar, outra é o que eles acham ou dizem que ensinam e outra diferente é o que os alunos/as aprendem. Em qual dos três espelhos encontramos uma imagem mais precisa do que é a realidade? Os três trazem algo, mas algumas imagens são mais fictícias do que outras. O resultado que obtenhamos das duas primeiras imagens – o que se diz que se ensina – forma o currículo manifesto. Mas a experiência de aprendizagem do aluno/a nem se reduz, nem se ajusta, à soma de ambas as versões. Ao lado do currículo que se diz estar desenvolvendo, expressando ideais e intenções, existe outro que funciona subterraneamente, que se denomina oculto. N experiência prática que os alunos/as têm se misturam ou interagem ambos; é nessa experiência que encontraremos o currículo real.

Para compreender o currículo da perspectiva de quem aprende convém entendê-lo como *o conteúdo de toda a experiência que o aluno/a tem nos ambientes escolares*. O aluno/a, enquanto está na situação de escolarização, tem experiências muito diversas: aprende conhecimentos, habilidades, comportamentos diversos, a sentir, a se adaptar e sobreviver, a pensar, a valorizar, a respeitar, etc. Jackson (1975), em sua obra *A vida nas aulas*, que tão decisivamente marcou o pensamento pedagógico atual, descrevia e analisava a importância de um ambiente como o escolar, no qual as relações sociais, a distribuição do tempo e do espaço, as relações de autoridade, o uso de prêmios e castigos, o clima de avaliação, constituíam todo um currículo oculto que o aluno/a deve superar se quer avançar com sucesso pelos cursos; uma dimensão não evidente contraposta ao que ele chamou de "currículo oficial", que nos revela toda sua importância quando o aluno/a não responde como se espera às exigências que colocam a ele, resistindo a ser e se comportar como as situações escolares lhe pedem. O currículo oculto tem uma relação mais estreita com as dificuldades do aluno/a do que com seus sucessos, afirmava esse autor (p. 51), porque é aí que melhor se apreciam as exigências de adaptação aos requerimentos que propõe aos estudantes.

Esta análise do que se depreende de forma oculta da experiência nas escolas é, por sua vez, parcial se não observamos que seu significado vai além dessa experiência. As normas de comportamento escolar não foram geradas como algo autônomo, ainda que a escola elabore seus próprios ritos, mas têm relação com valores sociais e com formas de entender o papel dos indivíduos nos processos sociais. O currículo oculto das práticas escolares tem uma dimensão sócio-política inegável que se relaciona com as funções de socialização que a escola tem dentro da sociedade. Realmente, as análises mais objetivas sobre o currículo oculto provêm do estudo social e político dos conteúdos e das experiências escolares. Hábitos de ordem, pontualidade, correção, respeito, competição-colaboração, docilidade e conformidade são, entre outros, aspectos inculcados consciente ou inconscientemente pela escola que denotam um modelo de cidadão/dã (Apple, 1986; Dreeben, 1983; Giroux e Penna, 1981; Giroux,1990; Jackson, 1975; Lynch, 1989; Torres, 1991; Young, 1971). Portanto, a socialização do cidadão/dã nas escolas não se reduz à reprodução que se produz pela transmissão da cultura explicitamente declarada nos currículos aos conhecimentos e às disciplinas.

Quando todos esses valores fazem parte dos objetivos pretendidos e das atividades pedagógicas são parte do currículo explícito da educação social e moral, e não cabe dizer que sejam propriamente componentes de sua dimensão oculta. Embora a grande maioria dessas influências seja imposta como norma de fato, aceita sem discussão, como parte do que consideramos normal, e por isso são os elementos de uma socialização oculta.

A escola não é um meio isolado dos conflitos sociais externos a ela, ainda que uma espécie de pudor leve muitos à recomendação de não tratar em seu seio os problemas conflitantes da sociedade. Ao querer esquecê-los, os reproduz acriticamente na maioria das vezes. As mensagens derivadas do currículo oculto, estejam à margem, coerentes ou em contradição com as intenções declaradas, não são alheios aos conflitos sociais: os papéis dos sexos na cultura, o exercício da autoridade e do poder, os mecanismos de distribuição da riqueza, as posições de grupos sociais, políticos, raciais, religiosos, etc. Por exemplo: se na sociedade existem discriminações contra o sexo feminino, as relações entre meninos e meninas nas aulas ou no pátio de recreio, a interação dos professores/as com uns e outros, a visão que se pode obter nos textos escolares, etc. não são senão manifestações desse conflito social. É um aspecto que pode ser analisado não apenas na dimensão oculta, mas também na explícita (Apple, 1975 e 1986; Apple e King, 1983; Lynch, 1989; Torres, 1991).

Assimila-se esse clima de socialização por osmose e passa mais inadvertido quanto menos atritos provoca, embora não sejam poucos os conflitos que gera entre alunos/as e professores/as, porque é nessa relação que se manifesta melhor a existência de tais normas. O que se denominam problemas de inadaptação ou de conduta são provocados em boa medida pela resistência a essas submições exigidas. Certos casos de abandono escolar, parte do fracasso escolar, são manifestações de resistência passiva e ativa à normativa do currículo oculto, o fracasso da socialização que impõe. Porque não se vai à escola aprender de modo abstrato, mas a fazê-lo de uma determinada forma e a viver num ambiente muito característico. Eggleston (1980, p. 27) afirma que as obrigações que o currículo oculto impõe aos alunos/as são tão importantes ou mais para eles, para sua sobrevivência e sucesso na escola, do que as do programa oficial ou explícito, como o são também para os próprios professores/as. O que importa não é o que se diz que se faz, mas o que verdadeiramente se faz; o significado real do currículo não é o plano ordenado, seqüenciado, nem que se definam as intenções, os objetivos concretos, os tópicos, as habilidades, valores, etc., que dizemos que os alunos/as aprenderão, mas a prática real que determina a experiência de aprendizagem dos mesmos.

A diferenciação entre o explícito ou oficial e o oculto do currículo real serve para entender muitas incongruências nas práticas escolares. Não é infreqüente nos depararmos com declarações de objetivos explícitos, que dizem pretender algo dos alunos/as, que depois se mostram contraditórios com o que realmente se faz para consegui-los. O currículo explícito diz buscar a aprendizagem da escrita e o gosto por se expressar, ou o prazer da ciência, por exemplo, e depois vemos os alunos/as ocupados em exercícios tediosos de repetição que geram atitudes negativas e contrárias aos objetivos declarados.

A distinção entre a faceta oculta – condições da experiência educativa – e a manifesta – pretensões declaradas e aceitas – permite também entender melhor os processos de mudança ou o imobilismo das instituições e das práticas escolares: ainda que mudem as pretensões, as idéias ou os currículos explícitos, o currículo real muda pouco para os alunos/as porque as condições da escolarização que o traduzem se modificam muito mais lentamente. Só tratando de entender o currículo manifesto ou oficial dentro das condições escolares, e estas e aquele dentro do contexto político, social e econômico exterior à escola, entende-se a escolarização e os educadores podem desenvolver esquemas de pensamento mais apropriados para compreender o ensino e elaborar com mais realismo propostas de modificação da mesma (Giroux e Penna, 1981, p. 210). Este esquema de compreensão da realidade explica a razão de que as mudanças de disciplinas ou de conteúdos dentro das mesmas – as reformas curriculares em geral – tenham pouca incidência na experiência real dos alunos/as, na maioria dos casos, ao não se alterar as condições nas quais decorre a experiência. Ampliar o sentido do currículo real para todas essas dimensões ocultas é fundamental para explicar a resistência das instituições e das práticas escolares às mudanças promovidas desde fora, e como as reformas curriculares fracassam na transformação da prática (Giroux, 1990, p. 63).

A escola, a mudança, o currículo, os conteúdos da escolaridade, em suma, não podem ser explicados pelo discurso idealista que não se fixa nas condições reais nas quais trabalham professores/as e alunos/as. O currículo, nessa perspectiva, já não é um plano que expressa o que se quer alcançar, senão que é preciso analisá-lo como parte dos processos de socialização a que os alunos/as estão submetidos durante a experiência escolar. Dito de outro modo: o significado da escolaridade para os alunos/as, o dos conteúdos reais, não pode ser separado do contexto em que eles aprendem, porque este é um marco de socialização intelectual e pessoal em geral. Na experiência escolar, "o oculto" é muito mais amplo e sutil do que o manifesto. Sem compreender isso, os professores/as não podem entender o que realmente é a prática que desenvolvem.

Toda esta perspectiva tem uma grande potencialidade ao implicar uma virada conceitual muito importante para entender a educação e a direção da mesma dentro das instituições escolares.

1) Por um lado, distinguir o que se pretende do que se faz realmente. No mundo educativo são utilizados dois tipos de discursos: um que serve para expressar o que se quer, as aspirações, a filosofia que se diz professar, e outro para dizer como é a realidade, descrevê-la, desvendá-la e criticá-la. Para compreender o currículo real é preciso transcender e relativizar sua dimensão manifesta, definida num documento em que se concretizam seus objetivos e conteúdos ou num livro-texto que articula uma parte e uma visão do mesmo. É preciso fazer a análise das condições escolares: em primeiro lugar, porque as condições do meio, o ambiente que impõe sua arquitetura e mobiliário, a disposição do espaço e seu uso, a vida social da aula, as relações professor/a-alunos/as, os métodos educativos, o tipo de comportamento que exigem as tarefas pedagógicas que os alunos/as realizam, a estrutura de funcionamento das escolas, etc. mediatizam as pretensões explícitas do currículo que se quer alcançar. O conhecimento e todas as aprendizagens que os alunos/as adquirem é o saber filtrado por todas essas condições; em segundo lugar, porque o funcionamento de tais elementos pedagógicos e organizativos são fonte de normas de comportamento e de valores que os alunos/as assimilam. A cotidianidade desse meio é o que faz com que se vá absorvendo por osmose. O currículo oculto caracteriza-se por duas condições: o que não se pretende e o que é obtido por meio da experiência natural, não diretamente planejada pelos professores/as em suas aulas (McCutcheon, 1988, p. 191).

2) Por outro lado, atender a esta dimensão "oculta" significa que, ao falar de cultura como conteúdo do currículo, é preciso fazê-lo em termos antropológicos mais do que acadêmicos. A concepção mais corrente da mesma, dentro e fora do sistema educativo, refere-se a conteúdos relativos ao que a cultura acadêmica especializada significou. Uma concepção legitimada pelo próprio sistema educativo: conhecimentos e habilidades pertencentes aos âmbitos do saber que se cultivam nas instituições de ensino superior. O sentido antropológico de cultura compreende muito mais. A cultura é a conjunção de significados, convenções, crenças, comportamentos, usos e formas de se relacionar nos grupos humanos. Nas aulas e nas escolas há algo mais do que comunicação de conhecimentos de "alta cultura"; ali se desenvolve todo um processo de socialização dos alunos/as, e os conteúdos do currículo real são os dessa socialização.

3) Além disso, a importância de destacar esta perspectiva reside em que ela ressalta a importância dos contextos ou ambientes. O currículo que na realidade incide nos alunos/as depende, em grande parte, das condições do ambiente que se vive nos meios escolares, dos estímulos sutis que têm sua origem aí. E intervir no currículo real implica modificar esse ambiente em suas dimensões fundamentais: *físicas* (arquitetura e disposição do espaço, mobiliário), *organizativas* (formas de organizar os alunos/as na escola, dentro das aulas, distribuição de tempo) e *pedagógicas* (relações entre professores/as, entre estes e os alunos/as, entre alunos/as, etc.).

Com a abertura para suas dimensões ocultas, o conceito de currículo se abre para uma realidade muito mais complexa de entender e, naturalmente, mais complicada de dirigir ou de mudar. Torna mais obscuro e impreciso o conceito, mas mais adequado para compreender a realidade. Uma conceitualização tão ampla tem suas vantagens.

Como Cherryl Holmes (1988, p. 133) destaca:

a) Pode acolher a idéia mais comum de que o currículo é um guia para planejar, ensinar e avaliar o currículo oficial.

b) Inclui as aprendizagens incidentais cuja fonte é a estrutura escolar como organização, com suas normas de funcionamento.

c) Observam-se as aprendizagens que têm sua origem nos companheiros do aluno/a.

d) Aceita-se que aquilo que não fica compreendido no que explicitamente se pretende – o currículo *nulo*, como diria Eisner – também faz parte do discurso, pois é evidente que não apenas se ensina, mas que também se ocultam outras coisas. Às vezes, devido a argumentos de que para determinadas idades tratar de certas coisas parece inadequado – sexualidade, pobreza, guerra, fome, etc. –, ou devido ao predomínio de certas visões sobre outras – ocultação de etapas "pouco gloriosas" da própria história nacional, etc. –, o certo é que existe uma parte da realidade que se anula na cultura escolar.

e) Evita ter de distinguir entre currículo (o previsto) e instrução (o que se faz, o desenvolvimento prático), ou seja, nos obriga a ver a continuidade-descontinuidade entre intenções e realizações.

Ao que chamamos currículo? A um processo ou a alguma representação do mesmo? Desde a retórica das declarações, dos propósitos e das idéias até a prática

O que foi dito no trecho anterior nos ajudará a compreender melhor a necessidade de um enfoque processual dos problemas curriculares. A educação é um campo de pensamento e prática no qual projetamos ideais diversos, utopias individuais e coletivas, ideologias globais ou valores concretos que pretendemos que se desenvolvam e que outros compartilhem, por meio de propostas, ou por meio de imposições e também por manipulações ocultas. Tanta projeção e carga ideológica gera por si mesma um discurso, uma linguagem que costuma, com demasiada freqüência, desligar-se da realidade e ganhar autonomia própria. Nessa medida nem sempre dá conta da realidade, e até pode ocultá-la e manipulá-la. O discurso muda e se remodela, porque, como afirma Cherryholmes (1988, p. 3), tem relação com um tempo e lugar, mas essas mudanças não deveriam confundir-se com outros correlativos na prática à qual se referem. Não se pode dizer que *o que se diz* e *o que acontece* sejam realidades totalmente independentes, mas sim que gozam de certa autonomia. Daí ser evidente que, para conhecer a realidade, é preciso ir além do discurso que se elabora sobre a mesma.

O político e o administrador da educação dizem empreender programas que em muitos casos coincidem pouco com o que fazem ou, simplesmente, supervalorizam suas ações pontuais. Se solicitamos a um grupo de especialistas que elabore um projeto de currículo, ele colocará no papel as aspirações mais louváveis e racionais para seu ponto de vista. Tudo isso bem fundamentado e ordenado, e não se atreverá a dizer que, sob as condições reais de trabalho das escolas e dos professores/as, se poderá fazer pouco do que disse. Talvez esse desajuste em políticos e especialistas se deva à falta do conhecimento da prática concreta, mas isso não atinge apenas eles. Se perguntamos a um grupo de professores/as de uma escola ou a cada um deles sobre sua filosofia educativa, seu projeto global, ou seus planos docentes imediatos, suas "programações", obteremos visões otimistas em geral, bem mais completas e positivas do que depois poderiam nos dizer os alunos/as do que ocorre na realidade das aulas. O significante – as declarações de intenções, os projetos – substitui o significado da prática, ocultando a realidade. Se se quer saber o que é verdadeiramente a educação, conviria muito mais analisar as práticas nas aulas do que se deter muito no discurso embelezado. Claro que arrancaríamos muitas lembranças más e além do mais se dispõe de poucos dados elaborados com rigor metodológico sobre a realidade educativa; esta é bastante nebulosa e nos desenvolvemos geralmente a partir de impressões pouco examinadas.

Se pensassem nas conseqüências de cada conceito pedagógico que se maneja na legislação educativa, por exemplo, para ver que condições são necessárias para sua implantação real, que formação de professores/as se requer, que condições de trabalho, materiais, organização de classes e escolas, etc. são precisos, certamente se seria mais cauteloso no uso da linguagem. Faça-se a prova com os conceitos de aprendizagem significativa, uso crítico da informação, fomento da iniciativa dos alunos/as, ensino disciplinar, flexibilidade do currículo, atenção integral ao aluno/a, avaliação formativa e contínua, professores/as pesquisadores em sua aula, etc. O manejo dos conceitos sem o compromisso com a prática cumpre com o rito de mudar aparentemente a realidade baseando-se na manifestação de boas intenções ocultando as misérias. Nisso consiste manter uma perspectiva crítica em educação: em descobrir essas incongruências para sanear o discurso educativo e manter viva a utopia, forçando a mudança da realidade. Apenas dessa forma os conceitos pedagógicos não se desgastam e mantêm seu poder de apresentar ideais com que pressionar a realidade e as forças que a governam.

O currículo é um campo privilegiado para apreciar essas contradições que destacamos, a separação entre intenções e prática. Que país se arriscaria a pôr em seu currículo oficial aquilo que realmente se faz nas escolas? Que professor/a assumiria o risco de afirmar que a cultura e os importantes e atrativos conhecimentos que diz ensinar se reduzem ao conhecimento memorizado de alguns conceitos sem relação, trabalhados com atividades rotineiras, que para serem aprendidos devem ser submetidos a avaliações constantes, pois do contrário os alunos/as não os estudariam? As declarações e as propostas que compõem o discurso curricular formam o que Sirotnik (1988) chamou de *expectativas curriculares*, cuja função é recortar desejos que querem se levar para a prática, que têm muito pouca correspondência com as análises da realidade, e que, em muitos casos, são meros rituais, artifícios simbólicos que costumam proliferar em momentos de reformas, mudanças legislativas, introdução de modismos pedagógicos, projetos de inovação curricular, etc. Na pior das hipóteses são cortinas de fumaça que ocultam, confundindo o que deveria acontecer com o que realmente acontece.

Quando são fruto de debates e reflexões intelectuais e políticas autênticas, confrontados com a realidade e como arquitetura de propostas reais de mudança, essas *expectativas* fomentam uma certa tensão ideológica que ajuda a pensar e decidir práticas, porque colaboram na articulação de tais propostas. O que acontece é que, depois de uma história de boas intenções declaradas, já se compreende como o discurso caminha independente dos progressos da prática. Depois de tantos conceitos e orientações inovadoras, a prática muda pouco. E é aqui que se torna útil um esquema explicativo para entender o currículo; porque a realidade tem a ver com contextos escolares e extra-escolares, com hábitos de comportamento, com meios e condições reais, com professores/as de "carne e osso", com determinada sociedade. Um argumento aparentemente banal deveria nos fazer pensar. Se a prática dependesse das propostas que se fazem, seria muito fácil melhorá-la e mudá-la; a história não confirma, precisamente, essa tese. Em nosso contexto e em outros se tem a experiência de que, depois de múltiplas mudanças nas leis, orientações e programas renovados, a qualidade do ensino não melhorou significativamente numa série de aspectos fundamentais. Este continua sem interessar a muitos alunos/as, e os professores/as, apesar das novas gerações, continuam reproduzindo velhas pautas pedagógicas. Como afirmava Goodlad (1984), após a análise de projetos, documentos e propostas curriculares, não são metas o que nos falta para a escola, mas articulação das mesmas e compromissos com elas.

É evidente que para conhecer o currículo é preciso ir muito além das declarações, da retórica, dos documentos, ou seja, ficar muito mais próximo da realidade. O que se torna evidente é que, pelas propostas do currículo, expressam-se mais os desejos do que as realidades. Sem entender as interações entre ambos os aspectos não poderemos compreender o que acontece realmente aos alunos/as e o que aprendem. Qualquer discurso educativo deve servir ao desvendamento da realidade para fazê-la progredir mais do que seu embelezamento mascarador.

Stenhouse (1984), depois de examinar múltiplas concepções e definições do que é o currículo, conclui:

> "Ao que parece, encontramo-nos frente a dois pontos de vista diferentes acerca do currículo. Por um lado, é considerado como uma intenção, um plano ou uma prescrição, uma idéia acerca do que desejaríamos que acontecesse nas escolas. Por outro, é visto como o estado de coisas existentes nelas, o que de fato acontece nas mesmas.
>
> "Parece-me, essencialmente, que o estudo do currículo interessa-se pela relação entre essas duas concepções: como intenção e como realidade. Acredito que nossas realidades educativas raramente se ajustam a nossas intenções educativas" (p. 27).

Precisamente, perspectivas como a deste autor colocaram o currículo como um meio para transferir idéias para a prática e, portanto, os estudos e propostas curriculares deveriam mostrar como fazer essa transferência e como acontece na realidade. O currículo, ao querer modelar um projeto educativo complexo, é sempre um veículo de pressupostos, concepções, valores e visões da realidade. Dessa forma, no estudo do currículo aparece uma dimensão processual muito sugestiva: como as idéias que o sustentam, os conteúdos declarados explicitamente vão se transformando em práticas. Podemos pretender ensinar a ler ou ensinar ciência, e querer fazê-lo sob o amparo de idéias como a de fomentar nos alunos/as a aptidão e atitude de que utilizem esses elementos culturais para analisar a realidade social que os rodeia. Como, pelas experiências educativas, são realizados esses objetivos sob esse princípio?

Como bem destaca Grundy (1987), nosso pensamento está condicionado para considerar mais o currículo como uma realidade, produto ou objeto, algo tangível, um plano elaborado que depois se modelará na realidade, em vez de entendê-lo como um processo, uma práxis, em que acontecem múltiplas transformações que lhe dão um sentido particular, valor e significado. O fato de que seja caracterizado como *práxis* significa que em sua configuração intervêm idéias e práticas, que adquire sentido num contexto real, com determinadas condições, que todo ele é uma construção social. Se adotamos uma conceitualização reificada buscando algo tangível, modelado num plano, nos tornamos propensos a entender que o currículo é a modelação desses planos ou projetos que o refletem (documentos de prescrições, guias didáticos, livros-texto). Geralmente o plano estruturado que mais se impõe a ser considerado como tal é o currículo *oficial*, como denominava Jackson, porque é o que se conhece mais e o que com procedimentos mais efetivos trata de se impor e monopolizar o discurso.

O currículo é mais um processo social, que se cria e passa a ser experiência através de múltiplos contextos que interagem ente si (Cornbleth, 1990, p. 13; Gimeno, 1988). A realidade do mesmo não se mostra em suas modelagens documentais – prescrições ou livros-texto –, mas na interação de todos os contextos práticos que destacamos anteriormente. Para tornar claro o processo curricular e tomar referências concretas objetivas podemos aproveitar modelos de fases do processo que expressam, com diferente definição, o que denominávamos de *expectativas curriculares*, mas que por si mesmas não são o currículo real. Possuem, no entanto, diferentes graus de aproximação ao que é a prática curricular. São como fotos fixas de um processo. A análise dos livros-texto, por exemplo, nos aproxima mais da realidade educativa do que os documentos oficiais que regulam e prescrevem o currículo. Os planos reais dos professores/as nos aproximariam mais do que os livros-texto.

Pode-se captar o processo em diferentes modelos ou representações diversas, que são os pontos de apoio na investigação curricular. As mais concretas são as seguintes:

- O currículo como compêndio de conteúdos ordenados nas disposições administrativas – os *documentos curriculares* (na Espanha, os chamados mínimos curriculares e mais recentemente o Plano Curricular Base). É o currículo prescrito e regulado.
- Os *livros-texto*, os *guias didáticos ou materiais diversos* que o elaboram ou planejam. É o currículo criado *para* ser consumido pelos professores/as e alunos/as.
- As programações ou *planos* que as escolas fazem. O currículo no contexto de práticas organizativas.
- O conjunto de *tarefas de aprendizagem* que os alunos/as realizam, das quais extraem a experiência educativa real, que podem ser analisadas nos cadernos e na interação da aula e que são, em parte, reguladas pelos planos ou programações dos professores/as – é o chamado currículo *em ação*. Este nível de análise ou concepção, junto com a concepção seguinte, é o conteúdo real da prática educativa, porque é onde o saber e a cultura adquirem sentido na interação e no trabalho cotidianos.
- O que os professores/as exigem em seus *exames* ou avaliações, como o exigem e como o valorizam.

Documentos, textos, planos e tarefas são as "fotos fixas" aproximadas de um processo que as liga. De certa forma, refletem o currículo, mas o estudo e compreensão deste deve fixar-se no processo entre as "fotos". Todas essas manifestações ou representações do projeto pedagógico e dos conteúdos do ensino são cortes que representam a realidade processual, mas esta é composta pela interação de tudo isso. São imagens que se supõem conectadas, ao menos no plano das intenções, aos mesmos objetivos; porém cada âmbito prático em que se realizam têm uma certa independência. Desde uma mentalidade administrativa, hierarquizada, foram entendidas como fases de um processo de desenvolvimento linear com dependências ordenadas (da intenção até a prática, como se cada escalão se comportasse tal como o anterior designa, como se cada nível de decisão obedecesse cegamente ao anterior), mas, na realidade, têm uma certa margem de autonomia. Por exemplo: duas editoras diferentes oferecem versões ou desenvolvimentos das mesmas diretrizes curriculares, mas qualquer professor/a sabe que são peculiares quando desenvolvem os conteúdos prescritos para uma disciplina num nível ou curso. Dois professores/as com as mesmas diretrizes curriculares, ou manejando um mesmo material didático, não ensinam exatamente a mesma coisa em suas classes. As diferenças indicam que intervêm fatores peculiares em cada fase da representação do currículo.

Poderia se analisar um currículo a partir dos documentos legais ou orientações que a administração elabora, nos moldes que uma editora de livros-texto faz do conhecimento e dos objetivos educativos, por exemplo. Um retrato mais real do que é a prática nos darão os planos que as equipes de professores/as elaboram numa escola ou os que estes professores/as fazem em suas aulas para seus alunos/as. Os trabalhos acadêmicos que estes realizam, os exames que o professor/a impõe, nos quais se valorizam certos conhecimentos adquiridos e reproduzidos de forma singular, ou os que se valorizam em provas externas, serão um indicador muito decisivo para saber o que se sugere e obriga a aprender e como fazê-lo. Uma coisa não é independente totalmente da outra, mas o certo é que são fases no processo de concretização das expectativas curriculares que dão significados particulares às idéias e às propostas. Em que modelos são concretizadas essas transformações quando nos referimos ao currículo? Em todas elas se expressa de forma distinta o currículo, a realidade deste é o resultado das interações em todo esse processo, tal como demonstra a Figura 6.2.

Figura 6.2. O currículo como processo.

Apenas uma mentalidade burocratizada, com a intenção de gestionar hierarquicamente as decisões educativas, poderia pretender a dependência estrita de algumas etapas ou âmbitos de ação em relação a outras – pretendê-lo não significa alcançá-lo. Uma análise superficial do que se faz para elaborar, implantar e desenvolver o currículo nos diz que nesses processos participam uma multidão de ações fora das instituições escolares e dentro delas, algumas de caráter pedagógico e outras não, que determinam a prática real: prescreve-se desde os âmbitos político-administrativos; ordena-se dentro do sistema educativo segundo especializações, ciclos e cursos; decide-se o que é para todos e o que é optativo; planeja-se antes de que chegue aos professores/as por meio de orientações administrativas; é objeto de organização e planejamento nas escolas (atribuição de especializações a professores/as, organização de professores/as por disciplinas ou para várias delas, prevêem-se horários condicionantes da atividade, módulos de tempo com diferente valor, adotam-se linhas metodológicas em disciplinas ou departamentos, dá-se prioridade a partes dos programas, etc.); o currículo é moldado pelos professores/as em seus planos e em sua prática metodológica; sobre o currículo decidem as editoras de livros-texto ao concretizar diretrizes gerais, já que as prescrições são sempre interpretáveis e flexíveis; os professores/as avaliam o currículo, às vezes por provas de homologação externa; o currículo é objeto de políticas e táticas para mudá-lo. Entre todos esses processos se dão dependências e incoerências, porque cada âmbito de atividade tem uma certa autonomia em seu funcionamento.

Esta perspectiva *processual* sobre o currículo tem a ver com uma visão sobre as relações escola-sociedade em geral. Se aquele é mediatizado no processo de seu desenvolvimento e implantação, então ele mesmo, como *texto* da reprodução, não tem um valor reprodutor à margem das condições de seu desenvolvimento. Isso significa que a reprodução social por meio do currículo é preciso ser entendida desde esta ótica processual. Se a relação entre currículo e prática escolar não é mecânica, mas mediatizada por práticas diversas, essas práticas são elementos da reprodução ou, pelo contrário, elementos potenciais de resistência à mesma. Não existe reprodução mecânica da cultura à margem das condições da reprodução. A teoria da correspondência de Bowles e Gintis (1981), que vê na escola um aparelho que tem correspondência com a estrutura social externa, servindo para reproduzi-la, deve observar o efeito mediatizador das condições escolares e a possibilidade de que estas sirvam para este efeito ou para resistir a ele, contra-atacá-lo e reorientá-lo. Somente mantendo aberta essa possibilidade cabe pensar alternativas sociais desde a educação (Apple, 1987, p. 81).

> "A maior dificuldade, tanto da teoria da correspondência de Bowles e Gintis, quanto da tese da reprodução de Bourdieu e Passeron, é que ambas são abertamente deterministas ao insistir em que a cultura da escola é determinada direta e univocamente pela classe dominante. Ambas ignoram o caráter das culturas escolares, a resistência dos grupos de professores/as e de alunos/as às tentativas de imposição cultural... e a evidência de que as escolas são lugares de *produção* cultural tanto como simples veículo de *reprodução*" (Bates, 1986, p. 19).

Um esquema conceitual do tipo que estamos comentando para enfocar o que é o currículo, como acontecia ao considerar as dimensões ocultas, oferece além disso a vantagem de compreender e situar melhor as políticas que pretendem inovar os currículos. É preciso estabelecer a qualidade ou adequação de uma proposta curricular não como se tal projeto – "foto fixa" – fosse algo independente das práticas e transformações a que será submetido, analisando-o desde uma determinada filosofia ou concepção psicopedagógica, mas notando que seu valor hipotético para transformar a realidade está em ver que potencialidade tem para fazer com que os professores/as ensinem de outra maneira e os alunos/as aprendam mais adequadamente conteúdos culturais ou outros quaisquer. Potencialidade que está nos processos de mediação a que é submetida a proposta, não em suas próprias declarações de intenção. A pergunta-chave em nosso contexto concreto é: o que os professores/as ensinam e o que os alunos/as aprendem depende de forma estrita de uma proposta elaborada pela administração ou de um projeto confeccionado por especialistas? Depende do grau de controle que se exerça sobre a prática para obrigar seu cumprimento, da assimilação que os professores/as façam dessas orientações, de que os materiais didáticos que se aproximam mais da prática traduzam adequadamente as propostas, de que as condições materiais, organizativas, etc. não o impeçam, de que variem os métodos e as tarefas acadêmicas, de que se modifiquem os procedimentos de avaliação. Para que a mudança curricular tenha sucesso é preciso começar por todas as condições práticas que vão mediatizar a proposta; do contrário, esta necessariamente vai ser traduzida a partir do que existe e, portanto, empobrecida, se é que potencialmente era inovadora.

A perspectiva processual não só serve para conectar ou se observar desconexões entre modelações pontuais do currículo, mas tambem passa a ser um modelo de explicação também da mudança e das resistências ao mesmo. Numa perspectiva tecnocrática, a inovação dos currículos se reduz à mudança de propostas ou modelos curriculares; numa ótica processual a mudança curricular consiste em (e exige) alterações em todas as práticas próprias dos contextos por meio das quais adquire significado real, porque o importante é produzir mudanças reais na prática do currículo que alunos/as e professores/as experimentam.

> "Partindo da concepção do currículo como processo social contextualizado, a mudança curricular necessariamente implica mudanças contextuais. Já que currículo e contexto são mutuamente determinantes, a mudança no primeiro é mais provável que venha depois e não que preceda à mudança do segundo" (Cornbleth, 1990, P. 9).
>
> (...)
>
> "Se o currículo se reduz a um produto aproximado, mudá-lo significa então construir e implantar um documento ou um pacote diferente do mesmo"(idem, p. 14).

Se mudar o ensino e a aprendizagem dos alunos/as é substituir alguns temas por outros, acrescentar ou tirar conteúdos ou disciplinas, modificar os livros-texto, etc., a mudança tem probabilidade de acontecer e pode-se chegar a pensar que os novos currículos foram implantados na prática com essas modificações. Esta seria uma concepção de mudança curricular ou de melhora da qualidade do ensino pouco exigente, entendida desde uma perspectiva hierárquica. Se, em troca, os novos conteúdos ou as substituições implicam melhoras na atitude frente ao conhecimento, entender seu valor formativo de outra maneira, atender à assimilação que os alunos/as fazem, ver na aprendizagem um processo de construção de significados, conectar as experiências e aprendizagens prévias dos alunos/as com o conhecimento elaborado, ou realizar novas atividades para aprender de outra forma, então a mudança requerida é mais exigente e a simples modelagem das expectativas curriculares num plano tem efeitos pouco significativos. É preciso ver que fatos e condicionantes devem mudar, para que essas práticas se transformem de verdade.

Evidentemente, podem se desencadear alguns efeitos de qualquer proposta, do debate sobre as mesmas, se vão acompanhadas de uma melhora sensível da formação dos professores/as e das condições da prática, mas o certo é que os mecanismos que a regulam, nessa hipótese mais exigente, são outros bem diferentes. Quanto mais radicais forem as inovações propostas, quanto mais cheio de novidades for um currículo, quanto mais se proponha em profundidade uma reforma afetando a qualidade do ensino, tanto mais depende seu sucesso dos mecanismos que operam em todo o processo de concretização e desenvolvimento do currículo e menos do plano explicitado.

Como se vê, a concepção da transformação do currículo é imprescindível na análise de como pode melhorar a qualidade da educação e de que conceitos de qualidade ou de mudança entram em discussão. Um exemplo: mudar o ensino de idiomas modernos para "melhorar a aprendizagem dos mesmos" é suscetível de diversas análises curriculares. Uma medida pode ser começar a lecioná-los antes na escolaridade ou aumentar as possibilidades de opção entre idiomas. A regulamentação administrativa dessas medidas com os meios necessários levaria ao êxito em relação à expectativa curricular proposta. Se, pelo contrário, entende-se que mudar esse ensino significa que os alunos/as melhorem o conhecimento real do idioma e seu uso falado e escrito, a reforma curricular tem outras exigências e de pouco serve que exista um currículo oficial bem estruturado, ordenado seqüencialmente e apresentado. Isso significa que os mecanismos para que esses currículos tornem-se realidade na prática dependem de uma mudança por parte dos professores/as, dos recursos materiais e do número de alunos/as por grupo e professor/a como exigências fundamentais.

Em resumo, não adianta analisar os fatos tal como parece que se apresentam, porque o sistema educativo é formado fundamentalmente por uma série de hábitos de comportamento e de práticas que, ao tê-las vivido e experimentado, nos parecem dados da própria realidade e, talvez por isso, não observamos em que são opções possíveis. Desde uma perspectiva fenomenológica e crítica, a realidade deve ser vista em sua dimensão holística, dialética e histórica, englobando as ações, os agentes e as práticas que se misturam nos processos educativos, como processos sociais que são. Desta condição se deduz, para efeitos de métodos de análise da realidade, que as metodologias para analisar e investigar o currículo incorporem recursos muito variados.

OBSTÁCULOS PARA UM MARCO DE COMPREENSÃO PROCESSUAL

São diversas as circunstâncias que concorrem para que esta perspectiva não se assente na teoria e prática curriculares. Em primeiro lugar, porque sobrevive com força a concepção burocrática da instituição escolar (Rowan, 1990), que concebe esta como uma organização vertical com um sistema centralizado de decisões, em que os subordinados deveriam cumprir fielmente as ordens impostas e propostas desde cima, em que os processos que se desenvolvem deveriam ajustar-se aos objetivos assinalados de antemão. Não importa que depois isto nunca se cumpra, desprezando-se as incoerências, resistências e disfunções que se dão em toda organização educativa. A escola, apesar de sua forte burocratização, não é uma organização ao estilo de uma empresa, mas algo mais parecido com um organismo complexo e vivo onde as partes decidem fazer coisas com alguma autonomia – diga-se também com desordem e incongruências às vezes – e na qual os processos de negociação interna entre as partes e os processos que se estabelecem com o currículo imposto desempenham um importante papel.

Em segundo lugar, uma concepção política e técnica do professor/a, coerente com essa perspectiva global, entendeu-o mais como servidor de um projeto não elaborado por ele, aplicador mais do que criador de planos de ensino, como afirmam Tanner e Tanner (1980), alguém que intervém em problemas técnicos mais do que na decisão do conteúdo e na orientação do sistema escolar. Na gestão dos currículos, dentro dos sistemas educativos complexos, é evidente que os professores/as são vistos mais como funcionários ou assalariados que devem seguir certas determinações do que como profissionais que, à imagem do que foram os profissionais liberais clássicos, controlavam coletivamente uma prática e definiam os critérios do "bem fazer". Desde a perspectiva que entende os professores/as dependentes quanto às propostas externas, neles só se pode ver alguém que as aceita ou as dificulta, mas não a elementos ativos que trazem seus significados próprios em certas condições de seu trabalho (Doyle e Ponder, 1977).

Em terceiro lugar, toda uma concepção técnica – e às vezes mecanicista – que concebeu o ensino como uma prática baseada em habilidades dirigidas para conseguir objetivos concretos, em vez de compreendê-lo como algo complexo em que as concepções e decisões dos professores/as desempenham um papel importante que dá sentido e realidade ao que se faz; tudo isso levou a que se se ocupasse mais das intenções do ensino, dos planos e currículos planejados fora da escola que do que realmente se ensinava dentro e como se traduziam aquelas intenções externas. A didática e o currículo, até os anos 80, estiveram muito marcados pela obsessão da definição dos objetivos do ensino (Gimeno, 1982) e muito pouco em ver o que se passava depois, com o que com tanta obsessão se definia.

Esta concepção técnica do ensino e a visão das instituições escolares como organizações burocráticas, em coerência com um modelo político de divisão do poder e das decisões em educação, foram congruentes com essa revigoração do currículo de que falamos, produto dessa divisão de poder, a que os professores/as deveriam moldar-se e aplicar na prática. A teoria do currículo teve que sofrer necessariamente, em suas origens, a marca de todos esses pressupostos, já que o princípio da mesma se deve mais a preocupações administrativas do que científicas (Kliebard, 1975; Gimeno, 1988), pois o currículo era, antes de mais nada, algo para se organizar e gestionar, embora a investigação destacava dados contra essa concepção. Foi preciso passar o predomínio das proposições técnicas e cientificistas no pensamento educativo, com a recuperação de perspectivas epistemológicas desautorizadas por aquela orientação, para recuperar enfoques que entendessem a importância das determinações históricas, sociais e subjetivas dos processos pedagógicos e também do currículo.

Wolfson (1977) sugeria a necessidade de incorporar esses elementos subjetivos que atuam como mediadores curriculares, especialmente os dos professores/as, para que, desde uma perspectiva fenomenológica, se pudesse configurar uma teoria do currículo que observasse aspectos que não haviam sido levados em conta pela teoria tradicional; ou seja, considerar professores/as e alunos/as como criadores do currículo, ou ao menos como tradutores das propostas que chegam a eles:

> "Todos os professores/as (seres humanos, afinal), a todo momento, percebem os alunos/as e o que são suas responsabilidades no ensino por meio de sua peculiar trama de crenças e pressupostos. Uma rede que se refere ao menos a seis grupos de considerações ou aspectos: a) para que servirão as escolas, b) como são os alunos/as e como aprendem, c) o que é importante (valores), d) o significado do conhecimento, e) a natureza de nossa sociedade e do mundo, f) a idéia que têm de seu papel como professores/as" (p. 84).

Toda uma corrente de investigação recente contribuiu mais tarde para obter evidências reiteradas dessa mediação. Os estudos sobre os pensamentos dos professores/as e suas teorias implícitas foram incorporados para nos dar uma visão crítica dos docentes, ainda que fosse para entender por que as boas idéias vêm abaixo quando se quer realizá-las.

Esta proposição destaca a importância que tem a qualidade do professorado como no aspecto decisivo na mediação e no desenvolvimento que farão dos currículos pensados, decididos e concretizados em materiais, quando os trabalhados com os alunos/as. Mediação contaminada de toda a cultura do professor/a e não apenas dos conhecimentos concretos sobre a área ou disciplina que lhe compete ensinar. Suas crenças mais gerais sobre o mundo, sobre os homens e a sociedade são componentes essenciais de sua filtragem quando ensina. No fim das contas, nessa atividade prática, mostra-se globalmente como pessoa que sabe e entende o mundo de uma determinada forma, e não apenas como especialista em certos temas.

Mas convém não esquecer o papel de outros mediadores no processo curricular, tal como pretendemos definir, para não cair numa responsabilização excessiva dos professores/as, já que muitos dos contextos práticos dos quais falamos funcionam à margem deles, e inclusive a regulação explícita e implícita de suas funções é prévia à sua intervenção.

Por estas considerações, os estudos sobre o currículo tiveram e continuam tendo uma pretensão voltada para os professores/as: a de ser mais um fácil instrumento para resolver problemas já determinados – não colocados por eles – do que proporcionar recursos de análises para perceber melhor os problemas, realizar escolhas e tomar decisões com responsabilidade. Perdura uma concepção assentada muito fortemente: que as idéias e teorias educativas devem guiar as práticas, em vez de serem recursos para nos iluminar nas opções que tomamos, cuja responsabilidade em educação, como em outras esferas sociais, nunca pode se remeter ao condicionamento científico ou à teoria. Provavelmente, o próprio professor/a, angustiado nas condições de seu trabalho, exigirá receitas para seguir em frente em vez de esquemas para ver mais problemas dos que já observa por si mesmo.

ALGUMAS CONCLUSÕES PARA CARACTERIZAR O PENSAMENTO EDUCATIVO SOBRE O CURRÍCULO

A partir do que se comentou até aqui se derivam uma série de conseqüências sobre as características formais que a teorização curricular ou, se quisermos, o pensamento ordenado sobre o currículo apresenta.

1) Em sua discussão, abordam-se os problemas "prévios" à escola, à técnica pedagógica: como, quem e por que se decide o conteúdo da educação, como se selecionam e ordenam esses conteúdos, como e quem os apresenta aos professores/as. Oferece a oportunidade de entender a ação da escola não como algo autônomo, mas em relação a um projeto nem sempre coerente, definido fora dela. O que a escola faz é uma interpretação de uma partitura que se escreve fora dela, não pelos atores que atuam em seu seio. Nesse sentido, toda a política de seleção dos currículos é um capítulo imprescindível para entender a ação, porque lhe marcam o cenário, as regras do jogo, as margens de autonomia, além de selecionar o conteúdo.

2) Portanto, entender a *prática do ensino*, compreender o sentido da educação, pela análise das propostas do currículo, implica ir além dos problemas técnicos, de

método, a que esteve submetida a didática e a formação de professores/as. A didática moderna tende, e pensamos que deve dirigir-se, para a compreensão e orientação da prática, ultrapassando proposições técnicas meramente instrumentais, como se fosse a aplicação técnica de idéias e princípios elaborados por outros campos de conhecimento. Essa orientação prática obriga a se prestar atenção na análise dos processos que acontecem no desenvolvimento do currículo. Dessa forma, o estudo deste se prolonga até a prática didática ou instrutiva – o como – porque é aí que seus conteúdos adquirem um valor concreto, devendo analisar como se realizam em ações didáticas. Qualquer que seja o projeto que se tenha para a escola, seu significado real e seu valor está nas ações que origina, em função do contexto metodológico e institucional em que se desenvolve.

3) Como o currículo dá origem ou se entrecruzam nele práticas diversas – se decide, se regula, se ordena dentro do sistema educativo, se controla, se ensina, se aprende, se avalia, se muda, se difunde entre o professorado, se traduz em meios para os alunos/as e para os professores/as, etc. –, deve-se que partir de um modelo de análise mais global que tente refletir as interações que se dão entre os fenômenos didáticos do ensino e outras práticas não-didáticas, mas ligadas ao *didático*: organizativas, político-administrativas, de controle, de produção de meios didáticos, de avaliação de currículos, etc. O que chamamos *sistema curricular* é um marco para compreender e sistematizar os problemas relacionados com o currículo, ou, se se quer, uma espécie de esquema formal "organizador" da teoria do mesmo, como marco de explicação. As perspectivas epistemológicas com que se investiga ou se pensa o currículo não são teorias por si mesmas, mas enfoques ou paradigmas. Ao se trabalhar sob seus pressupostos, dão lugar a uma visão ou outra, produzindo explicações diferentes.

Estudar a prática educativa desde a análise dos conceitos, processos e práticas que se entrecruzam no currículo tem o valor de relacionar mais coerentemente problemas que afetam o que as escolas fazem e nos dão uma visão melhor organizada do fenômeno da escolarização. Em contraste com o que acontece com muitos conhecimentos sobre a educação (provenientes de disciplinas especializadas que, tradicionalmente, dividiram o estudo do ensino e pretendem entender ou guiar a prática a partir das visões parciais), os temas curriculares centram-se diretamente nos fatos educativos, mostram um certo enfoque mais globalizador dos mesmos. O pensamento sobre o currículo é uma teoria da prática: pretende racionalizá-la, conceitualizá-la, explicá-la, mas sempre em relação com a prática real (Walker, 1982).

Cherryholmes (1988) assinala que:

> "O currículo não é uma derivação, como outros subcampos da educação, que proceda de diferentes disciplinas acadêmicas aplicadas. Assim, por exemplo, a psicologia educativa tem suas raízes na psicologia; os fundamentos sociais da educação, na história e na sociologia; a filosofia da educação, na filosofia; (...) O currículo trata de problemas que são especificamente educativos"(p. 130).

Os estudos sobre o currículo têm esse caráter prático, mais nitidamente educativo e não derivado de disciplinas especializadas, pela simples razão de que a discussão dos problemas curriculares surgiu em torno da solução de problemas práticos, das intervenções na realidade (política, administrativa, escolar, didática), o que não é o caso das chamadas ciências especializadas, auxiliares ou fundamentadoras da educação. O currículo define um território prático sobre o qual se pode discutir, investigar, mas, antes de tudo, sobre o qual se pode intervir. E a ação requer integração de conhecimentos especializados, e poucos dos existentes em diversas disciplinas, que tratam de forma separada a educação resolvem as necessidades de situações e contextos concretos.

Em termos semelhantes, expressa-se Kemmis (1988), quando afirma que:

> "...uma leitura da literatura atual sobre o currículo sugere que este é um campo que ganhou o conjunto de problemas que em outro tempo se estudavam sob a rubrica mais genérica de 'estudos educativos'. Há 30 anos se acreditava comumente que a educação era um tipo de campo misto que exigia o estudo interdisciplinar, seus próprios sucessos dependendo dos que se produzissem em disciplinas 'básicas', tais como a psicologia, a sociologia, a economia, a história e a filosofia; no entanto, hoje em dia, há menos confiança em que os avanços nessas parcelas de conhecimento propiciem progressos correlatos em nossa compreensão da educação."
>
> (...)
>
> "mais, se é certa nossa idéia de que a prática do currículo é um processo de representação, formação e transformação da vida social na sociedade, a prática do currículo nas escolas e a experiência curricular nos estudantes deve ser entendida como um todo, de forma sintética e compreensiva, mais do que pelas estreitas perspectivas de especialidades das disciplinas particulares" (p. 13-14).

A própria complexidade dos problemas relacionados com o currículo impede qualquer pretensão de analisar os fatos e interrogações pedagógicas sob chaves estritamente científico-técnicas. Beyer e Apple (1988, p. 5), oferecendo o que seria uma lista-resumo da problemática a ser desenvolvida, afirmam que se queremos fazer do currículo um pensamento que trate seriamente a prática, devem-se abordar questões complexas de ordem: *epistemológica* (o que deve ser considerado como conhecimento), *política* (quem controla a seleção e distribuição do conhecimento), *econômica* (como se relaciona o conhecimento com a distribuição desigual de poder, bens e serviços na sociedade), *ideológica* (que conhecimento é o mais valorizado e a quem pertence), *técnica* (como tornar exeqüível o conhecimento para os alunos/as), *estética* (como ligar o conhecimento com a experiência e biografia do aluno/a), *ética* (que idéia de moral preside as relações entre professores/as e alunos/as), *histórica* (com que tradição contamos para abordar estas interrogações e que outros recursos necessitaremos).

4) Neste marco aparece uma pergunta importante: qual é o papel dos professores/as? Deixando de lado as declarações – o que chamamos retórica –, sua atividade real está determinada pela necessidade de que desenvolva esse currículo com seus alunos/as. Obviamente, seu trabalho nas aulas é uma ação enquadrada nesses contextos que forma e molda o projeto curricular. Só podemos ver o papel do professor/a como o de alguém que interpreta o currículo e o ensina ou contribui para que outros o aprendam. Mas é necessário entender que todos os componentes que formam o *sistema curricular* delimitam o âmbito de suas competências, ditam-lhe certas regras, margens de manobra e direções a serem tomadas. A prática dos professores/as é um trabalho delimitado por todos esses contextos.

Não podemos nos conformar com uma perspectiva passiva que veja descarregar tanta determinação externa sobre os professores/as. É necessário colocar-se: que papel se pretende que eles desenvolvam?, servir a um projeto decidido e estruturado fora, ou intervir na configuração e mudança dos contextos políticos, administrativos, organizativos, de avaliação, de inovação, confecção dos materiais que desenvolvem o currículo?, o professor/a será apenas um especialista em métodos de ensinar o que lhe dizem que deve transmitir, ou terá que estar sensibilizado e capacitado para intervir em todas essas dimensões que Beyer e Apple destacam? A resposta não é técnica, não se pode dar por critérios científicos. Ela é política e ética, isto é, dependendo de que tipo de profissional que se queira ter.

As conseqüências das opções que se adotem são importantes para regular suas funções, seus direitos e deveres nas instituições escolares e, sobretudo, para pensar sua preparação: com que formação – instituições, conhecimentos e práticas – responderemos ao tipo de profissionalização que se considere conveniente estimular?

EXISTE UMA DEFINIÇÃO DO QUE É O CURRÍCULO?

Depois de tudo o que foi dito nestes últimos trechos, se compreenderá a dificuldade de oferecer uma definição válida de currículo que seja aceita universalmente. Não a demos, nem tem sentido dá-la, ainda que exista uma infinidade. Todo conceito define-se dentro de um esquema de conhecimento, e a compreensão de currículo depende de marcos muito variáveis para concretizar seu significado.

Com alguns exemplos de definições comprovaremos que, segundo a perspectiva da qual são formuladas, seu conteúdo é muito distinto, ultrapassando sempre a concepção mais restrita e certamente mais difundida de que o currículo é o *programa-resumo* de conteúdos do ensino.

Para Johnson (1981), a partir de uma perspectiva condutual:

> "Currículo é uma série estruturada de objetivos pretendidos de aprendizagem. O currículo é o que prescreve de forma antecipada os resultados da instrução. Não trata de prescrever os meios, isto é, as atividades, os materiais ou inclusive o conteúdo que se deve lecionar para obtê-los. Ao tratar dos resultados a serem alcançados, refere-se aos *fins*, mas em termos de produtos de aprendizagem, e não em um nível mais geral e amplo. Em suma, o currículo indica *o que* é o que se deve aprender, e não o *porque* deve ser aprendido (p. 73).

É um conceito que se limita aos resultados escolares observáveis, como plano que articula as aspirações da escola, prévio e separado da realização prática do ensino. É uma definição instrumental que elaborada dentro de um marco no qual não se consideram o sentido, a origem e a prática a que dá lugar o currículo. Certamente este tipo de concepções dá chance a que se entenda por isso somente as necessidades administrativas expressadas no currículo prescrito.

Existe uma série de concepções que centram seu ponto de vista na *experiência do aluno/a* como ponto de referência, englobando no conceito de currículo qualquer tipo de aquisição que tenham a oportunidade de aprender nas escolas, e inclusive as que são ocultadas dos alunos/as. Uma definição que muito genericamente inclui tudo, mas que nos obriga a pensar nas dimensões ocultas dos planos das escolas (McCutcheon, 1988; Eisner, 1979).

Uma perspectiva prática verá nos currículos um veículo de comunicação de teorias e idéias para a realidade. Este enfoque evidencia um dado fundamental: que os professores/as, participando nesse processo, são elementos ativos em sua concretização. É uma concepção oposta à idéia de que deva ser uma relação precisa de objetivos e conteúdos. Esta é a opção de Stenhouse (1984):

> "O currículo é uma tentativa para comunicar os princípios e traços essenciais de um propósito educativo, de tal forma que permaneça aberto à discussão crítica e possa ser transferido efetivamente para a prática" (p. 29).

Muitas outras concepções de orientação social, como a de Kemmis (1988), acrescentam a consideração de que o currículo, como representação de uma cultura, é um meio dentro do qual jogam em dupla direção as relações entre escola e sociedade.

> "O currículo é um conceito que se refere a uma realidade que expressa, por um lado, o problema das relações entre a teoria e a prática, e, por outro, o das relações entre a educação e a sociedade" (p. 30).

Eggleston (1980) observa, em sua concepção do que é o currículo, além da perspectiva cultural escolar, o problema social que supõe a distribuição do conhecimento que contém.

> "... ao currículo interessa a apresentação do conhecimento e compreende uma pauta, instrumental e expressiva, das experiências de aprendizagem destinadas a permitir que os alunos/as possam receber esse conhecimento dentro da escola. Esta pauta de experiências é de tal natureza que responde à idéia que a sociedade tem da essência, da distribuição e da acessibilidade do conhecimento e está, portanto, sujeita à mudança" (p. 25).

Para nós, é importante considerar em qualquer conceitualização:

Primeiro: o estudo do currículo deve servir para oferecer uma visão da cultura que se dá nas escolas, em sua dimensão oculta e manifesta, levando em conta as condições em que se desenvolve.

Segundo: trata-se de um projeto que só pode ser entendido como um processo historicamente condicionado, pertencente a uma sociedade, selecionado de acordo com as forças dominantes nela, mas não apenas com capacidade de reproduzir, mas também de incidir nessa mesma sociedade.

Terceiro: o currículo é um campo no qual interagem idéias e práticas reciprocamente.

Quarto: como projeto cultural elaborado, condiciona a profissionalização do docente e é preciso vê-lo como uma pauta com diferente grau de flexibilidade para que os professores/as intervenham nele.

CAPÍTULO 7

O QUE SÃO OS CONTEÚDOS DO ENSINO?

J. Gimeno Sacristán

COMO SE ORIGINA O CONTEÚDO DO ENSINO

"Nossos esquemas de linguagem fazem com que percamos a perspectiva de que a condição da escolaridade é uma construção social. Essa perda faz com que pareça natural e inevitável. Parte da "inevitabilidade" é o que chegamos a aceitar como discurso sobre a escolaridade: as crianças são aprendizes, o ensino consiste em motivá-las e o currículo compõe-se de matérias como a ciência ou os estudos sociais. Utilizando a linguagem da escolaridade, esquecemos que aprendiz, ensino e matérias escolares têm suas histórias particulares. São práticas que não aparecem até muito tarde no processo da revolução industrial para guiar as tarefas da moderna escolarização" (Popkewitz, 1987, p. 2).

O problema de definir o que é conteúdo do ensino e como chegar a decidi-lo é um dos aspectos mais conflituosos da história do pensamento educativo e da prática de ensino, condição que se reflete nos mais diversos enfoques, perspectivas e opções. O próprio conceito de conteúdos do currículo já é por si mesmo interpretável, como veremos; e é, sobretudo, porque responder à pergunta de que conteúdo deve tratar o tempo do ensino implica saber que função queremos que este cumpra, em relação aos indivíduos, à cultura herdada, à sociedade na qual estamos e à qual aspiramos conseguir. Como frente a essas funções não existe uma única perspectiva, em torno da determinação dos conteúdos do ensino se pode observar uma das controvérsias mais significativas da história da escolarização e do pensamento curricular.

Conteúdos "nebulosos" nos currículos ampliados

A idéia de Popkewitz que encabeça este capítulo é útil para entender o conceito de *conteúdo* do ensino como uma construção social e não lhe dar um significado estático nem universal. A escolaridade e o ensino não tiveram sempre os mesmos conteúdos, nem qualquer um deles – a linguagem, a ciência ou o conhecimento social – foi entendido da mesma forma através dos tempos. O que num determinado momento são considerados conteúdos legítimos do currículo ou do ensino reflete uma certa visão do aluno/a, da cultura e da função social da educação, projetando-se neles não apenas a história do pensamento educativo, mas a da escolarização e as relações entre educação e sociedade. Portanto, a reflexão sobre a justificativa dos conteúdos é para os professores/as um motivo exemplar para entender o papel que a escolaridade em geral cumpre num determinado momento e, mais especificamente, a função do nível ou especialidade escolar na qual trabalham. O que se ensina, se sugere ou se obriga a aprender, expressa os valores e funções que a escola difunde num contexto social e histórico concreto.

Por isso, a resposta à pergunta do que se considera relevante para ser ensinado não é simples, nem pode ser elaborada unicamente desde posições pedagógicas, psicológicas ou desde uma determinada filosofia, já que o ensino não opera no vazio. É preciso abordar todas as determinações que recaem sobre a escola em geral e especialmente sobre o currículo.

Antes de avançar na descrição das mais relevantes determinações do conteúdo, convém fazer uma precisão terminológica sobre o que se entende por isso, pois estamos frente a um conceito didático com concepções variáveis na escolaridade. O termo *conteúdos* nos é apresentado carregado de uma significação antes intelectualista e culturalista, própria da tradição dominante das instituições escolares nas quais foi forjado e utilizado. Ao mencioná-lo, pensamos em elementos de disciplinas, matérias, informações diversas e coisas assim. Por conteúdo se entenderam os resumos de cultura acadêmica que compunham os programas escolares parcelados em matérias e disciplinas diversas. É, por outro lado, um conceito que reflete a perspectiva dos que decidem o que ensinar e dos que ensinam, por isso, quando fizemos alusão aos conteúdos, costumamos nos referir ao que se pretende transmitir ou que outros assimilem, o que na realidade é muito diferente dos conteúdos reais implícitos nos resultados que o aluno/a obtém.

Que significado tem hoje esta concepção, por exemplo, aplicada aos conteúdos da educação da criança de 3-4 anos ou à educação estética e física? A ampliação da escolaridade e o aumento de facetas educativas a ser atendida pela escolarização em qualquer etapa originaram a utilização do termo *conteúdos do currículo* com uma concepção muito ampla, englobando neles todas as finalidades que a escolaridade tem num determinado nível e as diferentes aprendizagens que os alunos/as obtêm da escolarização. Os conteúdos compreendem todas as aprendizagens que os alunos/as devem alcançar para progredir nas direções que marcam os fins da educação numa etapa de escolarização, em qualquer área ou fora delas, e para tal é necessário estimular comportamentos, adquirir valores, atitudes e habilidades de pensamento, além de conhecimentos. Por isso, é preciso referir-se não apenas a informações que necessitam ser adquiridas, mas também aos efeitos que se derivam de determinadas atividades, que é necessário praticar para obter aprendizagens variadas como as mencionadas. Com o matiz de que nem tudo o que é real na prática é explícito, mas que existem conteúdos tácitos ou ocultos. Poderia se utilizar a concepção inclusive do termo "conteúdo" que propõe Bernstein (1988, p. 75) como tudo aquilo que ocupa o tempo escolar.

Esta ampliação do conceito de conteúdo do ensino tem um caráter difuso evidente, tal como assinala Bernstein, já que com ele expressamos metas cujo significado é menos claro do que o de "resumo de saber acadêmico" a que se referia a concepção mais primitiva. As pretensões educativas são muito amplas e mais difusas, a segurança dos procedimentos pedagógicos para alcançá-las é menor, e os critérios para saber se se progride adequadamente para a meta prevista são muito menos claros. Tudo adquire uma espécie de "invisibilidade", fruto da própria complexidade das funções escolares. Existe um consenso sobre o que é o domínio das operações matemáticas elementares, por exemplo; mas o que pretendemos por sociabilidade, educação da afetividade, desenvolvimento pessoal, comportamento independente, pensamento crítico e coisas assim?

Como exemplo ilustrativo, basta um olhar na legislação vigente que ordena o sistema educativo para ver como a linguagem que trata do currículo escolar das diferentes etapas educativas reflete essa tendência para a ampliação "pouco clara" dos conteúdos. Estas declarações, ainda que insinuem aprendizagens a serem alcançadas dentro de áreas de conhecimento ou disciplinas e, em outros casos, aludem a aprendizagens transversais a serem fomentadas em todas elas, refletem a ultrapassagem do sentido tradicional de conteúdos acadêmicos no currículo escolar.

Lei Orgânica de Ordenamento Geral do Sistema Educativo (LOGSE)*:

> Artigo 13.
>
> "A educação primária contribuirá para desenvolver nas crianças as seguintes capacidades:
>
> a) Utilizar de maneira apropriada a língua espanhola e a língua oficial própria da Comunidade Autônoma.
>
> b) Compreender e expressar mensagens simples numa língua estrangeira.
>
> c) Aplicar a situações de sua vida cotidiana operações simples de cálculo e procedimentos lógicos elementares.
>
> d) Adquirir as habilidades que permitam se desempenhar com autonomia no âmbito familiar e doméstico, assim como nos grupos sociais com os quais se relacionam.
>
> e) Apreciar os valores básicos que regem a vida e a convivência humana, e agir de acordo com eles.
>
> f) Utilizar os diferentes meios de representação e expressão artística.
>
> g) Conhecer as características fundamentais de seu meio físico, social e cultural e as possibilidades de ação no mesmo.
>
> h) Valorizar a higiene e a saúde de seu próprio corpo, assim como a conservação da natureza e do meio ambiente.
>
> i) Utilizar a educação física e o esporte para favorecer o desenvolvimento pessoal".
>
> Artigo 19.
>
> "A educação secundária obrigatória contribuirá para desenvolver nos alunos/as as seguintes capacidades:
>
> a) Compreender e expressar corretamente em língua espanhola e na língua oficial própria da Comunidade Autônoma textos e mensagens complexos, orais e escritos.
>
> b) Compreender uma língua estrangeira e se expressar nela de maneira apropriada.
>
> c) Utilizar com senso crítico os diferentes conteúdos e fontes de informação e adquirir novos conhecimentos com seu próprio esforço.
>
> d) Comportar-se com espírito de cooperação, responsabilidade moral, solidariedade e tolerância, respeitando o princípio da não-discriminação entre as pessoas.
>
> e) Conhecer, valorizar e respeitar os bens artísticos e culturais.
>
> f) Analisar os principais fatores que influem nos fatos sociais e conhecer as leis básicas da natureza.
>
> g) Entender a dimensão prática dos conhecimentos obtidos e adquirir uma preparação básica no campo da tecnologia.

* N. de R.T. Lei maior da educação espanhola

h) Conhecer as crenças, atitudes e valores básicos de nossa tradição e patrimônio cultural, valorizá-los criticamente e escolher aquelas opções que melhor favoreçam seu desenvolvimento integral como pessoas.

i)Valorizar criticamente os hábitos sociais relacionados com a saúde, o consumo e o meio ambiente.

j) Conhecer os meios social, natural e cultural em que atuam e utilizá-los como instrumento para sua formação.

k) Utilizar a educação física e o esporte para favorecer o desenvolvimento pessoal".

Ao aceitar que a escolaridade vai além da transmissão de conhecimentos, a justificativa do currículo não pode ficar em critérios de representatividade do selecionado quanto à cultura acadêmica, mas apoiar-se, fundamentalmente, noutros de caráter social e moral, já que o que se busca com sua implantação é um modelo de homem e de cidadão/dã.

Esta peculiaridade dos conteúdos de um currículo ampliado e pouco claro, que se configura como um projeto de socialização geral do indivíduo, é coerente com a transformação do próprio ensino como ação social. Este não apenas não produz coisas – objetos ou artefatos do tipo que for, como se se tratasse de realidades objetivas que se podem manejar, apreciar, medir ou avaliar com facilidade de maneira incontestável –, agora já nem sequer deve produzir transmissão de conteúdos aproximados. Como disse Connell (1985):

> "O ensino é um trabalho sem um objeto. Na melhor das hipóteses, seria um objeto tão intocável – a mente das crianças, ou sua capacidade de aprender – que não se pode especificar a não ser de uma forma vaga e metaforicamente. Uma grande parte desse trabalho se realiza nas escolas, dia a dia, mas não produz coisas...: Os resultados do ensino, para utilizar a linguagem da investigação educativa, são notoriamente difíceis de medir. E inclusive existe espaço para o debate de se o ensino tem, sequer, algum efeito" (p. 70).

Diversas razões explicam a evolução e ampliação do termo *conteúdos*. Entre outras, as seguintes:

1) Devido a uma ampliação das funções de socialização da infância e adolescência que se atribuem às instituições escolares nas sociedades modernas. O currículo, como resumo do conteúdo da socialização, dá ao clássico sentido da cultura escolar um significado de tipo antropológico, em que cultura se interpreta como a forma de pensar, sentir, fazer, atuar e se expressar de um grupo social.

2) A escolarização desempenha funções muito diversas, como conseqüência de suas peculiares relações com a sociedade em cada momento histórico e em cada sociedade concreta. Do ensino se espera que distribua cultura, que prepare para o mundo do trabalho, que forme bons cidadãos e cuide do bem-estar do indivíduo e de seu desenvolvimento pessoal. São funções muito diferentes das quais se derivam conteúdos muito variados, e até contraditórios entre si, que, de qualquer forma, ultrapassam o significado academicista dos conteúdos. Ressaltam-se objetivos educativos que têm a ver com efeitos de aprendizagem não exclusivos de determinadas áreas ou disciplinas relevantes para a formação do aluno/a, como é o caso das habilidades intelectuais e manuais, qualidades pessoais e hábitos de trabalho, etc.

3) A explosão do conhecimento, o fluxo de informação em nossa cultura e as possibilidades técnicas de ter acesso a conhecimentos fora das aulas originam a revisão do que se entende por conteúdos relevantes com possibilidades de permanência temporal nas diferentes áreas do saber e da cultura. O envelhecimento do conteúdo e a evolução de paradigmas na criação de saberes implica a seleção de elementos dessas áreas relativos à estrutura do saber, nos métodos

de investigação, nas técnicas de trabalho, para continuar aprendendo e em diferentes linguagens. O conteúdo relevante de uma matéria é composto dos aspectos mais estáveis da mesma e daquelas capacidades necessárias para continuar tendo acesso e renovar o conhecimento adquirido.

4) A própria dispersão do saber, como conseqüência do crescimento da informação e de sua diferenciação especializada, obriga a busca de elementos que sirvam para relacionar campos separados e, assim, poder transmitir visões globais do mundo que nos rodeia. O conteúdo globalizador exige atender a capacidades, nexos e conexões entre campos especializados tanto ou mais que ao que é específico de cada um deles.

5) A idéia de uma educação permanente ao longo da vida e a pretensão de ligar a aprendizagem escolar ao mundo no qual se está implica valorizar como conteúdos os hábitos de comportamento que convém fomentar nos alunos/as para que tenham alguma projeção além da escolaridade, como as técnicas de estudo e de busca de informação, o manejo responsável da autonomia pessoal ou os hábitos sociais de trabalhar em grupos.

6) Dessa forma, a evolução para certos conteúdos mais "nebulosos" não é uma condição da escola sem relação alguma com outras mudanças sociais. Essa pedagogia invisível, como a chamou Bernstein (1983 e 1988), ou psicológica (Varela e Álavarez Uria, 1991, p. 279 e ss.), não é neutra socialmente; obedece à ascensão de novas classes médias e de novas profissões, mais centradas nas relações humanas, na comunicabilidade por meio de diversas linguagens. São classes médias chamadas a mudar de atividades profissionais dentro de ocupações de serviços, daí que serão decisivas para elas aprendizagens formais e não conteúdos precisos, bem como uma atitude lúdica frente à vida, ou seja, uma pedagogia que não é neutra. No fundo, defender o desenvolvimento da personalidade de todos os alunos/as ou o bem-estar da criança é uma aspiração mais de acordo com a cultura procedente das classes médias e mais distanciada das classes populares.

Uma dificuldade no sentido de organizar os conteúdos difusos e ampliados do currículo e atribuir responsabilidades aos professores/as está em que esses novos significados do *conteúdo* não se encaixam com facilidade nas áreas ou disciplinas nas quais tradicionalmente se distribui o currículo e nas conseqüentes especialidades do professorado, depois do ensino fundamental e mesmo dentro deste. Não esqueçamos que a especialização de professores/as definida nos postos de trabalho separa horários, métodos de ensino, materiais e avaliações. As formas de classificação dos conteúdos por meio dessas especializações modificam-se com mais lentidão do que as funções da escolaridade e costumam estabelecer-se segundo a concepção mais clássica do que se entende por conteúdo do ensino. Disfunção que induz a que muitas das finalidades do currículo fiquem como meras declarações de intenções – retórica do currículo ou expectativas – que depois ninguém desenvolve, ou que fiquem à mercê das práticas próprias do currículo oculto, cujos efeitos podem ter significados muito contrários às pretensões educativas. Quem se ocupa e como de algumas das finalidades ressaltadas pela legislação que acabamos de citar? (Ver o trecho d ou o e do artigo 13 citado, ou o i ou j do 19.)

Muitos conteúdos, não estritamente acadêmicos, não correspondem a nenhuma especialização curricular ou disciplina, enquanto que outros estão relacionados com todas. Em muitos casos se referem a processos educativos ligados ao ensino de conhecimentos a serem assimilados (a cultura como *produto*). Em outros, exigem o estímulo de atitudes, hábitos de comportamento e habilidades que só são obtidas depois de experiências continuadas, que dependem estreitamente do tipo de processos de aprendizagem que se desenvolvem e das condições em que estas acontecem (referência à cultura como *processo*). Os conteúdos do currículo caracterizam-se como um processo social e pedagógico, no qual a cultura acadêmica de tipo intelectual é apenas uma parte, ganhando uma especial relevância o meio escolar global. A experiência de aprendizagem em si torna-se conteúdo curricular, daí a importância de sensibilizar o professorado sobre as condições dessa experiência, sobre a transcendência de planejar as condições ambientais, selecionar e facilitar atividades que permitam processos ricos de aprendizagem.

Defrontamo-nos com uma das contradições mais evidentes da escolaridade moderna: a retórica continua preconizando grandes finalidades, um modelo de educação integral para os alunos/as, mas a prática se reduz basicamente à programação dos conhecimentos facilmente posicionáveis nas esferas do saber assentadas pela tradição, ao mesmo tempo que na avaliação se busca a comprovação de objetivos muito elementares; tudo isso sob a responsabilidade de professores/as treinados, na melhor das hipóteses, para lecionar as disciplinas, mas não para as finalidades não-ligadas à transmissão do conhecimento. As organizações educativas não respondem a todas essas novas necessidades, nem a profissão dos professores/as é regulada para satisfazê-las, nem a formação ou seleção destes as atende adequadamente.

Ao não se cumprir essas condições, a concepção tradicional de conteúdos se mantém com força no sistema educativo, pois, enquanto fazem parte de uma pedagogia mais visível e menos nebulosa, ajudam a dispor de significados mais aproximados, a regular melhor a prática, a organizar o trabalho ao longo da escolaridade, a especializar o professorado, a selecioná-lo, a constatar algum rendimento mais concreto que dê uma idéia clara se se progride ou não.

A incidência real das pretensões de alcançar uma educação menos academicista tem sido mais decisiva na evolução dos métodos pedagógicos do que nos conteúdos do ensino. Sua influência chegou às vezes a se refletir em movimentos pendulares que subestimaram a assimilação cultural nas aulas em prol do cultivo da personalidade do aluno/a e dos processos de aprendizagem; como se estas finalidades estivessem à margem ou acima da cultura e aperfeiçoassem o intelecto humano e a personalidade em geral do aluno/a no vazio cultural. Obviamente, sem cultura não há funcionamento intelectual possível, nem desenvolvimento da personalidade, pois tais movimentos pendulares também acabam por caindo no vazio.

Quando um conteúdo é "valioso" e "apropriado"? Construção social dos currículos

> "... qualquer matéria pode ser ensinada efetivamente em alguma forma honradamente intelectual a qualquer criança em qualquer fase de seu desenvolvimento. É uma hipótese atrevida, e além do mais essencial, ao pensar sobre a natureza de um plano de estudos. Não há provas que a contradigam, e se acumularam consideráveis provas em seu apoio" (Bruner, 1972, p. 51).

Esta citação de um dos poucos psicólogos que influíram na inovação curricular destaca que não são critérios "científicos" ou técnicos os importantes na hora de determinar quando um conteúdo deve fazer parte do currículo. Não está escrito na natureza humana nem se deriva de seu desenvolvimento que aspectos devem ser cultivados ou que competências desenvolverão os homens – a opção depende de outros critérios. Uma vez feita a escolha de que se ensinarão estudos sociais ou linguagem será necessário ajustar a matéria pedagogicamente ao aluno/a, dosá-la, ordenar suas dificuldades e justificá-la desde o ponto de vista psicológico. Se isto é certo falando de matérias ou disciplinas, será muito mais quando entrarmos nesses outros conteúdos indefinidos aos quais nos referimos. Um conteúdo passa a ser valioso e legítimo quando goza do aval social dos que têm poder para determinar sua validade; por isso, a fonte do currículo é a cultura que emana de uma sociedade. Sua seleção deve ser feita em função de critérios psicopedagógicos, mas é preciso considerar antes de mais nada a que idéia de indivíduo e de sociedade servem.

As considerações sociais, com finalidade muito diferente, estiveram sempre presentes no nascimento e no desenvolvimento da teoria curricular (Smith, 1950). Desde suas origens (Bobbit, 1924 e Charters, 1924) entendeu-se que a primeira pergunta que se deve fazer quando se quer fazer um currículo é: como responder às necessidades sociais? Estes autores partiam da interrogação: que tarefas e necessidades dominantes a sociedade tem? O que fazem os cidadãos no desempenho de seus papéis sociais? Observemos o que os homens fazem na vida real e saberemos qual deve ser o conteúdo da escolaridade. Mais tarde, Tyler (1973), de quem parte o modelo que predominou no planejamento e confecção de um currículo, estabelecia com clareza que a "filosofia educativa e social" adotada pela escola constitui o primeiro filtro da seleção de metas educativas (p. 37). Recomendou que essa filosofia não apenas explicitasse componentes humanísticos, formas de ver a vida e a sociedade, mas também levasse em conta também os *valores materiais e o sucesso* na vida social.

O currículo como seleção de cultura serve a uma sociedade ou a uma visão de como esta deverá ser esta e é determinado por um processo social no qual agem condicionamentos econômicos, políticos, pressões de grupos de especialistas e algumas idéias sobre o valor de tal seleção para o desenvolvimento individual e da coletividade humana. Sem dúvida, os conteúdos não são, então, politicamente indiferentes (Apple, 1986 e 1987; Bourdieu e Passeron, 1977; Bowles e Gintis, 1981; Young, 1971, entre outros).

A seleção considerada como apropriada depende das forças dominantes em cada momento e dos valores que historicamente foram delineando o que se acredita que é valioso para ser ensinado ou transmitido, assim como aqueles valores nos quais se pretende introduzir os alunos/as. Os conteúdos, como toda realidade educativa tal como a conhecemos em suas instituições, nas práticas pedagógicas, não foram criados decisivamente pelo pensamento educativo, mas são, isso sim, frutos de uma história. As práticas – a de selecionar conteúdos é uma – são reguladas por regras, escritas ou não, que expressam procedimentos de atuação, expectativas e interesses que não são necessariamente explícitos, como afirma Cherryholmes (1988, p. 2). Para conhecer o que há por trás de qualquer das práticas é preciso explicitar as idéias, os interesses, os valores e os mecanismos de decisão que a determinam.

Se o conhecimento científico, ou o relativo às humanidades e ciências sociais, não é independente daqueles que o elaboram nem das circunstâncias nas quais são desenvolvidos, a seleção dos conteúdos do ensino dentro desses campos só poderá ser entendida dentro do sistema de influências e de mecanismos de decisão que fazem com que se considerem importantes e valiosos uns e não outros.

A dependência do currículo quanto à sociedade a que diz servir, ou à que inconscientemente serve, é mais óbvia ainda nos sistemas escolares modernos, que tão estreita relação mantêm com a estrutura profissional.

Ressaltaremos alguns argumentos para apoiar o caráter social do processo de seleção de conteúdos.

1) *A relatividade histórica.* Em cada lugar e momento se entendeu de forma diferente o que era importante para ser transmitido. Cada sociedade, por meio dos mecanismos de que dispõe para propor ou impor, selecionou um tipo de conhecimento como digno de ser propagado nas escolas, menosprezou a im-

portância de outros conteúdos e chegou, inclusive, a impedir o acesso de alguns aos quais não se considera dignos ou apropriados para entrar no currículo. A evolução dos valores sociais, a mudança de prioridades entre certos objetivos da educação, o surgimento de novas exigências na economia, na cultura, etc., originam a valorização de alguns conhecimentos mais do que outros, a valorização de certas habilidades nos alunos/as, o estímulo do desenvolvimento de uns aspectos do indivíduo sobre outros. Por que hoje um componente do currículo da educação básica é a preocupação ecológica, ou por que se aspira dominar mais certos idiomas estrangeiros do que outros? Obviamente pela consciência social que, neste momento, ressalta a deterioração do meio ambiente, no primeiro caso, ou pela pressão por participar no mundo econômico, de serviços e na criação do conhecimento no caso dos idiomas. O predomínio da ciência sobre as humanidades, o declínio das línguas clássicas, a ascensão de idiomas modernos dominantes na economia e na comunicação entre os povos, a entrada da informática, uma certa relativização da importância da retenção de informação a favor do domínio dos meios para saber encontrá-la e julgá-la, a valorização crescente do cuidado com o corpo, etc., são algumas tendências que refletem mudanças sociais transformadas depois em exigências para a escolaridade.

2) *A seleção de conteúdos do currículo favorece mais uns do que outros.* O conhecimento escolar filtrado nos currículos tem valor muito diferente para os alunos/as de acordo com sua procedência social e conforme as possibilidades de permanecer no sistema educativo. O conteúdo selecionado como dominante não é indiferente às divisões sociais entre grupos humanos: mulher-homem, criança-rural/criança-urbana, aluno/a de classe média-baixa ou alta, grupos étnicos minoritários e majoritários, candidatos a operários agrícolas ou manuais frente a profissionais de "colarinho branco", etc. O currículo regula não apenas os conteúdos que se lecionam, mas também os distribui socialmente. Por exemplo, o ensino de idiomas modernos costuma ser relegado mais para o final do ensino fundamental, o que é uma conquista recente, e sobretudo até o ensino médio. Por acaso a decisão se deve a um princípio ténico-pedagógico, por serem estas idades mais propícias para aprendê-los? A experiência e a investigação dizem exatamente o contrário. A decisão de dar esse tipo de cultura quando a escolaridade está avançada se baseia no fato de que, originariamente, era destinada para a classe média-alta, que é a que necessita desse tipo de formação. É, pois, uma decisão política. É casual que o currículo do ensino médio tenha sido centrado em conteúdos de índole intelectual e a formação profissional nos de tipo manual, sem que essa separação tenha relação com os grupos sociais que chegam a cada uma dessas duas modalidades de educação? Achamos que não é.

3) *Nem todos têm o mesmo poder decisório.* O próprio procedimento de selecionar os conteúdos que formam os currículos é um processo político que socialmente não é indiferente, porque nele se evidenciam cotas desiguais de poder na tomada de decisões. Que grupos, interesses e especialistas impõem prioritariamente seus pontos de vista no processo de determinação dos conteúdos curriculares considerados como mais relevantes? Os processos de decisão na confecção e renovação de currículos não estão abertos por igual a todas as partes envolvidas nem a todos os cidadãos. Os poderes públicos, os especialistas, os empresários, os pais, os alunos/as, os professores/as e os que confeccionam materiais didáticos têm uma capacidade muito desigual de interferir nessas decisões.

As autoridades democraticamente escolhidas atuam por delegação de poderes na democracia representativa, mas isto não significa que inevitavelmente trabalhem por igual para todos os governados, nem que a todos seja fácil controlar suas políticas. Ainda que seja regulada, inclusive a participação de coletividades diversas, não significa que seja real seu poder de interferência. O que um aluno/a pode fazer frente à opinião de seus professores/as, pais com pouca cultura frente à diretoria de uma escola, ou frente à proposta de discussão de um currículo complicado? O que farão os professores/as, nem sempre conhecedores daquilo que depois devem ensinar, frente aos administradores legitimados pelos especialistas? Obviamente, os professores/as predominarão sobre os alunos/as ou seus pais; os fabricantes de meios didáticos frente a quase todos os grupos citados; a administração educativa respaldada pela política dominante mais do que nenhum outro desses elementos; os grupos empresariais mais do que os sindicatos ou associações de professores/as; os profissionais de um conhecimento prestigiado socialmente frente a outro menos prestigiado. O processo de decisão de conteúdos mostra que os currículos são opções tomadas por quem pode fazê-lo dentro de um determinado equilíbrio de forças sociais.

Currículo e sociedade: uma influência recíproca

Embora seja certo que a escolaridade, o currículo, os professores/as e os materiais didáticos tenderão a reproduzir a cultura hegemônica e favorecer mais uns do que outros, também é certo que essa função pode ser aceita com passividade ou se pode aproveitar espaços relativos de autonomia, que sempre existem, para exercer a *contra-hegemonia,* como afirma Apple (1986). Esta posição deve se refletir nos conteúdos selecionados, mas sobretudo na forma de abordá-los no ensino. Existe uma alternativa a essa posição que Eggleston (1980, p. 70) chama de *recebida*, para a qual o conteúdo é algo dado, não-negociável, sem consenso, exatamente como sua classificação tradicional nas clássicas disciplinas, como componentes de uma determinada ordem não-discutível. A alternativa é uma perspectiva *reflexiva* que entende que o conhecimento admitido no currículo como legítimo deve ser o resultado de um consenso que foi objeto de revisões e de críticas, resultado de uma deliberação democrática constante.

Posição semelhante adota Sarup (1990) quando distingue a perspectiva crítica da tradicional:

> "A finalidade do currículo crítico é o inverso da do currículo tradicional; este último tende a 'naturalizar' os acontecimentos; aquele tenta obrigar o aluno/a a que questione as atitudes e comportamentos que considera 'naturais'. O currículo crítico oferece uma visão da realidade como um processo mutante e descontínuo, cujos agentes são os seres humanos, os quais, portanto, estão em condições de realizar sua transformação. A função do currículo não é 'refletir' uma realidade fixa, mas pensar sobre a realidade social; é demonstrar que o conhecimento e os fatos sociais são produtos históricos e, conseqüentemente, que poderiam ter sido diferentes (e que ainda podem sê-lo)" (p. 217).

Esta distinção – reprodução ou tradição frente à reconstrução, crítica e reflexão – implica, basicamente, uma atitude epistemológica e social perante qualquer classe de conteúdo, mas fundamentalmente perante os temas que são conflitantes.

A importância e a necessidade da perspectiva reflexiva ou crítica apóiam-se em vários argumentos: a) a importância de descobrir os pressupostos e os valores implícitos nos conhecimentos herdados; b) a necessidade de um certo relativismo cultural que dê guarida às subculturas de todos os grupos que compõem a sociedade e aos conflitos entre eles e seus interesses; c) a busca de uma sociedade aberta que deve ampliar seus horizontes e democratizar suas estruturas; d) a história da evolução do conhecimento que avaliza a evidência da construção-reconstrução do conhecimento e a alteração dos paradigmas com os quais se criam e se revisam Kunh (1975). Se o conhecimento muda com lentidão e às vezes radicalmente, os currículos não podem ser dogmas. Se o conhecimento se constrói e se revisa, a educação ou o currículo que o apresentasse como indiscutível seria um contra-senso.

As determinações mais próximas dos conteúdos do currículo

À determinação social, política e econômica dos conteúdos se acrescentam outras mais imediatas, por meio das quais atuam essas forças, aparentemente mais distanciadas das práticas escolares. Popkewitz (1987) agrupa os condicionamentos dos conteúdos nas seguintes categorias: a) os currículos atuais estão marcados por uma série de idéias provenientes dos movimentos sociais dos séculos XIX e XX; b) a incidência do profissionalismo, que transformou em profissões o que eram atividades e contatos menos formalizados entre os seres humanos; c) a força de imposição "de cima para baixo" que a universidade tem; d) a intervenção da psicologia no plano do currículo. Esses fatores, junto a outros que atuam contra-hegemonicamente, diminuindo e modificando de algum modo essas influências, condicionam o recheio material do currículo. Desenvolveremos um pouco mais este esquema.

Idéias sociais que passam para o pensamento educativo, embora, com menos ênfase à prática

O pensamento pedagógico básico que serve de fundamento para a escolaridade moderna se forja fundamentalmente nos movimentos sociais deste século e parte do século XIX; está diretamente relacionado às transformações sociais que se dão nesses momentos, recolhendo certo legado das revoluções burguesas do século XVIII e do Iluminismo, que resgatavam o valor dos indivíduos, a força de sua iniciativa frente às estruturas opressoras, a liberação das forças do desenvolvimento pessoal quando se rompem essas coerções, a fé na força da razão como fonte criadora frente à tradição aceita acriticamente, assim como a atenção às necessidades de seu desenvolvimento. São idéias coerentes com o predomínio do liberalismo econômico para o qual a iniciativa privada, expressão da capacidade criadora dos indivíduos, cumpre um papel fundamental. Indivíduo, cultivo de sua razão, o valor de sua iniciativa e originalidade, estão na base das idéias pedagógicas (não necessariamente nas práticas) que configuraram o pensamento educativo "progressista" deste século. O currículo é o alimento dessa razão e do desenvolvimento individual.

A esta orientação política e filosófica geral se acrescenta o desenvolvimento que a psicologia evolutiva teve neste século, dando fundamento à idéia de que o aluno/a tem uma especificidade como indivíduo no processo de desenvolvimento de suas capacidades. O movimento da *Escola Nova* na Europa e o *Movimento Progressista* nos Estados Unidos são expressões da mentalidade liberal moderna que contribuiu para moldar o pensamento pedagógico mais recente. A educação "centrada na criança", a pretensão de criar climas favoráveis para a auto-expressão, o aprender em liberdade, o ensino baseado nos interesses do aluno/a, a adequação do que se transmite para suas capacidades, o fomento dos métodos ativos no ensino para favorecer a experiência pessoal de aprendizagem e a conseqüente relativização dos conteúdos das disciplinas herdadas, junto à necessidade de sua reorganização ao apresentá-los aos alunos/as, são princípios que orientaram a educação moderna e que continuam sendo fonte de sugestões para uma prática que se distancia de realizá-los satisfatoriamente. A criança tornava-se assim a fonte de revisão dos currículos (Tanner e Tanner, 1990). Foram e são idéias que se projetavam mais sobre a educação infantil e o ensino fundamental, ainda que suas derivações tenham alcançado o pensamento didático em geral.

Junto a estas orientações iriam se acrescentando outras que as apoiavam e matizavam: a idéia de que o conhecimento experimenta um processo de construção-reconstrução histórica relativizava a ênfase tradicional no conteúdo herdado e acabado. A perspectiva reflexiva ou crítica sobre o currículo que comentamos, como orientação progressista nas relações currículo-sociedade, chamada também *reconstrucionismo*, contribuiu para afiançar este legado coerente de pensamento. Todas elas são idéias que fundamentam o valor dos processos intelectuais na aprendizagem, a importância de atender às capacidades que podem se desenvolver com os conteúdos. Estes – embora tenham o valor de expressar a racionalidade e sabedoria acumuladas pelos grupos humanos – não têm por si mesmos poder educativo se não são vistos a partir dessa ótica pedagógica. Sua legitimidade no ensino se justifica enquanto forem suscetíveis de servir ao desenvolvimento dos indivíduos.

São idéias que às vezes criaram contradições, pois em prol da razão se pode buscar uma educação intelectualizada em saberes essenciais não discutíveis e, querendo servir aos indivíduos, pode-se pretender uma educação de conteúdos e métodos próximos às condições da infância, nem sempre de acordo com as determinações do racionalismo. Também não faltaram os exageros em sua aplicação; assim, por exemplo, a idéia de ativismo vazio de conteúdos culturais, o valor concedido à construção mental dos aprendizes, ressaltando o valor de processos formais de aprendizagem desligados também de conteúdos, junto à negação da cultura que preencheu os currículos dominantes, desde a perspectiva não-reflexiva, levaram ao excesso de negar o valor do que se considera cultura elaborada. Durkheim (1982) já advertia que:

> "... não se exerce a reflexão no vazio, mas focalizando-a em determinados objetos. A única maneira de formar o pensamento é oferecer-lhe coisas particulares para pensar, é ensinar-lhe a apreendê-las, é apresentá-las pelo lado conveniente para que possa captá-las, é mostrar-lhe o que se deve fazer para ter idéias claras e exatas. Quando digo que é preciso cultivar as faculdades da reflexão, não quero dizer em absoluto que se deva submetê-las a uma cultura formal, que resultaria vã; o que se deve fazer é encontrar essas realidades sobre as quais a mente deve exercitar-se; pois deve-se formar sobre essas realidades. A cultura intelectual não pode ter outro objetivo senão fazer o pensamento contrair um certo número de hábitos, de atitudes que lhe permitam montar uma imagem adequada das categorias mais importantes das coisas. Esses hábitos estão necessariamente em função das coisas com as quais se relacionam" (p. 397-398).

Este pensamento referia-se ao ensino médio, mas poderia ser estendido como princípio geral a qualquer tipo de educação.

Ao lado dessas contribuições ao pensamento educativo moderno, outras perspectivas de caráter decididamente social contrapuseram preocupações de tipo menos individualista e técnico-pedagógico. Os movimentos revolucionários, bem como as resistências operárias e sociais que lutaram contra os excessos do liberalismo econômico e sua expressão na industrialização moderna, ressaltaram o valor da igualdade de oportunidades e a forte determinação que as estruturas externas impõe aos indivíduos, condicionando os efeitos da escolaridade segundo a procedência social do aluno/a. O princípio da educação para todos foi a expressão da crença no valor universal e democratizador da cultura como oportunidade de desenvolvimento, mas também como superadora das desigualdades.

A escolarização universal seria uma expressão das transformações da sociedade industrial, da necessidade de formar e disciplinar a mão-de-obra e da fé no poder da cultura escolar. As conquistas sociais e econômicas mais recentes libertaram a infância nessas sociedades da carga e exploração do trabalho adulto, desenhando essa etapa da vida como um espaço com possibilidades reais de atenção educativa, como âmbito preservado para sua preparação por meio da educação. Um espaço que não ficaria isento aos valores e às forças sociais externas dominantes que deveriam impor-se nesse momento de maturação por meio da influência simbólica da educação escolarizada, graças ao currículo e às práticas educativas a que este dá lugar. Seus conteúdos dão acesso a uma certa cultura, mas também servirão para a socialização do cidadão/dã.

Nas democracias ocidentais modernas, a escolaridade e seus conteúdos deviam essa funcionalidade socializadora ao se entender que currículo e práticas escolares deveriam ser formadores do cidadão/dã em valores sociais coerentes com esse sistema de organizar a convivência. A escola deveria se organizar como uma sociedade embrionária. As mudanças sociais realizadas por cidadãos cultos, "adequadamente" socializados, não poderiam provocar desordens. A conexão entre cidadão/dã ilustrado, a mudança social e a escola ficava assim estabelecida no pensamento educativo. A obra que melhor reflete esta posição é a de Dewey (1967), *Democracia e educação*, publicada em 1916. A independência dos indivíduos, o saber tomar decisões coletivas, a aceitação de ponto de vista diferente do próprio, o respeito à vontade da maioria, exigem certas habilidades sociais que se cultivarão numa atmosfera escolar adequada.

Lecionar um currículo comum para todos, superar as discriminações produzidas pela separação dentro do sistema escolar de especialidades curriculares diversificadas socialmente, compensar as deficiências de origem dos alunos/as para enfrentar os conteúdos curriculares, diversificar as exigências escolares para que as capacidades de todos tenham acolhida na escolaridade, suprimir a concorrência entre os alunos/as, desenvolver os valores da solidariedade por meio do conhecimento e das práticas pedagógicas, tratar os conflitos sociais estimulando a tolerância frente às distintas visões, são, entre outras, idéias procedentes das preocupações sociais que se somarão ao discurso pedagógico e curricular, afetando a seleção de conteúdos e as formas de desenvolvê-los no ensino.

Conhecimentos: base de profissões

Todos os princípios que constituem o texto anterior influíram muito mais no pensamento e na retórica do que nas práticas educativas. As fortes determinações sobre os sistemas escolares modernos impuseram outra lógica que compete com aquelas idéias de renovação educativa. Isto ocorre ou porque se prepara para competências gerais ou porque o sistema escolar expede títulos diretamente ligados ao exercício de profissões. Os currículos experimentam as pressões do mundo do trabalho e as dos consumidores da educação para que o ensino tenha um caráter propedêutico, quando a escolarização fica conectada ao sistema de ocupações na vida profissional.

Nas sociedades com os sistemas de produção complexos e diferenciados, as atividades laborais também se diversificam e se ligam a conhecimentos cada vez mais especializados. O mundo da produção cria uma infinidade de categorias de trabalho e especialidades e configuradas como "profissões" que se delimitam, afiançam e legitimam em boa parte com a fundamentação que, se supõe, lhes dá um certo tipo de conhecimento ao qual se confere o valor de ser preparatório das mesmas.

É evidente a tendência, na atual ordem social, de que sejam cada vez mais as ocupações que se profissionalizam e se exercem, como afirma Popkewitz (1987), legitimando-se mais pelo domínio de competências ligadas à posse dos conhecimentos prévios, que se consideram básico para tais atividades, do que pela competência mostrada no exercício da atividade profissional. Esta condição social tem importantes repercussões para a educação, à qual, entre outros fins, se exige que se relacione com a sociedade, prepare os indivíduos para a vida adulta, etc. O autor citado afirma que:

> "Um elemento essencial da transformação da escola foi a profissionalização do conhecimento social. Partes crescentes da vida pública e da vida privada tendem a ser definidas por padrões do discurso desenvolvido pela produção tecnológica e pelas organizações burocráticas" (p. 12).

A própria ordenação do currículo por parte do Estado é uma forma de intervir na diferenciação laboral-profissional, separando por especialidades e hierarquizando ocupações (Kemmis, 1989, p. 62).

Esta tendência é desigualmente evidente nas distintas esferas de atividade laboral. A relação entre conhecimento e desempenho da profissão é muito distinta nas atividades manuais, nos serviços ou no caso de técnicos especializados, por exemplo. Enquanto que para algumas das ocupações se pode precisar quais as bases de conhecimento que se ligam diretamente a seu exercício, em outras, esses laços são muito difusos. A medicina é um caso de forte profissionalização em torno de conhecimentos especializados de alto nível de elaboração; no professor/a a relação se dá num grau muito mais tênue. Embora o binômio conhecimentos fundamentais-habilidades práticas atue em proporções distintas na preparação e no exercício de cada profissão, entramos na era dos "especialistas" para atividades cada vez mais numerosas. O esquema *conhecimento fundamental prévio base da prática adequada*, presente em toda a produção tecnologizada, transfere-se para uma infinidade de atividades de serviços que não são estritamente científico-técnicas.

Nesse segmento das profissões menos especializadas, para as quais o conhecimento básico já não é preciso, o debate é feito em outros termos. A formação profissional menos exigente em aspectos acadêmicos reclama a conveniência de realizá-la no local de trabalho ou ligada estreitamente a ele. Algo que do ponto de vista profissional é igualmente válido para profissões "em alta" no prestígio, mas nestas não se renunciará à legitimação que supõem os títulos acadêmicos.

A idéia de ampliar a formação básica comum, por exemplo, atrasando o começo da formação especializada não é fruto de uma política assentada somente nos princípios humanistas e ilustrados de dar mais formação a todos, mas é, fundamentalmente, a conseqüência da evolução de um mercado de trabalho. Este necessita menos de mão-de-obra não-especializada, que atrasa a entrada no mundo do trabalho pela mesma razão e que reclama uma *educação básica* cada vez mais sólida para enfrentar processos mais complexos e mutantes, nos quais o "saber profissional útil" é uma separação em competências intelectuais genéricas, que antes só eram necessárias para empregos mais qualificados. O valor da *formação geral* se recupera desta forma não pela necessidade de propiciar uma visão coerente do mundo, ou por facilitar um desenvolvimento mais integral dos seres humanos, razões que seguem tendo sua validade, mas por seu valor polivalente na preparação para o mundo do trabalho. Assim, o discurso educativo moderno preocupa-se bem menos com a função cultural e democratizadora das escolas do que em ligá-las aos interesses profissionais e produtivos (Giroux, 1990, p. 230).

O currículo sob o código de *racional*, tal como o chama Lundgren (1983, p. 25 e ss.), que domina a escolarização moderna, no qual as ciências positivas abundam mais do que as humanidades, o estudo dos objetos é mais enfatizado do que o dos homens, não pode ser entendido sem esta perspectiva, que não só afeta estudos especificamente dirigidos a profissões de caráter mais manual – a chamada formação profissional –, mas também os níveis educativos básicos dos quais emerge a grande massa de trabalhadores não-qualificados e que são a base de especialidades posteriores. A universidade não é alheia a esta tendência para a profissionalização.

Esse código não só será argumento utilizado pelos políticos, planejadores e geradores de emprego quando empreendem ou pedem reformas educativas, como também passará a ser ideologia pedagógica dos professores/as e um valor assumido pelos consumidores da educação que esperam destas utilidades materiais concretas. Aprender e saber terá sentido só se prepara para algo. É o que em certos âmbitos se conhece como a pressão "vocacional" na escolaridade e no currículo. Em momentos de insegurança e crise econômica, a promessa de melhores possibilidades de emprego e de mobilidade social não pode passar inadvertida para os que têm acesso a um mercado de trabalho escasso e inseguro.

O recente movimento neoconservador, que zela pela eficácia nas escolas a serviço dos interesses da produção tem muito a ver com estas tendências (Apple, 1989, p. 129 e ss.). A crítica à escola, às suas práticas e ao conhecimento que lecionam é feita do ponto de vista dos interesses da produção. A chamada "volta ao básico" (*back to basic*) que esse discurso conservador preconiza supõe se concentrar nas aprendizagens mais imediatamente rendáveis, a crítica a qualquer outra "distração cultural" no currículo, retirar o apoio à opção do aluno/a, esquecer-se de objetivos pouco utilitaristas, regressão aos métodos eficientistas, ênfase no controle mais rígido do currículo para que não se saia do caminho previsto, ainda que não se expresse sempre centralizando as decisões curriculares, mas por outros procedimentos indiretos: regulações técnicas, avaliações externas, etc.

Efeitos menos evidentes do utilitarismo do conhecimento

Este debate penetra não apenas na orientação, na seleção e na ponderação dos conteúdos, mas também numa depuração de métodos pedagógicos a serviço do que se vê como mais útil, como difunde ou reforça outras mensagens ideológicas ocultas. Da mesma forma que diferentes profissões têm *status* desiguais, os tipos de conhecimento nos quais se apóiam o que, por sua vez, também o terão, tem relação com as diferenças dos grupos sociais que têm acesso a esses conhecimentos e aos correspondentes empregos. O conhecimento de prestígio é o que se relaciona com atividades profissionais também prestigiosas e rentáveis para proporcionar boa situação econômica aos que as desempenham. Conhecimento que, ao se ligar tão diretamente com o desenvolvimento econômico, recebe mais recursos para pesquisa. Às profissões em alta corresponde o auge de um tipo de conhecimento; a tendência inversa não é menos correta.

Por outro lado, a fé no poder libertador material de certos conhecimentos os torna mais procurados e menos discutíveis. A própria racionalidade sob a qual se estruturam e os métodos de investigação utilizados neles obterão mais valor frente a outras perspectivas espistemológicas. Sem dúvida, o que mais comumente se entende por científico e sério é o modelo de cientificidade dos conhecimentos dominantes social e profissionalmente. A hierarquização no prestígio dos professores/as que lecionam umas áreas ou outras de conhecimento é outra conseqüência, assim como a desigual representação horária que têm diferentes componentes curriculares.

A possibilidade de optar entre conteúdos, quando esta é possível, ficará impregnada dessa hierarquização social. As próprias coletividades de estudantes diferenciar-se-ão pelas opções de conhecimento a que recorrem. Não é casual que certos estudos de menor "nível" de prestígio sejam mais exercidas pelas mulheres, por exemplo.

A elaboração intelectual sobre a educação, o pensamento educativo e a pesquisa ficarão marcados por essa ideologia utilitarista. A inclinação profissionalizadora do currículo leva a uma forte dependência de todo o sistema escolar quanto ao sistema produtivo que alcança as legitimações intelectuais desta tendência, em contradição, às vezes, com as funções exaltadas pelo discurso humanista, social e ilustrado sobre o valor da escolarização. Capítulos tradicionalmente importantes na história do pensamento pedagógico, como a formação intelectual, o significado da educação geral dos cidadãos frente à especialização, a educação ligada às necessidades dos indivíduos, o valor emancipador da cultura, etc., cedem lugar ao discurso e a preocupações pragmáticas ou, simplesmente, ficam relegados ao papel de retórica que encobre a realidade. Não é casual que o discurso progressista em educação se encontre em recessão.

Tudo o que citamos nos itens anteriores (A e B), esclarece o princípio de que o currículo tem como fonte primordial a sociedade na qual adquire forma. No currículo se reflete um projeto de sociedade: desta procede o conteúdo que se considera importante, porque dela emana toda a cultura; sociais são os valores que servem para selecionar os conteúdos do ensino considerados adequados; nas atividades sociais se encontra uma das fontes primordiais de determinação das profissões. A análise da cultura que vale a pena conservar como referencial do grupo (ponto de vista *retrospectivo*), a resposta às necessidades do momento presente (perspectiva *presente*) e a qual modelo de sociedade queremos nos dirigir (perspectiva de *futuro*) são as três fontes capitais da discussão curricular.

A determinação recíproca dos níveis escolares

A linguagem utilizada habitualmente dificulta, às vezes, entender a gênese dos significados dos conceitos que empregamos. Falamos de educação e de sistema educativo, por exemplo, presumindo, implicitamente, uma certa universalidade desses termos, sem considerar que englobam concepções diversas. O sistema educativo é complexo e nele se reagrupam tipos de educação com funções diferentes, até contrárias em certos casos, com distintas trajetórias históricas que deixaram sua marca nas idéias, nas atitudes e nos hábitos pedagógico-práticos que se desenvolvem em cada tipo de ensino. O sistema educativo é o resultado da confluência da evolução histórica de subsistemas separados aos quais acudiam pessoas de diferentes classes sociais e por motivos bem distintos em uns e em outros casos.

Um exemplo evidente disto são os níveis e modalidades do sistema educativo. Este demonstra agora compor-se como uma pirâmide ordenada na qual um nível se apóia no imediatamente anterior e é a base do seguinte; a ascensão dos alunos/as por esses degraus parece ser um caminho de progresso natural e ordenado em que todos podem avançar. Falamos de ensino fundamental, médio e superior, com um certo sentido implícito de graduação e ligação entre eles. Uma ordem que parece ter correspondência, por isso mesmo, com a continuidade cultural entre o recheio curricular de cada um desses ciclos temporais: existiria uma cultura básica prévia, outra média, ampliação da anterior e fundamentalmente da seguinte e, finalmente, outra superior. Graduação que é certa do ponto de vista de que é preciso ter a superação de uma escala referendada como requisito para passar para a seguinte, embora a continuidade interna real entre as "culturas curricularizadas" em cada nível seja muito discutível. Cada estágio e especialização se desenvolveram historicamente criando uma tradição própria. A compreensão real do que representa cada uma requer aprofundar em como se configuraram as subculturas acadêmicas diferenciadas.

A aparente unidade do sistema educativo, o fato de que este tenha uma estrutura de níveis e especializações geralmente interconectadas, é uma ordem imposta ao mesmo bastante tardiamente, quando a escolarização obrigatória se universaliza e as administrações dos estados devem ordenar a estrutura escolar completa, regular as titulações, as passagens entre níveis, etc. Ao se prolongar e tornar a educação massiva, é preciso recompor a complexidade que representaria um sistema desestruturado sem marcar caminhos de progressão em seu seio. Uma prova disso é que na análise da trajetória dos sistemas educativos, sobretudo quando se enfrentam reformas da estrutura do sistema escolar, sempre aparece um ponto-chave sobre o qual se polemiza: as passagens, as pontes, as transições entre níveis e modalidades, buscando, em geral, uma maior comunicação. Do ponto de vista comparado, considera-se mais justo, adequado e moderno um sistema melhor integrado que não oculte a passagem entre níveis e modalidades de ensino. O que é prova de que se trata de ir fazendo convergir a história de cada nível e modalidade de ensino.

Podemos citar a educação infantil como um exemplo significativo que está adquirindo agora maior cientificidade e tem conteúdo próprio no sistema educativo. Obviamente, não surgiu como a base prévia necessária da educação fundamental, nem esta se constitui sempre como continuidade daquele nível, simplesmente porque a origem da escolarização infantil é posterior. O currículo de ambos os estágios da escolarização não tem necessariamente uma coerência estrita quanto à sua continuidade. A educação infantil surge como necessidade de assistência à família quando esta se torna nuclear e a mulher tem acesso ao trabalho fora de casa. Uma vez criado, tratar-se-á de encaixar o novo nível com o restante do sistema, ordená-lo e aclarar seu currículo, porque, já que os alunos/as passam de um estágio para outro da escolaridade, o que aprendem em qualquer deles não será indiferente para o próximo.

Outro exemplo evidente de autonomia em sua gênese e desenvolvimento é o da educação profissional. A incorporação dos níveis superiores da mesma à universidade – as engenharias – ocorreu muito tarde, porque nasceram à margem dela. Nos níveis inferiores, a formação para os ofícios teve sua origem nos artesãos, no próprio emprego. Dentro do sistema escolar foi mais um subproduto do que uma parte substancial do mesmo. A opção por ela foi feita por quem não podia fazer outra coisa. Hoje se debate e se tem dúvidas se é melhor uma formação prática dentro do sistema escolar, ligada mais diretamente ao emprego, ou em regime de alternância com este, porque não está claro que os objetivos específicos, que devem atingir, sejam cumpridos adequadamente dentro dos "moldes acadêmicos estabelecidos" no sistema escolar.

O sistema educativo cresce como um guarda-chuva acolhedor de diferentes níveis e tipos de educação; transforma-se progressivamente para dar guarida a modalidades educativas peculiares, com funções e origem distintas, com clientelas também diferenciadas, tratando de se constituir como uma rede na qual os sujeitos percorrerão caminhos e estágios de duração distinta. Coerentemente com a origem histórica diferenciada de cada nível, a unidade pedagógica do todo com um currículo diferenciado mas com cuidada continuidade, é uma ficção ou, simplesmente, um objetivo e um desejo. Dentro de cada nível e especialidade aninham-se currículos e estilos em parte semelhantes e em parte diferentes, com relações fortes ou mais fracas entre os pressupostos que os sustentam em cada caso.

Não é inútil lembrar que, curiosamente, o nível superior ou universitário é o que primeiro se estrutura de um ponto de vista histórico, e que o ensino fundamental é o último em se configurar como um grau próprio, base dos seguintes, pois em suas origens teve um caráter assistencial não-massivo. Sua universalização começa em fins do século XIX e se faz, e não por todos os países, durante o século XX. Citávamos que a educação infantil está sendo estruturada agora, o nível médio ou de ensino médio tem sua origem na preparação dos alunos/as para o ensino superior, mais do que ser a prolongação da cultura elementar e geral que se dava no ensino fundamental. Somente depois da Segunda Guerra Mundial surge a necessidade de um ensino secundário obrigatório universalizado nos países mais desenvolvidos, objetivo que está longe de ser alcançado em muitos outros.

Lembramos aqui a diacronia histórica dos níveis educativos, os quais apenas na atualidade – um final provisório de sua evolução – podem ser vistos com uma certa coerência interna, para entendermos o fato de que nos níveis médios e superiores são criadas necessidades, estilos pedagógicos e tipos de currículos que podem ser pouco coerentes com os anteriores e, nessa medida, ser fonte de pressão que distorcerá a filosofia curricular própria dos níveis inferiores. As influências de estilos educativos e de orientações curriculares entre níveis dependerão das relações peculiares que se estabeleçam entre cada dois níveis e/ou modalidades dentro do sistema educativo.

Para relacionar esta espécie de leis abstratas com experiências ao alcance de todos os que passaram por diversos níveis de educação, mencionaremos dois exemplos dessas relações conflitantes. *Um* se refere à discussão sobre a pretensão de se conseguir uma educação infantil diferenciada do sistema de educação fundamental, com sentido educativo próprio e até em escolas separadas, para que não seja "pré-escolar" e se livre do estilo academicista prematuramente inclinado às aprendizagens e hábitos escolares dominantes na educação fundamental. Argumento que serve, pelo contrário, a partidários da união entre esses dois níveis, precisamente para "contaminar" a educação fundamental em suas primeiras séries com o estilo e a filosofia da educação infantil. A educação infantil define uma pedagogia exclusiva que convém que se desenvolva um estilo, se não isolado, suficientemente próprio para que não se torne uma fase preparatória de outro nível? O dilema parte das funções que este nível educativo cumpre: cuidado com a infância, estímulo do desenvolvimento e fonte de aprendizagens que sejam base da escolarização posterior.

O outro exemplo se refere aos conflitos que surgem no ensino médio. Tendo este sua origem como preparação de minorias para o ensino superior, ao se estender quantitativamente, passa a fazer parte da educação básica; nem todos terão a universidade como destino. Quais devem ser seus objetivos dominantes: servir à continuidade da educação geral ou à especialização que o ensino universitário exige? Seus conteúdos devem ser anúncios da especialização ou devem servir a outros objetivos gerais? Facilita-se a integração de conhecimentos para tornar mais inteligível o mundo ou se parcializa o saber em disciplinas especializadas tal como exige o nível superior, com a correspondente conse-qüência na especialização do professorado? O tipo de conhecimento legítimo, a forma de organizá-lo e as ênfases ao lecioná-lo podem e devem variar segundo a opção que se tome. A tradição nos legou o afã pela especialização propedêutica em matérias que se consideram básicas. Se o ensino médio se universaliza e até se torna obrigatório, esta perspectiva, se não for errada, deve ser corrigida. Estas tradições legaram um conceito de professor/a de ensino médio como "especialista", enquanto que o do ensino fundamental será um "generalista".

Este panorama de histórias particulares e de conflitos nos sugerem a necessidade de entender os tipos de currículo que dominam em cada nível educativo como um reflexo da função social que tem encomendada, segundo a quem e ao que esteja destinado. Além do mais servem para explicar os conflitos e influências mútuas entre os currículos de todas as especialidades e níveis. É preciso lembrar um fato básico: existem níveis do sistema que estão hoje planejados para que todos os alunos/as passem por eles, que formam o que se denomina escolaridade obrigatória, e junto a eles existem outros não-obrigatórios, que é o mesmo que dizer que estão destinados apenas a uma parte da sociedade e são seletivos, simplesmente. Destinatários diferentes e caráter seletivo ou obrigatório definem necessidades curriculares distintas e desatam mecanismos de comportamento pedagógico diferenciados.

Os níveis superiores de ensino têm uma história mais longa e tradições muito assentadas, servem a interesses e às minorias mais importantes na sociedade, neles se educam as elites, neles vivem os especialistas por antonomásia do conhecimento que legitimam o que é e não é essencial. Por isso, difundem de "cima para baixo" sua marca curricular e até pedagógica. Uma aula de educação fundamental se parece demasiado com qualquer ambiente escolar transmissor da universidade como para não se pensar numa reprodução pedagógica de formas de comunicação, controle, disposição do tempo e do espaço, etc. A reprodução da mentalidade curricular legitima não apenas um tipo de conteúdo, mas também uma determinada mentalidade e estilo cognitivo dos professores/as, um *ethos* das escolas, mediatiza as aspirações dos pais, concretiza-se naqueles que confeccionam os textos escolares, nas formas de avaliar e, naturalmente, em políticos e administradores.

Popkewitz (1987) lembra que:

> "Enquanto o debate sobre o currículo continua, a inclusão das categorias universitárias do conhecimento nas escolas legitima tanto o conhecimento quanto seus possuidores" (p. 14).

Conseqüentemente, as formas de entender os conteúdos nos níveis mais adiantados difundem-se por todo o sistema educativo. Os demais saberes são arremedos, aproximações ou, no melhor dos casos, "passagens elementares prévias" para chegar até ali. Os "profissionais do conhecimento e da cultura" que não são do nível mais adiantado são, basicamente, reprodutores daqueles conhecimentos e cuidadores de crianças e jovens. Somente em meios culturais, sociais e pedagogicamente mais sensibilizados compreende-se a relação contrária: que a sobrevivência e, sobretudo, a expansão de um estilo elitista nos níveis superiores depende de atitudes intelectuais cultivadas em níveis médios e básicos de ensino, nos quais a "experiência intelectual e cultural" tem pouco significado pessoal para seus receptores quando os currículos são meros resumos dos saberes especializados.

Existem fórmulas técnicas para determinar os conteúdos?

> "As teorias não podem esperar compreender a amplitude e a diversidade das razões e ações requeridas para fazer funcionar o currículo. Os materiais da teoria são as abstrações e as generalizações; os da prática curricular são os fatos reais, os professores/as reais e as crianças reais" (Kemmis, 1988, p. 68).

Dispomos de algum tipo de racionalidade científica – com as reservas com que se pode utilizar esta expressão no conhecimento sobre a educação – para legitimar tecnicamente as decisões no processo de elaborar e desenvolver na prática o currículo? O político ou o professor/a pode esperar um guia seguro, alguma lei científica em suas decisões que parta do conhecimento pedagógico ou psicológico? Esta é a pergunta de quem evita os problemas de fundo para se amparar nas formas, ou a dos que esperam que, à semelhança do mundo das realidades materiais, possam se encontrar leis que lhe expliquem o mundo e o guiem em sua manipulação e transformação. São as perguntas de quem submete a um esquema de racionalidade científica de tipo objetivo, algo que é um problema de opções carregadas de valor. A mentalidade científico-técnica busca respostas ao *como* se deve fazer as coisas, mas não ao que se *deve* fazer (Kemmis, 1988). Os fenômenos educativos são construções sociais e não se pode pensar que tenham uma resposta única e certa para cada aspiração, pois existem soluções múltiplas, mas não-equivalentes. As decisões básicas que se tomam no currículo são, fundamentalmente, sociais e morais com um significado político: que cultura dar e a quem distribuí-la. A aplicação de metodologias científicas pode servir sim para avaliar as conseqüências das decisões que se tomam, analisar como reagem os sujeitos, ver se os conteúdos selecionados são factíveis para uma idade, por exemplo, comparar experiências e iluminar o processo de tomada de decisões ou a revisão das decisões já tomadas. Esses métodos podem ajudar a ensaiar e comparar a colocação em prática de um currículo *já decidido*.

Os estudos curriculares, quando pretenderam tecnificar a tomada de decisões, contribuíram para ocultar os problemas básicos. A teoria dominante no currículo, derivada dos pressupostos de Tyler (1973), ajudada por modelos de instrução para a aprendizagem de materiais muito definidos, difundiram a crença de que a confecção de um currículo era questão de seguir uns passos precisos, determinar em níveis de progressiva definição as metas da escola, apoiando-se em conhecimentos seguros e em técnicas de gestão e de análise de aprendizagens e de necessidades sociais. Kemmis (1988) acredita que assim:

> "... relegava aos encarregados de confeccionar o currículo o papel de tecnólogos, dependentes dos cientistas pesquisadores puros da psicologia, e transformava os professores/as em técnicos" (p. 62).

Mas lembremos que o próprio Tyler propunha a *filosofia educativa e social* como o primeiro filtro do currículo, à frente da psicologia, que é um dos pilares da pretensa racionalidade dos currículos na escolaridade moderna. A psicologia não pode nos dar as respostas elementares à determinação dos currículos como pretende toda uma filosofia aparentemente cientificista. A psicologia da aprendizagem era para o autor citado um segundo filtro que dirá se o conteúdo da seleção se adapta ou não ao aluno/a. No entanto, em todo nosso século, a psicologia tem sido o instrumento principal de racionalização, controle e legitimação das decisões curriculares tomadas (Lundgren, 1983).

Certamente, o pensamento psicológico sobre a criança, desde Stanley Hall, desempenhou um importante papel na formação do pensamento progressista em educação durante o século XX e contribuiu para reconstruir o currículo desde a criança, como dissemos anteriormente. Assim se questionou a validade dos métodos que não consideravam as peculiaridades dos alunos/as nem atendiam às condições dos processos de aprendizagem. Mas se as descobertas psicológicas são importantes, junto com outras contribuições, para orientar opções metodológicas na educação e para analisar a adequação das práticas vigentes, seus achados não podem agora responder à pergunta básica: o que é que as crianças e adolescentes devem aprender.

Tanner e Tanner (1990) afirmam:

> "...ainda que de fato se possa demonstrar que as crianças podem aprender certas coisas ou que a aprendizagem de certas coisas pode ser acelerada notavelmente não resolve o problema das prioridades e opções do currículo" (p. 104).

Ou, como comenta Popkewitz (1987):

> "A busca de uma racionalização da conduta pessoal se estendeu à conduta da escolarização. Boa parte do discurso sobre a escola na virada do século organizou-se ao redor dos princípios da psicologia educativa (...) Para compreender a psicologização do currículo é preciso que consideremos que a psicologia não é algo natural em relação à seleção e organização do conhecimento escolar. Os problemas acerca deste não podem se derivar das interrogações psicológicas ou das ciências sociais. A escolha de um currículo implica problemas filosóficos, políticos e éticos.
>
> Os psicólogos descontextualizam os problemas curriculares reformulando-os como se estabelecem a partir da administração e da eficiência" (p. 17-18).

Assim se deu a impressão de que confeccionar um currículo é um ofício de especialistas, como se só eles possuíssem as chaves do que a escola e os professores/as devem fazer. Sob uma linguagem aparentemente científica se oculta a natureza das opções que se tomam. Hoje em dia, o *saber* sobre o currículo é disperso e segue paradigmas de pensamento muito distintos, mas se entrevê uma linha diretriz fundamental: que o saber não é um pretenso guia de passos a serem dados, mas quer servir de ajuda na análise para iluminar a tomada de decisões, tornar explícito o oculto, conscientizar sobre os problemas, discutir o que parece dado e natural, questionar as realidades, analisá-las e comparar experiências de sistemas educativos, de inovações pedagógicas de professores/as e de escolas.

Tratamos de demonstrar que o currículo é objeto de muitas práticas e que se expressa e se concretiza nelas, que se molda numa multidão de contextos, sendo afetado por forças sociais, por marcos organizativos, pelos sistemas de produção de materiais didáticos, pelo ambiente da aula, pelas práticas pedagógicas cotidianas, pelas práticas de avaliação, concluindo que todo ele é um processo social. É realista pensar em dispor de um conjunto de leis e de princípios que, como modelo de guia científico, apóie tecnicamente as decisões que se tomam em todos esses âmbitos? Os estudos curriculares ou a teoria do currículo podem ser um conjunto de normas cientificamente validadas para regular a prática que implicam as decisões em todos esses âmbitos? Simplesmente não. Trata-se, antes, de responder a pergunta, como dizia Reid (1978, p. 49): que tipo de problema é o problema curricular?

Uma interrogação que pode ser respondida levando em conta as seguintes premissas: 1) Os temas curriculares são de tipo prático, para serem resolvidos dentro de contextos concretos, não são um problema teórico genérico. 2) Existem várias formas não-equivalentes de resolvê-los. 3) São problemas que se apresentam como incertos, porque se produzem conflitos entre fins e opções, porque estão ligados a situações únicas. 4) Têm todos esses traços porque, posteriormente, a pergunta fundamental é: o que *devemos* ensinar? A resposta que o currículo dá é uma opção concreta, mas cabem muitas possíveis. Desenvolver-se-á em determinadas aulas, e não em ambientes ideais nem universais, num tempo e num espaço, com alguns meios e com certos professores/as. Seu beneficiário não será um aluno/a ideal descrito pela psicologia, mas encarnado numa cultura (Schwab, 1983, p. 203).

Portanto, a racionalidade que há de nos guiar na hora de determinar um currículo, certos conteúdos, não é a busca ou crença na receita, na regra segura, senão que devemos nos apoiar em procedimentos que este último autor chama de *deliberação* ou de raciocínio prático; e a primeira ajuda que tais procedimentos devem prestar é a de colocar as interrogações que haverão de responder e explicitar as posições desde as quais se tomam decisões provisórias. O problema fundamental na hora de confeccionar um currículo não é, pois, ver em que racionalidade científica se fundamentará, mas estabelecer os procedimentos mais aceitáveis na deliberação que há de se seguir ao configurá-lo.

É uma posição que sugere toda uma filosofia para o comportamento no plano curricular, que veremos mais adiante, junto a uma redefinição da missão dos professores/as e a um modelo de entender as mudanças em educação e o papel dos agentes educativos. Mais do que uma simples metáfora, trata-se da conjunção de múltiplos princípios reflexo de uma filosofia e de uma ética profissional situacionais, amparados numa *epistemologia da incerteza* no pensamento educativo. Não devemos aspirar a normas técnicas, mas a princípios de comportamento frente a situações.

> "Os investigadores não foram capazes de encontrar comportamentos individuais de ensino que sejam efetivos em todas as situações... foram desalentadoras as tentativas de construir modelos de instrução que transcendam as dificuldades inerentes ao estudo de qualquer conduta individual" (Tom, 1984, p. 51-52).

O enfoque *deliberativo* é uma imagem ou uma metáfora coerente com um sistema descentralizado de gestão que estabelece, por um lado, a abertura das propostas curriculares, seja qual for o agente que as apresente, e, por outro, o papel ativo dos professores/as na modelação das mesmas e, finalmente, uma atitude democrática de elaboração de respostas frente a situações práticas concretas. A deliberação, como diz Schwab (1983, p. 208), implica comunicação entre os participantes na comunidade educativa, consideração ampla de alternativas, rastreamento das conseqüências das decisões tomadas em função dos interesses e percepções de todos os participantes. Requer a conexão de muitos especialistas e todos os implicados num processo contínuo de discussão e avaliação de resultados para melhorar constantemente a prática; é um avanço democrático na forma de conceber a prática pedagógica.

Nas palavras de Reid (1978), a perspectiva deliberativa é:

> "o método pelo qual se resolvem a maioria dos problemas cotidianos, chamado deliberação ou raciocínio prático. É um processo intrincado, social, em que se evidenciam habilidades intelectuais, individuais e coletivas, pelo qual identificamos interrogações a que devemos responder, estabelecemos plataformas para decidir sobre respostas e escolhemos frente às soluções possíveis. Só que, ao ser uma atividade cotidiana, tendemos a desvalorizá-la e a nos esforçarmos pouco em compreendê-la" (p. 43).

Como método, a opção deliberativa frente à incerteza é mais uma atitude do que um conjunto de etapas claramente estabelecidas. Tem uma peculiaridade básica, como assinala McCutcheon (1988):

> "que descansa numa condição prévia: a de que os professores/as são profissionais dedicados, responsáveis e moralmente comprometidos com seu trabalho, enquanto que na perspectiva tradicional o currículo aparenta algo a ser usado porque se assume que é o produto de decisões de especialistas" (p. 200).

Entende-se que a deliberação se realiza em todo o processo em que se tomam decisões, desde o planejamento, passando pela realização em sala de aula, até quando se reflete depois de ocorrida a ação. Pressupõe professores/as que colaboram dentro de equipes, dentro de um mesmo ciclo ou etapa e entre matérias. É o processo que intervém quando se realizam projetos para uma escola, para um grupo de alunos/as, ou quando, a partir de materiais curriculares realizados por outros, analisam-se formas práticas de aplicá-los numa situação concreta.

A CULTURA DO ENSINO OBRIGATÓRIO

Desenvolver conceitos referentes ao currículo em geral tem como objetivo servir à compreensão da escolarização e dos mecanismos que regem a cultura escolar. Porém os valores da análise são cerceados ao esquecer que essa cultura se diversifica amplamente segundo o tipo de alunos/as a que se dirige e de acordo com a função que cada etapa ou modalidade de ensino desempenha no conjunto do sistema educativo. A institucionalização da prática escolar se manifesta de diversas maneiras, pois, como já comentamos, a unidade deste sistema é uma abstração.

O conceito de *ensino obrigatório* serve para introduzir no debate e análise do currículo uma peculiaridade que marca decisivamente a função cultural dos níveis escolares compreendidos nessa etapa educativa. A obrigatoriedade do ensino não só é um referencial básico das políticas educativas, como também nela se expressa toda uma filosofia pedagógica que se traduz nos conteúdos do currículo.

Os limites de idade na escolaridade obrigatória variam entre os países e segundo as circunstâncias históricas que afetaram cada um deles. Os limites de idade entre os quais oscila são marcados basicamente pelas possibilidades econômicas, coerentes com um determinado nível de desenvolvimento e com uma política sensível para o serviço social que é a escolarização. A discussão sobre a conveniência pedagógica de certos limites de idade ou outros é subsidiária frente à realidade do condicionamento econômico básico. Na Espanha, a obrigatoriedade abrange a etapa da vida do aluno/a que vai dos seis aos 16 anos, que compreende a educação fundamental e o ensino médio.

A obrigatoriedade implica que a instituição escolar acolhe todo tipo de alunos/as que podem se beneficiar desse direito nas idades que aquela compreenda. Quanto aos conteúdos do currículo, o ensino será pensado como uma oferta cultural válida para todos, a base de uma cultura geral da qual todos possam tirar proveito, aceitando os alunos/as tal como são num momento ou ambiente dado. Pretender submetê-los a um padrão acadêmico-cultural preestabelecido ou selecioná-los e hierarquizá-los de acordo com as possibilidades de cada um para seguir esse padrão é contrário ao direito que todo aluno/a tem de se beneficiar da escolaridade obrigatória. Esta é um estágio educativo que tem uma justificativa social, é uma oferta para todos; o que, sem sombra de dúvidas, produz problemas organizacionais, ao existir nas escolas alunos/as com ritmos, possibilidades e limitações muito diferentes. Estes inconvenientes devem se subordinar à filosofia social que orienta a educação obrigatória.

Significado social do ensino obrigatório

A origem, a manutenção e o prolongamento progressivo da escolaridade obrigatório têm várias justificativas:

1) Possui o caráter de ser um *serviço social*. A educação não pode ser privilégio de um grupo numa sociedade que pretenda ser livre e democrática. Todos os indivíduos têm direito ao acesso aos bens culturais, à preparação para um emprego e a ser capacitados para participar na sociedade da qual fazem parte.

Por isso, é um serviço financiado pelos estados modernos, ainda que se dê em instituições não apenas públicas, mas também privadas. Ainda que as circunstâncias de cada país variem, a própria filosofia social democratizadora que deu origem à educação obrigatória como serviço gratuito aos alunos/as, faz com que esteja organizada pelo Estado na qualidade de serviço público, com tendência a ser distribuída em instituições públicas. Finalmente, salvo exceções de instituições assistenciais, geralmente a iniciativa do Estado é que atendeu aos mais desfavorecidos.

A filosofia básica do ensino obrigatório é a diminuição das desigualdades de origem entre os cidadãos (econômicas, culturais, geográficas), pois se estes fossem abandonados a seus próprios meios não poderiam ter acesso por igual à esco-larização, o que em nossa sociedade seria discriminatório, devido ao valor que tem a cultura em abstrato e as validações de certificados que as instituições escolares proporcionam.

2) A obrigatoriedade representa um projeto de socialização do cidadão/dã, a oportunidade e a intenção de sentar as bases de uma cultura comum para todo um grupo social, que, como forma de união, fortaleça as bases de coesão do mesmo. Esta função é primordial na criação dos estados modernos como recurso para fortalecer a estruturação entre subgrupos e subculturas. A educação, com seu efeito socializador, homogeneiza crenças, aspirações, valores e comportamentos básicos para manter a ordem numa sociedade complexa. Os Estados e a própria sociedade moderna, por meio dos serviços que oferecem e das instituições que a articulam, regulam cada vez mais por caminhos não-coercitivos, de maneira simbólica, a vida dos homens, substituindo parcialmente a ação de outros agentes socializadores, como a família.

3) Numa sociedade com processos de produção complexos se exigem doses importantes de preparação prévia em competências muito gerais para participar neles, atrasando cada vez mais o ingresso no mundo do trabalho. A própria evolução dos processos de produção permite que o funcionamento do sistema produtivo possa se manter com menos mão-de-obra, facilitando a liberação do trabalho aos mais jovens. Libera-se assim um espaço na vida dos sujeitos cada vez mais prolongado de espera para a entrada nas atividades sociais e de produção. A escolarização obrigatória ocupa esse tempo. As sociedades menos desenvolvidas não podem-se permitir o tempo usado num sistema prolongado de escolarização nem o necessitam para cobrir suas necessidades produtivas, tornando mais difícil a satisfação do direito à educação.

4) Convém especificar outras peculiaridades sócio-econômicas que incidem na transformação social do grupo familiar. A escolarização obrigatória é uma necessidade em sociedades avançadas onde o trabalho não se realiza no meio familiar. Sob esta condição, os adultos, geralmente, não podem atender à prole em suas casas e mais ainda, levando em conta outras condições sociais como a incorporação da mulher ao mundo do trabalho e a redução da família ao núcleo de pais-filhos, com a conseqüente segregação dos mais velhos. A urbanização dos povoados em cidades, reduzindo os espaços livres para as crianças, exigiria qualquer outro tipo de "espaços-creches" se não existissem as escolas. Tudo isto faz com que sejam necessárias instituições para o cuidado dos pequenos, que em outros momentos puderam ser atendidos no lar ou se desenvolver livremente no meio social mais imediato.

Estas condições sociais transformam a escolaridade obrigatória num *tratamento substitutivo da educação familiar* e do *cuidado global* dos mais jovens que ela oferecia; ainda que continue fazendo-o, não está sozinha na socialização. Se não se pode falar de substituição total de competências, é evidente no entanto que a escola compartilha diversas funções educativas com a família, além de ser responsável por aquelas outras que atribuíram mais exclusivamente, como é o caso da transmissão de certos conhecimentos. Isto não significa que a escola ensine, por exemplo, a moral que a família ou a igreja já não podem transmitir, as normas de comportamento social, o cuidado com o corpo, etc., ou seja, estes ensinamentos são competência da família e delegados de forma expressa algumas vezes e, na maioria dos casos, à margem dela. A escola, qualquer tipo de escola, é uma rival muito próxima da família na educação das crianças e adolescentes (Apple, 1975, p. 97) porque, queira-se ou não, é uma *instituição total* em que os alunos/as vivem experiências complexas por um tempo prolongado. Nesse sentido, pode-se falar de colaboração e concorrência entre ambas, pois ao compartilhar missões se dão as duas possibilidades. A escola vê a necessidade de colaboração familiar em alguns casos e aprecia interferências em outros, o mesmo ocorre com a família.

As duas primeiras razões comentadas (1 e 2) fundamentam a necessidade de um currículo comum para todos os alunos/as que, como forma de cultura geral, ofereça à toda a população as bases mínimas para se desenvolver na sociedade.

As potencialidades e condições básicas do currículo comum

Convém se aproximar do currículo comum, ver sua potencialidade, vantagens e inconvenientes, não como se fosse a prescrição que a administração impõe às escolas, mas como uma idéia ou projeto que, em caso de se aceitar, é da incumbência não apenas dessa instância de determinação, mas, fundamentalmente, de cada escola e de todos seus professores/as (Skilbeck, 1989). A cultura comum, como qualquer outra idéia a ser levada à prática, não é implantada pelo fato de ter sido prescrita.

A própria idéia de que exista um projeto cultural de conteúdos escolares comum para todos não deixa de apresentar dificuldades, que vão desde a objeção a sua própria existência até os inconvenientes que apresenta seu plano e desenvolvimento nas condições do sistema escolar. Os inconvenientes mais relevantes que se colocaram para o currículo comum foram os seguintes (Skilbeck, 1984, p. 167):

1) Conseguir um conteúdo comum é impossível pela dificuldade de chegar a acordos sobre os fins da educação e sobre os conteúdos apropriados para desenvolvê-los, pois ambos são sempre interpretáveis e polêmicos, de forma que qualquer opção será unilateral e não representará a pluralidade de todas as que são possíveis. É a dificuldade que enfrentamos ao ter que decidir o que é essencial aprender na sociedade e na cultura, ou dentro de uma área ou disciplina determinada.

2) É uma imposição a todos os indivíduos incongruente com a diversidade de valores e culturas de uma sociedade aberta e pluralista.

3) Para ser aceitável por todos deverá definir-se em termos muito gerais, o que o transformaria em algo superficial.

4) Será demasiado vago e distante para que tenha valor prático de uso nas escolas.

A estes pontos, Kirk (1989, p. 49 e ss.) acrescenta:

5) A limitação que supõe na prática para a liberdade de escolha dos alunos/as e para diferenciar a educação e adequá-la às peculiaridades destes.

6) Um currículo comum costuma ser coerente e potenciador do poder de quem tem capacidade e possibilidade de tomar decisões num sistema no qual domina ou no qual se tenderá à centralização de poderes.

7) Limita a autonomia dos professores/as quando estes devem desenvolver o que já vem dado desde fora de seu âmbito profissional.

Argumentar réplicas para esses inconvenientes nos leva a estabelecer as razões que justificam o currículo comum, ou o que se denomina núcleo comum da escolaridade obrigatória, ainda que só possamos abordá-las superficialmente neste espaço.

1) *A diversidade cultural numa sociedade complexa é um fato.* A existência de multidões de atividades produtivas na sociedade, a evidência de que há diferentes visões sobre o mundo, a disponibilidade dos mais diversos desenvolvimentos especializados do conhecimento que não podem ser abrangidos em sua totalidade, a variedade de crenças e ideais, assim como de formas de expressão, de gostos estéticos e interesses, devem nos fazer conscientes da dificuldade de selecionar uma cultura escolar que seja representativa de toda essa riqueza de possibilidades. Se essa seleção é homogênea, oferecerá diversos significados para os diferentes tipos de alunos/as, estes terão desiguais oportunidades frente à mesma e se propagará uma visão unilateral do que é o mundo exterior ao ensino. Querer conseguir uma seleção de componentes com valor universal é, simplesmente, impossível, utópico e perigoso.

Todas essas diferenças representam, em princípio, opções culturais legítimas, dignas de fazer parte da cultura curricular, enquanto não sejam obstáculo para direitos fundamentais dos indivíduos ou de grupos. Embora todas as manifestações culturais sejam respeitáveis, não podemos cair num relativismo cultural absoluto, ou na ingenuidade de acreditar que todas têm o mesmo valor na sociedade em que os alunos/as vivem. Existem diferenças entre os indivíduos e entre grupos culturais que é preciso respeitar (suas crenças religiosas, por exemplo), outras que se devem estimular (formas de expressão ou de interesses), mas também é preciso ser consciente de que certas peculiaridades ou diferenças produzem discriminações e atingem direitos. Por exemplo, que em torno das mulheres se tenha criado uma cultura diferenciada da dos homens não quer dizer que devamos mantê-la; ou que se devam respeitar as crenças mágicas sobre os fenômenos naturais em igualdade de condições com as explicações científicas; ou que devamos dar guarida no currículo às ideologias antidemocráticas que alguns grupos mantêm, às crenças sobre a superioridade de um grupo humano ou nacional sobre outros.

Feita esta distinção, ao planejar os elementos culturais comuns para todos e ao desenvolvê-los no ensino não se podem selecionar componentes que não respeitem a diversidade cultural. Desde o pressuposto democrático do pluralismo o fundamental é que tal diversidade faça parte da cultura comum, e se fomente a aquisição de formas de comunicação e de valores para estabelecer o diálogo entre as subculturas e o respeito entre elas. O currículo comum não deve ser entendido apenas como a soma de conteúdos que todos estão de acordo que sejam objeto do ensino; menos ainda deve se cair num totalitarismo que apague toda diferença individual ou de grupo. A cultura comum pode e deve admitir a tolerância frente à dissensão e incorporar uma dimensão *multicultural* para entender a diversidade de valores, crenças, modos de entendimento e de vida, fomentando o diálogo e a comparação (Hulmes, 1989; Lynch, 1983; Tomlinson, 1990); ainda que se fixe demasiado nas diferenças, que costumam se produzir sobretudo nos aspectos sociais e lingüísticos, não pode ocultar necessidades básicas comuns para todos e consensos sobre aquilo que é fundamental na cultura: necessidades de comunicação, expressão, compreensão da realidade, preparação para participar na vida social, difusão de valores admitidos universalmente, etc.

No capítulo que trata do plano dos campos fundamentais do currículo ampliaremos o marco de entendimento para podermos concluir, abrangendo os mais diversos componentes da cultura com suas variantes correspondentes, de modo que ofereça uma perspectiva intercultural que não discrimine.

2) *O currículo comum não deve ser todo o currículo que cada aluno/a recebe.* Tão fundamental é a pretensão de obter uma base cultural comum para todos quanto é admitir que nem todos os conteúdos da escolaridade se esgotam nesse núcleo. Cabe a possibilidade de áreas, disciplinas, conteúdos diferenciados dentro delas, núcleos de conteúdos e atividades que cada escola possa oferecer singularmente segundo a população a que serve ou que façam parte da oferta frente à qual os alunos/as e seus pais optam segundo as possibilidades, condições e interesse do estudante. Em qualquer caso, sempre existirá a possibilidade, por meio do desenvolvimento metodológico, de que cada aluno/a tenha experiências particulares de aprendizagem e se aborde o desenvolvimento dos conteúdos de formas variadas que dêem oportunidade para a expressão dos indivíduos. O currículo comum é a base cultural compartilhada, não toda a cultura escolar, por isso, não sufoca nem homogeneiza as diferenças.

3) *O currículo comum é um meio para ajudar na igualdade de oportunidades.* Se é evidente que cada grupo tem sua própria cultura de referência, também é evidente que não são iguais as possibilidades de cada indivíduo e dos diferentes grupos sociais diferenciados culturalmente para chegar às formas e manifestações da cultura e do conhecimento, no sentido de participar nas atividades sociais e produtivas. É fácil compreender que a cultura dominante, e as atividades sociais e produtivas num dado momento histórico, não são determinadas igualmente por todos os grupos nem por todas as subculturas. Assim, por exemplo, dar guarida no ensino a atividades mais próprias de interesses femininos, não suprime o fato de que fora da escolaridade continue predominando os interesses masculinos. Acolher no currículo as atividades manuais, mais próprias das classes sociais baixas, não mudará que fora da aula os trabalhos mais rentáveis sejam os que se baseiam num nível de educação intelectual mais elevado.

Numa sociedade em que a cultura de procedência dos indivíduos condiciona suas capacidades, interesses e aspirações, o currículo comum da escolaridade pode ser entendido como o conjunto de conhecimentos, competências e valores de que todos podem tirar proveito. Certos conteúdos que são mais necessários para aqueles que sem sua aquisição seriam mais discriminados fora da escola. Esses conteúdos são a oportunidade para todos aqueles que, por sua cultura de procedência e origem social, teriam menos oportunidades de ter acesso ao conhecimento e às distintas formas de expressão cultural. O currículo comum é uma oferta para participar dos bens culturais, criando as condições da colaboração e igualdade social.

4) *O currículo comum é a base da educação geral ou básica que além disso será integral.* Trata-se de uma característica da escolaridade obrigatória que se refere à necessidade de abranger numerosos aspectos da formação humana e que se assenta em três argumentos fundamentais: o princípio da igualdade de oportunidades, a idéia da educação como desenvolvimento integral do ser humano e o fato de que a escolarização é uma socialização total dos indivíduos nas sociedades modernas que, de certa forma, supre a outros agentes de socialização, como a família.

Aparece de novo a justificativa apoiada na igualdade de oportunidades por outra razão. Para que os conteúdos do ensino obrigatório, sendo comuns para todos, dêem oportunidades aos indivíduos – distintos em culturas de procedência, em possibilidades, em expectativas e em interesses –, terão de permitir a expressão e o estímulo de todas as capacidades humanas: intelectuais, motoras, afetivas, expressivas e comunicativas ou sociais – capacidades que devem ser valorizadas na escolaridade. Já que é evidente que nem todos os indivíduos, devido à cultura de procedência e às possibilidades pessoais, estão igualmente capacitados para tudo, é preciso diversificar os conteúdos escolares para que todos encontrem possibilidades de expressar e desenvolver suas capacidades, respeitando o sentido de igualdade que o currículo comum tem.

Esta fundamentação social se acrescenta ao princípio do humanismo pedagógico que estipula a conveniência de dar oportunidades ao completo desenvolvimento de todas as possibilidades do homem, dentro de um projeto educativo que não mutile dimensões de sua personalidade. Na história do pensamento educativo é uma constante essa sensibilidade como proposta e como crítica a certos sistemas escolares que favorecem a unidirecionalidade do desenvolvimento humano. O pensamento psicológico assentou também a crença de que no processo evolutivo se entrecruzam todos esses componentes da personalidade. Esses postulados se refletem, inclusive, na legislação que regula o sistema educativo. As instituições escolares, que foram criadas para atender a tais condições do desenvolvimento humano, evoluem com outro ritmo e talvez por outros caminhos; mas, ao menos no âmbito do discurso, existe a idéia de que toda educação, especialmente a que é um serviço para todos – a obrigatória –, deve contribuir para esse ideal.

Quanto mais restritas forem as finalidades do ensino, quanto mais limitado seja o "rendimento ideal protípico" exigido na escolarização, mais o ensino será seletivo de um determinado "tipo humano" sobre outros. O currículo comum deve ter, pois, a condição de ser bastante amplo quanto às facetas que cultiva, já que para a escolaridade obrigatória correspondem funções educativas que exigem ultrapassar a tradição intelectualista do ensino. Aqui reside um dos pontos-chave de conflitos dentro do sistema educativo: a luta entre a posição dos que vêem na educação a aspiração de servir à idéia de globalidade da pessoa e à necessidade de que todos tenham oportunidade de desenvolver capacidades diferentes, ao lado de outra que subordina qualquer necessidade educativa à transmissão prioritária dos saberes intelectuais que vê nestes a melhor resposta a essas necessidades globais dos indivíduos.

Esta condição *integral* do currículo tem conseqüências decisivas para se pensar, planejar, desenvolver e avaliar os currículos. Se o papel socializador da educação obrigatória é total, atinge toda a personalidade e não consiste apenas em transmitir conhecimentos, o currículo tenderá a ser também totalizador nos aspectos que diz cobrir – suas áreas – e nas condições e meios de desenvolvimento. Seus conteúdos não são apenas os que entram dentro da concepção tradicional acadêmica: resumos de conhecimentos pertencentes às áreas ou disciplinas clássicas nas quais os especialistas elaboraram e classificaram o saber pertencente à "alta cultura".

Estes conceitos e pretensões obrigam o estabelecimento das condições nas quais se realiza a experiência pedagógica no sistema educativo. Isso significa que não se implanta uma filosofia educativa pelo fato de difundi-la, mas sim que, além de se pautar em conteúdos formalmente pretendidos pelos currículos que se regulam dentro do sistema escolar, deve-se refletir também nas formas de organizá-los em áreas apropriadas, nas experiências de aprendizagem que se promoverão, na prática dos professores/as e em todas as demais condições do meio escolar (espaços, meios, ambiente, etc.). Daí que a teoria do currículo que ordene todos esses desafios deve considerar a prática real do desenvolvimento do currículo (Gimeno, 1988). Conteúdos, experiências, condições e meios são as categorias formais que se devem considerar na decisão e no desenvolvimento do currículo para a educação obrigatória (Skilbeck, 1982, p. 28).

Nesse princípio está implícito que, ao formalizar os conteúdos, chame-se a atenção sobre componentes que não se esgotam nos conhecimentos e se faça referência a capacidades, habilidades, atitudes ou valores. O erro se produz quando se pretende que essas categorias formais sejam utilizadas pelos professores/as para planejar sua prática, pois, na experiência real abordam-se todas as finalidades e conteúdos geralmente de forma globalizada. Para dar um exemplo, se queremos que os alunos/as saibam manejar fontes de informação como um objetivo do currículo básico, fundamentalmente adquirirão essa competência cultivando-a não de forma abstrata, mas praticando-a (provocando a experiência) quando trabalham qualquer tipo de conteúdo de cultura. A capacidade de expressão e comunicação deve ser um aspecto considerado não especificamente, mas ligado às situações de aprendizagem mais diversas.

Esta idéia ampliada da cultura geral ou básica que é o currículo integral ou multidimensional se assentou nos níveis de educação infantil e fundamental. Precisamente, ao ampliar a escolaridade obrigatória a idades em que o ensino secundário (*bachillerato*) tinha a tradição acadêmica de preparar para os estudos superiores, produz-se um conflito entre esta tradição e a idéia de estender aquele outro currículo mais amplo. No ensino médio obrigatório chocam-se duas subculturas pedagógicas, duas tradições. É um atrito que se manifesta na maneira de entender o que é conteúdo adequado do ensino, em seu agrupamento, nos métodos pedagógicos, nas funções do professor/a e na idéia do que deve ser a avaliação. O docente é um educador para guiar e ajudar o aluno/a como pessoa e em sua inserção social, ou alguém que trabalha no âmbito restrito da(s) matéria(s) de sua especialidade? Estabelece-se a opção entre um conceito amplo ou restrito da profissionalização docente (Hoyle, 1980), que deve ter suas conseqüências em como formar e selecionar os professores/as, na regulação de suas obrigações com os alunos/as nas escolas, nas relações de comunicação com a família e no estabelecimento das normas de comportamento ético com a família e na profissão. A educação na etapa da obrigatoriedade requer algo mais do que um especialista numa faceta especializada do conhecimento ou da cultura.

Da nova orientação holística do currículo da obrigatoriedade, ou ao menos de seu núcleo comum, não se depreende que o que se vai ensinar não sirva para proporcionar as bases que se aproveitarão em momentos posteriores da escolaridade. Não se seleciona e ordena o conteúdo com esse critério, mas como a base cultural geral de todo cidadão/dã, ou seja, a escolaridade obrigatória não deve ser planejada partindo do princípio de ser preparatória do *bachillerato*; embora, na prática, pesará aquela interdependência entre os níveis escolares de que falamos.

5) *O currículo comum exige a chamada "escola única" e a compreensibilidade.* Para responder às potencialidades do currículo comum compensador de diferenças no qual se oferta a cultura básica intercultural, precisa-se de uma instituição escolar única à qual todos freqüentem, seja qual for sua condição: para um mesmo período de idade, uma *escola comum única*, cujas possibilidades materiais, características, tipo de professorado e exigências não difiram de algumas escolas para outras, sejam estas rurais ou urbanas, de titularidade pública ou privada. Essa é a iniludível exigência organizativa (Skilbeck, 1982, p. 15; 1989, p. 208), pois só assim o currículo oferece as mesmas oportunidades de se chegar

a uma cultura fundamental igualadora. Sem ela, o currículo, embora formalmente fosse o mesmo para todos, na prática se diferenciaria. *Obrigatoriedade* (conceito jurídico), *currículo comum* (conceito cultural e pedagógico) e *escola comum* (conceito organizativo) são opções estreitamente ligadas que se exigem entre si para responder a uma mesma finalidade. Na realidade, ainda que a escola seja comum, as diferenças subsistem, segundo o meio social que a rodeia, os apoios familiares, as condições do professorado, a existência de escolas com os mais diversos tamanhos, etc. No final das contas, a escola por si só não pode suprir as diferenças sociais.

A filosofia do currículo comum num tipo de escola única faz parte do consenso social básico na parte da obrigatoriedade que cobre o ensino fundamental, mas é conflitante no ensino médio que entra também no período obrigatório. Trata-se do problema de se os limites da obrigatoriedade devem coincidir ou não com os limites de idade do currículo comum. Um aspecto é de que todos possam se beneficiar da escolarização obrigatória durante um mesmo tempo, e outro é que tenham de receber um mesmo currículo. Aqui não só e fundamentalmente se evidencia o conflito entre as duas culturas pedagógicas que mencionávamos no ponto anterior – a de perfil mais acadêmico frente a outra mais holística –, como também aparecem outros conflitos sociais que derivam em modelos de organização escolar diferente. Dentro da etapa obrigatória, uma fórmula é a de um currículo compreensivo comum para todos os alunos/as numa mesma escola que dê opções às diferenças individuais, outra é a de segregar em tipos de currículos e em escolas diferentes os alunos/as que seguirão caminhos diferentes: de um lado, os que vão continuar o *bachillerato*, e de outro, os que se inclinam pela formação mais prática ou profissional.

A compreensibilidade é uma fórmula política que pretende aprofundar na igualdade, ao apostar numa solução que não segrega os alunos/as, tentando mantê-los o máximo de tempo possível dentro do currículo comum, embora por si só não garanta a igualdade (Fernández Enguita, 1986; *Revista de educación*, 1989, n. 289). Pelo contrário, se a idéia de serviço social da obrigatoriedade fosse entendida apenas como mera acolhida dos alunos/as, proporcionando-lhes uma vaga escolar, sem explicitar que lecionar currículos diferentes supõe também condicionar o futuro do aluno/a, pode-se justificar a diminuição da educação sob currículos compreensivos, estabelecendo culturas diferentes dentro da obrigatoriedade.

Não é uma casualidade que na história da escola única e do currículo comum encontrem-se posições contrárias ao que se qualifica como pressão homogeneizadora, também chamada padronizada quando é criticada desde a direita política, precisamente para salvar determinados privilégios ou justificar que existam redes escolares diferenciadas e paralelas com distintos tipos de currículos para coletividades de alunos/as diferentes. A própria história da escola única é uma luta pela superação da distinção entre uma educação com conteúdos muito elementares e com habilidades práticas para classes sociais baixas, destinadas aos postos que demandam menos preparação, e uma educação seleta, de tipo mais intelectual e de melhor nível, para os predestinados a preparações escolares mais longas e que conseguem melhores empregos.

Apesar de suas intenções, a experiência histórica da educação compreensiva levanta interrogações sobre as possibilidades igualadoras que remetem, em suma, à própria impotência do sistema educativo para corrigir a desigualdade social, inclusive, duvida-se das qualidades do chamado currículo comum. Pode-se argumentar que, precisamente, essa condição do currículo é que exclui certos alunos/as, ao exigir o mesmo de todos, quando apenas poucos podem responder a suas exigências. O capital cultural familiar de procedência prediz que alguns terão êxito com mais probabilidade do que outros, porque esse capital significa apoios familiares desiguais, valorizações distintas da importância do que se aprende, disponibilidade ou não de habilidades básicas úteis na aprendizagem escolar, motivações diferentes, etc. Se a própria escola única e compreensiva não prevê compensação para os que se aproximam dela com déficit de partida e não se abre a outras formas de cultura e muda seus métodos, continuará provocando desigualdade.

A idéia de currículo compreensivo implica uma necessária revisão da cultura dominante nas escolas e dos métodos de lecionar os conteúdos. A qualidade desse currículo não se cumpre pelo fato de que se proponham conteúdos iguais para todos e todos recorram à mesma escola, mas sim implica outras mudanças para que suas potencialidades surtam efeito. O poder igualador do currículo compreensivo pode ser posto em dúvida se não se produzem essas outras mudanças, ainda que não seja menos evidente que a segregação de currículos é mais discriminatória do que a compreensibilidade para os menos dotados cultural e economicamente.

Os problemas que suscitam as possíveis respostas às exigências da compreensibilidade constituem um dos debates mais vivos da política educativa, da organização escolar e da discussão curricular da história recente em todos os sistemas educativos dos países mais desenvolvidos. Não é fácil dar um jeito nas exigências de uma educação comum para todos satisfazendo os diversos interesses dos grupos; tampouco é fácil estruturar as pretensões de uma educação integral que além do mais prepare para a vida e para se continuar no sistema educativo, subsistindo as diferenças sociais externas à escolaridade num sistema educativo que funcione corretamente, sem provocar a imagem de ineficácia, desordem e fracasso. Não é simples, de um ponto de vista técnico-meto-dológico, fazer com que tudo isso funcione com professores/as "normais" e com os meios de que dispõem atualmente os sistemas escolares. Todos esses sistemas têm problemas; problemas que têm sua origem na contradição de pretender que a educação obrigatória seja um serviço igual para todos, ao mesmo tempo que se mantém a função hierarquizadora do sistema, desempenhada, entre outros mecanismos, por meio de certos conteúdos de cultura que não são de igual significado e valor para todos. Querer a igualdade de serviço num mesmo tempo, quando alguns alunos/as requerem mais dedicação do que outros para se apropriarem deles é uma grande dificuldade.

6) *O currículo comum não é necessariamente uma determinação centralizada de conteúdos fechados.* Da perspectiva da tomada de decisões políticas sobre o currículo obrigatório, sua própria existência é associada a um sistema de decisões que não respeita a autonomia dos agentes que intervêm diretamente no ensino: pais, escolas, professores/as e alunos/as. A imposição por parte da administração de um currículo obrigatório parece supor o monopólio sobre o controle na decisão dos conteúdos do ensino. Não é uma alternativa deixá-lo totalmente nas mãos dos professores/as, individualmente ou como coletividade. Embora sejam um parâmetro profissional legítimo para decidir o que seus alunos/as necessitam, se a responsabilidade de optar ficasse unicamente em suas mãos gerariam outras questões. Esta posição implicaria desconhecer a legitimidade de outros agentes em tão decisiva opção. Quando existem múltiplos grupos e interesses envolvidos, a solução que se adote não pode ser prerrogativa exclusiva de nenhum deles (Skilbeck, 1984, p. 144). A participação social num debate aberto do currículo comum permite contrastar idéias e ideais, a diversidade de interesses torna-se explícita e podem se negociar as opções que se tomem. Trata-se de uma participação para a qual existe pouca tradição entre nós, daí que as

decisões curriculares costumam ficar numa discussão entre especialistas e administradores. Obviamente, em nenhum dos casos imagináveis os implicados disporão do mesmo poder para colocar e defender suas opções e alternativas. A deliberação num contexto democrático deve pressupor não apenas a existência de mecanismos, regulações e hábitos para realizá-la, mas também a capacidade para torná-la possível.

Este problema é importante, já que a seleção do currículo é sempre uma decisão entre muitas outras possíveis, que só se justifica enquanto se apóia num consenso social sobre seus componentes, no qual deve existir um equilíbrio de interesses. O importante não está, pois, em negar a relatividade da seleção que se realiza ou aspirar a um currículo sem regulações, mas em analisar o conteúdo das propostas e a forma de decidi-las: a *deliberação do currículo.*

Seja qual for a forma de adotar decisões que exista num sistema escolar para determinar os conteúdos da escolaridade obrigatória, o que parece aceitável numa sociedade democrática é que os agentes sociais devem ter um papel ativo na direção do sistema escolar, permitindo a expressão das peculiaridades de cada contexto, facilitando certo grau de autonomia nas escolas, respeitando a liberdade e iniciativa dos professores/as, assim como a participação de pais e de alunos/as. O equilíbrio será possível enquanto as prescrições sobre o currículo comum, ainda que sejam determinantes, não definam a prática nem seus conteúdos até seus últimos detalhes.

Certamente, as regulações de conteúdos mínimos permitem traduções muito diversas na prática, na hora de propor aos alunos/as que aprendam algo concreto. O dilema não está em optar pelos extremos de não ter prescrições, de acordo com a exigência de uma total autonomia para as escolas e professores/as, ou dispor de um currículo fechado, determinado "desde cima". Na primeira opção, é importante argumentar que numa sociedade democrática os poderes públicos democraticamente controlados devem zelar pelos direitos de todos, estabelecendo conteúdos mínimos, se são base da cultura comum. Pensar que os alunos/as ou os professores/as deixados a seu próprio arbítrio fariam opções neutras e válidas para todos é, por outro lado, uma ingenuidade. Além disso, não podemos esquecer que na sociedade existem outros meios de imposição de consensos culturais muito mais potentes e uniformizadores do que o currículo comum da escolaridade que não estão submetidos a controle algum. Por outro lado, a ausência de regulações é simplesmente incompatível com a existência do sistema de escolaridade prolongada, relacionado com o mundo do trabalho e profissional. Na segunda opção – o currículo fechado desde cima –, parece fácil se opor em prol da liberdade e do pluralismo numa sociedade democrática.

Nas condições sociais e da escolarização reais, a pergunta decisiva é que ponto intermediário adotar, que abertura deixar, o que regular e o que deixar para a decisão de instâncias intermediárias, como fazê-lo e que tipo de controle convém estabelecer. O importante é criar mecanismos de participação para discutir os problemas em torno da decisão, avaliação e revisão do currículo obrigatório, pois só assim se pode ir evidenciando um consenso social e profissional.

Voltadas para o controle da prática dos professores/as, as opções não são apenas em que grau precisar o currículo, mas também o que é o que se define ou determina. Uma coisa é que se ordenem áreas de conteúdo, componentes gerais destas, habilidades básicas do aluno/a, e outra é que se regule a prática dos professores/as, diga-se como se devem distribuir as unidades didáticas, como estabelecer a seqüência de aprendizagens, que critérios de conduta refletem as aprendizagens prescritas e assim por diante. Em nosso caso, historicamente se deu uma confusão que continua hoje em dia: regula-se o currículo enquanto se dão orientações para seu desenvolvimento, querendo controlar assim a prática de professores/as ao mesmo tempo que as aprendizagens dos estudantes (Beltran, 1991; Gimeno, 1988).

O currículo comum obrigatório da escolarização estabelece, pois, como tema central problemático o tipo de controle sobre seus conteúdos, ao decidi-lo, ao ordenar seu desenvolvimento e ao avaliar seus efeitos. Convém a existência de inspetores que, a serviço da administração, vigiem o cumprimento das prescrições para garantir a igualdade? Deve existir um controle de exames sobre as escolas para comprovar seus rendimentos? Os professores/as devem dar conta do que é feito em suas aulas? É conveniente que somente os professores/as sejam encarregados de determinar se os alunos/as alcançam as exigências do currículo obrigatório? Apenas anunciamos tópicos da política curricular que necessitariam desenvolvimentos mais amplos.

7) *Os conteúdos comuns não são apenas generalidades indefinidas.* O currículo, para ser aceitável para todos, não pode ser predeterminado; o que, mais do que um inconveniente, é uma condição para não ser determinante de práticas concretas que poderiam cercear as liberdades das demais partes que intervêm no processo de desenvolvimento curricular. Sendo claras as prescrições que compõem os mínimos do núcleo comum quanto aos valores que anunciam, podem fomentar e orientar um desenvolvimento por caminhos comuns, sem determinar com precisão as conquistas concretas em seu percurso. Enquanto são enunciados gerais, expressam caminhos gerais para se transitar de múltiplas formas por eles. A falta de definição não é um defeito, mas uma forma de iniciar o consenso, permitindo a expressão cultural, política, social e pedagógica diferenciadora, e também é um marco para a autonomia de professores/as, de escolas e de alunos/as.

8) *O currículo comum prescrito é um referencial da qualidade mínima exigível a um sistema homologado de ensino.* Ver a estipulação de um currículo comum apenas como algo potencialmente coercitivo oculta outras funções. A prática dos professores/as está condicionada de forma imediata por outros fatores, como, por exemplo, sua formação e sua dependência de livros-texto. Seria conveniente ver as declarações e prescrições curriculares como um conjunto de enunciados a partir dos quais todos os envolvidos deveriam exigir as condições para seu cumprimento na prática real do ensino; sobretudo exigir mais recursos para os alunos/as que não alcancem os mínimos.

Num sistema escolar universalizado, com variedade de escolas (de acordo com sua condição pública ou privada, rural ou urbana, localizadas em meios com as mais diferentes possibilidades quanto a estímulos culturais, professores/as, instalações, possibilidade de que os pais e os alunos/as exijam um ensino de qualidade), é necessária a homologação para facilitar a igualdade de tratamento para os alunos/as ou limitar, ao menos, as desigualdades já existentes. É preciso colocar as vantagens da regulação do currículo comum na perspectiva do que aconteceria no atual sistema se não existissem certas exigências mínimas.

Por outro lado, não podemos esquecer que a escolaridade é um serviço social caro para a comunidade e que, embora seja certo que em toda cultura há diferenças e que se deve permitir a variabilidade e a autonomia, também é certo que existe consenso sobre uma série de competências fundamentais que no ensino não podem deixar de ser alcançadas com os alunos/as. A pretensão de que a escola seja eficaz na realização de aprendizagens básicas (*back to basic*) é um debate muito atual naqueles sistemas que, apesar de sua cobertura universal, não são capazes de acabar com o analfabetismo, não atingem o domínio da leitura e escrita a um nível satisfatório nem garantem a posse de conhecimentos elementares e necessários na vida social. Embora em suas formulações mais correntes esse movimento expresse uma posição de volta aos métodos e conteúdos tradicionais, a busca de eficácia numa série de competências básicas e necessárias, que devem aparecer claramente estabelecidas no currículo comum obrigatório, não deve ficar só nas mãos das ideologias sociais conservadoras. O currículo comum, com todas as condições anteriores, pode facilitar a contínua avaliação diagnóstica e democrática do funcionamento e dos resultados do sistema escolar para sua permanente melhora.

A determinação de um currículo básico comum tem, por outro lado, um papel determinante, já que condiciona horários, sistemas de especialização do professorado, disposição de recursos, dotação mínima das escolas, etc. Algo que é imprescindível num sistema educativo complexo e universal para garantir a igualdade de condições e a homologação dos certificados que fornece. Ordena, ainda, a produção e a comercialização dos materiais curriculares, ao mesmo tempo que os padroniza.

Elucidar o conteúdo da cultura do currículo comum ou da educação geral

Como manter ao mesmo tempo as idéias de uma cultura comum, a necessidade de buscar a igualdade de oportunidades, a conveniência de adequar o ensino às peculiaridades dos alunos/as, a possibilidade de que as escolas e professores/as disponham de uma margem de autonomia? Em torno do currículo comum são debatidos, problemas sociais, culturais, psicológicos e pedagógicos relativos a que tipo de cultura os alunos/as devem receber na escola obrigatória. Também surge a controvérsia política sobre quem decide esse tipo de cultura comum, que marco de autonomia relativa facilitarão aos agentes que decidem e concretizam o currículo, quem controla e como se deve fazer o cumprimento deste na prática escolar. A determinação de que todos os cidadãos podem aprender na escolarização, sobre que temas desenvolverão seu pensamento, reflexão e valores, são aspectos de capital importância para os indivíduos, para o futuro da sociedade e para a manutenção ou revisão dos poderes estabelecidos.

A aceitação geral do bem social do prolongamento da escolaridade obrigatória, passada a crítica da desescolarização dos anos 60 e 70, deve implicar a discussão sobre o conteúdo que lhe é outorgada. Esse prolongamento é imposto dentro de moldes escolares já instituídos e muito assentados, o que imprime uma determinada qualidade às funções que a escolarização deveria desempenhar nesta etapa educativa. Se a escolaridade obrigatória na modalidade de escola compreensiva supõe uma oportunidade para evitar discriminações sociais, essa promessa, uma vez escolarizados os alunos/as, se cumprirá ou não em função de duas condições básicas: de acordo com cultura que se lecione e como esta se relaciona com as vantagens-desvantagens do aluno/a provocadas por sua origem familiar e social.

Como ponto de partida, propomos que a cultura da educação obrigatória deve estar a serviço do aluno/a, entendendo que este se relaciona com um meio no qual deve participar, e, para tal, precisa poder compreendê-lo, envolver-se em sua transformação e possuir uma série de habilidades ou capacidades. O currículo comum é o depósito da cultura fundamental para todos que devem centrar-se em competências gerais, já que não prepara especificamente para nada, é polivalente. Dele se espera uma incidência de muitos aspectos da educação do indivíduo, ao ser um currículo de socialização completa da personalidade e uma preparação para entender e participar na sociedade. Requer, então, uma perspectiva ampla do que é "conhecimento valioso", que ultrapassa o sentido restrito e enquadrado que as disciplinas escolares têm dele.

À primeira vista, é evidente o quanto é difícil precisar no que deve consistir esta educação dirigida a alunos/as muito diferentes, devendo ser relevante para todos eles, numa sociedade complexa, na qual o conhecimento ou a cultura em geral tem tantas dimensões e aspectos diferentes e especializados.

Admitindo a necessidade de que a educação geral abranja conteúdos relevantes, não apenas pertencentes à herança cultural mais elaborada, mas relacionados com os problemas atuais, não deixa de ser uma realidade que o saber ou o conhecimento considerado socialmente valioso continua sendo o que se elabora nos âmbitos da cultura geralmente especializada. A partir desta categoria de cultura, que é patrimônio de uma elite social, qualquer referência a outras significados de cultura parece pejorativa. Os conceitos de "cultura de massa", "cultura popular", "culturas marginais" são um exemplo de significados atribuídos à dotação própria das classes populares, alheias ao escolar, sem levar em conta que não apenas formam o único sistema de conhecimentos para muitos indivíduos, como também definem sua própria identidade como sujeitos (Giroux, 1989). Essas distinções são perigosas socialmente, esquecem as possibilidades e interferências entre qualquer tipo de cultura nas sociedades modernas, principalmente depois da revolução tecnológica e da comunicação, com suas derivações na vida cotidiana dos homens e em seu trabalho.

Parece uma necessidade fundamental a revisão do sentido de conhecimento dominante assentado no discurso, nas tradições e nos usos escolares, por duas boas razões: devido às condições em que se distribui, ao contrário do que aparenta, o conhecimento acadêmico, pretenso resumo da "cultura valiosa", parece-se muito pouco com a cultura elitista; por outro lado, o conhecimento acadêmico enquadrado nas disciplinas acadêmicas não deixa de ser uma parte do conhecimento. A escolaridade obrigatória capacitadora do cidadão/dã reclama certos saberes gerais e integrados que não são os rudimentos preparatórios para entender as disciplinas, o que não significa que seja oposto ou incompatível com a cultura ordenada nos diferentes campos disciplinares, nem que seja de nível mais baixo.

As competências e o conhecimento necessário para entender o mundo e os problemas reais, o que capacita o aluno/a para a vida social e para chegar à cultura mais elaborada, têm uma dificuldade para se estruturar como um saber valioso dentro do currículo escolar: não contam com agentes, instituições ou organismos de produção no mundo acadêmico e cultural. A função de elaborar compreensões sintéticas do mundo está reservada a filósofos e intelectuais que, além de escassos, não chegam a todo o sistema educativo nem cobrem suas necessidades. Os especialistas em ciência social ou em qualquer ciência natural estão mais ocupados em elaborar e revisar conhecimentos de acordo com os parâmetros que reinam em sua especialidade, ou escola científica, do que em ver como um cidadão/dã comum pode ter acesso a essas parcelas de cultura e utilizá-las para entender e se desempenhar pessoalmente na sociedade. Por isso, a divulgação científica é um recurso que, embora não seja feita com finalidade escolar de modo geral, é muito aproveitável no ensino e está dando importantes frutos na formação científica da população.

A necessidade de síntese na educação básica do cidadão/dã é óbvia na hora de ajudar na compreensão de problemas reais que não pertencem à disciplina alguma. O cidadão/dã comum deve entender sobre os problemas do acúmulo de pessoas nas cidades e suas conseqüências, sobre a deterioração ecológica e o esgotamento da energia, a desigual divisão de riqueza em relação com os conflitos internos de uma sociedade e entre as nações, os conflitos internacionais, a importância da tecnologia na transformação da vida, a influência da publicidade e dos meios de comunicação, o renascimento dos nacionalismos e fundamentalismos religiosos, para citar alguns exemplos? Se a resposta a estas perguntas é positiva, que especialista ou disciplina cria conhecimento válido e essencial, mas exeqüível, para não ficar em meras trivialidades? A compreensão dos problemas que preocupam o homem moderno necessitam de sínteses no currículo, não de perspectivas analíticas próprias de disciplinas para que o aluno/a as integre por sua conta. Quem é o especialista em sínteses, não em *puzzles* superficiais? Essa necessidade curricular para o sistema escolar na educação obrigatória não tem agentes que a satisfaçam adequadamente. Necessitam um esforço de criação curricular específico que não pode ficar à mercê da vontade e da iniciativa das empresas de criação de material didático e de livros-texto, pois estas dedicarão mais atenção ao mercado de seus produtos do que a qualquer filosofia educativa.

Paralelamente, pode-se fazer a pergunta: que tipo de professor/a cumprirá com essa função de síntese? A especialização costuma vestir-se de prestígio, e o que chamamos professor/a "generalista" é uma denominação enganosa, já que não define uma alta competência para integrar conhecimentos em visões gerais, senão que costuma coincidir mais com a idéia de um "conhecedor elementar de tudo" – com baixo nível de formação –, para lecionar rudimentos elementares em vários campos culturais. A divisão que se faz no sistema educativo entre professores/as especialistas e generalistas implica diferentes níveis de formação inicial, não havendo posições frente ao dilema da integração e síntese ou de especialização do conhecimento.

A integração entre conhecimentos

> "Nas escolas da Antigüidade, os filósofos aspiravam à distribuição de sabedoria; nos colégios modernos, nosso propósito é mais humilde: ensinar matérias. A queda desde a divina sabedoria, que era a meta dos antigos, até o conhecimento das matérias segundo os livros-texto, obtido pelos modernos, marca um fracasso educativo mantido através dos tempos. Não sustento que na prática da educação os antigos tenham obtido maior sucesso que nós... o que afirmo é que, no alvorecer de nossa civilização européia, os homens começaram com os grande ideais que devem inspirar a educação, e que gradualmente nossos ideais foram decaindo até se enquadrar em nossa prática.
>
> "Quando os ideais descem ao nível da prática, o resultado é o estancamento..." (Whitehead, 1965, p. 54.)
>
> "Não se pode ser sábio sem ter certa base de conhecimentos; mas é fácil adquirir conhecimentos e permanecer carente de sabedoria.
>
> "A sabedoria é a maneira de possuir o conhecimento" (idem, p. 55).

Em torno das formas de ordenar o conteúdo do currículo, a classificação do conhecimento, estabelece-se um núcleo de problemas muito decisivos para a escolaridade obrigatória, embora se possa ver também a partir das necessidades de outros níveis educativos. A ordenação do conteúdo condiciona, por exemplo, que a experiência de conhecimento e de aprendizagem para os alunos/as seja iniciada a partir de temas que podem ter pouco significado pessoal, se se sucedem a partir da ordem marcada pelo conhecimento já classificado em matérias, ou possam ter significados mais próximos ao partirem de problemas reais. A classificação tem a ver, como afirma Whitehead, com a forma em que se possui o conhecimento.

Como afirmam Tanner e Tanner (1980), para tornar mais factível a significação do conhecimento escolar para os estudantes:

> "(O currículo) não deve abordar exclusivamente a herança cultural da humanidade, mas também os problemas do homem e da sociedade. A educação geral requer uma perspectiva sobre o conhecimento que é essencialmente diferente do conhecimento próprio da educação especializada" (p. 445).

Não é que se despreze o saber especializado e classificado em matérias ou disciplinas, senão que se questiona a forma em que sua organização permite abordar uns temas ou outros e fazê-lo numa seqüência mais apropriada para as necessidades da educação básica ou geral, mas estamos frente a um desafio estabelecido desde há muito tempo e nunca resolvido. O conhecimento na sociedade atual é produzido em âmbitos especializados, e a figura do sábio, ou do homem multidimensionalmente formado, como integrador de perspectivas parciais para entender melhor a totalidade do mundo e seus problemas, é uma aspiração cada vez mais relegada ao terreno do impossível. A própria especialização descobre campos fronteiriços para abordar interdisciplinarmente; a urgência de aplicar o saber à resolução de problemas na cultura e na sociedade exige a integração de conhecimentos pertencentes a disciplinas diversas. Pretender alterar a estrutura atual das disciplinas e suas conseqüências no ensino implica questionar todo o funcionamento das instituições onde o saber legitimado por antonomásia se produz; leva à discussão de territórios profissionais que dependem delas e a própria estrutura social dessas profissões (Ocde, 1973, p. 7). No sistema educativo, qualquer outra perspectiva que se oponha à especialização dominante não terá entrada fácil.

Apostar na educação em geral, e especialmente na obrigatória, por um currículo de cultura integradora é se situar, portanto, numa perspectiva de resistência e de busca de uma alternativa frente a uma prática dominante na cultura e sociedade modernas. Esta pretensão não é fácil, pois a integração do saber não dispõe dos espaços, nem dos meios, nem das pessoas, nem do apoio dos interesses que mantêm a especialização.

No entanto, se o currículo comum da escolaridade obrigatória não tem como primeira função ser propedêutico para níveis educativos posteriores, daí se deduzem conseqüências sobre as formas de organizar a cultura curricular e o método de ensiná-la.

> "... a natureza dos problemas sociais que qualquer membro da sociedade democrática deve enfrentar requer um currículo de sínteses para lhes prestar adequada atenção, já que esses problemas não têm acolhida nas disciplinas estabelecidas ou nas categorias de conhecimento representadas pelas matérias escolares" (Tanner e Tanner, 1980, p. 449).

A educação geral se contrapôs ao ensino especializado em disciplinas ou matérias, como afirmaram Tanner e Tanner (p. 455), quando o contraste que se deve estabelecer é em termos de que perspectiva adotamos sobre o conhecimento e a vida, junto a uma forma de organizar e tratar esse conhecimento. A formação do cidadão/dã requer que lhe sejam proporcionadas visões sintéticas dos problemas, já que o ideal democrático de uma cidadania ilustrada exige iluminar problemas e conectar saberes (p. 556). A busca de fórmulas para obter isso é uma urgência reclamada pela função democrática da escolarização comum para todos, tanto mais urgente quanto mais especializado é o conhecimento que se produz. Este tem sido um desafio no pensamento pedagógico de todo este século.

O conhecimento parcelado no currículo, uma das causas da aprendizagem desconectada na mente dos que aprendem, tem várias conseqüências:

1) O desaparecimento na cultura escolar do tratamento das questões básicas que devem preocupar o homem moderno, do que se derivará a impossibilidade da utilização do saber para entender o mundo.

2) O saber parcelado em matérias revela sua utilidade muito tarde para que os alunos/as possam explicar o mundo. Desse modo se submete os aprendizes a um constante processo de assimilar introduções entrecortadas, o que lhes exige uma espécie de fé em que encontrarão sentido para tudo o que lhes é imposto se se mantivessem disciplinados, esperando sínteses que chegarão mais tarde. Só que, na melhor das hipóteses, isso acontecerá, quando acontecer, para os poucos que permanecerão nos níveis superiores. Para os demais, será a exigência de responder a algo que não tinha mais sentido que o de ser superado, obrigando-se a aceitar o que não entendiam. A educação, como afirma Bernstein (1988, p. 77), adota a forma de uma longa iniciação no mistério e no conhecimento; passa a ter uma significação sagrada, esotérica e incompreensível. Não é estranho para esta análise o estado de desmotivação generalizada que os estudantes apresentam no sistema escolar.

3) Por tudo isso, como sugere o mesmo autor, as formas de classificar o conhecimento no currículo, que separam uns poucos conteúdos de outros, reforçam as relações hierárquicas em educação, pois deve-se impor com disciplina o que não tem sentido por si mesmo. O exame será o rito que valida a posse concreta do saber, mas não a capacidade para utilizá-lo ou, simplesmente, entendê-lo.

O fato de que o sistema escolar tenha se criado e expandido enquanto esteve vigente a idéia de que o currículo deveria estar composto pelo saber parcializado em disciplinas, teve sua influência não só no que se selecionou como saber essencial, mas também nas práticas, nas estruturas organizativas e na mentalidade dos professores/as. A possibilidade e conveniência de inter-relacionar o saber é geralmente aceita para orientar a configuração e prática curricular no ensino fundamental, mas é conflitante no ensino médio, quando os professo-res/as foram formados num conceito de cultura especializada em compartimentos estanques.

As reformas curriculares dos anos 60, nos países que empreenderam mudanças qualitativas nos conteúdos para adequá-los às necessidade da produção industrial, fundamentaram-se, basicamente, sobre as disciplinas, subentendendo-se que a estrutura científica das mesmas supunha a essência do conhecimento com capacidade formativa para todos. Este autor analisa o fracasso da educação americana, num momento em que se discutia a validade de um sistema que tinha sido surpreendido pelo êxito do *Sputnik*, nestes termos:

> "Os eruditos de primeira linha de suas disciplinas, que poderiam ser capazes de dar a maior contribuição para a reorganização essencial de seus próprios campos, não se ocupavam do desenvolvimento de planos de estudos para as escolas elementares e secundárias" (p. 5).

Apesar da impressão dominante, a história do pensamento e da prática didática oferecem constantes exemplos para tentar dar reposta à necessidade de integrar o conhecimento e a cultura desde diversas frentes:

1) Por exemplo, por meio do plano geral do currículo, globalizando, ou, digamos melhor, aproximando conteúdos em *grandes áreas* de saber e de experiência, como é o caso das Ciências ou Estudos Sociais. É mais fácil levar em consideração as diferenças de interesses nos alunos/as, é mais provável conectar com suas inquietações e com sua cultura de procedência, é mais fácil se aproximar dos problemas reais da vida quando o conteúdo se agrupa em grandes áreas e não em disciplinas.

2) Por exemplo, por meio do plano de *unidades de aprendizagem globalizadas* em torno de grandes temas ou problemas que atuam como centros de interesse que permitem reagrupar conteúdos muito diversos: a habitação, o transporte, a alimentação. Realizando atividades centradas no estudo de aspectos da realidade que precisam recorrer a componentes muito diversos: partir da visita e análise de um museu, uma fábrica, um problema social, etc.

3) Realização de *projetos* de trabalho que, num tempo relativamente dilatado, necessitam desenvolver atividades muito diversas, recorrer a múltiplas fontes de informação, pôr em exercício diferentes competências e a colaboração de distintos professores/as: a investigação de algum fato histórico próximo, a análise de um ecossistema.

4) A formação e seleção de professores/as em áreas menos especializadas. Se se dispõe de uma equipe de docentes nas escolas formados e selecionados segundo áreas muito restritas do conhecimento e da cultura, a perspectiva que esses docentes transmitirão em suas práticas será necessariamente a de suas especialidades. Uma maior pluridisciplinaridade na formação e seleção do professorado pode transmitir outra visão do saber.

5) A *organização do professorado* nos empregos. A coordenação entre professores/as é uma exigência para ter um projeto educativo coerente que tenda a transmitir uma visão integradora da cultura, quando cada professor/a é um especialista numa parte do currículo. É importante organizar o trabalho dos professores/as em equipe, com horários e métodos que favoreçam a intervenção conjunta com seus alunos/as.

Como vimos, a integração do conteúdo não é algo já dado com que o ensino e os professores/as possam contar. É uma aspiração e exigência cujo fim é a formação geral, que deve facilitar desde a ordenação do currículo, desde a política do professorado, desde a coordenação do trabalho nas escolas e, especialmente, por meio do planejamento de materiais curriculares.

A diversidade e o currículo comum: respostas políticas, organizativas e didáticas

> "As reformas que lhes propomos. Para que o sonho da igualdade não continue sendo um sonho lhes propomos três reformas:
> 1. Não reprovar.
> 2. Aos que pareçam bobos, dar-lhes escolas de tempo integral.
> 3. Aos apáticos, basta dar-lhes uma finalidade." (alunos/as da Escola de Barbiana: *Cartas a una maestra*, 1970, p. 79-80).

A diferenciação da educação para responder e dar guarida às necessidades e peculiaridades dos alunos/as, exigência do pluralismo social e do respeito ao indivíduo, tem sido um tema que atravessa a história do pensamento, da política e da prática pedagógica. Como idéia tem sentido aplicá-la a qualquer nível ou situação do sistema educativo, mas adquire especial relevância no ensino obrigatório ao dar guarida, num modelo de escola e de currículo comum, a uma gama muito variada de alunos/as durante um tempo prolongado. Neste caso, a diversidade de estudantes e os conteúdos comuns podem ser vistos como incompatíveis ou, pelo menos, como duas aspirações muito conflitantes. A resposta que se dê ao problema pode manter ou mesmo desvirtuar o sentido da escolarização obrigatória. A preocupação por diferenciar a educação é explicada por dois motivos básicos bem distintos:

1) A escolarização universal realizada no século XX introduz uma massa de alunos/as no sistema educativo procedentes de origens sociais muito dife-

rentes, com diferentes possibilidades e ritmos de aprender que é preciso ordenar de alguma forma para que a organização de todo o sistema escolar seja viável. Dirigir diferentes alunos/as para currículos de maior exigência intelectual, centrados nas disciplinas, para outros conhecimentos mais generalizados ou para uma terceira categoria dedicada ao conhecimento profissionalizante, tem sido uma forma de diferenciar o currículo socialmente, que serve a uma política de distribuí-lo entre distintos grupos sociais de forma desigual. Essa diferenciação é muito óbvia quando para uma mesma idade de alunos/as existem tipos de formação – currículos – distintos. Inclusive dentro dos sistemas compreensivos subsiste a diferenciação social quando, pela optatividade, se oferecem possibilidades de opções com distinto valor e projeção futura: módulos que as mulheres escolhem mais do que os homens, outros componentes de formação que são preferidos por sua facilidade pelos alunos/as que mostram menor capacidade, etc. Ao universalizar a escolarização obrigatória supera-se a discriminação entre os que têm acesso à escola e os que não têm, mas as diferenças sociais se transferir-se-ão para o interior do sistema escolar, e uma forma de mantê-las é distinguir o tipo de cultura que se proporciona para alunos/as com possibilidades, aspirações e destinos sociais desiguais.

2) Da perspectiva da organização escolar e da metodologia pedagógica, a escolarização de alunos/as heterogêneos estabelece a importância de que os professores/as atendam a grupos com uma grande variedade interna, na qual essas diferenças individuais são observadas em termos de interesses, ritmos de aprendizagem, predisposição para aprender, apoio familiar, etc. Como é natural, ocultam-se as diferenças quando os alunos/as não foram selecionados. A heterogeneidade estabelece para professores/as e escolas a necessidade de considerar estratégias organizativas e didáticas para abordar: *pontos de partida* diferentes dos alunos/as frente aos conteúdos, *necessidades* e interesses diferentes, peculiares *intensidades* de esforços requeridos para cada aluno/a. Tudo isso pode se traduzir em vantagens para uns e déficit para outros se o ensino estabelece conteúdos homogêneos com uma dedicação de esforços e meios iguais para todos e sem possibilidade de *expressão da individualidade* de cada um. Da ótica da educação obrigatória com um currículo comum, todas essas diferenças estabelecem desafios aos quais não é fácil dar resposta.

Diante desta realidade, a idéia de um ensino "na medida do aluno/a" foi e é uma aspiração difícil de resolver. O princípio pedagógico que quer responder à diversidade entre alunos/as é o de *individualização*: estratégia de ensino-aprendizagem em que se considera a peculiaridade do aluno/a em geral ou de algum com necessidades específicas. A história da prática de ensino oferece exemplos de sistemas que respondem a esse princípio, não-válidos para um sistema geral de ensino, próprios de determinadas classes sociais: educação de príncipes, de *gentleman*, tutorias para crianças de famílias que podiam se permitir um preceptor para seus filhos. Ao contrário, em organizações escolares, o ensino, em vez de enfrentar a heterogeneidade, teve de impor-se às diferenças individuais por meio da disciplina, gerando padrões de comportamento e de exigência acadêmica padronizados, aos quais os indivíduos devem submeter-se.

Desde os primeiros trinta anos deste século, a diferenciação em educação foi apresentada muito mais de uma perspectiva técnica sem análises sociais das diferenças, apoiada na psicologia que deu base científica à idéia de infância, como um processo de evolução próprio que mostra ritmos específicos de desenvolvimento peculiares para cada sujeito, com o conseqüente efeito na cristalização de personalidades com características singulares. Por outro lado, toda a teoria e prática da medição de qualidades humanas, propiciada pela mentalidade taylorista de adaptar especificamente os indivíduos a cada emprego, contribuiu com idéias e instrumentos para classificar a heterogeneidade em "tipos humanos" aos quais se necessitou adaptar depois tratamentos pedagógicos. Pressupostos que se transferiam para as práticas educativas querendo articular os currículos de acordo com algum tipo de classificação prévia dos alunos/as que a escola recebe, para que os professores/as deparem-se com grupos de estudantes mais semelhantes entre si. O próprio professorado, por comodidade no trabalho, aceitará o princípio de que é mais fácil trabalhar com alunos/as que apresentem características e possibilidades parecidas. Nessas condições existem menos conflitos, maneja-se melhor o ritmo da aula e se pode praticar metodologias que são dirigidas a todos ao mesmo tempo.

As práticas de homogeneizar, para manejar com mais facilidade o grupo foram legitimadas com a idéia de que os alunos/as aprendem melhor e mais rapidamente em grupos homogêneos (Oakes, 1985), o que não deixa de ocultar um darwinismo social sob uma idéia de ordem e de rendimento que seria necessário discutir, já que ao fazer grupos homogêneos se acaba distinguindo os alunos/as com diferente nível de capacidade e de rendimento. Consideramos que existem razões éticas e sociais para não antepor os argumentos de "melhor funcionamento" ou facilidade de trabalho ao significado social que tem toda segregação.

O amálgama de pressupostos sociais, políticos e econômicos, racionalizados com argumentações pseudocientíficas, serviu como incitação para encontrar fórmulas tayloristas para se realizar a diferenciação de alunos/as em grupos dentro das instituições escolares. Muitas dessas idéias deixaram sua marca na forma de organização escolar que caracteriza o sistema educativo. Primeiro, aproximadamente durante a primeira metade do século, os alunos/as "atípicos" começam a sofrer um processo de classificação e distanciamento dos "normais" dentro de modalidades de "educação especial" de ensino, separando-os fisicamente. A segregação em classes separadas dos alunos/as que mostrassem algum atraso por motivos físicos ou intelectuais foi a primeira realização deste processo. Mais tarde, criou-se a categoria de "aluno/a atrasado", embora dentro da normalidade. Para isso se prevêem classes ou grupos especiais de recuperação. Também se instituíram as classes para os bem-dotados. A prevenção puritana frente ao sexo institucionalizou a separação de classes e/ou colégios inteiros diferentes para meninos e meninas. É uma mentalidade classificadora que se universalizaria em fórmulas de organizar em níveis também os que ficassem dentro da "normalidade", agrupando os alunos/as por categorias de acordo com sua capacidade ou nível de rendimento. No âmbito anglo-saxão, esta prática foi denominada *streaming* ou *tracking*. Entre nós, é mais conhecida como ensino em *grupos homogêneos*.

Logo a investigação educativa demonstrou que, salvo para os alunos/as situados nos níveis extremos de capacitação, não havia provas de que a classificação para homogeneizá-los repercutisse em melhores resultados em todas as catego-rias de alunos/as. Ao contrário, há indícios de que se produzem efeitos indesejáveis, como a falta de estímulo e de superação dos "piores alunos/as", ou a socialização numa mentalidade de castas intelectuais privilegiadas no caso dos melhor dotados. A sensibilidade por uma educação mais democrática combateu qualquer proposição que não estivesse a serviço de uma melhor integração social desde a pluralidade, na qual os fracos devem encontrar o apoio dos melhor dotados e o estímulo para continuar progredindo (tutoria entre iguais, por exemplo). Estudos sociológicos deixariam claro que essas práticas de classificação são instrumentos para a manutenção das diferenças sociais, sendo contrá-rias ao princípio de igualdade de oportunidades. No entanto, a prática pedagógica real guarda vícios dessa mentalidade classificadora à qual serve muito bem a avaliação escolar hierarquizadora; enfim, essa ideologia coincide com a orientação seletiva do sistema educativo, embora não seja esta a finalidade do ensino obrigatório.

A segunda metade deste século fez a divulgação de idéias e práticas que se opunham à segregação, apoiadas no ideal democrático da conveniência de educar os alunos/as em grupos heterogêneos, integrando inclusive nas classes normais os que têm deficiências, aplicando a fórmula que hoje chamamos *integração escolar* (Hegarty, 1988). As experiências práticas neste sentido são menos abundantes, e as fórmulas para implantá-la chocam-se com a estrutura escolar dominante, na qual o currículo está subdividido em graus, níveis e etapas, razão pela qual se encontraram e se encontram sempre dificuldades para aplicar fórmulas nas quais o aluno/a possa progredir na medida de suas possibilidades. As *escolas sem graus* que se experimentaram a partir dos anos 60 eram uma tentativa de organizar o progresso individual dos alunos/as numa estrutura escolar flexível, sem cursos, em que se posicionassem de acordo com os avanços que vão realizando em cada área do currículo (Goodlad e Anderson, 1976; Miller, 1976). Para essa estrutura organizativa existiam estratégias didáticas chamadas "para multinível", porque permitiam começar do estado do qual partia cada aluno/a. São sistemas que reclamam uma distribuição diferente do espaço escolar e uma configuração muito distinta do trabalho dos professores/as, em que não tem sentido nem o "pequeno espaço" de uma aula fixa e permanente para um grupo de alunos/as", nem o professor/a como responsável de um ou vários grupos de estudantes, ou seja, tudo isso em contradição com a realidade na qual tem de ser inserido. As soluções organizativas, uma vez assentadas, são um obstáculo de primeira ordem para qualquer inovação que não se acomode a elas.

Desde o ponto de vista metodológico, desejou-se abordar as diferenças entre alunos/as com estratégias didáticas que respondessem à diversidade de possibilidade e ritmos de aprendizagem dos alunos/as. Este foi o caso do ensino individualizado por meio da programação adequada ao aluno/a e planejamento de materiais que permitissem um progresso individual. É a estratégia conhecida como *ensino individualmente prescrito* ou educação *guiada individualmente*, em voga nos anos 70, que agora se recupera na Espanha sob a denominação *adaptações curriculares individualizadas* ou *programas de desenvolvimento individual.*

Estes programas se devem à conjunção de uma série de fatores e pressupostos: a) a idéia de que cada indivíduo desse de si mesmo tudo o que permitem suas capacidades, em consonância com uma sociedade competitiva em que a pessoa deve conquistar as cotas de bem-estar de que seja capaz; b) a crença de que a origem das diferenças está nos sujeitos e, portanto, é preciso acomodar-se pedagogicamente a elas e tratá-las individualmente, como se fossem peculiaridades a partir das quais se deve partir, mais do que expressão de diferenças sociais e do tipo de cultura recebida. Conseqüentemente, ao não se discutir essa cultura e sua conexão com a experiência do indivíduo, não se incide sobre a seleção de conteúdos dos currículos; c) a orientação em psicologia da instrução que buscava estabelecer estratégias de ensino precisas para unidades de conteúdos muito bem delimitadas; d) toda a corrente condutual e de sistemas que pretendia realizar qualquer objetivo de aprendizagem ou conteúdo e a importância de especificá-lo em seus componentes mais elementares em termos de conduta observável; e) o pressuposto de que o conhecimento pode ser limitado em unidades separadas, distinguíveis umas das outras, de forma que o domínio progressivo de todas elas equivale a possuí-lo; f) o desenvolvimento de uma tecnologia didática que, por meio de materiais escritos muito estruturados e dosificados, ou utilizando meios técnicos, como o computador ou a TV, fossem capazes de ir apresentando a informação à medida que o sujeito progredisse na seqüência do conteúdo; g) uma visão didática basicamente transmissora em que tudo pode e deve ser previsto com antecedência.

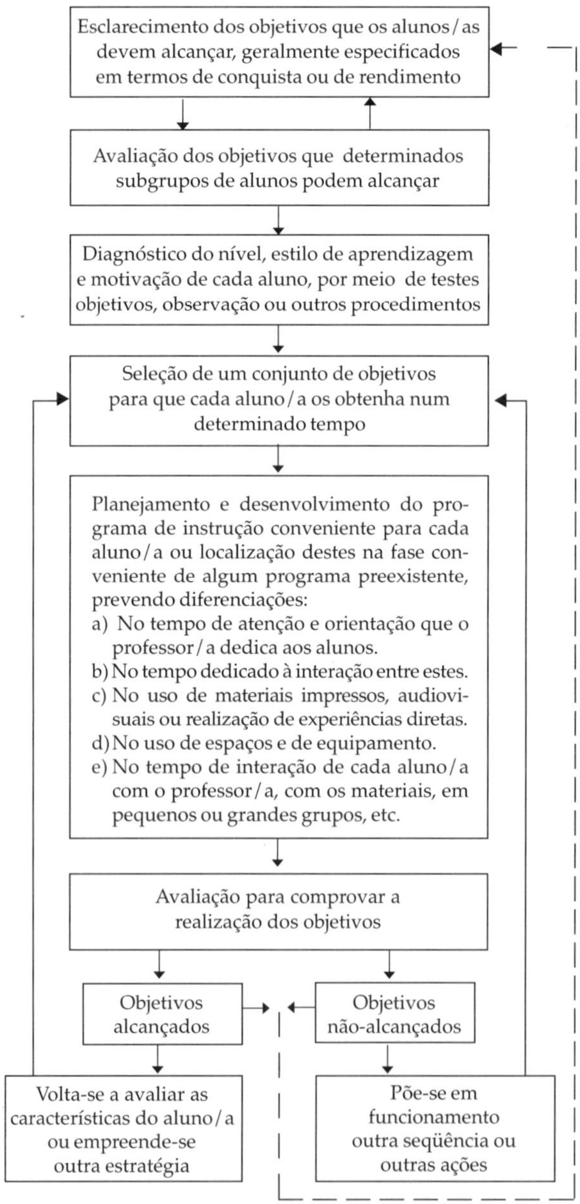

Figura 7.1. Seqüência de passos num programa de individualização para abordar diferenças (Popkewitz, T.; Tabachnick, R. e Wehlage, G., 1982, p. 32).

Na Figura 7.1 (Popkewitz, Tabachnick e Wehlage, 1982), especifica-se a seqüência de passos que devem ser seguidos nesta estratégia de individualização para abordar as diferenças.

O sistema permite a adaptação dos indivíduos porque pode variar o ensino em termos de intensificação de esforço, por meio da adaptação de materiais e adaptando a seqüência de objetivos às características de cada estudante. Mas não se modifica substancialmente o tipo de conteúdos ou a conexão do currículo com a experiência prévia do aluno/a e com sua cultura de referência. Do ponto de vista profissional, monta-se todo um esquema difícil de manejar pelos professores/as em condições reais, que exigirá inevitavelmente a ação de especialistas externos para realizar esses programas minuciosos e um tipo diferente de escolas.

A idéia de fazer uma escola "na medida do aluno/a" continua sem se resolver porque a instituição escolar, devido à sua estrutura organizativa e funcionamento, é mais coerente com práticas não-diferenciadoras que padronizam os tratamentos, homogeneizando a cultura que dá, estabelecendo níveis-médios de rendimento e de ritmos de trabalho que dificultam a integração de "atrasados" e de alunos/as "diferentes" em geral, de modo que no sistema escolar qualquer aluno/a se transforma em "diferente" por alguma inadequação a esses modelos de funcionamento. A homogeneização de seus clientes é obtida condenando-se à categoria de "fracassados escolares" os que não seguem seu modelo de cultura e de rendimento, ou não são capazes de progredir de acordo com seu ritmo de funcionamento.

A pressão homogeneizadora foi traduzida numa hierarquização de categorias de alunos/as às quais se adaptam tipos de educação. O sistema educativo funciona classificando e adaptando diferentes tipos de clientes a períodos de escolaridade, modalidades e especialidades diversas nele compreendidas. Oferece aos alunos/as possibilidades diferenciadas que adaptativamente se acomodam à estratificação social, que é quem o gerou. Há ciclos curtos e longos de escolarização, currículos com diferentes níveis de exigência, estudos para ser trabalhador manual e outros para formação intelectual, *conteúdos* especializados em facetas da ciência e da cultura, etc. Ironicamente se pode dizer que, em si mesmo, o sistema educativo é flexível e oferece a seus hipotéticos beneficiários fórmulas distintas de quantidade e qualidade para que cada qual se sirva segundo suas possibilidades e interesses.

O problema fundamental é que, numa sociedade com desigualdades, logicamente os pontos de partida são muito diversos, daí que proporcionar o mesmo a todos na escolaridade obrigatória não significa promover a eqüidade. Não se trata apenas de diferenças psicológicas quanto ao grau e tipo de qualidades entre alunos/as, mas de suas possibilidades, em função do meio do qual se procede e ao qual se pertence. A educação obrigatória, se mantivesse mecanismos seletivos e hierarquizadores, se realizasse práticas de segregação por meio da seleção do currículo dado, ou por meio de sua organização e desenvolvimento, ou se se tornasse uma educação uniforme para todos, contribuiria para manter e reforçar as diferenças entre os alunos/as na escolarização.

Os pontos de partida desiguais de alunos/as frente ao currículo comum, ou frente a qualquer de seus componentes, exigem no ensino obrigatório levar em conta uma preocupação *compensatória* para aqueles que mais necessitam do ensino, pois seu capital cultural de origem não lhes foi favorável. Não como programas residuais paralelos para os que não acompanham o curso normal do currículo comum ou para os que já não possam incorporar-se a este, mas como ajuda e aumento de educação para acompanhá-lo. Se não se parte deste fato, a filosofia educativa obrigatória comum carrega sua própria impotência para cumprir com o que promete: um mesmo ensino para todos. Para que eleve a todos teria que ser desigual no tratamento, compensadora com os que necessitam de mais esforços. O currículo comum não pode nos fazer esquecer que não existem alunos/as médios abstratos, para os quais se possa selecionar e planejar uma cultura especialmente acondicionada. Os alunos/as não têm as mesmas oportunidades quando ingressam na escola, nem se corrigem de todo as diferenças durante a escolarização, senão que inclusive estas podem aumentar. Não existe nenhum currículo neutro, como tem demonstrado muito bem a desigual divisão por grupos sociais do fracasso escolar. Se alguns grupos sociais fracassam mais do que outros não podemos cair na explicação cômoda da "inevitável desigual distribuição das capacidades", algo que endossa as análises empíricas da realidade, senão que é devido à desigual adaptação dos conteúdos, dos métodos educativos e do funcionamento geral da instituição para diferentes tipos de capacidades, culturas de procedência e expectativas sociais nos alunos/as.

O problema das diferenças sociais e psicológicas dos indivíduos estabelece um desafio para a organização de todo o sistema de educação, exigindo uma reconversão de estruturas, currículos, funcionamento e mentalidade que veste o sistema vigente, porque a idéia da obrigatoriedade e do currículo comum insere-se num sistema que não foi pensado para isso, mas para responder à diferenciação social existente.

Algumas condições do currículo e de seu desenvolvimento no ensino obrigatório

Opção e diferenciação

Os sistemas educativos e as políticas que os regem para enfrentar a heterogeneidade de interesses e capacidades dos alunos/as optaram pela mudança da *diversificação* curricular no último estágio da obrigatoriedade, para evitar o conflito e atraso acumulado de boa parte dos alunos/as quando a escolaridade se prolonga além do que era o ensino fundamental. As dificuldades para que todos os estudantes acompanhem o currículo comum implica que essa etapa seja especialmente problemática para aqueles com menor capital cultural e menos capacidades intelectuais. Opta-se por diferenciar conteúdos, disciplinas ou currículos completos para distintos grupos de alunos/as, como meio de evitar o abandono escolar e o fracasso.

Uma solução intermediária de compromisso é a que costuma adotar o ensino compreensivo, que consiste em manter dentro de uma escola única um currículo flexível, distinguindo um núcleo comum para todos (*core currículo*) e uma parte complementar diferenciadora. O primeiro trata de dar resposta às funções de currículo igualador e homogeneizador, o segundo trataria das diferenças. Em alguns casos essa diferenciação se apresenta como *opção* para que o aluno/a escolha; em outros, como prescrição de um caminho paralelo, uma vez que não se superam os controles de passagem entre níveis ou entre áreas ou disciplinas. Nessa diversificação se produzem simultaneamente dois tipos de divisões, de significado muito distinto: a) ofertas curriculares diferenciadas, de valor equiparável do ponto de vista social e acadêmico, para dar espaço para os interesses distintos (escolher um idioma moderno ou outro, optar por disciplinas equivalentes, por exemplo); b) modalidades que implicam desiguais níveis de exigência acadêmica e valor dentro do sistema educativo: escolher uma ampliação de matemática ou uma oficina de carpintaria, por exemplo.

A diversificação do segundo tipo significa currículos de valor distinto, percursos alternativos pela cultura escolar do ponto de vista acadêmico e do ponto de vista social, porque neste caso "o diferente" não é equivalente. Quanto mais drástica for a separação de tipos de conteúdos não-equivalentes nas opções da diversificação curricular, tanto mais decisiva é a divisão social que supõem. Estamos, pois, frente a uma opção que não é inocente socialmente.

A diversificação em opções de distinto valor e nível de exigência, além de ser a saída para a incapacidade igualadora da instituição escolar, é fruto da pressão de outros níveis superiores do sistema educativo e dos interesses dos que os freqüentarão. Embora a educação obrigatória teoricamente deveria ser pensada como uma etapa em que se oferece uma cultura básica com sentido próprio para os alunos/as e polivalente, para ser aplicada por qualquer um deles a suas circunstâncias vitais, o certo é que não pode escapar à pressão de outros níveis de educação como vimos anteriormente. A especialização cultural, e portanto curri-cular, exigida pela divisão do conhecimento e pela diversificação e estratificação das profissões é uma pressão à qual é difícil escapar no currículo do final da escolaridade obrigatória ou no *bachillerato*.

Na ordenação curricular prevista pela Logse (Lei Orgânica 1/1990 de Ordenamento Geral do Sistema Educativo, B.O.E. de 4-X-1990), para o ensino obrigatório, pode-se ver a conjunção do currículo comum com a diversificação e a opção nos seguintes textos de seu regulamento:

> Artigo 5.
> A educação primária e a educação secundária obrigatória constituem o ensino básico...
> Artigo 6.
> Ao longo do ensino básico, garantir-se-á uma educação comum para os alunos/as. No entanto, estabelecer-se-á uma adequada diversificação nos conteúdos em seus últimos anos.
> Artigo 20.
> (...)
> 3. Na fixação dos conteúdos mínimos do segundo ciclo (refere-se ao ciclo 14-16 anos do ensino secundário obrigatório), especialmente no último curso, poderá se estabelecer a opção de alguma destas áreas (refere-se às que compõem o currículo de todo o ensino secundário obrigatório), assim como sua organização em matérias.
> Artigo 21.
> (...)
> 2. Além das áreas mencionadas no artigo anterior, o currículo compreenderá matérias opcionais que terão um peso crescente ao longo desta etapa. ...
> 3. As Administrações educativas, no âmbito do disposto pelas leis, favorecerão a autonomia das escolas no que se refere à definição e programação das matérias opcionais.
> Artigo 23.
> 1. Na definição dos conteúdos mínimos, fixar-se-ão as condições em que, para determinados alunos/as maiores de 16 anos, prévia sua oportuna avaliação, possam se estabelecer diversificações do currículo nas escolas ordinárias. Neste pressuposto, os objetivos desta etapa serão alcançados com uma metodologia específica, por meio de conteúdos e inclusive de áreas diferentes às estabelecidas com caráter geral.
> [Decretos Reais 1006/1991 e 1007/1991 (B.O.E. 26-VI-91) estabelecem os conteúdos mínimos para o Ensino Primário e para o Ensino Secundário Obrigatório.]

Considera-se, além disso, uma escolarização de caráter compensatório para os alunos/as que não superem os controles de passagem internos previstos, dando-lhes a possibilidade de que permaneçam mais dois anos, até os 18 anos – embora o limite do ensino obrigatório seja os 16 –, aos quais se aplicará o conteúdo do artigo 23 citado.

Os métodos pedagógicos e a gestão de ritmos de aprendizagem

A homogeneização que a vida escolar e a rotina impõem nos hábitos profissionais dos professores/as reflete-se numa metodologia com atividades pouco variadas nas aulas que não permite a expressão de distintos estilos de aprender, condições e capacidades pessoais. Um escasso número de tarefas acadêmicas representa uma alta percentagem do tempo escolar, com poucas variações entre escolas e professores/as.

Do método depende o tipo de ambiente imediato em que se desenvolvem os alunos/as e o processo de aprendizagem. Na seleção e acomodação do cenário para o aprendiz existe a oportunidade de oferecer tratamentos diversificados aos alunos/as. Os recursos metodológicos servem para responder às diferenças psicológicas e culturais, pois variabilidade de traços pessoais, de gênero ou de procedências culturais origina que cada atividade ou tarefa se acomode melhor a um tipo de aluno/a que outro. Métodos que obrigam à passividade de estar permanentemente sentado numa classe, recebendo informação, manejando uma variedade pequena de materiais e de estímulos, são pouco propícios à acolhida de diferenças, impondo, além disso, um comportamento mais fácil de se acomodar a alguns alunos/as do que a outros. O método não é apenas uma forma de ensinar, mas um modelo de comportamento físico, social, intelectual e moral para o aluno/a, uma forma de comunicação com a cultura. O dado estatístico de que costumam se apresentar mais problemas de disciplinas envolvendo alunos/as do que alunas, ou estudantes mais ativos, ou o fato de que esses conflitos adquiriam mais presença e dramatismo em determinadas zonas urbanas periféricas, socialmente desfavorecidas ou marginais, onde reinam padrões culturais muito distantes da disciplina escolar, tem também a ver com o tipo de atividade com que se ocupam os escolares, embora intervenham outros fatores.

A escolaridade obrigatória para alunos/as social e pessoalmente heterogêneos exige variedade de atividades para dar oportunidade a diferentes interesses, ritmos de aprendizagem e formas de aprender. Variedade que pode permitir a oportunidade de desenvolvimentos diversos em objetivos e conteúdos comuns a todos, acolhendo distintas peculiaridades. O currículo comum será menos coercitivo e mais flexível se possibilita a expressão das diferenças em métodos diversos e permite aos alunos/as escolher atividades.

Uma dimensão metodológica importante, relacionada com a diversidade de ritmos e interesses na aprendizagem, é a da forma de gestão de tarefas na aula. A organização escolar dominante consiste em agrupar alunos/as em unidades heterogêneas, responsabilizando de forma estável, ao menos durante um curso, a um professor/a ou a um número reduzido deles. Cada aula fica encerrada em si mesma, geralmente com um processo metodológico que consiste em que todos realizam uma mesma tarefa em uníssono, de forma que só são toleráveis ligeiros desvios dessa dinâmica uniforme. Os ritmos de trabalho, os estilos pessoais, a expressão individual não importam; ficam, na melhor das hipóteses, para a ampliação ou arremate do trabalho escolar em casa. Os mais lentos farão as atividades sozinhos, fora do tempo da aula. O professor/a se socializou numa forma de trabalhar que tolera mal a simultaneidade de atividades e ritmos distintos na aula, onde alguns trabalham mais independentemente e outros com mais assistência. É, inclusive, muito freqüente que o trabalho dos alunos/as comece com o professor/a, e estes, por sua conta, realizem o verdadeiro processo de aprendizagem que mais tarde será corrigido e avaliado.

A progressiva graduação do ensino e taylorização do currículo fez o professorado perder competências metodológicas que são imprescindíveis para atender à diversidade. O professor/a, quando tinha diante de si grupos muito heterogêneos, como é o caso das escolas em comunidades rurais, dispunha de recursos nestes sentido. A divisão de horários em períodos de tempo-aula-professor/a muito reduzidos obriga, por sua vez, a uma esquematização de atividades metodológicas acomodadas aos curtos espaços temporais, nada favoráveis em considerar opções e ritmos diferenciados na atividade de aprendizagem.

A avaliação

A avaliação a serviço dos ideais da escolaridade obrigatória, como veremos num capítulo posterior, não tem como missão classificar, hierarquizar, selecionar ou reprimir; não deveria reprovar ou aprovar. Deve ser entendida como um diagnóstico a serviço das necessidades de conhecimento do aluno/a. Mas, como acontece com muitas outras idéias, as práticas dominantes que configuraram a instituição e a mentalidade do professorado, o controle que as instituições escolares devem impor ao comportamento dos alunos/as, a importância da titulação que a instituição dá para a vida social, são realidades concretas que impedem aquele ideal. A reforma das práticas de avaliação é consubstancial à aspiração básica que o ensino obrigatório sustenta.

Há fracasso escolar, evidenciado como tal, porque há controles entre estágios do sistema educativo, embora, suprimindo-os, não se evite que alguns obtenham melhores resultados do que outros, pois seria uma forma fictícia de anular o problema que ocultaria a realidade. É bom que a febre denuncie a doença, não eliminemos o termômetro para não ter que nos alarmar. É preciso suprimir controles que impeçam o progresso na etapa da obrigatoriedade, porque todo aluno/a tem direito a chegar até o topo da idade final ainda que não "progrida adequadamente". E é preciso tirá-los não apenas das regulações formais estabelecidas, mas também da mentalidade seletiva.

CAPÍTULO 8

Plano do currículo, plano do ensino: o papel dos professores/as

J. Gimeno Sacristán

APROXIMAÇÃO AO CONCEITO: O ENSINO COMO PLANO E O PLANO DO CURRÍCULO

A atividade de planejar o currículo refere-se ao processo de dar-lhe forma e de adequá-lo às peculiaridades dos níveis escolares. Desde as explicitações de finalidades até a prática é preciso planejar as atribuições e as atividades com uma certa ordem, para que haja continuidade entre intenções e ações. Planejar é, pois, algo fundamental, porque, por meio do plano, é como se elabora o próprio currículo. Algo que compete aos professores/as, mas não apenas a eles, nem tampouco em primeiro lugar, dadas as condições do funcionamento dos sistemas educativos.

Numa primeira aproximação ao tema do plano do currículo, basta analisar a própria palavra para entender ao que se faz referência. *Plano* indica a confecção de um apontamento, rascunho, croqui, esboço ou esquema que representa uma idéia, um objeto, uma ação ou sucessão de ações, uma aspiração ou projeto que serve como guia para ordenar a atividade de produzi-lo efetivamente. A realidade final ficou representada, de alguma forma, no plano prévio, pois este prefigura a prática e serve de guia em sua realização. Assim, um esboço de um trabalho pictórico anuncia o que será o quadro final quanto a proporções de componentes, seus elementos, sua distribuição, etc.; a planta de um edifício antecipa uma construção, suas formas, proporções, elementos, localização num terreno, etc.

Nesses casos o plano prévio serve para guiar a prática de produzir uma realidade, ainda que o grau de determinação da mesma existente nele seja muito distinta: o quadro se parecerá menos com seu esboço do que a planta de um edifício se ajusta à realidade construída na edificação, porque o artista que o realiza irá concretizando progressivamente a idéia primitiva. O esboço do quadro será certamente menos determinante do resultado final do que o do edifício. Se não é um plágio, o realizador da obra é o criador também do esboço e serve-se do apontamento no processo de realização, mas a obra vai sendo concretizada enquanto se elabora. Os construtores se ater-se-ão muito estreitamente ao plano prévio do edifício e não se permitirão licenças de interpretação;

neste caso, os que fazem o plano não são os que o desenvolvem na prática, mas vigiam seu cumprimento. O arquiteto, por outro lado, não parte do nada: materiais disponíveis, lugar em que edificar, regulações urbanísticas, competência dos realizadores das plantas, etc.

Nos dois exemplos contrastados, planejar implica *previsão* da ação antes de realizá-la, isto é, *separação* no tempo da função de prever a prática, primeiro, e realizá-la depois; implica algum aclaramento dos *elementos* ou agentes que intervêm nela, uma certa *ordem* na ação, algum grau de *determinação* da prática marcando a direção a ser seguida, uma consideração das *circunstâncias* reais nas quais se atuará, *recursos* e/ou *limitações*, já que não se planeja em abstrato, mas considerando as possibilidades de um caso concreto. O plano resultante da atividade de esboçar *antecipa* ou representa, em alguma medida, a prática que resultará.

Embora o plano de uma atividade tenha semelhanças formais com os de outras, inevitavelmente obedece também a peculiaridades singulares em cada caso, devido à natureza específica dos fenômenos que intervêm, os valores que a guiam, a segurança do conhecimento em que se apóiam, etc. As analogias podem ajudar se não são transferidas rigidamente. Planejar o currículo e a prática de ensino dos professores/as tem sido uma atividade muito marcada em sua concepção e realização pela transferência metafórica de como se entendia o planejar e o prever em outros campos de atividade. Desde a metáfora do esboço artístico, passando pelas da arquitetura até o plano como algoritmo, que encadeia passos muito detalhados para se desenvolver uma prática e atingir certos resultados precisamente previstos, como se fosse uma tecnologia segura.

Em todo tipo de práticas dirigidas explicitamente para fins desejados são feitos planos prévios para racionalizar a ação, guiá-la adequadamente e economizar recursos, tempo, e alcançar resultados de acordo com as finalidades estabelecidas. Processos de produção e ações sociais dirigidas são planejadas para que as práticas sigam uma ordem: planeja-se a guerra, a economia, a política internacional, o processo de produção industrial de um produto, as intervenções cirúrgicas, as campanhas eleitorais, o desenvolvimento de uma sessão de trabalho de um grupo humano com uma ordem do dia, uma campanha publicitária; também se pode falar em educação de planejar um curso, uma aula, uma jornada escolar, uma unidade didática, uma matéria ou todo um currículo e o sistema educativo.

Algumas profissões caracterizam-se por planejar objetos, lugares, situações e processos. O plano faz parte fundamental da preparação profissional e serve, precisamente, para distinguir a atuação própria da que é praticada por outras profissões, centradas no cultivo direto do conhecimento ou na realização prática do plano. A atividade e profissão de planejar vêm a se situar num espaço intermediário entre o mundo das intuições, idéias e conhecimentos e das atividades práticas. O planejador é, para Schön (1983 e 1987), alguém que dialoga com a situação em que atua, que reflete sobre uma prática, que experimenta com uma idéia guiado por princípios, que configura um problema, distingue seus elementos, elabora estratégias de ação ou configura modelos sobre os fenômenos, tendo uma representação implícita de como estes se desenvolvem. As atividades de planejar apóiam-se em conhecimentos diversos sobre o que são e como se comportam determinadas realidades, exigem conhecimentos sobre as situações nas quais operam, mas o produto no qual devem desembocar – o plano ou modelo – é uma criação singular, pois a situação à qual devem responder costuma ser singular; logicamente, poderá aproveitar a experiência adquirida em outras ocasiões e por outras pessoas. Dois arquitetos, partindo das mesmas leis físicas, do mesmo conhecimento sobre a existência e resistência de materiais, projetando algo para uma mesma localização e querendo responder às mesmas necessidades de uso da obra, produzem planos personalizados.

O ensino tem uma intencionalidade, persegue certos ideais e costuma ser praticado apoiando-se em conhecimentos sobre como funciona a realidade na qual intervém. Se é uma ação intencional, dirigida para algum fim, deve ter uma lógica, ainda que não existam planos absolutamente seguros nem se possa pensar num único caminho possível para desenvolvê-la. O fato de que esteja orientada não significa que possa ser determinada previamente em todos os seus detalhes. Às vezes foi concebida como uma arte, na qual a intuição e a capacidade do que intervém nela é fundamental para controlá-la adequadamente. Embora possamos reconhecer que alguns conhecimentos podem ser de ajuda em sua condução, o certo é que nos defrontamos com situações que não se repetem. A experiência prévia é um acervo aproveitável para prever planos adequados em momentos concretos, ainda que sempre tenhamos que encarar a singularidade de cada situação que nos demanda respostas particulares. Por essa peculiaridade, o ensino pode ser concebido como uma atividade e uma profissão de planejar, situada entre o conhecer e o atuar. Ao menos, quando se exerce o ensino, realizam-se funções de planejamento, entre muitas outras. Por isso, se tem definido o professor/a como planejador intermediário entre as diretrizes curriculares às quais tem de se adequar ou tem de interpretar, e as condições de sua prática concreta.

No mundo do ensino se fez referência à atividade de fazer projetos ou planos com o termo *programar*. Em geral, este conceito distorce a idéia de plano para uma forma de entendê-lo; supõe uma transferência metafórica desde campos nos quais se busca que a previsão do que será a prática seja muito precisa e segura; ou seja, onde um esboço ou esquema prévio não tolere interpretações de como realizá-lo por parte de seus executores; e é dessa forma que se entende na linguagem coloquial. De um programa de festas ou de cinema e televisão esperamos que realize o que ali se anuncia. Retiraremos de um partido político a confiança e o voto se não cumpre com seu programa; o político, para ter mais liberdade, assim como para se ajustar melhor às condições reais, não de todo conhecidas, nas quais realizará seu programa, ou para encobrir mais comodamente a falta de coincidências entre o que diz e o que faz, tende a elaborar menos programas e mais esboços gerais para acomodar "sobre a caminhada". De igual modo, ao *programa* de um professor/a pediremos que responda ao que ele ministre realmente; caso contrário, diremos que não o cumpre.

O plano, como concretização da ordem para desenvolver atividades, costuma ser mais necessário naquelas que, como acontece com a educação, são complexas e existe uma divisão de trabalho, sendo imprescindível a participação de distintas pessoas. São diversos os docentes que trabalham com cada aluno/a, porque a escolaridade é prolongada. O currículo global é distribuído em matérias dadas por professores/as distintos, são diferentes também os agentes e aspectos que configuram a escolaridade real: pessoais, materiais, organizativos, etc. Por isso, parece conveniente que exista uma coordenação na atividade de todos eles. Tal complexidade leva implícita outra divisão de trabalho: alguns planejam, outros possibilitam que o currículo pré-elaborado chegue aos professores/as e aos alunos/as, outros determinam condições do desenvolvimento da prática, outros aplicam os planos e até pode ser que existam outros que os avaliem, pensem em alternativas para sua inovação, etc. No currículo intervêm especialistas, professores/as, agentes diversos que deveriam estar coordenados para servir a uma finalidade coerente.

Quando na produção de qualquer obra existe a divisão de trabalho, o plano é um elemento para a coordenação das partes, mas ao mesmo tempo planejar passa a ser uma atividade separada do processo de sua execução na prática: os que planejam pensam que alguns fazem e que outros atuam segundo o plano prévio. Lembremos que Lundgren (1983) definia o currículo como um *texto* que se formula fora da prática de sua realização. Mostra-se assim uma condição importante do plano pedagógico, que é a divisão de competências: separa as atividades de idear e aplicar, distribuindo-as entre agentes diferentes, de modo que os implicados nas ações coordenadas têm distinto grau e tipo de controle sobre a realização do plano que dirigirá a prática. Quem tem mais domínio ou mais controle sobre a prática, o que a planeja ou o que realiza o plano? O artista é dono do esboço, de sua realização e do resultado final; isto é, domina todo o processo, como ocorre a um escritor, desde a idéia até a obra-resultado final. Os que constroem um edifício, ao contrário, executam um plano, seguem-no; dominam o processo de realização – o como –, mas a idéia diretriz não é sua. A maioria dos operários não vê o plano geral e se inteira do que é a obra final quando a terminam. Neste caso, o plano dá unidade à ação, mas reparte as competências, oculta o sentido das atividades que se realizam e nem todos têm a mesma consciência de para que estão contribuindo. O professor/a, quando segue planos elaborados por outros, tampouco tem o domínio sobre sua prática; na verdade, é um executor de planos externos.

Essa divisão de funções e o grau diferente de controle sobre a prática supõe além disso uma separação de tipos de conhecimento. Supõe-se que o planejador sabe o *porquê* do que se pretende e que domina a seqüência dos passos que devem ser dados para conseguir o previsto, ou seja, a justificativa da ação. Exige-se a quem executa que seja especialista em *como* realizar o plano previsto por outro. As atividades de planejar caminham junto com o domínio de conhecimentos e capacidades diferentes dos que vão ligados às habilidades de executar o plano. A divisão de funções implica oportunidades diversas para os implicados para estabelecer problemas e propor formas de resolvê-los; em muitas ocasiões, separa profissões. Em nosso caso se encontram planejadores de currículos, autores e fabricantes de livros-texto, professores/as que os desenvolvem na prática e até avaliadores externos. Por isso, o docente entende pouco de problemas do planejamento geral do currículo, e os planejadores – administradores e técnicos associados – podem chegar a entender pouco da prática de realizar os planos que prevêem.

Esta introdução, utilizando diversas analogias profissionais, expõe boa parte das características do que é o plano do ensino e do currículo. Vejamos quais são.

- Que tipo de realidades são o ensino e o currículo para ver o que se pode chegar a entender por plano em ambos os casos?
- Assemelha-se ao esboço artístico ou ao projeto mais preciso e determinante de um arquiteto? Que concepção metafórica aproveitamos?
- Podemos prever uma prática como a educativa com segurança para pretender um plano puramente determinista, ou ele será simplesmente orientador?
- Os agentes que planejam e executam o plano são os mesmos ou são outros? Se não o são, essa separação é inevitável e conveniente?
- Se há divisões de funções e competências, como se repartem no caso do ensino? Quem planeja a prática e a cultura para a escola e onde se realiza o plano?

Como ensinar, e tudo o que se refere ao currículo, não é uma atividade submetida a leis físicas deterministas, é importante fazer a pergunta não apenas de que tipo de plano permitem, devido à natureza de processos sociais, mas também em que medida *queremos* que o esboço prévio determine a prática; ou, dito de outro modo, pensamos que deve ser como o esboço de um quadro que se concretizará durante seu desenvolvimento e permitimos que o operário da construção altere o previsto pelo arquiteto ou obrigamos que siga com precisão o que previamente se determina? O tipo de plano ou esboço não está determinado apenas pela natureza da prática, mas pela vontade dos que regulam o processo. A decisão sobre a forma de planejar é algo mais do que uma escolha técnica.

A opção que se faça ao conceber o plano educativo não é neutra, pois estamos falando da capacidade de intervenção na prática e do desenvolvimento de competências e de conhecimentos dos que participem. Não se está condicionando apenas que prática realizaremos, mas qual será o grau de *autonomia* permitida para os realizadores e que *profissionalização* fomenta seu exercício, quanto a conhecimentos e habilidades práticas. O plano da atividade educativa, e dentro dela o currículo, é uma *competência profissional* básica nos docentes. Se não a desenvolvem será porque em sua atividade seguem ou executam planos realizados por outros, ou seja, serão aplicadores e não criadores de planos, limitar-se-ão a reproduzir a ordem ou plano estabelecido ao qual eles se acomodam (Apple, 1983). Se no plano está a previsão, o pensamento e a articulação da ação, analisar que tipo de atividades os professores/as realizam quando planejam serve como recurso para entender que intervenção têm na criação da realidade em que trabalham. Um baixo nível de dedicação a uma atividade previsora e reflexiva como é o planejar significará atividade profissional pouco autônoma ou alto nível de dependência.

O docente é um profissional que planeja sua prática ou um executor de programas realizados por outros? Que aspectos de sua atividade lhe é possível planejar, para que tenha autonomia e capacitação para fazê-lo? Esta também é uma pergunta-chave do ponto de vista dos interesses dos alunos/as, já que dificilmente poderão se considerar suas necessidades e demandas particulares se seus professores/as, que são os que estão em contato mais estreito com eles, não são os que planejam a prática. E se se deixa pouco espaço ao docente para decidi-la, depois terá dificuldades de deixá-la com os alunos/as ou planejá-la em com colaboração com eles.

Qualquer proposta ou modelo de plano que queira se apresentar como normativo ou orientador para os professores/as ou para guiar de modo geral a prática, não pode ser visto como um puro recurso técnico sem mais nem menos, sem considerar as dimensões sociais e profissionais que apontamos. Por isso, a subteoria do plano dentro dos estudos sobre o currículo não pode ser vista como uma construção teórica ajustada a princípios e leis científicas, desvinculadas de valores e do impacto que tenha no desenvolvimento profissional que permite aos docentes. Como acontece com tudo o que se relaciona com o currículo, trata-se de um instrumento para incidir na prática, o que não pode ser visto à margem das opções possíveis, papéis que cada agente está chamado a desempenhar ao planejar, distribuição de competências, poderes, saberes, controle sobre a realidade, etc.

CARACTERIZAÇÃO DO PLANO NO ENSINO E NO CURRÍCULO

Vimos que planejar é uma operação que adquire peculiaridades segundo o objeto ou atividade a que se aplique. Sabemos que o termo currículo não é unívoco, e sua amplitude difere de acordo com que ele é concebido e a que nível escolar se refira. No Capítulo 6 – *O currículo: os conteúdos do ensino ou uma análise da prática?* – discutimos diversas perspectivas para nos aproximarmos a seus possíveis significados. Sistematizamos as mesmas comentando que:

a) É um termo de significado variável, com tendência a dar abrigo a múltiplas e muito variadas pretensões educativas, trata-se de um currículo que adota os ideais de um projeto educativo muito globalizador, ou se refere mais especificamente a uma área concreta de conhecimento.

b) Desenvolvemos a idéia de que o currículo é ocupação de práticas diversas e que seus conteúdos são objeto de decisão e de modelo em âmbitos práticos diferentes, pois são múltiplos os contextos nos quais se define e ganha sentido real, dentro do que denominamos *sistema curricular*.

c) Justificamos que para entender o currículo real, da perspectiva dos alunos/as que aprendem e experimentam a prática, era preciso observar a sua dimensão oculta e não apenas a evidenciada nos conteúdos estabelecidos.

d) Advertimos que não podíamos confundir as declarações de intenções ou o reflexo material das mesmas com o currículo real, pois uma coisa eram as *expectativas curriculares*, os planos, as realizações em livros-texto, etc., e outra muito diferente é a concretização nas tarefas escolares.

Se o conceito de currículo deve ser entendido a partir dessas perspectivas, a ação de planejá-lo pode significar pretensões e ações distintas. Portanto, não existe uma fórmula universal válida de planejar os currículos. Cada uma delas supõe opções não de todo equivalentes para a prática. A história da didática e as experiências realizadas por professores/as e especialistas oferecem "exemplos" muito diversos para considerar. Mais do que buscar a fórmula mágica, será útil discutir sobre os problemas implicados e as dimensões sobre as quais optar.

Planejar o currículo depende da sua amplitude

Como por currículo se entendeu de forma dominante o compêndio de conteúdos, planejá-lo é fazer um esboço ordenado do que se deveria transmitir ou aprender seqüenciado adequadamente; mesmo que esse trabalho se referisse a uma área ou disciplina completa, ou se aludisse a uma unidade didática que ordenasse os conteúdos mais limitados para um tempo escolar mais breve, algumas sessões de trabalho, etc. Se por currículo se entendesse um conjunto de objetivos para serem alcançados junto aos alunos/as, o plano é a estrutura e ordenação precisa dos mesmos para obtê-los por meio de certos procedimentos concretos. Finalmente, se por currículo entendemos a complexa trama de experiências que o aluno/a obtém, incluídos os efeitos do currículo oculto, o plano deve observar não apenas a atividade de ensino dos professores/as, mas também todas as condições do ambiente de aprendizagem graças às quais se produzem esses efeitos: relações sociais na aula e na escola, uso dos textos escolares, efeitos derivados das práticas de avaliação, etc. Se nos situamos na última das concepções apontadas, planejar consistirá no planejamento de situações ambientais complexas ou, no mínimo, na vigilância dos múltiplos efeitos que se derivam desses ambientes.

A concepção do plano, as possibilidades de precisá-lo ou prever a ação, as operações que realizar-se-ão estão relacionadas com as funções educativas as quais se queiram abranger. Como o ensino obrigatório compreende todo um projeto educativo de socialização que atenda a educação geral e integral do cidadão/dã, é evidente que esta concepção totalizadora exige a observação de aspectos também muito diversos em seu planejamento, ao serem tão diversas suas finalidades. Um currículo ampliado inclui muitas coisas, muito diferentes e suscetíveis de formalizar em planos em medida muito desigual.

Quanto mais complexa for a concepção de currículo da qual se parta, muito mais será também a atividade de planejá-lo e diferente será a segurança na previsão da prática que se possa pretender. Quanto mais "imprecisos" ou invisíveis forem os conteúdos do ensino, mais impreciso será seu esboço. Não pode significar o mesmo planejar ou esboçar uma aula de matemática para exercitar operações mais elementares, que é um objetivo preciso, do que planejar a pretensão de que os alunos/as sejam criativos, ativos ou sociáveis. Obviamente, as possibilidades de concretizar um plano com certo grau de adequação à realidade, com a precisão e com a certeza de que de seu desenvolvimento se obtêm certos efeitos previstos, são muito desiguais em um ou outro dos casos apontados. Os elementos que devem ser considerados em cada situação variam, bem como as possibilidades que os professores/as terão de intervir na direção de todo o processo.

Como norma geral, é importante afirmar que quanto mais complexo for o currículo ou qualquer parte do mesmo, mais problemático, difícil e, certamente, indefinido será seu possível plano. Este terá um caráter mais de tentativa ou orientador, e menos determinante da prática, quanto mais complexa for a experiência de aprendizagem que tenha de prever e desenvolver e quanto mais elementos contribuam para configurá-la. A utilidade dos modelos de plano para os professores/as pode estar menos na precisão e formalização de passos para guiar a prática que lhes ofereçam, do que na consideração dos aspectos e condicionantes que intervêm no planejamento de experiências educativas adequadas à multiplicidade de fins que é preciso atender simultaneamente na atividade de ensino. A utilidade do plano está em nos ajudar a dispor de um esquema que represente um modelo de como pode funcionar a realidade, antes de ser uma previsão precisa dos passos a serem dados. Se o currículo deve observar a experiência do aluno/a, o plano é, antes de mais nada, a prefiguração de um ambiente global, pensando não apenas na ordem que o ensino deve seguir ou na seqüência dos conteúdos, mas no curso da experiência de aprendizagem. Beauchamp (1981) afirma que:

> "o melhor que podemos fazer é criar ambientes para os indivíduos nos quais caiba a esperança de obter experiências de aprendizagem. A tarefa de quem planeja o currículo consiste em estabelecer a estrutura fundamental de um ambiente no qual os que aprendem *podem ter* experiências de aprendizagem" (p. 114).

Defender a idéia de que o professor/a é responsável pela educação geral do aluno/a e que o currículo do ensino obrigatório deve refletir todas as finalidades da educação é e foi uma incongruência. Isso significa ressaltar a complexidade da experiência escolar e depois tratar para que os docentes programassem sua prática com esquemas rigorosos, pois queriam ter antecipados muito claramente os efeitos ou objetivos muito definidos que se pretendiam, sem saber os procedimentos exatos que hipoteticamente levariam aos mesmos.

É muito freqüente encontrar nesta temática uma contradição: sendo o capítulo do plano um trecho da teoria curricular em geral, não são coerentes as perspectivas que se elaboram nesta com as que se oferecem no capítulo do plano. A teorização sobre o currículo e a do plano não são coerentes, pois enquanto na conceitualização do que é o primeiro se vão abrindo perspectivas mais compreensivas da complexidade da realidade educativa e de seus conteúdos para aproximá-lo ao que é a prática, os enfoques e modelos de plano costumam ser muito mais reducionistas e mecanicistas. Progressivamente se faz do currículo um conceito mais compreensivo, enquanto que, no plano, as tendências dominantes querem ajustar táticas para conseguir efeitos muito delimitados, esquecendo a complexidade da prática.

Acreditamos que esta contradição se explica por uma série de razões. *Em primeiro lugar*, a teoria e a prática do modelo pretendem sugerir a professores/as ou gestores da educação modelos úteis para operar na realidade, apresentando-se como um guia seguro que ordena os passos que se devem seguir. Isso só é possível simplificando a realidade e os esquemas, reduzindo o número de elementos que leva em consideração. O esquema de "como planejar" foi pensado como uma pauta oferecida desde fora; se se partisse das situações reais que os professores/as e planejadores do currículo em geral devem enfrentar, se comprovaria que não há esquema simples válido para se enfrentar a realidade. Inevitavelmente, planejar qualquer prática educativa é uma operação complexa e querer reduzi-la a rotinas ou esquematismo não anula essa condição, apenas a desconsidera. Pode nos chatear e nos fazer sentir inseguros e incomodados admitir a dificuldade de dispor de planos seguros para a prática educativa, mas a condição do que é o ensino – processo social complexo desenvolvido num meio – não permite que se tenha ilusões de rigor, precisão e previsibilidade, exceto para conteúdos e objetivos muito limitados e bem definidos.

Em segundo lugar, acontece que, ainda que se reconheça que o currículo em geral ou uma área específica sejam complexos e formem aspirações muito diversas, na realidade das práticas escolares continuam muito centrados nos saberes compreendidos nas disciplinas ou áreas de conhecimento. Para essa realidade concreta corresponde uma idéia mais simples do que é o plano: o planejamento e seqüenciação da "matéria de estudo". Por isso, a preocupação dominante no plano é a de como ordenar os conteúdos, apresentá-los e efetivar sua aprendizagem. Muitas preocupações de rigor no plano são, desse modo, reforço da prática dominante. É evidente que existem mais tradição e exemplos neste sentido do que uma concepção globalizadora de currículo em que caibam finalidades não pertencentes às disciplinas. As aspirações educativas, os objetivos gerais são apenas aspirações, mas não metas que se planejam com cuidado e para as quais se prevêem experiências específicas ou ligadas às tarefas acadêmicas cotidianas; estas ficam para o currículo oculto. Por isso, é importante reivindicar a idéia de que os professores/as, principalmente, e também todo aquele que planeje devem observar a *prática educativa* em sua globalidade, as amplas finalidades da educação, não apenas os conteúdos das matérias de estudo. Esta recomendação deve ir acompanhada de uma precaução: as facetas educativas oferecem desiguais possibilidades para serem planejadas tecnicamente, sendo que os problemas que surgem em cada caso são singulares.

Em terceiro lugar, os modelos sobre como planejar a prática de ensino mais imediata não foram pensados considerando a forma como os professores/as operam em contextos reais, mas sim modelos de gestão ou, em muitos caos, partindo de teorias psicológicas da aprendizagem, a partir das quais se sugeriram esquemas para se seguir na *instrução*, propondo procedimentos geralmente referentes a tópicos muito concretos, dificilmente extrapoláveis para a maioria dos objetivos e conteúdos ricos da educação. A psicologia pretensamente científica partiu seguidamente de modelos reducionistas, que não consideravam a complexidade da prática pedagógica e o que são conteúdos do ensino, e muitas vezes nem sequer a dinâmica pessoal do sujeito que aprende. Não se pode reduzir a educação ou o ensino a uma engenharia social manejável desde esquemas simples ou unilateralmente deduzidos de teorias parciais do desenvolvimento dos seres humanos ou da aprendizagem. É preciso entendê-la e atuar nela com outras pautas de racionalidade não-cientificistas. O ensino é uma prática que exige tomar decisões e realizar julgamentos práticos em situações concretas reais, e não uma técnica derivada de teorias.

A contraposição entre *ensino como arte* e *plano científico* da instrução se fez explicitamente inclusive desde a própria psicologia, mas querendo ver neste último a superação da primeira (Covill-Servo, 1983). A revisão histórica realizada por este autor leva-o a manifestar que o plano de instrução está em seus primórdios, no que se refere ao grau de seu desenvolvimento. Supõe que, à medida que progride, se chegará a outra forma de entender a própria cientificidade do plano quando se aprofunde nas peculiaridades da prática pedagógica. É difícil que essa teoria, que hoje não existe, seja construída pelo desenvolvimento cumulativo dentro do paradigma dominante, sem mudá-lo. Hosford (1973), distinguindo entre ensino, instrução e currículo, postulava, como lei básica para uma teoria do plano, que o valor dos procedimentos de instrução não podia ser determinado por métodos experimentais, assim como tampouco se pode estabelecer procedimentos instrutivos para todos os alunos/as e materiais. O modelo de racionalidade positivista, desconhecedor da complexidade da prática e de seus vários determinantes, levou, em muitas ocasiões, à simplificação que evita a multidimensionalidade das situações de ensino que os professores/as manejam e, na maioria dos casos, também a desconsiderar a complexidade dos objetivos e conteúdos do currículo.

Que utilidade tem o esboço de realidades complexas para guiar processos cujo desenvolvimento se define no próprio curso de realização da prática, quando os que a desenvolvem agem tomando decisões com juízo de valor? Primeiramente, como já destacamos, ter em mente a complexidade de elementos que intervêm na situação, *como* fazê-lo concretamente depende de que conteúdo se aplique e em que contexto se opere. Numa reflexão geral, lembramos que, do ponto de vista formal, quando se planeja se realiza uma série de *operações*. O plano dos professores/as não consiste na execução de certas práticas ajustadas a normas técnicas, mas na realização dessas operações dos mais diversos modos, referentes a uma certa parcela do currículo, a alguns alunos/as, numa situação, etc.:

a) Pensar ou refletir sobre a prática *antes* de realizá-la.

b) Considerar que *elementos* intervêm na configuração da experiência que os alunos/as terão, de acordo com a peculiaridade do conteúdo curricular envolvido.

c) Ter em mente as *alternativas* disponíveis: lançar mão de experiências prévias, casos, modelos metodológicos, exemplos realizados por outros.

d) *Prever*, na medida do possível, o curso da ação que se deve tomar.

e) Antecipar as *conseqüências* possíveis da opção escolhida no contexto concreto em que se atua.

f) *Ordenar os passos* a serem dados, sabendo que haverá mais de uma possibilidade.

g) Delimitar o *contexto*, considerando as *limitações* com que contará ou tenha de superar, analisando as *circunstâncias* reais em que se atuará: tempo, espaço, organização de professores/as, alunos/as, materiais, meio social, etc.

h) Determinar ou prover os *recursos* necessários.

Não se trata de seguir uma seqüência linear de passos sucessivos, mas de ressaltar aspectos que se levarão em conta, nos quais se deve prestar atenção num processo de *reflexão e deliberação sobre a prática*, tal como Schön definia o plano, atendendo aos dilemas fundamentais frente aos quais qualquer planejador deve optar. Uma reflexão e deliberação que se aplica a múltiplos âmbitos e a dilemas dos mais variados, porque ao planejar o currículo se decidem muitas coisas.

Diante de que tipo de prática nos encontramos?

É prioritário levar em consideração a natureza de qualquer realidade ou prática para entender como e em que sentido e medida se pode prever, planejar ou programar. Propor a análise da prática de ensino tem sentido agora para se entender que tipo de plano permite aos que operam nela. E o primeiro que é preciso lembrar é que não se planeja esta prática *ex novo*, desde o nada, já que se desenvolve historicamente em circunstâncias determinadas; o professor/a não cria as condições de ensino, muitas vêm dadas. Em segundo lugar, os processos de ensino e o desenvolvimento prático do currículo têm uma natureza tal que apenas muito limitadamente se pode dizer o que pode ser objeto de planejamento prévio.

O plano numa atividade pré-definida

Observemos que a prática de ensino é uma atividade que existe em certas condições, próprias do tipo de escolarização dominante. Às vezes, as limitações aparecem como obstáculos reais, mas em muitos outros casos são tacitamente assumidas como componentes do meio natural em que os docentes trabalham.

Em alguma medida o professor/a pode decidir como será sua atuação dentro das paredes da aula e um pouco menos dentro da escola, mas os parâmetros gerais de sua profissão estão definidos antes que ele se questione como atuar, se é que o faz. Atua numa instituição bastante homogênea e rotineira, submetida a controles e a regulações curriculares, dependente de livros-texto, sujeita à supervisão, que não permite aos professores/as optar por alternativas que violentem esse marco de forma notável. A dotação de espaços para desenvolver um repertório reduzido de atividade, a regulação do tempo, a disponibilidade de recursos possíveis, a oportunidade de aproveitar os estímulos culturais externos, o conteúdo geral do currículo, a distribuição do conhecimento em parcelas, a obrigatoriedade de realizar controles sobre os alunos/as, as relações entre os docentes, são decisões que vêm determinadas para o professor/a. Ele entra nesse marco dado para desenvolver uma atividade de trabalho prefigurada, ou seja, para ele, o plano da prática e do currículo tem certos limites objetivos bem evidentes, ainda que flexíveis e interpretáveis, com possibilidades de serem alterados parcialmente. Os docentes planejam ou programam *dentro desse* marco definido; não planejam desde o princípio o currículo ou o que pode ser a prática de ensino, embora lhe imprimam um selo pessoal.

Por isso, o plano do currículo que os professores/as realizam em situações já dadas é uma adaptação ou definição do que falta determinar nas condições dominantes que citamos; sendo, por outro lado, uma ação que, geralmente, se circunscreve ao âmbito da aula. Como afirmam Tanner e Tanner (1980), os docentes ocupam mais tempo aplicando e traduzindo planos realizados fora do que elaborando-os eles mesmos. É uma definição de sua profissionalização coerente com sua posição histórica no sistema social e escolar, enquanto servidores públicos ou de empresas privadas, contratados mais para cumprir uma função do que para criá-la. Seu trabalho não podia deixar de ser atingido por tendências mais gerais existentes no sistema social e produtivo, como são os processos de especialização e divisão do trabalho que levam à divisão de competências sobre a prática, a entrada de especialistas externos que planejam os processos e que realizam o "pacote" prévio dos currículos para que eles os apliquem. Os professores/as tampouco são alheios às demandas do mercado de trabalho que lhes exige certos rendimentos nas aprendizagens dos alunos/as e a adequação destes às atitudes convenientes ao tipo de sociedade e modos de produção em que vivemos (Apple, 1983, 1989; Bates, 1988; Lawn, 1989; Lortie, 1975; Martinez, 1989; Mattingly, 1990).

Precisamente na atividade de planejar é que se centram alguns estudos que evidenciam a desprofissionalização dos docentes, no sentido de ver aí um exemplo de como a prática do professor/a se limita a aplicar planos realizados fora, pelos livros-texto, pelos materiais curriculares e pelas regulações sobre o currículo. O professor/a não trabalha no vazio, mas dentro de organizações que regulam as práticas: as *condições da escolarização*, a *regulação do currículo* realizada fora das aulas e a flexibilidade para desenvolver o *trabalho* dos docentes. A autonomia profissional possível para os professores/as de uma escola reside no terreno fronteiriço que gera a dialética entre as pressões externas e a prática que é possível elaborar no marco organizativo de cada escola. Um terreno que será ou não aproveitável em função da *formação do professorado* e segundo o grau de *agremiação* entre os indivíduos. Estes cinco fatores ressaltados são as coordenadas de sua autonomia pessoal.

Portanto, o plano, do ponto de vista dos professores/as, não é uma atividade abstrata do exercício profissional, mas enquadrada em tais condicionamentos. Os modelos mais difundidos sobre como planejar, ao não levarem em conta os contextos profissionais reais, são dados como propostas técnicas neutras, que não questionam tampouco essas coordenadas; até podem acentuar a dependência e desprofissionalização dos docentes, quando propõem fórmulas impossíveis de serem realizadas por estes.

Não serve para nada definir de forma ideal as funções dos professores/as; neste caso, como planejadores ou programadores. Frente à idéia de que o plano da prática, ou de uma parte do currículo, há de assentar-se sobre bases explícitas e racionais, partindo dos objetivos que se pretendem e considerando os conteúdos que desejamos que os alunos/as aprendam, a realidade do trabalho nos descobre uma regulação externa dessa função, na qual só cabem doses limitadas de autonomia. Por isso, é importante ver o plano como uma *função compartilhada* por diferentes agentes dentro do sistema educativo. O professor/a é apenas o último elo da cadeia de determinações. Mas tão certo como o currículo e a prática em geral são decididos e planejados antes que os professores/as possam atuar nela, é que os professores/as devem tomar importantes decisões didáticas sobre como preencher o tempo escolar com atividades para transformar qualquer determinação prévia sobre o currículo em experiência de aprendizagem dos alunos/as. Os condicionamentos e os controles existem, mas nunca evitam a responsabilidade individual de cada docente, porque não fecham por completo as opções para uma prática pedagógica melhorada, ao permitir margens em sua interpretação e possibilidades de resistência frente aos mesmos.

Os professores/as podem se acomodar aos marcos estabelecidos ou explorar suas fissuras, ser reprodutores de situações e instituições herdadas ou trabalhar para transformá-las – tão real é a determinação externa quanto a autonomia profissional. A prática do professor/a supõe um equilíbrio dialético entre o condicionamento alheio e prévio à sua vontade e a iniciativa própria, com doses variadas de um e de outro, de acordo com os níveis do sistema educativo em que se trabalhe. Isso ocorre segundo o determinante da política curricular, em função da autonomia permitida às escolas, dependendo da capacitação dos docentes e da eficácia dos controles externos, segundo a variabilidade de materiais curriculares que esteja disponível, e também segundo a disponibilidade de tempo para poder desenvolver planos ou refletir sobre a prática. A organização colegiada dos professores/as nas escolas pode aumentar o espaço de autonomia se se utiliza como recurso para remover obstáculos institucionais nessa escola.

A prática de ensino e o desenvolvimento do currículo são processos indeterminados

A educação, o ensino, o currículo, são processos de natureza social que permitem ser dirigidos por idéias e intenções, mas que não podem ser previstos totalmente antes de serem realizados. Desde esta posição epistemológica de origem qualquer plano é desencadeado por necessidade, porque não determina nunca totalmente a prática.

Este caráter indeterminado obriga a esclarecer as idéias e pretensões das quais se parte para tratar de manter a coerência desde que se proponha uma meta até as práticas que se realizam. Herrick (1950), dentro de uma das opções pioneiras mais tecnicistas sobre o plano, como era o modelo de Tyler, evidenciava a necessidade de que qualquer plano ou esboço para ser efetivo deve deixar claras e explicitadas as bases sobre as quais tomam as decisões. Quem as tome, com prévia reflexão e deliberação, deve esclarecer os pressupostos desde os quais parte e explicitar a filosofia e fundamentos das opções. O plano serve para racionalizar a atividade guiada por ele na medida em que obriga a colocar aquilo em que nos apoiamos, facilitando a comparação, a comunicação e a revisão.

O currículo, como já notamos, tem sido visto como um instrumento que permite transferir efetivamente propósitos e princípios para a prática (Stenhouse, 1984). São princípios dos mais diferentes tipos e nenhum admite interpretações simples e unilaterais, daí que tampouco podem pretender guiar a prática com segurança científico-técnica. Taba (1974) destacava faz tempo que:

> "... uma característica importante da elaboração adequada do currículo é que as decisões adotadas no curso da proposição descansam sobre critérios múltiplos e consideram uma grande variedade de fatores" (p. 538).

Os princípios a serem moldados na ação são pressupostos: *epistemológicos* (a orientação, a seleção e a apresentação dos conteúdos), *sociais* (ideologias, visões da sociedade, propostas de relações entre os alunos/as e entre estes e os professores/as) e *psicopedagógicos* (tipos de processos de aprendizagem estimulados, tarefas didáticas recomendadas, formas de comunicar, etc.). Todos devem ser pensados explicitamente, de forma aberta, para que ordenem uma ação que transcorra de modo coerente com as opções que se façam. Sua função será orientadora, pois não determinam nem controlam a prática no sentido que a ciência moderna fundamenta as tecnologias derivadas dela.

Por isso, os planos – estruturação dos conteúdos curriculares segundo idéias e princípios – têm um caráter de tentativa para serem experimentados na prática, não podem ser previsões ajustadas dos processos e produtos do ensino e da aprendizagem. Qualquer plano posto em prática em situações distintas, aplicado por agentes diferentes, daria lugar a efeitos de alguma forma singulares. Qualquer plano, seja o que a administração educativa produz, os que se divulgam por meio de materiais ou os planos do professor/a, são transformados e recriados no curso de sua implantação. Isso não significa que para conteúdos muito delimitados ou habilidades muito concretas (ensinar as regras da adição, ou o uso de um instrumento de medida, por exemplo), não se prevejam planos de ensino com certa exatidão. Só nestes casos se pode acreditar que exista uma total correspondência entre o previsto no *plano*, os *processos* que se desenvolvem na atividade de realizá-lo e os *resultados* que se obtêm. Quanto mais complexo for um objetivo pedagógico ou um conteúdo, menos determinante pode ser o plano para regular a prática que queira alcançá-lo.

A prática educativa não admite muitas simplificações. É uma realidade caracterizada pelas seguintes condições (Doyle, 1977; Gimeno, 1988; Pérez Gómez, 1988):

1) A *multidimensionalidade*. São muitas as coisas que é preciso fazer e em cada uma delas estão implicadas dimensões e aspectos muito distintos: elementos pessoais, materiais, organizativos e sociais. Compreende ações que tendem para objetivos muito variados e de desigual complexidade.

2) São várias as tarefas que um professor/a deve conduzir *simultaneamente* num grupo de alunos/as.

3) O docente pode prever cursos de ação, tarefas em seus traços gerais, mas boa parte de sua atuação está governada pela *rapidez* de decisões que deve tomar constantemente, às quais responde por intuição ou por rotina.

4) Sua prática *não pode ser prevista*, pois são muitos os fatores que intervêm numa situação, na conduta de um aluno/a ou na de todo o grupo.

5) Responde a isso orientado por idéias muito gerais, por mecanismos *quase* reflexos, guiado por intuições, imagens gerais de como se comportar, mas não por leis precisas.

6) Existe uma implicação pessoal na qual se projeta a idiossincrasia de cada um, a subjetividade composta pela biografia pessoal, a formação e a cultura de procedência.

7) E tudo isso dentro de contextos variáveis e determinados não pela vontade do professor/a nem pelos conhecimentos ou modelos científicos.

8) São poucos os objetivos que permitem um planejamento *algorítmico*, ou seja, uma estrutura de ações seqüenciadas de tal modo que nos levem de forma segura à conquista da meta proposta. A maioria dos objetivos tem uma natureza complexa e é sempre interpretável.

Por essa carência ou impossibilidade de regulação total e determinante é que se diz que as atividades de ensino em geral – e o plano é uma – têm uma dimensão *artística*, o que não significa que sejam processos nos quais não se podem aplicar certos princípios orientadores, observar algumas regularidades gerais, acumular experiência e aproveitar modelos que parecem dar bons resultados em outros casos. A epistemologia da didática moderna debate hoje, como uma de suas preocupações básicas, como conjugar o caráter único e até certo ponto imprevisível da prática, com a possibilidade de extrair princípios de ação gerais que "na forma de leis" sirvam para não estar inventando constantemente a prática, acumular e transmitir experiência e atingir marcos de compreensão com alguma validade quanto à sua possível generalização.

A observação da prática, a experiência subjetiva de cada um e a incapacidade histórica das pretensões de fazer da educação em geral, e do ensino em particular, um processo regido por leis, demonstram que uma ação cientificamente regulada é impossível. Schwab (1983) deixou isso bem estabelecido quando afirmou:

> "... não há nem haverá no futuro previsível uma teoria desta completa totalidade (refere-se ao currículo e à prática educativa) que não seja mais do que uma coleção de generalidades inúteis. Tampouco é verdade que a falta de uma teoria da totalidade se deva à estreiteza de propósitos, obstinação ou meramente especialização habitual dos cientistas sociais e do comportamento. Sua especialização e o limitado alcance de suas teorias são, antes, funções do objeto que tratam, de sua enorme complexidade e de sua vasta capacidade para a diferenciação e a mudança" (p. 201).

Essa condição leva a aceitar a *dimensão artística ou intuitiva*, que apela para o bom senso de quem a exerce, sem poder esperar que um repertório de leis científicas e um conjunto de técnicas a determinem. Inclusive para os que trataram de caracterizá-la como uma atividade com bases científicas, este componente é consubstancial à mesma. É o caso de Gage (1977), que sugere a necessidade de distinguir entre a idéia de uma ciência *do ensino* e umas *bases científicas para a arte do ensino*, afirmando que:

> "como arte prática é um processo que exige intuição, criatividade, improvisação e expressividade. (...) No ensino, seja qual for o método utilizado, inclusive nos programas de ensino por computador, é necessário o artístico" (p. 15).

> "As empresas práticas, aquelas que se desenvolvem no mundo real mais do que no laboratório, têm componentes artísticos e componentes científicos" (p. 17).

Eisner (1979), justamente a partir da análise do plano, contribuiu também para fundamentar essa metáfora do ensino como arte, que não significa improviso nem falta de regras. Para este autor (p. 153 e ss.), essa caracterização se apóia nas seguintes realidades:

a) Os professores/as, como os artistas, realizam julgamentos apoiando-se em determinadas qualidades que põem na prática enquanto transcorre a atividade; a ação deve ser dirigida com um senso crítico que aprecie, a todo instante, o que é relevante, orientando as decisões que paulatinamente se adotem:

> "O jogo do curso dos acontecimentos, mais do que a chegada, é a força ou motivo por trás do trabalho artístico" (p. X).
>
> "Aprendemos que o desenvolvimento do currículo é uma tarefa prática e artística que exige prudência, sabedoria e compreensão dentro das realidades das classes de ensino fundamental e médio. Requer ensaios, planejamento e senso de oportunidade" (p. XI).

b) Trata-se de uma atividade não dominada por prescrições ou rotinas, ou ao menos não toda ela, senão por casualidades e contingências que são imprevisíveis. Qualificá-la de artística é uma forma de admitir que é preciso situar os problemas e atividades no ensino em contextos mutantes que precisam ser avaliados para se saber o que acontece e que mudanças vão se produzindo.

> "Cada situação educativa em que se tomam decisões é significativamente única, não apenas no sentido temporal e espacial, pois todas as situações são únicas por essas circunstâncias, mas porque as metas, os métodos, as pessoas e os contextos diferem de uma a outra significativamente e devem ser tratadas em função dessas diferenças se se quer ser efetivo. O que devemos esperar das idéias sobre planejamento do currículo não são fórmulas, senão que ajudem a que nossas deliberações na configuração de planos pedagógicos sejam mais perfeitas e, a partir daí, contribuam para enriquecer os programas que proporcionemos aos alunos/as. Enfim, vemos as idéias como ferramentas, não como papéis carbono"(p. 108).

c) O ensino é artístico, pois os fins obtidos vão se originando ou adquirem significado no próprio processo de seu desenvolvimento prático, no sentido de que não se pode prever o que queremos de antemão com um significado preciso, senão que, partindo de idéias e aspirações, encontramos seu valor quando se realizam.

O plano incorporará a condição de ser uma proposta de tentativa singular para um contexto, para alguns alunos/as, apoiado em princípios interpretáveis, abertos. E se o currículo real – chamado também *na ação* – não pode ser entendido sem referir-se às práticas existentes que o transformam em experiência para os alunos/as, tampouco servirão os modelos de planejar que não contem com tais práticas que os transformarão ou não em realidade. O plano é um instrumento para *guiar a prática*, e esta não é algo abstrato, tem atores determinados e se desenvolve em certas circunstâncias concretas.

Continuamos instalados na *incerteza* como forma de pensar, o que não significa improviso, na qual os protagonistas da prática se destacam por seu valor mediador. Não é muito importante que os modelos de como planejar sejam universalizáveis, mas sim as capacidades dos professores/as para se desempenharem no plano de seu trabalho real ao pensar, discutir e decidir com certa racionalidade essa prática. A condição artística a ser desenvolvida dentro de tal incerteza é o elemento que une as idéias, os princípios gerais e os conteúdos educativos com a realidade prática.

Nas décadas dos anos 60 e 70, o movimento de reforma dos conteúdos dos currículos se desenvolveu em torno da idéia de confeccionar projetos curriculares que respondiam a toda uma área ou matéria, às vezes relacionando mais de uma, com a pretensão de oferecer planos cuidadosos, sob a forma de materiais de qualidade, que difundissem novos conteúdos elaborados com modelos de ensino-aprendizagem inovadores. Dirigiam-se a professores/as e alunos/as, com a pretensão de mudar a prática real. Avaliações posteriores demonstraram que, em muitos casos, a distância das propostas quanto às concepções dos professores/as e das condições das escolas levava a uma deficiente aplicação e a poucas mudanças nas atividades de ensino. Aquela prática reforçou a idéia de que o plano era uma atividade profissional especializada que se realizava fora do âmbito de ação dos profissionais práticos, deixando para docentes e alunos/as o papel de consumidores, não de atores, do plano curricular.

As potenciais idéias inovadoras sobre o conteúdo e sobre a metodologia, ao não contar com os professores/as e com as condições concretas da realidade, ficavam nos projetos ou eram deformadas e empobrecidas em sua aplicação. Tornava-se evidente que um plano de qualidade dificilmente podia por si mesmo mudar a prática. Era uma estratégia que produzia materiais inovadores, mas não uma modificação do ensino, que, obviamente, dependia dos comportamentos dos professores/as em contextos particulares. O plano ideal em educação e no ensino não é transformador por si mesmo, simplificou-se muito o problema de transferir teorias e idéias para a prática. Não basta dispor de alguns materiais cuidadosamente elaborados ou propor grandes idéias para que a prática se mova de acordo com esses enunciados, a mudança em educação é mais complexa. Algo que as administrações deveriam aprender quando põem tanto empenho em divulgar idéias inovadoras nos documentos curriculares que refletem os planos feitos por elas e seus técnicos.

A partir daquelas experiências, moderou-se a crença de que o plano curricular tecnicamente ideal, à margem dos professores/as e das equipes docentes nas escolas, poderia ser um instrumento para melhorar a qualidade do ensino. De qualquer forma, tais planos podem ser oferecidos aos docentes como "exemplos" a partir dos quais refletir e experimentar em suas condições reais de trabalho. A difusão de grandes declarações, como "o ensino de acordo com os interesses da criança", a "individualização", "a pedagogia da descoberta", o ensino baseado no "construtivismo", etc., são interessantes para esclarecer e orientar o pensamento, bem como para sugerir iniciativas práticas, mas serão os professores/as concretos que temos, em suas escolas reais e sob as condições normais, que por meio de tentativas muito modestas farão pequenas e "imperfeitas" contribuições para transformar a prática. As peculiaridades desta, que apontamos, fundamentam a idéia de que, para que o plano contribua para mudá-la e ordená-la, deve passar a ser uma estratégia assumida e assimilada pelos profissionais práticos. Esteja formalizado como projeto escrito ou seja uma mera ordem na mente dos professores/as, o decisivo é que o plano seja um esquema-guia real. Assim, servirá a empenhos modestos mas valerá para professores/as reais.

> "A evidência sugere que na prática os professores/as não empregam modelos lógicos e formais de tomar decisões recomendadas pelos especialistas de currículo e os planejadores da instrução – algo que não acontece apenas com o professor/a. Estudos clínicos indicam que profissionais de outras atividades fazem o mesmo, incluindo a medicina, e não seguem a seqüência lógica recomendada na tomada de decisões" (Deakin University, 1985a, p. 13).

"O plano curricular se orienta cada vez mais para o estudo dos problemas que têm seu cenário na aula, e não na busca de perfeitos e utópicos modelos que têm escassa oportunidade de serem desenvolvidos. Também cresce a evidência de que o contexto em que se tomam decisões curriculares é complexo, cujas necessidades devem ser exploradas e compreendidas como um passo no processo do plano. *Esta é a razão pela qual a concepção do plano curricular como 'um plano para a ação futura' está em retrocesso, crescendo, em troca, a certeza da importância que têm os procedimentos que incorporam a intenção de expor e justificar nossas práticas e nossos pressupostos*". (O grifo é nosso.)

(...)

(O novo enfoque) "tenta transformar os professores/as e as escolas em melhores conhecedores do que eles tratam de fazer e de como poderiam consegui-lo (...) a única tarefa que uma teoria do desenvolvimento curricular legitimamente pode perseguir é confeccionar teorias da prática curricular que busquem a melhora da qualidade da implicação que os alunos/as e professores/as têm nessas práticas e que, graças a isso, permita ao ensino e à aprendizagem se desenvolverem por melhores caminhos" (Deakin University, 1985b, p. 13).

Esta perspectiva responde ao chamado desenvolvimento do currículo *baseado na escola*, que deixa de lado a esperança nos grandes projetos cuidadosamente planejados fora da prática por agentes especializados, para enfatizar o valor de tentativas mais modestas mas próximas às condições das escolas e desenvolvidas em colaboração com elas e seus professores/as. Uma perspectiva que se fundamenta também na necessidade de contar com o papel ativo dos professores/as no desenvolvimento do currículo (Gimeno, 1988, p. 196 e ss.; Nuan, 1983), fazendo das escolas um lugar de desenvolvimento profissional. Na escola, queira-se ou não, se tomam decisões sobre o currículo, ou seja, em toda escola se condiciona ou se faz planejamento curricular. Eisner (1979) sugere que:

"Os professores/as estão imersos em atividades de planejamento boa parte do tempo, e ao fazer isto tomam decisões sobre o currículo e se envolvem numa espécie de deliberação curricular pessoal. Esta é uma vertente do desenvolvimento curricular. Realmente, não é possível uma escola sem alguma forma de desenvolvimento curricular" (p. 110-111).

Assim, o desenvolvimento curricular, em vez de centrar seu interesse em planejar matérias ou áreas, se fixará na análise e fixar-se-á na provisão de condições para que a prática mude, nos projetos realizados pelos professores/as, nas experiências que lhes sirvam de apoio para adaptá-las e experimentá-las eles mesmos, na utilização de materiais elaborados fora – textos, guias, etc. – como auxiliares para seus próprios projetos, na potencialização da disponibilidade e variabilidade de todos esses recursos nas escolas, na colaboração entre colegas, etc. A ênfase é posta no *desenvolvimento do professor/a*, no *trabalho conjunto*, na *comunicação de experiências* e na oferta de *materiais variados e atrativos*, em *dispor de exemplos* para acomodar à própria prática, na *melhora das condições de trabalho* e na racionalidade do funcionamento do *conjunto da escola*. O protagonismo dos grupos de professores/as pode ir desde a proposta autônoma que eles planejam e desenvolvem até a adoção crítica e adaptação a suas circunstâncias de modelos elaborados desde fora ou pertencentes a outros professores e escolas.

Trata-se de uma alternativa que repensa a política curricular, que exige um aperfeiçoamento com assistência no emprego, novas formas de controle e de responsabilização dos professores/as, a necessidade de ver a escola como unidade de inovação e uma política de provisão de materiais curriculares.

Diferentes atribuições no plano do currículo: âmbito em que se tomam decisões

> "A pergunta: quem decide o currículo? é uma das questões-chave para qualquer escola; é importantíssima para ajudar a determinar seu caráter ou seu "clima" (...) (e) fazemos um péssimo serviço a nós mesmos se não reconhecemos como pode ser complexo o planejamento do currículo, na medida em que o currículo resultante dela é um equilíbrio de interesses criado a partir do conflito" (Green, 1986, p. 158).

Da idéia, já comentada, de que os professores/as se dedicam realmente a concretizar e a adaptar decisões tomadas em outros âmbitos diferentes ao escolar, obviamente se deduz a conseqüência de que o plano não é apenas uma atividade profissional docente. Se planejar o currículo é lhe dar forma e sentido, ao mesmo tempo que se lhe dota de conteúdo, se se planeja ali onde se decide e se constrói, naturalmente se pode falar de âmbitos ou níveis de plano, referentes aos agentes que o decidem. O político, quando regula o currículo de todo um estágio de escolaridade, faz um plano que implica determinadas operações. Os autores de um material didático – um livro, um filme ou um programa de computador – realizam um plano cuidadoso de componentes, seqüências de conteúdo, exemplos, ilustrações, seleção de atividades que se sugerem, etc. A escola que elabora um projeto para dar coerência a seu trabalho, estabelecendo linhas metodológicas para todos os professores/as, por exemplo, ou criando um clima e coordenando estes, também planeja a prática curricular. O professor/a que prepara um plano para um curso, um trimestre ou uma jornada escolar, ou quando confecciona materiais próprios sobre uma unidade didática concreta e prevê o uso que vai lhes dar, realiza também um plano do currículo e de sua prática. O plano da educação pode se referir potencialmente a toda atividade e a todo agente que possa influir no ensino e na aprendizagem.

É evidente que a competência de construir um currículo não será atribuição exclusiva dos professores/as, porque as decisões implicadas ultrapassam a responsabilidade destes e, circunstancialmente, porque podem não dispor dos instrumentos e da competência para fazê-lo. A própria necessidade de ordenar o sistema educativo e a de realizar algum controle sobre seu funcionamento faz com que este tema necessariamente escape do âmbito dos docentes.

Existem *âmbitos em que se planeja*; não há um plano universal completo que estruture ordenadamente o que cada agente decide. Esse grande plano global utópico que ordenasse desde as finalidades mais gerais até as ações mais específicas é impossível e, se existisse, suas propostas teriam de ser pontos sobre os quais refletir e não decisões para se cumprir (Sockett, 1976, p. 36). O pluralismo na sociedade, as margens de autonomia de que devem dispor escolas e professores/as, assim como a liberdade de produzir meios culturais aproveitáveis no ensino, implicam necessariamente o reconhecimento da possibilidade de interpretar todas as prescrições sobre o currículo. Os modelos simplificadores que querem arbitrar uma fórmula global para o plano evitam essa realidade e essa filosofia.

Ao planejar o currículo todos os agentes podem partir de uma filosofia básica comum, da consideração de elementos compartilhados, como uma determinada atitude frente ao conteúdo, uma tendência a relacionar este com os problemas sociais e com as motivações pessoais, uma atitude construtivista frente à aprendizagem, etc. Isso é válido para qualquer dos quatro âmbitos citados, mas cada um deles pode e deve realizar coisas distintas para torná-los possíveis. Sobre o conhecimento que se transmite realmente nas aulas todos os níveis de decisão deixam sua marca: a administração determina áreas e conteúdos gerais, as editoras concretizam o que se transmite, propondo uma certa versão, e os professores/as acrescentam sua marca pessoal no processo de ensino-aprendizagem. Em troca, o poder de decisão no que se refere à classificação do conhecimento se reparte de outra forma diferente: as áreas ou disciplinas em que se distribui o conhecimento são determinadas pelas administrações educativas; os livros-texto as legitimam – e depois pouco farão para conectar esses saberes parcelados, mas os professores/as sim podem fazê-lo, ou porque dêem conteúdos de várias áreas ao mesmo tempo, ou porque se coordenem entre si nas equipes das escolas. Na seleção de tarefas acadêmicas, ao contrário, basicamente, os professores/as e os textos decidem.

Ainda que todas essas ações tenham a ver com o plano, implicam a necessidade de levar em conta diferentes problemas, opções das mais diferentes dimensões e esquemas para racionalizar e ordenar suas atribuições, assim como as exigências de responder a um determinado contexto. As necessidades concretas da aula ou de um grupo de alunos/as não podem ser consideradas pelo político ou pelo editor de livros-texto, por exemplo, em seus detalhes precisos, ainda que quando politicamente se estruturam os currículos, devem se levar em conta as condições reinantes para que os planos tenham um certo realismo e possibilidade. A adequação global da cultura escolar às necessidades sociais não é decidida pelos professores/as em suas diretrizes gerais, mas no debate político e social que determinam os mínimos que a administração regula, em que deverão participar os professores/as.

Os âmbitos de planejamento não formam um sistema de níveis totalmente hierarquizados nos quais o que se faz num deles determina de todo o que se realiza em outro em estreita dependência. Parece mais próprio colocá-los como âmbitos de decisão que têm relações de interdependência entre si, mas com espaços próprios de autonomia na decisão em cada caso, e até com contradições entre alguns deles. Os professores/as podem seguir os guias curriculares dos editores de material didático ou os que a administração sugere, por exemplo, mas também é certo que alguns adotem, às vezes, modelos que os professores/as praticam.

Não queremos dizer que a cada agente que planeja (administradores, professores/as, escolas, editores, etc.) corresponda um trabalho peculiar e uma esfera própria de decisões com exclusividade, mas que, em cada um desses âmbitos, nos quais podem participar diversos agentes, se confrontam problemas distintos ou de nível diferente. Ainda que as idéias contidas nas diretrizes gerais possam ser compartilhadas por todos para dar uma melhor coerência ao sistema escolar, o certo é que os princípios são, como citamos, interpretáveis sempre, e também não é freqüente que todos estejam de acordo nas mesmas idéias. O plano, é preciso repetir, é aberto.

Os esquemas dominantes na teoria do plano pretenderam, em geral, sistematizar os níveis deste, como é o caso de Tyler ou Taba. Um projeto educativo, desde a filosofia que o fundamenta até as propostas de ensino na prática, devia ser articulado em distintos níveis de decisão para que lhe dessem coerência. Herrick (1950) afirmava que qualquer plano global do currículo que pretenda dirigir de forma suficiente e adequada um programa geral de educação devia ser considerado em mais de uma dimensão e em função de vários níveis operacionais. Essa consideração de níveis obriga a seguir e tratar de estabelecer as conexões entre diversos âmbitos de decisão para que os planos que se realizam em cada nível tenham coerência entre si e atuem, conseqüentemente, com as opções tomadas. Foram modelos lineares e, ainda que fossem apresentados como esquemas teóricos, sua preocupação era a gestão.

A estruturação ordenada e hierarquizada não deixa de ser uma pretensão idealista que esquece que existem agentes que intervêm na modelação dos conteúdos com certa autonomia própria e desde contextos peculiares. A hipotética aceitação por consenso de um plano geral ordenador não vai além da aparência, em alguns casos, ou não se traduz em ações totalmente coordenadas. O fato de que um livro-texto, por exemplo, "declare" que aceita um determinado princípio pedagógico não significa que estruture seu conteúdo de acordo com ele. Os esquemas idealistas costumam desconsiderar, além disso, as condições da prática.

Faltou na teoria do plano uma visão global das interações entre todos os agentes que o realizam. Isso se deveu à falta de reconhecimento do poder e autonomia funcional de cada âmbito e à conseqüente derivação política: a capacidade de influir e controlar a prática está – e acreditamos que deve estar – repartida.

O fato de não se levar em consideração os contextos reais de planejamento ocasionou, por exemplo, que na teoria geral sobre o mesmo não se tenha analisado o papel decisivo que os materiais didáticos de uso corrente cumprem e o que podem desempenhar os que os professores/as elaboram. Outra ausência foi a de esquecer o papel que desenvolvem e podem realizar as escolas no plano curricular, a pouco atenção dedicada em como estruturar as individualidades dos professores/as em linhas coerentes de atuação voltada para os alunos/as. Faltou também uma consideração sobre que conseqüências têm os modelos hierárquicos para o papel e as possibilidades de desenvolvimento profissional dos docentes. O modelo tyleriano, de que falaremos mais adiante, serviu para racionalizar tecnicamente decisões na confecção de currículos, mas não transformou a prática dos professores/as, por exemplo, ao não se acomodar ao contexto particular de seu âmbito de decisão e à forma em que devem operar nele. Uma compreensão mais adequada do modo de trabalhar dos professores/as, considerando-os como profissionais ativos que recriam propostas, que enriquecem ou podem empobrecer modelos propostos desde fora, mudou a perspectiva deste tema.

Que operações se realizam e que modelo de comportamento se deve seguir em cada um desses âmbitos? O que é o mesmo que se perguntar a que deve responder ou com que problemas se defronta cada agente que decide no plano. Exporemos duas considerações gerais a respeito.

a) Em primeiro lugar, antes de falar dos problemas a serem abordados e que modelos seguir, se é que são possíveis em cada um desses âmbitos, é conveniente dizer que os agentes que planejam, as competências de cada um e as relações entre os mesmos são opções de cada sistema educativo, assentadas numa tradição, apoiadas numa política e condicionadas pelas regulações legais e administrativas. A distribuição do poder de planejar a prática é o resultado de uma história, de um modelo político de gestão e de um estado de consciência, organização e formação do professorado em cada sistema educativo – isso significa que é o mesmo que dizer que se pode e se deve mudar. O que deva fazer cada agente, como devem ser os planos dos professores/as ou dos livros-texto, por exemplo, é uma pergunta que não tem sentido. A questão pertinente do que deve fazer cada um depende do que o restante possa e deva fazer. Existirão planos colocados em livros-texto ou outros materiais que subtraiam dos professores/as a capacidade de planejar por si mesmos? Pois parecem inevitáveis para muitos, mas os professores/as podem ser formados e dotados de tempo de trabalho retribuído para que confeccionem alguns próprios ou recolham materiais diversos. Lembremos que uma experiência metodológica como a de Freinet ofereceu uma alternativa na qual alunos/as e professores/as têm o papel principal, aproveitando informação procedente de fontes muito diversas. Os livros-texto deveriam se limitar a proporcionar informação adaptada ao estudante, ou devem sugerir também atividades a professores/as e alunos/as, formas de realizar a avaliação, uma seqüência de temas, etc., que lhes evite pensar e decidir sobre esses temas, desprofissionalizando-os?

A administração dosa o currículo durante a escolaridade. Mas deve fazê-lo por cursos ou por ciclos? Conforme a solução que adote deixa mais ou menos margem de movimentos aos editores de livros-texto, às escolas e aos professores/as. É conveniente que as escolas tenham margens de opção para dar algumas disciplinas e outras não, ou para adaptar os conteúdos a seu contexto cultural mais imediato?

Trata-se de opções convenientes ou não, possíveis ou impossíveis; não são perguntas para se responder desde a ciência, mas desde a experiência, guiados pelos ideais pretendidos. Todas estas perguntas e muitas outras colocam problemas e dilemas éticos, políticos, culturais, pedagógicos, para os quais não há respostas técnicas. Toda proposta realizada sobre o plano curricular é coerente com uma divisão de competências determinada e pode afiançar o *status quo* existente ou buscar uma redistribuição das funções assentadas, em prol, por exemplo, de outro equilíbrio menos intervencionista por parte da administração ou das editoras, com um maior papel didático para os professores/as. Esta dimensão estrutural e política do plano nos parece básica em toda política educativa. A manutenção ou distribuição dos papéis de cada um no plano é um critério de avaliação das reformas curriculares.

b) Em segundo lugar, ao existir vários agentes determinantes dos currículos, a qualidade dos problemas que se colocam e aos quais se deve responder em cada âmbito é muito diferente. O político que regula o currículo deve ordenar os níveis escolares, homologar os títulos e as condições de trabalho das escolas, decidir, em discussão prévia, as áreas que os alunos/as estudarão de acordo com o modelo cultural que pretende fazer valer por meio da escola e relacionadas com a estrutura de profissões e categorias de trabalho, estabelecer uma classificação e ponderação das áreas e disciplinas, determinar que limites terá a opção para as escolas e para os alunos/as, procurar as condições para que o currículo se desenvolva, controlar os níveis de qualidade no sistema, etc. O especialista numa matéria, ao ressaltar os componentes fundamentais para um nível de escolaridade, defronta-se com um desafio bem distinto. O professor/a, nas condições de seu trabalho, se vê com problemas do tipo como selecionar e ordenar os conteúdos de uma unidade, adequar o ambiente de classe, como cobrir o trimestre ou a semana, que atividades selecionará, que materiais empregar, como atender o aluno/a mais atrasado, como ligar uma notícia de atualidade ao conhecimento de sua disciplina ou área, etc.

Não é possível dispor de um esquema válido de plano para todos os agentes que intervêm na sua realização. Oferecer modelos de racionalizar a tomada de decisões no plano curricular no âmbito político, por exemplo, é uma coisa, dispor de esquemas úteis e manejáveis para os professores/as é outra muito diferente. Um modelo, por exemplo, de planejar materiais muito estruturados não vale para que os docentes planejem a prática; um modelo de plano de instrução preciso tampouco valerá para os que têm de tomar decisões em nível político ou para os professores/as; as decisões de plano que alguém, que seja responsável pela ordenação do sistema, adota não sugerirão atividades concretas aos docentes; um modelo útil para os professores/as deve observar a singularidade da situação real com a qual se depara e não servirá a quem queira confeccionar materiais ou ao político. A amplitude, a peculiaridade e a contextualização das decisões em cada âmbito, assim como a responsabilidade política, social, ética ou profissional que implicam os dilemas frente aos quais deverá optar e as razões que deve alegar em cada caso, sugerem marcos de decisão distintos, mas completamente independentes.

O fato de não se levar em conta essa peculiaridade implica transferir analogicamente de forma improcedente esquemas de uns âmbitos para outros, produzindo confusão e falta de clareza. Acontece quando a administração, dentro de seu âmbito de competência, nos planos do currículo que regula para as escolas e professores/as, se imiscui em territórios da pedagogia ou psicologia, proporcionando diretrizes ou sugestões para o comportamento do professorado, quando diz seguir determinadas teorias da aprendizagem, por exemplo. O resultado é que, por mais declarações que se faça, nem os livros-texto, nem a prática dos professores/as podem ser realizados partindo delas, daí que acabam ficando na mera retórica insuficiente que se desgasta e perde significado.

A política curricular na Espanha, como ocorre em outros países (Skilbeck, 1990), além de determinar e ordenar os conteúdos mínimos para todo o sistema e a estrutura do currículo, tem a tradição de descer a considerações pedagógicas, arrisca-se a oferecer orientações metodológicas aos professores/as e fabricantes de materiais, assim como manifestar critérios de avaliação de aprendizagens. Noutro lugar analisamos como esse "intervencionismo pedagógico" (Gimeno, 1988) é fruto histórico, em nosso caso, de uma mistura entre uma tradição de controle ideológico e burocrático, sobre os professores/as e sobre a cultura escolar em geral, e bem-intencionadas pretensões de "inovar desde os documentos oficiais", difundindo máximas pedagógicas e "novas teorias".

Trata-se de um intervencionismo que vem a ser um inoperante substituto de uma formação de qualidade do professorado, do qual implicitamente se reconhece a carência de tais orientações. Em muitos poucos campos de atividade se tenta gerar profissionalização por estas vias nem a administração regula tão exaustivamente a técnica como no educativo, à parte de ordenar o funcionamento geral, garantir o serviço que presta e assegurar o cumprimento de certas normas básicas. O plano curricular, a partir deste âmbito, difunde códigos pedagógicos além de prescrever conteúdos. Os programas oficiais da educação fundamental espanhola buscavam objetivos de aprendizagem em termos de *conduta* nos anos 70; eram *piagetianos* no começo dos 80, segundo consta em sua introdução; o currículo proposto a partir da LOGSE é *construtivista*. É um intervencionismo tão ingênuo quanto ineficaz, que divulga "modas" para os professores/as, em geral distante das possibilidades de torná-las operativas na prática. Naturalmente, esta vai por outros caminhos, não muda com as linguagens, ainda que se estimule o consumo de conhecimentos especializados.

A qualificação pedagógica dos docentes precisa ser feita quando eles são formados e lhes dando assistência no emprego. Os códigos pedagógicos têm nesses momentos a oportunidade de serem adquiridos e comparados na prática. Declará-los nos documentos oficiais, além de legitimar fórmulas que em raras ocasiões têm uma aceitação universal, é confundir a função reguladora que a política e a administração têm com os procedimentos para inovar o sistema escolar. Taba (1974) advertia há bastante tempo contra este vício burocratizador:

> "A posição doutrinária conduz os protagonistas de um projeto (curricular) particular a defendê-lo como um credo ou uma doutrina, em vez de como uma hipótese ou uma possibilidade. Conseqüentemente, os problemas da proposição do currículo são discutidos numa atmosfera de partidarismo e as idéias são debatidas em termos de posições que são protagonistas e posições que são antagônicas, e não dentro de um clima de honesta investigação científica. Problemas que devem ser submetidos à investigação científica ou a provas de evidência experimental são tratados como questões de convicção pessoal... Esta aproxi-

mação doutrinária impediu a sistematização da percepção do complexo total de fatores que devem ser considerados na elaboração do currículo" (p. 544).

Como opções legitimadas pelos poderes políticos e pela administração, esses códigos falseiam o contraste científico e prático, adquirem valores de autoridade que nem sempre têm e fixam opções que deveriam competir com muitas outras alternativas. Se essas recomendações pedagógicas fossem acompanhadas de controles eficazes, as margens de liberdade profissional que os professores/as deveriam ter garantidas ficariam muito comprometidas. Supõem, obviamente, uma intervenção sem necessidade, que desqualifica profissionalmente, já que são propostas por via burocrática, e não por ensaio prático, ou ignoram que seu poder profissionalizador é muito fraco para que os docentes passem desses enunciados às práticas congruentes com os mesmos.

São enunciados que se desgastam rapidamente no tempo porque não fazem parte da experiência real de inovação do sistema educativo. O poder real que essas linguagens pedagógicas têm de intervir na prática de criação de materiais e no ensino dos professores/as é bastante escasso, pois, como mostraram reiteradamente as experiências de inovação e evolução da profissionalidade docente, inclusive oferecendo materiais muito mais estruturados para os professores/as, esses códigos pedagógicos difundidos nesse âmbito não têm eficácia prática.

> "A habilidade na apresentação escrita desse tipo de documentos (os currículos oficiais) é muito valorizada e seguidamente confere considerável poder aos que a possuem. No entanto, a preocupação por este tipo de documentação e sua apresentação pode inibir o plano genuíno para uso interno na prática e desenvolver mais uma perspectiva centralizadora" (Erault, 1990, p. 547).

É um intervencionismo que se realiza em muitos casos como forma de controlar a eficácia do sistema educativo. Acontece que enquanto é duvidoso que essas regulações e orientações externas consigam uma melhora do ensino, é óbvio que repercutem, debilitando o compromisso profissional dos docentes e sua criatividade pedagógica (Louis e Smith, 1990, p. 25).

A importância histórica dessas táticas deveria originar a distinção de que uma coisa são as regulações que a administração deve fazer e outra são movimentos, teorias e correntes que interpretam os processos pedagógicos e a forma de orientar a aprendizagem dos alunos/as, o que deve ficar em nível de plano que os professores/as realizam ou para que sirvam de orientação para experiências e exemplos de criação de materiais. A confusão de níveis de decisão ocasiona que quando se questiona a linguagem legitimadora usada pela administração, por exemplo, entra em crise toda a construção curricular. Ou que, também, quando a administração acredita que deve mudar as áreas do currículo, introduzir alguma nova, etc., se ponha em discussão toda a prática de desenvolvimento curricular para todos os níveis. Ou que as mudanças importantes dos materiais didáticos – textos sobre tudo – sejam propostas não como táticas permanentes de melhora de um produto, mas com o ar de "grande reformas", para depois ficar estabilizadas.

Outra transferência analógica incorreta se produz quando alguns especialistas querem ordenar todos os níveis de decisão curricular, desde o político até o técnico, com esquemas que não consideram nem as dimensões políticas, sociais e culturais das decisões gerais nem as formas de funcionamento dos professores/as em sua prática. Nos currículos espanhóis prescritos pela administração trabalhou-se muito mais, por exemplo, em raciocínios técnicos – de tipo pedagógico e psicológico – do que em argumentos sociais, econômicos e culturais, sendo esses os campos específicos nos quais deveriam tomar e justificar suas decisões. O ocultamento de tais decisões se deve, em parte, a que assim o poder mascara suas opções, embora se explique também pela falta de um esquema claro de como desenvolver o currículo dentro do sistema educativo, estruturando medidas das mais diversas ordens. A conseqüência é que as grandes opções culturais e políticas do currículo não são discutidas e, em troca, a programação de mensagens pedagógicas para os professores/as desde a administração é bastante inútil. Para introduzir diretrizes pedagógicas no sistema educativo está a literatura especializada, a formação de professores/as e a comunicação de experiências, que é o que pode lhes orientar.

Outra derivação da confusão de âmbitos é a *burocratização* do pensamento curricular em todo o sistema e, particularmente, nos professores/as. Quando um esquema ou uma linguagem não aborda os problemas práticos reais que um nível de decisão deve enfrentar, os esquemas importados, mas não assimilados, carecem de sentido e se transformam em puro formalismo. A roupagem da linguagem técnico-pedagógica que introduz e acompanha os planos curriculares que a administração faz parece justificar por si mesma a qualidade destes. Faltam um discurso e uma coerência que expliquem como passar das declarações retóricas para a realidade das práticas, que condições seriam necessárias para tornar isso possível nos professores/as e no funcionamento das escolas. Se não se faz assim, o que se produz é a "inovação sem mudança", na qual tantas vezes as propostas para a escola incorreram.

Levando em conta a relatividade de qualquer princípio que se adote do ponto de vista pedagógico para orientar a prática e seu caráter aberto e interpretável, a administração educativa deveria deixar esse terreno para a verificação e experimentação. Quando esta adota uma posição pedagógica em vez de estimular a inovação apoiada na experimentação, estimula doutrinamentos acríticos pouco democráticos e que os professores/as adotem posições que não assimilaram com a profundidade necessária para dirigir suas práticas.

A experiência que tivemos na Espanha com a reforma educativa de 1970 (Lei Geral de Educação) e a introdução do esquema de programar o currículo partindo da declaração de objetivos precisos para acomodar as conseqüentes atividades e alcançá-los da forma mais segura possível é bem exemplificadora. Os textos legais confundiram o que eram objetivos e atividades; sugeriram e obrigaram professores/as e escolas a realizar programações que eram julgadas com esse esquema. A inspeção as exigia; os exames para selecionar professores/as em concurso continuam ainda com esse esquema, e os docentes, naturalmente, ainda não sabem fazer essas distinções. O pior é que, se o seguissem, não abordariam os problemas práticos reais que a eles propõe o plano curricular para seus alunos/as, que não são os de distinguir entre objetivos e atividades.

Este esclarecimento tem sua importância para o próprio pensamento curricular e sua utilidade no sistema educativo. A teoria curricular esteve muito marcada pelas marcas que os gestores do sistema educativo lhe infundiram, assim como pela necessidade destes, mais do que pelas necessidades de professores/as a alunos/as. O pensamento curricular não é checado nem estimulado quando se legitima uma opção qualquer por meio das decisões políticas e administrativas. Ele se burocratiza e depois é recusado pelos docentes.

Taba (1974) destaca que uma importante dificuldade na construção do currículo se firmava na confusão sobre que princípios ou considerações se deviam aplicar em cada ponto de sua elaboração (p. 540). Uma observação importante que nos indica a necessidade de compreender como e em que momento é possível transferir idéias para a prática. Alguns desses princípios muito gerais são utilizáveis como orientação em cada momento ou aspecto e por todos os agentes do plano, outros são essenciais em alguns deles e outros de aplicação muito pontual. O *construtivismo*, por exemplo, muito mencionado nos documentos curriculares da última reforma, é uma perspectiva válida, junto a outras, para orientar as táticas de ensino dos professores/as ou para estruturar seqüências de aprendizagem. É uma importante orientação epistemológica na seleção do conteúdo e elaboração de livros-texto, quando se refere a que a história do pensamento e da ciência é um processo de constante construção e reconstrução, mas de pouco serve para justificar todo o currículo ou a seleção e ensino de conteúdos na formação estética, musical, lingüística, ou na educação física, por exemplo. Costumam se mencionar também "os interesses dos alunos/as" como princípio ordenador da prática, o que servirá para conectar a experiência do aluno/a com novos conteúdos, por exemplo, mas não para justificar a seleção de áreas curriculares, já que estas são escolhidas por critérios bem diferentes.

AGENTES DECISÓRIOS E PLANEJADORES

Argumentamos anteriormente que a divisão de competências entre diversos agentes quando se planeja o currículo num sistema educativo é o resultado histórico de um equilíbrio particular que pode se alterar. Sem lhe atribuir um papel de natureza intocável, parece-nos muito importante prestar atenção agora a nossa realidade, coerentes com o pressuposto de que o plano deve observar as situações nas quais se localiza a prática num determinado sistema escolar. Qualquer teorização ou prescrição sobre o mesmo deveria, em nossa opinião, aclarar três dimensões e as interações entre elas: a) em *que aspectos* intervém ou deveria atuar o plano, b) *quem ou o que incide* em cada aspecto e c) que dependências, relações e conflitos se produzem entre esses aspectos e agentes com os *contextos* organizativos escolares, com as disponibilidades materiais, condicionamentos políticos e profissionais estabelecidos ou previsíveis.

Examinaremos brevemente alguns modelos que ressaltam que aspectos devem ser considerados, ainda que costumem tratar o tema dos agentes que intervêm e falem muito pouco das condições reais da prática. São quatro os âmbitos reais fundamentais em que se planeja o currículo em nosso sistema educativo. São âmbitos reconhecidos por disposições legais, em alguns casos, ou legitimados por longas tradições e usos.

1) O plano curricular que as administrações educativas confeccionam ao decidir o currículo como tal, e indiretamente ao regular a ordenação do sistema, as especializações dos professores/as, a delimitação de competências destes, a política de avaliação de resultados e a política de produção e consumo de materiais.

2) O projeto educativo que, com distinto grau de formalização, as escolas realizam, em função da margem de autonomia expressamente delegada que têm e da utilização que fazem das margens de liberdade com que sempre contam.

3) Os planos de trabalho que os professores/as confeccionam de forma individual para seus alunos/as, ou que são elaborados integradamente, coordenados para um mesmo grupo de alunos/as ou dentro de uma mesma disciplina ou área.

4) As elaborações do currículo que os fabricantes de materiais didáticos realizam, sendo especialmente significativo as dos livros-texto e os guias para os professores/as que os acompanham, por ser os mais desenvolvidos.

Na Figura 8.1 são relacionados esses quatro âmbitos, especificando alguns aspectos fundamentais sobre os quais se decide dentro deles.

O sistema formado por esses quatro âmbitos têm várias características fundamentais.

Figura 8.1. Âmbitos e competências no plano curricular.

1) Trata-se de um modelo não-prescritivo, que não pretende dizer o que se fazer nem como os elementos devem comportar-se, mas sim que destaca aspectos nos quais é preciso tomar decisões ou nos quais se tomam de fato. O plano é concebido como uma *função política repartida com capacidade de determinar a prática,* estabelecer as relações entre esses âmbitos e formar hipóteses de investigação.

2) Propõe-se a consideração de esferas de decisão contextualizadas no sistema escolar real; não são passos ou elementos abstratos de um esquema teórico, mas agentes operativos entre os quais se estabelecem relações de dependências, que compartilham significados e nos quais também se estabelecem conflitos.

3) Pode-se supor algumas relações hierárquicas de dependência entre eles, no sentido, por exemplo, de que o âmbito de planejamento da administra-

ção é o primeiro desencadeante, ao qual se submetem todos os demais. A verdade é que há uma tendência implícita para entendê-los assim, sobretudo tendo vivido dentro de uma estrutura que esteve fortemente centralizada, com um intervencionismo muito decidido em todo o sistema educativo, incluídas as práticas didáticas. A própria mentalidade de muitos professores/as está condicionada por tal experiência, mas a realidade é muito diferente.

4) Entender o plano como um processo de progressiva concretização do que ensinar e como fazê-lo produz confusões. Pode-se supor que é a administração que, primeiramente, toma decisões gerais e flexíveis que não anulam o que posteriormente os professores/as podem realizar. Formulação que é enganosa se a administração, por exemplo, decide parcelar o conteúdo numa série de áreas ou disciplinas, isso é algo muito concreto e determinante para a profissionalização do docente, para a experiência de aprendizagem dos alunos/as, para que os livros-texto sejam elaborados de uma determinada forma, etc. Podem se precisar depois conteúdos dentro da opção tomada, mas a decisão de classificar o conteúdo em si não é flexível, mas muito determinante. Outro exemplo: os planos de uma escola são tão determinantes para a prática que tentam coordenar quanto os realizados pelo professor/a para a sua própria.

Algumas outras observações podem garantir um modelo explicativo não-linear ou hierarquizado. As editoras de material didático, especialmente livros-texto, têm mais poder decisório para determinar e/ou ajudar os professores/as do que algumas das opções de plano que tomam as administrações, ainda que um texto necessite da autorização administrativa para chegar ao mercado. Outro exemplo de falta de verticalidade reside em que os professores/as não atuam necessariamente a partir de um projeto de escola coerente e coletivamente elaborado. É mais certo que são os estilos de funcionar individuais dos professores/as – também de planejar – que impõem o estilo do funcionamento da escola, ainda mais em nosso sistema, em que há muito pouca tradição de trabalho integrado. Dado que os professores/as possam em seu trabalho realizar uma prática contrária a que recomendam ou obrigam as prescrições curriculares ou os livros-texto, estamos frente a outro exemplo de autonomia funcional. Se existisse uma dependência muito direta "em cascata vertical", como já se disse em outra ocasião, um bom plano geral transformaria por si mesmo o que as editoras produzem e o que as escolas e professores/as fazem. A mudança se daria apenas em sua formulação e regulação, o que a experiência desmente.

Mas o hábito se criou, e continua sendo visto como normal que os currículos comecem a ser configurados, desenvolvidos e implantados partindo das decisões político-administrativas, que os livros-texto se acomodem a elas e que os professores/as atuem no final de um processo de determinações "fazendo tal como lhes é dito" ou sugerido. Os esquemas gerenciais do currículo em geral, e do plano em particular, assentaram essa idéia de hierarquização e dependências que na prática fica bastante falseada. Mas se poderia pensar numa opção contrária, absolutamente revolucionária entre nós, mas real em outros contextos: professores/as, agências dedicadas ao desenvolvimento do currículo e editoras deveriam estar dentro de processos de inovação constante, discutida e avaliada. A administração, à parte de estabelecer um marco muito geral homologador inicialmente, iria estabelecendo em regulações para todo o sistema, o consenso que paulatinamente vai sendo evidenciado com a prática. Por outro lado, seria prioritário planejar para práticas concretas em contextos singulares, que é como historicamente foram aparecendo e se acumulando as inovações escolares e curriculares.

O esquema linear e hierárquico, muito próprio em instituições burocratizadas, foi avaliado por uma forma, também hierárquica, de como se implanta uma inovação na prática, conhecido como modelo "do centro para a periferia", que estabelece as mudanças como disseminação de idéias e propostas partindo de um meio especializado ou centro de poder para fora, com uma visão "consumista" do modo como se produz a realização prática das propostas. É como se estas acontecessem devido ao consumo que certos agentes – os professores/as – fazem das diretrizes de outro que tem o poder e o saber para fazê-las. Um plano inovador não se "instala" como se se tratasse de renovar uma peça de uma máquina, substituindo a anterior pela nova oferta. As inovações em educação não costumam acontecer assim, mas como resultado de um intercâmbio, de transações e de acomodações entre os agentes participantes, entre as idéias e comportamentos velhos e novos (Aoki, 1984; Fullan, 1982).

Faz tempo que Taba (1974), partindo inclusive do modelo tyleriano, apontava uma alternativa para a inovação de cima e para as diretrizes curriculares carregadas de messianismo prático:

> "... para aperfeiçoar o currículo bem como para desenvolver uma teoria de currículo mais sã, é necessário inverter a seqüência no método para desenvolver projetos de currículo. Em vez de partir de proposições gerais, é necessário reconsiderar e repensar as unidades de ensino-aprendizagem, o que deve constituir a primeira etapa da elaboração do currículo. Os resultados da experimentação com as unidades de ensino-aprendizagem devem, então, proporcionar a base do projeto geral. (...)
>
> "É possível, também, que esta inversão da seqüência na elaboração do currículo ajude a superar o abismo existente entre a teoria e a prática. Em primeiro lugar, dado que para o desenvolvimento de tais unidades, a adequação teórica deve estar combinada com a experiência prática do ensino, o primeiro passo consiste em injetar teoria naquilo que, até o momento, é considerado estritamente como domínio da prática. (...)
>
> "Em segundo lugar, os guias do currículo derivados e completados por unidades concretas de ensino-aprendizagem, preparados pelos professores/as, são mais facilmente introduzidos entre o pessoal docente que quando só se dispõe de guias abstratos gerais. (...)
>
> "Finalmente, os guias do currículo que consistem tanto numa estrutura geral quanto em modelos concretos de unidades de ensino-aprendizagem possui maiores probabilidades de afetar a prática na aula do que os guias correntes que não oferecem orientação alguma para tornar esquemas bastante fragmentários em práticas educativas" (p. 570-571).

ALGUNS MODELOS PARA ATUAR: FORMAS DE PENSAR E DE FAZER NA PRÁTICA

> "Não acredito que no campo educativo seja possível prescrever fórmulas para as pessoas seguirem, mas é possível proporcionar conceitos e generalizações para avivar a sensibilidade para certos eventos, problemas e possibilidades que podem ser observados" (Eisner, 1979, p. 115).

Devido à variedade de conteúdos do currículo, de situações nas quais se realiza, considerando as peculiaridades da prática educativa e a necessidade de implicar as escolas e os professores/as no desenvolvimento curricular, a utilidade fundamental de qualquer modelo no plano reside em que seja potenciador da reflexão sobre a prática, sobre o contexto em que se realiza, os destinatários que tem e sobre a cultura curricular que fomenta. Os modelos de plano, servem, além disso, para sistematizar os problemas que ficam implicados na criação e no desenvolvimento dos currículos.

Foram múltiplas as fórmulas para se realizar esse complicado processo. Deter-nos-emos em algumas que tiveram relevância na história do plano, para depois nos referirmos aos âmbitos deste. A utilidade desse breve exame é que por meio de enfoques diversos foram se explicitando os temas cruciais que estão implicados nesta tarefa.

Entre 1949 e 1950 fica estabelecido o esquema dominante mais persistente para pensar o plano curricular, ligado à obra de Tyler e de Herrick, fundamentalmente à do primeiro deles. Este modelo marcou toda a teoria do currículo e do plano por muito tempo; propuseram-se e realizaram-se muitas variações do mesmo. Uma idéia sobressai em sua estrutura: a tentativa de estabelecer um processo de decisões hierarquizadas, dependentes umas das outras, que leve desde a determinação das necessidades às quais serve o ensino até a realização prática deste. É uma das tentativas de se conseguir um esquema universal para passar das intenções à prática.

Segundo o *modelo de Tyler* (1973, p. 7-8), são quatro os grande problemas que se fizeram equivalentes a etapas na elaboração de um currículo. O autor as justifica assim:

1) *A discussão em torno dos fins que a escola deseja alcançar.* Os objetivos gerais da escola que devem se articular no currículo se deduzirão da consideração e estudo de três aspectos: a) o sujeito da educação. É preciso analisar as necessidades dos alunos/as, seus interesses em campos como a saúde, as relações sociais imediatas (familiares, de amigos, etc.), a vida cívica na comunidade, a vida numa sociedade de consumo, o mundo profissional e os lazeres. Sem que isto signifique que só se deva ensinar o que interesse aos alunos/as e sem relação com normas "aceitáveis de comportamento"; b) a vida exterior à escola, dando espaço à herança cultural, às características da sociedade em que viverão, às dimensões da vida adulta. O autor aconselhava centrar-se em facetas como: a saúde, a família, os lazeres, as vocações, a dimensão religiosa, o consumo e outros aspectos da vida em sociedade. Adverte que toda essa informação serve para analisar o que existe mas não indica para onde ir; c) o conteúdo das matérias de estudo. Os especialistas em matérias ou disciplinas proporcionaram tradicionalmente os objetivos que os currículos deviam alcançar, ao esclarecer as funções que deve cumprir cada uma delas, seu valor educativo em geral e sugerir seus componentes mais concretos.

Essas três fontes de sugestões não contribuem com objetivos por si mesmas, são indicações de onde encontrá-los. A escolha se realizará a partir de um primeiro filtro que é a filosofia, a qual deve ficar explícita, dizendo o que é desejável e se o é para todos os alunos/as ou não. Um segundo filtro, a psicologia da aprendizagem, dirá ou discutirá se esses objetivos são possíveis ou não, que facilidade teremos de alcançá-los e que condições se requer para isso.

Mas os objetivos selecionados de pouco servirão, segundo o autor, se não especificam as mudanças de conduta que devem ser produzidas no estudante para se ter segurança de que estas se cumpriram:

> "... a forma mais útil de enunciar os objetivos consiste em expressá-los em termos que identifiquem ao mesmo tempo o tipo de conduta que se pretende gerar no estudante e o conteúdo do setor da vida no qual se aplicará essa conduta" (p. 50).

A popularidade do esquema se explica, em parte, porque sob essas três fontes de objetivos se sintetizam outras tradições e teorizações prévias sobre os problemas escolares: a tradição academicista que faz do conhecimento a fonte de conteúdo do ensino, a orientação psicológica de centrar o ensino nos interesses dos alunos/as e a tradição social para acomodar os conteúdos educativos às necessidades da vida exterior dos adultos. A aceitação simultânea das três, sem relacionar os conflitos inerentes a cada uma delas, nem entre elas, faz do esquema tyleriano uma espécie de pauta eclética, asséptica e universal, válida para todos (Kliebard, 1970). A segunda razão para explicar seu êxito é que fornece um esquema aparentemente útil para gestionar uma prática complexa que resume em passos estruturados, escalonados, nos quais se misturam decisões complexas e das mais diversas ordens: políticas, filosóficas, epistemológicas, psicológicas e pedagógicas.

2) *A seleção das experiências educativas que com mais probabilidade podem levar à realização desses fins.* Para Tyler, a experiência não está ligada ao conteúdo nem à atividade que o professor/a desenvolve, mas ao tipo de interação que se estabelece entre o estudante e as condições externas do meio frente às quais reage. Essa experiência pode ser peculiar para cada aluno/a, como o próprio autor reconhece. Deveria se levar em conta cinco princípios na seleção que é feita: a) o estudante deve viver experiências que lhe permitam atuar de acordo com a conduta apontada no objetivo, que lhe dêem oportunidade de praticar o comportamento exigido; b) para que a experiência seja eficaz, deve-lhe proporcionar satisfação, estar de acordo com seus interesses e necessidades, ser motivadora; c) deve-se acomodar às possibilidades e capacidades do aluno/a; d) existem múltiplas experiências adequadas para se obter um mesmo objetivo; e) de uma mesma atividade de aprendizagem se desprendem distintos resultados, relacionados com objetivos diversos; conseqüências que podem ser positivas ou negativas. Estes princípios dados pelo próprio autor já anunciam a impossibilidade de se conseguir um esquema de decisões precisas e inequívocas, algo que mais tarde outros tratariam de extrair deste modelo.

3) *Como organizar essas experiências.* As atividades e experiências, para que sejam eficazes e coerentes com o programa geral, devem ser ordenadas em unidades, cursos e programas. Nenhuma experiência isolada tem um efeito profundo no aluno/a, diz o autor, se as mudanças desejadas não costumam acontecer repentinamente é preciso persistir com uma ordem na atuação. Para não ser contraditórios no tratamento continuado é preciso manter uma *organização vertical* das experiências, o que significa atender os mesmos objetivos em distintos momentos da escolaridade, como acontece quando uma mesma matéria deve ser estudada em vários cursos. E é preciso, além do mais, uma *organização horizontal*, para que, por meio de experiências em diferentes áreas, se caminhe para metas coerentes. Os critérios básicos nessa organização são os de *continuidade* (reiteração vertical dos aspectos principais do currículo), *seqüência* (cada experiência deve se fundir com a precedente, mas ampliando e aprofundando efeitos) e *integração* (relação horizontal). Aspectos que devem se considerar da ótica de quem obtém a experiência, ou seja, do aluno/a. O autor reconhece algo que na história do pensamento educativo estava assentado: a diferença entre uma organização lógica dos conteúdos do currículo, própria de quem ensina e dos especialistas da matéria, e outra organização psicológica, do ponto de vista do que aprende.

Os pontos de referência para estruturar as experiências são múltiplas e de amplitude diversa: disciplinas, áreas mais amplas, temas gerais, lições, unidades didáticas, etc.

Para se obter a seqüência e integração, é útil organizar distintos elementos, como conceitos, habilidades e valores (Tyler, 1978, p. 251).

4) *Como comprovar se os objetivos propostos foram alcançados.* É a avaliação de resultados, ver em que medida o currículo e o ensino satisfazem os objetivos da educação. Deve-se julgar a conduta dos alunos/as, não limitando a comprovação a um momento determinado, geralmente ao final de um processo, mas também no começo, e, assim, analisar as mudanças produzidas, se é que aconteceram (p. 109). Avança-se a idéia de uma avaliação continuada.

Este modelo tyleriano é uma reelaboração do proposto pela Nsse (*National Society for Study of Education*) 24 anos antes, embora Tyler não tenha reconhecido este dado (Pratt, 1980, p. 34), nem seu livro aponta referência bibliográfica alguma. É uma continuidade do esquema eficientista que Bobbitt propôs em 1918. Seu atrativo reside em que, aparentemente, é razoável e simples, ao propor a sucessão de certos passos como se pudessem ser resolvidos cada um deles mecanicamente para se passar para o seguinte, quando na realidade cada decisão em cada um dos elementos que destaca está submetida a opções alternativas muito diversas que o modelo não pretende esclarecer.

Sua aliança com a psicologia condutista, de cujos pressupostos lança mão de forma expressa no primeiro e último dos quatro pontos assinalados (formulação de objetivos e avaliação), forneceu uma orientação condutual geral ao modelo, com desenvolvimentos que afastaram outras possibilidades. Ao reduzir a educação à mudança de conduta nas pessoas, trivializa os processos educativos e torna difícil distinguir o que é educação de outras formas de mudar a conduta como o simples amestramento, a hipnose, o tratamento de choque, a lavagem cerebral, a doutrinação, a terapia por meio de drogas ou a tortura, como destaca Kliebard (1970).

Gerou-se um esquema técnico de como tratar o tema dos objetivos, sem resolver o problema de sua seleção, nem destacar os conflitos implicados em tal mecanismo, já que esta decisão, como o próprio Tyler reconhece, depende de normas de aceitabilidade de condutas, de filosofias filtradoras, de necessidades dos alunos/as que não podemos aceitar pelo simples fato de que existem sem ver o que significam. O problema dos objetivos é um problema de valor para o qual o esquema proposto serve pouco, já que os objetivos são valiosos ou não enquanto sejam coerentes ou contrários à filosofia da qual se parte. E essa é a questão fundamental que se deve esclarecer e tentar resolver no tema dos objetivos, não os níveis de definição que tenham, sua formulação, sua classificação ou a tipificação das fontes de onde extraí-los, que não são independentes entre si.

Pretendendo ser um guia para a construção do currículo, o certo é que é escassamente orientadora, porque muito pouco fica excluído da mesma. Kliebard (1970) afirma que colocando como pressuposto fundamental que a filosofia é o principal filtro dos objetivos, já que é uma afirmação bem provável, na verdade nos informa muito pouco.

Na seleção e ordenação de experiências vimos como o próprio autor reconhece a impossibilidade de normas precisas e é moderado na hora de destacar precauções. Enfim, o valor da experiência depende de quem a experimenta, de suas percepções, necessidades, experiências prévias, etc., o que não é controlável por parte dos professores/as, nem suscetível de ser regulado.

Os quatro grupos de problemas apontados ficaram estabelecidos como uma seqüência de passos ordenados a partir do primeiro deles: o esclarecimento e a definição de objetivos, do que depende todo o restante, e que é quem deu a marca deste modelo: planejar seria partir da especificação de objetivos. Numa oportunidade posterior, Tyler (1978) voltou a insistir na consideração desses quatro grandes temas de desenvolvimento do currículo, mas com matizes importantes quanto a seu valor prescritivo e sobre o rigor de que tinha sido acusado. Fica alerta contra as tentativas de oferecer planos terminados em forma de sistema de aprendizagem, à prova de professores/as, nos quais estes se encontram com tudo já fechado, reconhecendo o valor artístico do plano e a importância da deliberação crítica. Ressalta, contra sua primeira orientação, a importância das aproximações deliberativas que dêem maior margem aos professores/as e à peculiaridade dos contextos nos quais desenvolvem sua prática, em consonância com as contribuições de Walker (1971), Reid (1978) e Schwab (1983) na teoria curricular:

> "O currículo preferido e mais suscetível de ser utilizado pelos docentes é aquele cujos componentes ofereçam ao professor/a a oportunidade de fazer op-

ções e realizar adaptações, segundo perceba as necessidades dentro das condições nas quais trabalha e segundo considere que possa utilizar melhor sua habilidade, seu talento e estilo pessoal. Um rígido sistema de aprendizagem que permita ou exija pouca criatividade da parte do professor/a é provável que somente seja aceito quando o professor/a não gosta de ensinar – caso de rotinas como o soletrar, a escrita ou o cálculo – ou quando sinta que não tem competência para ensinar isso bem. Os planos de desenvolvimento curricular necessitam em muitos casos incluir meios para trabalhar com os professores/as, assegurando que o currículo adote suas necessidade e que eles possam desempenhar efetivamente seu papel" (Tyler, 1978, p. 243).

"A construção de um currículo não é um processo apoiado em regras precisas, mas implica planejamento artístico, ao mesmo tempo que análise crítica, juízos de valor e comprovações empíricas. (...)

"Reconhecendo a importância que os julgamentos humanos têm apoiados na experiência na hora de selecionar objetivos, recomendo o procedimento de deliberação grupal descrito por Schwab..." (idem, p. 247).

"A configuração de experiências de aprendizagem ainda é um encargo mais artístico do que a seleção de objetivos (...) afinal de contas, o uso de critérios para valorizar experiências [apontados no ponto 2) de seu esquema] não as criam por si mesmos. (...) ainda mais tendo de considerar os distintos tipos de alunos/as para os quais se destinam" (idem, p. 249).

O modelo tyleriano serviu como marco para aplicações e desenvolvimentos exagerados pelo condutismo, de acordo com as tendências dominantes na psicologia (Gimeno, 1982), que se encaixou com as tentativas de tecnologizar os processos de instrução, como foi a experiência de ensino programado. Não se pôs significativamente em dúvida este esquema até que surgiu a crítica aos programas escolares nos Estados Unidos que o lançamento do *Sputnik* pela URSS em 1957 originou. A partir desta crise, a confecção e o desenvolvimento curricular apoiou-se mais na estrutura das disciplinas. Assim surgia uma nova racionalidade psicológica para uma renovada ênfase nos conteúdos do ensino. A obra que marca a mudança de rumo neste sentido foi a de Bruner (1972): *O processo da educação*, que apareceu em 1960.

Taba (1974) elaborou em 1962 outro modelo geral de construção do currículo, que, embora siga em linhas gerais o proposto por Tyler, está muito mais elaborado do que este, apontando áreas problemáticas do plano e relacionando os grandes temas e opções implicadas na elaboração de proposta curricular em diferentes níveis. Não é um esquema tão formalista como aquele, mas sim orientado para discutir os aspectos e opções que é preciso enfrentar. Na Figura 8.2 se relacionam os elementos que entram em jogo nessa proposta (Taba, 1974, p. 566). O modelo estrutura-se em dois níveis de decisão ou para dois âmbitos (p. 547): a) o plano de unidades de ensino ou para uma matéria concreta, e b) o plano de todo o programa ou currículo total. No primeiro, fornece-se uma orientação para professores/as ou para editores de materiais, no segundo, propõe-se os temas e interrogações que os implicados enfrentam na confecção global do currículo.

Wheeler (1976) propunha em 1967 a criação e melhora de um currículo seguindo também basicamente o modelo de Tyler, sob um prisma condutista, mas entendido como um processo circular sistêmico, não-linear, de operações empíricas, tentativas, que deviam carregar uma estratégia de investigação para ir recolhendo resultados, avaliá-los, propor hipóteses, experimentar e voltar a renovar um ciclo de cinco fases: 1) Estabelecimento de fins e posterior definição em objetivos específicos. 2) Seleção de experiências de aprendizagem adequadas para alcançar os objetivos. 3) Seleção de conteúdos, já que toda experiência implica um conteúdo (entendendo por isso conhecimentos, conceitos, princípios, generalizações, técnicas, teorias e procedimentos relacionados com uma matéria). 4) Organização e integração das experiências e dos conteúdos em seqüências, existindo múltiplas fórmulas: em torno de centros de organização, núcleos, unidades para aulas, etc. 5) Avaliação das operações realizadas à luz dos resultados obtidos.

Saylor e Alexander (1981, p. 58 e ss.), outro clássico da literatura a respeito do assunto, considerando a estrutura do sistema educativo norte-americano, oferece outro esquema em 1974, distinguindo três níveis de decisões no planejamento ou plano curricular, mas relacionados com âmbitos práticos reais: a) as determinações políticas, b) um nível de desenvolvimento genérico do currículo muito mais elaborado, no qual se produz o esboço de planos e materiais para múltiplos ambientes educativos, caso dos livros-texto ou dos projetos curriculares, "pacotes" de materiais muito estruturados, etc., e c) um terceiro nível em que se desenvolve muito mais especialmente o currículo para as situações concretas de sala de aula.

Objetivos que se tentam alcançar:

Determinados pela análise:	*Classificados segundo:*	*Níveis:*
1. Da cultura e de suas necessidades 2. Do estudante e dos processos e princípios da aprendizagem 3. Dos campos do conhecimento humano e suas funções 4. Dos ideais democráticos	1. Tipos de conduta 2. Ramificações de conteúdo 3. Campo das necessidades, etc.	1. Metas gerais da educação 2. Objetivo da escola 3. Objetivos educativos específicos

↓ ↓

Seleção de experiências do currículo:

Determinadas pelo que se conhece sobre:		*Dimensões de organização:*		*Afetadas por:*
A natureza do conhecimento O desenvolvimento A aprendizagem O estudante	← →	O conteúdo As experiências de aprendizagem	← →	Recursos da escola Papel de outros organismos educativos

↕ ↕

Referências possíveis para a organização do currículo:

Determinados pelas exigências de:		*Núcleos de organização:*		*Afetados por e afetando:*
Continuidade da aprendizagem Interação da aprendizagem	↔	Materiais Ramificações amplas Aspectos da vida Necessidades, experiências Atividades infantis Idéias essenciais Etc.	↔	A organização escolar Os métodos de utilização do pessoal Os métodos de realização da aprendizagem

↕ ↕

O esquema do alcance e da seqüência:

Determinado por:		*Dimensões de:*		*Afetado por:*
Experiências do alcance da aprendizagem Exigências da continuidade da aprendizagem	↔	Alcance e seqüência do conteúdo Alcance e seqüência das operações mentais	↔	Núcleos da organização do currículo

Figura 8.2. Modelo para o plano do currículo de H. Taba (1974, p. 566).

Um esquema parecido é o de Goodlad (1979), que proporcionava um quadro ordenador dos problemas e decisões que se devia abordar ao construir um currículo, distinguindo um nível *social* de tomada de decisões, outro *institucional* (em que trabalham as escolas, os especialistas que provêm projetos, etc.) e o nível da *instrução*, que se refere ao que devem fazer os professores/as individualmente ou em grupos.

Citaremos, como último esquema globalizador, o modelo de Coll (1987, p. 134 e ss.) por ser uma proposta que dá cobertura técnica para a reforma curricular na Espanha ligada à Logse. É um modelo prescritivo que formaliza os passos a serem dados na configuração do currículo. Trata-se de um esquema hierárquico com três níveis de definição que estabelece as dependências verticais entre as decisões tomadas em cada um deles.

1) Um primeiro nível, em que se especificarão os objetivos gerais, as áreas curriculares, os blocos de conteúdos esmiuçados segundo categorias de aprendizagens formais (conceitos, princípios, procedimentos, valores, normas e atitudes), os *objetivos finais* referentes às categorias apontadas (precisados em termos de resultados esperados que esclarecem o tipo e grau de aprendizagem que o aluno/a deve obter, para o qual se recomenda utilizar uma série de verbos que denotam os efeitos esperados). Além disso, serão proporcionadas orientações didáticas aos professores/as. Nessas operações, ficará definido o *que* e o *como* ensinar, além de como *avaliar*.

2) Um segundo nível de plano procurará determinar a seqüência e temporalização dos principais elementos do conteúdo. Para isso, primeiro é preciso distinguir os componentes elementares dos conteúdos, para depois buscar a relação entre os mesmos e estabelecer uma seqüência. Acreditamos que esta pretensão pode ser identificada com o objetivo dos modelos de instrução que em psicologia quiseram estruturar cuidadosamente os conteúdos e passos de ensino-aprendizagem, para que o estudante chegue a dominar conteúdos de certa complexidade seguindo seqüências que "acumulam" componentes mais elementares. Os conteúdos, não devemos esquecer, ficaram previamente decididos em forma de objetivos finais. Mais tarde, desde a administração educativa, afirma-se que o segundo nível de concretização do plano corresponde ao projeto curricular da escola, o que é algo muito diferente do esquema do autor que comentamos.

3) O terceiro nível é constituído por desenvolvimentos concretos em programas de ação dos dois níveis anteriores, daí que, segundo o autor, não é um nível, estritamente falando (p. 151), mas exemplos ou programações. Neste terceiro passo, os objetivos terminais de área, são transformados em objetivos para o nível de que se trate e em blocos de conteúdo mais restritos, numa estrutura espiral dentro dos níveis da escolaridade. Uma vez estabelecida essa estrutura se passaria a programar a ação de ensino mediante unidades didáticas. A diferença entre este nível e o anterior é confusa, pois não fica claro que sentido pode ter no ensino estruturar seqüências dos elementos do conteúdo, se não é para situações concretas e níveis escolares.

Vemos vários problemas capitais nesta proposta. Primeiro: será possível pensar, com a idéia de que seja útil para alguém, numa seqüência de passos tão estruturados num terreno cheio de conflitos, contraditório, de cultura mutante, com orientações diversas, como é o da cultura para a escola e seus mais variados componentes, e se os conteúdos ou objetivos da escolaridade obrigatória permitem esses algoritmos de operações, perdendo de vista os conflitos e dilemas que surgem em cada decisão. As repetidas tentativas que foram realizadas nesse sentido apenas alcançaram certo êxito na programação de habilidades muito concretas ou em componentes de áreas curriculares com uma estrutura muito definida. Os modelos hierárquicos deram passagem a proposições mais flexíveis, *deliberativas*, como as chamamos em outro momento.

Os exemplos que se conhecem no planejamento de projetos curriculares não pretenderam nem chegaram nunca a essa precisão buscada. A teoria crítica e a prática do plano recusaram reiteradamente esquemas como este, que funde suas raízes numa certa orientação da psicologia da instrução, centrada mais em obter seqüências precisas para conteúdos muito delimitados do que em elucidar as opções e problemas relacionados com o plano da cultura escolar. É aplicável pontualmente, isso sim, a conteúdos muito concretos que tenham uma estrutura de componentes muito clara, definível e unívoca, como acontece com o plano de unidades de ensino programado, planos para programas de instrução pelo computador, etc. De qualquer forma, é impossível pensar que tenha valor para ser aplicado a qualquer conteúdo do currículo em suas diversas áreas e componentes. O que são seqüências de conteúdos em áreas como a linguagem, a literatura, a arte, a música, o conhecimento social, a educação moral ou a educação física? As seqüências de aprendizagem que abrangem conteúdos mais gerais só são previsíveis em grandes traços. Se não há seqüências generalizáveis, então para estes casos não existe o segundo nível proposto por este autor? Se tais seqüências são tentativas, a ênfase deverá ser posta nos modelos de planejar que desenvolvam esse processo de ensaio inteligentemente guiado.

Este tipo de esquemas, apresentados como derivações fundamentais em teorias científicas, servem para um determinado enfoque na gestão geral do currículo. Em trechos anteriores fornecemos razões para objetar os esquemas lineares de níveis de definição hierarquizados.

Em segundo lugar, apresenta-se como uma proposta flexível, com cará-ter aberto. Dissemos que a flexibilidade é uma condição dos princípios que devem guiar o plano e que é inerente à interpretação de qualquer um deles. O fato de que idéias e conteúdos sejam interpretados e reinterpretados por parte de qualquer agente que decida no currículo afirma essa condição – a flexibilidade é uma condição da prática e preconizá-la significa estimulá-la. O que não fica claro é a abertura que possa ter uma proposta, declarada como flexível, quando já no primeiro nível de definição se precisou o que ensinar, como fazê-lo e como avaliar, com um nível de prescrição como o que supõe delimitar objetivos e conteúdos da forma em que se diz que devem ser formulados (p. 145).

A tradição teórica e prática que exige o papel dos atores no plano da prática educativa – professores/as e alunos/as – é radicalmente contrária aos pressupostos rigoristas dos quais parte um esquema que pretende chegar à prescrição de seqüências de conteúdos e que não prevê as dinâmicas sociais, institucionais e pedagógicas que se introduzem nos processos de decisão curricular. O cientificismo sempre pretendeu regular a educação e o ensino desde modelos teóricos, alheios às circunstâncias da prática, como se a gestão desta pudesse submeter-se a um modelo prescritivo. Deveríamos nos questionar não apenas se é possível, mas se é lícito. Ao longo de diferentes capítulos desta obra abordamos estas questões.

Curiosamente, ao mesmo tempo que está declarando desde a administração a flexibilidade como condição do currículo, as prescrições e orientações nas disposições legais que regulam para todo o Estado são mais exaustivas do que as existentes até esse momento.

Em terceiro lugar, a adequação do esquema deveria ser julgada em parte em função de para quem ou para o que se atribui ou se propõe a competência de realizar esses passos propostos em cada um dos níveis, algo que o autor não aponta. Os professores/as e as escolas participam no primeiro nível ou este é exclusivo da administração? O que a administração decide é o primeiro nível? Dado que o caráter aberto implica a possibilidade de participação, esta é possível para os professores/as e as escolas nesse esquema, devendo distinguir componentes tão precisos nas aprendizagens? É lícito e conveniente que a administração regule processos intelectuais, habilidades, valores, atitudes, dê orientações metodológicas e aponte critérios de avaliação? Existe consenso social e pedagógico para que desde as decisões políticas se ordenem processos educativos dessa natureza? Os administradores podem e devem entrar nesse terreno de definir objetivos finais de áreas considerando os componentes formais que se indicam? Que tipo de avaliação vai fomentar esse esquema nos professores/as e na que se faça de todo o sistema educativo? É um esquema apto para especialistas em análises de conteúdos, de objetivos e de seqüências dos mesmos, já que só eles poderão realizá-las quando a estrutura dos conteúdos o permite? Os livros-texto ou outros materiais que os professores/as e alunos/as utilizem devem seguir a estrutura de seqüências do segundo nível e propor conteúdos relativos aos diferentes tipos destacados? Esse esquema é manejável para os professores/as?

Da ótica política, não acreditamos que numa sociedade democrática os poderes públicos devam regular os *processos* educativos, o que não implica negar a necessidade de regular o currículo e seus conteúdos básicos para homologar o sistema, os certificados e determinar os mínimos a partir dos quais propor um controle democrático da cultura escolar. Se o primeiro nível de definição é composto por aspectos que a administração deve regular, as decisões básicas de áreas e objetivos gerais vinham sendo reguladas desse modo e o fato de que agora se desça à ordenação dos mínimos exigíveis a todos em termos de procedimentos, ou habilidades e atitudes, implica uma maior intervenção, indubitavelmente. Essa regulação é contrária à autonomia dos professores/as e à discussão permanente sobre os significados mutantes dos processos educativos; além do mais, sempre será incompleta. A administração selecionará habilidades ou valores como mínimos fundamentais e sempre se poderão encontrar outros tão importantes como os selecionados que ficaram fora. Os conteúdos de conhecimentos são suscetíveis de regular com certa facilidade, ainda que se possam ampliar ou comprimir a partir de uma série de enunciados. O tema "A Terra" pode ser ampliado de muitas formas, mas pode ser limitado destacando-se uma série de aspectos. Mas os conteúdos de procedimentos, exceto se forem habilidades muito mecânicas, não são tão fáceis de limitar, e as atividades ou valores o são ainda menos.

É correto difundir todas essas distinções formais de tipos de aprendizagem como filosofias pedagógicas, para tomar consciência da complexidade dos processos educativos e ir diferenciando dimensões nas quais entra a educação e o ensino; mas para prescrever o currículo obrigatório para professores/as, escolas e editoras, serão ineficazes em muitos casos, frente à impossibilidade de ter pontos de referência precisos de seu significado. As taxionomias de tipos de aprendizagem educativas são auxiliares para compreender e analisar a prática, mas é difícil que sejam operativas para prescrevê-las.

De uma ótica pedagógica, tentativas como a presente estão condenadas a não poderem ser seguidas pelos professores/as, pela simples razão de que não partem do contexto profissional em que estes trabalham, nem levam em consideração a forma em que operam. Outras muitas propostas formalizadoras da prática foram propostas para que os docentes aplicassem e fracassaram.

CAPÍTULO 9

ÂMBITOS DO PLANO

J. Gimeno Sacristán

No capítulo anterior apontamos quatro âmbitos práticos nos quais se realizam operações de planejamento: administradores, escolas, professores/as e materiais didáticos. Vamos examinar as decisões e operações mais relevantes que se desenvolveram em cada um deles, deixando de lado o plano de materiais. A maior parte da experiência e investigação para planejá-los se refere àqueles que têm um valor de uso geral, e não aos que, de maneira mais informal, os professores/as possam realizar, daí que o tema não tem agora um interesse imediato para estes. Além do mais, cada tipo de material – escrito, audiovisual, informático – requer uma atenção específica, e pode variar de determinadas áreas de conhecimento para outras.

A ORDENAÇÃO GERAL DO CURRÍCULO: O ÂMBITO DE DETERMINAÇÃO POLÍTICO E MACROORGANIZATIVO

Se as opções de política curricular e a intervenção da administração sobre os conteúdos da escolaridade são reguladoras da prática, podemos dizer que a planejam. Todas as decisões que condicionam a forma com que a cultura curricular é *apresentada*, é *distribuída* e é *controlada* no sistema educativo compõem o plano neste âmbito: a ordenação do sistema escolar por meio da regulação dos currículos, a interdependência entre ciclos e níveis, a homologação de condições para que qualquer titulação se baseie em exigências comuns para todos, a produção de materiais didáticos, o funcionamento das escolas e a profissão dos docentes. Trata-se de opções muito genéricas que não constroem por si mesmas a prática didática, porque não prescrevem diretamente o que os professores/as farão nas aulas, mas sim condicionam e orientam os processos de ensino-aprendizagem. São mais coercitivas quando são acompanhadas de um sistema externo de controle, com avaliações cujos conteúdos são determinados de fora das escolas e das aulas. Se não existe este controle, a configuração do currículo neste âmbito sempre fica mais aberta, porque dela se podem deduzir atribuições específicas e atividades de aprendizagem alternativas.

Ao qualificar este nível de político e administrativo não queremos dizer que essas decisões devam ser tomadas pelas instâncias políticas de forma autônoma, enquanto tenham a legitimidade para ordenar o sistema educativo. Significa que há uma série de opções de política educativa que afetam o plano, que numa sociedade democrática devem ser objeto de um debate amplo, em que devem participar todos os setores sociais, intelectuais e profissionais. Sua decisão não deveria ser o resultado de elaborações tecnocráticas que obscureçam seu significado primordial, dificultando sua compreensão. Requer-se uma consulta e deliberação entre todos os agentes sociais (Pratt, 1980, p. 79): pais, forças políticas, personalidades, estudantes, professores/as, especialistas de matérias, especialistas sociais, geradores de emprego, sindicatos e organizações profissionais, ex-alunos/as, associações, etc. A política curricular deveria se preocupar em estabelecer mecanismos pelos quais de forma continuada esse debate se mantém constante, para assegurar uma certa tensão crítica e criadora sobre as respostas que as escolas devem dar aos problemas e desafios do homem e da sociedade.

Planejar o currículo nesse nível consiste em selecionar opções de cultura básica para os cidadãos, daí que se requer esclarecer quais os critérios culturais, intelectuais, sociais, econômicos e profissionais justificam essas opções, assim como derivar as conseqüências e medidas oportunas das decisões tomadas para torná-las viáveis na prática. Em nosso contexto, esse debate se limita aos períodos nos quais se produzem mudanças na estrutura do sistema educativo, que costumam desligar-se da adoção de compromisso das medidas necessárias para implantar um projeto cultural atrativo nas aulas. Há mais preocupação para que tudo fique bem definido e menos para que se cumpra o que se estipula. (Exemplos próximos podem ser a Lei Geral de Educação de 1970 e a LOGSE de 1990, carregados de linguagem técnica e de escassos raciocínios do tipo que destacamos).

O fato de que desde a política educativa e desde a administração, como instrumento da mesma, intervenha-se no plano geral do currículo é uma necessidade derivada da importância de ordenar a cultura da escola ao longo de um período prolongado de escolarização por meio do qual distribuir o conteúdo, encadeando adequadamente seus estágios. O que parece mais discutível é a forma como se faça e o sistema e grau de determinação que se proponha. Beauchamp (1981, p. 108) referia-se a essa função do plano do currículo ao defini-lo como a forma com que os objetivos e os conteúdos vão sendo dispostos para *representar o progresso pelos diferentes níveis da escolaridade.*

À parte dessa função de ordenação geral, o plano curricular no âmbito político e administrativo pode desempenhar um papel orientador do ponto de vista pedagógico. Não no sentido, como é costume na política educativa na Espanha, de acompanhar as decisões da administração de supostas teorias pedagógicas ou psicológicas na moda, que não podem se articular com os conteúdos concretos nos documentos que emanam deste âmbito, mas como uma oportunidade para expor a unidade de um projeto cultural para a educação. O currículo determinado desde as instâncias políticas é uma *seleção cultural* a partir de campos diversos que pode ficar numa justaposição de elementos sem sentido educativo unitário. Ao se referir à educação obrigatória, deveria refletir uma filosofia educativa coerente com as funções da educação geral, armando-se de justificativas de oportunidade cultural, explicitação do modelo de cidadão/dã que busca e o tipo de sociedade ao qual se dirige.

Antes de adotar decisões e uma ordenação mais concreta se deveria apresentar a filosofia da qual partem as propostas. A título de exemplo, resumimos os princípios que o Comitê presidido por Bourdieu e Gros (1990) elaborou para o Ministério de Educação francês para ordenar a reforma do currículo:

1) É preciso que os conteúdos sejam regularmente revisados, de modo que os novos conhecimentos exigidos pelo progresso científico e as mudanças sociais sejam introduzidos no currículo. Qualquer nova adição deveria ser compensada com reduções de outros conteúdos nos programas.

2) A educação deveria dar prioridade a todas aquelas áreas que tenham a ver com modos de pensar com uma validade e aplicabilidade gerais, acima de áreas cujo conteúdo possa ser adquirido eficientemente, e até com prazer, por outros meios. É preciso prestar atenção às formas de pensamento e de conhecimento que se supõe todos dão e que possivelmente não são ensinadas por ninguém. De igual modo, é necessário atender às técnicas que se presumem necessárias e às quais talvez ninguém preste atenção sistemática: uso de dicionários, formas de comunicação, criação de índices, fichários, etc.

3) Os programas abertos, flexíveis e mutáveis são um marco de referência, não uma prisão. É preciso que os professores/as colaborem em seu desenvolvimento, tendo a continuidade e a coerência do currículo como uma totalidade. Os programas devem observar as conexões entre as partes e entre os especialistas de forma explícita. A coerência e a complementaridade deveriam ser buscadas decididamente.

4) Uma revisão crítica do currículo obrigatório deve tornar reconciliáveis a obrigatoriedade de seus conteúdos e sua factibilidade com determinados alunos/as. Isso exige uma contínua colaboração com os professores/as e a submissão dos currículos a um processo de investigação e avaliação continuado na prática.

5) Para melhorar a efetividade da transmissão do conhecimento por meio de uma diversificação dos métodos de ensino, é necessário distinguir, entre as especialidades e dentro delas, o que é obrigatório e o que é opcional. Os professores/as responsáveis por diferentes especialidades devem congregar-se como um grupo de aprendizagem por meio de atividades diversas, como a investigação, os trabalhos de campo, etc.

6) Para reforçar a coerência do ensino tem que se estimular o trabalho em equipe de professores/as de diferentes ramos, de modo que se chegue a repensar as divisões entre o conhecimento e revisar determinados agrupamentos históricos do conteúdo. Tudo que implique estimular a coordenação, o trabalho em equipe, o intercâmbio de informação e de métodos de ensino será progredir nessa direção.

7) A busca da coerência será acompanhada da pretensão de alcançar um equilíbrio entre formas distintas de "excelência". É importante reconciliar o universalismo da ciência com o relativismo do pensamento histórico e da reflexão sobre a pluralidade, os estilos de vida e as tradições culturais. Há de se reduzir o conflito entre teoria e prática, entre o puro e o aplicado, entre o formal e o concreto, o conceitual e o sensitivo ou o corporal.

Decisões próprias deste âmbito de plano curricular:

- A *especificação das áreas* de conteúdos culturais.
- A correlativa ordenação de *especializações do professorado.*
- *A ponderação* relativa de áreas em termos de horários, previsão de professores/as, etc.
- A *distribuição e seqüência* das áreas pelos níveis, etapas e especialidades do sistema.
- A *distribuição do conhecimento* entre os alunos/as: regulação do núcleo comum e opções e conteúdo das mesmas, para garantir a homologação do sistema e o princípio de igualdade de oportunidades. A explicitação e garantia das margens de autonomia nos demais âmbitos do plano.

- As formas de *controle* que serão exercidas para garantir o direito dos alunos/as de receber uma educação de qualidade, assegurar o bom funcionamento das escolas e homologar as exigências mínimas para a expedição de certificados quando proceda.
- Os tipos de regulação e intervenção no sistema de *produção de meios didáticos*, livros-texto, etc.

A decisão de grandes áreas de conteúdos culturais

Como fazer uma proposta de currículo? A decisão fundamental neste âmbito, referindo-nos à escolaridade obrigatória, está na seleção do que será a cultura comum, como se ordenará e como se regularão os mecanismos para que os alunos/as tenham acesso a suas possíveis ramificações e especialidades. A pergunta-chave a se discutir e decidir neste âmbito do plano é a seguinte: que função social e cultural vai cumprir a escolaridade para cada cidadão/dã e como colocá-la num projeto com certos conteúdos? Pergunta tão fácil de fazer como difícil de responder de forma clara e univocamente, mas sempre útil para orientar o debate. As considerações pedagógicas e psicológicas nesta fase são subsidiárias e, de qualquer forma, mais próprias de se fazer em outros âmbitos do plano, ainda que seja inevitável considerar que cultura é acessível ao aluno/a em determinados estágios de desenvolvimento, assim como as possibilidades de diversificação da mesma para dar acolhida à variabilidade cultural e de interesses dos escolares.

Qualquer modelo para a construção do currículo tem esse ponto de partida. Tyler (1973), lembremos, sugeria que os objetivos aos quais o currículo tem de responder se derivavam de considerar: as necessidades e interesses do sujeito da educação, a vida exterior à escola (herança cultural, tipo de sociedade em que vive) e o conteúdo das matérias de estudo segundo seu valor educativo. Taba (1974), como se pode ver em seu esquema citado anteriormente, centra nesses mesmos pontos as primeiras decisões curriculares, acrescentando o matiz dos ideais democráticos. O problema está em como avaliar as necessidades desses âmbitos, o que se consideram necessidades e desde que filosofia se diz que são. Apenas um procedimento deliberativo-democrático pode resolver este problema, que não é técnico. O mecanismo de decisão dominante deixa sempre transparecer a pressão do academicismo que impera no sistema educativo, ainda que matize com outros objetivos e argumentos.

O modelo tyleriano é um esquema muito genérico que ajuda pouco a tomar decisões. Mais analítica e orientadora é a idéia de configurar um *mapa cultural* para a educação geral, elaborado por Lawton (1983 e 1989), deduzido do que o autor chama *análise cultural*. A educação geral, que não se realiza apenas nas instituições escolares, capacita os indivíduos para que adquiram e compartilhem a cultura, o que não significa que a adotem passivamente. A educação escolarizada deve facilitar uma visão reflexiva da cultura que rodeia o aluno/a, sob uma determinada opção filosófica, para que a compreenda e possa chegar a fazê-la progredir, não para que a assimile passivamente. A análise educativa da cultura como um todo não é o que faz o antropólogo que descreve e interpreta, pois é preciso acrescentar valorizações e seleções da mesma, assim como sua história e suas projeções para o futuro. A utilidade da análise da cultura é facilitar determinação das áreas das quais extrair componentes concretos do currículo. A cultura é, como dissemos em outro momento, a fonte por antonomásia de todo currículo, uma seleção ponderada da mesma, o que não significa que as peculiaridades dos alunos/as e seus interesses não possam ser levados em consideração na hora de selecionar.

O autor vê três critérios como necessários para fazer a seleção curricular: 1) Decidir os parâmetros ou *invariantes culturais*. As culturas variam entre si e com o tempo, e não são homogêneas internamente. Mas todas elas, ao contrário, apresentam uma série de invariantes ou dimensões, assim como uma peculiar forma de transmiti-las de uma geração para outra. 2) Aplicar essas invariantes à análise concreta uma sociedade, extraindo alguma descrição damesma; assim não se descuida o objetivo de proporcionar uma visão da realidade social. 3) Ordenando de um ponto de vista educativo o conhecimento e as experiências desejáveis extraídas como importantes e necessárias.

Lawton (1989) define a análise cultural em nove componentes, ou invariantes culturais. Ao analisar com eles distintos grupos humanos e subculturas encontraremos variações que diferenciam uns dos outros. No entanto, as invariantes são comuns a todas as culturas, sendo um instrumento válido para extrair o currículo em qualquer uma delas ou num momento da história de uma sociedade:

1) *Estrutura social-sistema social.* Todas as sociedades têm uma estrutura como sistema que define as relações em seu seio, vinculada com as formas de produção econômica e com diversos sistemas de estratificação. É mais ou menos complexa, mais ou menos estável, mas existe.

2) *Sistema econômico.* Toda sociedade possui uma forma de obter, intercambiar e distribuir recursos, de complexidade diversa, que se concretiza em atividades diferentes. Nela, os indivíduos participam de forma desigual, por meio de atividades muito distintas, criando-se uma estrutura de poder e de relações sociais.

3) *O sistema de comunicação.* Em todas as sociedades, os seres humanos comunicam-se de diversas formas, por meio de linguagens e meios técnicos. Os procedimentos escritos são os mais decisivos para se chegar a outros conteúdos culturais mais elaborados.

4) *Sistema de racionalidade.* As sociedades elaboram um ponto de vista sobre o que é ou não racional, o que é explicável em termos de causa-efeito, manifestando-se em múltiplos tipos de explicação: científicos, religiosos, poéticos.

5) *Sistema tecnológico.* As culturas elaboraram e dispõem de recursos e instrumentos para utilizar na satisfação de necessidades diversas: de conhecimentos, de alimentação, de vestuário, etc.

6) *Sistema moral.* É composto pelos códigos que estabelecem o que é a conduta aceitável. Estão mais ou menos elaborados, são sistemas às vezes unitários e noutros casos plurais. Dentro deste sistema estão as religiões como fonte de normas de comportamento, mas há outras.

7) *Sistema de crenças.* É o conjunto de crenças que marcam as orientações básicas de uma sociedade: sobre o mundo, o homem, a divindade, o passado, o futuro, as relações sociais, etc.

8) *Sistema estético.* Os seres humanos têm motivações e necessidades de expressão estética, produzindo formas de expressão e artes diversas.

9) *Sistema de maturação.* Em toda sociedade existem costumes e ritos em torno da separação-continuidade entre grupos culturais e da transição entre uns e outros, como tratar cada grupo, etc. As crianças estão ou não separadas e ocupadas em atividades diferenciadas em relação aos adultos, e o mesmo já acontece com a chamada terceira idade.

A proposta do autor é que essas nove invariantes devem fazer parte do currículo introdutor à cultura, a não ser que se aceite que a transmissão é garantida por outros meios e que não corresponde à escola intervir em algumas delas. O fato de que se possam encontrar numa sociedade opções diferenciadas em cada invariante leva à necessidade de selecionar um currículo "pluricultural", que dê espaço às diversas opções existentes; ao estruturá-lo em torno das dimensões comuns, facilitará o diálogo, o contraste e a tolerância entre posições de grupos e subculturas. Daí seu valor para deduzir a cultura comum da obrigatoriedade.

Toda essa varredura cultural resulta num mapa curricular amplo que pode ser agrupado em setores de conteúdos diversos, áreas de conhecimento e de experiência ou disciplinas, mas será bastante difícil que algum de seus elementos caiba nas áreas e disciplinas tradicionais. É importante, portanto, encontrar a fórmula que melhor possa apresentar ordenado o conteúdo da educação geral em áreas curriculares. Quanto mais se aproximem estas a denominações relacionadas com disciplinas com uma certa tradição, tanto mais fácil será deixar fora do currículo componentes não estritamente disciplinares ou relacionados com elas de um modo não tão direto. Não é o mesmo, por exemplo, regular a prática desde uma denominação como *sistema de comunicação* a fazê-lo desde *língua e literatura*. É evidente que existem múltiplas ordenações e fórmulas possíveis de classificação; o importante é que o agrupamento de campos escolhido englobe os conteúdos dessas invariantes e não fiquem em retalhos desconectados entre si.

Outra proposta de ordenação global dos conteúdos do currículo para o ensino obrigatório é a oferecida por Skilbeck (1982 e 1984), que distingue nove áreas culturais:

1) *Artes e ofícios*, que incluem a literatura, a música, as artes visuais, a dramatização, o trabalho com madeira, metal, plástico, etc.

2) *Estudos sobre o meio ambiente*, que compreendam os aspectos físicos, os ambientes construídos pelo homem, estimulando a sensibilidade para com as forças que mantêm e destroem o meio.

3) *Habilidades e raciocínio matemático*, com suas aplicações e relações com outras áreas: ciência, tecnologia, etc.

4) *Estudos sociais, cívicos e culturais*, necessários para compreender e participar na vida social, abrangendo os sistemas políticos, ideológicos e de crenças, valores na sociedade, etc.

5) *Educação para a saúde*, observando os aspectos físicos, emocionais e mentais, junto às relações também com outras áreas.

6) *Modos de conhecimento científico e tecnológico*, com suas aplicações sociais na atividade produtiva e na vida dos indivíduos e da sociedade.

7) *Comunicação* por meio de códigos verbais e não-verbais relacionados com o conhecimento e os sentimentos que, além das habilidades básicas da língua, se ocupem da comunicação audiovisual, dos meios de comunicação de massas, de sua significação na vida diária e nas artes.

8) *Raciocínio moral*: atos, valores e sistemas de crenças, que seguramente devem estar incorporados em outras áreas e na vida diária da classe, mais do que formar um corpo curricular próprio com fins de doutrinação.

9) *Mundo do trabalho, do ócio e estilos de vida*. Um aspecto para o qual devem contribuir outras áreas, mas no qual certamente ficarão outros elementos de mais difícil localização.

Os critérios para selecionar conteúdos dentro dessas áreas, segundo Skilbeck, são os seguintes: a) buscar os elementos básicos para iniciar os estudantes no saber e na experiência humana, b) ver que aprendizagens são necessárias para a participação numa sociedade democrática, c) aprendizagens que sejam úteis para que o aluno/a defina, determine e controle sua vida, d) aprendizagens que facilitem a escolha e a liberdade no trabalho e no ócio, e) e as que proporcionem conceitos, habilidades, técnicas e estratégias necessárias para aprender por si mesmo.

Phenix (1964) trouxe uma reflexão importante para as formas de organizar o conteúdo dos currículos, desde a consideração do que será a educação geral, sem a preocupação explícita de dar uma visão sobre a sociedade. A educação geral consiste num processo de gerar significados essenciais nos sujeitos, completando a vida humana por meio da ampliação e aprofundamento de tais significados. Para esse fim, as diferentes áreas do currículo global deveriam responder coerentemente e de forma organizada. Algo que é cada vez mais difícil numa sociedade complexa, na qual se vai impondo de modo progressivo a especialização da cultura. A pessoa é uma totalidade, e a essa totalidade orgânica deveria corresponder um currículo global que não parcele e justaponha componentes sem sentido, ponderando-os por igual. Nessa estrutura geral cada uma das partes seria significativa para todas as demais. Qualquer indivíduo que tenha alcançado um desenvolvimento excepcional num determinado âmbito da experiência humana apoiou-se num certo grau de desenvolvimento em todos os demais âmbitos. A especialização radical não é senão uma mutilação do desenvolvimento humano.

Quais são as fontes das quais extrair esse aprofundamento no significado? A experiência significativa pode ser de muitos tipos, pode-se produzir em múltiplos *âmbitos de significado*, mas a educação geral deveria compreender a todos. O autor detecta a existência de seis fundamentais:

1) O âmbito do *simbólico*. Compreende as linguagens ordinárias, a matemática e outras formas simbólicas não-discursivas, como os gestos, os ritos, etc. É um dos componentes mais fundamentais posto que por meio dele se expressam outros âmbitos. De especial importância serão, já que as línguas em qualquer nível educativo.

2) *Empírico*. Inclui as ciências do mundo físico, os seres vivos e o homem. Proporciona-nos descrições objetivas, generalizações e formulações teóricas e explicações apoiadas na observação e na experimentação.

3) *Estético*. Refere-se à música, às artes visuais, à dança, à literatura. O significado está relacionado com a percepção contemplativa.

4) *De compreensão (synnoesis)*, relativo ao conhecimento por percepção direta, captado por empatia, existencial.

5) *Ético*. Expressa os ideais e inclui os significados morais, tem a ver com as normas de conduta.

6) *Sinóptico*. Refere-se ao significado compreensivo e integrador, incluído em disciplinas como a história, a filosofia, etc., que combinam significados empíricos, estéticos e sinoéticos, proporcionando visões de conjunto.

Para Phenix, os significados, em sua mais alta expressão, residem na investigação que se desenvolveu na cultura em diferentes campos disciplinares; ninguém pode fazer progressos perceptíveis sem depender dos progressos mais genuínos que outros desenvolveram em facetas muito diferentes da vida. O que não significa voltar às velhas matérias do currículo, mas aproveitar os materiais que as autoridades intelectuais chegaram a produzir em cada âmbito. Materiais que não devem se dar como produtos mortos, mas estimulando a imaginação, porque o significado dos alunos/as se acrescenta apenas quando são assimilados significativamente e quando recriam os conteúdos recebidos, o que requer uma excitação pessoal na assimilação cultural.

No quadro a seguir, pode-se observar as propostas, resumidas e contrastadas, de organizar a cultura curricular, desde perspectivas distintas, ao lado da ordenação curricular da educação obrigatória na Espanha.

Quadro 9.1. Diferentes ordenações do conteúdo do currículo

LAWTON	Materiais possíveis	SKILBECK	PHENIX	Ensino obrigatório espanhol
1. Estrutura social-sistema social 2. Sistema econômico	História Geografia Política Economia Sociologia	1. Artes e ofícios 2. Estudos sobre o meio ambiente	1. Simbólico 2. Empírico 3. Estético	Ensino fundamental 1. Conhecimento do meio natural, social e cultural 2. Educação artística
3. Sistema de comunicação	Língua Idiomas Línguas clássicas Matemática Comunicação Cinema, TV Publicidade	3. Habilidades e raciocínio matemático 4. Estudos sociais, cívicos e culturais 5. Educação para a saúde	4. Sinoético 5. Ético 6. Sinóptico	3. Educação física 4. Língua castelhana, da Comunidade Autônoma e Literatura 5. Línguas estrangeiras
4. Sistema de racionalidade	Ciências História Matemática Língua	6. Modos de conhecimento científico e tecnológico		6. Matemática **Ensino Médio** 1. Ciências da natureza
5. Sistema tecnológico	Ofícios Planejamento Tecnologia Ciência História Economia doméstica Microtecnologia Computadores	7. Comunicação por meio de códigos verbais e não-verbais 8. Raciocínio moral		2. Ciências sociais, Geografia e história 3. Educação física 4. Educação plástica e visual 5. Língua castelhana da Comunidade Autônoma e Literatura 6. Línguas estrangeiras
6. Sistema moral	Ética Religiões	9. Mundo do trabalho, do lazer e estilo de vida		7. Matemática 8. Música 9. Tecnologia
7. Sistema de crenças	História Religiões Política Educação			
8. Sistema estético	Arte Música Língua Literatura Decoração Educação física Cinema, TV			

* Todas as matérias implicam algum sistema de racionalidade

Relacionadas com a de Lawton se propõem disciplinas que podem se relacionar com cada uma das dimensões apontadas. Algo semelhante poderia ser feito com as outras duas propostas que desenvolvemos brevemente. O importante é que as três partem de uma visão ordenada e global da cultura ou do significado para preencher de conteúdos a educação geral ou básica. Em teoria, qualquer distribuição e seleção de áreas ou disciplinas poderia ser aceitável desde que de cada uma delas se ressaltasse a contribuição que seus componentes específicos podem oferecer ao conjunto cultural para o aluno/a, assim como os aspectos que, em cada uma delas, é preciso relacionar com as demais para obter uma cultura integrada e coerente, pois uma mesma matéria ou área pode trazer diferentes aspectos para diversas dimensões. A história, como sinopse de outras dimensões, é um exemplo claro.

Este é um esforço do plano curricular para dar uma visão coerente do sentido dos conteúdos na educação; ou se faz quando se discute e ordena a totalidade do currículo, ou muito dificilmente se fará depois em outras esferas de plano curricular, que costumam operar desde um parcelamento dos saberes. O sentido da unidade na discussão não chega aos professores/as por meio de listas de temas, objetivos, tipos de habilidades a serem alcançadas em cada área, como também não é possível que o proporcionem os especialistas em áreas ou disciplinas, nem, naturalmente, os livros-texto. A coerência cultural de todo o currículo reside no plano macrocurricular, algo que não se consegue pela soma de contribuições de especialistas em cada área, mas destacando componentes nos quais se possam ver relações entre as partes do currículo e sua tradução desde uma série de princípios educativos.

Para alcançar alguma unidade do "mapa cultural geral", é preciso partir, na decisão de áreas, de algum esquema extradisciplinar, como é o caso de algum dos aqui mencionados a título de exemplo, assinalando componentes próprios de âmbitos de conhecimento ou significado e relações entre eles, para, mais tarde, poder levá-las em conta em qualquer das ordenações possíveis que se possa adotar.

As ordenações de áreas, matérias ou disciplinas têm sempre um caráter relativo que exigem, portanto, discussão constante, abertura para modificar seus conteúdos e incluir qualquer outro que apareça como relevante num determinado momento. Esta flexibilidade só é possível com uma formação e desenvolvimento constantes dos professores/as, com um envolvimento dos agentes de produção cultural mais significativos no desenvolvimento curricular e com estratégias constantes de inovação dos conteúdos. O plano neste âmbito de decisão política e de macroorganização, além de ordenar o sistema e controlá-lo, deveria ter esses outros objetivos de política curricular; prever mecanismos de atuação constante que facilitem a inter-relação entre professores (formação e aperfeiçoamento), desenvolvimento da cultura e desenvolvimento e inovação do currículo.

De qualquer forma, não é fácil responder às necessidades ressaltadas nos três exemplos de classificação resumidos, já que qualquer dessas propostas globalizadoras requer percorrer extensivamente a cultura, que, por sua vez, exigiria uma distribuição de especialidades nos professores/as distinta da existente e que, além disso, exigiria uma formação coerente dos mesmos nessas áreas culturais, assim como a participação pontual ou estável de outros educadores no ensino, diferentes do professorado de matérias ou áreas mais assentadas.

O peso de tradições na ordenação do sistema educativo e a existência de alguns professores/as, formados e classificados em especializações, junto à influência dos grupos acadêmicos na determinação dos currículos e na elaboração de livros-texto, ocasiona que as reformas curriculares muitas vezes fiquem na proposta de ampliar o conteúdo das áreas e disciplinas existentes, ligadas a especializações assentadas, para ir estendendo o espectro cultural que deve compreender a educação geral, embora esta ampliação fique, em muitos casos, num simples enunciado de intenções. Assim, por exemplo, da soma da geografia e da história pode-se fazer artificialmente uma área de ciências sociais que muito freqüentemente é uma justaposição daquelas duas disciplinas, simplificando e falseando o conteúdo abrangido na invariante do "social".

O que deve ficar como preocupação básica é que – embora as atividades sociais e os estudos superiores exijam a especialização da cultura, o que leva a compartimentar o currículo – é igualmente certo que muitos dos problemas que afetam o homem e a sociedade de forma imediata, e que devem ser tratados pela educação geral, reclamam outras soluções globalizadoras ou interdisciplinares na ordenação do conhecimento curricular (Tanner e Tanner, 1980).

Que atribuições o plano cumpre neste âmbito? Além de ordenar o sistema escolar, do ponto de vista educativo seria importante que a seleção de conteúdos comunicasse a professores/as e planejadores de materiais: a) as contribuições específicas fundamentais que cada uma das áreas ou disciplinas deve dar para a cultura geral do aluno/a; b) as possíveis relações entre diferentes áreas ou entre elementos particulares das mesmas, com o fim de transmitir a idéia de unidade e de relação entre os saberes, articulando horizontalmente o currículo. Essa conexão entre saberes pode não estar ao alcance dos professores/as e é preciso estimulá-la desde estas primeiras decisões de política curricular; c) a seleção de elementos próprios de cada área e dos relacionais, sua ponderação e exploração, com o fim de estimular determinados valores puros de uma filosofia educativa, requer que os dois pontos anteriores sejam depurados à luz de princípios gerais explícitos. Estes podem ser, a título de exemplo: a unidade dos saberes para compreender criticamente a cultura circundante, a participação na sociedade democrática, a contribuição para o bem-estar pessoal e social, o fomento da tolerância entre subculturas e superação de diversos etnocentrismos, o respeito para com a natureza e bens culturais, a superação das injustiças, o desenvolvimento educativo permanente dos cidadãos, a dimensão histórico-construtiva do saber, etc.

A projeção que estas decisões têm para a prática é indubitável, pois a unidade do projeto educativo deve ser buscada também desde estas decisões. A partir de qualquer parcelamento de áreas, principalmente se não se explora a unidade e relação entre os saberes, estabelecem-se determinadas fronteiras entre os conhecimentos, facilitam-se algumas relações entre conteúdos, ao mesmo tempo que se dificultam outras. É uma primeira classificação da cultura, o anúncio da divisão em subculturas que mais tarde servirão para especializar toda a educação dos alunos/as. Os esforços para conectar saberes nos processos de ensino-aprendizagem serão facilitados ou dificultados em função de como seja esta primeira classificação de conteúdos. A produção de material didático – livros-texto – especializar-se-á nos campos que aqui se determinem. A evolução de aprendizagens nos alunos/as dificilmente explorará as relações entre saberes que não fiquem facilitados neste âmbito do plano. Os professores/as se tornarão especialistas em parcelas e ensinarão em horários específicos para cada uma das áreas ou disciplinas reguladas. Alguns exemplos podem esclarecer o que sugerimos: na ordenação de áreas de nossa educação obrigatória, a tecnologia fica desligada da ciência, a literatura do conhecimento social, etc.

As opções para proporcionar uma regulação mais integradora do currículo que supere a disciplinaridade das disciplinas são múltiplas (Tanner e Tanner, 1980). Além de buscar sempre as relações entre as parcelas determinadas em qualquer tipo de agrupamento pelo qual se opte, propuseram-se fórmulas, como a *aproximação* entre disciplinas, que se referem a um mesmo campo de estudo, caso da aproximação entre a história, geografia, economia, sociologia, etc. A *correlação* entre duas ou mais matérias em torno de determinados nexos, métodos ou temas, como pode ser a inter-relação entre história, arte e literatura, movimentos culturais ou acontecimentos relevantes por ciclos históricos. A *fusão* entre matérias que têm objetos próximos, ainda que internamente sejam bastante independentes, como é o caso de nossas ciências sociais, ciências da terra (geografia, geologia, estudo da atmosfera, etc.). A criação de *grandes campos* por síntese de elementos de várias matérias, originando uma área nova, como pode ser o caso do estudo do meio (agrupando elementos de geografia, biologia, química, agricultura, economia, sociologia, etc.) ou de cursos sobre humanidades (combinando literatura, arte, filosofia, música, arquitetura, etc.). A opção propriamente *interdisciplinar* se produz quando se trata de integrar campos de conhecimento tomando como ponto de referência as estruturas internas semelhantes em todos eles ou em torno de conceitos mais particulares como ocorre com a *ciência integrada*: em torno da energia, conceitos de mudança, desenvolvimento , etc.

Além das decisões que se tomam ao ordenar a estrutura geral do currículo, a transformação para a integração e a transmissão de uma cultura menos compartimentada e mais orgânica passa pela tomada, desde a política e desde a administração, de medidas complementares e congruentes em outros seis campos:

a) A sugestão nas prescrições curriculares para o sentido da educação geral que insinuamos e uma conseqüente avaliação do sistema para sensibilizar sobre seu cumprimento.

b) A formação de professores/as em especializações de acordo com as necessidades de cada nível de ensino, que sintetize um saber amplo em áreas de conhecimento com a possível especialização em parcelas concretas, assim como uma política coerente de seleção de docentes.

c) A coordenação dos professores/as que ensinam aos mesmos alunos/as nas escolas, facilitando que lecionem em mais de uma parcela especializada.

d) Oferecer nas escolas atividades culturais que, coordenadas ou não com as matérias, em forma de oficinas, seminários, etc., dêem lugar a uma formação ampla e variada dos alunos/as.

e) O estímulo de métodos globalizados, realização de projetos de trabalho interdisciplinar, atividades complexas, programações do conteúdo em torno de centros de interesse, temas de atualidade, etc.

f) A elaboração de materiais pontuais, por parte dos professores/as e editores, sobre tópicos concretos e sobre projetos curriculares mais gerais numa área ou matéria.

As últimas quatro medidas pertencem propriamente a outros âmbitos de decisão e planejamento, embora a política educativa possa estimulá-las com meios e programas adequados.

Matizes pedagógicos na seleção do mapa cultural

A seleção do mapa cultural evita a ênfase no intelectualismo academicista e supõe por si mesma uma perspectiva antropológica e social da cultura escolar, porque sua pretensão é a compreensão da cultura como um produto social, entendendo como instrumento crítico de compreensão para participar nela e reconstruí-la.

Seguindo o mesmo argumento, carece de sentido o enfoque exclusivamente pedagógico que postule um ensino nutrido de conteúdos selecionados em função dos interesses do aluno/a. A tradição curricular do *ensino centrado na criança* foi uma conquista recente que reclama atenção para seu desenvolvimento individual, para suas formas de compreender o mundo e para a necessidade de gerar motivação para a aprendizagem. Dessa posição também se derivaram às vezes posições ingênuas ou românticas que viram no aluno/a um ser com capacidade de autodesenvolvimento à margem de ajudas ou influências culturais. Não resta dúvida de que essas preocupações educativas devem ser observadas ao se decidir atividades metodológicas, assim como na forma de aproximar os alunos/as à compreensão da cultura e no modo de evitar conteúdos que não estejam ao alcance de suas possibilidades de compreensão. Mas é problemático como devem ser levadas em conta essas considerações no *planejamen-*

to geral do currículo no âmbito que abordamos, quando se selecionam objetivos gerais e áreas de conteúdos. Não parece que a decisão política seja o âmbito mais propício para transmitir preocupações pedagógicas que possam ser efetivas na mudança das práticas reais. Isto depende de outros âmbitos de decisão e, fundamentalmente, dos professores/as.

A seleção cultural do currículo propõe uma série de opções que dão uma direção ao desenvolvimento dos indivíduos e da educação em geral. As possibilidades do aluno/a impõem limites objetivos que levam a excluir determinados conteúdos, mas seus interesses e necessidades, mais claramente que suas possibilidades intelectuais, são estados reais mas transitórios e muito relacionados com a cultura de procedência. Esses interesses podem e devem ser, em muitos casos, pontos de partida para selecionar conteúdos, formas de apresentação destes, sendo necessário aprofundá-los e até modificá-los em certas ocasiões.

A tentativa de conectar os interesses do aluno/a com a cultura escolar admite muitos enfoques diferentes. Scrimshaw (1976, p. 46) indica que podem se considerar quatro tipos de situações na relação currículo-interesses do aluno/a: a) existem interesses moralmente objetáveis e/ou perigosos nos alunos/as; b) existem interesses nestes que são aceitáveis mas triviais; c) encontramos outros que oferecem possibilidades de ser explorados e desenvolvidos; d) mas também há outros interesses essenciais nos quais os alunos/as podem não estar interessados em absoluto. A opção educativa lógica é explorar os interesses do terceiro grupo para ampliá-los para o quarto, com a ajuda do currículo, do professor/a, dos procedimentos de ensino e dos diversos materiais, procurando conscientizar sobre o significado dos interesses dos primeiros grupos. Mas estas táticas são próprias de outros âmbitos de plano.

Outras decisões neste âmbito de plano

As opções possíveis para alunos/as, professores/as e escolas ficam determinadas na organização macrocurricular. Que matéria ou área pode ser ou não optativa; o que é preciso cursar antes de progredir entre cursos, ciclos e níveis; que margens de opção têm as escolas para organizar seu próprio projeto pedagógico; que possibilidades têm os professores/as de modelar pessoalmente o conteúdo; que carga horária se dá a cada matéria – indicação explícita da importância que se concede a ela –; que autonomia os professores/as terão para optar por meios didáticos segundo se conceda ou não a possibilidade de utilizar qualquer deles no ensino; que forma de controle se adota para ver como se cumpre o que se prescreve, são dimensões que se determinam no plano macrocurricular.

O controle que as regulações curriculares têm, como garantia de cumprimento, varia em eficácia de alguns casos para outros. A ordenação de especialidades curriculares, a parcelação de conteúdos, a seqüência entre matérias, por exemplo, costumam ser realizadas com as disposições administrativas, mas não os conteúdos a serem ensinados e as orientações pedagógicas difundidas nas prescrições que a administração faz. Para comprovar o cumprimento destes últimos aspectos são necessárias avaliações que diagnostiquem o funcionamento da prática. Sem essa avaliação, não sabemos o que acontece na realidade, e qualquer proposta que se faça corre o perigo de esquecer necessidades efetivas e concretas do sistema escolar e deixar as inovações curriculares na simples expressão de desejos e retóricas. Em alguns países, a comprovação é realizada por meio de provas de rendimento dos alunos/as, cujas vantagens e inconvenientes trataremos no capítulo da avaliação. Com a investigação pedagógica avaliativa podem se fazer aflorar as razões pelas quais a prática segue ou não o caminho marcado pelas diretrizes curriculares estabelecidas.

Um aspecto fundamental da política curricular está em prever o que fazer com os diagnósticos e avaliações de controle. Como utilizá-los para corrigir deficiências, compensar falta de rendimento em determinadas áreas de conhecimentos, abordar desigualdades segundo escolas, zonas, grupos de alunos/as, ou revisar o funcionamento das escolas e a qualidade do professorado? Sabemos, por exemplo, que os conteúdos mínimos estabelecidos nas regulações curriculares de matemática não se cumprem em maior medida do que em outras áreas, a julgar pelos alunos/as que não os superam. De que serve a regulação de tais mínimos? De que serve o diagnóstico dessa deficiência? A mente dos alunos/as é inexoravelmente refratária ao conhecimento matemático? São altos os mínimos, inadequados os conteúdos selecionados, inconveniente a metodologia, deficiente a formação do professorado, ou faz falta mais tempo para esse ensino e outros meios didáticos? Se se quer que os controles (avaliações ou inspeção) sirvam para avaliar indiretamente o professorado, então se desconsiderarão os fatores que intervêm para que uma proposta de currículo se cumpra ou não.

O PROJETO EDUCATIVO DA ESCOLA

Antes de desenvolver este ponto faremos uma definição prévia. Se por currículo se entende, tal como argumentamos anteriormente, um projeto global e integral de cultura e de educação, no qual se deve observar não apenas objetivos relacionados com conteúdos de matérias escolares, mas também outros que são comuns a todas elas ou que ficam à margem das mesmas, o conceito de *projeto educativo* é a mesma coisa que *projeto curricular* para essa escola. Diferenciar ambos suporia dar ao currículo a concepção restrita que o torna equivalente a compêndio-resumo de matérias ou de conteúdos de conhecimento. Significaria manter uma separação artificial entre ensino e educação que, além do mais, não é conveniente. Portanto, adotamos uma posição que torna equiparável ambos os projetos, embora, no momento de realizar o projeto da escola, o plano de conteúdos de ensino que se refere a matérias ou áreas adquire uma atenção específica.

O plano curricular abordado desde as escolas não chamou tanta atenção como o plano no nível mais geral que acabamos de ver ou o que os professores/as realizam na programação de sua prática de ensino. No entanto, vem se insistindo cada vez mais na importância de tudo que se pode fazer a partir das escolas para mudar a prática, retomando o projeto educativo ou curricular como uma oportunidade para introduzir uma dinâmica renovada, implicar o professorado e aproximar o ensino das condições de cada contexto e dos alunos/as.

As políticas de reforma de muitos países desenvolvidos, por várias razões, renunciaram às grandes estratégias de renovar o sistema, adotando táticas mais pontuais focalizadas nas escolas. Existe uma razão muito clara que explica esta orientação. Os grandes projetos de reforma dos currículos durante os anos 60 e 70 em outros países foram muito caros e não chegaram a penetrar nas práticas da aula. A avaliação desses projetos de inovação curricular demonstrou que as reformas educativas alteram pouco as coordenadas básicas do sistema educativo se não atendem às escolas, já que são os lugares nos quais se forjam os estilos de comportamento pedagógico dos professores/as e onde é possível ou não transformar em realidade determinadas estratégias inovadoras. Para mudar em sentido amplo e em profundidade os modelos educativos é preciso incidir no funcionamento interno das instituições, na divisão de poder dentro delas, alterar a estrutura do emprego dos docentes e distribuir o controle da educação (Elmore, 1990).

A prática de planejar o currículo nas escolas não tem história entre nós, nem tampouco em outros países de tradição centralizadora. Nos sistemas educativos existe uma espécie de entendimento ou pacto tácito que consiste em deixar para os professores/as o controle da atividade dos alunos/as em classe, enquanto outros decidem sobre o funcionamento da escola e da administração geral à qual haverão de se submeter (Louis e Smith, 1990, p. 24). Razões de tipo político regularam o que as instituições deviam ensinar, e a margem outorgada a estas para que fizessem seu próprio projeto educativo não foi muito ampla. Em termos gerais, com o nascimento dos grandes sistemas escolares, os estados tomam as rédeas do sistema educativo e regulam seu funcionamento e seus conteúdos. As instituições educativas e as escolas com tradições próprias, ou aquelas que surgiram ao amparo de ideologias filantrópicas, movimentos ou teorias pedagógicas, vão ficando paulatinamente como instituições residuais dentro de um sistema escolar universalizado cujas regulações afetarão a todos. Se algumas escolas, como é o caso das escolas privadas, apresentam uma imagem diferenciada do resto, esta costuma ter pouco a ver em sentido estrito com o currículo ou com um projeto de ensino de mais qualidade; os sinais distintivos provêm, em muitos casos, da condição social que lhes empresta o tipo de alunos/as que atraem e do estilo de gestão que desenvolvem.

Diversos fatores apóiam a tendência em alguns sistemas educativos, entre eles o nosso, para a concessão de certo grau de autonomia para as escolas adaptarem e concretizarem o currículo que se leciona nelas. Destacamos que se trata mais de *adaptar* e *definir* do que de *criar*, pois tal fato nem seria permitida às escolas e professores/as nem entraria dentro de suas possibilidades fazê-lo, devido às condições do trabalho destes.

1) O movimento para a descentralização administrativa não deve parar na transferência de poderes de decisão desde as administrações centrais para as de outro nível (comunidades autônomas ou locais, em nosso caso), senão que deve chegar até as escolas, até os atores e protagonistas do ensino, proporcionando um marco flexível para que eles possam concretizar o desenvolvimento do currículo. O sentido democratizador desse fenômeno deve conduzi-lo até a delegação de competências às instâncias que melhor podem acomodar o projeto educativo aos estudantes aos quais servem. Nesta tendência descentralizadora cria-se um espaço de autonomia no qual as escolas são chamadas a ter um papel mais central e alguma capacidade de decisão para se organizar com um projeto próprio. É uma tendência que abre caminho na organização de alguns sistemas educativos ocidentais (Chapman, 1990). É uma forma de democratização que pretende envolver as coletividades na gestão dos assuntos que lhes concernem. A autonomia curricular tem a função de permitir a definição de um projeto educativo, atender a necessidades de uma comunidade, decidir disciplinas, oficinas ou módulos optativos, realizar atividades culturais adequadas ao contexto de cada escola, organizar mais eficientemente os recursos e aglutinar pais, alunos/as e professores/as num estilo de educação compartilhado. É um requisito para se acomodar aos alunos/as e à comunidade, servir de estímulo ao desenvolvimento e motivação profissional dos docentes, assim como promover inovações desde a realidade concreta.

É um aspecto do discurso da pós-modernidade: o destacar a diferença, acomodar-se aos indivíduos singulares, sensibilizar para os valores particulares; perdida talvez a esperança nas transformações do sistema geral e das coletividades. A educação deve considerar diferenças culturais, lingüísticas e sócio-econômicas que podem ser previstas em todos os seus termos no plano geral do currículo.

2) A descentralização da administração que divide o poder de decisão e de controle dentro do sistema educativo não deve ser entendida apenas como uma condição na forma de gestionar, mas como algo que obedece a um objetivo político fundamental: o aprofundamento democrático no qual as instâncias e coletividades sociais dos mais diversos tipos participam nos assuntos que lhes afetam, sintam-se co-responsáveis de como funciona um serviço comum como a educação e preocupam-se por sua melhora. No final das contas, a escolarização contribui para definir a cultura de um povo e condiciona seu futuro econômico; de seu bom ou mau funcionamento se desprendem muitas conseqüências para os cidadãos e para o conjunto social.

Por este motivo, acreditamos que a autonomia das escolas no desenvolvimento curricular deve ser entendida como um espaço que corresponde a toda a comunidade preencher, ainda que podem e devem se distinguir funções e competências de professores/as, pais e alunos/as. Uma maior autonomia para as escolas para que esta fosse monopolizada pelos professores/as deixaria parcialmente sem sentido o objetivo do aprofundamento democrático. A responsabilidade compartilhada não deve ser vista como desprofissionalizadora dos docentes. O projeto educativo ou curricular das escolas deve ser discutido, decidido, gestionado e avaliado de alguma forma por todos os envolvidos no ensino.

A realização deste projeto não pode ficar reduzida a um problema técnico de caráter pedagógico. Deveria ser entendida como o motivo para dotar de conteúdo a participação nas escolas e melhorar a estruturação de toda a comunidade educativa: pais, professores/as e alunos/as, fundamentalmente. A democratização puramente formal das estruturas de governo das escolas perde sentido e se reduza em simples mecanismos burocratizados se os atores sociais não percebem que serve para algo.

Ao mesmo tempo, só na medida em que exista um mínimo de envolvimento e coordenação entre todos os componentes da comunidade escolar, a autonomia de que se disponha para elaborar o projeto será eficaz.

3) Em torno dessas tendências acrescentam-se a pressão de um novo neoliberalismo conservador que, receoso frente a qualquer serviço público regulado pelo Estado, condena a intervenção deste na vida dos indivíduos, reclamando para estes e para toda iniciativa privada a capacidade de auto-regular-se. Quanto menos regulações existam, incluídas as curriculares no caso das escolas, mais liberdade terão as escolas de iniciativa privada para elaborar suas propostas, diferenciar suas ofertas e competir pela capacitação de alunos/as com uma "imagem de marca". A autonomia das escolas é uma exigência e uma concessão bem recebida por ideologias contrárias, indício de que pode satisfazer aspirações muito diversas e que pode se conduzir e se desenvolver em múltiplos sentidos. Nem todos, necessariamente, estarão de acordo com o objetivo de democratizar e tornar-se protagonistas das decisões na educação que, por certo, afetam a todos. O fato de que a escola disponha de autonomia não significa que a gestão deste espaço seja necessariamente dos professores/as e muito menos dos alunos/as ou dos pais.

4) A idéia positiva de dotar as escolas de alguma autonomia no desenvolvimento do currículo é uma forma de torná-las mais responsáveis pela qualidade do ensino que ministram. Nesta proposta confluem motivações contraditórias, pois essa concessão tem muito a ver com a evolução das políticas e das estratégias de inovação nos sistemas escolares mais evoluídos e desenvolvidos em momentos de falta de confiança nos grandes projetos de reforma; quando uma prolongada crise econômica impede o financiamento de projetos ambiciosos, extensivos a todas as escolas, professores/as e alunos/as.

As reformas que querem implantar novos estilos educativos e inovar os currículos, empreendidas, geralmente, pela iniciativa dos governos, com a pretensão de estendê-las "em cascata" a todo o sistema educativo, são bastante caras, exigem abundantes e variados recursos para torná-las realidade. Provocam inumeráveis conflitos que nem todos os políticos estão dispostos a assumir e, para complicar as coisas, nunca podem satisfazer as expectativas que diferentes grupos põem nelas: pais, professores/as, empresários, etc., ou seja, conduzem, embora parcialmente, à frustração.

Num tempo em que a economia não permite esperar um grande incremento dos gastos dedicados à educação, as reformas globais mais ambiciosas e caras devem dar passagem a inovações qualitativas do que já se tem. Sob o discurso de querer melhorar a qualidade dos processos educativos e do que as escolas fazem se esconde um giro na estratégia política para a mudança: uma limitação nas ambições da mudança, olhando para dentro do que já se tem para contabilizar melhor os recursos disponíveis.

Propondo para as escolas a autogestão das inovações, renunciando ao controle centralizado, alcança-se um objetivo positivo para a democratização do sistema que pode servir também para dissimular a impossibilidade ou a renúncia da melhora do conjunto, delegando a iniciativa da mudança às equipes de professores/as, neste caso pelo desenvolvimento curricular.

Esta tendência, nos sistemas escolares que a experimentam, relaciona-se com a ênfase na eficácia, com a busca de melhores rendimentos e com a pretensão de uma renovação qualitativa da educação para satisfazer critérios de qualidade; o que conduz, inevitavelmente, à revisão dos processos pedagógicos e o funcionamento das instituições escolares. O debate sobre a qualidade do ensino é um tema central da discussão sobre a educação hoje em dia nos sistemas educativos (Carr, 1989; Ocde, 1991), que tem a conseqüência de ressaltar as escolas como lugares onde se consegue ou não melhorar o ensino.

Trata-se de uma proposição que, por outro lado, apóia-se numa obviedade que lhe dá toda razão: os professores/as trabalham em escolas e é aí onde os alunos/as recebem o ensino. Fazer deste lugar um ambiente de renovação é uma forma de propor a inovação educativa no meio ecológico mais imediato no qual se configura. A melhoria da atuação dos professores/as e o desenvolvimento do currículo devem ser propostos nesse contexto, se a mudança é real, é aí onde deve acontecer. Proposição que leva a selecionar as escolas como as unidades estratégicas para desencadear as reformas dos sistemas educativos e fazer com que estas cheguem até a prática (Elmore, 1990; Holmes Group, 1990; Hopkins, 1987; Sirotnik, 1989).

Delegar às escolas a responsabilidade do desenvolvimento curricular, ainda que seja parcialmente, faz parte dessas novas estratégias. Agora, as possibilidades deste modelo vêm abaixo se não se dão os meios para que possam fazê-lo adequadamente. O *plano do currículo baseado nas escolas* sem estratégias e meios para poder ajudá-las pode chegar a ser uma fórmula enganosa, que, em troca da atrativa autonomia, possa conduzi-las a uma maior responsabilidade que não supõe inevitavelmente uma melhora da qualidade ou um projeto mais compartilhado e melhor adaptado aos alunos/as. Não se deduz automaticamente a qualidade do ensino da posse da autonomia. O desenvolvimento descentralizado do currículo, se é para todos, exige, paradoxalmente, mais meios do que o desenvolvimento centralizado, já que haverá variedade de táticas e enfoques, requer-se uma assistência diferenciada em função das necessidades de cada escola, necessitam-se meios didáticos variados, além de pressupor uma certa capacidade de funcionamento das escolas para que possam se encarregar do poder de decisão concedido. Se o desenvolvimento curricular nas escolas tem conteúdos reais, é economicamente mais caro (Marsh, 1990, p. 62). Como ponto de partida se requer uma condição fundamental: a coordenação e direção pedagógica. Estas considerações são uma advertência que deveria ser levada em consideração para que a autonomia curricular não seja uma simples intensificação do trabalho dos docentes ou se transforme em mais um trâmite burocrático.

Com este pano de fundo, cujas causas estão fora das escolas, podem se recolher argumentos de caráter pedagógico que fundamentam a aspiração positiva para que cada escola, ou que várias delas coordenadas, e a comunidade em torno das escolas elabore e desenvolva um projeto educativo planejado por eles.

1) *Qualquer aprendizagem nas escolas acontece num meio organizativo.* Toda a experiência de aprendizagem dos alunos/as e as possibilidades ou alternativas de ensino que os professores/as adotam estão condicionadas por regras de funcionamento geral que afetam a escola em seu conjunto. Cada escola é uma realidade organizativa singular que molda o desenvolvimento do currículo. Tanto se se aspira a que os professores/as e os alunos/as tenham poder de controlar seu funcionamento quanto se não o tenham, essa influência é real. Propor explicitamente o projeto educativo é assumir essa condição, para poder discuti-la e dirigi-la coerentemente.

2) *A busca da qualidade do ensino.* É um princípio bastante aceito hoje em dia considerar que a melhoria da qualidade do ensino depende do funcionamento coletivo das equipes docentes. No capítulo anterior, propusemos a idéia do *plano baseado na escola* como uma tática para melhorar o desenvolvimento curricular com projetos elaborados para e em escolas concretas, frente à estratégia de grandes projetos que depois não se adaptam às condições particulares de cada meio educativo. Os estudos sobre a eficácia das escolas chegam à conclusão de que a forma de seu funcionamento tem muito a ver com os resultados obtidos, mais além dos meios materiais, a *ratio* alunos/as-professor/a e outras variáveis tradicionalmente utilizadas para propor o problema da qualidade do ensino. É evidente que o plano do projeto educativo é um motivo fundamental para dinamizar esse funcionamento, pondo-o a serviço da cultura que deve distribuir.

3) *A cultura não se esgota nas matérias escolares.* Se o currículo é cultura e deve chegar a ser experiência cultural para os alunos/as, considerando a amplitude que esta deve ter para cobrir as áreas que apontamos, parece inevitável que a escola promova o desenvolvimento de atividades culturais que ampliem a perspectiva das matérias, tal como se concebem hoje em dia, e relacionando-as com elas se for possível. A educação geral dos alunos/as deve ultrapassar o sentido que os currículos em uso imprimem à cultura.

É muito comum que a literatura, a arte, a música, o esporte, a ciência, a tecnologia, a história, o conhecimento do meio, os problemas sociais, o pensamento em geral, o cinema, o mundo do trabalho, todos os temas candentes de atualidade e até a simples leitura recreativa e interessante fiquem fora da cultura curricular enlatada em matérias, livros-texto, classes e cadernos de trabalho e dada por professores/as para ser avaliada depois. E se tudo isto não fica fora é comum deformá-lo pelos ritos que a instituição escolar criou, ou ficará em forma de atividades *extra-escolares ou complementares*, denominações que por si mesmas são indicativas do peso que têm. Talvez, como está acontecendo em outros contextos, seja mais fácil incorporar essa formação cultural à margem das escolas e das matérias, reformulando a jornada escolar do aluno/a ou o calendário escolar de outra forma, mas seria conveniente que atuassem de forma revolucionária na organização do currículo nas escolas e nos métodos de ensino. Separar *atividade cultural* de currículo escolar supõe manter uma concepção empobrecida para este.

Essas atividades podem cair dentro da especialidade ou disciplina de um professor/a, mas o normal é que ultrapassem o limitado território das áreas e disciplinas, tendo que fazer parte do esboço do projeto educativo das escolas. Inclusive podem exigir a presença de especialistas ou fontes de informação alheios às instituições escolares.

4) *A escola como fonte de experiências educativas*. Por currículo se entende a cultura real que os alunos/as recebem e a experiência que obtêm na educação escolarizada, e não apenas as declarações das prescrições curriculares ou os conteúdos dos guias e textos. Obviamente, muitas das experiências "educativas" e efeitos pretendidos têm a ver com o ambiente escolar em geral, cuja responsabilidade não é de cada professor/a individualmente. As escolas, como organizações, definem um *ethos* de conduta nas mais variadas facetas do comportamento: como se comportar fisicamente, uso da linguagem, hábitos de limpeza, utilização das instalações e materiais, opção-obrigatoriedade de determinadas atividades, normas de comportamento social com diretores, professores/as e companheiros, relações entre sexos, com minorias étnicas ou religiosas, regulação das saídas ao exterior e comunicação com o mundo externo, tempos de folga e de trabalho, ponderação desigual de diferentes momentos do dia, a semana, etc.

A escola é uma instituição do tipo que os sociólogos chamam "totais", porque nelas o indivíduo está envolvido como pessoa global. Definem por si mesmas, com diferente grau de nitidez e coerência, todo um currículo que se não se explicita não pode ser dirigido reflexivamente. Em *muitos* casos se trata de normas pouco claras que marcam de modo muito geral o que se pode e o que não se pode fazer, o que é facilitado e o que é dificultado. Lembremos, como exemplo, que nos regulamentos das escolas se propõe todo um "programa" de educação social e moral relativo a condutas não apenas acadêmicas, ao regular o que está permitido e a punição à transgressão das normas. A vida nos internatos foi o mais evidente exemplo da importância concedida às formas de vida em seu interior para fomentar um senso de disciplina e controle. O valor da experiência escolar para se conseguir o controle das condutas é um elemento indispensável para entender a história da educação e das instituições escolares (Foucault, 1976; Lerena, 1983). Pode-se dizer que se confiou muito menos nas lições de moral e de sociabilidade do que no controle da vida por meio de normas institucionalizadas de comportamento. O meio em que se vive, enfim, é mensagem educativa.

Exemplos reais de regulamentação de condutas em duas escolas:

Escola X:

"Quando um aluno/a de ciclo superior, *bachillerato*, comporta-se mal com relativa assiduidade, suas aulas serão suspensas (a determinar os dias), tendo de estar durante essa hora de aula na Biblioteca. O tutor será comunicado para tomar a decisão, e será admoestação grave.

Nas provas ou trabalhos apresentados por escrito, serão exigidos grafia, ortografia e apresentação corretas, podendo-se baixar a nota".

(Observe a utilização da estadia na Biblioteca como castigo, frente à aula como o lugar "correto".)

Escola Y:

"Os alunos/as não poderão permanecer nos corredores que são lugares de passagem.

Subir-se-á e descer-se-á as escadas em filas. Em nenhum caso se saltará ou se correrá nelas. As subidas e descidas dos grupos serão precedidas sempre por um professor/a ou vigiadas por ele.

Ao se iniciar a sessão escolar e também depois dos recreios, os alunos/as ficarão em filas, por cursos, em lugar previamente designado a eles. Cada professor/a, uma vez formadas as filas, acompanhará os alunos/as à aula correspondente".

A história da educação é rica em experiências e modelos de ordenação e gestão alternativas nas instituições para dar oportunidade a climas educativos fundamentados em filosofias preocupadas pelo fomento da democracia como forma de vida e da cooperação entre os semelhantes: as experiências de autogestão e co-gestão nas escolas, as chamadas "repúblicas escolares", as assembléias de alunos/as, atividades autogestionadas por estes, etc. A premissa inicial é que a moralidade e a sociabilidade são valores a ser vividos e experimentados, pois as mensagens verbais isoladas da experiência são inoperantes. Piaget (1967) dizia que:

> "Para os partidários da escola ativa a educação moral não constitui uma matéria especial do ensino, mas um aspecto particular do sistema em conjunto. A educação forma um todo, e a atividade que a criança desenvolve a propósito de cada uma das disciplinas escolares supõe um esforço de caráter e um conjunto de condutas morais" (p. 33).

O balanço histórico nos torna conscientes de que as opções organizativas tiveram em geral pouco sucesso, ainda que as formas férreas de controle tenham se adoçado. Entre nós, a recente criação dos Conselho Escolares com a LODE (Lei Orgânica do Direito à Educação) supõe um projeto para fazer viver a democracia nas escolas, que não deveria se esgotar em formalismos de gestão na tomada de decisões nas instituições escolares.

A escola define em sua organização e funcionamento uma cultura própria que se oculta, interfere ou potencia a cultura explicitamente observada no currículo explícito. A escola é portanto o lugar próprio de uma reflexão acerca do currículo, que o difunde por meio de seu funcionamento e do clima que nele se cria.

5) *A busca da congruência de estilos pedagógicos*. É preciso coordenar na escola os professores/as e as atividades que devem configurar um estilo educativo congruente. A grande maioria de objetivos importantes da educação que não se referem a áreas ou disciplinas concretas, relacionem-se com o desenvolvimento da personalidade ou com a conquista de habilidades intelectuais, hábitos de trabalho, fomento de atividades e valores, exigem uma linha de atuação coerente entre os professores/as, para que todos eles proporcionem estímulos constantes sem demasiadas contradições. Desenvolver o hábito da leitura não é uma exigência só para os professores/as de língua, por exemplo. Fomentar a cooperação entre alunos/as, seu senso crítico, a expressão pessoal, o estudo racional, o estabelecimento de relações para com o conhecimento, etc., ou são proposições estimuladas por todos, ou o aluno/a ficará submetido a exigências contrapostas nas quais não perceberá coerência alguma e que, além disso, perturbarão seu trabalho e estudo.

Os estilos pedagógicos individualistas descoordenados que expõem os alunos/as a exigências contrapostas requerem destes estratégias também diferenciadas para "se adaptar" ao tipo de norma "do que é aceitável" com cada professor/a – é como uma exigência para sobreviver na instituição e obter sucesso. São diferenças apreciáveis entre estilos em traços como: o ritmo de trabalho, a distribuição de sua intensidade ao longo do curso, o tipo de atividades dominantes, o aproveitamento de recursos externos desigual, a ênfase em tarefas fora da escola e deveres para casa, nas formas de avaliar, o trato pessoal entre professores/as e estudantes, as pautas de colaboração-competência estimuladas entre alunos/as, a amplitude das margens do "que é permitido", a confiança no tratamento e para manifestar problemas pessoais, etc.

Se, tal como apontamos no trecho anterior, a educação geral deve buscar certa integração da cultura, explorando a interconexão entre as áreas que se planejam no âmbito político-administrativo, é evidente que se necessita um esforço de coordenação entre professores/as que ministram diferentes áreas ou disciplinas para explorar conexões entre os saberes. Um esforço que pode se traduzir na realização de atividades conjuntas, na programação de grandes núcleos integradores, nos projetos de investigação dos alunos/as, além de coordenar os conteúdos que cada professor/a lecionará separadamente. O currículo quebra-cabeça repercute numa cultura mosaico, capacita pouco para compreender e refletir sobre problemas e situações reais, dando lugar a aprendizagens menos significativas, que resistem pouco ao desgaste do esquecimento. É uma cultura para satisfazer as exigências dos ritos dos exames mais do que para desenvolver os indivíduos.

Um dos desafios mais decisivos que se coloca para a educação obrigatória para melhorar a qualidade do ensino é alcançar esta coordenação para o desenvolvimento de um projeto coerente de educação geral.

6) *A coordenação e integração como instrumento de desenvolvimento profissional.* Os usos pedagógicos assentados historicamente nas escolas refletem um estilo individualista dos docentes de trabalhar, com pouco desenvolvimento da integração profissional. Seus inconvenientes não estão só nas incongruências que se colocam diante dos alunos/as, mas também na impossibilidade de melhorar a prática dos professores/as, comunicando-se e discutindo as experiências particulares para seu mútuo enriquecimento. O isolamento profissional impede a transmissão da experiência entre docentes e dificulta que se manifestem critérios do que é e não é boa profissionalização (Holmes Group, 1990, p. 80). Os procedimentos de coordenação e de planejamento conjunto são aspectos do plano que têm um âmbito natural de desenvolvimento nas escolas, sendo um fator na determinação da qualidade nas instituições escolares (Purkey e Smith, 1983). Estimular este espaço de plano curricular é fazer das escolas locais de socialização profissional, onde as práticas não se transformam em rotina. O compromisso com a profissão, a motivação para exercê-la, pode e deve se ligar à existência de um projeto conjunto, não apenas para a melhora das condições de trabalho e materiais.

Sykes (1990, p. 84 e ss.) enumera as seguintes condições para estimular a criação da "comunidade profissional" dos docentes:

a) Deixar espaço de autonomia para que a *responsabilidade profissional* complemente as regulações e exigências legais que exigem dos professores/as o cumprimento de suas funções. Não se deduz o trabalho de qualidade apenas de normas burocráticas e de exigências de rendimento comprováveis exigidos desde fora. O professor/a tem uma margem de autonomia real à qual nem as normas nem a avaliação de sua eficácia podem chegar; o exercício profissional depende, inevitavelmente, do compromisso pessoal ético.

b) Promover a *socialização profissional* positiva dentro das escolas. A aquisição de uma determinada forma de ser professor/a ocorre dentro das condições de trabalho reais. Princípio que vale para explicar os comportamentos positivos e também os negativos, especialmente importantes durante a formação inicial e nos primeiros anos de experiência prática (*indução* profissional).

c) Fomentar o envolvimento dos professores/as e o *desenvolvimento do currículo,* ao ser este a ocupação fundamental da prática em torno do qual se centram preocupações, dificuldades de ensino e dos alunos/as, métodos, forma de planejar a prática, "utilização" de idéias, etc.

d) Facilitar que os professores/as *tenham acesso a fontes e recursos* de conhecimento externos às escolas, relacionando as escolas com pessoas e recursos complementares.

e) Estímulo da *carreira docente* sem abandonar o ensino. Para os professores/as progredir significa muitas vezes fugir dela ou passar para outro nível do sistema educativo. É preciso diversificar o papel do docente criando novos encargos profissionais relacionados com a melhora do ensino como um todo, envolver os professores/as na preparação prática de novos profissionais, na investigação de caráter mais aplicado, no desenvolvimento de funções de melhora do sistema, como recursos de desenvolvimento profissional.

f) Deve-se facilitar aos professores/as *tempo para outras funções* que não sejam o ensino direto para os alunos/as: tempo para planejar, para observar a prática, discuti-la, ler, refletir e indagar, sendo que essas atividades podem ser realizadas a título individual ou coletivamente. O que não é apenas uma questão de ter menos alunos/as e de diminuir a carga horária letiva, mas também de se organizar e de que essas funções sejam entendidas como próprias do emprego do professor/a.

g) Que a política educativa seja *sensível ao impacto nos professores/as e na prática* dos preceitos e orientações que difunde. As exigências, as formulações e os modelos que se expressam de cima com freqüência não costumam considerar as condições reais da prática, os problemas que desencadeiam, a falta de realismo das propostas, a provisão necessária de meios ou a formação do professorado.

Para colocar em fórmulas concretas a gestão do espaço de autonomia das escolas no desenvolvimento de um projeto curricular não existe um procedimento que possa ser concretizado numa regra, já que se trata de uma prática complexa que implica uma forma de funcionamento coletivo organizado em que toda a comunidade educativa está comprometida; por outro lado, essa autonomia curricular é um conceito extenso de amplitude muito variável. Podemos supor que, em algumas escolas, para elaborar esse projeto se limitarão a escolher entre os materiais e textos preexistentes; em outros, os professores/as irão querer adaptá-los ou tomarão iniciativas para elaborá-los eles mesmos. As fórmulas e tarefas a serem enfrentadas variam sensivelmente segundo se pretenda atingir um currículo *centrado nas escolas*, em que cada instituição decide boa parte do que vai ensinar e como vai fazê-lo, ou se pense em opções mais afinadas de autonomia, como são os currículos interpretados nas escolas ou "enfocados" desde as necessidades destas (Marsh, 1990). A situação de nosso sistema educativo estabelece um desafio mais próximo a esta concepção mais moderada da autonomia curricular.

Para além da estrita referência aos conteúdos, o projeto pode-se limitar a adotar definições sobre os componentes das áreas estabelecidas ou pode incluir aspectos que as ultrapassem, complementá-las com outras atividades, etc.; pode-se elaborar um projeto dentro das condições organizativas dadas da escola ou chegar a sua alteração para tornar possível outro marco organizativo no qual caibam modelos pedagógicos mais inovadores.

As condições do projeto curricular da escola

A autonomia das escolas no plano do currículo não é obtida pelo fato de que a administração regule-o com flexibilidade. Essa é uma condição necessária mas não suficiente. Já comentamos anteriormente que para os professores/as essas diretrizes são sempre flexíveis e interpretáveis. A realização da autonomia real num projeto próprio é um objetivo louvável, complexo e difícil de se conseguir; é um processo gradual, com acertos e avanços rápidos, às vezes, e também com retrocessos e erros. A realização de uma autonomia que seja coerente com um bom funcionamento exige a transformação geral da instituição, outras formas de governo, uma política de desenvolvimento curricular com assistências aos professores/as, mais recursos, tempo e um sistema de controle de qualidade. Experiências em outros sistemas educativos tornaram claro que sem avanços nessas direções o desenvolvimento curricular nas escolas não pode ser sustentado.

A fórmula que se adote deveria não apenas regular em termos legais esse espaço de autonomia, mas também torná-lo possível, com uma política coerente nos pontos destacados. A transição, desde um sistema centralizado para outro mais descentralizado neste sentido exige algo mais do que medidas legais e administrativas libertadoras; a autonomia não é agora um desejo contido de todos os professores/as e coletividades implicados que apenas necessite ser tolerado para se tornar realidade. Possibilitar que as escolas sejam protagonistas no desenvolvimento do currículo exige estimular o nascimento de toda uma nova cultura quanto a qual é o papel dos professores/as e de toda a coletividade educativa. É preciso tomar medidas em seis pontos fundamentais:

1) Estimular o envolvimento de toda a comunidade educativa, pois a autonomia e o projeto da escola não são apenas dos professores/as. O currículo é a cultura para uma comunidade e, embora se pressuponha nos professores/as um domínio mais especializado destes temas, as decisões básicas são políticas e sociais, daí que são responsabilidade de toda a comunidade. A autonomia, por outro lado, perderia seu valor democrático e suas potencialidades se for aproveitada apenas pelos diretores ou, em seu caso, empresários das escolas. A reforma não está em tirar capacidade decisória da administração para que ela seja exclusiva de outro agente. Não nos escapam as dificuldades reais que existem para que seja possível a participação real dos pais e dos estudantes.

2) Formação de professores/as, aperfeiçoamento dos mesmos, regulação de suas funções docentes e não docentes, partindo de uma certa estabilidade destes nas escolas. A autonomia de planejamento para a escola exige dispor de argumentos para fundamentar as decisões que se tomam, optar com responsabilidade frente aos dilemas, conhecer alternativas, decidi-las integradamente e prever seus efeitos, para que não se caia na falta de coordenação e na arbitrariedade. Tudo isto implica uma mudança de cultura profissional e a necessidade de gerar um clima de trabalho cooperativo, assim como dispor de estímulos profissionais para que os docentes estejam motivados. O projeto exige, sobretudo, um funcionamento integrado dos docentes para decidir, desenvolver com coerência e corrigir o curso da ação, sem perder sua coerência. Sem a estabilidade profissional das equipes docentes não é possível a coordenação (que estará sempre se iniciando) nem a continuidade no desenvolvimento do projeto.

A equipe coordenada de professores/as permite e requer uma política de aperfeiçoamento ligada aos problemas que estes encontram na inovação. O aperfeiçoamento que não se apóia no princípio da *melhora das condições de desenvolvimento do trabalho* pode ficar sem projeção prática na qualidade do ensino.

3) Uma política de criação de materiais didáticos diversificados para que seja possível a escolha e a adequação para cada contexto, assim como mecanismos de intercomunicação entre escolas e professores/as para se transmitir experiências de uns para outros. Não é possível acreditar, nas atuais condições, com os condicionamentos reais do trabalho, que todos os docentes possam e tenham que transferir por si mesmos as regulações genéricas sobre conteúdos mínimos até chegar ao desenvolvimento prático de unidades didáticas, sem outras ajudas externas. Sem a ajuda de materiais, o trabalho do professor/a se intensificaria enormemente e se tornaria impossível. O esboço do currículo na escola não pode apoiar-se em planos e materiais originais criados por cada equipe de professores/as. É conveniente que estes se envolvam em sua confecção, mas continuarão necessitando de ajudas externas. Se estas não são variadas, o currículo continuará sendo homogêneo.

4) Uma reconversão dos órgãos diretivos que regule suas funções pedagógicas para que não sejam meros gestores. O projeto educativo, ainda que de saída seja planejado democraticamente, deve ser desenvolvido, seguir seu cumprimento, facilitá-lo e estimulá-lo, o que exige um trabalho de liderança para tornar isso possível. A atual função diretiva não está estruturada nem capacitada para isso.

5) Mecanismos ágeis de gestão, facilitação de recursos, liberdade no manejo de fundos. Um projeto próprio é singular de algum modo, exige medidas *ad hoc* que devem ser executadas rapidamente e não podem se perder no emaranhado de mecanismos burocráticos.

6) A autonomia exige responsabilidade e controle, porque não só implica satisfação de direitos, mas também cumprimento de objetivos. A escola pode ser autônoma em certos aspectos, mas deve responder diante de alguém pelas decisões que toma. É preciso estabelecer um sistema de controle interno, para dentro, para analisar como funciona a realidade, mudá-la e melhorá-la, junto a mecanismos para dar, externamente, conta do espaço autônomo que se gestiona.

Segundo Louis e Smith (1990), para andar nestas direções seria conveniente trabalhar nos seguintes aspectos: a) estruturar o melhor possível todos os membros da comunidade educativa: pais, professores/as, dirigentes e alunos/as; b) estimular a participação de todas essas coletividades na tomada de decisões na escola e na política escolar; c) propiciar freqüentes e estimulantes contatos entre docentes, não apenas profissionais, mas também por meio de atividades culturais e sociais; d) implantar mecanismos de avaliação da eficácia de suas ações; e) fomentar que se observem uns aos outros em sua prática profissional; f) estimular o desenvolvimento de funções distintas à docência, relacionadas com o desenvolvimento do currículo, a confecção de materiais, a gestão de recursos, assessoramento a professores/as, etc.; g) proporcionar-lhes meios para desempenhar seu trabalho; h) iniciar experiências de inovação; i) estimular a coordenação departamental; j) mudar as condições cotidianas de ensino e de aprendizagem de seus alunos/as.

Pensemos a legislação fundamental que ampara a autonomia curricular para todos os centros de ensino não-universitários na Espanha. Outras disposições mais precisas regulam as condições para a realização de experiências no sistema educativo.

Disposições legais básicas que regulam a autonomia dos centros de ensino não-universitários:

I- LODE (Lei Orgânica de Direito à Educação, 1985)

Artigo 15. Na medida em que não constitua discriminação para nenhum membro da comunidade educativa, e dentro dos limites fixados pelas leis, as escolas terão autonomia para estabelecer disciplinas opcionais, adaptar os programas às características do meio em que estão inseridas, adotar métodos de ensino e organizar atividades culturais escolares e extra-escolares.

Artigo 42. 1. O Conselho Escolar da Escola (refere-se às escolas públicas) terão as seguintes atribuições:

(...)

f) Aprovar e avaliar a programação geral da Escola que, em caráter anual, a equipe dirigente elabore.

g) Elaborar as diretrizes para a programação e o desenvolvimento das atividades escolares complementares, visitas e viagens, refeitórios e colônias de férias.

h) Estabelecer os critérios sobre participação da Escola em atividades culturais, esportivas e recreativas, assim como aquelas ações assistenciais às quais a Escola possa prestar sua colaboração.

Artigo 45. (Também são funções para as escolas privadas concertadas*, p. 291), Art. 54, além das públicas.)

2. São competências do corpo docente (formam-no todos os professores/as):

a) Programar as atividades docentes da Escola

(...)

c) Fixar e coordenar critérios sobre o trabalho de avaliação e recuperação dos alunos/as.

(...)

e) Promover iniciativas no âmbito da experimentação ou investigação pedagógica.

Artigo 57.

Corresponde ao Conselho Escolar da Escola (para as escolas concertadas).

(...)

f) Aprovar e avaliar a programação geral da Escola que, em caráter anual, a equipe dirigente elabore.

h) Participar na aplicação da linha pedagógica global da escola e fixar as diretrizes para as atividades extra-escolares.

i) Elaborar as diretrizes para a programação e o desenvolvimento das atividades escolares complementares, visitas e viagens, refeitórios e colônias de férias.

j) Estabelecer os critérios sobre participação da Escola em atividades culturais, esportivas e recreativas, assim como aquelas ações assistenciais às quais a Escola possa prestar sua colaboração.

k) Estabelecer relações de colaboração com outras escolas, com fins culturais e educativos.

II- LOGSE (Lei de Ordenação Geral do Sistema Educativo, 1990)

Artigo 2.

(...)

3. A atividade educativa se desenvolverá atendendo aos seguintes princípios: (...)

f) A autonomia pedagógica das escolas dentro dos limites estabelecidos pelas leis, assim como a atividade investigadora dos professores/as a partir de sua própria prática.

Artigo 57.

(...)

4. As Administrações educativas fomentarão a autonomia pedagógica e organizativa das escolas e favorecerão e estimularão o trabalho em equipe dos professores/as.

Artigo 59. As Administrações educativas fomentarão a investigação e favorecerão a elaboração de projetos que incluam inovações curriculares, metodológicas, tecnológicas, didáticas e de organização das escolas.

Aspectos básicos nos quais o plano curricular pode intervir no âmbito das escolas

Linhas gerais de metodologia pedagógica

As opções metodológicas concretas, as técnicas e recursos a serem utilizados com alunos/as num determinado momento e para uma unidade concreta de conteúdos, as tarefas acadêmicas, devem ser decididas por cada profes-

* N. de R.T. Escolas privadas concertadas são regidas pelos parâmetros curriculares das escolas públicas, podendo requerer subvenção de verbas públicas.

sor/a, de acordo com suas possibilidades, segundo exigências do conteúdo e das necessidades dos alunos/as. A liberdade metodológica dentro dos limites da ética profissional é um direito do professor/a. Mas o direito dos alunos/as a uma melhor educação, as exigências de um trabalho razoável, a necessidade de atender a objetivos comuns e atividades culturais gerais exigem o trabalho coordenado dentro de uma linha metodológica coerente que leve em conta, no mínimo: os objetivos gerais não atribuídos a disciplinas ou áreas em particular, o fomento de um clima favorável à aquisição de cultura, a capacitação do interesse do aluno/a por aprender, o fomento de habilidades e capacidades básicas, uma visão histórica da construção do conhecimento, a tolerância frente às discrepâncias, sensibilidade frente às diversidades culturais, sociabilidade entre os alunos/as, utilidade do aprendido para entender melhor o meio circundante, aproveitamento de recursos diversos, entre outras variáveis possíveis.

Atividades gerais

São aquelas que podem estar ligadas a uma matéria, a várias ou a complementares de todas elas, realizadas por um grupo de alunos/as ou entre vários grupos, dentro do horário das matérias ou sob a denominação de oficinas, seminários, atividades culturais, etc. Seus objetivos são servir a um projeto cultural geral, a uma metodologia mais variada e à ruptura do academicismo reinante. Mais do que *extra-escolares ou complementares,* deveriam ter um caráter essencial no projeto educativo. Estudo monográfico em profundidade de um tema que una várias disciplinas, comemoração de acontecimentos importantes, apresentações teatrais, cinema, vídeo, fotografia, trabalhos sobre museus, estudo e realização de artes populares, revistas escolares, trabalhos com projeção comunitária, atividades recreativas de leitura ou música, exposições monográficas, painéis de discussão sobre temas atuais, oficinas de tecnologias diversas, aplicação da informática para usos distintos, atividades agrícolas, excursões, exigência da colaboração de profissionais externos, figuras da cultura ou de cargos públicos, etc., são alguns exemplos para dinamizar culturalmente as escolas.

Este componente do currículo pode cumprir um importante papel na acolhida dos movimentos culturais juvenis e a consideração de temas relacionados com seus problemas, para que os alunos/as apreciem as escolas como lugares mais próximos de suas preocupações.

Existem atividades gerais – caso de assembléias de escola, grupo ou curso – para envolver os alunos/as na vida coletiva, tomar determinadas decisões, tratar problemas de disciplina, considerar seus pontos de vista, em geral, para fomentar sua educação social que exigem a participação e coordenação de todos os professores/as. O tutor do grupo pode ser o responsável por sua coordenação, mas não se deve entender que seja competência exclusiva sua.

Coordenação dos conteúdos

Quanto menos precisa for a regulação e classificação de conteúdos por graus ou cursos que a administração realize, tanto maior é a necessidade de que os professores/as a efetuem nas escolas. Tarefa em que estes costumam ser supridos pelas editoras de livros-texto, que são as que escolhem conteúdos e os desenvolvem numa determinada seqüência. Enquanto os professores/as utilizem os textos e outros materiais como um instrumento de ajuda, que não anulam sua iniciativa, é necessária uma coordenação entre eles para ordenar uma seqüência de aprendizagem razoável. Para maiores cotas de autonomia, há mais necessidade de atuação integrada.

A coordenação deve envolver os docentes de uma mesma especialidade, área ou disciplina, para garantir uma igualdade entre grupos de alunos/as, e aos de disciplinas ou áreas diferentes precisamente para diminuir os efeitos da especialização de professores/as e dos conteúdos classificados em parcelas sem comunicação. Se a inter-relação de saberes não vem dada pelas fontes que originam os conteúdos, é preciso buscá-la pelos meios pedagógicos: o plano de materiais comuns entre professores/as e a realização de projetos pluridisciplinares coordenados. Em outros casos, a comunicação de seqüências que cada um vai seguir vem exigida pela interdependência ou apoio entre conteúdos relacionados dados em disciplinas distintas: caso do estudo de uma mesma etapa histórica em várias matérias (arte, literatura, história geral, história das idéias), dependências da tecnologia quanto à física, ou desta com certa conceitos matemáticos, formas de produção e análise do meio ambiente, etc.

Da coordenação de conteúdos é preciso que fique expressa a constância como meio de incorporar ao plano estabelecido para os professores/as que mudam de escola.

Tratamento de diferenças: agrupamento de alunos/as e possibilidade de opção do currículo

Cada ser humano é uma individualidade única, cada aluno/a difere dos demais em condições intelectuais, ritmo de trabalho e de aprendizagem, condições prévias à sua entrada na escola, interesses, etc. Se a educação escolarizada deve atender de algum modo à peculiaridade das pessoas, é preciso ser conseqüente pedagogicamente com as diferenças. As dificuldades para este desafio residem em como dar satisfação a esse princípio, conjugando: a) a existência de um currículo com conteúdos de cultura comuns para todos e que só em parte pode ser optativo; b) a gestão pedagógica da variedade de alunos/as num sistema escolar inevitavelmente homogeneizador em sua organização; c) recursos limitados, quando cada professor/a atende várias dezenas de alunos/as e até mais de uma centena.

O sistema escolar e as escolas devem ter, por um lado, o desafio que supõe a desejável *integração* de alunos/as com dificuldades e deficiências em instituições normais, superando, sempre que for possível, sua localização em instituições separadas. Por outro lado, as escolas devem abordar a atenção e organização do ensino para alunos/as que, estando dentro do que se denomina "normalidade", diferem entre si por distintas características: idade, interesses, ritmo de aprendizagem e capacidades especiais. Subentende-se que diferenças raciais, religiosas, étnicas, culturais ou de sexo não são critérios que possam ser propostos eticamente, em torno dos quais estabelecer diferenças pedagógicas, embora, na realidade, em torno delas se produzam conflitos e discriminações que indicam até que ponto a segregação de categorias sociais fora da escola é trazida até seu interior. A co-educação não é hoje um tema polêmico, mas é sim a integração-separação de alunos/as de etnias distintas que confluem numa mesma escola: ciganos, imigrantes, etc.

No âmbito das escolas, a atenção à heterogeneidade é abordada com duas estratégias, fundamentalmente: por meio de agrupamentos de alunos/as para a docência e para poder atender aos que apresentem dificuldades, e por meio da estruturação da possibilidade de optar do currículo. As opções nestas duas dimensões são determinadas em boa parte pela administração educativa, mas sempre restam possibilidades de optar dentro das escolas, e seria conveniente que a inovação permanente no sistema escolar, a investigação na ação, a análise e crítica da prática e a avaliação da dinâmica escolar dessem espaço a este aspecto como um dos mais relevantes da organização de uma escola, forte condicionante da profissionalização dos docentes.

O posicionamento de estudantes em grupos é uma característica das escolas exigida pelo simples fato de que há mais alunos/as do que professores/as, pela especialização do currículo e pela diversidade de níveis de competência e conhecimentos dos alunos/as. Distribuí-los em categorias é algo inerente à institucionalização da educação, algo em que incidiram todas as experiências educativas; uma preocupação mais premente quando o ensino se especializa e as escolas recebem sujeitos de condição muito diferente e em estágios de idade cada vez mais amplos.

A fórmula de ordenar os alunos/as em grupos, além de ser necessária, manifesta uma forma de entender a racionalidade das escolas, uma maneira de gestionar a vida dos grupos humanos e é a expressão de ideologias sobre como tratar as diferenças humanas. A história da institucionalização da educação fica refletida nessa forma de racionalizar a prática escolar, aceita hoje como algo natural por professores/as, alunos/as e por toda a sociedade, mas que não deixa de ser um produto da evolução histórica da escola. No ensino fundamental tem uma trajetória curta, pois é muito recente e ensaiaram-se alternativas e existem experiências variadas neste sentido (De la ordem, 1975; Yates, 1970). Este último autor cita uma infinidade de fórmulas reais possíveis, agrupando-as numa série de categorias básicas, com variantes em cada caso, que destacaremos nos comentários a seguir.

A ordenação geral do currículo, distribuindo, por exemplo, matérias e conteúdos por ciclos e cursos acadêmicos, supõe uma primeira classificação de alunos/as por idades e cursos. A *graduação* é a primeira solução adotada diante da variedade de alunos/as; consiste em localizá-los de acordo com seu rendimento e progresso em níveis ou cursos escalonados: à medida que vão aprendendo os conteúdos estabelecidos para cada curso, promove-os ao seguinte. A fórmula geral consiste em possibilitar a passagem ou ascensão anualmente, mas se pode fazer com mais flexibilidade, porém se necessitaria de fórmulas de organização curricular, de professores/as e também de aulas distintas às existentes, permitindo que os alunos/as possam seguir distintos ritmos de progresso. Esta forma de agrupamento é geralmente regulada pela administração educativa, intervindo desde a ordenação do currículo e da avaliação de alunos/as, embora a sua realização fique nas mãos das equipes docentes, ao não existir controles externos de passagem entre graus ou cursos, sendo que se evidencia a importância de discutir os critérios de avaliação que se utilizam.

A opção de matérias próprias em cada escola e a previsão de oficinas e atividades culturais diversificadas entre as quais se pode escolher são estratégias organizativas que serão decididas pelo plano curricular neste âmbito. Trata-se de uma fórmula de individualizar que serve para ajustar o currículo às peculiaridades do aluno/a, enquanto é uma oferta aberta e variada para que a diferenciação seja possível por meio da escolha que este realize. Quanto mais heterogênea seja a oferta, mais oportunidades existem para acolher as diferenças. A lei de Ashby para o manejo da variedade em cibernética estipula que "só a variedade pode absorver a variedade"; se esta se introduz num sistema, este, por sua vez, pode responder com variações. Duas estratégias de agrupamentos servem para este propósito. No *agrupamento com conteúdos diferenciados parcialmente*, os alunos/as agrupam-se de acordo com as opções que fizeram. Utilizam-se currículos diferenciados também para os alunos/as que, dentro da etapa obrigatória, não podem seguir o currículo comum. Os *agrupamentos informais* de alunos/as para atividades livres, oficinas, clubes, esportes, etc., são outra solução de tipo pontual.

As vantagens da opção como princípio diferenciador devem ser confrontadas com as vantagens do currículo comum, já que, como se disse anteriormente, as opções curriculares raramente são equivalentes, e, então, por meio desse mecanismo, o que se introduz é uma discriminação e uma forma de camuflar diferenças sociais.

Existe um conjunto de estratégias de agrupamento que servem para gestionar a diversidade de ritmos de aprendizagem e de capacidades para cursar o currículo comum. É um problema crucial no ensino obrigatório ao se deparar com alunos/as tão diferenciados. Referimo-nos às categorias de *agrupamento horizontal* consistentes em organizar *grupos paralelos* de estudantes de um mesmo curso, grau ou ciclo segundo níveis. É o caso das *classes especiais*, sejam de recuperação para alunos/as com atraso, dificuldades ou necessitados de assistência intensiva, sejam para os excepcionalmente dotados. Os grupos paralelos foram experimentados também com indivíduos que não tinham deficiências ou eram excepcionais.

Foram muito diferentes as formas de agrupamento segundo a capacidade ou o nível de rendimento. A qualidade da fórmula de *homogeneizar grupos* parte do pressuposto de que assim o professor/a conseguirá acomodar com mais facilidade o seu ensino aos estudantes, ao se reduzir a variabilidade de níveis, tornando mais possível a individualização didática, o que significa realizar um ensino "na medida do aluno/a". Neste tipo de ensino estes poderão progredir melhor de acordo com suas capacidades e se reduzirão os fracassos, ou seja, melhoraria o rendimento da instituição. Às vezes, tem-se argumentado também que nos grupos homogeneizados os sujeitos mais lentos participarão com mais facilidade ao não se verem eclipsados pelos mais brilhantes, ao mesmo tempo que estes encontrariam desimpedido o caminho para seu desenvolvimento mais acelerado. Pode-se fazer tal classificação de alunos/as para todas as matérias ou somente para algumas.

É uma forma organizativa de traços tayloristas que busca obter o máximo rendimento de cada um aumentando o da instituição. A filosofia da compreensibilidade que busca a igualdade, assim como a de *integração* de alunos/as com deficiências (pode-se ver Hegarty e outros, 1988), minaram as bases deste procedimento, invalidado também por outros argumentos.

a) Não se pode homogeneizar tecnicamente os grupos paralelos: pode-se escolher alguma qualidade dos alunos/as e tomar as categorias que dentro da mesma puderam se distinguir para diferenciar os grupos, mas esses mesmos sujeitos diferirão por qualquer outra condição acadêmica ou pessoal. Se agrupamos por níveis de inteligência, os alunos/as continuam sendo heterogêneos por outras condições intelectuais, ritmo de trabalho, interesses, etc. Deveria se fazer agrupamentos distintos pelo nível que possuem em cada matéria, os ritmos de trabalho, seus interesses particulares e aptidões, o que é impossível pelos recursos que exigiria. Em certos casos, é possível e necessário fazê-lo para alguma matéria em especial, como acontece com o agrupamento por níveis de competência para o ensino de idiomas ou para a matemática, que têm um alto grau de estruturação seqüencial de seus conteúdos.

b)Essa tática tem efeitos pedagógicos e psicológicos negativos nos alunos/as e nos professores/as: condiciona o autoconceito pessoal que cada indivíduo tem de si mesmo, segundo se saiba pertencente a grupos melhores ou piores, as atitudes nas relações sociais e as expectativas de progresso. A segregação por capacidades ou níveis produz uma série de expectativas negativas e falta de estímulos para os que ficam no grupo dos "medíocres". Que professores/as irão querer trabalhar com eles? Qualquer critério de classificação afetará os métodos educativos e as relações entre professores/as e alunos/as e as destes entre si.

c) Anteriormente, comentamos que essas táticas tinham sido vistas favoravelmente, pois permitiam um ensino mais fácil para os professores/as (Oakes,

1985). No entanto, o que acontece é que, longe de melhorar a qualidade do ensino e mudar as táticas didáticas para se adaptar aos alunos/as, os métodos que tratam a todos por igual são padronizados. Ao se propagar a idéia de que os alunos/as aprendem melhor se estão homogeneizados previamente, empobrece-se o repertório de recursos pedagógicos dos professores/as para abordar a diversidade não-discriminatória e inibe-se a reflexão pessoal-profissional sobre as causas das diferenças.

d) Homogeneizar aparentemente os grupos de alunos/as é uma forma de darwinismo social, de fomentar o meritocratismo e a ideologia da eficácia social que busca um sentido economicista da atividade pedagógica acima dos ideais de igualdade, tolerância entre desiguais, ajuda entre os indivíduos e promoção dos menos capacitados (Oakes, 1985). Toda a classificação de alunos/as em grupos acaba afetando inexoravelmente o tipo de conhecimento, em quantidade e qualidade, que se dá e a forma de dá-lo.

e) As práticas de homogeneização não puderam demonstrar que produzem uma melhora de rendimentos escolares concretamente (Slavin, 1990), argumento taylorista-chave pelo qual querem ser justificadas, e em troca têm contra si todos os inconvenientes já apontados. A conclusão que se tira da investigação neste sentido é que, a menos que mudem sistematicamente os métodos de ensino, a organização escolar tem pouco impacto no rendimento dos alunos/as, algo que acontece não apenas com o problema da homogeneização de grupos, mas com outras variáveis, como a diminuição de alunos/as por aula, etc. E se é preciso mudar os métodos, vamos mudá-los dentro de agrupamentos heterogêneos, busquemos a flexibilidade dos professores/as em seus procedimentos de trabalho, a cooperação entre iguais, a individualização dentro da diversidade.

Estas razões dão mais legitimidade aos *agrupamentos heterogêneos*, em sistemas de organização escolar tradicionais (distribuição de alunos/as por critérios aleatórios, como é o sobrenome, fazendo grupos de igual tamanho e de variabilidade interna semelhante), ou sob formas organizativas mais inovadoras, como é o caso das *escolas não-graduadas* e *os agrupamentos flexíveis*.

No *ensino não-graduado*, em que houve várias experiências, o estudante progride no currículo e ultrapassa os níveis que se estabeleçam à medida que vai superando as exigências. Há fórmulas mistas que agrupam a partir de habilidades básicas, como, por exemplo, o nível de leitura, mantendo flexibilidade para os demais conteúdos. O espírito destas soluções é estabelecer um ensino em diversos níveis (Parker, 1969), de forma que o aluno/a possa começar segundo suas possibilidades e deslocar-se tão longe e tão depressa quanto seja capaz, sem ficar limitado por uma estratégia didática desenvolvida para que todos os componentes de um grupo a sigam. No fim das contas, todas as escolas no começo foram não-graduadas (pode-se ver Goodlad, 1976; Miller, 1976).

O *agrupamento flexível* consiste em prever diferentes tipos de agrupamentos de alunos/as para diferentes atividades e/ou matérias. Uma conferência, uma aula "magistral" ou a orientação de um trabalho podem se dar em grandes grupos, seguidas de tarefas individuais, investigação em laboratório, trabalho de biblioteca ou de atividades em pequenos grupos para desenvolver a unidade didática iniciada com a atividade de grande grupo. Coexistem diferentes tipos de agrupamentos que exigem uma configuração de espaços muito diferente à que comumente existe.

Finalmente, as escolas podem adotar a estratégia que Yates chama de *facilitação de ensino*, que consiste em tratar de adaptar e acomodar alunos/as e professores/as entre si, de forma que possam cooperar com mais facilidade. Quando existem vários grupos de uma mesma disciplina, os alunos/as podem escolher um de acordo com suas preferências pelo professor/a que a ministra. Esta solução é desenvolvida no nível universitário, mas poderia ser estendida a outros níveis.

A conclusão desta breve especificação de soluções organizativas é que não se deve buscar uma forma definitiva de agrupar por ser mais efetiva que outras e tratar de universalizá-la, algo que a investigação não pôde comprovar (*De la ordem*, 1975; Calfee, 1987). O que é evidente é que nas escolas existem problemas que permitem soluções diversas que têm a ver com a forma de desenvolver as matérias dos currículos, o ritmo de progresso dos alunos/as e a designação de professores/as para grupos e/ou para funções dentro das escolas. As opções são limitadas, pois a estrutura dos espaços vem determinada. Habituar-se a pensar e falar do trabalho do professor/a como algo ligado a uma forma de organizar os alunos/as em aulas fixas é impedir que se possa pensar em redistribuições de funções e tornar impossíveis transformações importantes de métodos educativos que exigem a revisão das formas dominantes de agrupamentos. Por tudo isso, este assunto deveria ser objeto de discussão e experiência nas escolas. O tema da *ratio* de alunos/as por professor/a, que é um ponto de referência primordial para falar de qualidade nas escolas, teria de ser colocado em outros termos para não torná-lo equivalente de forma implícita a um sistema de organização. A diminuição do tamanho dos grupos não implica por si só uma melhora dos resultados, nem uma mudança dos processos educativos. Esta discussão adquire, por outro lado, diferente significado a partir das quantidades propostas para reduzir o volume dos grupos. O rendimento e a motivação podem melhorar sensivelmente ao baixar a relação alunos/as-professor/a a cotas muito baixas (10 ou 15 alunos/as), mas parece não ser significativa reduzindo o tamanho dos grupos entre quantidades mais altas, de 30 a 25, por exemplo (pode-se ver Glass, 1982).

A investigação pedagógica não pôde estabelecer o tamanho ideal de um grupo, pois a qualidade com um número determinado de sujeitos depende do tipo de professor/a, do tipo de alunos/as, da tarefa a realizar e do contato que se queira estabelecer com eles. Isto não significa que a diminuição do tamanho seja uma reivindicação carente de sentido. Baixar a *ratio* de alunos/as por professor/a é, em princípio, positiva, quando aumenta os recursos pessoais e o possível tempo de atenção individual. Os professores/as com grupos pequenos podem proporcionar mais atenção aos estudantes, dispor de um clima para um melhor conhecimento com estes, adquirindo mais economia em tempo e em gestão da classe; podem se desenvolver com mais facilidade diferentes *atividades simultâneas desenvolvidas por subgrupos* de alunos/as dentro da aula, que é outra forma de tratar as diferenças entre eles. Mas, a partir de um número razoável de alunos/as por professor/a no conjunto da escola, cujo limite ideal depende da idade e da matéria, o problema está em para que exigir sua diminuição por grupo. Apenas para que diminua a carga de trabalho do docente, que pode ser necessário, ou para melhorar a qualidade do ensino? Neste último caso, deverá se levar a reivindicação a uma maior dotação de professores/as por escola, não para que diminua o tamanho dos grupos de alunos/as, uma vez que seja tolerável, mas para desenvolver funções distintas, facilitar outros serviços e poder realizar outros agrupamentos ligados a formas diferentes de trabalhar.

Estamos frente a uma forma de planejar o ensino que se refere implicitamente a um marco organizativo não-questionado, no qual a aula é entendida como o único cenário possível das atividades de ensino-aprendizagem – uma concepção que implica o modelo de regular e desenvolver a função docente. É, por outro lado, uma maneira quantitativa de avaliar e falar da qualidade do ensino, cuja melhora é cara nos sistemas escolares universalizados; então, a partir de um certo limite aceitável, deve-se propor como favoreceremos essa qualidade. Existem muitas medidas possíveis a serem acrescentadas às aspirações de um ensino diferente. De qualquer forma, a diminuição da *ratio* não é nenhuma panacéia em todos os casos e a margem de outras reformas.

Avaliação de alunos/as e ritmos de exigência

A importância da escola e das diferentes equipes de professores/as dentro dela em relação à avaliação se justifica pela: importância de coordenar exigências, pelo tipo de trabalho do aluno/a que se fomenta ao estar ligado ao conhecimento ou habilidades que se exigem nas avaliações e pela dinâmica e clima geral que a avaliação fomenta no ensino. Não podemos esquecer que avaliando se controla muito decisivamente a conduta dos alunos/as. Ao decidir o que se exige e como se faz, se selecionam e ponderam objetivos e conteúdos, assim como atividades do aluno/a e sua conduta mais aceitável, daí que a avaliação seja um autêntico filtro do currículo real (Gimeno, 1988, p. 371 e ss.).

Quando o currículo se especializa e é dado por vários professores/as a um mesmo grupo de alunos/as, adquire outra relevância adicional. Num estilo individualista, em cada professor/a decide por sua conta, este filtro curricular é peculiar e pode chegar a estabelecer ao aluno/a exigências incoerentes entre si e até contraditórias. Evidentemente, o professor/a tem responsabilidade em sua especialidade ou matéria, mas a filtragem de que falamos tem a ver com atitudes para com o conhecimento, formas de apresentar o trabalho, habilidades básicas que se ponderam, etc., que exigem dos alunos/as adaptações seletivas para cada caso, perdendo-se de vista a necessidade de trabalhar por objetivos comuns. Um professor/a pode pedir respostas secas, outros, comentários pessoais; alguns exigem lembrar mais dados de memória, outros podem insistir mais em raciocínios do aluno/a e na expressão de opiniões; alguns são muito sensíveis a erros de ortografia, outros à falta de fluência nas respostas, outros à desordem na expressão.

A avaliação tem uma decisiva intervenção na distribuição dos conteúdos e, por isso, controla o ritmo de trabalho do aluno/a, sua vida, a intensidade do esforço e a atividade cultural e de lazer fora dos espaços escolares. A atividade acadêmica se prolonga cada vez mais fora do meio escolar, até chega a ocupar as férias. É muito comum que em determinados momentos do ano se concentrem exigências de trabalho e realização de avaliações, quando sua distribuição é uma exigência racional. Se existisse a avaliação contínua por meio do trabalho cotidiano essa anomalia não se daria, mas a avaliação formal é uma realidade muito difundida no ensino obrigatório, o mesmo que o trabalho fora da aula. Estas circunstâncias exigem a adoção de decisões coletivas coordenadas para distribuir exigências, torná-las compatíveis e trabalhar por um estilo metodológico coerente para os alunos/as.

Provisão e uso de materiais

O material didático que os professores/as e alunos/as utilizam está ligado muito estreitamente à metodologia pedagógica e, por isso mesmo, aos processos de aprendizagem, daí a importância da aquisição e das pautas de utilização dos materiais e a variedade dos mesmos. Tais usos têm a ver com o estilo de cada docente e a peculiaridade da matéria, mas também com hábitos coletivos assentados em tradições metodológicas e da organização escolar, que supõem uma forma de conceber o trabalho docente, assim como a organização do espaço e do tempo nas escolas.

Os baixos investimentos, por exemplo, em bibliotecas escolares e o consumo exacerbado de livros-texto que caducam anualmente, a introdução de novos meios são usos explicados pela conjunção de diversas razões: a) financiamento pelo aluno/a dos livros-texto, com baixos investimentos da administração nas escolas; b) carência de pessoas e falta de regulação de suas funções para que se ocupem da gestão dos materiais utilizados coletivamente; c) a estrutura das aulas, concebidas como "celas" que dão a corredores e estes à rua, com poucos espaços alternativos e de uso comum; d) usos metodológicos dos professores/as ligados a materiais muito estruturadores do currículo, de utilização individual, com pouco espaço para outros materiais diversificados, como leituras variadas e aproveitamento de materiais audiovisuais; e) fixação das tarefas do professor/a com o modelo implícito de que seu papel docente se esgota dando aulas aos grupos de alunos/as que lhe correspondam; ou com a aula como espaço exclusivo ou fundamental de referência para o trabalho; f) a distribuição do tempo escolar em "celas" de tempos-de-aula com um pouco de tempo-de-recreio.

Se nas escolas não se revisa a forma dominante de utilizar o material didático, sua seleção e financiamento, ou a entrada de material alternativo, deve-se a que tampouco se questionam os aspectos envolvidos nos usos dominantes que acabamos de apontar. Essas pautas coletivas assentadas condicionam bastante as possibilidades de uso e o tipo de utilização que se pode fazer dos materiais. A dotação variada dos mesmos, a introdução de novas tecnologias, o uso de materiais pouco convencionais e a aquisição dos que são caros não é possível se não é para uso coletivo.

Quando as normas coletivas não são abordadas explicitamente, adotam-se os marcos já dados como naturais e depois os professores/as poderão alterá-los pouco individualmente. O uso de um laboratório de idiomas, a melhora da biblioteca escolar, a utilização de computadores em qualquer área do currículo, os materiais e instrumentos que as oficinas práticas necessitam, etc., exigem organização de espaços, tempos de uso, serviços de conservação e normas de utilização que reclamam o debate de uma forma de fazer educação dentro das escolas. Todo projeto de inovação curricular leva a revisar esses comportamentos que, em parte, ficam fora do alcance das esquipes docentes, mas em outros casos não. E a dotação de materiais, à margem de um projeto em que se preveja sua exploração adequada e rentável, costuma conduzir a seu isolamento.

Disponibilidade de espaços

O espaço escolar é o contexto físico da atividade de professores/as e alunos/as, a configuração de qualquer espaço arquitetônico revela as funções para as quais foi pensado e feito: uma igreja, uma sala de cinema, as termas romanas, um palácio, uma casa revelam os usos que justificaram seu planejamento. As configurações de espaço já dadas são marcos para tornar possível algumas atividades mas outras não; o mesmo acontece com o espaço escolar. Geralmente, a disponibilidade e distribuição de locais nas escolas não servem para realizar proposições educativas de acordo com um projeto de educação geral em que se devem realizar atividades muito diversas, mas são coerentes com a ideologia dominante sob a qual adquiriram forma: doutrinação coletiva, ensino magistral, pouco lugar para a privacidade, vigilância direta dos alunos/as, classificação taylorista destes e escassa variedade de atividades comuns, com pouco espaço para o trabalho coletivo dos professores/as. Por outro lado, a criação massiva de escolas, numa etapa histórica de forte expansão da escolarização, serviu fundamentalmente ao objetivo de buscar um refúgio para um número elevado de alunos/as, mas não para desenvolver neles a pedagogia moderna.

Ainda que não se disponha de muitos dados comparando os efeitos que os ambientes físicos escolares podem produzir nas atividades de professores/as e de alunos/as, a história dos espaços e das construções arquitetônicas escolares é uma amostra da evolução das concepções sobre a educação, sobre a conduta humana e as relações entre os que habitam neles. O planejamento de espaços progressivamente mais abertos tem sido uma tendência na evolução das construções escolares, ligada ao desenvolvimento de uma educação mais progressista, ainda que com uma implantação real limitada devido aos custos das novas proposições. Dos estudos disponíveis podem-se deduzir quais disposições adequadas dos espaços podem melhorar a cooperação entre professores/as, assim como a satisfação no trabalho (Bennet, 1987).

Como, por outro lado, a inovação curricular costuma ser pensada desde parâmetros individualistas, centrados isoladamente em cada matéria, e não em função de projetos conjuntos de transformação da prática, tampouco se questionam demasiado as realidades institucionais como esta. Hoje se fala bastante de inovação didática, de mudança curricular, mas muito pouco de fórmulas organizativas – alternativas necessárias para que sejam possíveis –, razão pela qual fracassam muitas idéias e projetos de inovação nos currículos. Tarefas e atividades inovadoras exigem contextos físicos adequados que não costumam ser herdados, pois no meio físico de que se dispõe só cabem determinadas metodologias.

Obviamente, a disponibilidade de espaços e sua ordenação não são opções que dependam dos professores/as ou das equipes docentes, mas em boa parte o são as possibilidades de variação de sua utilização interna. A equipe docente pode sim tomar decisões sobre a combinação de uso das aulas disponíveis, a distribuição de áreas de estudo, a realização de práticas, a utilização de áreas comuns, a provisão de outras para usos alternativos, etc.

Avaliação da escola

A avaliação do funcionamento da escola é uma necessidade inivitável quanto maior for sua autonomia. Comentamos que a descentralização que distribui poderes também deve atribuir responsabilidades, e para isso são necessários mecanismos para informar como cumprimos com elas, dirigindo os resultados do diagnóstico para sua avaliação para o interior da escola e para a comunidade exterior.

A análise da vida interna de uma escola é uma necessidade para estimular a consciência de que existem aspectos coletivos e responsabilidades que é preciso assumir. Avaliar coletividades e instituições significa aclarar e tornar públicas informações sobre seu funcionamento, a partir de dados objetivos e do contraste e triangulação das percepções que têm os diferentes participantes nelas. Sejam feitas pelos próprios professores/as e dirigentes ou com ajuda desde fora pela supervisão de especialistas ou "auditores", a avaliação é um recurso para iniciar os docentes na sensibilização diante dos elementos comuns do projeto educativo e uma forma de se iniciar na investigação sobre a própria prática para reconstruí-la de forma permanente (Elliott, 1990b; Santos, 1990). Quando toda a escola é tomada como referência para realizar um projeto educativo ou uma experiência de inovação, somente uma política de avaliação ampliada pode servir de contraste para a experiência e melhoria.

Uso do tempo

Na determinação e no uso do tempo escolar se misturam os mais diversos fatores: determinações externas para escolas e professores/as, regulações trabalhistas do emprego destes, ponderação diferenciada das diversas matérias e atividades incluídas no currículo, distribuição de tempos imposta pelas atividades dominantes que são possíveis dentro da instituição escolar, bem como diversas crenças sobre a adequação da duração de uma atividade, o tempo máximo que o cansaço do aluno/a e do professor/a tolera, o favorável ou não que é um momento do dia e/ou da semana para determinadas áreas e atividades, etc. Uma distribuição do tempo é uma radiografia da ponderação de atividades.

A vida dos alunos/as dentro e, cada vez mais, fora das aulas está regulada pelo controle que as escolas fazem de seu tempo. O incremento das tarefas em casa é a expressão da incapacidade das instituições escolares de transformar os métodos dominantes, as atividades e o tempo em seu interior. Esta é uma das realidades, junto com a ordenação do espaço, que mais diretamente regulam a vida das instituições educativas. Mudá-la implica remover hábitos de comportamento e crenças fortemente arraigadas. Assim, por exemplo, os módulos horários mais difundidos de uma hora são expressão da metodologia "magistral" dominante, do cansaço do professor/a realizando seqüências de atividades muito centradas em sua atuação direta e da crença de que a atenção dos alunos/as resiste pouco, e devido a isso se considera conveniente mudar de matéria e de professor/a, ainda que com essas mudanças não se alterem as atividades dos alunos/as, que é o que mais pode chateá-los.

Por outro lado, sobre o tempo escolar e sua distribuição se estrutura a vida social das famílias, a maior parte da vida dos alunos/as durante os períodos acadêmicos do ano e a profissionalização dos docentes. Qualquer experiência de inovação deve levar em conta essas circunstâncias. Por exemplo, não se pode pedir que os professores/as sejam participantes no desenvolvimento do currículo ou que contribuam para analisar criticamente sua prática se não se reordena a distribuição de seu tempo de trabalho. As inovações não podem ser feitas à custa do aumento de tempo extra dos professores/as, intensificando sua dedicação.

Como acontece com o espaço, a distribuição do tempo – o horário – vem estipulada externamente pela administração, mas os usos dominantes de distribuição interna obedecem à cultura interior das instituições assumida acriticamente pelos professores/as. Realizar a análise do uso do tempo escolar é entrar na revisão dessa cultura assumida, passo necessário para colocar outras metodologias que possam tornar realidade um projeto cultural ou curricular mais atrativo. Muitas atividades não são possíveis sem essa revisão: projetos de pesquisa, unidades interdisciplinares, trabalho em grupo, consultas de materiais, trabalhos práticos e de laboratório, manipulação de materiais não-convencionais, visitas fora das escolas, etc.

Esclarecimento e distribuição de responsabilidades entre professores/as e outros agentes

Do princípio de servir à educação geral do aluno/a se deriva a condição polifacética do trabalho dos docentes. Suas funções básicas e a duração de seu trabalho são aspectos profissionais regulados, mas o desenvolvimento concreto de sua atividade não pode ficar submetido a uma pura lógica contratual ou empregatícia, devido à condição moral da atividade docente. Seria, por outro lado, indesejável que se regulassem todas as funções educativas que são de difícil realização, sempre interpretáveis e território da autonomia profissional. Necessariamente, existem facetas da profissionalização que devem ser reguladas por valores éticos de caráter profissional, com a possibilidade de estilos muito diferentes.

Ser professor/a consiste em desenvolver um trabalho sempre *interpretável*, pelo desempenho de funções não-reguladas e porque qualquer dos papéis profissionais pode ser executado de muitas maneiras. Esta condição faz com que sejam possíveis formas diferenciadas de ser professor/a, realizar atividades distintas e servir a funções educativas em parte idênticas, mas com matizes diferenciais, segundo a idiossincrasia pessoal, o comportamento e a ética profissional. Portanto, se é professor/a executando funções tão variadas como: dar aulas, desenvolvendo atividades para vários grupos, preparando unidades didáticas, confeccionando materiais, gestionando os recursos bibliográficos de consulta, especializando-se numa oficina de teatro, atendendo aos problemas do aluno/a, relacionando-se com os pais, buscando recursos para os alunos/as, aperfeiçoando-se, investigando com os companheiros, avaliando a própria docência, etc.

A distribuição ao professorado das funções reguladas pelo trabalho e ligadas mais diretamente à sua especialidade curricular costuma ser efetiva e sua coordenação é relativamente fácil. Mas as funções - não reguladas e/ou não-ligadas à distribuição de conhecimentos são, em geral, obrigações morais de tipo profissional que, em primeiro lugar, precisam se tornar evidentes e ser dirigidas por um *ethos* profissional nas escolas que, como tal, deve ser proposto e elevado. A melhora da qualidade do ensino exige meios, atenção ao professorado e às condições das escolas e também o fortalecimento de um sentimento do dever apoiado numa hierarquia de valores. O profissionalismo não deve ser apenas uma plataforma de reivindicações frente ao empresário e ao administrador, mas uma demanda de requisitos justificados por um sentimento de "querer fazer" que deve ser proposto, discutido, aceito e constantemente revisado em toda organização de professores/as e, especialmente, nas escolas. A diversificação e execução qualificada de tantas funções é o caminho natural do aprofundamento na qualidade do ensino por parte do professorado.

Existe outra aspiração e outra realidade importante. É impossível pensar que as demandas de ampliação de funções culturais que se introduzem no currículo da obrigatoriedade possam ser atendidas apenas pelos docentes como únicos profissionais do ensino. A idéia da educação geral em nossa cultura complexa e diferenciada exige a assistência pontual ou prolongada de especialistas e pessoas – educadores mas não professores/as – que deve colaborar com as escolas. Por outro lado, a complexidade das instituições que reclamam funções de coordenação diversas, a necessidade de especialistas para atender dificuldades e deficiências dos alunos/as, relacionar-se com o meio, auxílio ao professorado no plano de materiais, plano do currículo, avaliação de sua prática e estímulo de seu desenvolvimento profissional ocasionam uma visão das escolas como algo mais do que um grupo de professores/as. A confluência de contribuições diversas devem ser definidas, coordenadas e propostas de novo no curso da experiência. As escolas inovadoras para os alunos/as e facilitadoras para os docentes necessitam outros recursos pessoais, e não apenas professores/as, a não ser que estendamos as funções destes até ao que não pode ser realizado por qualquer indivíduo.

Pode-se observar, uma realidade complexa, na qual a distribuição e coordenação de competências é parte essencial de um projeto educativo com uma coerência sempre em equilíbrio muito instável pela complexidade à qual tem de dar alguma unidade. A *qualidade* do projeto educativo depende desse espaço de planejamento integrado. As escolas definem funções de coordenação pedagógica e de dinamização que não podem ser confundidas com a gestão administrativa, financeira e de recursos. Em nossas escolas sobra burocracia e falta liderança educativa e expansão deste espaço intermediário de elaboração e desenvolvimento que é um projeto educativo. A democratização dos órgãos de direção de uma escola não garante por si mesma essa liderança pedagógica que exige determinados incentivos para os professores/as, uma revisão de suas funções nas escolas e das correspondentes aos dirigentes e uma formação adequada destes.

Desenvolvimento profissional de dirigentes e professores/as

A autonomia da escola no planejamento para favorecer, entre outros motivos, o desenvolvimento profissional dos docentes, tal como se disse anteriormente, exige uma política e preocupação específica de prover os meios para que isto seja possível. Uma estratégia que deve ser estabelecida e estimulada para todo o professorado por meio das instituições de aperfeiçoamento (escolas de professores/as ou de recursos e escolas de desenvolvimento do currículo), mas que devem apoiar-se também em micropolíticas de inovação em escolas. Não se consegue a melhoria do trabalho dos docentes apenas evitando travar a sua iniciativa, mas dispondo dos meios para estimular sua capacidade profissional. Do contrário os professores/as e as escolas serão vítimas de suas próprias limitações. Repetidas vezes destacamos que a prática profissional é, muitas vezes, uma resposta adaptativa às condições dominantes e que chega a gerar hábitos de acomodação nos docentes. A reprofissionalização exige a participação em projetos inovadores com a assistência necessária de aperfeiçoamento. A escola é um espaço de decisão que deve estabelecer medidas concretas para desenvolver um projeto educativo preocupado com a melhora constante da qualidade do ensino por meio do aperfeiçoamento dos professores/as. De qualquer forma, afirmar que as equipes docentes devem realizar o projeto educativo ou curricular com autonomia, sem facilitar sua possibilidade, é uma medida válida, para os professores/as mais capacitados e já envolvidos em estratégias de inovação.

Os meios para esse desenvolvimento nas escolas vão desde a disponibilidade de uma biblioteca profissional, a realização de seminários sobre temas concretos, a facilitação do conhecimento direto e indireto de experiências educativas inovadoras, as análises e discussão das mesmas e também das próprias, a divulgação de projetos curriculares renovadores, os intercâmbios de materiais confeccionados pelos professores/as, os contatos com outros colegas, o auxílio de assessores a projetos concretos, o de "supervisores" e dinamizadores de investigação na ação, etc. A própria avaliação da escola e dos projetos de inovação é um motivo para utilizá-lo também na melhoria dos docentes.

Envolvimento da comunidade nas escolas

Por comunidade educativa se entende a base social que rodeia a escola e na qual esta se insere e nela se destaca o papel primordial dos pais.

A necessidade de relacionar mais estreitamente as escolas e a comunidade, apóia-se em várias tradições e preocupações.

a) Como já comentamos, o sentido democrático que implica a descentralização supõe reverter o projeto educativo escolar para a comunidade à qual serve, que deve se apossar paulatinamente de seus destinos. A educação não deveria ser basicamente um problema de transmissão de conhecimentos dos professores/as aos alunos/as, mas um projeto cultural em que todos participem, porque afeta ao bem-estar de todos. O papel principal das instâncias civis da sociedade nas atividades que lhe concernem é um princípio democrático fundamental para não esgotar o significado da democracia no voto nas urnas. Os setores da comunidade não apenas devem conhecer o que se faz nas escolas, participar de sua gestão e na escolha de cargos diretivos por meio de seus representantes, mas também envolver-se também na atividade interna, resguardando a autonomia dos professores/as.

b) Vendo na escola uma instituição que prepara os jovens para o desenvolvimento de atividades na sociedade adulta, pretende-se manter estreitas relações entre as atividades escolares e as demandas externas sociais, sendo especialmente significativas as do mundo do trabalho. Na formação profissional, por exemplo, essa relação é fundamental.

c) Existem problemas sociais relacionados com a juventude, que afetam diretamente as famílias, que exigem atenção por parte da escola para moderá-los, preveni-los e criar uma consciência social frente aos mesmos. Este é o caso das drogas, da marginalização juvenil, de determinadas formas de delinqüência, de integração de minorias, etc. As escolas devem ser instâncias educativas para a comunidade, e não simples locais de obtenção de diplomas e creches de crianças e jovens.

d) Quando se entende o currículo como algo mais do que um resumo de conteúdos intelectuais e de matérias, as atividades necessárias para desenvolvê-los nas escolas partirão de um conceito mais amplo de cultura, e, como já comentamos anteriormente, exigirão a presença de outros educadores e o aproveitamento de diversos recursos comunitários. É evidente que na comunidade existem serviços e recursos educativos (centros de produção, bibliotecas, museus, espaços naturais, instalações esportivas, etc.) aproveitáveis nas escolas. Seria conveniente que os recursos das escolas fossem também recursos comunitários: os locais, a biblioteca, os próprios professores/as e outros especialistas, as instalações esportivas, para citarmos alguns exemplos. Nos pais existe um primeiro capital cultural e de experiências várias que poderiam servir em diferentes atividades culturais gerais e de apoio pontual ao desenvolvimento das disciplinas.

e) O senso comum e a investigação pedagógica demonstram que uma melhor integração das escolas com a comunidade vai acompanhada de aumento dos resultados escolares, proporciona aos estudantes uma idéia mais congruente do que se espera deles e lhes oferece o valor cultural da escola; ao mesmo tempo, os pais podem apoiar mais adequadamente a continuidade do trabalho escolar em casa. Os estudos sobre as escolas eficazes ressaltam o envolvimento da comunidade e dos pais no processo educativo como uma variável de qualidade do ensino (Hopkins, 1987; Purkey e Smith, 1983). Nas escolas onde existe uma alta participação da comunidade em seu funcionamento, os alunos/as obtêm melhores resultados de aprendizagem. Por isso, nos movimentos de reforma das escolas chama-se atenção para esta relação (Wilson e Corcoran, 1988).

Evidentemente, os pais têm influência sobre o desenvolvimento de seus filhos e é muito freqüente que a literatura pedagógica relacione o êxito e o fracasso escolares, assim como alguns problemas dos alunos/as, com as condições culturais e econômicas dos pais. Mas se dedicou menos atenção para explicar por meio de que processos e relações pais-filhos se produzem essas correlações estatísticas. A relação entre estudantes e pais que tem a ver com os temas ou atividades escolares, e o clima entre eles pode prever os resultados acadêmicos muito mais do que todos os indicadores sociais juntos: educação dos pais, receita econômica, sexo, estrutura da família, etc. (Wilson e Corcoran, 1988, p. 110). Comprovou-se que o compromisso dos pais na educação de seus filhos afeta a qualidade do ensino quando se empreendem programas de melhoria, desde a educação infantil até a educação secundária (Macleod, 1989).

Os pais, de acordo com sua formação e experiência, ligadas naturalmente à classe social, são um capital cultural com efeitos diretos na experiência educativa geral e escolar de seus filhos. Uma influência que pode apoiar, ampliar e contrabalançar a socialização que a escola proporciona. Uma escola não pode desconhecer esta dinâmica social, mas também não pode ser apenas uma espectadora, deve intervir. O capital cultural familiar está aí, e a escola que ignora a procedência familiar dos alunos/as e não intervém perpetua ou inclusive exacerba as vantagens ou desvantagens com que estes chegam à escolaridade (Hunt, 1990, p. 81). São freqüentes os casos, por exemplo, em que os professores/as dão trabalhos de casa para os alunos/as sem levar em conta as desiguais possibilidades destes para realizá-los: disponibilidade de espaços, clima, recursos bibliográficos ou auxílio direto de pais e irmãos. Os alunos/as que se beneficiam de pais capacitados e preocupados com a experiência escolar estarão em vantagem sobre aqueles que não dispõem desta situação.

Embora as experiências de envolvimento comunitário sejam muito dispersas, e inclusive falta um esquema teórico coerente para propor uma educação deste tipo, o certo é que professores/as e escolas devem propor aproximações entre a escola e seu ensino com os agentes comunitários. Não basta que existam canais institucionais de participação, pois ter direito a isso não é o mesmo que poder fazê-lo. É preciso uma preocupação neste sentido que proponha: a) uma política de informação fluida e constante com os pais e outros agentes em torno não apenas do progresso e programas dos alunos/as, mas também das experiências que se vão empreender. Os projetos de inovação implicam mudanças de conteúdos e métodos pedagógicos nas aulas, e também atividades fora delas, outra política de consumo e utilização de materiais, sistemas de avaliação diferentes que podem alterar os esquemas habituais pelos quais os pais percebem o que para eles é um "bom ensino"; b) a necessidade de aproveitar o capital cultural dos pais e de outras pessoas, como, por exemplo, recursos de aprendizagem, iniciando-se uma comunicação com eles para torná-los participantes do projeto da escola. Isto evitaria os conflitos entre professores/as e pais que se estabelecem por falta de correspondência entre as visões do que é e deve ser a educação e que possam ser vistos pelos docentes como uma diminuição de sua autonomia profissional; c) a atenção e compensação daqueles alunos/as cujo capital familiar de origem os situe em desvantagem frente aos demais.

A estruturação entre escolas

A coordenação entre escolas pode ser uma necessidade exigida pela utilização conjunta de recursos, mas existem razões ligadas ao desenvolvimento do projeto educativo que a exigem também. Alguns motivos explicam esta necessidade.

Ao individualismo dos professores/as não deveria seguir a busca de uma atuação integrada em escolas isoladas umas das outras. O desenvolvimento profissional não deve limitar-se tão somente ao âmbito da escola em que se trabalha. Por outro lado, quando numa comunidade existe mais de uma escola, as relações entre aquela e estas devem contar com sua coordenação, pois os recursos poderão ser melhor aproveitados. Os pais não entenderão facilmente, salvo que se admita como normal que a educação de seus filhos varie qualitativamente de umas escolas para outras quando todas são públicas, por exemplo. Se a educação é um projeto comunitário deveria refletir sua coerência nas escolas que desenvolvam sua atividade numa mesma zona.

Essa coordenação, mesmo sem ser motivada por sua significado para pais e professores/as, vem exigida pelas repercussões que as transições entre escolas têm nos alunos/as. Na escolarização prolongada, é natural que os estudantes passem por diferentes instituições escolares que se especializam em níveis e tipos de currículos, dentro das quais se criaram tradições pedagógicas diferenciadas, referentes ao tipo de atenção que se presta ao aluno/a, relações entre professores/as e estudantes, métodos de atividades acadêmicas, ênfase na avaliação, utilização de materiais de aprendizagem e padrões de conduta tolerada. As mudanças de escola e de currículo exigem períodos de adaptação para os alunos/as que costumam transcorrer com certa normalidade, mas que podem acabar para alguns em desajustes, inadaptações e fracasso escolar. Pais e alunos/as nem sempre são conscientes das peculiaridades e exigências de cada nível escolar ou das escolas especializadas, e se as conhecem não costuma ser porque tenha havido um esforço nesse sentido por parte da administração educativa ou pela iniciativa das novas escolas, mas por outros pais e outros alunos/as. O significativo aumento de fracasso escolar nas primeiras séries do início de outros níveis, ou especialidades, não é alheio a essa descoordenação.

Os próprios argumentos expostos a respeito da importância de coordenar objetivos e orientações metodológicas entre professores/as, para evitar que os estilos educativos descoordenados diminuam a eficácia pedagógica, podem ser propostos agora para destacar a relevância da continuidade pedagógica entre as escolas pelas quais transitem os alunos/as. Esta exigência é tanto maior quanto mais autônomas sejam as escolas para definir e acomodar o currículo estabelecido e confeccionar seu projeto educativo. Se cada instituição define um projeto, deve garantir a continuidade da aprendizagem dos alunos/as. Estratégias de contato entre estudantes, trabalho coordenado de professores/as, realização de atividades conjuntas, coordenação geral de currículos, acompanhamento de alunos/as, são, entre outras, possibilidades nesta direção.

OS PROFESSORES/AS COMO PLANEJADORES

Embora o professor/a não seja o único agente que planeje o currículo, possui um papel importante ao traduzir para a prática concreta qualquer diretriz ou seleção prévia de conteúdos. Uma significativa linha de investigação ressaltou o papel ativo que os docentes têm na aplicação de idéias e propostas de qualquer tipo, assim como na acomodação dos currículos às condições da realidade de suas aulas (Calderhead, 1988; Clandinin, 1986; Connelly e Clandinin, 1991; Gimeno, 1988; Halkes, 1984; Pérez Gómez, 1988; Salinas, 1987). Independentemente de que se queira ou não que os docentes sejam profissionais ativos no desenvolvimento curricular, eles sempre participam no mesmo.

Se o plano é compartilhado, naturalmente a profissionalização individual pode se ver limitada, se se quer entender esta em termos absolutos. Mas em sistemas pouco controlados efetivamente, como é nosso caso, ainda que haja grande quantidade de regulações a que se submeter, o professor/a dispõe de amplas margens de liberdade, se não para fazer qualquer tido de prática, para realizar muitos tipos possíveis.

O plano para o professor/a, além de sua participação na elaboração e no desenvolvimento de todo o projeto da escola, significa ações de como fazer esboços de unidades amplas ou de "lições" mais concretas, roteiros de conteúdos, ponderar e selecionar estes últimos, preparar atividades ou tarefas, planejar trabalhos fora do âmbito escolar, prever materiais para utilizar, confeccioná-los ou selecioná-los, acomodar o espaço e o mobiliário na aula na medida de suas possibilidades, prever a utilização de recursos ou lugares de uso comum na escola, decidir provas de avaliação, considerar estratégias de trabalho dentro da aula e fora dela para diferentes tipos de alunos/as ou ritmos de aprendizagem, distribuir o tempo escolar e atividades semelhantes. São tarefas enquadradas numa instituição, numa jornada de trabalho concreta e com muitos alunos/as aos quais deve atender.

Muitas destas decisões e atividades não implicam um gasto apreciável de tempo e de esforço, nem uso de complexos esquemas conceituais, pois se realizam a partir de rotinas previamente ensaiadas ou copiadas de outros, e tampouco se dispõe de muito tempo para fazer do planejamento um momento prolongado de reflexão e previsão do que será a ação. O tempo e os recursos dedicados por professores/as e escolas, que Jackson (1975) chamava *ensino pré-ativo*, são escassos para os docentes do ensino obrigatório.

Como enfrentar a prática de planejar dos docentes? Estudou-se e tratou-se de orientar e regular esta função desde múltiplas perspectivas, que originam diferentes modelos de comportamento profissional.

1) O planejamento dos docentes foi visto como mais um passo, o último, de um processo de desenvolvimento do currículo (iniciado fora das aulas) que os professores/as devem aplicar. É uma *perspectiva gerencial* em que, como acontece em outros processos de produção e de gestão, os realizadores fazem o que se lhes é indicado e como devem fazê-lo. O modelo de Tyler serviu a este enfoque *burocrático-político* (Erault, 1990) que desenvolve o currículo a partir das declarações e prescrições do chamado "currículo oficial". Os processos relevantes que destaca esta aproximação são os de como concretizar as prescrições e as acomodações, compromissos ou resistências dos que os recebem.

2) A *perspectiva fenomenológica* entendeu que a programação dos professores são as operações que realizam quando planejam. Os estudos descritivos de suas operações nos dão uma imagem real das condições em que trabalham, em que se misturam as influências dos condicionamentos de seu trabalho, sua formação e as exigências do currículo. Desses estudos se tira a conclusão de que os professores/as atuam de forma muito diferente de como prescrevem os modelos ideais. Se não vemos como naturais os procedimentos que observamos, este enfoque pode nos dar idéia de como funciona a profissionalização do docente no trabalho real e, a partir daí, tratar de aperfeiçoá-la (Salinas, 1987; Taylor, 1970).

3) De uma *perspectiva técnico-cientificista*, os professores/as, ao programar ou planejar, deveriam seguir os modelos elaborados desde teorias concretas do ensino ou da aprendizagem para ser racionais em suas decisões. Assim, por exemplo, desde a teoria condutista, o professor/a deve prever pequenos passos ligados à aprendizagem, fazendo seqüências acumulativas de objetivos concretos para chegar ao domínio de outros mais gerais. Partindo da teoria cognitiva de Gagné, o ensino deve seguir também a concatenação de passos de aprendizagem para obter efeitos complexos, mas a partir da teoria de Ausubel se deduziria outra lógica, etc. São modelos que, sob a teoria da instrução elaborada na psicologia, tratam de analisar as tarefas concretas de aprendizagem que os alunos/as deveriam realizar, partindo da especificação precisa do conteúdo e dos objetivos que se perseguem, para que o professor/a selecione as estratégias concretas de ensino. Nesta opção, o professor/a ou é um especialista analista das tarefas precisas para despertar processos muito definidos de aprendizagem, buscando os que cada conteúdo requer e os que cada tipo de atividade desencadeia, ou deve passar a depender de planos muito estruturados concebidos por especialistas externos. Estas posições não dão espaço à complexidade dos conteúdos educativos, ao menos para grande parte deles, e, em geral, esquecem o contexto em que as aprendizagens ocorrem (Erault, 1990), planejando o ensino em abstrato ou em função unicamente da estrutura dos conteúdos ou dos objetivos.

O plano da instrução, desde a psicologia, costumou ser entendido como a "resposta científica", solidamente assentada em teorias da aprendizagem, oposta a uma concepção mais artesanal e/ou artística do ensino. O "ensino científico" seria o plano cientificamente elaborado do processo de instrução, esquecendo que as estratégias de ensino devem dirigir contextos e variáveis que, normalmente, não foram considerados pelas propostas científicas do plano. Configurar a prática ou o ensino de produtos e processos culturais é muito mais amplo e complexo do que planejar o processo da instrução de alguns conteúdos delimitados.

4) Os processos de planejamento incluem atividades mentais para os professores/as enquanto as realizam, assim como quando aplicam os planos à

realidade, pois planejar implica tomar decisões, considerar alternativas e resolver problemas. Analisar desde uma *perspectiva psicológica* cognitiva em que consistem esses processos na mente dos professores/as pode nos ajudar a compreender as formas de abordar o trabalho, como codificam a experiência, a simplificação das situações complexas quando resolvem problemas, etc. É uma análise psicológica da profissão aplicada a esta fase pré-ativa do ensino. Naturalmente, toda a ação humana tem uma dimensão psicológica, o que não significa que as formas dominantes de comportamento observadas nos professores/as sirvam para propor modelos de "como se deve atuar", já que os mecanismos que os docentes evidenciam têm a ver com as condições nas quais trabalham. Modificando estas, podem mudar os processos psicológicos, já que estes não são manifestações de uma capacidade ou habilidade abstrata.

5) Um enfoque coerente com a tradição academicista na educação determinou que o professor/a como planejador devesse que seguir a *estrutura interna do conhecimento* que leciona em diferentes áreas ou disciplinas. Como a compreensão de certos conteúdos dependem do domínio de outros prévios, a lógica interna da matéria de estudo é o guia que os professores/as devem atender. Considerar a ordem indispensável para progredir no conhecimento de qualquer área de cultura é uma necessidade óbvia, mas sempre que se levem em conta, ao mesmo tempo, outras considerações relacionadas com a forma mais conveniente de apresentar esses conteúdos a determinados alunos/as nos contextos em que se ensina e se aprende. Os conteúdos podem dispor internamente de uma estrutura linear que marca a ordem de progresso, mas, em outros casos, essas dependências não são tão fáceis de estabelecer, são radiais, e não existe uma só ordem possível para relacionar os componentes mais específicos e os temas entre si. Um conceito matemático, por exemplo, requer outros conceitos prévios subordinados, mas essa seqüência não é tão fácil de aplicar para um conteúdo da literatura ou das ciências sociais, no qual podemos estabelecer várias, sendo todas válidas.

6) Desde uma *perspectiva prática*, entende-se o plano como uma função básica dos professores/as em certas condições de trabalho em que eles refletem sua profissionalização. Em seu exercício se evidenciam idéias, habilidades profissionais, experiências prévias e opções éticas dentro de um contexto dado que se pode e se deve modificar, porque a realidade dominante na prática educativa costuma nos revelar que o professor/a é tecnicamente dependente nesta função, o que não convém desde um modelo educativo que pretenda favorecer a autonomia profissional e a educação de qualidade. O importante é analisar as conseqüências que os modelos adotados têm para o desenvolvimento do currículo, para o desenvolvimento profissional e para a aprendizagem dos alunos/as e ver como se pode ir além do dado (as realidades institucionais e os processos psicológicos).

O enfoque prático é *artístico* (Erault, 1990), guiado pelo "bom senso", já que concede valor à habilidade dos professores/as para buscar a experiência de aprendizagem mais adequada para o interesse do aluno/a, partindo da premissa de que a aprendizagem é conseqüência de um envolvimento pessoal e de um processo de reflexão que não pode ser previsto desde o começo. Como tampouco se pode prever uma determinada seqüência de passos no ensino, já que, se a pusésssemos em ação, certamente teríamos que modificá-la para nos adaptarmos à realidade mutante e imprevisível. Stenhouse (1984) pensou o plano como um processo de busca, sob um modelo que ele chamou de *processo*, que se baseia na consideração de que é nas atividades gratificantes e na estrutura profunda do conhecimento que se deve buscar a orientação para a atividade pedagógica. O ponto de partida está em que tanto o conteúdo quanto a atividade sejam atrativos, interessantes, controvertidos, sem obsessões pela avaliação do que se faz e se aprende. A maior dificuldade deste enfoque reside no fato de que se apóia demasiado nas possibilidades do professor/a, mas seu sentido liberador, como afirma este autor, é que:

> "... vai unido ao aperfeiçoamento do professor/a. Se o que os professores/as devem perseguir é desenvolver a compreensão, desenvolver e aperfeiçoar seus critérios de julgamento e seu alcance em sua matéria correspondente, devem ser capazes e dispor de tempo e de oportunidades para o desenvolvimento profissional" (p. 141).
>
> "Qualquer modelo de processo se baseia no julgamento do professor/a, mais do que em sua direção. É muito mais exigente para os professores/as e portanto mais difícil de realizar na prática, mas oferece um maior grau de desenvolvimento pessoal e profissional" (p. 142).

Não propô-lo deste modo supõe deixar o professor/a totalmente nas mãos dos planos externos. Algo que como ponto de partida é inevitável, mas que desde esta ótica prática, artística ou de processo, se tomará como exemplos, que se adaptarão às condições concretas, aos quais cada um pode enriquecer com experiências próprias.

A investigação sobre algumas das perspectivas apontadas, especialmente a fenomenológica e a psicológica, pode-se ver em Clark e Peterson, 1990, p. 454 e ss.

Configuração de um modelo prático para os professores/as

O professor/a não atua seguindo modelos formais ou científicos, nem elabora estratégias de intervenção precisas e inequívocas segundo modelos de ensino ou de aprendizagem, nem decide sua prática a partir de filosofias ou declarações de objetivos, senão que responde pessoalmente, na medida de suas possibilidades, com diferente grau de compromisso ético profissional, às exigências de seu trabalho com um grupo de alunos/as em determinadas condições. No entanto, não deveríamos concluir por isso que é necessariamente um mau profissional. Em sua atividade prática pode aproveitar idéias e teorias científicas, mas trata-se sempre de uma elaboração pessoal diante de situações complexas, nas quais deveria contar o tato, a experiência e o saber fazer depurado por uma crítica realizada desde os valores que guiam a ação e desde o melhor conhecimento possível da realidade e de como esta poderia ser. O conhecimento científico e as teorias pedagógicas são importantes para conhecer melhor, ser conscientes das conseqüências e entrever com mais clareza caminhos alternativos, mas por si mesmos não orientam diretamente a prática docente.

Jackson (1975) definia desta forma as possibilidades do professor/a no marco de sua aula:

> "Se os professores/as tentaram compreender seu mundo mais profundamente, insistiram em racionalizar mais seus atos, consideraram as alternativas pedagógicas com uma mentalidade mais aberta e foram mais profundos em sua atitude para com a condição humana, certamente, mereceriam os aplauso dos intelectuais, mas não é certo que ficassem mais eficientes em sala de aula. Pelo contrário, é muito possível que tais modelos de virtudes, se existiram, passarão mal ao enfrentar de maneira continuada uma aula do terceiro grau ou um pátio cheio de crianças brincando. (...)
>
> "Às vezes se descreve o ensino como um assunto altamente racional. Tais descrições enfatizam a função do professor/a em relação a tomar decisões e fazem com que seu trabalho pareça o de um mero solucionador de problemas ou provador de hipóteses. (...) A imediatez da vida da aula, os sinais passageiros nos quais os

professor/a confia para determinar seus movimentos docentes e para avaliar a eficácia de seus atos, faz com que perguntemos se é apropriado empregar modelos convencionais de racionalidade como representativos do comportamento do professor/a em classe. (...) As atividades que se supõem acompanham os processos de pensamento racional – atividades tais como a identificação de cursos alternativos de ação, a deliberação consciente sobre a escolha, a consideração de evidências e a avaliação dos resultados –, além de outras manifestações do conhecimento ordenado, não são muito sobressalentes no comportamento do professor/a quando passa rapidamente de um aluno/a a outro e de uma atividade para a seguinte (...) antes e depois de seu encontro frente a frente com seus alunos/as, o professor/a seguidamente parece se ocupar de um tipo de atividade intelectual que tem muitas das propriedades formais de um procedimento de resolver problemas. Nesses momentos o trabalho do professor/a parece ser altamente racional" (p. 173-180).

Em que consistem os desafios mais imediatos de um docente? Fundamentalmente em gestionar a vida de um grupo concreto de alunos/as num espaço e tempo reais, que deve preencher com atividades possíveis para desenvolver o currículo. O professor/a tem como primeiro desafio em seu trabalho conseguir que o ambiente de aula funcione, que o faça com fluidez, com atritos interpessoais mínimos, que os alunos/as se envolvam neste funcionamento e, na medida do possível, conseguir que os currículos, por meio de práticas concretas de ensino-aprendizagem, sejam assimilados com alguma eficácia por parte dos alunos/as. O desafio mais imediato dos docentes, na situação comum de trabalho, consiste em conseguir e manter a cooperação dos estudantes nas atividades que ocupam o tempo disponível.

Os professores/as escolhem em muitos casos o que será feito não pela potencialidade intelectual ou educativa que tenha uma determinada atividade, refletindo sobre os efeitos que dela se possam desprender, mas por necessidades mais imediatas, como manter os alunos/as envolvidos em tarefas dentro de uma ordem. A preocupação pelo controle da atividade na aula, mantendo-o dentro de certos canais, é o primeiro desafio dos docentes e um dos pontos de referência decisivos na escolha do que vão fazer (*Deakin University*, 1985a; Doyle, 1977, 1979 e 1986a; Dreeben, 1973, Emmer, 1987). Trata-se de um esboço da prática flexível que se torna manifesto nos planos anuais de matéria ou disciplina completa, em programações trimestrais e por períodos mais limitados para temas ou unidades que se desenvolvem em tempos mais definidos, embora as diretrizes práticas costumem ficar na mente sem se formalizar no exterior.

Com esta consideração de partida, todo esquema proporcionado aos professores/as, para que seja seguido realmente no planejamento de seu trabalho, deveria levar em conta os desafios mais elementares que o ensino enfrenta, considerando as condições de trabalho e a maturidade profissional que os docentes têm. Do contrário, ficará como assimilação de mera retórica, como uma exigência burocrática, ou será simplesmente deixado de lado. Esta é a razão pela qual, depois de mais de meio século de se propor fórmulas para planejar o currículo, tenham se incorporado muito poucas novidades na prática profissional na forma de dirigir racionalmente a atividade de ensinar. Motivo pelo qual as investigações e propostas sobre o plano para professores/as evoluíram drasticamente no curso dos últimos anos: de esquemas ideais elaborados desde concepções gerencialistas, pedagógicas ou psicológicas ideais se passou ao estudo dos processos reais que ocorrem na mente e na prática dos professores/as em contextos práticos, para melhorá-los. Ficando muito claro que o plano é uma habilidade prática exercida em certas condições de trabalho, e que a mudança destas nas escolas, junto às ajudas curriculares e estratégias de formação adequada, é requisito para melhorar esta fase *pré-ativa* do ensino.

O importante é partir dos planos reais que os professores/as fazem, admitindo que se orientam por *esquemas mentais* bastante simples, geralmente não explicitados, mas que podem e devem pautar-se em esboços "escritos" para esclarecer as idéias das quais se parte, ser discutidos consigo mesmo ou com outros, e aprendendo e formalizando a experiência. O importante de qualquer programação escrita é que seja reflexo real dos esquemas mentais, individuais ou de grupo, das decisões realistas, e não de exigências burocratizadas que devem seguir uma determinada pauta, como aconteceu entre nós com as "programações", os "planos da escola" e como é previsível que aconteça agora com os "projetos curriculares da escola". Todos os professores/as têm esquemas sobre como será sua prática em termos gerais, ou seja, dispõem de esboços, mas muito poucos operam com planos explícitos estruturados (McCutcheon, 1980), a não ser que entendamos por isso roteiros muito gerais de temas, distribuição do tempo de um curso e coisas assim. O planejamento conscientemente desenvolvido há de ser a reflexão e elaboração de um "curso de ação" para realizar num determinado tempo. Nesse processo, os professores/as visualizam um esquema geral de partida que orientará sua ação futura, como uma espécie de representação ou antecipação que se fazem do que será sua prática globalmente (Clark e Yinger, 1977). Essa representação é uma construção pessoal idiossincrática que cada professor/a se faz, reflexo de como percebem as situações profissionais, com uma certa influência na ação futura (Charlier, 1989), cuja orientação, clareza e estrutura dependem das capacidades, da experiência e da situação em que se atua.

O plano para os docentes significa profissionalmente um *tempo* para dar oportunidade de *pensar a prática*, representando-a antes de realizá-la num esquema que inclua os elementos mais importantes que intervêm na mesma e que propõe uma seqüência de atividades (Gimeno, 1988). O desenvolvimento desse esquema deve seguir um processo cíclico de investigação na ação: pensar antes de decidir, observar ou registrar o que acontece quando se realiza e aproveitar os resultados e anotações tomadas sobre o processo seguido para voltar a planejar o momento seguinte e ter em mente como se há de fazer outra vez. Nesse processo vão se elaborando e polindo esquemas, tomando consciência dos elementos que fazem parte das situações, diferenciando progressivamente os esquemas, refletindo sobre a experiência própria passada ou a dos outros, "lembrando" as possibilidades e alternativas de que se dispõe num dado momento, questionando os hábitos dominantes de ensino e conscientizando-se, progressivamente, da multiplicidade de dilemas frente aos quais se opta de fato sem sequer ter se pensado neles. É um processo formativo progressivo. Um plano concreto num dado momento expressa o estado desse processo nesse instante para os que o realizam.

É mais frutífero entender o planejamento dos professores/as como um *processo de resolução de problemas* que enfrentam desde suas possibilidades reais, numa situação em que há certas demandas e certas condições, em que se deparam com dilemas frente aos quais é preciso optar com justificativas éticas e científicas, se existem. O modelo de *tomada de decisões racional* que parte da escolha de alguns objetivos, formula caminhos para alcançá-los e decide como fazê-los não é real na prática de ensino (Yinger, 1977, p. 263). Os esquemas, idéias ou modelos de planejar uma atividade contextualizada como o ensino podem e deveriam servir para ordenar e diferenciar o *espaço problemático* concreto que constitui cada situação.

Yinger (1977, p. 268) formalizou esse modelo, ressaltando os elementos básicos e fases que intervêm na delimitação da *situação problemática* em que consiste o plano (ver Figura 9.1).

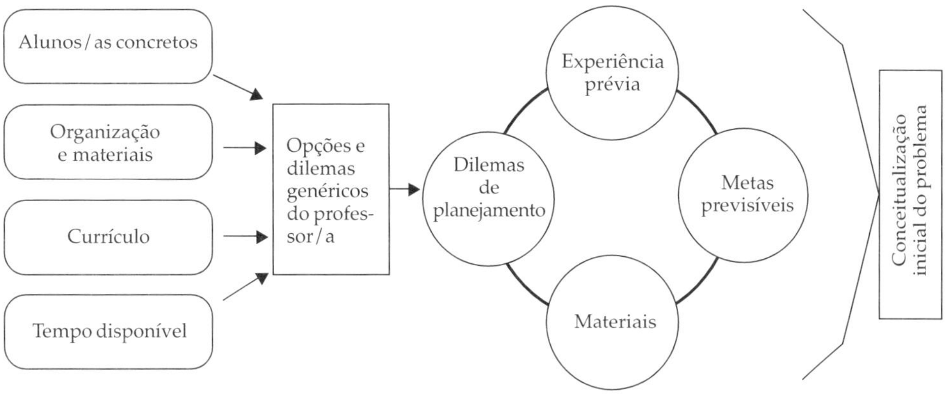

Figura 9.1. O planejamento como problema Yinger, 1977, p. 268).

Quando o professor/a planeja, encontra-se diante de uma opção ou dilema muito genérico: é preciso ensinar a certos alunos/as, simplesmente, ou seja, é preciso desenvolver um currículo. Nessa situação, é preciso partir, ao menos, de três considerações:

1) *Condições da situação na qual se realiza.* A prática institucionalizada é uma realidade; podem se propor reformas, mas em poucos casos se configura algo totalmente novo, sem com o que vem dado. Atua-se dentro de marcos e de tradições ou rompendo com elas, com materiais determinados, com lugares possíveis para a ação, com tempos delimitados. Agora, o caráter específico de cada situação é moldável, transformável em alguma medida. Não se dão situações totalmente abertas, mas tampouco de todo fechadas. O edifício, a classe, o mobiliário, o horário, etc., são elementos de um cenário no qual se atua. Podem ser percebidos como inexoráveis ou alteráveis em alguma medida ou aspecto.

2) *O currículo dado aos professores/as e os materiais.* Os professores/as devem pôr em prática ações concretas para desenvolver o currículo por meio de processos de ensino-aprendizagem. Para eles não se trata de estruturas complexas de objetivos e conteúdos, teorias sobre o mesmo ou classificações de tipos de conteúdos ou efeitos de aprendizagem, mas demandas muito concretas que lhe prestam os guias curriculares, os livros-texto, ou os pacotes de materiais elaborados para disciplinas ou áreas concretas.

3) *Um grupo de alunos/as por possibilidades e necessidades concretas.* A educação tem a ver com processos singulares, com sujeitos de dinâmicas idiossincráticas, procedentes de um ambiente com certas condições, com uma história acadêmica, com aprendizagens prévias, etc. Toda a aprendizagem, em geral, surge de uma interação do novo com o existente; por isso, o ensino deve considerar o ponto de partida dos alunos/as. É preciso levar em conta os estados particulares e as necessidades peculiares de indivíduos concretos, assim como as subculturas a que pertencem. O plano fechado fora da prática do professor/a não só anula sua capacidade profissional, mas também não poderá considerar o que os consumidores precisam: os alunos/as. O pensamento cientificista e os planos altamente estruturados, muito determinantes, buscaram principalmente o modelo universal como se fosse válido para todos, o aluno/a mediano e abstrato que não existe, a generalidade mais do que a singularidade.

As determinações provenientes destes três âmbitos propõem a cada professor/a um cenário desde o qual ele se pergunta o que fazer, e frente ao qual cada um responde com certa peculiaridade. Já que em todo grupo de alunos/as e situação essas demandas seriam idênticas para os professores/as, enquanto que as respostas individuais variariam, é óbvio que a configuração do espaço problemático que cada qual faz para si e as respostas que proporciona têm um caráter singular. Os esquemas de plano são idiossincráticos para cada docente.

As soluções que o professor/a dá à situação problemática dependem de quatro fatores que interagem entre si:

a) *Os dilemas ou possibilidades do planejamento.* O professor/a deve decidir se faz um plano: para toda sua disciplina, para uma unidade concreta, para um conteúdo muito delimitado, para uma atividade somente, para uma seqüência destas; se deve ser uma atividade muito estruturada ou livre, de longa duração, breve, etc. O *plano de unidades* é um dos planejamentos ao qual os professores/as concedem mais importância por ser o que ordena uma parte significativa do conteúdo para um tempo cômodo de manejar, mantendo a atividade dos alunos/as, seu interesse e a coerência da ação (Clark e Yinger, 1979).

b) *Previsão global de metas* que se podem alcançar numa determinada situação. O professor/a não questiona detalhadamente os objetivos concretos que pode conseguir, mas, normalmente, tem uma certa previsão geral a respeito de "para que serve o que se vai fazer", o que se pode obter em linhas gerais como antecipações de efeitos dos mais diversos tipos que tem seu ensino.

c) *Experiência prévia.* O professor/a dispõe de um repertório de possibilidades e recursos fruto de sua experiência, e do que aprende da de outros, que leva em conta quando planeja seu roteiro de trabalho. O acúmulo e tipo de experiência, assim como o grau de estruturação crítica desta, condicionam o modo como percebe a situação que deve enfrentar, que resposta oferece e os recursos que utilizará. A experiência é fonte de recursos contrastados que dirige a ação com menos incerteza e ajuda a avaliar situações. Ao mesmo tempo, as rotinas afiançadas podem ser um cômodo procedimento para não buscar novas soluções.

d) *Materiais disponíveis.* Os diversos recursos de que disponha o professor/a, não apenas os guias ou os livros-texto, e sua capacidade para aproveitar e buscar materiais fora das escolas e das aulas, auxiliam-no no momento de escolher umas atividades ou outras. A própria experiência que tem e as idéias que lhe guiam o farão buscar materiais apropriados, mais variados e atrativos para os alunos/as.

A interação destas quatro fontes de dilemas e opções levará à adoção de um plano para atuar numa situação e em momentos concretos, que, em forma de idéias geral, irá se refazendo à medida que se desenvolve; embora certamente as características globais do plano concebido no princípio se manterão em suas linhas gerais. O professor/a precisa de um esquema sobre o qual elaborará variações, mas mantendo uma linha geral, certamente mais por economia de tempo e de pensamento do que por coerência, ao ver assim facilitada a ação. No fim das contas, nós não costumamos questionar constantemente tudo o que fazemos. Alguns docentes aplicarão esses planos mais rotineiramente, outros vigiarão sua prática para atender a contingências que vão se produzindo e ir adaptando-os durante o andamento, ao ver as respostas que os alunos/as dão, e os irão enriquecendo com contribuições não previstas inicialmente; poucos farão anotações escritas do funcionamento para tê-las presentes nas próximas decisões ou "ciclos de planejamento" e comentá-las com outros companheiros.

A utilidade do plano para os professores/as

De uma perspectiva prática, a utilidade fundamental do plano dos profes-sores está nas seguintes razões:

1) Facilita o enriquecimento profissional, por ser uma atividade que é motivo de reflexão sobre a prática e um esquema-guia flexível para uma ação

consciente dos professores/as. Os planos que são assumidos por eles orientam a ação, dando-se assim a possibilidade de tornar mais racional a prática, orientá-la a partir de idéias e a serviço de metas esclarecedoras. Dedicar tempo de trabalho a esta atividade, assisti-la com meios, centrar nela programas de formação em exercício, oferecer recursos e exemplos, são formas de melhorar uma faceta profissional que tem incidência no desenvolvimento do ensino, o *ensino interativo* como chamou Jackson (1975).

2) Antes que se ponha em funcionamento uma atividade, um período de aula ou uma unidade didática, convém decidir suas características gerais. Durante o andamento, quando se desenvolve o plano, podem se mudar detalhes e reorientar os processos, mas as linhas mestras ficam estabelecidas desde o começo ou, no mínimo, pode ser muito mais problemático mudá-las, uma vez que a atividade começou seu desenvolvimento. No plano dos professores, determina-se o cenário geral de sua atividade e a de seus alunos/as, a distribuição do tempo dedicado a atividades e conteúdos, uma seleção e uma organização destes, os recursos de que lançará mão, etc. São parâmetros da atividade que se decidem, implícita ou explicitamente, ao realizar o primeiro plano.

3) Os planos que os professores/as fazem são recursos para se aproximar progressivamente da prática concreta, das características de seus alunos/as e das condições do meio em que trabalham. É uma atividade profissional em que os docentes devem pôr idéias, teorias, finalidades e experiência prática. O plano torna-se um momento privilegiado de potencial comunicação entre o pensamento e a teoria com a ação.

4) Os planos, assumidos como esquemas flexíveis para atuar na prática, proporcionam segurança ao professor/a; assim, abordará com mais confiança os aspectos imediatos e imprevisíveis que lhe são apresentados na ação. O plano prévio é o que permite, paradoxalmente, um marco para a improvisação e criatividade do docente. O plano delimita a prática mas oferece um marco de possibilidades abertas (Salinas, 1987). Um plano é algo que dá continuidade à atividade enlaçando aspectos parciais do currículo, temas dispersos, atividades concretas. Não só se consegue mais coerência dessa forma, como também proporciona comodidade e economia profissional.

5) Os planos dos professores/as obrigam à busca prévia dos materiais mais adequados que docentes e alunos/as necessitarão. Sua seleção se torna um processo explícito de deliberação para escolher os mais convenientes. Quando o professor/a não necessita planejar é porque depende da experiência rotinizada ou de um material tão excludente de outros, como, por exemplo, o livro-texto, que lhe evita ter de pensar o que fará, que conteúdo dará, em que ordem, etc. Se planeja à margem deste, pode aproveitá-lo como mais um recurso.

6) Os planos do professor/a, discutidos e conhecidos pelos alunos/as, são uma forma de comprometê-los na atividade, comunicar-lhes seu sentido, proporcionando-lhes uma lógica que não se legitima pela simples autoridade do docente, mas por seu sentido. Como o roteiro resultante do planejamento é orientador da prática do professor/a, também é da do aluno/a. Sua ordem, o desenvolvimento em etapas, o esclarecimento de ações a serem realizadas, os tempos dados, o uso de meios, a realização final do trabalho que se exija, etc., também deveriam ser conhecidos dos estudantes.

7) Os planos que os professores/as fazem, se escritos e, se fosse possível, seguidos de comentários próprios num diário de classe e observados por outros em sua realização, podem ser um bom recurso de comunicação integrada com outros companheiros, para transmitir e compartilhar experiência profissional.

8) Se os planos ou programações são antecipações da prática e não exigências burocráticas, são recursos para dar a conhecer o que se faz dentro das aulas e das escolas. Se depois de experimentados, sua realização é valorizada, serão um bom recurso para fazer uma avaliação dos processos educativos, tendo em vista a sua uma melhoria e busca de apoio, mais do que com a motivação de fiscalização.

Dimensões de um modelo prático

Nesta perspectiva prática não se dão fórmulas ou "receitas" ou modelos de comportamento racional para que os professores/as sigam, pois são vistos como inúteis e contraproducentes para se adaptar às situações e profissionalizar os docentes. As peculiaridades de cada contexto, de cada grupo de alunos/as, de cada escola, as possibilidades de cada área curricular e de cada unidade de conteúdos, o grau de desenvolvimento profissional de cada docente, tornam todo modelo inviável.

Eisner (1979, p.116 e ss.) sugere que no plano ou criação de um currículo o importante não é tanto dispor de uma fórmula, mas sim considerar as dimensões em torno das quais se estabelecem os problemas mais relevantes, sem que se deva seguir uma seqüência ou ordem determinada na consideração dos aspectos que aponta. Essas dimensões são as seguintes: reflexão sobre finalidades, decisão de conteúdos, determinação de atividades às quais se pressupõe o poder de desencadear uma série de processos de aprendizagem, organização dos conteúdos, decidir de que forma estes serão apresentados, como se recolherá a resposta ou o trabalho dos alunos/as e de que forma e quando se avaliará.

Examinaremos essas dimensões acrescentando mais algumas que completam os aspectos e dilemas que podem surgir para o professor/a quando programa. A utilidade do pensamento pedagógico não está tanto em oferecer pautas concretas, mas também proporcionar princípios gerais e esclarecer os aspectos que determinam as práticas para que se pense e depois se atue conseqüentemente. São dimensões em que os professores/as podem se questionar e nas quais tomar direções ou fazer opções muito diversas; às vezes, não são aspectos em que o professor/a pare para pensar e decidir de forma consciente, ou ao menos nem todos. Mas por passarem inadvertidos, esses aspectos não deixam de estar presentes na prática. Algumas dimensões são mais relevantes do que outras; em algumas dispõe-se de mais liberdade de opções do que em outras.

Metas e objetivos

Finalidades, metas, objetivos, propósitos, são termos que em espanhol se intercambiam para querer significar a intenção das ações, seu guia orientador e o alcance a que se aspira por fazer algo. Geralmente, a "finalidade" faz alusão a formulações mais amplas, enquanto que "metas" e "objetivos" costumam se referir a aspirações mais definidas.

Na prática educativa de cada atividade se chega a pequenas ou significativas conquistas para vários propósitos ao mesmo tempo, ou seja, os objetivos concretos não são alcançados um depois dos outros, senão que com o desenvolvimento de todo o currículo se progride até muitos deles simultaneamente, a alguns mais do que a outros. Alguns dos efeitos reais têm a ver com os fins *pretendidos*, mas outros são efeitos *colaterais* não buscados. Uns e outros podem ser coerentes com o que se pretende, mas também se alcançam efeitos contrários. Numa determinada atividade se cultiva de um modo particular a sociabilidade, a aprendizagem intelectual, a atitude para com o conteúdo, a disposição de continuar aprendendo, os hábitos sobre o que é correto ou inadmissível, as atitudes para com o professor/a, procura-se o domínio de conceitos, mas também se desenvolvem atividades.

É necessário que os professores/as meditem sobre esta multiplicidade de efeitos, mas seria muito problemático que tivessem de decidir sua prática considerando cada uma das conseqüências educativas previsivelmente derivadas das atividades ou tarefas acadêmicas. Escolhemos métodos ou atividades porque favorecem, presumivelmente, uma determinada linha de progresso, mas definindo previamente os objetivos não se deduzem estratégias práticas para os professores/as. Estes levam em consideração as finalidades concretas na ação – outra coisa é a reflexão sobre fins mais gerais – ao mesmo tempo que devem decidir os conteúdos e a atividade. É importante refletir sobre a finalidade que nos orienta e ser sensíveis para com todos os efeitos que colaboramos para produzir, mas isso não significa que os fins ou objetivos devam ser estruturados sem antes considerar as atividades ou matéria de estudo, nem à margem do contexto no qual se atua, na pretensão de que sejam definidos com precisão.

As taxionomias ou classificações de objetivos tão divulgadas podem servir para distinguir efeitos educativos e ajudar nessa reflexão, o que não significa que se obtenham esses objetivos separadamente. Por esta razão, teimar em distinguir, definir e classificar objetivos costuma ser pouco útil para os professores/as, já que suas preocupações fundamentais não são prioritariamente essas, mas as referentes ao conteúdo, ao contexto, à atividade e aos meios que utilizar, nas quais é preciso introduzir a reflexão dos fins aos quais servem.

A partir do esquema tyleriano se divulgou uma espécie de ordem ou seqüência na tomada de decisões que postula que os professores/as partam da declaração prévia de objetivos, mas o certo é que eles não agem desse modo (Clark e Peterson , 1990; Gimeno, 1982 e 1988; Salinas, 1987; Yinger, 1977). A explicação é óbvia: à parte de que não é esta sua preocupação prática relevante, se na ação se produz a simultaneidade de efeitos aapontada, seria difícil para eles decidir atividades para objetivos concretos. O professor/a em sua prática real segue uma direção, caminha invariavelmente para metas, embora nem sempre tenha consciência disso. Convém que reflita sobre elas e compare as conseqüências do que faz com os fins ou objetivos que diz perseguir, mas é pouco prático para ele começar por decidir objetivos.

> "O estabelecimento de objetivos ou os princípios teóricos não são práticos, em princípio, porque não especificam uma atividade que introduza o conteúdo de tais propostas na prática" (*Deakin University*, 1985a, p. 29).

Escolher conteúdos e distribuí-los

O currículo é uma seleção de cultura, e em seu desenvolvimento, os professores, junto aos meios didáticos, como os textos e guias do professor/a, ponderam os conteúdos que devem ser tratados nas tarefas acadêmicas. As diretrizes administrativas sobre os currículos, ainda que sejam exaustivas, não propõem nem impõem o conteúdo definido de temas, tópicos, aplicações e exemplos que, dia-a-dia, serão objeto das práticas de ensino-aprendizagem; de qualquer forma, tal definição é feita pelos livros-texto. Enquanto os professores/as não dominem o conteúdo cultural que têm de transmitir, terão que depender das opções que outros façam por eles neste aspecto. O desenvolvimento de qualquer tema ou unidade implica selecionar informações para se propor ao aluno/a, ordená-las – o que exige saber apreciar o valor de um conteúdo dentro do contexto da especialidade a que pertença –, conhecer algo de sua evolução histórica, relacioná-lo com as derivações que teve em outros campos, possíveis aplicações na vida cotidiana, etc. Isso só é possível a partir de um certo nível de domínio cultural do professorado, pois planejar o currículo exige competência em seus conteúdos.

Este trabalho de seleção na definição é de transcendental importância, já que não se escolhe elementos ou orientações equivalentes de um ponto de vista espistemológico, educativo e social. Na decisão do conteúdo estão presentes orientações epistemológicas importantes relativas a uma área ou tema definido, como, por exemplo, seguir uma determinada concepção da história ou da lingüística, ou optar pela posição de que o conhecimento é algo objetivo ou construído dentro de uma trama de interesses sociais e de interesses dos próprios especialistas. As decisões na seleção afetam também a escolha de estimular ou não as relações com os problemas cotidianos, as aplicações tecnológicas, as preocupações sociais. Estas opções são valorizadas também desde posições pedagógicas e psicológicas sobre a aprendizagem e o ensino, o respeito aos interesses do aluno/a, etc.

Ao definir conteúdos se escolhem componentes de desigual valor para entender uma área do saber ou de cultura: a estrutura interna de uma área, princípios ou leis gerais, procedimentos de investigação nesses conteúdos, fatos e conceitos isolados. Na teoria sobre o currículo tem uma longa tradição a distinção de aprendizagens de tipo intelectual, hábitos práticos ou habilidades de comportamento, aquisição de valores e criação de atitudes. Taba (1974) diferencia as seguintes categorias de conteúdo: *conhecimentos* (fatos, idéias e conceitos), *pensamento reflexivo, interpretação* de dados, *aplicação* de fatos e princípios, *raciocínio* lógico, *valores e atitudes, sensibilidade, sentimentos e habilidades.*

A precisão e delimitação de conteúdos estão muito relacionadas com a disponibilidade de tempo para desenvolvê-los. O tempo escolar é sempre insuficiente frente a uma cultura ampla que está submetida a um crescimento exponencial dos conhecimentos. Frente a este fato cabem duas opções fundamentais: tratar de um modo superficial muitos aspectos, progredindo, aparentemente, com rapidez por programas sobrecarregados, ou deter-se em alguns deles que sejam essenciais e formativos, para dar oportunidade para que os alunos/as gostem de algo que entendem mais porque captam-no melhor em todas as suas facetas, tendo-se oportunidade de realizar diversas atividades. A prática dominante parece ter optado pela primeira solução. Bastaria que os professores/as fizessem uma prova de lembrança no começo de cada curso sobre os conteúdos tratados no ano anterior para se darem conta da inutilidade de tal opção.

Uma vez resolvido este dilema numa das duas direções, é preciso dividir o conteúdo no tempo escolar de acordo com a importância que se conceda a cada unidade ou tema para racionalizar o ensino do professor/a e a aprendizagem do aluno/a. Parece algo superficial de lembrar, mas é muito freqüente que em diferentes momentos do ano letivo o ritmo de tratamento dos temas seja muito desigual, com pressas no final, que para o aluno/a coincidem com o momento de maior pressão da avaliação.

Organização do conteúdo

Como vimos, o marco geral para organizar o conteúdo em boa parte vem dado para o professor/a pelo parcelamento prévio de áreas curriculares e determinação de especialidades dos docentes. Na organização dos conteúdos devese abordar dois tipos de opções: os *pontos de referência* em torno dos quais agrupar o conteúdo (em temas, unidades didáticas ou "lições") e a *seqüência* ou ordem dos mesmos.

Quando, como acontece com o ensino fundamental, é um único professor/a que desenvolve diversas áreas curriculares com os mesmos alunos/as, tem em suas mãos muito mais liberdade de organizar e ordenar os conteúdos, relacionando as aprendizagens de várias áreas ou dentro de cada uma. Quando os professores/as são especialistas de área ou disciplina, somente o planejamento conjunto pode suavizar as fronteiras entre o conhecimento e o parcelamento conseqüente da aprendizagem dos alunos/as. A partir dessa primeira e importante determinação, o âmbito de autonomia que subtrai dos professores/as é substancial; uma margem de decisões que costuma ocupar os materiais que estruturam os conteúdos ao propor como organizar o que se vai aprender, em torno de que unidades se agrupará, o que irá antes e o que depois. Há livros-texto que até sugerem aos professores/as a distribuição de temas por trimestres.

A ordenação dos componentes do currículo dentro de uma área e a relação entre elas é uma constante na didática, promovida pela intenção de que a seleção de peças – que é todo currículo – tenha uma coerência para quem as deve assimilar. Pela organização dos conteúdos, pode-se levar em conta os grandes centros de interesse do aluno/a e dar coerência aos retalhos de cultura descosidos que, do contrário, carecerão de sentido intelectual e educativo. Na história do pensamento e da prática pedagógica, a preocupação pela integração da aprendizagem – dos conteúdos, portanto – aparece como alternativa e como reação à lógica da especialização progressiva e de sua classificação em parcelas, disciplinas ou especializações desconectadas (Pring, 1976).

A *integração do saber* é algo que acontece na mente dos indivíduos (Taba, 1974, p. 392), mas pode se facilitar externamente com uma apresentação dos conteúdos mais de acordo com essa intenção; portanto, é necessário propô-la quando se planeja o currículo. A integração pedagógica do conhecimento não anula a ordem lógica entre saberes ou a ordem construída dentro de cada disciplina, senão que o subordina à pretensão de sua integração. Não significa que se descuidará da lógica das conexões que existem entre os temas, conceitos ou partes específicas, mas sim que, levando-as em conta, se busca apresentar os conteúdos da forma mais adequada para uma aprendizagem significativa, interessante e que mostre a maior quantidade de relações possíveis entre componentes, com problemas reais e aplicações à vida cotidiana, originando experiências variadas.

Na busca de soluções se observam duas linhas de trabalho: uma de tipo didático, que facilitou fórmulas práticas válidas para os professores/as e para os contextos reais de ensino de projetos curriculares e de unidades didáticas, pautadas em materiais e guias para professores/as; outra, ligada à investigação sobre processos e seqüências de instrução, que busca proporcionar modelos de passos estruturados para alcançar objetivos de ensino, uma vez analisado o tipo de aprendizagem que implica cada elemento dos conteúdos. À medida que nesta tradição científica de investigação vai se abordando aprendizagens mais complexas, mais aplicações se derivarão para o plano do currículo. No entanto, os fins gerais da educação e a complexidade do conhecimento escolar, que engloba processos de aprendizagem também complexos, tornam difícil a pretensão de dividi-los em ordenações precisas; por isso, a primeira linha de investigação continua sendo a mais útil para os professores/as e a que tem primazia na tentativa de organizar os currículos.

Três critérios básicos, às vezes combinados, foram utilizados na história da didática para planejar o currículo e o ensino com a pretensão de dar coerência à seleção de conteúdos:

a) Seguir a lógica das conexões e dependências entre elementos de uma matéria ou área (caso da dependência de conceitos em matemática, seqüência cronológica em história, agrupações conceituais) conta com toda a trajetória do ensino superior e secundário, e com implantação importante no ensino fundamental. Tradição apoiada pelo predomínio de métodos expositivos que seguem essa seqüência. São importantes as opções lineares, em que cada tema ou tópico segue outro, e não que nunca mais é visto; ou seqüências cíclicas (currículo em espiral).

b) Ordenar conteúdos em agrupações relacionadas com interesses dos alunos/as ou com problemas chamativos que desencadeiem uma investigação e permitam concentrar em torno deles conteúdos diversos de uma ou mais áreas (globalizações em *centros de interesse* do aluno/a, *projetos* que relacionam conteúdos e atividades diversas em torno de problemas e investigações, *unidades interdisciplinares*, etc.). Contar com os interesses não significa fazer um currículo *à la carte* segundo as motivações muito particulares de um grupo de alunos/as num lugar concreto, pois isso suporia estar constantemente refazendo tudo, mas partir de interesses gerais, de acordo com a idade, capacidade de compreensão e contexto, de modo que a experiência acumulada pelos docentes neste sentido seja aproveitável em outros momentos e por outros professores/as. A ciência, por exemplo, pode ser ordenada em torno de temas como: "Além do olho humano: a ótica", "Física dos instrumentos musicais", "A eletricidade e as comunicações".

c) Responder a problemas ou interesses sociais relevantes (a guerra e suas conseqüências, a contaminação ambiental, etc.). Soluções de organização apoiadas exclusivamente no primeiro critério deixarão fora, de modo inevitável, uma quantidade de exigências do currículo reclamado pela educação geral no ensino obrigatório.

As fórmulas básicas mais utilizadas foram a elaboração de *unidades didáticas, os módulos* ou ensino por *tópicos* que agrupam conhecimentos e requerem a realização de atividades conjuntas. Primeiro surgiram no ensino fundamental e, posteriormente, no ensino médio obrigatório (Tann, 1990; Warwick, 1987). A intenção foi: a) favorecer a motivação respeitando uma certa lógica dos conteúdos, b) exigir a colaboração de professores/as e especialistas diversos na ordenação do que se deve ensinar para favorecer a integração da aprendizagem, c) conectar os conteúdos com atividades práticas, métodos mais variados e utilização de materiais diversos, d) potenciar fórmulas alternativas de organização escolar, como o trabalho para diferentes ritmos dos alunos/as, e) regular melhor o tempo do calendário e dos professores/as, estabelecendo períodos de desenvolvimento de duração intermediária.

Na ordenação e distribuição dos conteúdos, seja qual for a forma de agrupamento escolhido, deve-se seguir uma determinada seqüência. Problema que é necessário abordar de níveis muito diferentes: pode-se propor a seqüência de disciplinas ou matérias, de grandes blocos, de temas específicos, de grupos de conceitos, de princípios, habilidades específicas. Os problemas e soluções que se estabelecem em cada caso são diversos.

Pode-se optar por uma seqüência linear, o que nos remete a uma imagem acumulativa da aprendizagem, em que um conceito ou tema segue o outro, com possíveis ramificações paralelas. Existem outras metáforas, amparadas também por teorias da aprendizagem, que postulam que muitas aprendizagens humanas não são tanto processos acumulativos lineares, mas sim diferenciações progressivas de realidades, ou conjuntos complexos captados primeiro em seus traços gerais para depois ir se vendo matizes, aspectos mais específicos. Nesta perspectiva se situam as seqüências em espiral: abordar os mesmos temas desde perspectivas cada vez mais complexas.

Não há fórmula ideal nem um único critério para fazê-lo. Dentro de uma área curricular as formas de organizar seus conteúdos em unidades didáticas, módulos ou temas são inumeráveis. Posner e Strike (1976), diferenciando mais os três critérios que apóntamos, sugerem cinco possibilidades para realizar seqüências de conteúdos muito delimitados:

a) Seqüências que têm como referência o *mundo real*. O conteúdo refletirá as relações espaciais, temporais ou entre atributos físicos que se produzem no mundo real: partes das plantas seguindo uma disposição no espaço, acontecimentos históricos produzidos seqüencialmente no tempo, ordenação de objetos por qualidades físicas, como por exemplo, a dureza, etc.

b) Seqüências de *relações conceituais*. São organizações de conceitos segundo suas relações e dependências, seguindo uma estrutura lógica. Para conseguir o domínio de um é preciso entender outros com antecedência. É a ordem baseada nas disciplinas.

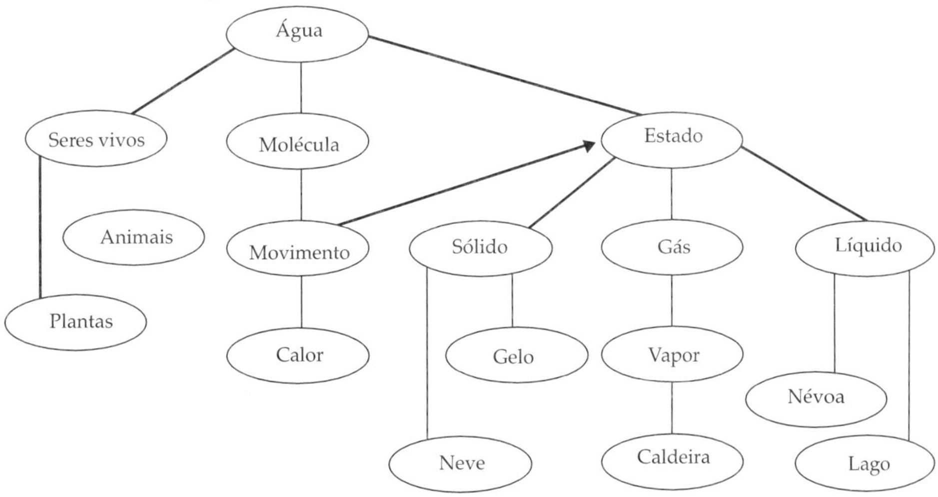

Figura 9.2. Mapa conceitual referente à água (Novak, 1988, p. 34).

c) Seqüências ligadas a processos de *indagação*. Derivam-se do processo de geração, descoberta ou verificação do conhecimento. Refletem a lógica da metodologia interna de cada área de conteúdo ou de pensamento.

d) Seqüências *psicológicas de aprendizagem*. Seu argumento é que a natureza da matéria ou do conhecimento não é o importante, mas sim o encadeamento de diferentes tipos de aprendizagens para alcançar outros mais complexos, neste caso estão as tipologias de aprendizagens como a de Gagné (1975 e 1979) ou Ausubel (1973) antes mencionadas. A ordem de componentes considerando seu grau de dificuldade, internalização, requisitos, experiência anterior, etc., são exemplos destas seqüências.

e) Seqüências relacionadas com a *utilização da aprendizagem* em contextos sociais, profissionais ou pessoais. É o caso dos centros de interesse, os projetos em torno de problemas sociais e atividades da vida cotidiana.

Como instrumento de esclarecimento do conteúdo e das relações entre as partes do mesmo, tanto para os professores/as como para os alunos/as, podem se utilizar *mapas conceituais do conteúdo* para representar as relações de dependência do significado entre componentes diversos da unidade de ensino (Novak, 1988; White e Gunstone, 1992). Dessa forma evidenciam-se as relações lógicas que se deverá levar em conta no desenvolvimento de um módulo (não se perde, pois, a perspectiva lógica), mas sem diminuir a liberdade para abordar conteúdos em ordem diferente, com exemplos e atividades diversas, etc.

Atenção a objetivos comuns

As declarações sobre a importância de objetivos educativos (sensibilidade frente a problemas sociais, estímulo da criatividade nos alunos/as, etc.), habilidades (manejo de bibliografia, classificação da informação, etc.), ou atitudes para estimular (tolerância, cooperação) que não têm a ver com uma área ou disciplina concreta ou com uma delas apenas, ficam em expressões retóricas se não são consideradas no trabalho cotidiano que compete a todos os docentes. Enquanto para os professores/as o conteúdo curricular próprio for o de sua matéria e não a educação geral do aluno/a, as tarefas não levarão em conta essas outras preocupações, que, paradoxalmente, conferem relevância à educação. Os objetivos comuns devem ser incorporados à programação de cada professor/a para cultivá-los nas atividades específicas e nos métodos gerais de sua especialidade, ampliando o sentido educativo desta. Em certos casos, será preciso decidir atividades especialmente dirigidas a esses objetivos transversais do currículo, mas é conveniente que façam parte de uma filosofia educativa e de uma metodologia que impregne toda a atividade.

Decidir tarefas ou oportunidades de aprendizagem

Os objetivos e conteúdos por si mesmos, ainda que sejam explicitamente declarados, não são o currículo real; é preciso desenvolver práticas para que possam tornar-se realidade. Aqui está um dos desafios fundamentais do que Eisner (1979) chama a *imaginação educativa*. É necessário uma interação do estudante com o conteúdo para que dela se deduzam conseqüências educativas, pois dessa interação dependem os possíveis efeitos educativos. O conhecimento escolar está mediatizado, como ressaltamos em outro momento, pela situação institucional de ensino, que é definida, do ponto de vista didático, pelas atividades. Nessa mediação se condicionam os processos e resultados da aprendizagem porque se determina que experiência o aluno/a terá. O ambiente geral do ensino e as atividades específicas que se empreendam devem se subordinar à análise de sua capacidade para criar um ambiente que possa despertar processos educativos convenientes. O currículo real para os alunos/as fica restrito no que fazem enquanto estão nas aulas, em como preenchem o tempo escolar, como dizia Bernstein. É o trabalho acadêmico o responsável mais imediato de como o currículo se transforma em experiência para os alunos/as (Brophy e Alleman, 1991; Doyle, 1986b).

À parte de condições gerais, como a disposição do espaço, dos materiais, o clima de aula, e a estimulação dos alunos/as, o ambiente mais imediato para eles e para os processos de aprendizagem são as *tarefas* que os envolvem no conteúdo e despertam uma dinâmica peculiar de se relacionar com ele. Ao realizar atividades ou tarefas, o aluno/a lê, compreende, assimila, relaciona, expressa-se, observa, analisa, discute com outros, aplica, constrói algo, etc., e por meio disso aprende de uma determinada forma.

E essa é a preocupação fundamental dos professores/as, ainda que se deva também a outras razões. Ao contrário da lógica do modelo de TYLER, os professores/as não partem do esclarecimento, definição ou classificação de objetivos, mas buscam prioritariamente as atividades que preenchem o tempo, façam o grupo de alunos/as funcionar e desenvolvam o currículo. Atividades e conteúdo são os elementos mais relevantes na representação que o docente se faz dos problemas que deverá resolver quando planeja (Peterson, Marx e Clark, 1979; Salinas, 1987; Shavelson e Stern, 1983; Zahorik, 1975). Daí a importância para o professor/a de dispor de um repertório de tarefas, saber escolher as mais adequadas e estimulantes, dispor de alguma valorização sobre as possibilidades que têm, estabelecer seqüências coerentes entre as mesmas e saber desenvolvê-las nas condições reais e com o grupo de alunos/as (Gimeno, 1988).

Fazer uma lista completa das atividades que podem ser realizadas nas instituições escolares, ou fora delas mas relacionadas com as aprendizagens escolares, é uma tarefa impossível, pois se trata de resumir a experiência metodológica acumulada historicamente pelos professores/as nas instituições educativas. Uma experiência que qualquer professor/a criativo pessoalmente pode moldar e enriquecer. Tampouco é fácil fazer uma classificação das mesmas oferecendo protótipos das categorias que se determinem. Os métodos pedagógicos são respostas práticas a situações e em contextos em que se evidencia a criatividade dos docentes. A multiplicidade de dimensões que se entrecruzam nas tarefas, a diversidade das mesmas de acordo com a área curricular na qual se realizarão dificultarão o estabelecimento de alguma tipologia geral de utilidade para qualquer professor/a.

Critérios mais relevantes para analisar e selecionar atividades:

• *Coerência com os fins gerais* da educação, de acordo com o nível e especialidade que se curse.

• Capacidade para extrair as *possibilidade educativas genuínas de uma área* ou disciplina. Existem tarefas mais próprias para uma área do que para outras.

• Papel que o aluno/a desempenha e *processos* de aprendizagem estimulados pela atividade ou tarefa: memorização, compreensão significativa do que se aprende, integração de informações, expressão pessoal, estímulo à originalidade, resolução de problemas, confecção de materiais ou instrumentos, etc.

• *Motivação* que suscita no aluno/a, como uma garantia indireta do envolvimento pessoal na aprendizagem, a criação de atitudes positivas e de continuidade dos efeitos previsíveis.

• *Globalidade* de efeitos que podem se desprender de sua realização: intelectuais, afetivos, sociais, progresso em habilidades, etc. Dimensão que, por sua vez, depende da capacidade da atividade para desenvolver um trabalho mais completo dos alunos/as e de quando se abordam conteúdos relevantes que aglutinam idéias fundamentais em vez de "retalhos" pouco significativos.

• *Grau de estruturação* ou diretividade do trabalho do aluno/a. Qualquer tarefa propõe um padrão de comportamento ao estudante. O grau de maturidade, os conhecimentos prévios e os hábitos de trabalho obrigam a analisar a adequação entre a diretividade que uma tarefa propõe e as possibilidades do aluno/a. É de grande importância para o estudante ter claro se se permitem diversas opções. Quando isto não for possível, porque a tarefa apresente um curso de ação e um produto esperado bastante definido, ou porque o professor/a imponha uma determinada norma no processo e/ou produto da tarefa, o esclarecimento do plano de ação em cada uma delas é de grande importância para a segurança do aluno/a.

• *Papel do professor/a* exigido pelo desenvolvimento das atividades para determinar a seqüência em que estas se apresentarão e analisar se é possível sua realização em determinadas condições. Há tarefas que o professor/a prepara com pouco esforço, enquanto que outras comportam mais atenção prévia. Uma tarefa com certos alunos/as exige-lhe plena dedicação, enquanto outras podem lhe permitir a realização de atividades paralelas com diferentes subgrupos. A estrutura das tarefas deve-se acomodar às condições do trabalho dos professores/as e seus recursos pessoais, do contrário não poderão se realizar.

• *Clima* que fomenta a atividade entre alunos/as e entre estes e os professores/as; estimula-se a independência pessoal, a cooperação ou a concorrência.

• *Condições organizativas.* As tarefas exigem determinadas condições organizativas de espaço, tempo e recursos. Se não se dispõe delas ou não se mudam as existentes, estas são inviáveis. Por isso, as atividades dominantes são as que melhor se acomodam à organização escolar existente (espaços, tempos do horário, mobiliário, serviços da escola, etc.). Modificar os métodos para que mude o processo de aprendizagem exige alterar a organização, tal como vimos anteriormente. A pobreza dos processos de aprendizagem está ligada ao predomínio de umas tarefas ajustadas a um ambiente que costuma permitir poucas variações, centrado no uso de livros-texto desde uma classe, com poucas possibilidades de observar coisas e fenômenos fora do ambiente da aula ou manejar materiais mais estimulantes, novas tecnologias, etc.

• *Gestão e seqüência de tarefas.* As tarefas sem relação entre si geram aprendizagens "entrecortadas" com pouca coerência. Para que a ação global tenha um sentido, as partes dessa ação – tarefas mais específicas – devem ter entre si uma relação, o que, indubitavelmente, virá favorecido por uma estrutura globalizada do conteúdo. A seqüência de tarefas tem a ver com a necessidade de que o trabalho realizado numa delas tenha que ser prévio ou não ao realizado em outra (o trabalho individual costuma preceder o trabalho em grupos, por exemplo). Eisner (1979) fala de dois modelos a respeito: a) o modelo de escada. Neste se supõe que algumas atividades são necessárias antes das outras, seguindo uma rota muito definida, como se houvesse habilidades que se possuem ao começar o processo e outras ao sair; b) o modelo de "teia de aranha". Aqui se provê de projetos, materiais e atividades de cujo uso se derivarão diversos resultados entre os estudantes. Que modelo é adequado? Depende da visão que se tenha do que deve ser a educação, mas o segundo é seguido mais comumente pelos professores/as.

Outro aspecto da seqüência é o caráter simultâneo ou sucessivo das tarefas. Na primeira opção, podem realizar-se numa classe diferentes trabalhos por distintos subgrupos de alunos/as; na segunda, todos os estudantes fazem o mesmo antes de passar para a próxima atividade. A realização simultânea é uma possibilidade para favorecer a individualização, pois permite ritmos de trabalho distintos e atividades diversificadas; o que requer a existência de tarefas bem planejadas previamente que possibilite a ação dirigida pela estrutura (pública) da tarefa, e não pela direção constante do professor/a.

Raths (1971) propõe uma série de princípios ou critérios para selecionar e ponderar o valor educativo das atividades:

1. Que a atividade permita ao aluno/a tomar decisões razoáveis quanto ao modo de desenvolvê-la. É mais importante, por exemplo, que o estudante possa escolher entre fontes de informação do que permitir-lhe decidir na dimensão de quando desenvolverá a atividade: agora ou mais tarde.
2. Uma atividade é mais substancial do que outra se facilita que o aluno/a desempenhe um papel ativo: pesquisar, expor, observar, entrevistar, participar em simulações, etc., em vez de escutar, preencher fichas ou participar de discussões rotineiras com o professor/a.
3. Uma atividade que permita ao aluno/a ou o estimule a se comprometer na investigação das idéias, na aplicação de processos intelectuais ou em problemas pessoais e sociais, é mais importante do que outra que não o faça. Envolver-se em temas que propõem a verdade, a justiça, a beleza, a comprovação de hipóteses, a identificação de pressupostos, etc., é mais adequada do que tratar de tópicos sem questionar problemas de importância.
4. Uma atividade terá mais valor do que outra se envolve o aluno/a com a realidade: tocando, manipulando, aplicando, examinando, recolhendo objetos e materiais, e não apenas pintando, escrevendo, narrando, etc.

5. Uma atividade é mais importante do que outra se pode envolver nela alunos/as com diferentes interesses e níveis de capacidade. Tarefas como imaginar, comparar, classificar ou resumir não impõem normas de rendimento únicas nos seus resultados possíveis.
6. As atividades que estimulam os estudantes ao exame de idéias ou à aplicação de processos intelectuais a novas situações, contextos ou materiais, são mais valiosas do que as que não estabelecem continuidade entre o estudado previamente e as novas aquisições.
7. As atividades terão mais valor educativo se exigem que os estudantes examinem temas, ou aspectos dos mesmos, nos quais as pessoas não costumam se deter normalmente e que são ignorados pelos meios de comunicação: sexo, religião, guerra, paz, etc.
8. As atividades que obrigam a aceitar um certo risco de êxito, fracasso ou crítica, que podem supor sair de caminhos muito transitados e provados socialmente, têm maior potencialidade do que as que não oferecem risco.
9. Uma atividade é melhor do que outra se exige dos alunos/as que escrevam de novo, revisem e aperfeiçoem seus esforços iniciais, em vez de aparecer como meras "tarefas para completar", sem espaço para a crítica nem para o aperfeiçoamento progressivo, fazendo-as uma única vez.
10. As tarefas que comprometem os estudantes na aplicação e domínio de regras significativas, normas ou disciplinas, controlando o que foi feito, submetendo-o à análise de estilo e sintaxe, são mais importantes do que as que ignoram a necessidade dessa regulação.
11. As atividades que dão oportunidade aos estudantes de planejar com outros e participar em seu desenvolvimento e resultados são mais adequadas do que as que não oferecem essas opções.
12. Uma atividade é mais valiosa se permite a acolhida de interesses dos alunos/as para que se comprometam pessoalmente.

A apresentação do conteúdo e dos materiais

> "Os planejadores do currículo podem aproveitar intencionalmente a variedade de modalidades que os seres humanos utilizam para conceitualizar e experimentar o mundo, assim como expressar o que aprenderam sobre ele" (Eisner, 1979, p. 129).

Boa parte dos conteúdos do currículo, especialmente os que têm como metas aprendizagens de tipo intelectual, necessitam um suporte sobre o qual os alunos/as realizarão atividades. Anteriormente, comentamos que o currículo era o texto que representa a cultura que vai se reproduzir ou recriar e isso requer materiais que sejam intermediários portadores de mensagens. Se a atividade é condicionante da experiência de aprendizagem, os materiais o são daquela, pois estabelecem as formas possíveis de encontro do estudante com o que ele vai aprender. O recurso mais utilizado é a linguagem falada e escrita, mas por outros meios conhecimento e a sensibilidade são construídos, armazenados e expressados. Percebemos pelas palavras – escritas ou faladas –, de outros signos, a partir de fórmulas, de gráficos, de imagens fixas, de filmes, de modelos, do trato direto com as coisas, etc. A multiplicidade de registros que se utilizam quando se codifica nossa experiência enriquece o conhecimento humano e as possibilidades de se expressar; utilizar os instrumentos que servem de mediadores entre os alunos/as e a cultura contribui para melhorar a comunicação intelectual e a sensibilidade com os demais, com o mundo, com o passado, etc.

Enquanto a experiência de aprendizagem direta com as coisas e as pessoas é rica na vida cotidiana utilizando vários desses registros, dentro do ensino institucionalizado empobrece-se enormemente, até o meio de comunicação por excelência, que é a linguagem, fica emperrada. A palavra falada que não seja a do professor/a é freqüentemente penalizada ou fica submetida às pautas de disciplina; a expressão gráfica se anula progressivamente à medida que se ascende pela escolaridade, ou fica reduzida a suas mínimas possibilidades, transformada em disciplina; a experiência vital, cultural ou profissional que não seja a do professor/a não tem espaço nas aulas; a fotografia é usada para preencher os espaços do texto escrito nos livros-texto; o slide pode servir para o professor/a de história, mas não ao de língua; aceita-se em casa os documentários, mas não é aproveitado nas aulas; o vídeo é um entretenimento familiar subutilizado no ensino para se aproximar da realidade e experiência de outros; e pode chegar a acontecer a o mesmo com os computadores.

Nunca as técnicas de reprodução e toda a tecnologia da comunicação divulgaram tantos meios de expressar idéias e mensagens sob diferentes formas, nem seus comunicados alcançaram tantos homens, enquanto a instituição escolar continua aferrada à forma de produção dos copistas. O debate dos *materiais* didáticos e das novas tecnologias entra na escolaridade como conteúdo de oficinas e de atividades paracurriculares – novas disciplinas no final das contas, embora inovadoras – do que como meios para utilizar em quaisquer das preexistentes. Quando se incorporam, é freqüente que o façam a serviço da metodologia dominante, como recursos mais para uso do professor/a.

Embora seja certo que o docente se veja limitado pela estrutura escolar que pouco facilita a disponibilidade de usar com fluidez novos recursos, o certo é que dele depende a possibilidade de localizá-los, contabilizá-los, comunicá-los a outros. Algo que não será possível enquanto não se questionem as tarefas acadêmicas mais assentadas, porque as pautas de uso de certos materiais estão ligadas à forma de organização da atividade na escola e à metodologia dominante nas aulas. Questionar o papel que os meios desempenham é discutir a atividade para que servem e vice-versa.

Um exemplo disso é que um material, como é o caso do livro-texto, cuja decisão fica em mãos dos professores/as, é muito pouco discutido por eles, porque em torno do seu uso está organizada boa parte de uma metodologia que ao mesmo tempo não se questiona.

> "Quando uma escola (...) adota um livro-texto em ciências sociais, ciência ou matemática, esse livro, de fato, define uma parte significativa do conteúdo que os alunos/as estudarão. Os livros-texto nessas áreas também contêm sugestões de atividades suplementares para estudantes e professores/as, e, desse modo, definem o que os estudantes farão nas aulas. Além disso, os guias do professor/a que acompanham muitos livros-texto proporcionam orientação quanto a perguntas e temas que podem ser tratados numa discussão, e até contêm as provas que podem ser utilizadas para comprovar se os alunos/as aprenderam o que eles ensinam" (Eisner, 1979, p. 114).

Os editores de materiais são as figuras mais influentes no desenvolvimento do currículo. Os livros-texto não são por si mesmos o currículo, mas são elementos muito decisivos na concretização deste, daí que sua escolha seja decisiva no começo de um curso ou de um ciclo de ensino.

Produção exigida ao aluno/a

Para muitos professores/as, fazer com que os alunos/as aprendam significa que aproveitem o trabalho acadêmico, o que equivale a dizer que realizem as atividades dadas. Se o estudante efetua essas tarefas, "está tudo bem". Para certificar-se da eficácia do ensino, costuma, se exigir, comumente, um tipo de produção em que o trabalho mostre-se de modo concreto. Se o horário escolar não dá tempo suficiente, pode-se que o aluno/a realize-o em casa. Utilizam-se muitas vezes suas produções como forma de comprovação de aprendizagem (redigir, resumir texto, realizar exercícios). Como veremos em outro capítulo, a possibilidade de uma avaliação contínua para os professores/as está no acompanhamento desses trabalhos, mas seu valor fundamental reside em ser parte essencial da atividade de aprendizagem. Um resumo, um ensaio, uma representação, são requisitos e motivos de aprendizagem. A pobreza de meios e formas de comunicar o conteúdo aos alunos/as está ligada a uma paralela restrição nas produções ou trabalhos destes. Uma atividade dará mais possibilidades à mediação que faz da aprendizagem se ocasiona a utilização de mais meios de expressão com os alunos/as.

A consideração das diferenças individuais

Já vimos as respostas que para esta preocupação podem e devem se dar desde outros dois âmbitos de planejamento antes tratados. No entanto, é o professor/a quem se encontra com o aluno/a. As fórmulas organizativas favorecem ou dificultam as opções docentes, mas não lhe revelam totalmente o problema.

A busca de métodos específicos para cada aluno/a ou para um tipo com certas características concretas, ou a elaboração de materiais adaptados para as necessidades do estudante em particular estão fora do alcance dos professores/as em condições normais. É possível dentro de um ensino tutorial – um professor/a para um aluno/a – que só pode exercer-se em momentos muito pontuais de sua jornada de trabalho. Pode servir para casos muito específicos, em tratamentos de dificuldades de aprendizagem, mas não como relação didática normal com o grupo de alunos/as. Nas condições de trabalho dos professores/as a resposta às diferenças "normais", deve ser feita com outras estratégias: com uma organização flexível do trabalho que permita a expressão das peculiaridades e uma atenção diversificada aos estudantes dentro do grupo-aula.

A individualização deve ser abordada didaticamente, apoiando-se nas seguintes estratégias:

a) Tendo o princípio de que unicamente a variedade pode dar mais fácil acolhida às variações entre os alunos/as, é preciso que as tarefas não sejam sempre as mesmas nem idênticas para todos. Dessa forma, favorece-se a diversificação, já que cada atividade representa diferente forma de se relacionar com o conteúdo, distinto aproveitamento de materiais, peculiares apresentações do conteúdo e singulares produções de trabalho.

b) Dispor de unidades de trabalho estruturadas e fáceis de seguir independentemente pelos alunos/as, liberando o professor/a para atender os que apresentam dificuldades ou orientar tarefas que se realizem simultaneamente num mesmo grupo. A individualização por este caminho é possível enquanto se dispõem de materiais de auto-instrução: fichas-guia para realizar trabalhos, projetos estruturados que o aluno/a desenvolverá, "pacotes de ensino" como os que se utilizam na aprendizagem de idiomas, ensino assistido por um computador, etc. O trabalho realizado a partir de um plano permite que os alunos/as com diferentes ritmos de aprendizagem atuem num mesmo ambiente.

c) Diferenciações no estudo de temas ou em partes dos mesmos, com distintos desenvolvimentos para alunos/as adiantados e intensificação para atrasados. O currículo obrigatório não deve ser necessariamente idêntico para todos, como já vimos. Se cada pessoa não pode ler toda a literatura, por que não deixar opções de leitura?, por exemplo. Uma vez que todos dominem certos conceitos básicos, pode-se facilitar que diferentes subgrupos e/ou indivíduos desenvolvam mais certas partes específicas, podendo aproveitá-las depois em sessões conjuntas. Os trabalhos práticos permitem também que os alunos/as aproveitem recursos próprios distintos de uns para outros. Inclusive se deveriam prever momentos ou tarefas especialmente dedicadas para que os alunos/as se auto-regulem e aprendam a seguir o *trabalho independente*, o que, a longo prazo, favorecerá a expressão individual.

d) Distribuição do tempo do professor/a entre subgrupos de alunos/as ou com alguns deles em particular, para o qual se requer que o trabalho esteja previamente estruturado. A aprendizagem autônoma libera o professor/a para distribuir seu esforço entre alunos/as com dificuldades ou carências, por exemplo. As tarefas simultâneas com trabalho auto-regulado permitem ao docente repartir seu tempo e atender diferenças dentro de sua aula.

e) A distribuição de alunos/as para trabalhos em pequenos grupos, que podem versar sobre diferentes temas ou partes de uma mesma unidade, permite também a diferenciação.

f) Sem meios diversificados para o desenvolvimento do currículo, os alunos terão que aproveitar uma gama muito limitada de materiais que lhes oferecerão uma mesma informação e idênticos estímulos. A biblioteca de aula, por exemplo, permite uma variedade de fontes de consulta que o livro-texto único para todos não permite.

A participação e o compromisso dos alunos/as

Uma preocupação básica de todo professor/a e da instituição escolar é que o ensino funcione envolvendo os alunos/as no que fazem para que tudo ande com normalidade. Requer-se deles um certo compromisso com a tarefa, uma ordem e uma disciplina apoiadas nas regras do trabalho. É uma constante de toda educação progressista que esse compromisso seja conseqüência de uma forma razoável de estudar e do gosto intrínseco pelo que se faz. Para isso, o conteúdo e a atividade devem adequar-se às possibilidades do aluno/a e colocar desafios estimulantes. A educação pode ser atrativa e produto de uma colaboração entre professores/as e alunos/as, como o demonstram experiências presentes e passadas. Atrativo do conteúdo, estímulo da atividade e relações humanas acolhedoras nas escolas e nas aulas são três condições internas para o envolvimento dos alunos/as.

Pressupostas essas condições internas, o professor/a pode utilizar recursos especialmente dirigidos à manutenção do compromisso do aluno/a com a atividade. Os *contratos ou planos de trabalho, a agenda pessoal, as fichas guia* são alguns desses recursos (Dunn, 1972; Dottrens, 1959). Trata-se de estabelecer por escrito o que se compromete fazer, especificando as tarefas, o tempo das mesmas, seu fim, materiais a serem consultados, etc.

Quando se alcança esse clima de trabalho, a disciplina é uma ordem interna, e não uma imposição, fomentam-se relações pedagógicas apoiadas na racionalidade do processo de ensino-aprendizagem, e não na norma imposta.

O compromisso do aluno/a requer que participe em sua formação. As escolas como ensino de democracia devem pautar sua filosofia no desenvolvimento do currículo e nas práticas cotidianas. Não se trata de que os alunos/as escolham livremente o que de essencial devem aprender, porque essa é, de qualquer forma, uma meta, e não um ponto de partida. Mas podem participar na discussão do plano de trabalho, na relação de tarefas alternativas, na análise do trabalho realizado, na busca de recursos externos, na organização de atividades autônomas ou guiadas (coleções, exposições, murais, oficinas, etc.).

Adequação do "cenário"

A atividade de ensino realiza-se em determinadas coordenadas espaço-temporais e com certos recursos concretos. É difícil saber, observando a realidade, se os "cenários dominantes" configuram-se para servir a atividades que expressavam um estilo educativo, uma forma de entender a educação, ou as tarefas dominantes que se praticam são quem de forma natural se acomodam a esse cenário.

Ao professor/a individualmente lhe resta a possibilidade de ordenar o mobiliário, os recursos didáticos existentes e distribuir seu tempo, embora este, quando parcelado em módulos de uma hora tampouco oferece muitas possibilidades.

O "cenário escolar" tem outra dimensão: o que fica fora dele. As atividades culturais, as extra-escolares, o uso dos estímulos e recursos do meio, permitem a ruptura da monotonia do meio escolar e o aproveitamento da cultura externa às aulas e aos livros-texto, e isso também está nas mãos do professor/a.

Avaliação

A avaliação é uma exigência institucional em algum momento da escolaridade. Em nosso sistema, o modo de realizá-la e seu conteúdo ficam totalmente nas mãos do professor/a. As opções que se façam em torno da avaliação têm uma forte repercussão no ambiente educativo, em geral, e nas atividades que se desenvolvem dentro dele. Acabamos de comentar que as tarefas e formas de produção exigidas para os alunos/as estão muitas vezes condicionadas pelo fato de que sejam mais ou menos fáceis de valorizar. Cada uma delas tem peculiar significado e peso no resultado final em função de que processos e resultados observáveis os professores/as mais valorizam, ainda que seja de forma implícita.

Ao professor/a restam muitas opções neste tema. A avaliação implica escolhas de técnicas, o momento de realizá-las, o que será objeto da mesma, em que se insistirá mais, por meio de quais produções se atribuem valores aos alunos/as, com que freqüência fazê-lo, que forma adotarão as provas que se façam à margem do trabalho cotidiano, se deve avaliar sem avisar ou com um conhecimento antecipado por parte dos alunos/as, se se têm claro previamente o que será pedido, que grau de surpresa os estudantes podem encontrar no que lhes é exigido, o resultado se será discutível ou não, quando se comunicará este ao aluno/a, se se compensará notas com conduta ou se o bom comportamento equivale a aluno/a "aplicado", se se farão públicos os resultados ou não, se se busca a competitividade entre os alunos/as, o que se comunicará aos pais do que se avalia.

CAPÍTULO 10

A AVALIAÇÃO NO ENSINO

J. Gimeno Sacristán

A PRÁTICA DA AVALIAÇÃO

> "A avaliação é reconhecida atualmente como um dos pontos privilegiados para estudar o processo de ensino-aprendizagem. Abordar o problema da avaliação supõe necessariamente questionar todos os problemas fundamentais da pedagogia. Quanto mais se penetra no domínio da avaliação, mais consciência se adquire do caráter enciclopédico de nossa ignorância e mais se põe em questão nossas certezas, ou seja, cada interrogação colocada leva a outras. Cada árvore se enlaça com outra e a floresta aparece como imensa" (Cardinet, 1986a, p. 5).

A avaliação é uma prática muito difundida no sistema escolar em qualquer nível de ensino e em qualquer de suas modalidade ou especialidades. Conceituá-la como "prática"significa que estamos frente a uma atividade que se desenvolve seguindo certos usos, que cumpre múltiplas funções, que se apóia numa série de idéias e formas de realizá-la e que é a resposta a determinados condicionamentos do ensino institucionalizado. Esse é o sentido da citação anterior. A prática da avaliação é explicada pela forma como são realizadas as funções que a instituição escolar desempenha e, por isso, sua realização vem condicionada por numerosos aspectos e elementos pessoais, sociais e institucionais; ao mesmo tempo, ela incide sobre todos os demais elementos envolvidos na escolarização: transmissão do conhecimento, relações entre professores/as e alunos/as, interações no grupo, métodos que se praticam, disciplina, expectativas de alunos/as, professores/as e pais, valorização do indivíduo na sociedade, etc. Portanto, auxilia definitivamente a configurar o ambiente educativo (Fernández Pérez, 1986). Estudar a avaliação é entrar na análise de toda a pedagogia que se pratica.

Todas estas inter-relações obrigam a uma análise das funções que a avaliação cumpre na prática educativa como um meio de sensibilização dos professores/as, antes de se preocupar em proporcionar modelos prescritivos de avaliação para serem seguidos. Tal como entendemos a prática de avaliar, o significado e usos dos professores/as não vão mudar necessariamente apenas por dizer como esta se realizará, seguindo modelos teóricos ou aconselhando técnicas concretas. De fato, deve-se perguntar a razão pela qual determinadas formas de avaliar, que não se aconselham há muito tempo, continuem sendo praticadas tão massivamente.

Estas características fazem do tema da avaliação em educação algo peculiar em comparação com sua utilidade no campo psicológico, por exemplo. Curiosamente, foi a psicologia de diagnóstico psicométrico de qualidades mentais, de aprendizagens e avaliação de variáveis da personalidade, que emprestou uma marca decisiva e persistente no mundo educativo. Nos tratados, monografias e investigações sobre avaliação se presta muito mais atenção, por exemplo, às técnicas psicométricas do que ao que os professores/as fazem cotidianamente.

Avaliar não é uma ação esporádica ou circunstancial dos professores/as e da instituição escolar, mas algo que está muito presente na prática pedagógica. Crooks (1988), recolhendo dados pertencentes aos Estados Unidos, considera que 15% do tempo dos estudantes no ensino é dedicado a fazer diferentes provas, ainda que dados deste tipo tenham apenas um caráter de aproximação, já que não se avalia só quando se fazem exames, mas também por meio de práticas de avaliação informal, o que eleva muito mais esse tempo dedicado à atividade de comprovar, medir e avaliar. Trabalhos de investigação em outros contextos (Black, 1986) destacam que, para os professores/as, avaliar é uma atividade que vem exigida como uma obrigação institucional, pois uma grande parte de escolas e docentes estimam que avaliam os alunos/as porque têm de informar mais do que por qualquer outra razão do tipo pedagógico. É evidente que não só os estudantes investem uma quantidade de tempo e energia importantes na prepa-ração e realização de diferentes provas e tarefas que têm como finalidade comprovar seu trabalho, mas que também o tempo dos professores/as – dentro e fora da instituição – é dedicado a planejar, realizar, corrigir provas e elaborar informação sobre resultados para diversas audiências: os alunos/as, seus pais, a escola ou a administração.

Embora não tenhamos dados sobre nosso sistema escolar, sabemos que se trata de uma atividade amplamente recusada pelos alunos/as e bastante enfadonha e fastidiosa para muitos professores/as. Isso não impede que encontremos estudantes que se mostrem orgulhosos quando obtêm boas notas, e que muitos professores/as utilizem a avaliação, inclusive com certa complacência, para manter a ordem, a autoridade e seu sentimento de superioridade sobre os alunos/as. Estas situações demonstram algumas das funções que este rito escolar cumpre.

A complexidade da prática de avaliar exige a abordagem desse tema a partir de duas perspectivas que se inter-relacionam:

1) Como uma função didática que os professores/as realizam, fundamentada numa forma de entender a educação, de acordo com modos variados de enfocá-la, proposições e técnicas diversas para realizá-la, etc. Ainda que sua origem e motivação profunda não seja de ordem educativa ou científica, mas conseqüência de necessidades sociais e institucionais.

Como atividade suscetível de ser investigada e submetida a tratamento científico, já que é uma parte essencial do universo dos processos didáticos, a avaliação adquiriu um papel relevante apenas recentemente. Talvez seja fruto da necessidade de racionalizar uma prática já preexistente, de intelectualizar em termos de teoria processos institucionais cuja força é cada vez mais evidente. É curioso observar como nos manuais clássicos de didática geral, que ordenam os problemas relevantes do ensino, até praticamente 1970 o tema da avaliação passa bastante desabercebido (exemplos: Schmieder, 1966; Stöcker, 1964; Tito-Ne, 1966). Os esquemas dominantes até esse momento na avaliação procederam, muito fundamentalmente, da teoria e prática de mediação psicológica, que se aplicavam a uma necessidade do sistema: a realização de exames.

Atualmente, para a teorização didática, avaliar não é só o ato de comprovar o rendimento ou qualidade do aluno/a, mas mais uma fase, a final, de um ciclo completo de atividade didática racionalmente planejado, desenvolvido e analisado, ou seja, hoje se pensa na avaliação como uma fase do ensino. Qualquer processo didático intencionalmente guiado implica uma revisão de suas conseqüências, uma avaliação do mesmo. A avaliação serve para pensar e planejar a prática didática.

Agora, o papel da avaliação no pensamento e na técnica didática tem valor e significado muito desigual conforme é entendida. Vejamos um exemplo: no esquema de Jackson (1975), depois de analisar o que acontece nas aulas, avaliar significa ressaltar processos *pós-ativos* do ensino, o que acontece quando se reflete sobre o que já passou no tempo e em certas atividades do ensino. Essa fase pós-ativa segue à realização do ensino (processos interativos), que, por sua vez, foram objeto de planejamento prévio (processos pré-ativos). No caso da *investigação na ação*, esquema de racionalização dos processos didáticos, em que se ressalta a importância da *reflexão sobre o ocorrido*, a avaliação é um recurso para melhorar os processos pedagógicos. Nestas proposições, a avaliação tem o significado e valor de servir à tomada de consciência sobre a prática.

Como já vimos, muito diferente é o caso das proposições didáticas inscritas no paradigma ou teoria tecnológica ou tyleriana sobre o currículo, nas quais a avaliação é recurso de comprovação de eficácia. Para determinadas posições gerencialistas, avaliar é a forma de constatar a eficácia dos professores/as e das escolas. Em cada caso, os processos avaliadores são essenciais no entendimento da prática de ensino, mas seu significado é muito diferente. A realização da avaliação, além de ser uma exigência institucional, depende dos modelos pelos quais a pensamos.

2) De um ponto de vista crítico, é preciso ser sensível aos fenômenos que desencadeia a existência de práticas de avaliação dentro de uma instituição como a escolar, que empresta suas características especiais a tudo o que se faz dentro dela. O fato de realizar a avaliação, e fazê-la de uma determinada forma, desencadeia uma série de fenômenos nos professores/as e nos que a sofrem (quase exclusivamente os alunos/as), no próprio contexto escolar no qual acontece e no ambiente familiar e social mais imediato à escola.

As conseqüências que se derivam das práticas de avaliação para alunos/as, professores/as, clima escolar ou relações família-aluno/a e aluno/a-sociedade formam um dos pontos mais relevantes do currículo *oculto* da escolarização. Daí que destrinchar o significado das práticas de avaliação seja um caminho para penetrar no significado da educação institucionalizada.

Para os professores/as não interessa colocar a avaliação somente como um problema técnico-pedagógico que devem resolver em seu ensino, apoiados em diferentes modelos de proceder, mas também devem concebê-la como um caminho para entender o currículo real do aluno/a, algo que é um problema prático prévio que ultrapassa inclusive sua vontade, que forma toda uma mentalidade.

Dentro da concepção e usos mais difundidos, costuma-se entender a avaliação como uma atividade dos professores/as sobre os alunos/as. Na linguagem pedagógica mais corrente, falar de avaliação é pensar em algo que inevitavelmente recai sobre estes. O pensamento educativo elaborou seu discurso quanto a esse âmbito, porque é uma função exigida à escola pela sociedade, com urgência e prioridade sobre qualquer outra prática possível de avaliação. Na investigação educativa e na bibliografia especializada podem se encontrar abundantes estudos e resultados referentes à avaliação de alunos/as, mas muito menos relativos a outros elementos que intervêm no ensino, como, por exemplo, a avaliação de professores/as, de materiais e de escolas. Existem estes outros âmbitos práticos nos quais se realiza a avaliação, só que, por economia de espaço e utilidade para os professores/as, nós nos referiremos à avaliação de alunos/as.

O QUE SE ENTENDE POR AVALIAR

O conceito de avaliação tem uma amplitude variável de significados possíveis. Impõem-se ou não na prática segundo as necessidades às quais a avaliação serve a e em função das diferentes formas de concebê-la. Dizer o que é avaliar não é algo simples de definir, além do mais, segundo o que acabamos de apontar, não é o mesmo avaliar rendimentos em alunos/as, comportamento nos professores/as, qualidade dos materiais didáticos ou bom funcionamento das escolas, etc. Frente à possibilidade de submeter à avaliação aspectos ou elementos tão diversos que intervêm no processo educativo ou que são efeitos da educação convém destacar uma precaução: tudo no âmbito educativo pode ser potencialmente avaliado de alguma forma, o que não significa que tenha de sê-lo à força; em muitos casos, não será fácil fazê-lo, nem está ao alcance das possibilidades do professor/a.

Na linguagem cotidiana se atribui ao verbo *avaliar* o significado de estimar, calcular, taxar, valorizar, apreciar ou apontar o valor, atribuir o valor a alguma coisa. A operação de avaliar algo ou alguém consiste em estimar seu valor não-material. Na prática cotidiana dominante, o significado de avaliar é menos polissêmico: consiste em classificar os alunos/as – e aplicar provas para obter informação a partir das quais se atribuirão essas classificações.

Curiosamente, a concepção pedagógica e metodológica mais exigente e conveniente tem um significado amplo, semelhante ao que possui na linguagem não-especializada. Partiremos de uma primeira idéia ou definição: *Avaliar se refere a qualquer processo por meio do qual alguma ou várias características de um aluno/a, de um grupo de estudantes, de um ambiente educativo, de objetivos educativos, de materiais, professores/as, programas, etc., recebem a atenção de quem avalia, analisam-se e valorizam-se suas características e condições em função de alguns critérios ou pontos de referência para emitir um julgamento que seja relevante para a educação.*

De uma forma mais sintética, Stufflebean (1987, p. 19) define-a como "o julgamento sistemático do valor ou mérito de algo".

UMA BREVE SÍNTESE HISTÓRICA

As formas de conceber e praticar a avaliação têm a ver com: a evolução das funções que a instituição educativa cumpre na sociedade e no mercado de trabalho; as posições que se adotem sobre a validade do conhecimento que se transmite; as concepções que se tenham da natureza dos alunos/as e da aprendizagem; a estruturação do sistema escolar, já que serve à sua organização; a despersonalização da relação pedagógica provocada pela massificação, que leva a uma perda de conhecimento direto entre professores/as e alunos/as; a forma de entender a autoridade e a manutenção da disciplina e a emulação dos alunos/as nas escolas e nas aulas.

No que parece ser sua primeira manifestação histórica, se configura-se como um instrumento de seleção extra-escolar, e não é casual que até hoje seja essa uma de suas funções dominantes. Cita-se a remota prática chinesa no século II (a. C.) para selecionar funcionários evitando as influências dos grupos de pressão da burocracia como a origem das práticas seletivas de avaliação oral (Forrest, 1990, p. 470). É na universidade medieval o âmbito onde se cristaliza primeiramente como prática educativa (a *disputatio*: exposição de um aluno/a com seus professores/as). A competitividade que a pedagogia jesuítica impôs situa a demonstração constante do que se aprende, agora por meios escritos, como uma das espinhas dorsais do sistema didático que terá uma forte influência nos métodos pedagógicos modernos. A universalização do sistema educativo adota a avaliação como uma prática desenvolvida para estimular e controlar o estudante, principalmente quando se perde a relação pessoal continuada do professor/a com cada um de seus alunos/as.

No pensamento e nas práticas de avaliação que ocorrem dentro do sistema educativo se misturam as diferentes missões e concepções de que foi objeto, de acordo com a evolução das instituições educativas. Hoje temos a avaliação desde uma perspectiva compreensiva, cujos objetos são muito variados, com as mais diversas metodologias ou técnicas de realizá-la e a serviço de um conhecimento melhor da realidade e do progresso dos alunos/as em particular. Mas na prática nas aulas a avaliação evidencia sua servidão a serviço de outras políticas e de outras idéias: seleção, hierarquização, controle de conduta, etc.

A perspectiva ideal para a qual se move atualmente o pensamento educativo neste tema é um reflexo de uma série de tendências:

a) A própria renovação do pensamento sobre a educação e os métodos de ensino, propiciadores de uma relação pedagógica em que se deve estimular a aprendizagem significativa, atrativa por si mesma, em que a importância do conhecimento tenha primazia sobre o controle de sua aquisição, num clima de relações pedagógicas assentadas sobre a confiança e a comunicação mais do que sobre a disciplina imposta pelo autoritarismo.

b) O progresso lento de uma ideologia não tão seletiva, ao menos na educação obrigatória. A educação é um serviço para ser prestado aos cidadãos, seja qual for seu ponto de partida e o ritmo de seu progresso. A avaliação deve servir ao conhecimento de suas necessidades em vez de ser uma corrida de obstáculos para se superar ou elemento de hierarquização e exclusão desse serviço.

c) A progressiva implantação de esquemas de pensamento mais complexos que ampliam nossa perspectiva sobre os múltiplos efeitos das práticas escolares e a necessidade de uma explicação mais ecológica do rendimento escolar, cuja análise exige métodos diferentes de e sobre as causas e fatores que os produzem. A avaliação pode servir a uma explicação aproximada dessas realidades.

d) As técnicas de avaliação são meios de conhecimento de uma determinada realidade psicológica, social ou material. Ao observar o que é conhecimento válido sob paradigmas diversos, também mudam os métodos "aceitáveis" de se aproximar da realidade. Os procedimentos considerados como legítimos em avaliação dependem de serem entendidos como válidos ou não para adquirir conhecimento.

e) A incorporação à avaliação da prática pedagógica, de enfoques e métodos de avaliação utilizados em diversos campos da atividade social, como são as relações sociais, os processos de mudança social, a experimentação de novos currículos, a análise de documentos, etc.

A conjunção dessas trajetórias supôs o paulatino afastamento de uma concepção da avaliação entendida como sinônimo de medição de estados do aluno/a, de rendimentos de vários tipos ou de produtos de aprendizagem, para outra perspectiva que acredita que se deve dar ênfase ao diagnóstico da aprendizagem, à explicação de suas causas e ao julgamento do valor que as realidades diagnosticadas têm.

Fazendo um rápido resumo, podem se destacar os seguintes pontos na evolução do pensamento e das práticas de avaliação:

1) Uma primeira tradição de dar classificações para o rendimento escolar dos alunos/as nas disciplinas ou áreas do currículo, para permitir sua graduação, determinar quem passa numa disciplina, num curso ou num nível, quem obtém uma titulação, propiciando a seleção e hierarquização de alunos/as. Valorização e sanção realizada a partir da atribuição, por saber e por autori-

dade, de que a instituição escolar investe nos professores/as, legitimada pela seleção que se realizou destes: o professor/a é um "especialista" de competência reconhecida para avaliar seus alunos/as. Função exercida sem mais bagagens técnicas do que aplicar uma escala de pontuações simples. Subentendeu-se que se tratava de uma atividade profissional pouco complicada: dar notas. Na realidade, hoje em dia, muitos docentes a exercem assim. É preciso reconhecer, frente a declarações de intenção e pretensões de cientificidade diversa, que os professores/as realizam a avaliação sem grandes complicações de proposição, de elaboração de provas ou, formas sofisticadas de pontuar.

2) A preocupação pela objetividade na medição de resultados educativos, entendendo-a desde um conceito positivista da ciência, junto ao predomínio da psicometria na investigação e nas práticas de medição psicológicas, com a conseqüente proliferação dos testes, prestaram à educação parâmetros para julgar a avaliação e realizá-la com a intenção de que fosse uma tecnologia precisa, do mesmo modo em que se entendeu a medição psicológica. A busca de provas objetivas, a elaboração do que se denominam testes de rendimento escolar, que evitaram as flutuações nas classificações dadas pelos professores/as, concretizando de forma precisa em suas perguntas o conhecimento objetivo, foram práticas amparadas nesta orientação (Landsheere, 1978). Esses testes de rendimento sobre conhecimentos gerais ou sobre técnicas básicas, como a leitura-escrita ou a matemática, continuam sendo empregados na realização de grandes pesquisas para analisar conhecimentos básicos de uma ampla população, em estudos comparativos internacionais, e em práticas de análise de rendimento no sistema educativo com fins de controle e de seleção. A educação sempre foi vulnerável à influência e às incursões da psicometria (Wood, 1986, p. 185). Algo que se explica pelo apoio metodológico que presta às funções classificadoras das práticas educativas de evolução e pela ideologia dominante nessa psicologia, propensa a entender as qualidade humanas como algo independente da experiência cultural e educativa; com o que, de passagem, escusa a escola dos possíveis maus resultados dos alunos/as. A pretensão de objetividade e tecnificação da avaliação sempre pareceu atrativa frente à arbitrariedade dos exames tradicionais em que se mostrava a subjetividade de quem os propõe e os corrige.

3) O esquema de organizar a prática didática baseado na teoria curricular de Tyler (1973), junto a uma visão condutista da aprendizagem, acrescentava uma ferramenta bem construída à mentalidade anterior. A teoria condutista de aprendizagem tinha para a avaliação a conseqüência de considerar como efeitos educativos só aqueles que se traduzem em mudanças de conduta e que, por isso mesmo, são observáveis por meio de técnicas objetivas de avaliação. Esta orientação predominou durante os anos 60 e 70. Se o ensino e o currículo, como vimos anteriormente, partem do esclarecimento preciso dos objetivos, a avaliação constatadora da eficácia deve comprovar sua realização:

> "... A avaliação tem por objetivo descobrir até que ponto as experiências de aprendizagem, tais como foram projetadas, produzem realmente os resultados desejados" (Tyler, 1973, p. 108).
>
> "... Em primeiro lugar, significa que ela (a avaliação) deve julgar a conduta dos alunos/as, já que a modificação das pautas de conduta é precisamente um dos fins que a educação persegue" (p. 109).
>
> "Já que a avaliação supõe reunir elementos que certifiquem as mudanças de conduta dos estudantes, todo testemunho válido sobre as pautas que almejam os objetivos da educação constitui um método adequado de avaliação" (p. 110).

Bloom e outros (1975) definiriam a avaliação nesta mesma linha como:

> "(...) a reunião sistemática de evidências a fim de determinar se na realidade se produzem certas mudanças nos alunos/as e estabelecer também o grau de mudança em cada estudante" (p. 23).

Esta orientação seria reconhecida como um progresso pela pedagogia científica. Landsheere (1973) afirma que:

> "(...) é precisamente nos esforços de programação empreendidos (referese ao seguimento de taxionomias de objetivos) por um número cada vez maior de investigadores e docentes que jaz uma das grandes fontes de progresso (na avaliação)" (p. 199).

A proposta tyleriana fortaleceu-se mais pela contribuição da psicologia educativa cognitiva de orientação condutista, que postulava a necessidade de dispor de planos de seqüências de instrução muito estruturadas que explicitassem a concatenação de passos de aprendizagem que é preciso seguir para o domínio de uma determinada unidade de conteúdo, de modo que se possa ir comprovando o progresso e as falhas concretas na cadeia (autores como Carroll, Glaser, Gagné e Briggs estão nesta linha). Apoiados nesta tradição, mais do que na preocupação pela medição das capacidades e a detecção de diferenças entre indivíduos a respeito de uma norma estatística, surgiram os testes denominados *criteriais*, porque mediam capacidades e aprendizagens em relação a um objetivo concreto que expressa uma competência, objetivo que funciona como modelo para decidir se ocorreu ou não a aprendizagem. O teste criterial diagnostica o grau de domínio de um conteúdo. O diagnóstico pretendia ser, assim, preciso e servir para detectar dificuldades concretas em aprendizagens muito bem delimitadas que permitam a correção acertada. Esta orientação de avaliação reclama necessariamente a preocupação dos docentes por esclarecer com alto grau de precisão os objetivos que se propõem e os passos que dão para alcançar cada objetivo. Cada parte de uma prova de avaliação é dirigida para comprovar a realização de um componente de um objetivo concreto ou todo ele: o domínio de uma data, um dado, um conceito, uma regra, um princípio.

4) Pretensões de fazer da pedagogia uma prática mais científica, precisando seus objetivos e tecnificando os procedimentos de avaliação, proporcionaram à educação uma orientação que a distanciava de poder atender os indivíduos concretos que têm uma idiossincrasia própria e abordam complexas situações de aprendizagem nada fáceis de concretizar em objetivos muito delimitados. A busca de cientificidade, por outro lado, carrega uma imagem dos professores/as que não corresponde à realidade de suas condições de trabalho, nem com o fato de que tenham que atender a personalidades complexas em desenvolvimento, a múltiplos grupos e a conteúdos educativos muito diversos. Além do mais, um enfoque rigorista na forma de entender os objetivos educativos e a avaliação de resultados não suprime, por outro lado, o fato de que esses objetivos expressam opções de valor. Toda a avaliação objetiva que se pretende dos mesmos ficaria subordinada, de qualquer forma, à opção que os objetivos representam.

A legitimação científica e a recuperação de outros métodos de conhecimento nas ciências sociais e na educação, apoiados em outras formas de entender o que é conhecimento válido, que tinham sido desconsiderados como acientíficos desde a ótica positivista, trouxeram outros procedimentos de avaliação apoiados em fontes de informação admitidas como relevantes. O conhecimento, por exemplo, obtido nas relação pessoais diretas, a compreensão da circunstância do sujeito para explicar seu comportamento, o acompanhamento de cada indivíduo como um caso particular, são, entre outras, perspectivas consideradas valiosas para conhecer as realidades pedagógicas. Admitem-se os métodos qualitativos como procedimentos válidos para compreender os fatos educativos (Cook e Reichardt, 1986).

A incorporação do enfoque ambientalista em psicologia e das análises ecológicas na educação (Pérez Gómez, 1983b) levou à necessidade de considerar as circunstâncias que confluem na determinação dos efeitos educativos, que quase nunca podem ser explicados pela ação linear de algumas poucas variáveis ou aspectos sobre os resultados do aluno/a. Esse enfoque era necessário, por exemplo, quando se queria dar conta dos efeitos que se produzem na inovação de currículos, cuja avaliação não pode ficar numa simples constatação do aumento ou não do rendimento dos alunos/as. A avaliação de programas ou currículos implicou, durante os anos 60 e 70, a entrada de novas metodologias de conhecimento e a recuperação de outras para analisar as influências das inovações em professores/as e alunos/as.

Graças à união de todas estas causas, a avaliação tende a ser entendida como o recurso para *proporcionar informação* sobre os processos, que deve ser *valorizada* depois, para ajudar os que dirigem ou intervêm nos mesmos ao tomar decisões (Cronbach, 1963 e Stufflebeam e outros, 1971, 1987); e que transferido para a avaliação de alunos/as significa que avaliamos para obter informação sobre como transcorre o processo de ensino-aprendizagem. A avaliação adotou o sentido de ser um *julgamento de valor* que recai sobre algo, prévia descrição da realidade observada, ressaltando a qualidade de ser um processo de *valorização* que considera circunstâncias do objeto avaliado e critérios de valor (Guba e Lincoln, 1981; House, 1980; Scriven, 1967). Uma orientação que se traduz em certo ecletismo metodológico sobre meios ou técnicas para realizá-la, atendendo à complementaridade metodológica de instrumentos e perspectivas. Outro problema é que os professores/as, dentro de suas possibilidades reais, possam utilizá-los.

Desta ótica se entenderia a avaliação de alunos/as como *o processo por meio do qual os professores/as, já que são eles que a realizam, buscam e usam informação de numerosas fontes para chegar a um julgamento de valor sobre o aluno/a em geral ou sobre alguma faceta em particular do mesmo.*

Note-se que o termo "julgamento" é mais amplo em significado do que o de notas ou classificações escolares. As informações podem se apoiar em dados e observações procedentes de provas, do trato direto pessoal ou do acompanhamento do trabalho cotidiano. A própria idéia de avaliação inclui a valorização, no sentido de que implica não apenas a identificação do grau em que um estudante possui um certo traço ou o nível em que sua conduta se modificou, mas que também se valoriza a adequação dos resultados obtidos em relação aos critérios ou objetivos desejáveis. Isso significa que se refere a valores, a ideais educativos, que não deixam de ser construções aceitas em determinados momentos por grupos de indivíduos, sobre os quais existem acordos e discrepâncias. A objetividade positivista é uma ilusão impossível, o que não equivale a se instalar no terreno da arbitrariedade. Há algum tempo se sabe que nem a seleção dos conteúdos das provas de avaliação, nem o processo de sua correção pode ser algo objetivo, alheio a opções de quem seleciona e valoriza o conteúdo ou dá notas aos alunos/as (Pieron, 1963; Noizet e Caverni, 1978).

Se, desde esta ampla perspectiva, acreditamos que avaliar serve para se ter consciência sobre o curso dos processos e resultados educativos, com o objetivo de valorizá-los, é evidente que se terá de tratar não apenas com problemas de natureza técnica (como obter a informação, com que provas, etc.), mas também nos colocarmos opções de tipo ético (o que se deve avaliar e por que fazê-lo; o que se deve comunicar sobre a avaliação dos alunos/as aos pais, a outros professores/as, à sociedade; como convém expressar os resultados da avaliação).

ANATOMIA DE UMA PRÁTICA COMPLEXA

Esta última perspectiva para enfocar a avaliação de alunos/as evidencia que estamos diante de uma prática profissional nada simples, em cuja realização há várias operações envolvidas, já que consiste num processo de *aquisição, elaboração de informação* e *expressão de um julgamento* a partir da informação coletada. Elliott (citado por Davis, 1981, p. 17) sintetiza essas operações no seguinte esquema:

- Avaliação
  - Processo de informação
    - Realizar descrições do objeto
    - Coletar dados por meio de medições
  - Valorizar, emitir julgamento sobre a informação

Os problemas prévios relevantes neste esquema para os professores/as não consistem em como dar notas. São de natureza mais geral: como obter essa informação, como elaborá-la e como e a quem comunicá-la, que tipo de informação é interessante que receba cada uma das audiências que puderem estar interessadas. (A instância que recebe o julgamento de avaliação é expressado por: aluno/a, pais, administração educativa, equipe de professores/as, especialistas da escola.)

Enfocada desta forma, a ação de avaliar apresenta-se como uma competência profissional muito genérica que pode compreender práticas muito diversas, concretizar-se em estilos muito diferentes, de acordo com as opções que se adotem em cada um dos passos que devem ser dados nesse processo.

Em contraposição, nas práticas dominantes no sistema educativo tudo parece muito mais simples; certamente, é nas práticas de avaliação que os professores/as menos se questionam ou pensam antecipadamente as possibilidades que podem ter diante de si. Vista desde a "normalidade" com que os professores/as a realizam, parece um ato simples, mas tem muitas implicações além das que aparenta essa *quase* naturalidade com que admitimos que nas escolas se avalie com tanta freqüência. Penetrar nas decisões que se tomam quando se produz um processo de avaliação nos parece dar idéia dos inumeráveis pressupostos, crenças e valores que se entrecruzam nela.

Nevo (1983), reelaborando um esquema de Stufflebeam, propõe 10 dimensões para analisar a avaliação em geral. É interessante transferir o esquema que propõe para a avaliação de alunos/as, ainda que originariamente não tenha sido pensado com esse fim. Estas dimensões são as seguintes:

Como definir a avaliação?
Quais são suas funções?
O que são objetos de avaliação?
Que tipo de informação exige a avaliação de algo em particular?

Que critérios temos para decidir o mérito ou a importância do que é avaliado?

A quem deve servir ou a quem devem ser úteis os julgamentos da avaliação?

Que processo se deve seguir para realizá-la?

Que métodos de indagação devem se seguir ao avaliar?

Quem deve realizá-la?

Com que critérios se deve julgar a avaliação: por sua utilidade, exeqüibilidade, por critérios éticos, por sua precisão, etc.?

O significado e o valor da avaliação na prática depende das opções que se façam em cada uma das dimensões que estas interrogações estabelecem. Como as respostas são múltiplas, não se pode falar de técnica e procedimentos válidos em qualquer caso e para cada propósito. Qualquer opção que façamos é preciso pensá-la em relação à sua conveniência e exeqüibilidade.

Vamos dissecar a "anatomia" de uma atividade tão freqüente no sistema escolar. Seguiremos um esquema lógico, com uma ordem coerente de operações e decisões, que pode servir também para tentar descobrir as opções implícitas nas práticas reais que se desenvolvem sob a forma estabelecida.

O esquema da Figura 10.1 ressalta, por um lado, as funções ou passos que se dão ao realizar uma avaliação e, por outro, indica as decisões e dilemas de tipo pedagógico, político, ético e técnico às quais é preciso responder.

A) *Enfoque de uma realidade.* A primeira decisão que a pessoa que avalia adota é selecionar, dentro do panorama de realidades que intervêm na educação, uma parcela ou aspecto da mesma: opta-se por avaliar alunos/as, professores/as, a adequação de um determinado livro -texto, um clima educativo, a coerência de uma escola, o funcionamento da administração e muitas outras realidades que intervêm na educação.

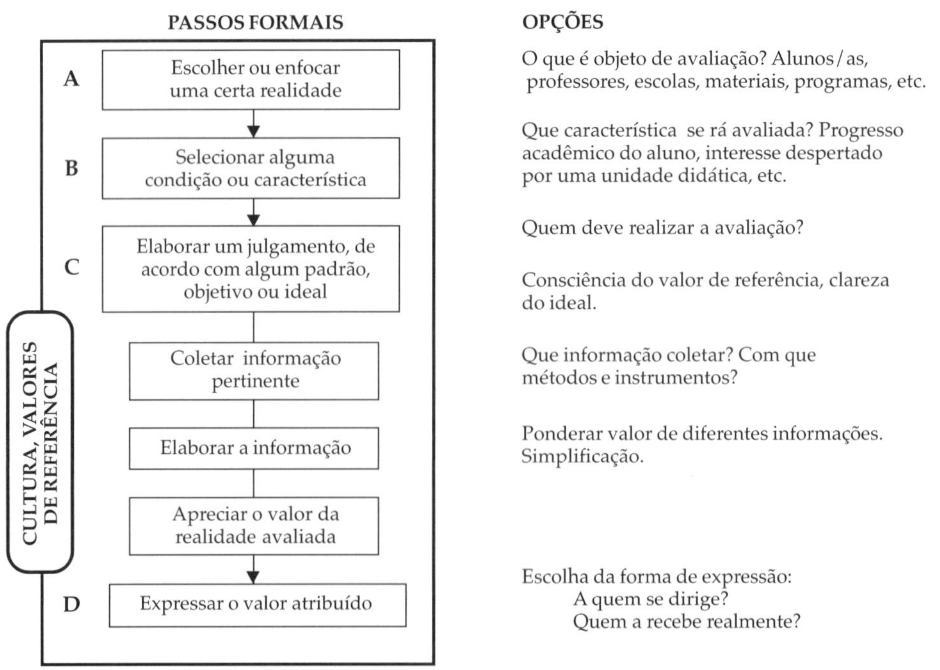

Figura 10.1. Decisões e opções no processo de avaliação.

A mentalidade mais difundida, da qual participam os docentes, e os próprios alunos/as, os próprios pais e todo o contexto social, entende que os "objetos" fundamentais por excelência, sobre os quais recai a avaliação, são os alunos/as e, mais concretamente, o cumprimento das exigências acadêmicas que lhes propõe o currículo, tal como as interpretam os professores/as.

A avaliação destes é realizada em termos informais pelos órgãos dirigentes, os pais, e, sobretudo, os alunos/as, que são os que melhor os conhecem, mas muito raramente essa avaliação vai além de adquirir e expressar uma opinião. Começa a se realizar na Universidade, não sem conflitos, e em experiências isoladas no sistema escolar. Tampouco se avaliam sistematicamente os livros-texto, as escolas e os currículos.

Essa primeira seleção do objeto de avaliação, que nos parece natural, revela o papel que esta cumpre. Não apenas se quer comprovar como os estudantes progridem, como são os únicos sobre os quais se exerce um controle cada vez mais exaustivo por meio de tais práticas. Para a sociedade interessaria saber não apenas sobre o êxito dos alunos/as no sistema escolar, mas também como contribuem para ele esses outros aspectos que destacamos.

B) *Selecionar a faceta que será avaliada.* Dada uma primeira seleção do objeto, impõe-se uma segunda restrição, sobretudo quando se avalia os alunos/as. Podem se realizar avaliações – emissão de julgamentos – sobre pessoas globalmente consideradas, sobre aspectos e realidades complexas, mas, geralmente, o valor diagnóstico da avaliação exige centrá-la em aspectos ou dimensões mais concretas do sujeito ou da realidade a ser avaliada.

Ao analisar as variáveis consideradas como pertinentes, tornam-se evidentes as crenças acerca da relevância de certos aspectos sobre outros e opções de caráter ético. Os professores/as, por exemplo, não buscam detectar a capacidade de seu ensino, senão que se detêm em aquisições muito mais concretas. Essa seleção supõe uma restrição ou escolha mais precisa do conhecimento e da aprendizagem que acreditam relevante, o que implica não apenas tomar decisões de caráter técnico acerca da importância dos conteúdos selecionados, mas também uma valorização em que se expressa uma filosofia, uma ideologia, uma visão do mundo, toda uma teoria pedagógica implícita.

Não é casual, por exemplo, que se avalie mais a competência intelectual que a manual no sistema educativo, ou, dentro do âmbito cognitivo, que se atenda mais aos aspectos de memorização do que aos de raciocínio. Frente a uma prova de ciências sociais, composta por uma série de perguntas dirigidas a comprovar a lembrança de datas, dados e nomes historicamente significativos, devemos nos perguntar se esses aspectos selecionados são conteúdos essenciais de conhecimento para entender um período da história. Valorizamos, predominantemente, as capacidades de memorização sobre o raciocínio? Estimulamos o senso crítico dos alunos/as? Estamos reduzindo o sentido da história dos povos? Que consciência histórica pode se dar com esse tipo de conhecimento?

A avaliação seleciona e limita a realidade valorizada; tenha-se ou não consciência dessa decisão, explicitem-se ou não os critérios da redução realizada. Um teste chamado de inteligência não mede esta em termos absolutos, mas alguns comportamentos e processos que *a priori* foram selecionados e admitidos como representativos da mesma. É evidente que os testes não são alheios à cultura dentro da qual se define a inteligência. Quando um professor/a dá ao aluno/a uma classificação sobre seu rendimento de uma disciplina ou área, expressa um julgamento referente a uma forma de entender o que concebe como exigência inevitável, que pode variar de um professor/a para outro; não julga em abstrato e de forma direta a capacidade adquirida do aluno/a nessa matéria, mas alguns poucos aspectos que ele previamente seleciona, porque acredita que são essenciais. As classificações dos alunos/as expressam as aprendizagens mais valorizadas pelos professores/as e pelo sistema escolar: o "rendimento ideal" (ver Gimeno, 1988, p. 376 e ss.).

O objeto realmente avaliado não pode ser visto unicamente na declaração que expressa o que queremos avaliar, a não ser *a posteriori*, após a análise da prática real de avaliação, estruturando o instrumento concreto utilizado, a forma de aplicá-lo e a situação em que o aluno/a mostra seu saber. Indica o que ficou deficiente em termos de linguagem, como, por exemplo, a carência de competência lingüística, a falta de conhecimentos gramaticais, os erros ortográficos? O êxito e o fracasso escolar não são realidades ou apreciações objetivas de competências do estudante, mas o resultado de como se entende e como se aprecia o processo e os resultados de aprendizagem. Neste sentido, pode-se dizer que os bons ou os maus resultados de avaliação são categorias elaboradas dentro da instituição escolar (Perrenoud, 1990).

Em quase todas as práticas de apreciação de capacidades e de avaliação em educação ocorrem dois fenômenos básicos. Por um lado, se realiza um primeiro processo seletivo de restrição de tal objeto; por outro, na emissão do julgamento de avaliação intervêm dimensões do sujeito ou objeto avaliado que não entram na valorização mas condicionam o julgamento emitido. Reconhece-se esta contaminação como "efeito halo", isto é, consiste na "interferência" que produz a opinião que se tem sobre determinados aspectos de uma pessoas ao apreciar qualidades concretas da mesma. A impressão sobre o todo condiciona a valorização das partes, ou seja, uma classificação sobre um aluno/a implica uma redução do que se aceita como "rendimento ideal" e aprendizagem relevante, mas as classificações estão contaminadas de preconceitos do professor/a, atitudes favoráveis-desfavoráveis sobre esse aluno/a, etc. Não é raro encontrar professores/as que matizam as classificações em disciplinas ou áreas em função da disciplina que percebam no aluno/a e do comportamento em classe. Este é um efeito inerente às percepções humanas, e delas se nutre a avaliação; por isso, a objetividade é impossível.

A "contaminação" ou interferência entre qualidades do objeto ou sujeito avaliado volta a se repetir, mas agora noutro sentido, quando este recebe a valorização. Com freqüência se dá o fenômeno de que um julgamento de avaliação num tema ou disciplina, expressado da forma que for – uma nota, por exemplo –, adquire o significado de um julgamento sobre o valor pessoal. A informação é recebida por uma pessoa ou um grupo social que a interpreta e a valoriza acima de seu significado estrito. Tanto na elaboração de um julgamento por parte de quem o emite quanto na interpretação do mesmo por quem o recebe ocorrem mecanismos psicológicos e sociais que tendem a ultrapassar a restrição que se realiza com a avaliação.

C) *Elaboração de julgamento de avaliação.* A fase e o aspecto central num processo de avaliação é a *valorização*. Enfocada uma realidade, ou um aspecto concreto, é preciso elaborar um julgamento. Avaliar não é medir, aplicando um instrumento a uma dimensão física, já que as qualidades humanas não se mostram como objetos físicos. Necessita-se comparar a realidade "apreciada" com um ideal, norma ou ponto de referência. Estimamos que um aluno/a "progride adequadamente", que "vai bem" ou que "merece ser aprovado" quando *percebemos* que o curso de seu progresso ou o ponto em que se encontra responde aceitavelmente à idéia prévia que temos do que tal progresso deve ser. Qualificamos uma resposta como correta adequar-se ou não à esperada como "ideal". Aprovamos um aluno/a porque consideramos que é aceitável seu rendimento quanto ao que esperamos dele, ou de acordo com o que se acredita como nível exigível no curso em que está, etc. Neste sentido, toda a avaliação é relativa, ou seja aprovação em matemática não significa exatamente a mesma coisa se se refere a um aluno/a de escola fundamental ou a outro de universidade, pois é a expressão de um julgamento que compara o estado do aluno/a com um rendimento-meta diferente num caso e no outro. Tampouco uma nota máxima é a mesma coisa segundo o professor/a que a dá, nem uma mesma nota significa a mesma coisa numa matéria ou noutra.

Falar de valorização em avaliação educativa supõe reconhecer a existência de critérios de referência, não apenas em quem realiza o julgamento, mas também no processo de busca de indícios e na seleção do que se quer avaliar. O que chamamos *resultados* da educação são elaborações subjetivas, normas criadas por grupos de especialistas ou por meio de valorizações sociais e de hábitos exigidos nas instituições. Esses resultados não se mostram objetivamente, pois ensinar é uma atividade na qual não se *produzem* coisas, mas se *apreciam*. Ao contrário de outros trabalhos, nós que ensinamos não elaboramos coisas mensuráveis. O ensino é um processo de trabalho sem um objeto, como sugere Connel (1985, p. 70), ou é algo inatingível (a mente dos alunos/as, sua capacidade de aprender, o que adquirem) que só pode ser especificado de forma bastante vaga e metafórica, daí que os resultados do ensino são sempre difíceis de valorizar. Se nós professores/as avaliamos, com freqüência, de forma bastante rotineira e simples, é devido à simplificação que fazemos do processo, uma vez que cada um tem estabelecido para si o que é "um resultado de ensino digno de se apreciar". Mas não deixa de ser isso: uma simplificação subjetivamente elaborada, em que penetram valores compartilhados por outros professores/as, pela escola, pelos livros-texto e pelo sistema social mais amplo.

Reconhecer que o objeto que se avalia e o processo de avaliação são *construídos* e que, portanto, ambos são afetados por processos psicológicos, componentes axiológicos, marcos institucionais e sociais, é importante para fomentar a partir daí uma atitude de autocrítica, de explicitação de valores assumidos, relativizar a "autoridade" das avaliações e desfazer o clima de tensão que produz a realização destas nas relações pedagógicas.

Esta fase de elaboração de julgamento permite uma análise de passos mais específicos.

1) A *captação de informação* que se considera pertinente para diagnosticar a variável, aspecto ou situação a ser avaliada. Nesse momento, é procedente analisar e decidir que meio, método e técnica concreta são os mais adequados para obter a informação. Cada procedimento de avaliação tem possibilidades específicas para proporcionar conhecimento sobre a realidade avaliada. A utilidade de cada um deles depende do propósito da avaliação, da faceta que se valoriza, do uso que se queira dar à avaliação e da possibilidade de sua aplicação. Um exame tradicional com várias perguntas, uma prova objetiva, uma entrevista, um questionário de opiniões, a realização de um trabalho escrito, a defesa de um argumento oralmente, a execução de habilidades práticas, a confecção de aparelhos ou objetos, são meios possíveis para obter informações muito diversas. Variam entre si pelas qualidades que podem se detectar com eles e pelo grau de precisão da informação que se pode obter. Na prática dominante da avaliação de alunos/as foi se estabelecendo a norma implícita de utilizar mais as formas cômodas de avaliar, ainda que sua capacidade de informação seja pobre; uma redução estimulada pela carga de trabalho do professor/a que avalia múltiplas vezes um grupo numeroso de alunos/as.

Sob a influência do positivismo e sua incidência no pensamento curricular, vem se superestimando a importância dos métodos para constatar objetivamente o rendimento do aluno/a, acima de sua capacidade para proporcionar informação aos professores/as. Um raciocínio que às vezes é adornado com o argumento de que essa objetividade contribui para a justiça e para a comparação eqüitativa entre alunos/as. Perguntas muito definidas, textos incompletos para preencher ou opções múltiplas entre as quais escolher parecem apelar para um mesmo tipo de conhecimento em cada um dos alunos/as. As chamadas *provas objetivas*, ou exames à base de *itens*, que pedem essas respostas muito concisas para problemas muito simples ou artificialmente simplificados que reclamam informação precisa assimilada pelo aluno/a, são um exemplo do predomínio da pretensão ou ilusão de rigor na comprovação acima da intenção de conseguir um melhor conhecimento do estudante.

A busca de normatização de pontuações, para que sejam comparáveis os resultados de diferentes sujeitos, e a idéia de objetividade que estas práticas introduziram na educação tiveram conseqüências importantes no empobrecimento do ensino. Como as respostas simples só são possíveis a perguntas simples, a avaliação à base de exames com perguntas precisas, ou de provas objetivas, apela para processos intelectuais pouco complexos nos alunos/as, exige a rememoração de informações mais do que elaborações pessoais e cognitivas complexas, anulando a expressão pessoal do aluno/a.

> "Nos exames, situações em que se necessitam indicadores normatizados de aprendizagem, existem fortes pressões para trabalhar num plano reducionista, razão pela qual se aceita a capacidade para lembrar definições formais como indicador de que o examinado compreende seu significado. Ao reduzir a compreensão dos conceitos aos termos, e esta à lembrança das definições formais, os examinadores podem 'superar' as dificuldades que coloca a pontuação dos resultados normatizados de aprendizagem" (Elliott, 1990b, p. 219).

2) A informação obtida requer uma elaboração, ponderando alguns aspectos sobre outros, selecionando o que se considera relevante e significativo, relacionando-a com outros conhecimentos sobre o sujeito avaliado. Qualquer avaliador, desde o professor/a até o juiz, não passa da informação ao julgamento sem uma ponderação dos dados obtidos. Nesse processo, cada professor/a pondera de forma singular cada um destes: os resultados de provas, o trabalho cotidiano, o esforço manifestado, a participação e conduta em aula, o cumprimento das tarefas dadas para casa. Sabemos que os professores/as introduzem nesta fase seus próprios padrões de valores, a idéia do rendimento ideal, suas crenças acerca de que é o que denota cada resultado ou dado observado, sua particular ponderação de aspectos dentro de uma disciplina ou área de conhecimento. Todos esses fatores compõem *os esquemas mediadores* do avaliador. Enquanto para um o importante é a capacidade de argumentação do aluno/a, para outro, é o ajuste à resposta esperada; quando um valoriza a expressão ortográfica correta, outro se fixa mais na fluência da linguagem. A avaliação que parte de objetivos prévios precisos para comprovar por meio de provas objetivas tratou de evitar aos professores/as esta fase de "deliberação", com o objetivo de suprimir a deformação subjetiva que inevitavelmente implica. Nesse tipo de provas, o julgamento final ou resultado de avaliação é proporcionado diretamente por uma correção automática das provas.

A forma de melhorar a avaliação nas escolas, antes de ser um problema de técnicas, é um problema de auto-análise, depuração e formação desses esquemas de mediação em cada professor/a e no *ethos* pedagógico-coletivo que se instala nas escolas e nos estilos de ensino que aninham em diferentes níveis e modalidades do sistema educativo. Por meio desses mediadores se reproduzem as ideologias pedagógicas, o conceito de conhecimento relevante, o que são processos valiosos de aprendizagem e as relações sociais dominantes (Gimeno, 1988, p. 376 e ss.).

3) Matizada e ponderada a informação, trata-se de apreciar a distância entre o estado detectado e o valor de referência com o qual se compara. Isto é o que separa, precisamente, o conceito de avaliação da medição: o que é uma valorização. O ponto de referência pode vir dado por uma norma estatística (caso das provas em que se decide que para aprovar é preciso responder corretamente um determinado número de questões), por um objetivo que se tem como meta, pelo entendimento de como deve se desenvolver um processo, uma conduta (caso da avaliação do comportamento, por exemplo), etc.

A clareza do referencial é o que dá constância ao processo de elaboração do julgamento. Condição que depende de como o avaliador tenha assumido, se é ou não explícito e da qualidade ou processo submetido à valorização. Dizer que um aluno/a é "pontual" supõe comparar seu comportamento com uma norma de conduta fácil de precisar: apresentar-se na aula na hora de começar. Declarar que sua linguagem, no que se refere à correção ortográfica, é "muito deficiente" implica compará-la com uma norma de comportamento aceitável também muito clara. Julgar a fluência ou a originalidade do que escreve apela para uma norma de caráter mais impreciso, sobre a qual é muito difícil um consenso entre os professores/as, em qual já não há um referencial claro. Pode-se comparar com o que é a média da classe, o nível que se supõe tenham os alunos/as de um certo curso da escolaridade.

Convém explicitar o consenso e as discrepâncias entre professores/as sobre o significado das normas de qualidade que aplicam aos alunos/as, pois é recomendável que o conjunto da equipe pedagógica discuta as categorias de avaliação, tal como se indicou ao desenvolver o capítulo do plano nas escolas. Coordenação e debate mais necessário na apreciação de habilidades que estejam presentes em todo o currículo, e que não são próprias somente de uma cadeira ou especialidade.

O problema da objetividade da avaliação não é tanto o alcance da precisão dos julgamentos e sua validade, mas sim a abordagem da dispersão de significados que cada um atribui aos critérios ideais com os quais compara as realizações dos alunos/as. Quanto à avaliação que os professores/as têm de realizar, o problema da subjetividade não está em eliminá-la – tentativa vã –, mas em esclarecer os significados pedagógicos dos critérios ideais e dos esquemas mediadores, caminhando para uma subjetividade compartilhada em constante processo de revisão, como primeiro passo. Os conceitos e esquemas pedagógicos que os professores/as utilizam em sua atividade cotidiana têm um caráter idiossincrático, mais ainda já que não existe uma forma definida de entender a profissionalização docente.

D) *Expressão do resultado da avaliação.* Nem toda avaliação que acontece nos ambientes escolares acaba sendo formal e expressamente pautada num julgamento, traduzido numa nota, numa porcentagem, numa palavra ou em algum informe. Boa parte das avaliações cotidianas que o professor/a realiza de maneira informal ele não a reflete num registro de notas; nem sequer as manifesta verbalmente. As informações mais decisivas que utiliza para corrigir os processos de ensino e o trabalho dos alunos/as não procedem, em geral, de avaliações expressamente realizadas, mas de observações e apreciações obtidas de forma natural no transcurso da interação em aula.

Esta observação e distinção são importantes porque uma atitude de avaliação permanente por parte dos professores/as – a *avaliação contínua* – é inerente à direção consciente dos processos educativos, sem que por isso se tenha de ficar preenchendo constantemente boletins de notas, informes sobre o progresso dos alunos/as, folhas de observação ou o que for. Isso significa que ao propor a expressão dos resultados da avaliação se faz referência somente àqueles que acabam sendo pautados em julgamentos formais, já que tudo o que esteja dentro do que se denomina *avaliação informal* desempenha um importante papel nos processos de ensino e na coleta de informações que acabarão se projetando na avaliação formalmente realizada pautada em classificações.

As exigências do funcionamento do sistema escolar, a exigência social de alguma constatação de eficácia, a economia profissional do docente, que requer a lembrança de anotações e julgamentos sobre o progresso dos alunos/as, ou a necessidade de dar informação a estes e a seus pais, fazem com que as avaliações se reflitam em juízos formalmente expressados de diferentes maneiras: uma pontuação em escala numérica, uma série de termos graduados, marcas sobre escalas de categorias preestabelecidas, um informe sucinto, etc.

A mentalidade dominante de controle ocasiona que a avaliação dos alunos/as se realiza cada vez mais com o fim de expressá-la para fora da relação pedagógica, e inclusive, em muitos casos, só para vertê-la ao exterior. O certo é que qualquer avaliação que se realize com a ambição de conhecimento e de controle não teria sentido se não se refletisse numa informação que se torne pública.

A expressão das avaliações implica, em geral, uma redução de informação. Acontece em todo processo no qual se deve produzir um veredito: passar das informações e deliberações para categorias concisas, econômicas, que sejam facilmente comunicáveis. Nessa redução, por mais exaustiva que sejam as formas de comunicação escolhidas, sempre há perda de informação, ou seja, quando um professor/a reflete a avaliação sobre um aluno/a, não pode explicitar certamente tudo o que conhece dele. Um número, uma palavra como resultado do julgamento empobrece o ato avaliador, mas pode ser inevitável quando se exige classificar tantos alunos/as, controlar seus rendimentos para lhes dar ou não passagem a outros níveis, tipos de ensino e postos na sociedade (ver, por exemplo, no modelo da Figura 10.2, a redução de informações que se supõe entre o conhecimento que o professor/a tem do aluno/a e a expressão "Em geral apresenta atitudes bastante positivas". Mais redução e perda de informação se produz quando no boletim de classificações figura: *Sociabilidade:* Aceitável ou Boa).

As formas utilizadas nos sistemas educativos para refletir as avaliações de alunos/as evoluíram de acordo com as normas metodológico-científicas dominantes em cada momento, em função do pensamento educativo sobre necessidades do aluno/a e sobre os conteúdos essenciais do currículo de cada área, e à medida que se considera importante proporcionar à família dados sobre o aluno/a. Mais concretamente, nessa evolução se agrupam uma série de causas e necessidades:

a) A avaliação foi tomando um caráter holístico, de acordo com a homóloga tendência na evolução dos conteúdos curriculares, pretendendo abranger múltiplos aspectos da personalidade e efeitos educativos. Daí que os formatos nos quais a avaliação se expressa tenham ficado cada vez mais complexos. Nos procedimentos empregados para refletir e expressar avaliações dos alunos/as aparecem multiplicidade de aspectos que se referem a qualidades sociais, pessoais, hábitos de comportamento, domínio de habilidades, assistência ao colégio, interesses, etc. (note esta condição nas formas de expressão dos julgamentos de avaliação comparando a Figura 10.2 com a 10.3 ou a 10.4, ao aumentar, nas últimas, aspectos da personalidade do aluno/a e do conteúdo curricular da linguagem).

ATITUDES

Em geral apresenta atitudes bastante positivas

INTEGRAÇÃO SOCIAL

Trabalha em equipe — **Sim**

Aceita e cumpre as normas estabelecidas — **Sim**

Respeita e cuida do material próprio e alheio — **Sim**

Mostra-se correto no tratamento com os demais — **Sim**

CONHECIMENTOS

LINGUAGEM

Entende o que ouve — **Sempre**

Expressa-se com correção e fluência — **Bastante bem**

Compreende e expressa corretamente o que leu — **Em geral, sim**

Expressão escrita: Redação — **Bastante bem**

Ortografia — **Bastante correta**

APRECIAÇÃO GLOBAL: — **Muito satisfatória**

Figura 10.2. Representação parcial de um registro de observações de avaliação referente a atitudes, comportamento e linguagem. Sexta série do ensino fundamental.

Aluno/a:	Data de nascimento:	
Falar		
Articula com clareza		
Mostra dificuldades na fala (especificar)		
Pode compreender a estrutura da linguagem do professor/a		
Pode expressar experiências próprias:	ao professor/a	
	ao grupo	
	à classe	
Emite mensagens simples		
Pode manter uma conversação simples		
Pode relatar uma história		
Participa nas discussões em aula		
Pode falar sobre possibilidades e probabilidades		
Pode expressar emoções e sentimentos		
Pode raciocinar por meio da linguagem		
Pode ensinar ou expressar algo		
É capaz de dar diretrizes		
Atende o telefone e anota mensagens corretamente		
Pergunta para obter respostas		
Usa o tempo passado		
Utiliza o futuro		
Usa preposições corretamente		
Escutar		
Escuta ao professor/a em grupo		
É distraído		
Ouve rádio e assiste TV		
Pode lembrar histórias ouvidas		
Entende e responde corretamente as instruções e as explicações		
Concentra-se numa determinada tarefa		

Figura 10.3. Formulação de observação para refletir habilidades de linguagem (Macintosh, 1981, p. 83).

Nome:.. Idade:........................ Curso:..............

	Não	Às vezes	Sempre
1. É inquieta, não pára de se mexer			
2. É uma criança impaciente			
3. Quebra coisas, seus brinquedos ou os das outras			
4. Briga com outras crianças			
5. Seus companheiros não gostam dela			
6. Está preocupada com muitas coisas			
7. Tende a fazer coisas por si mesma			
8. É irritável, perde a paciência com facilidade			
9. Parece triste, abatida, chorosa, angustiada			
10. Tem gesticulações, tiques involuntários			
11. Rói as unhas ou chupa o dedo			
12. É desobediente			
13. Não se concentra ou o faz por pouco tempo			
14. Costuma ter medo ou se assusta diante de situações novas			
15. É uma criança a que tudo perturba, suscetível			
16. Mente			
17. É uma criança que ainda faz xixi e coco nas calças			
18. Gagueja ou se enrola ao falar			
19. Tem qualquer outra dificuldade na fala			
20. Fala aos gritos com outras crianças			
21. É distraída			
22. Não empresta seus brinquedos			
23. Grita com facilidade			
24. Culpa os outros; é acusador			
25. Rende-se, desiste facilmente			
26. Não tem consideração com os outros			
27. Tem comportamentos ou condutas sexuais estranhas para sua idade			
28. Dá pontapé, morde ou bate nas outras crianças			
29. Anda no mundo da lua, ensimesmado			
30. Considera esta criança com problemas de conduta?			

Figura 10.4. Perfil de avaliação para educação infantil.

REGISTRO DE AVALIAÇÃO				
LÍNGUA				
ALUNO/A:				
ESCUTAR	Atenção ●	Compreensão O	Síntese O	Interpretação O
FALAR	Expressão O	Participação ●	Correção ● ●	
LER	Expressividade Fluência O	Compreensão ●	Interpretação ●	Interesse ●
ESCREVER	Caligrafia O	Ortografia ●	Acentuação ●	Pontuação O
TÉCNICAS	Apresentação ● ●		Ordem ●	
CONHECI-MENTOS	Antônimos ●	Sinônimos ●	Composição Derivação ●	
	Associações de palavras ● ●	Partes da oração ● ●	Verbo ●	

O Nada ● Dificuldades ● ● Domina suficientemente

Figura 10.5. Registro de avaliação da área de Linguagem. Sexta série do ensino fundamental.

b) As clássicas notas ou pontuações de rendimento – formato ainda dominante entre nós para expressar os julgamentos sobre os alunos/as – diferenciam-se pouco, pois são formas empobrecidas de refletir a informação sobre o rendimento dos alunos/as nas diversas áreas ou disciplinas do currículo. A multiplicidade de objetivos ou de componentes que se consideram relevantes numa área qualquer do currículo implica a diferenciação de aspectos no momento de serem avaliados (Figuras 10.3 e 10.5). Assim, por exemplo, uma nota de *aprovado* em linguagem tem pouco valor informativo para sugerir a qualidade da aprendizagem, segundo se refira à capacidade na leitura, na escrita, na expressão oral, na correção ortográfica ou na originalidade da compreensão (as Figuras 10.3 e 10.5 diferenciam muito mais a informação). À medida que se distingue aspectos numa área ou disciplina, tende a se diferenciar também a avaliação, pois esses formatos mais diferenciadores transmitem mais informação.

c) Se a avaliação deve servir para que os professores/as reflitam sobre a prática e sobre como os alunos/as respondem às demandas que lhes são feitas, é preciso coletar e pautar outras informações que não sejam as simples qualificações escolares tradicionais. A orientação da aprendizagem necessita de um conhecimento mais diferenciado sobre o progresso do aluno/a.

d) A orientação acadêmica e vocacional dos alunos/as requer informações mais ricas e de ordem qualitativa sobre sua trajetória, algo que simples qualificação de seu rendimento não pode oferecer. Em alguns países, a pressão dos geradores de emprego contribuiu para buscar outras formas de expressar o que "vale um sujeito no mercado de trabalho", que são mais precisas do que as notas escolares, e poder assim selecioná-lo com certo rigor. Dados sobre a perseverança do trabalhador potencial, sua capacidade de iniciativa ou suas relações com os demais são tão importantes ou mais nas relações dominantes de trabalho do que a classificação sobre linguagem ou ciências sociais.

e) Quando o ensino para um mesmo grupo está a cargo de vários professores/as especialistas em áreas ou disciplinas, estes têm um contato parcial com os alunos/as e é preciso assegurar procedimentos de comunicação de informações entre todos para um melhor conhecimento, o que exige estabelecer um registro que todos eles e o tutor responsável pela coordenação completem.

QUALIDADES PESSOAIS

X é capaz de criar e manter relações cordiais com seus companheiros de classe. Costuma estar em um círculo de amizades reduzido e constante. Comporta-se com certa desenvoltura quando se relaciona com os adultos, ainda que lhe custe iniciar a comunicação. Seria conveniente estimulá-lo neste sentido.

Quando trabalha em grupo, prefere não adotar posições de liderança na organização da tarefa, mas é responsável no cumprimento do que o grupo lhe atribui.

É perseverante no trabalho. Uma vez que compreende o que lhe é pedido, executa-o corretamente. Cumpre com as tarefas de casa.

Observação aos pais: Seria conveniente que lhe ajudassem com a aquisição de um dicionário para linguagem de mais qualidade do que o que tem.

Figura 10.6. Exemplo de formulário qualitativo simplificado.

f) É difícil manter de forma fluente e freqüente, por falta de disponibilidade de tempo dos professores/as e dos próprios pais, a comunicação pessoal entre as escolas e as famílias, mais necessária nos níveis elementares e intermediários da escolaridade. Esta circunstância leva a estabelecer procedimentos escritos, sintéticos, mas mais amplos do que uma simples lista de qualificações, para manter esse fio de comunicação. Infelizmente, em muitos casos, é a única relação possível entre os professores/as e os pais.

g) Finalmente, as notas escolares quando são negativas, se não se supera um ciclo escolar ou não se obtém a titulação correspondente a um determinado nível (caso de não superar a escolaridade obrigatória), diriam que o indivíduo ao qual se referem não progrediu nada e que perdeu tempo, se se expressa apenas esse julgamento dele; como se seu único potencial intelectual e pessoal fosse o que as qualificações escolares informam. O fracasso escolar num sistema de informação rígida e empobrecida significa o fracasso global do aluno/a. A informação diferenciada dá a chance de que esse sujeito encontre julgamentos positivos sobre si, em alguma qualidade, que o motivem e valorizem seu esforço.

Todas estas razões originaram a preconização de sistemas mais complexos para refletir os resultados da avaliação. A simples relação de qualificações dentro de uma escala numérica (de 0 a 10) ou nominal (aprovado, notável, suficiente, insuficiente etc.) foi sendo substituída por procedimentos mais elaborados, como são os *perfis (fichas de avaliação)* ou os pequenos *informes qualitativos*. Um perfil recopila resultados educativos que se referem a capacidades, condições de rendimento, qualidades pessoais, interesses, etc. (exemplos de perfis são os representados nas Figuras 10.4 e 10.7). São recursos que podem misturar informações sobre aspectos diversos e permitir formas diferentes de expressão: qualificações globais, pontuações de aspectos mais concretos e julgamentos expressados verbalmente.

Como é natural, existe a possibilidade de se fazer uma infinidade de perfis diferentes, já que se pode considerar em cada um deles distintas qualidades do aluno/a. O importante é que o professor/a, ou a equipe que os utilize para realizar e expressar a avaliação, discuta seus componentes, pois assim haverá maior esclarecimento e acordo nos elementos básicos do currículo. Em termos gerais, pode-se dizer que, ainda que recolham dados relativos ao rendimento do aluno/a, em diversas áreas curriculares ultrapassam amplamente este âmbito, não se centram nas matérias como tais, mas, de qualquer forma, em componentes de significação educativa dessas matérias e em habilidades comuns a várias áreas. Valoriza-se mais dar uma impressão de como se desenvolve a aprendizagem do aluno/a como indivíduo do que ressaltar aquisições concretas, sem deixar de lado outros aspectos pessoais não-acadêmicos (Law, 1984, p. 156).

A informação nestas alternativas de avaliação apresenta-se de forma muito diferente: pontuações numa escala numérica, marcando determinadas categorias preestabelecidas (por exemplo, muito, às vezes, nunca, muito bem, aceitável, insuficiente), valorizando a situação do aluno/a em escalas bipolares, porcentagens de realização de um aspecto, comentários breves em cada categoria (Fairbairn, 1988, p. 35).

A variedade de possíveis fórmulas é tal que é difícil postular alguma como o modelo mais adequado, mas convém que alguns requisitos sejam respeitados. Qualquer formato para comunicar os resultados do aluno/a deve-se submeter a uma série de princípios gerais de caráter formal e de uso (Goacher, 1990, p. 424):

1) Deve mostrar uma unidade coerente de informação, e não ser uma mistura de informações sobre o aluno/a escolhidas ao acaso.

2) Deve ser fácil de compreender, incluindo os procedimentos para seu uso.

3) Deve ser fácil de preencher e manter em dia (pense no tempo que um professor/a com 30 alunos/as ocupará para completar várias vezes ao ano o perfil mostrado na Figura 10.3, por exemplo).

4) Esforçar-se em ser correto e coletar informação útil, evitando divagar com argumentos pessoais, embora saibamos que são inevitáveis os aspectos subjetivos de qualquer apreciação.

5) Deve ser acessível a algum tipo de controle, ao mesmo tempo que mantém a privacidade dos dados.

6) Deve contar com a formação adequada dos que o preencham, para que as categorias postas nele sejam significativas e cheias de conteúdo.

Quanto à definição do conteúdo de perfis e informes qualitativos, podemse levar em conta as seguintes condições:

a) Que a seleção de aspectos da personalidade e rendimentos do aluno/a na área tratada sejam relevantes.

b) Que sejam coletados os aspectos essenciais de uma área ou disciplina do currículo.

c) Que a informação coletada seja útil para reorientar os métodos educativos, a dinâmica da aprendizagem, etc.

d) Para isso, é condição indispensável que as categorias ressaltadas sejam significativas para os professores/as; do contrário, as preencheriam pelo simples motivo de ter de fazê-lo.

ALUNO:______________________________

Leitura	- Domina a mecânica			
	- Entonação correta			
	- Compreende globalmente um texto			
	- Percebe a idéia central de um tema			
	- -			
Expressão oral	- Expressa-se de forma coerente			
	- Tem dificuldade de se expressar			
	- Acompanha o fio de uma conversa			
	- Utiliza o vocabulário adequado para sua idade			
	- -			
Expressão escrita	- Entende-se o que quer expressar e o faz ordenadamente			
	- Utiliza um vocabulário adequado para sua idade			
	- -			
Fonética	- Tem dificuldade na expressão dos sons: (..........)			
	- Pronuncia corretamente			
	- Tem alguns vícios por influência ambiental (...)			
Ortografia	- Domina a ortografia natural			
	- Domina a ortografia arbitrária			
	- -			
Vocabulário	- Domina as palavras do vocabulário básico			
	- Integra à sua linguagem o vocabulário específico das matérias			
	- -			
Grafismo	- Tem um bom domínio do traço			

Figura 10.7. Registro de avaliação correspondente a um ciclo de educação fundamental para a área de Linguagem.

e) A necessidade de que a equipe de professores/as discuta e assuma um modelo ou outro, chegando a um consenso mínimo sobre os significados de cada categoria que ali se aponte, das qualificações ou graus que se atribuam a cada variável ressaltada.

Comunicar os resultados da avaliação tem derivações profissionais importantes: exige dar conta das próprias percepções do professor/a, supõe, de alguma forma, tornar pública uma de suas habilidades profissionais. Quanto mais informação o professor/a tenha de proporcionar e quanto mais aspectos seus julgamentos tenham de observar, mais segurança profissional necessitará. De certa forma, comunicar a avaliação é uma exigência para o desenvolvimento do docente, já que deve oferecer dados sobre suas atuações, seus próprios argumentos sobre múltiplas facetas de seus alunos/as. A contrapartida da estratégia de informar mais exaustivamente sobre estes está em que aperfeiçoar a avaliação costuma conduzir a uma intensificação do trabalho dos professores/as até limites que podem diminuir o tempo e a energia para a melhora de seu ensino. Daí que seja pouco conveniente começar processos de inovação pela mudança das avaliações, à margem de um projeto global de atuação que deve ter como primeira condição ser possível.

Ficará claro que é muito difícil recomendar pautas de comportamento concretas aos professores/as. Estes, de qualquer forma, terão que decidir o que fazer, optando por dar resposta às questões que lhes apontamos a seguir.

QUEM DEVE AVALIAR? AVALIAÇÕES INTERNAS E EXTERNAS

Uma pergunta fundamental consiste em se colocar quem deve avaliar os alunos/as, considerando as diversas funções que esse ritual cumpre. O problema pode parecer irrelevante no tipo de prática a que estamos acostumados, na qual a resposta é óbvia: os professores/as avaliam os alunos/as dentro de suas classes, e as qualificações que atribuem são colocadas em registros, nos expedientes que tornarão possível decidir a passagem entre cursos, níveis e titulações finais. Esta prática dominante é conhecida como avaliação *interna*, porque se decide dentro do âmbito da escola, mas podem existir e existem outras formas possíveis.

1) A avaliação *externa* caracteriza-se por ser realizada por pessoas que não estão diretamente ligadas com o objeto da avaliação, nem com os alunos/as, com o objetivo de servir ao diagnóstico de amplas amostras de sujeitos ou para selecioná-los. Costumam centrar-se na comprovação de competências muito delimitadas (Macintosh, 1990).

Pode acontecer que os professores/as ensinem e dêem suas qualificações relacionadas com seu ensino, mas que a concessão de titulações ou a superação de ciclos seja determinada a partir de provas não confeccionadas por eles, mas por algum agente externo, que as aplica a alunos/as de diferentes escolas na mesma situação.

As avaliações internas, enquanto permitem ou não a superação de cursos, ciclos e podem dar certificados e títulos, adquirem um valor público de conseqüências sociais importantes. Desta ótica, pode-se colocar a alternativa de que a avaliação do rendimento que permite a passagem entre ensino fundamental e médio, por exemplo, ou entre este último e a entrada na universidade, tenha um caráter externo, isto é, que seja realizada por agentes diferentes dos professores/as para garantir a igualdade entre os alunos/as e entre as escolas.

2) Pode-se preconizar que os alunos/as se avaliem entre eles – a chamada *heteroavaliação* – no trabalho em grupos ou em experiências de co-gestão

na aula. Certas qualidades sociais, o esforço ou a colaboração prestada a um trabalho conjunto são conhecidos melhor por eles do que pelos professores/as.

3) Por conveniência pedagógica, recomenda-se em certos casos, que o aluno/a se avalie – *auto-avaliação* – como via de responsabilizá-lo em seu próprio processo de aprendizagem ou porque se pretenda avaliar algum aspecto que só ele pode conhecer (ver como exemplo a pauta da Figura 10.8). Quando um processo de ensino está muito estruturado, os passos a serem seguidos indicados, as tarefas a serem realizadas esclarecidas e os conteúdos a serem assimilados definidos, o próprio aluno/a pode controlar seu progresso. Em geral, estas opções "democráticas" de avaliação costumam ligar-se à apreciação de qualidades pessoais e sociais mais do que aos rendimentos considerados mais essenciais: os acadêmicos, a não ser que se trate de materiais muito estruturados de ensino, como é o caso, entre outros, do ensino programado.

A *avaliação externa* encaminhada para dar certificados ou títulos aos alunos/as, conhecida também como *exames públicos*, dominante em outros sistemas educativos, é uma forma de controle sobre o currículo que se retira a exclusividade da avaliação de alunos/as pelos professores/as, diminuindo-lhes a autonomia no planejamento e a realização de sua prática. As formas de fazê-lo variam de uns sistemas educativos para outros (Broadfoot, Murphy e Torrance, 1991). Entre nós, o exemplo de que dispomos para entender esta prática, não sendo totalmente aceito, é proporcionado pelo vestibular para entrar na Universidade.

Primeira série

Nome ____________________

Dia

Vou pensar no meu comportamento

1. Presto atenção na aula, quando alguém me fala		
2. Quando estamos falando em grupo, espero que me dêem a palavra		
3. Termino todos os meus trabalho da semana		
4. Tenho meus trabalhos organizados nas pastas		
5. Já sei organizar as coisas da semana sem que me ajudem		
6. Trabalho em silêncio		
7. Deixo as coisas para os outros, se precisam delas		
8. Quando tenho uma responsabilidade, faço o que me cabe sem que me lembrem		

Figura 10.8. Pauta de auto-avaliação *(Cadernos de pedagogia).*

Onde existem exames públicos, a controvérsia está presente, pois se trata de um sistema de controle assentado em razões contraditórias. Que a promoção dos alunos/as ou a capacidade de dar títulos fique apenas nas mãos dos professores/as coloca o problema de deixar unicamente para estes o estabelecimento do que é ou não nível de rendimento aceitável. Uma norma que passa de uns docentes para outros, entre escolas, entre zonas ou regiões, diferente no ensino público em relação ao privado. A norma externa apresenta-se como a garantia de ser um padrão que marcaria um nível único, idêntico para todos, a serviço da igualdade de oportunidades. Em sistemas descentralizados de gestão do sistema educativo, como é nosso caso, a avaliação externa poderia cumprir funções de equiparação de níveis e exigências nos territórios governados por diferentes administrações. Junto com estes argumentos sociais e políticos de igualdade soma-se a preocupação técnica de atingir mais objetividade em todos os processos de avaliação, proporcionando parâmetros de medida ou diagnóstico iguais para todos.

Existem outras razões políticas de tipo diferente para esse prática. É evidente que o que se faz com o exame externo, que costuma ser feito por agências ligadas à administração pública, é obrigar ao cumprimento do currículo estabelecido, que de outra forma ficaria sempre à mercê das interpretações do professor/a. É uma medida de controle eficaz que não garante nem as prescrições curriculares, nem a vigilância dos materiais didáticos, que sempre deixam, ao final, o professor/a livre na privacidade de suas aulas (Murphy e Torrance, 1988, p. 27). Numa sociedade meritocrática, por outro lado, a competição requer alguma constatação por parte de "juízes competentes" de como transcorre a carreira dos indivíduos, e esta é também a função dos exames públicos externos.

Guiados por políticas de tipo conservador, com restrição pressupostos e volta aos "valores educativos fundamentais", detecta-se em muitos países uma tendência de apontar para as escolas os rendimentos básicos e as habilidades fundamentais que devem alcançar com seus alunos/as. A preocupação pela qualidade, entendida como o alcance de certos objetivos básicos, leva a incrementar os controles sobre a prática educativa; o que se consegue por dois caminhos, que, em determinados sistemas educativos, são complementares: a precisão de objetivos e conteúdos nas diretrizes que regulam os currículos e pelas avaliações externas (Skilbeck, 1990). Na ordenação do currículo na Espanha, embora, no momento, não se tenha regulados sistemas de provas externas, introduziram-se nas prescrições curriculares do ensino obrigatório critérios de avaliação bastante concretos que apontam o que a administração considera essencial.

Nos sistemas educativos que possuem essas avaliações externas se levantam movimentos e posições críticas para um procedimento que torna os docentes mais dependentes da ordenação externa, subtraindo-lhes autonomia profissional; por outro lado, têm importantes conseqüências educativas negativas. Qualquer avaliação que se faça desde fora, pretendendo fixar-se no básico, acaba ocupando-se inevitavelmente de aprendizagens relacionadas com objetivos curriculares empobrecidos, ainda que só sejam pelo fato de que são os mais fáceis de comprovar e medir. Outras metas, como o desenvolvimento de atitudes, habilidades e processos educativos menos fáceis de constatar pelo avaliador externo, ficarão relegadas.

> "À medida que os exames públicos exigem de maneira inevitável a normatização, deformam necessariamente a compreensão que tratam de avaliar" (Elliott, 1990b, p. 219).

Ainda que as provas externas queiram insistir em aprendizagens essenciais de um ponto de vista intelectual, ou em processos educativos, a própria mecânica de aplicação e correção obriga a escolher sistemas nos quais se dão primazia aos conhecimentos mais fáceis de comprovar. Provas que devem ser aplicadas a muitos alunos/as, num espaço de tempo reduzido e corrigidas num tempo razoável, com a pretensão de ser objetivas, devem ser de "lápis e papel" e fixar-se em competências bastante elementares, geralmente a lembrança de informações muito delimitadas, que não deixam espaço para a expressão de processos mais complexos de aprendizagem Hargreaves, 1989).

Correlativamente, produz-se outro efeito secundário negativo: neste caso, não mais sobre os produtos comprovados, mas sobre os *processos* pedagógicos, ao provocar indiretamente uma homogeneização dos tratamentos educativos e das traduções dos currículos, para responder com êxito às exigências impostas pelos avaliadores externos. Seus efeitos mais decisivos não estão, somente na mediatização do conteúdo e dos objetivos do currículo, mas em ser um eficaz controle da autonomia pedagógica e dos professores/as e um freio para adaptar o ensino às necessidades dos alunos/as. Ainda que não sejam a única causa na transmissão de conteúdos pobres, desempenham um importante papel em sua reprodução, pois outros estilos de ensino centrados no estímulo de outras qualidades podem parecer menos eficazes e uma perda de tempo na preparação de alunos/as para a superação dos exames externos. Estes tenderão inevitavelmente a se centrar em conteúdos de disciplinas mais fáceis de serem avaliados, e todas as demais capacidades, habilidades e formas de conhecimento serão relegados a um segundo plano na escolha de tarefas e métodos (Sarup, 1990, p. 204). Apple (1990) afirma que:

> "Na medida em que o controle sobre os conteúdos, o ensino e a avaliação saem da órbita da aula, o empenho é cada vez maior naqueles elementos dos estudos sociais, a leitura, a ciência, etc., que podem ser medidos facilmente mediante provas-padrão. Os focos primários de interesse são o saber "o quê" e, ocasionalmente, o saber "como" de baixo nível. O restante é considerado cada vez mais como intranscendente" (p. 155).

O controle de fora, apesar do que anuncia, não cumpre com o objetivo de igualar as oportunidades entre escolas de diferente qualidade. De qualquer forma, serviria para detectar a desigualdade, mas não para avaliar o nível dos que obtenham rendimentos mais baixos. Ao marcar idênticas exigências para todos se tornam facilmente favorecedores dos melhor dotados pelo tipo de rendimentos que se estimulam desde fora. Broadfoot (1986, p. 55) destaca que os exames públicos externos mostram uma tendência a favorecer determinados grupos culturais e sociais, sem proporcionar a igualdade de oportunidade que é sua principal razão de ser. Essa igualdade seria estimulada se fosse aplicada antes das saídas dos níveis ou ciclos do sistema escolar e se detectassem as necessidades dos mais desfavorecidos, para serem compensadas, e que, dessa forma, se pudesse atingir os níveis de exigência estabelecidos. Isso significa que deveriam ser elementos diagnósticos para uma política compensatória de discriminação positiva. Mas estas provas são finais para dar ou não o certificado correspondente ou permitir a promoção de ciclo.

O que a avaliação externa faz é destacar o valor seletivo e social da mesma, ao mesmo tempo que deforma as possibilidade do currículo. A prática do ensino-aprendizagem ficará muito marcada pela urgência de superar as provas seletivas.

Os inconvenientes resumidos fazem com que os sistemas de avaliação externa, sendo difíceis de substituir nos que os praticam, estejam em fase de recessão em alguns sistemas escolares. Suas alternativas devem ser justificadas pelo valor educativo da avaliação. As pretensões de orientar os alunos/as, e não selecioná-los ou hierarquizá-los, a ampliação de aspectos que devem ser avaliados com fins diagnósticos exigem uma avaliação com maior peso dos processos educativos, que possa ser utilizada de forma imediata para melhorar estes e as condições nas quais se desenvolvem.

A participação de agentes externos na avaliação de alunos/as tem outra perspectiva que queremos enunciar. À medida que cada vez mais se vão ampliando os aspectos educativos, psicológicos e sociais que devem ser objeto de avaliação no aluno/a normal, atendem-se campos para os quais se exige uma certa especialização técnica, por ter que conhecer melhor o objeto, pelos instrumentos que se devem utilizar, pela elaboração dos dados. Então, a avaliação escapa das mãos do professor/a para as de técnicos (pedagogos, psicólogos, etc.) que avaliarão aspectos como a capacidade intelectual, o desenvolvimento, a motivação do aluno/a, seus hábitos de estudo, sua adaptação pessoal, sua sociabilidade, etc. É mais uma estratégia na desprofissionalização que afeta os docentes quando se tecnificam os processos relacionados com o ensino. Pode-se dizer que essas avaliações realizadas por especialistas também são externas.

A obtenção de mais dados sobre os estudantes não implica necessariamente um melhor conhecimento destes para fins educativos e de ensino, mas sim uma melhor comunicação com os professores/as; o que é mais eficaz se esse conhecimento "ampliado" é produzido por especialistas diferentes do professor/a. A contribuição de informações especializadas aos docentes pode ser interessante no caso de alunos/as problemáticos, em estudantes com dificuldades e sempre que se trate de qualquer aspecto relevante que repercute numa melhora da percepção do aluno/a, de seu contexto pessoal e social, mas sem perder de vista que essas avaliações especializadas podem produzir expectativas positivas e negativas nos professores/as. A informação relevante é aquela que lhes serve para poder intervir no próprio processo de aprendizagem e de auxílio ao aluno/a. Muitas avaliações especializadas feitas por especialistas externos podem carecer desse valor.

Se a avaliação externa de alunos/as coloca essas interrogações e conflitos, algo parecido acontece quando a avaliação se refere a professores/as ou escolas. Os docentes serão avaliados pelos alunos/as, pais, seus próprios companheiros, especialistas externos, a inspeção, ou ninguém? Quem deve julgar a qualidade de uma escola: a administração, apenas os professores/as, todos os que vivem nela, os pais, os dirigentes, o empresário, se se trata de uma escola privada? Não é um problema trivial, não mesmo.

AS FUNÇÕES DA AVALIAÇÃO NA PRÁTICA

A avaliação desempenha diversas funções, isto é, serve a múltiplos objetivos, não apenas para o sujeito avaliado, mas também para o professor/a, para a instituição escolar, para a família e para o sistema social. Sua utilidade mais notória não é, precisamente, a pedagógica, pois o fato de avaliar não surge na educação como uma necessidade de conhecimento do aluno/a e dos processos educativos. Partimos de uma realidade institucional historicamente condicionada e muito assentada que exige seu uso: avalia-se pela função social que com isso se cumpre. É uma missão historicamente atribuída à escola e concretamente aos professores/as, realizada num contexto de valores sociais, por certas pessoas e com certos instrumentos que não são neutros.

Essa multifuncionalidade da avaliação introduz contradições e exigências difíceis de harmonizar, o que se traduz em tensões e posições muito diferentes. Do ponto de vista pedagógico convém uma menor pressão da avaliação sobre o aluno/a, enquanto que socialmente tende a se acentuar, pois é impossível pensar que o sistema escolar não "rotule" os alunos/as quando saem dele e passam para a vida produtiva. O conflito nem sempre é evidente, pois enquanto algumas das funções são claras e explícitas, outras são ocultas.

Surpreende, como destaca Bates (1984, p. 128), a rapidez com que os pressupostos pelos quais se realiza a avaliação nas escolas são assimilados pelos processos de situação social e criação de hierarquias. Se isso é assim é porque esses processos sociais são valores prévios e demandas que se vertem sobre a escolarização, ainda que seja de forma inconsciente. Uma instituição como a escola gera valores e práticas que a sociedade assimila, mas incorpora muitos outros que, antes de serem comportamentos escolares, são práticas sociais às quais não pode ou não sabe esquivar-se. Muitos dos efeitos ou funções que a avaliação cumpre são produto de toda uma "patologia" nas formas de realizá-la produzida por necessidades não-pedagógicas.

Pelo modo como o ensino está institucionalizado, pelo fato de que os resultados obtidos repercutem em valorizações dos sujeitos e até são pontos de referência para a auto-estima, as práticas de avaliação têm influência decisiva nos alunos/as, em suas atitudes para com o estudo e conteúdo, nos professores/as, nas relações sociais dentro da aula e no meio social. Essa projeção múltipla obriga a desvendar os significados desta prática tão desenvolvida, que escapa aos próprios professores/as. Uma coisa é querer realizá-la com certos objetivos, e outra são os papéis que realmente se desempenha, como bem distinguia Scriven (1967, p. 40). Os professores/as devem investir-se desta dupla perspectiva: para que e como avaliar, de um ponto de vista pedagógico, e que funções cumpre a avaliação que realizam.

A prática de avaliar gera um certo currículo oculto. Daremos um exemplo para dar idéia do que comentamos. Um sistema de avaliar é fazer provas de várias perguntas curtas que diferem quanto à dificuldade e rapidez da resposta exigida. Conseqüência disso é que os alunos/as, uma vez que conhecem o sistema, dedicar-se-ão a responder o número máximo de perguntas, independentemente do valor que cada uma delas tenha. É curioso como em certas aplicações de provas de inteligência ou nos vulgarmente chamados exames de "tipo psicotécnico", por exemplo, aconselhe-se explicitamente não se deter nas perguntas (itens) que oferecem dificuldades, deixando estas para o final, já que o número de perguntas respondidas pode melhorar a pontuação total obtida. A forma da prova implica a necessidade de não se deter, de não refletir, de buscar a melhor pontuação. O comportamento que com isso se aprende responde à "necessidade de obter um bom resultado", o que é coerente com a aspiração de sobressair e com a prática de classificar sujeitos dentro dos grupos.

Entenderemos melhor os efeitos das práticas de avaliação se ordenamos as funções, pretendidas ou não, que cumpre. Nós as sistematizaremos em tipos para ter uma certa clareza, o que não significa que não existam interdependências entre umas e outras:

A) Definição dos significados pedagógicos e sociais
B) Funções sociais
C) Poder de controle
D) Funções pedagógicas:
  1) Criadora do ambiente escolar
  2) Diagnóstico
  3) Recurso para a individualização
  4) Garantia da aprendizagem
  5) Função orientadora
  6) Base de prognósticos
  7) Ponderação do currículo e socialização profissional
E) Funções na organização escolar
F) Projeção psicológica
G) Apoio da investigação

A) *Definição dos significados pedagógicos e sociais*

"O poder da organização escolar, que evidentemente se deriva do sistema político, consiste em fazer de uma criança que se engana nas subtrações, que não concorda o verbo com o sujeito ou não domina o pretérito simples, um 'mau aluno' (Perrenoud, 1990, p. 18).

Seria conveniente parar para pensar que os significados que atribuímos às categorias lingüísticas que utilizamos são construções afetadas por comportamentos instituídos, assim como por valores e concepções que nem sempre se explicitam. Por meio das práticas variadas de avaliação escolar, apoiadas em exigências nem sempre pedagógicas e em valores nem sempre defensíveis, constroem-se nada mais, nada menos, do que categorias como as de *rendimento* educativo, *êxito* e *fracasso* escolar do aluno/a, *bons* e *maus* escolares, *qualidade* do ensino, *progresso* escolar, *bom-mau professor/a, boa escola.*

Se analisamos detidamente cada uma dessas categorias que se utilizam na linguagem cotidiana e na mais especializada, pode-se questionar os critérios pelos quais se definirá cada um desses termos, mas na dinâmica da prática muitas coisas são dadas por pressupostas. Os usos e os resultados da avaliação, ainda que seus procedimentos sejam discutíveis, mostram a realidade e servem para pensar, falar, investigar, planejar e fazer política educativa sobre a educação. A avaliação dota de conteúdo a idéia de "excelência escolar", que depois serve para falar do que funciona melhor ou pior (Perrenoud, 1990). É a base, como aponta este autor, para manifestar desigualdades que são construídas entre os sujeitos. A própria instituição escolar dota de significado o que entenderemos por realidade educativa e, por meio de seus procedimentos, dota de sentido real os próprios conceitos com que pensamos a prática. Nem os alunos/as, nem os professores/as são livres para escolher o significado desta.

B) *Funções sociais*

As funções sociais que a avaliação cumpre são a base de sua existência como prática escolar. Numa sociedade em que o nível de escolaridade alcançado e o grau de rendimento que se obtém nos estudos cursados têm a ver em grande parte com os mecanismos e oportunidades de entrada no mercado de trabalho, o certificado de "validação" que as instituições escolares expedem para os alunos/as cumpre um papel social fundamental. Os certificados do saber – e das formas de ser ou se comportar – expressam a posse de um capital cultural e de valores estabelecidos na sociedade. As titulações garantem tácita e formalmente níveis de competência, o que não podem assegurar, como diz Bourdieu (1988, p. 22), é que esta garantia seja certa. Os títulos simbolizam a posse do saber e da competência na medida em que socialmente lhes são atribuídos essas qualificações, de forma desigual, segundo de quais se trate. Por isso, alguns têm prestígio e outros não em função dos valores dominantes em cada sociedade e em cada momento.

"Os vínculos existentes entre as hierarquias escolares e outras hierarquias de excelência são mais explicáveis à medida que se pretende que o ensino constitua uma preparação para a vida: neste sentido, as classificações escolares não são senão a prefiguração das hierarquias vigentes na sociedade global, em virtude de modelos de excelência que recebem uma valorização suficiente para ocupar um espaço no currículo" Perrenoud, 1990, p. 15).

A capacidade de dar certificados que as instituições escolares e os professores/as têm desencadeia toda uma dinâmica interna de rituais de avaliação reiterados que acabam recaindo na qualificação final, cuja transcendência pessoal e social não pode deixar professores/as, pais, alunos/as, administradores e geradores de emprego indiferentes. Sair da instituição melhor ou pior "qualificado" terá inevitavelmente suas conseqüências. Uma sociedade hierarquizada e meritocrática reclama a ordenação dos indivíduos em função de sua aproximação à "excelência", ou seja, maior proximidade, maior mérito individual. Naturalmente, essa prática não se originou na escola, mas aplicam-se ali os procedimentos técnicos que a legitimam, ocultando os valores a que serve.

A forma técnica de fazer a seleção e graduação justifica-se "cientificamente" comparando os rendimentos dos indivíduos com uma *norma* estatística relativa a um grupo, ou apelando para o domínio de um *critério de excelência* e de competência em certos conhecimentos e habilidades (Deale, 1975). No primeiro caso é importante determinar posições relativas dos indivíduos (quem é "melhor"), no segundo, capacitação real (quem é "competente").

A avaliação cumpre sua função seletiva e hierarquizadora em todos os níveis escolares, ainda que alguns deles, como a educação infantil ou a fundamental, não tenham atribuído explicitamente tal encargo. Esse poder seletivo é tanto mais evidente quanto mais elevado for o nível escolar e menos candidatos o freqüentem. Enquanto a escolaridade se universaliza em seus níveis fundamental e médio e se oferece como obrigatória para todos, a lógica da seleção à qual a avaliação serve transfere-se para outros escalões do sistema. O aumento de diplomados de um determinado nível e especialidade desvaloriza os títulos, pois o número de seus possuidores incrementa-se mais rapidamente do que o número de empregos aos quais antes conduziam, como destacou Bourdieu (1988, p. 131-133). E desvaloriza mais ainda as oportunidade dos que não possuem títulos, pois estes devem competir com os diplomados para empregos de baixo nível que antes não necessitavam certificados específicos.

A democratização do acesso à escolaridade básica faz do ensino uma oportunidade para todos, seja qual for sua circunstância pessoal e sua origem social. Quando se pratica a avaliação na educação obrigatória com traços seletivos e hierarquizadores é uma prática anti-social, pois não se trata de escolher os melhores por suas conquistas, ou os aptos ou não, mas de proporcionar oportunidades para que todos adquiram a cultura básica e cheguem ao final. Assim se explica o surgimento da idéia de que a avaliação, se é comparação com algo ou alguém, deve ser do sujeito com ele mesmo. A ideologia comparativa e competitiva evoluiu neste sentido no pensamento educativo progressista (Macintosh e Hale, 1976), o que não significa que o faça paralelamente nas práticas reais.

Seria uma ingenuidade não se dar conta de que na saída dos níveis do sistema educativo que são obrigatórios – não-seletivo –, esperam, a seleção e a concorrência, e levarão em conta, inevitavelmente, os rendimentos alcançados durante esse período. A pretensão de que ao final da escolaridade obrigatória não existam dois títulos diferentes – um que certifica o êxito, e outro, a simples permanência na escolaridade obrigatória – é explicada por querer evitar esse caráter seletivo.

Para alcançar o objetivo não-seletivo, é preciso combater não apenas esses mecanismos, mas também toda uma mentalidade que afeta os professores/as e os pais, educados na ideologia classificatória das práticas educativas, que transmitem depois a seus filhos-alunos/as.

> "... ainda que a escola não realize avaliação formal alguma, ainda que o professor/a se abstenha de todo julgamento público, isso não impedirá que os alunos/as se comparem e elaborem para seu uso hierarquias informais, como o fazem em âmbitos que escapam ao currículo" (Perrenoud, 1990, p. 15).

Esta mentalidade se projeta no uso da avaliação como recurso para obter-se o controle sobre o aluno/a nas instituições educativas. A função *seletiva* e de *graduação* passa a ser um instrumento de poder da instituição sobre os indivíduos que regula as relações interpessoais.

C) *Poder de controle*

A possibilidade de pontuar o valor da aprendizagem escolarizada obviamente dota quem a possui como um instrumento importante de poder sobre os avaliados, o que tem uma enorme repercussão num ambiente escolar, já hierarquizado por outras razões, como as diferenças de idade, desigual posse do saber, da capacidade de competências na gestão e no estabelecimento de normas de comportamento aceitável. No ambiente escolar, essa condição é notada em várias circunstâncias: na capacidade de repartir o tempo, na atribuição de tarefas, na decisão sobre a passagem de umas atividades para outras, na posse de critérios para decidir que trabalho é "correto" e qual não, na determinação da "conduta aceitável", na liberdade de movimentos dentro do espaço escolar, etc.

As práticas de avaliação, pela atitude de alguns professores/as ao impô-las, pela forma de realizá-las, pelo poder de corrigir respostas interpretáveis, pelo fato de que seus resultados possam ou não ser discutidos, tornam-se, com demasiada facilidade, instrumentos para estimular o domínio sobre as pessoas. Os professores/as, com essa capacidade em suas mãos, regulam a conduta em classe, controlam as possíveis insubmissões e mantêm a atividade do aluno/a trabalhando com conteúdos e metodologias que não são atrativos por si mesmos. O poder de dar um "zero" ou suspender um aluno/a é uma ameaça efetiva e mais tolerável que o castigo físico ou a ridicularização social frente aos companheiros.

O avaliador não apenas manifesta seus critérios sobre o que é "normal", "adequado" e relevante na aprendizagem de conteúdos de sua matéria, impondo-os como valores geralmente não discutidos, mas também pode *controlar a conduta do aluno/a* com a avaliação. A quantidade de conteúdo que cobre uma prova, que tipo de aprendizagem e de respostas se valorizam mais positivamente, o tempo de realizá-la, o manter indefinido o momento em que se aplicará para que os alunos/as se mantenham em "permanente alerta", comunicar aos pais uma nota negativa são, entre outras, práticas conhecidas que expressam como o professor/a faz uso do poder pela avaliação e por meio dela exerce, simplesmente, a autoridade (Dornbusch e Scott, 1975).

Esta função da avaliação é evidenciada e estimulada, sobretudo, em ambientes autoritários, intolerantes e dogmáticos, podendo ser tanto mais atrativa para os professores/as quanto mais inseguros se sintam nas relações com os estudantes, quanto mais distantes estejam da cultura destes, quanto mais inexperientes sejam para se desempenharem em situações sociais, quanto menos dominem o que ensinam e a forma de fazê-lo com métodos atrativos e quanto menos interessantes sejam os conteúdos do ensino. Este controle nem sempre aparece como conflitante, imposto e autoritário, ele pode ser assimilado sem provocar problemas nem rebeldias, dentro de um estilo liberal e democrático. A avaliação é uma forma tecnificada de exercer o controle e a autoridade sem evidenciar, por meio de procedimentos que, se diz, servem a outros objetivos, como a comprovação do saber, a motivação do aluno/a, a informação à sociedade, etc. Estamos frente a uma função geralmente oculta da avaliação.

D) *Funções pedagógicas*

As funções pedagógicas da avaliação constituem a legitimação mais explícita para sua realização, mas não são as razões mais determinantes de sua existência. Como estas funções não são as únicas, seria conveniente que cada vez que se recomenda um modelo ou técnica para avaliar desde uma ótica pedagógica, se pense em que conseqüências terá para outras funções como as que acabamos de destacar. Ao não poder intervir desde a pedagogia em certas funções sociais atribuídas ao sistema escolar, os novos conceitos pedagógicos podem ser "recuperados" para outros encargos.

1) *Criadora do ambiente escolar*. A projeção que a avaliação tem nas relações interpessoais no ensino, entre alunos/as e entre estes e os professores/as, com o acréscimo do fato de que muitos dos resultados chegam ao exterior, é algo evidente para qualquer observador da realidade escolar. Nada do que acontece nos ambientes da sala de aula e da escola é alheio ao fato de que todas as atividades escolares têm a condição de ser potencialmente avaliáveis. Baste lembrar a adaptação às pautas de comportamento dos avaliadores, às suas técnicas, que os alunos/as devem realizar com o fim de obter bons resultados ou, simplesmente, boa opinião do professor/a. A ânsia de se destacar, a recusa de ajudar os outros, o interesse por "se fazer notar", dar "cola" ao companheiro num exame, a competitividade entre alunos/as, o apelido de "cdf" que se aplica a certo tipo de alunos/as, a rejeição aos que obtêm maus resultados em trabalhos coletivos, etc., são expressões de que o clima social no ensino é contaminado pelas práticas de avaliação. O êxito ou fracasso na avaliação é um valor que pesa na relação que alunos/as e professores/as estabelecem entre si, porque seus resultados servem de referência na estruturação de relações sociais em geral e, de forma mais imediata, nas familiares. As normas e valores pelos quais funciona o grupo escolar têm muito a ver com o clima de avaliação.

Estes fenômenos microssociais formam um contexto de aprendizagem de valores sociais que tem incidências muito diretas no desenvolvimento de qualquer projeto pedagógico. Sem mudar este clima, as alternativas e inovações não poderão alterar em profundidade a educação que os alunos/as vivem.

O conceito de *ambiente escolar* não se refere apenas ao clima psicológico da aula, mas também, ao impregnar as tarefas escolares, se projeta nas conotações que os conteúdos de aprendizagem e da cultura têm para o aluno/a. Se potencialmente todas as tarefas, seus produtos ou o processo de sua realização são avaliáveis, não existirá outra aprendizagem nem outra cultura que as que vão ser avaliadas. A confusão chega a um ponto em que nós, professores/as, não sabemos bem se avaliamos porque queremos comprovar o ensinado ou ensinamos porque teremos que avaliar. Para os alunos/as, a situação é evidente: têm claro que a avaliação não é diagnóstico do aprendido, mas razão para estudar. A cultura ou o conhecimento proporcionado pelos professores/as, ou o que se adquire por outros meios, fica contaminado ao ser avaliado na instituição escolar. Algo que não acontece geralmente fora desse meio. Ler, ampliar conhecimentos, observar uma ilustração ou ver um filme, etc. têm valor diferente segundo se realizem ou não na instituição escolar.

2) *Diagnóstico*. A avaliação justifica sua utilidade pedagógica quando é utilizada como recurso para conhecer o progresso dos alunos/as e o funcionamento dos processos de aprendizagem com o fim de intervir em sua melhora. Esse poder diagnóstico pode ser utilizado em vários sentidos:

a) Conhecimento do estudante para detectar o ponto do qual parte e estabelecer necessidades prévias de aprendizagem. É a *avaliação inicial* no começo de uma unidade de ensino ou de um curso. Esta prática é muito importante em unidades didáticas ou matérias com alto grau de estruturação de seus conteúdos, em que é necessário o domínio de aprendizagens prévias para passar para os seguintes, como é o caso da matemática ou dos idiomas, por exemplo.

b) Conhecimento das condições pessoais, familiares ou sociais do aluno/a, para obter uma perspectiva global das pessoas em seu próprio contexto. Esta pretensão se cumpre em alguns casos, com a aplicação de provas, questionários ou com simples entrevistas com ele e com seus pais (ver o exemplo da Figura 10.9).

c) Para se conscientizar sobre o curso do processo de aprendizagem, proporcionando informação para detectar erros, incompreensões, crenças, etc., e poder corrigi-los e superá-los, evitando o fracasso antes de que se produza. Este é o sentido *formativo* da avaliação: poder servir para corrigir e melhorar os processos.

d) Pode-se diagnosticar com o fim de determinar o estado final de um aluno/a depois de um tempo de aprendizagem, do desenvolvimento de uma parte significativa da matéria ou de uma unidade didática. É a concepção *somativa* da avaliação.

ENTREVISTA PARA OS PAIS
Profissão:______________________ Idade:_____
Onde seu filho/a estuda ou lê? Tem todo o material necessário? Tem obrigações fora do colégio? A que dedica seu tempo livre? Fala com seu filho sobre a escola ou de seus amigos? Sai com colegas de aula? Tem muitos amigos? Faz algum comentário sobre o tipo de ensino? Tem problemas com os colegas? Com os professores/as?

Figura 10.9. Pauta para guiar uma entrevista com os pais e obter informações relevantes. Sexta série do ensino fundamental.

e) Finalmente, podem se diagnosticar qualidades dos alunos/as e considerá-las ao distribuí-los em grupos: por seus interesses para fazer oficinas, por traços de personalidade e de sociabilidade na aula para fazer tarefas em equipe, por hábitos de trabalho para que uns se encarreguem dos outros, por níveis de habilidade no domínio de idiomas estrangeiros, etc.

Tem ocorrido a distinção entre avaliação *somativa* e *formativa*, que são duas concepções chave para entender o sentido pedagógico da avaliação, esses conceitos se devem a Scriven (1967). Embora surjam na discussão metodológica sobre a avaliação de currículos, transferiram-se para a avaliação de alunos/as porque têm, como dizia este autor, poder explicativo por si mesmos (p. 39).

A avaliação com finalidade formativa é aquela que se realiza com o propósito de favorecer a melhora de algo: de um processo de aprendizagem dos alunos/as, de uma estratégia de ensino, do projeto educativo, ou do processo de criação de um material pedagógico, para dar alguns exemplos. Naturalmente, a intervenção na melhora de um processo tem sentido enquanto este transcorre. Como reconhecia Cronbach (1963), o serviço mais decisivo que a avaliação pode prestar é o de identificar aspectos de um determinado processo com o fim de melhorá-lo, antes que conclua. Isso significa que a avaliação realizada com esta finalidade implica uma atitude investigadora de análise dos processos, um recurso para iluminar o que está acontecendo (Parlett Hamilton, 1983). Com essa condição, pode servir, como destacou Stufflebeam (citado por Nevo, 1983, p. 119), *pró-ativamente*, ou seja, projeta-se para o que fica por realizar.

A avaliação com fins formativos serve à tomada de consciência que ajuda a refletir sobre um processo, insere-se no ciclo reflexivo da investigação na ação: planejamento de uma atividade ou plano, realização, conscientização do ocorrido, intervenção posterior. Pretende ajudar a responder à pergunta de como estão aprendendo e progredindo, pois só assim poderão se introduzir correções, acrescentar ações alternativas e reforçar certos aspectos. Portanto, é natural que esta avaliação se realize de forma constante no tempo, se se realiza como uma indagação dos professores/as, e não são simples comprovações formais do aprendido. Por meio de procedimentos informais, os professores/as realizam-na de forma natural e espontânea em contato com seus alunos/as; pertence ao âmbito da relação entre ambos. Faz parte, como afirma Black (1986, p. 8), da própria tradição do ensino: o professor/a que ajuda nas dificuldades de aprendizagem, que faz anotações na correção e supervisão de trabalhos ou que orienta a forma de proceder do estudante.

O próprio propósito da avaliação formativa aplicada a contextos naturais de aula nos leva a associá-la com uma avaliação de caráter contínuo, realizada por meio de procedimentos informais ou não muito elaborados, dependendo mais das capacidades diagnósticas dos professores/as do que de provas ou instrumentos técnicos complicados. Não porque não os admita, mas porque a dinâmica normal de uma aula torna inviável uma aplicação constante de instrumentos ou provas formais. Logicamente, a informação que o diagnóstico proporciona é útil para o professor/a e para os alunos/as quando for obtida de forma imediata, quando estes cometeram o erro. Em quaisquer das concepções – *formal* com provas ou *informal* com acompanhamento pessoal – a função diagnóstica exige uma atuação profissional bastante intensa em dedicação de tempo aos alunos/as, só possível se eles são poucos.

À margem deste proceder "natural", podem-se elaborar instrumentos específicos com fins de diagnóstico, cujos resultados podem servir para conhecer "o que foi um processo" de aprendizagem e sua eficácia, aproveitando esses dados com fins formativos em outros momentos. São as chamadas *provas formativas*, que podem localizar os erros e as dificuldades dos alunos/as em unidades de aprendizagem. Provas que cada professor/a ou a equipe que desenvolve uma unidade concreta do currículo pode elaborar. O caráter formativo da avaliação está mais na intenção com a qual é realizada e no uso da informação que se obtém do que nas técnicas concretas.

A pretensão da *avaliação somativa* é, pelo contrário, determinar níveis de rendimento, decidir se houve êxito ou fracasso. Refere-se, pois, ao julgamento final global de um processo que terminou e sobre o qual se emite uma valorização final. Sua ótica é retrospectiva, sanciona o que aconteceu, observando desde o final de um processo. Sua preocupação é poder dizer *quanto* o aluno/a aprendeu ou progrediu. Vê os *produtos* de aprendizagem e de ensino. Por isso, sua finalidade fundamental é a de servir à seleção e classificação de alunos/as segundo os resultados alcançados. Esse caráter final costuma se expressar numa apreciação quantitativa do resultado apreciado (uma nota numa escala numérica, um termo que expressa graduação) ou um julgamento sobre se se alcança ou não o ponto máximo assinalado por alguma norma. Pode servir para decidir se se continua ou não um processo, mas não pode incidir sobre o processo concluído, porque a informação que oferece se refere, quando muito, à qualidade do resultado. Não pode responder à pergunta de como o aluno/a está aprendendo, mas sim saber o que já aprendeu.

Coerentemente com isso, a avaliação realizada com caráter somativo aponta uma periodicidade intermitente ou dilatada em períodos longos de tempo e costuma se realizar por meio de provas dos mais diversos tipos. Se quisesse realizá-la de forma contínua, entraríamos numa dinâmica constante de provas e qualificação de alunos/as.

A expressão dos resultados da avaliação somativa pode ficar no âmbito da relação privada entre professores/as e alunos/as, quando são avaliações parciais, de unidades didáticas ou de períodos curtos, mas costuma ser o tipo de avaliação que depois se projeta para o exterior, refletindo-a em boletins de notas, relatórios, etc. O sistema escolar e a pressão social reclamam basicamente avaliações somativas finais de processos, enquanto que a avaliação útil ao professor/a é a formativa, pois é o tipo de uso que se faz da avaliação o que determina que tenha um caráter ou outro.

A avaliação formativa com a intenção de diagnosticar processos é uma aspiração tão exigente que requer uma relação de tipo tutorial entre o professor/a e cada aluno/a em particular. Dificuldades organizativas, número de alunos/as por professor/a, programas extensos e manejo do tempo escolar para dar trabalhos e comprovar respostas derivam o sentido da avaliação diagnóstica para realização de exercícios facilmente corrigíveis, acompanhamento de cadernos, etc., que é uma forma indireta de pretender chegar ao processo de aprendizagem. Mas este – o tempo em que se aprende – não é acessível aos professores/as senão quando acompanham o processo.

3) *Recurso para a individualização.* A função diagnóstica da avaliação permite a adaptação do ensino às condições do aluno/a e a seu ritmo de progresso, bem como ao tratamento de dificuldades particulares. É um recurso de individualização dos métodos pedagógicos cujas possibilidades dependem do tipo de avaliação. Quanto mais informação utilizável pelo professor/a um procedimento ofereça, maior utilidade terá para adaptar o ensino. A atenção particularizada ao aluno/a só é possível se a avaliação é formativa, embora a disposição de avaliações somativas que diagnostiquem a posse ou não de determinados conhecimentos também permita a adaptação dos currículos ou partes dos mesmos para grupos de alunos/as com nível distinto.

4) *Garantia da aprendizagem.* A avaliação da aprendizagem tem efeitos sobre o processo de continuar aprendendo. Embora boa parte da investigação realizada sobre estes efeitos da avaliação tenha se centrado na aplicação de testes, com certa probabilidade esses resultados podem ser extrapolados para outras práticas de avaliação nas aulas (Crooks, 1988, p. 439). Este autor, numa revisão panorâmica da investigação, destaca que a avaliação afeta o aluno/a a curto, médio e longo prazo de diferentes maneiras. Geralmente, trata-se mais dos pretensos efeitos considerados como positivos do que dos negativos.

Quando a avaliação abrange uma lição ou tópico concreto (curto prazo), diz-se que tem sobre o estudante o efeito de reativar ou consolidar sua memória, centrar a atenção sobre aspectos importantes do conteúdo, estimular as estratégias de aprendizagem, proporcionar-lhe oportunidades de consolidá-la, oferecer-lhe informação sobre a mesma, ajudar-lhe a conhecer seu progresso para assim melhorar seu autoconceito e guiar a escolha de atividades de aprendizagem para incrementar o domínio do aprendido.

Se a avaliação se refere a módulos mais amplos, cursos ou experiências amplas, afirma-se que seus efeitos são: aumentar a motivação dos estudantes para com a disciplina e condicionar a percepção de suas próprias capacidades na matéria de que se trate, incidindo também na escolha que os estudantes fazem de estratégias de estudo.

Mais a longo prazo, quando os alunos/as estão submetidos a pautas constantes de avaliação, podem se ressaltar os efeitos de: estimular a habilidade de reter e aplicar em contextos e formas diversos o material aprendido, incidir na motivação de continuar estudando a matéria a que se refere e na autopercepção como estudantes. Quando se pratica a avaliação reiteradamente e de forma generalizada cria estilos de aprender e até modela a mentalidade dos povos: a exibição do conhecimento assimilado como equivalente à posse de cultura (Bourdieu, 1983). – é a "cultura de exibição de concurso".

5) *Função orientadora.* A avaliação, ao detectar qualidades para o trabalho escolar em certas áreas ou disciplinas, descobrindo as competências mais relevantes do aluno/a, é um guia para que tanto ele quanto os professores/as ou os pais tomem decisões apropriadas na escolha de tipos de estudos, de matérias optativas, etc. Esse guia orientador pode se realizar a partir de avaliações que abranjam períodos longos e quando se passa de determinados estudos para outros, mas é importante também compreendê-lo como a ajuda tutorial continuada para a resolução de dificuldades, criação de hábitos de trabalho adequados, escolha de tarefas de desenvolvimento para os mais adiantados, etc. Lembremos que uma das possibilidades dos *perfis* era permitir uma informação mais exaustiva do que as classificações escolares, para servir de apoio à orientação.

6) *Base de prognósticos.* Os dados que conhecemos das pessoas ou de algum de seus traços são um guia para as percepções que elaboramos sobre elas, da conduta que desenvolveremos e do que esperamos delas. O conhecimento interpessoal nos serve como apoio para esperar de nossos semelhantes um certo comportamento, previsível de algum modo. Nesse sentido, tal conhecimento serve para prever, pois, uma vez elaborada uma imagem sobre alguém, qualquer nova informação tem valor distinto segundo confirme ou corrija a idéia prévia.

Os resultados das avaliações, o que cada docente obtém ou o que ele conhece por outros professores/as são referenciais para criar imagens dos alunos/as no meio escolar e no exterior; sobre seu valor acadêmico ou sua "excelência". Essas informações geram expectativas em professores/as, pais e alunos/as, que condicionam a valorização de dados posteriores que nos dêem ou que obtenhamos sobre os estudantes. Uma boa classificação de um aluno/a ajuda a se continuar esperando dele outras do mesmo tipo. Se já temos uma imagem positiva, esperaremos outras boas classificações e as admitiremos como coerentes com o conhecimento prévio sobre sua competência; ao contrário, um bom resultado de um aluno/a que vinha mostrando um baixo rendimento pode nos fazer duvidar, devido a seu caráter fortuito, e nos fazer pensar que foi ajudado, que "colou" na prova, ou coisas assim. No primeiro caso, aceita-se rapidamente a nova informação porque é coerente com a expectativa que nos proporciona o conhecimento anterior, e, por isso, é mais aceitável; no segundo caso, é contraditória com a expectativa e nos deixa na dúvida.

Diversas investigações comprovaram todos esses efeitos derivados das classificações escolares. Nesse sentido, pode-se admitir que a avaliação tem uma função não pretendida quanto ao futuro. As expectativas que cria cumprem o papel de profecia que tende a se cumprir pelo simples fato de existir. É a chamada profecia de *autocumprimento* e o efeito Pigmaleão (Rosenthal e Jacobson, 1980): se esperamos algo positivo dos alunos/as, estes melhorarão; se não confiamos em que progridam, não o farão. Os dados de avaliações prévias cumprem uma função de prognóstico sobre resultados posteriores. O certo é que, do ponto de vista estatístico, as classificações escolares tendem a manter uma certa constância e coerência ao longo da vida acadêmica dos alunos/as.

A fé nesta profecia vai além do tempo da escolaridade. Se se utiliza o expediente acadêmico como critério de seleção para outros estudos superiores ou para empregos é porque de alguma forma se confia em sua capacidade de previsão da atuação futura do cidadão/dã. A partir do nível detectado, se prevê se terá capacidade para desenvolver uma determinada matéria ou tipo de estudos, se conseguirá êxito social ou não.

Reconhecer o fundamento psicossocial e estatístico deste efeito antecipador da avaliação não deve supor sua aceitação, como se se tratasse de uma lei inexorável. Convém entender a função de prognóstico como uma derivação implícita e inevitável, fonte de efeitos favoráveis e desfavoráveis para os alunos/as, e não como uma possibilidade da avaliação para se utilizar deliberadamente para prever o futuro rendimento. Conceber o prognóstico como um poder inerente à avaliação suporia considerar imutáveis as capacidades dos sujeitos, suas condições pessoais e sociais, a inalterabilidade de seu comportamento, das condições escolares, de sua dedicação; equivaleria a admitir a incapacidade da educação escolarizada para alterar esse determinismo.

Outra conseqüência importante é a dimensão ética das práticas de avaliação e os efeitos da publicidade de seus resultados, assim como o acesso aos dados nos quais se expressam qualidades pessoais. O problema é relevante, já que existe uma tendência de se avaliar traços de personalidade, aspectos relacionados com a sociabilidade ou condições pessoais e familiares. O currículo ampliado para componentes muito diversos da educação *integral dos cidadãos*, sob um clima de controle, implica uma avaliação de aspectos muito diversos que ultrapassam os conteúdos acadêmicos de tipo intelectual.

7) *Ponderação do currículo e socialização profissional.* As formas de avaliar, os conteúdos e aprendizagens que se selecionam na avaliação evidenciam os esquemas implícitos, a idéia que se tem de "aprendizagem ideal" e de conhecimento relevante, atuam como filtros no desenvolvimento do currículo. Comentamos esses efeitos para as avaliações externas, mas operam do mesmo jeito nas que os professores/as realizam. Se é evidente que se avalia para ver o que se aprende, também é certo que por meio do que se exige ao aluno/a se sabe o que se ensina, o que se considera relevante. Na medida em que a avaliação insiste num tipo de aprendizagem (aquelas que se adquirem pela leitura e pelo trabalho escrito; memorizando mais do que elaborando e mostrando sínteses pessoais), atua como uma prática autônoma que tem força para determinar o currículo real para o qual os alunos/as têm acesso.

A avaliação é o filtro que define os possíveis significados que os conteúdos possam ter para os alunos/as; por isso, a consideramos como uma prática mediadora no desenvolvimento curricular nas aulas, expressando-se por meio dela os valores e interesses intelectuais dominantes dos que determinam o conteúdo exigido e corrigem os trabalhos do aluno/a (Gimeno, 1988, p. 373 e ss.).

O conteúdo mais provável de ser avaliado é o que pode sê-lo mais facilmente, dessa forma, acaba considerando-se, de forma tácita, mais importante o que é mais fácil de ser avaliado . Se o aluno/a não é indiferente aos resultados da avaliação, luxo que não se pode permitir, a não ser que se marginalize dos capitais culturais que a escola legitima, aprenderá a dedicar sua preferência a determinados conteúdos e a certas formas de aprender sobre outros, e a dar conta do assimilado de acordo com a exigência da avaliação. As informações isoladas que foram exigidas certamente serão esquecidas, mas ficarão as estratégias, os hábitos e as atitudes que geraram.

Os próprios docentes são afetados profissionalmente pelas práticas de avaliação dominantes e o tipo de conhecimento e de aprendizagens que estimulam. Ao ser uma prática institucionalizada que ultrapassa a vontade de fazê-la ou não, atua como elemento formador da profissionalização docente.

E) *Funções na organização escolar*

O sistema escolar, organizado em níveis, cursos e especialidades, com currículos diferenciados, parece-se com uma "retícula" intrincada de caminhos que conduzem a diversos destinos em distintas altitudes. Escolarizar muitos alunos/as durante um longo período de suas vidas implica enfrentar uma heterogeneidade importante de condições, capacidades e possibilidades, querendo transmitir-lhes aprendizagens muito diversas, e exige a organização de alunos/as e de conhecimentos, ordenando o progresso pela escolarização. Todos nós percorremos um caminho juntos, mas mais tarde alguns ficarão parados e outros continuarão, ou seja, os que progridem irão se dispersando por trajetórias diferenciadas. A circulação por essa rede, a possibilidade de transitar por certos caminhos ou outros, está regulada pela idade dos transeuntes; algumas vezes, também por seus interesses, quando podem escolher; por suas possibilidades econômicas, quando não é obrigatório; pelo nível de competência adquirido durante as sucessivas etapas do percurso. Nem todos podem ir por qualquer trajeto nem chegar a qualquer destino, porque alguns caminhos são estreitos ou porque nem todos estão interconectados. Como se regulam os percursos possíveis? Dando certificados aos usuários quando passam por determinados níveis de dificuldade para continuar ascendendo, que lhes indicam para quais caminhos seguir e para quais não. A avaliação cumpre essas funções e é exigida pela complexidade da própria organização escolar e curricular.

A conexão de níveis e especialidades dos sistemas escolares complexos exige algum sistema de comprovação. Inclusive dentro da escolaridade obrigatória, da qual todos podem e devem se beneficiar, a subdivisão do currículo em níveis de competência e a evolução das capacidades dos alunos/as obriga a uma ordenação do ensino, e à previsão de um sistema de promoção em que, para ter acesso a certos componentes curriculares, cursos, ciclos ou níveis, requer-se um determinado grau de competência. Se o ensino não fosse massivo, cada professor/a atenderia a poucos alunos/as e poderia acompanhá-los individualmente. Se não existissem especialidades dentro do currículo, o mesmo professor/a atenderia a formação do aluno/a. Como isso não existe, é preciso transferir para a organização escolar mecanismos de regulação e classificação para os quais a avaliação é muito útil.

O planejamento de necessidades do sistema escolar, por exemplo, a previsão de espaços escolares para níveis secundários e superiores, pode ser realizado não apenas pelo prognóstico do número de alunos/as que pode vir para eles, mas também considerando quantos terão êxito nos níveis imediatamente anteriores.

F) *Projeção psicológica*

É óbvio que a avaliação tem repercussões psicológicas na motivação, na modelação do autoconceito pessoal, nas atitudes do aluno/a, na criação de ansiedade e na intensificação de conflitos ou traços patológicos. Tudo isso indica o impacto que esta prática tem nas pessoas.

Obtém-se a continuidade da aplicação do estudante nas tarefas escolares, em boa parte, pelo esforço positivo que supõem os êxitos nas avaliações ou pela tendência a evitar os efeitos negativos que os maus resultados carregam, ou seja, estamos frente a um sistema de prêmios e castigos. Por isso, a avaliação é fonte de motivação *extrínseca* para a matéria (quando queremos aprender pela recompensa que supõe o êxito e evitar as conseqüências do fracasso). Uma dinâmica psicológica mais provável de encontrar se o ambiente escolar, as tarefas de aprendizagem e os conteúdos não forem interessantes e desafiadores por si mesmos. Os alunos/as gostarão mais daquilo em que são mais apreciados, podendo desmotivar-se frente a maus resultados.

Para que a avaliação não sirva à manutenção de um sistema pedagógico que se baseie nesse tipo de motivos, os estudantes devem perceber que são avaliados mais para terem informação do que para serem controlados (Ryan e outros, 1985). O importante é aprender pelo interesse que o conteúdo desperta – essa é a motivação *intrínseca.*

A incidência dos resultados das avaliações no *autoconceito* do aluno/a é outro dos campos de investigação em que se comprovam efeitos decisivos de tais práticas. O autoconceito é a imagem que temos de nós mesmos, uma imagem carregada de valorizações para facetas diversas de nossa personalidade. Sua elaboração acontece dentro do clima de interações sociais com os outros, sendo o resultado das percepções que elaboramos sobre as reações que provocamos nos demais, segundo a consideração que pensamos despertar em outros cuja opinião ou reação é significativa para cada um de nós. O autoconceito, uma vez elaborado, tem conseqüências na conduta posterior do sujeito, isto é, é produto e fator condicionante de aprendizagens.

As práticas de avaliação são as encarregadas de proporcionar uma informação constante, revestida de autoridade, reforçada pela família, que se torna relevante para que o aluno/a obtenha notícia de seu valor. A própria família utilizará o "valor acadêmico" do filho na apreciação que fará dele como pessoa. Não devemos esquecer o significado que muitas famílias dão aos "estudos" como caminho de promoção e de redenção social. O "bom aluno/a" e o "mau aluno/a" são imagens elaboradas e proporcionadas pela escola com incidência nas relações sociais, enquanto não se for indiferente às reações que provocam essas imagens no meio externo (Gilly, 1980). Dessa forma, os valores sociais e os mecanismos em que se apóia a avaliação escolar dominante extravassam-se na hierarquia de valores pela qual os indivíduos julgam-se a si mesmos, repercutindo na aprendizagem posterior. Naturalmente, quanto mais se ampliem as facetas a serem avaliadas, maior repercussão psicológica podem ter.

G) *Apoio da investigação*

As avaliações dos alunos/as foram uma das poucas fontes de informação e de conhecimento que existem sobre o que faz e como funciona o sistema educativo, embora não sejam dados ricos, qualitativamente falando. Obviamente, os resultados do ensino podem ser vistos refletidos em muitos tipos de indicações e dados, mas uma mentalidade eficientista, baseada nas comparações de rendimento acadêmico, junto à carência de políticas de avaliação para o conhecimento da realidade educativa, deixam os resultados quantificáveis das avaliações como únicas ferramentas para falar da qualidade de escolas, professores/as e do sistema em seu conjunto.

A análise da qualidade do ensino, as virtudes de determinados métodos educativos, a constatação do êxito e do fracasso escolar com a finalidade de analisar a igualdade de oportunidades, a validade dos currículos, os rendimentos das escolas e muitos outros temas são abordados considerando os resultados da avaliação de alunos/as como uma informação útil e fácil de obter.

Para os professores/as, tem relevância à medida que se sintam chamados a analisar sua própria prática ou a experiência educativa global da escola, ver como variam os dados de uma classe para outra, entre ciclos e cursos diferentes, de uns professores/as para outros, variações entre disciplinas ou áreas, entre escolas dentro de uma mesma zona, etc.

A utilização dos resultados dos alunos/as, dentro do paradigma dominante até há pouco na investigação educativa, conhecido como *processo-produto* (Pérez Gómez, 1983b), era o recurso para estudar relações entre esses resultados e outras variáveis. Descobrindo-se quais aspectos, métodos, qualidades do professor/a, das escolas ou do ambiente encontram-se correlacionados com um alto rendimento pretende-se deduzir a eficácia de modelos educativos, instituições escolares, métodos e professores/as.

Perguntando-se sobre quais instrumentos devem ser utilizados para avaliar, é preciso responder a partir de três considerações prévias:

1) A escolha de técnicas de avaliação depende, em primeiro lugar, do que se quer avaliar. Não permite as mesmas possibilidades a apreciação do rendimento nas operações matemáticas que na expressão artística, na sociabilidade ou na constância no trabalho por parte do aluno/a, por exemplo. A qualidade, processo ou objeto a ser avaliado limita e condiciona as técnicas mais convenientes. De um teste a uma entrevista, passando pela solução de problemas, expressão de memorização de conhecimentos, questionários, escalas de atitudes, itens de observação, acompanhamentos diários, etc., o professor/a dispõe dos mais variados sistemas que, ele mesmo, em muitas ocasiões, pode construir e aplicar.

2) Cada técnica ou procedimento de avaliação pode desempenhar de igual modo as funções que sistematizamos. Partamos, primeiro, do que queremos conseguir na avaliação e veremos depois o procedimento. Avaliamos para conhecer o aluno/a, para certificar que possui determinados conhecimentos, para classificá-lo em grupos, para estimulá-lo, para competir com outros? A avaliação do aluno/a que o professor/a faz quando segue o cumprimento de um plano de trabalho pode servir para fins de diagnóstico, mas não para determinar o nível de domínio de um tema. Se queremos ter um indicador da posse de alguns conhecimentos básicos em amostras amplas de alunos/as, comparar escolas ou zonas, então é preciso escolher provas padronizadas de conhecimento e execução de habilidades elementares à base de exercícios de "lápis e papel".

3) As condições da prática e do trabalho dos professores/as fazem com que certos procedimentos e técnicas sejam mais factíveis de utilizar do que outros. Recomenda-se, por exemplo, que os professores/as conheçam as idéias prévias que os alunos/as têm sobre um tema ou um conceito antes de abordá-lo, já que é a plataforma desde a qual aprendem. É possível fazê-lo assiduamente com grupos numerosos de alunos/as? É possível tomar notas de como atua cada aluno/a em suas estratégias de trabalho para ajudá-lo em aulas de uma hora de duração? Que tempo o professor/a investe em acompanhar o caderno do aluno/a quando tem vários grupos aos quais atender? Por acaso não existe o perigo de que, por querer avaliar melhor, dedique demasiado tempo a essa tarefa, diminuindo os esforços para preparar o ensino ou se atualizar? Em muitos casos, a facilidade de obter alguma informação sobre os alunos/as de forma cômoda, aplicando provas simples de corrigir, é o que seleciona as técnicas em uso. A estereotipação e emprego de algumas formas de avaliar se explica, em parte ao menos, pelo fato de que os procedimentos mais usados são os mais factíveis para os professores/as dentro de suas condições de trabalho.

Assim, é necessário escolher procedimentos possíveis de desenvolver, analisando criticamente a informação que eles nos permitem obter sobre o que se quer avaliar e segundo os propósitos. Sendo tão variados os objetos da avaliação e os fins com que é realizada, deve-se partir do princípio de uma certa complementaridade de metodologias e técnicas, cuja seleção deve se realizar em cada caso. Como sugestão para os professores/as em suas aulas, apontamos a proposta de Macintosh (1981, p. 108) na Figura 10.10.

Recursos:	Finalidade da avaliação:
- Sinais observados em aula no exercício da atividade	Valorização, diagnóstico
- Formulários de observação	Diagnóstico, valorização, gradução de estudantes
- Trabalhos escritos em aula e em casa	Diagnóstico, valorização, graduação de estudantes
- Perguntas orais do professor/a	Diagnóstico
- Provas ou tarefas com intenção de observar o rendimento sobre um tema ..	Diagnóstico, comprovação do rendimento final
- Exames de múltiplas questões de uma unidade mais ampla	Graduação, comprovação do rendimento final
- Testes padronizados	Valorização, graduação
- Testes diagnósticos	Diagnóstico

Figura 10.10. Os recursos e as finalidades da avaliação.

As funções da avaliação para diferentes instâncias receptoras dos resultados

As múltiplas funções que a avaliação cumpre e pode cumprir tornam-se realidade quando alguém tem conhecimento de seus resultados. Se a prática de avaliar é tão decisiva no ensino, esta se deve fundamentalmente ao fato de que se torna pública. Quando os resultados transcendem ao âmbito escolar, seus efeitos se ampliam enormemente. Esta conseqüência deve nos fazer questionar sobre que acontece quando determinados dados sobre um aluno/a são conhecidos por outros colegas, por professores/as diferentes do que deu a classificação, quando se tornam públicos nos registros da escola, pelos pais ou quando se comunicam para o exterior em forma de certificados. Por isso, cada professor/a, e todos eles em conjunto, devem estabelecer que informação proporcionar sobre os alunos/as e a quem fornecê-las. É um problema pedagógico e ético antes de ser técnico.

Três razões justificam a importância deste problema:

1) O tipo de audiência ou os receptores que têm acesso às informações que as avaliações dão determinam em boa parte seus efeitos. A informação que um professor/a tem sobre o rendimento e empenho de um aluno/a desencadeia efeitos em outros docentes, no grupo, na família, etc., que não aconteceriam se não a tornasse pública, isto é, a função da avaliação depende em parte do destinatário da informação.

No Quadro 10.1 se resumem as funções que a avaliação cumpre nos diferentes receptores.

2) Se aceitamos que uma avaliação deve tornar-se pública, é preciso estabelecer-se, de um ponto de vista ético, que informação sobre o aluno/a convém revelar, e que inconvenientes pode ter dar a conhecer certos julgamentos sobre os estudantes. Não é a mesma coisa tornar público o resultado de uma prova para uma seleção que o diagnóstico de deficiências, ou informar sobre avaliações de características pessoais. O fato de que os professores/as disponham de certos conhecimentos sobre o aluno/a não implica que devam fazê-lo saber em outras instâncias, sem ponderar os efeitos que possa ter nelas.

Quadro 10.1. Destinatários da informação e funções da avaliação

a) O aluno/a a que se referem os dados: *Diagnóstico de seu progresso, apontar-lhe dificuldades, motivá-lo, dados de referência para seu autoconceito.*
b) O grupo de alunos/as, quando os dados se referem a todo o conjunto: *Diagnóstico de seu progresso, motivação, estimulá-os a se sentir como uma coletividade.*
c) O aluno/a em relação ao grupo: *Graduação,classificação, estímulo da concorrência.*
d) Para o próprio professor/a que coleta e registra os dados: *Diagnóstico, previsão, classificação, orientação, controle de conduta, investigação.*
e) A equipe de professores/as: *Diagnóstico, completar informações que cada um tem sobre o aluno/a, previsão, classificação, controle de conduta, orientação, investigação.*
f) O *tutor de um grupo*: *Orientação, diagnóstico, completar informações, previsão, hierarquização, controle de conduta.*
g) A *escola* como depositário da ficha pessoal dos alunos/as: *Investigação, diagnóstico global, orientação, graduação, seleção, titulação, controle de conduta.*
h) Os *professores/as e a escola de outro nível educativo ou curso superior*: *Orientação, diagnóstico inicial, seleção.*
i) A *administração educativa*: *Titulação, seleção, planejamento, investigação sobre o sistema.*
j) A *família*: *Diagnóstico, classificação, controle de conduta.*
k) Geradores de emprego: *Seleção.*
l) Audiência social em geral: *Seleção, classificação.*

Esta interrogação ética deve-se aplicar, inclusive, à própria conveniência de fazer determinadas avaliações. Por que se deve avaliar ou classificar a sociabilidade das pessoas, quando esta qualidade se referirá inexoravelmente a normas sociais de comportamento, reflexo de uma forma de entender o que é um "cidadão/dã aceitável"? Em termos gerais, poderia se admitir que fazer avaliações do tipo que for não é incorreto, como aponta Broadfoot (1986, p. 73), porque isso é parte fundamental no ensino; mas pode sim ser improcedente realizá-las ao não ter segurança sobre as funções que cumprem e que estas não sejam as que chamamos pedagógicas. A autora se refere aos exames externos, mas este pensamento pode ser extrapolado para a avaliação em geral. O conflito ético se coloca como inevitável quando a avaliação cumpre simultaneamente funções tão diversas, servindo cada uma delas a interesses muito diferentes.

Relacionamos a seguir algumas dessas dúvidas de tipo ético (Law, 1984, p. 141 e ss.):

- Devem se realizar avaliações formais de qualquer variável, sabendo que podem ter o valor de rótular as pessoas?
- Que conseqüências tem o manejo de dados que se presumem objetivos, quando na realidade ocultam tantas opções e pressupostos não-objetivos na forma de sua obtenção?
- Deveria se avaliar formalmente para tornar essa prática um controle do aluno/a, devido à freqüência com que se faz?
- Convém realizar apreciações do professor/a por escrito e torná-las conhecidas de outros?
- Deve se propor o direito de veto dos alunos/as ao uso da informação sobre suas qualificações, principalmente quando se referem a aspectos não públicos do rendimento ou de sua personalidade?
- Os alunos/as devem ter poder para retificar as avaliações dadas sobre eles?
- Devemos tornar públicos todos os dados que possuímos sobre os alunos/as?

- Que dados têm um caráter público e quais têm um caráter reservado?
- Deve ser o aluno/a o único que decide o que aparece em seus relatórios?
- Com quem compartilhar as informações que se possui? Quem deve ter acesso aos relatórios da avaliação: os que tomam decisões em educação e aqueles que recolhem informação para realizá-la, ou a avaliação deve estar aberta também para os próprios alunos/as?
- O aluno/a deve ter acesso a qualquer coisa que se diga dele?
- Uma informação que um professor/a tem deve ser comunicada a outros professores/as do mesmo aluno/a?
- Que dados entram nos relatórios escritos que ficam nas escolas ou passam para a administração educativa?
- Deve se tornar pública apenas a informação que fale positivamente do aluno/a?
- É necessário e conveniente torná-la conhecida dos pais?

3) Em terceiro lugar, é preciso facilitar a compreensão para a instância que recebe os resultados, é preciso questionar-se como facilitar a comunicação com cada receptor potencial. Não devemos esquecer que a competência para entender linguagens especializadas não é a mesma nem os professores/as ou em qualquer outro destinatário da avaliação, como, por exemplo, os pais. Instâncias diferentes podem necessitar informações adaptadas às suas necessidades e possibilidades de compreensão. O que pode dizer a certos pais a informação de que seu filho *progride adequadamente*? Ou que falta com regularidade ao colégio? O que pode significar para uma família informar-lhe que seu filho tem um baixo nível de *integração social* na aula?

É preciso adaptar diferentes maneiras de registrar e expressar os resultados de avaliações conforme a quem se dirijam, algo que deve fazer parte do plano que cada escola estabeleça, analisando as peculiaridades de cada caso. Sem esquecer que, quanto mais exaustiva e freqüente for a comunicação, mais dedicação se necessita por parte dos professores/as.

O SENTIDO DA AVALIAÇÃO INTEGRADA NO PROCESSO DE ENSINO-APRENDIZAGEM

> **LOGSE:**
> **Artigo 15.**
> 1. A avaliação dos processos de aprendizagem dos alunos/as (de educação primária) será contínua e global.
> (...)
> **Artigo 22.**
> 1. A avaliação da educação secundária obrigatória será contínua e integradora.

O funcionamento da instituição escolar exige do professor/a julgamentos de caráter *somativo* sobre seus alunos/as, do tipo se aprendem ou não os conteúdos mínimos estabelecidos, se superam ciclos educativos, cursos e disciplinas ou áreas. Enquanto que a todos os professores/as se exige uma avaliação com esta função, realizá-la com fins *formativos* é uma exigência profissional não imprescindível para o funcionamento do sistema escolar.

Em torno do conceito de *avaliação integrada no processo de ensino-aprendizagem* queremos comentar problemas sobre como realizar uma avaliação com fins formativos que seja possível dentro das condições de trabalho dos docentes.

Solicitar a avaliação integrada no processo de ensino-aprendizagem é uma exigência pedagógica que não é fácil de satisfazer, pois se necessitam certas condições de partida: a) que seja possível de realizar pelos professores/as, adequada às suas possibilidades e disponibilidade de tempo; b) que se faça com a finalidade básica de obter informação, ou seja, para o melhor conhecimento dos alunos/as, do processo e contexto de aprendizagem, com o fim de melhorar esses aspectos; c) que não distorça, corte ou dificulte o desenvolvimento do ensino e da aprendizagem, criando ansiedade nos alunos/as, diminuindo o tempo dos professores/as que poderiam dedicá-lo a outras funções; d) que não gere um clima autoritário e de controle nas relações humanas.

A partir dessa proposição, pode-se estabelecer uma separação dicotômica entre *avaliação ligada à aprendizagem e ao ensino* e aquela outra separada ou desconectada, que costuma se realizar ao final de um período mais ou menos prolongado de ensino, ou ao fim da realização de alguma unidade temática, com um ato formal e explícito de comprovação, como, por exemplo, dar uma prova ou realizar um exame.

A avaliação separada do processo de ensino-aprendizagem deve sua preponderância às funções de classificação e de seleção às quais serve, estando apoiada em toda a tradição psicométrica de medição de traços de personalidade, inteligência, etc. (Stodolsky, 1975; Goldstein, 1989). Esta tradição parte do pressuposto de que existem capacidades que podem ser comprovadas nos sujeitos independentemente do contexto em que se exercem e observam. Outro de seus pressupostos é que as provas aplicadas devem proporcionar a localização de cada sujeito dentro de uma escala, ou numa média referencial de certos grupos, independentes também do contexto do indivíduo, pressupondo que os ambientes são equivalentes ou que não têm efeitos sobre os resultados. Pretende-se obter a comprovação da capacidade à margem do exercício real de uma competência ou manifestação da qualidade de que se trate. Assim, no ensino pretende-se comprovar o saber, independentemente do modo de trabalhar cotidiano dos alunos/as, de como adquirem e utilizam o conhecimento uma vez que acabaram um processo de aprendizagem.

As funções sociais e o poder de controle que a avaliação tem diminuem a importância do conhecimento que podemos obter dos alunos/as enquanto trabalham e se dialoga com eles. Esta condição do trabalho faz com que os professores/as admitam como "normal" separar os momentos de ensino dos de comprovação. Existem tarefas e tempos para ensinar e, ao lado, separados no tempo e quanto a procedimentos empregados, outros momentos para comprovar. A avaliação desintegra-se da aprendizagem, perdendo seu valor formativo no diálogo crítico entre professores/as e alunos/as. Um *modelo crítico* de avaliação, como o chamou Elliott (1990b), parte da condição de que:

> "... a avaliação da compreensão (refere-se a um tipo de aprendizagem de qualidade) e o ensino para a mesma não são atividades separadas. O professor/a fomenta a aprendizagem compreensiva dando acesso aos alunos/as ao diálogo crítico sobre os problemas que encontram ao realizar suas tarefas. Este tipo de avaliação faz parte do processo de aprendizagem, e não é apenas uma atividade final, centrada nos resultados da aprendizagem" (p. 224).

A separação entre tarefas de ensinar e avaliar nos professores/as tem uma distinção simétrica nos alunos/as: a separação entre a aquisição de informação ou aprendizagem e as estratégias para responder melhor à avaliação. Elliott (1990b, p. 213), referindo-se ao ensino médio, chama a atenção sobre o fenômeno da *preterição da aprendizagem*. Refere-se com isso a como os alunos/as preterem o trabalho de aprender nos momentos próximos da avaliação, deslocamento que implica aprender conforme serão avaliados e para responder ao que lhes é exigido, é um mecanismo que afeta não só o ensino médio.

A forma de possibilitar a avaliação integrada é propô-la de maneira *interativa* (Cardinet, 1986b), isto é, durante o processo de ensino-aprendizagem. É preciso entendê-la como um processo natural de informação sobre o que acontece, que utiliza múltiplos recursos, sem estabelecer necessariamente procedimentos formais de avaliar, ou seja, de conhecer o aluno/a. Digamos que precisa de uma atenção consciente e reflexiva por parte dos professores/as, como mais uma preocupação destes quando ensinam. Mais do que pensá-la como algo que se serve de procedimentos especiais, é uma atividade que descansa nas capacidades do professor/a (naturais e adquiridas por formação), para compreender situações, reações dos alunos/as, traços significativos de como executam as tarefas, nível de suas realizações, das dificuldades que vão encontrando, do esforço que fazem, etc.

Cardinet (1986b) destaca que:

> "A avaliação formativa, para que ser aplicável, não necessita exigir dos professores/as o uso de um extenso conjunto de instrumentos apropriados. Porque é no próprio curso da aprendizagem que a forma de operar e as realizações dos alunos/as devem ser observadas e utilizadas imediatamente para retificar sua forma de proceder. Da análise dos exercícios que se realizam cotidianamente em aula podem se tirar todo tipo de informações" (p. 45).

Desta ótica, Harlen (1978) define-a também como:

> "O processo de obter informação sobre aspectos relevantes da experiência e das qualidades dos alunos/as para adotar decisões sobre o ambiente de aprendizagem que estimule o progresso dos alunos/as e incremente a eficácia do professor" (p. 1).

A formalização metodológica destes procedimentos de conhecimento integrados na atividade de ensino estabelece-se quando é preciso acumular as informações sobre o aluno/a durante um tempo, fornecê-las a outros professores/as, utilizá-las para proporcionar ou não ao aluno/a, para recomendar recuperações ou informar os pais.

Esta avaliação não separada do processo de aprendizagem, manejável por professores/as como recurso de conhecimento e guia da atividade normal de ensinar, tem sua defesa no senso comum e em paradigmas de investigação que tenham como primeira preocupação melhorar as práticas reais da educação. A avaliação com fins seletivos e de classificação apoiada pela tradição de medição contou com mais aparato metodológico como justitificativa, adornada pela auréola da objetividade na apreciação de resultados educativos. Foi preciso se reconhecer que outras metodologias em ciências sociais eram legítimas e demonstrar a inviabilidade de muitos procedimentos pretensamente objetivos, para que o conhecimento obtido por via de observação dos professores/as, por exemplo, conquistasse um importante papel na direção e melhora da prática. O senso comum tinha reconhecido sempre o valor do conhecimento pessoal dos professores/as.

Apelar para a importância dos métodos de conhecimento do professor/a para adquirir informação, enquanto participa em situações naturais de ensino, supõe conceder um peso importante às suas capacidades, para perceber os processos, educativos e a seus esquemas de interpretação. Se das avaliações elaboradas por este meio querem se obter dados objetivos do rendimento escolar dos alunos/as com fins de classificação, seleção ou titulação, evidentemente esta avaliação integrada no processo tem pouca defesa metodológica. Mas não se deve esquecer que tampouco as avaliações separadas do processo estão isentas de distorções.

Se o conhecimento sobre os alunos/as e sobre os processos de aprendizagem que oferece a avaliação deve servir de ajuda para o desenvolvimento consciente da prática na aula, então só as informações adquiridas como significativas pelos professores/as, em contextos concretos, lhes servirão, independentemente da validade metodológica que tenham. Essa avaliação integrada pode ter, no entanto, muito mais valor informativo para os docentes do que os resultados da avaliação separada do processo. O que diz sobre um aluno/a 4 numa escala de 10, como resultado de uma prova de comprovação de rendimento, esquecendo-nos do tipo de conhecimento em que acertou ou errou? Sabemos que está num lugar baixo dessa escala para efeitos de classificação se damos por suposto que a pontuação 5 é a metade. Que o professor/a diga que um aluno/a é "lento" – outro tipo de apreciação ou valorização relativa – na realização de tarefas, mas que ao final costuma concluí-las adequadamente, também proporciona pouca informação. Mas, por acaso, é menos útil ao professor/a do que dizer que obtém um 4 numa escala de 10, para conhecer o aluno/a, valorizar seu rendimento e adaptar a estratégia de ensino a ritmos de aprendizagem diferentes, ainda que se trate de uma apreciação pessoal obtida enquanto acompanha o trabalho do aluno/a, sem pretensões de objetividade metodológica?

O que queremos ressaltar é que mais do que assegurar avaliações indiscutíveis quanto à sua objetividade, do ponto de vista pedagógico e para uma educação não-seletiva, o fundamental para a melhora dos processos pedagógicos é aperfeiçoar a competência dos professores/as para realizar apreciações acertadas sobre seus alunos/as, a partir das capacidades e esquemas de percepção, atribuição e interpretação que possuem nas condições naturais de trabalho.

Logicamente, as possibilidades de obter diferentes tipos de informação sobre o aluno/a – os indícios em que a percepção se apóia –, além de estarem ligadas às capacidades de apreciação dos professores/as, dependem das atividades nas quais se trabalha. Só se pode observar a originalidade do aluno/a quando o método e as tarefas concretas de aprendizagem permitam sua expressão, ou seja, a informação que se pode obter depende de a atividade pedagógica permitir que se manifestem uns traços ou outros do aluno/a no trabalho acadêmico, nas relações pessoais, etc. Como avaliar sua capacidade de expressão oral se não se permite que a pratique? As possibilidades da avaliação integrada de forma natural no processo de ensinar e de aprender dependem das tarefas acadêmicas que se praticam e da capacitação do professorado.

A utilidade pedagógica da avaliação tem a ver com a metodologia que se utiliza para realizá-la e expressá-la. Se a avaliação fica integrada no processo de ensino-aprendizagem, os dados mais ricos, quanto à informação que podem dar ao professor/a, não são os de caráter quantitativo ou as classificações numéricas. Na realidade, todo processo de avaliação tem um caráter qualitativo porque se trata de valorizar, julgar ou atribuir valor (Álvarez, 1985); o que acontece é que o resultado desse processo pode pautar-se num número ou num julgamento de outra ordem, como adjetivos ou expressões diversas.

Nos estudos sobre métodos e práticas de avaliação, a dicotomia entre avaliação *quantitativa* e *qualitativa* adquiriu uma relevância que tem sua justificativa em dois tipos de preocupações. De um lado, existe um problema metodológico sobre quais são as formas mais relevantes de captar e refletir a realidade dos processos e resultados da educação (Cook e Reichardt, 1986); por outro, e isto é o mais relevante para o professor/a, está o problema de que capacidade de informação têm várias formas de expressar a avaliação para professores/as, estudantes, pais, etc. Interpreta-se um número dentro de uma escala e nada mais. Serve para classificar e para apontar níveis, mas não informa de seu significado, exceto que se explicite o processo pelo qual passamos desde a leitura e apreciação de um trabalho até a qualificação. Um julgamento qualitativo permite comunicar o que significa o trabalho do aluno/a.

Uma avaliação holística ou globalizadora

A avaliação integrada de maneira natural no processo didático deve enfocar o aluno/a como ser que está aprendendo; por isso, é globalizadora de toda sua personalidade, holística (abrange tudo). Algo que tem mais razão de ser na educação obrigatória, onde adquire seu verdadeiro significado pedagógico. O que pretendemos ressaltar é a conveniência de aspirar ao conhecimento dos alunos/as como sujeitos frente à fragmentação e parcialização de suas características que supõem as práticas tradicionais, apoiadas em provas formais, testes e exames, que são sempre restritivos (Bridges, 1989) e que não permitem compreendê-lo como pessoa.

Quem aprende não é a inteligência mas seres inteligentes. Nem mesmo um leque completo de provas diversas dirigido para diagnosticar de modo separado capacidades, condições de personalidade, sociabilidade, conhecimentos e posse de habilidades, poderia nos dar uma imagem real do que é o aluno/a e qual é seu comportamento em situações educativas naturais. Este conhecimento global requer comunicação aberta com ele, compreender seus problemas, circunstâncias, seu trabalho escolar. Mesmo no caso de nos restringirmos à avaliação do rendimento numa área ou disciplina, o conhecimento que o professor/a possa obter das provas formais ou dos exames é insuficiente para ter acesso aos processos de aprendizagem, compreender suas dificuldades, as idéias prévias que seria bom modificar, as atitudes para com a matéria, os significados pessoais que atribui ao aprendido, etc.

De uma perspectiva histórica, a evolução recente do sistema educativo e do pensamento sobre o currículo leva a uma ampliação constante de seus conteúdos, como vimos em outro momento, e conseqüentemente a considerar mais objetos e qualidades suscetíveis de serem avaliados. Pode-se notar, pois, que o objeto da avaliação em ambientes escolares expande-se constantemente, afetando mais alguns níveis educativos do que outros.

Esta pretensão holística na avaliação tem suportes diversos e contraditórios:

1) A progressiva implantação de uma forma mais humana de entender os alunos/as, com a recusa de modelos educativos academicistas mais centrados nos aspectos intelectuais da pessoa, onipresentes na educação tradicional, que esqueciam outras dimensões de tipo afetivo, social, moral e psicomotor. É uma projeção da pedagogia invisível que já comentamos. A evolução do pensamento humanista sobre a educação ressalta a importância da atenção total à personalidade do aluno/a (Gimeno, 1988).

2) A adoção de modelos ecológicos de explicação do desenvolvimento e da aprendizagem que chama a atenção para a necessidade de observar os diferentes aspectos que se entremesclam nas condutas dos sujeitos, nos processos de aprendizagem e na explicação de seus resultados. Os efeitos educativos que têm múltiplas causas que é preciso ponderar na avaliação. Por outro lado, as conseqüências das práticas escolares não podem ser reduzidas aos rendimentos acadêmicos mais evidentes.

3) A repercussão de modelos de avaliação aplicados a experiências pedagógicas e à experimentação de currículos que se tomam como modelos para entender a avaliação de alunos/as, e que demonstram a necessidade de explicar realidades complexas, diferenciar aspectos e trazer instrumentos distintos dos tradicionais.

4) A ampliação do objeto que se avalia é coerente com o progressivo crescimento do caráter invisível dos novos métodos educativos, de perfis mais apagados, que exigirão não apenas a ampliação dos objetos que se avaliam, mas também das técnicas para realizá-la e dos procedimentos de expressão de seus resultados. Esta coerência entre novos métodos de educação, currículos e práticas de avaliação foi ressaltada por múltiplos autores (Bernstein, 1988 e Broadfoot, 1984 e 1986).

5) Um incremento dos controles de tipo técnico em educação, ainda que na maioria das vezes disfarçados de argumentos relacionados com os pontos anteriores.

A interrogação surge imediatamente. Se a educação e os programas de ensino, os métodos, a atenção do professor/a, etc. atendem a inumeráveis aspectos da formação cultural e da personalidade do aluno/a, a necessidade de uma consciência reflexiva sobre o que acontece no sistema educativo implica englobar numerosos tipos de conhecimento sobre como funcionam todos esses processos. Desde as pretensões da avaliação formativa parece lógico a aspiração a avaliar os processos que tenham relação com qualquer objetivo ou conteúdo, e não apenas com as aprendizagens de ordem intelectual. O que já não parece tão natural e conveniente é que se devam praticar avaliações formais, finais ou intermitentes, de tipo somativo em qualquer faceta pedagógica, se não queremos cair num clima de controle tecnicista total sobre os sujeitos e sobre tudo o que acontece nos ambientes educativos. Uma pedagogia total – que atenda à integridade do desenvolvimento do estudante – não deve recair num controle exaustivo. Seu valor está em entender o aluno/a como uma unidade, explicando seu progresso como conseqüência do comportamento de toda sua personalidade em relação às circunstâncias que o rodeiam, na escola, no grupo de alunos/as e na família.

É preciso distinguir a necessidade de ampliar o conhecimento do aluno/a, como indivíduo globalmente considerado, das aplicações massivas de provas e realização constante de exercícios de comprovação com o fim de o conhecê-lo melhor. O ideal pedagógico humanista de atender na educação todos os aspectos da personalidade é uma aspiração inerente ao entendimento do ensino como comunicação pessoal e estímulo do desenvolvimento das possibilidades pessoais e de ajuda à superação de limitações. Um enfoque que se justifica em qualquer etapa educativa, mas principalmente nos primeiros níveis de educação. Bridges (1989) e Law (1984) ressaltaram que as novas formas de avaliação não tradicionais reclamam a necessidade de uma melhor comunicação com o aluno/a e de consideração da discussão e negociação da mesma, pois se trata, às vezes, de avaliar qualidades de difícil acesso.

Mas de um modelo educativo globalizador e personalizado não se deduz forçosamente a necessidade de que tudo nas escolas seja objeto de avaliação formal por meio de instrumentos apropriados. O conhecimento global do aluno/a não é obtido pelo diagnóstico de dimensões isoladas de seu comportamento.

A avaliação formal de todos os tipos de aspectos do aluno/a, com resultados constantes, tem conseqüências perigosas quando se instala numa mentalidade de controle, seletividade e concorrência, na qual não são infreqüentes as práticas autoritárias apoiadas no poder dos professores/as. Quando se muda a mentalidade sobre os objetos suscetíveis de serem avaliados, mas não o uso da avaliação, reforça-se o clima de controle nas aulas. Não devemos esquecer que é freqüente a crença de que se algo não é avaliado, não desperta o interesse do aluno/a no seu esforço de aprender, que avaliando se classifica e se seleciona os alunos/as. A avaliação holística parece admissível desde a ótica educativa, mas não deixa de ter seus perigos, devido ao contexto em que será praticada.

"... esta tendência para sistemas de avaliação e de classificação de tipo global possui facetas inquietantes. Nas últimas décadas, as escolas (refere-se às inglesas) tornaram-se em observatórios permanentes, microscópios por meio dos quais os alunos/as são avaliados, não apenas por suas capacidades, mas também por suas atividades, interesses e atitudes pessoais. Cada vez são mais numerosos os relatórios que classificam e caracterizam os alunos/as, situando-os ao longo de uma escala conforme certas normas" (Sarup, 1990, p. 197).

"Sua fácil aceitação, sua preocupação pela totalidade da pessoa e seu uso flexível (...) permite, na prática, um maior grau de intromissão na vida dos alunos/as. À medida que determinados aspectos de sua vida não sejam congruentes com os valores dominantes da escola (seus interesses, seu ambiente familiar, seus valores) será mais do que possível que sejam objeto de avaliações negativas; avaliações que, por outro lado, sendo poucas vezes explícitas, se é que o são, têm profundas influências nas expectativas dos professores/as e, tal como mostra a investigação, no rendimento" (Broadfoot, 1986, p. 67).

Uma corrente de ordem mais técnica, que ajudou a manter a idéia da avaliação holística com procedimentos formais, procede dos enfoques curriculares dominantes nos anos 60 e 70, que defenderam a necessidade de especificar os objetivos em campos diversos e em múltiplas categorias. A taxionomia[1] de objetivos de Bloom (1971) é um exemplo: nela se especificam três domínios: o intelectual, o afetivo e o psicomotor, que, por sua vez, subdividem-se em múltiplas categorias. Gane (1979) e Gagne, Briggs e Wager (1988) destacam outros tipos de produtos de aprendizagem utilizados como referência para especificar objetivos de ensino: habilidades intelectuais, estratégias cognitivas, informação verbal, atitudes e habilidades motoras. Se o correto planejamento ou programação do ensino é entendido como esclarecimento e definição de metas para escolher estratégias adequadas para cada tipo de objetivo, a lógica da proposição leva a sugerir que os procedimentos de avaliação se especializem também na comprovação da conquista dos diferentes tipos de objetivos. As taxionomias surgiram para serem utilizadas como procedimentos que ajudassem a realizar instrumentos de avaliação mais precisos, como é o caso da de Bloom; ou se derivaram da análise de tarefas e processos muito definidos para estabelecer estratégias precisas de treinamento (a de Gagné).

Este enfoque exige a avaliação dos objetivos diferenciados com procedimentos formais, pois será impossível para o professor/a, em sua prática, distinguir efeitos específicos de modo separado por meio da avaliação ligada ao processo de ensino.

A avaliação compreensiva e globalizadora exige uma mudança na ideologia seletiva dentro do sistema educativo e dos próprios docentes, uma revisão das necessidades de formação do professorado para se dispor de uma mentalidade mais diferenciada em seu pensamento sobre o que é importante no ensino e no desenvolvimento do currículo. Exige novas necessidades na organização escolar. Ao não existir estas condições pode se explicar a permanência de pautas de controle defendidas pela avaliação tradicional, procedimentos rígidos de constatar o rendimento educativo, ainda que se tenham difundido diretrizes novas sobre como avaliar. Como bem destaca Law (1984, p. 7), é uma ironia que técnicas novas de avaliação só possam ser introduzidas em organizações em que já existe um convencimento sobre sua necessidade e o que elas supõem.

O limite profissional nos docentes é um obstáculo importante para a avaliação globalizadora. Os professores/as, como qualquer ser humano, têm uma capacidade limitada de processar informação, coletá-la, interpretá-la e registrá-la, informando, depois, às diversas instâncias. Qualquer idéia de ampliar a avaliação tropeça com as limitações dos professores/as e reconduz sua viabilidade ao terreno da avaliação informal em contextos naturais de trabalho. Numerosas variáveis educativas podem ser observadas diretamente na comunicação pessoal nas aulas ou, valendo-se os professores/as de instrumentos muito simples.

Outra limitação procede da organização da docência. Um professor/a da educação infantil ou fundamental é responsável por um grupo de alunos/as que só tem ele para todas as áreas e atividades do currículo. O conhecimento pessoal só pode ser alcançado nessas condições de convivência prolongada e número relativamente reduzido de sujeitos. Observa como se desempenham em situações diversas, acompanha seu trabalho em aula, perguntam-lhe com freqüência, corrige seus erros, dedica mais atenção aos que mais a necessitam, estimula a independência dos que se desenvolvem por si sós, vive um clima psicossocial sala de aula, na qual aspectos muito diversos de cada um vão tornando-se manifestos. A possibilidade de conhecimento holístico do aluno/a é consubstancial a essa situação de trabalho, e cada professor/a poderia fazer julgamentos sobre múltiplos aspectos de seus estudantes, sem ter "examiná-los" ou aplicar-lhes provas complicadas; valendo-se, quando muito, de itens simples de observação que utiliza mentalmente.

Quando, pelo contrário, impera a especialização curricular em áreas ou disciplinas, o professor/a tem muito mais alunos/as, vários grupos, e normalmente em horários com curtos espaços de tempo, circunstâncias que, inevitavelmente, restringem as possibilidades de conhecimento global de um grande número de alunos/as. Isto costuma ir acompanhado de uma mentalidade nos docentes propenso a entender que eles já não são responsáveis por "toda a educação" dos grupos, já que são vários os professores/as que lhes dão aula. Tendência acentuada pelo fato de que se assume implícita ou explicitamente que a aprendizagem da matéria é o que importa. A avaliação global em regime de pluridocência (vários professores/as especializados para um grupo) exige sua imprescindível coordenação, sem deixar esses aspectos para a responsabilidade do que entre nós se conhece por *tutores*.

A avaliação globalizadora tem conseqüências inevitáveis na concepção das técnicas que se consideram próprias para realizá-la. Um primeiro efeito é o de debilitar o valor dos métodos formais, precisos e quantitativos, devido ao caráter indefinido ou "apagado" das qualidades que se observam. Como Bernstein (1988) afirmou, o controle preciso dos processos pedagógicos só é possível no momento em que os objetivos são muito precisos e claros, em que é fácil distinguir e decidir o que é aceitável ou correto do que não é, mas quando a educação atende a parcelas pessoais não tão claras, como as aprendizagens acadêmicas tradicionais, as possibilidades metodológicas de uma avaliação segura e formal ficam debilitadas.

> "Ali onde a pedagogia é visível, existe uma plataforma 'objetiva' para avaliar os alunos/as, que se baseia em: a) critérios claros e b) um procedimento de medida preciso. A criança recebe uma nota ou seu equivalente como resultado da valorização de qualquer conquista escolar. Além disso, existe um sistema de qualificação uniforme, de maneira que se podem comparar os êxitos e os fracassos de uma escola com outra. Observando as notas do aluno/a, podemos estabelecer seu 'perfil' escolar. O aluno/a conhece seu nível, o professor/a e os pais também. (...) Por outro lado, os pais dificilmente podem questionar esse perfil, pois é 'objetivo'. Introduzem-se, claro, elementos subjetivos na classificação das crianças, mas estão mascarados pela objetividade aparente do quadrinho em que ela é anotada. No caso das pedagogias invisíveis não acontece isto. Os procedimentos de avaliação são múltiplos, difusos, e não se prestam facilmente a uma medição aparentemente precisa, o que torna bastante complexa a comparação entre diferentes alunos/as e entre diferentes escolas. Em primeiro lugar, a pedagogia invisível não define o progresso de um *grupo*, se baseia, pelo contrário, no progresso de cada pessoa" (Bernstein, 1988, p. 133).

Assim, por exemplo, "progredir adequadamente" é uma expressão mais subjetiva, polissêmica ou apagada do que o "aprovado".

Avaliação informal e avaliação contínua

A pretensão de desenvolver uma avaliação com caráter formativo, que abranja o sujeito, reivindica o papel que deve desempenhar o conhecimento constante que o professor/a pode obter por meios informais sobre o processo educativo.

No começo deste capítulo caracterizávamos a avaliação como toda atividade ou ocasião pela qual o professor/a adquire consciência da marcha de seus alunos/as e do processo de ensino-aprendizagem, tendo se defendido que deve estar implicada na própria atividade do ensino. Os professores/as no contato cotidiano dentro do horário escolar conscientemente obtêm informações, fazem observações sobre traços de seus alunos/as, de alguns deles talvez de forma mais significativa. O professor/a observa o que é um aluno/a, seu progresso, sua reação frente aos estímulos educativos valendo-se de procedimentos que não são técnicas rigorosas mas sim eficazes meios de conhecimento. Pode-se dizer que obtém todo este "diagnóstico" de pessoas e processos por *meios informais*. Avaliar deste modo supõe, segundo Guerin (1983):

> "... todas aquelas estratégias que podem ser utilizadas para organizar e interpretar a informação que se obtém por meio da observação diária e na interação com os estudantes. Este tipo de informação desempenha um papel decisivo nas decisões que os professores/as adotam em aula, relacionadas com o curso da instrução" (p. XI).
>
> (...)
>
> "As estratégias de avaliação informal são parte singularmente importante do repertório de habilidades (profissionais) que os professores/as têm. A informação adquirida por meio de observações da conduta cotidiana dos estudantes, por meio do exame de realizações produzidas por eles, tais como o caso de trabalhos escritos, provas, apresentações diversas, e por meio da discussão com eles, proporciona a base para muitas decisões dos professores/as" (p. 5).

Essas informações são as mais úteis para o professor/a na tomada de decisões que realiza constantemente no ensino. Apesar disso, as práticas dominantes nas aulas tendem a dar mais peso às avaliações formais (Macintosh e outros, 1981), talvez pela crença que despertam os procedimentos de avaliação separados da prática. O fato de que o peso concedido aos procedimentos formais sobre os informais aumente à medida que a se suba no nível educativo, nos sugere a imposição progressiva da pressão seletiva do sistema.

O conceito de *avaliação contínua* é inerente às proposições que querem alcançar uma avaliação integrada normalmente no processo de ensino, com intenção formativa, desenvolvida por procedimentos informais. Em suas origens, este conceito surge como alternativa aos exames que abrangem grande quantidade de conteúdos, após longos períodos de aprendizagem. A *continuidade* implica fracionamento da exigência, o que permite facilitar aos alunos/as a comprovação do que aprendem. Agora, o sentido pedagógico que é preciso lhe dar não é esse; pois fazer comprovações desligadas do trabalho de forma continuada não altera as funções dominantes não-pedagógicas da avaliação, senão que aumenta a pressão de controle sobre os alunos/as e diminui o tempo de ensino dos professores/as. Podem se fazer continuamente exames tradicionais, aplicar de forma reiterada provas objetivas, estimular o controle permanentemente.

Portanto, este conceito de avaliação contínua deve ir acompanhado de outra forma de entender o que é avaliar.

A transferência que este conceito teve para a prática, em nosso próprio contexto, é um exemplo do que acontece em muitas ocasiões com idéias inovadoras "assimiladas" por um contexto diferente. Querendo substituir o sistema tradicional de avaliações finais por um sistema de informação mais continuado, para muitos professores/as isso se transformou em "exames freqüentes", ou na mera substituição de um exame final por vários parciais cujas classificações dão por acumulação a qualificação definitiva.

Outra interpretação deste conceito é a que houve desde uma proposição tecnológica sobre a prática didática. Em nosso meio, a idéia surgiu nos anos 70, em pleno auge das proposições tecnológicas sobre o currículo e sobre a programação do ensino que os professores/as deviam realizar. O esquema de ordenação das operações para desenvolver o currículo proporcionado por Tyler em 1949, serviu de referência para estas proposições. Em tal esquema (como se viu no capítulo dedicado ao plano), *a avaliação tem a função de comprovar em que medida as experiências de aprendizagens desenvolvidas servem para alcançar os objetivos propostos*. A avaliação se transforma em operação final de constatação de eficácia dos efeitos de um processo educativo ordenado.

Se se considera que a complexidade dos fins educativos pode se reduzir à conquista progressiva de pequenos objetivos escalonados, numa progressão seqüencial preestabelecida, então a avaliação adequada será aquela que diagnostica, passo a passo, o progresso por esses escalões, pretendendo dar notícia do curso da ascensão até as finalidade mais gerais. Para Tyler (1973), a avaliação:

> "... deve julgar a conduta dos alunos/as, já que a modificação das pautas de conduta é precisamente um dos fins que a educação persegue. Em segundo lugar, (...) a avaliação não deverá limitar-se a realizar essa valorização num determinado momento já que, com o fim de comprovar a existência de possíveis mudanças, é imprescindível realizar as avaliações no princípio e no final do processo, com o objetivo de identificar e medir as que possam estar se produzindo nesse momento" (p. 109).

Quando se pretende detalhar e encadear os objetivos, temos que optar, conseqüentemente, por uma avaliação mais freqüente, a fim de determinar se existe ou não a progressão prevista. Daí o caráter continuado que adquire nesta proposição didática. A avaliação contínua, desde o enfoque tecnológico, tingiu-se de uma visão eficientista da educação e das instituições educativas. Glaser (1970) afirma com extrema clareza quando assegura:

> "As instituições sociais, sejam as educativas, médicas, religiosas, econômicas ou políticas, devem de forma constante provar sua efetividade para assegurar o apoio da sociedade. (...) De certo modo, o campo da medição educativa e da avaliação se desenvolveu como resposta às exigências de provar a eficácia da empresa educativa. Mais ainda, a demanda da avaliação está relacionada com a crescente aliança entre a prática educativa, a ciência da conduta e as pressões procedentes da necessidade de tornar os investimentos em educação rentáveis" (p. 70).

A avaliação contínua tem coerência pedagógica só se a entendemos desde a perspectiva informal com fins formativos, realizada pelos professores dentro das práticas habituais de trabalho e de acompanhamento de tarefas, tal como comentamos antes, num clima de comunicação fluente, em que é possível conhecer diretamente o aluno/a sem ter de aplicar-lhe exames desligados do trabalho normal para comprovar suas aquisições, crenças, possibilidades, etc.

O caráter renovador da avaliação contínua está em que se interprete como sinônimo de informação constante sobre o progresso do aluno/a e a conseqüente orientação do mesmo (Bonboir, 1974, p. 76). Para os professores/as consiste numa atividade investigadora atenta à complexidade da aprendizagem, para observar tanto seus produtos como os processos que levam a eles e os fatores que condicionam ambos. Entendida deste modo começa a fazer parte do ensino individualizado e do que se denominou tradicionalmente "pedagogia corretiva", como um tratamento adequado para o aluno/a.

Táticas de avaliação integrada no processo de ensino

As interdependências que a prática de avaliar mantém com outros aspectos do ensino faz com que, se queremos mudá-la, tenhamos de considerar mudanças nesses outros aspectos, como afirma Fairbairn (1988, p. 66): revisar os fins da escola e os objetivos do currículo, reconsiderar como avaliamos, como obtemos a informação e como a apresentamos, estabelecer uma política coerente da escola como unidade organizativa, que os professores/as tenham responsabilidades de tutoria para o conhecimento do aluno/a como ser global, mudanças de métodos de ensino que permitam variedade de atividades, existência de espaços adequados para reuniões e contatos com os alunos/as, entre outras coisas.

Para começar faltam duas condições prévias fundamentais já apontadas: a) uma comunicação fluente e sem conflitos entre professores/as e estudantes para que seja possível o conhecimento entre uns e outros; para que o aluno/a possa manifestar-se num ambiente descarregado da tensão do controle sobre o que aprende. Esta condição está muito limitada na prática pela massificação da educação e pelo clima de controle; b) um esforço para evitar separar o "tempo de ensinar e de aprender" dos momentos de avaliar o aprendido.

Os métodos que proporcionam informação sobre o cumprimento de tarefas e objetivos por parte dos alunos/as são os recursos mais úteis para essa comunicação, que serve de diagnóstico bem mais do que muitas das provas realizadas de forma descontextualizada e com meras intenções de "exame".

Se nenhuma instância exterior exigisse dos professores/as dar qualificações ou fazer exames, quando um docente tem um número de alunos/as que lhe permite manter com eles um processo fluente de comunicação, não necessitaria realizar a avaliação como um ato expresso de comprovação. A força que adquire a avaliação no ensino é coerente com a despersonalização que a educação massificada impõe.

Faz tempo que Giner de Los Ríos expressava este pensamento, referindo-se à educação universitária, embora sua observação poderia ser estendida a outras situações:

> "Se por exame se entendesse a constante atenção do professor/a a seus discípulos para se dar conta de seu estado e proceder conseqüentemente, quem recusaria semelhante meio, sem o qual não há obra educativa possível? Mas, justamente, as provas acadêmicas a que se dá aquele nome constituem um sistema em diametral oposição com esse procedimento e comunhão constante. Pois, onde esta existe, aquele falta e, pelo contrário, jamais os exames florescem onde o monólogo diário do professor/a põe um abismo entre ele e seus alunos/as" (1924, p. 87).
>
> "Compreende-se que, quando o professor/a e o discípulo apenas sustentam entre si uma superficialíssima comunicação pessoal, cujas dificuldades aumentam até torná-la, às vezes, impossível devido à imensa aglomeração de alunos/as nas aulas de grande número de estabelecimentos; quando nestas condições seria inútil pedir ao professor/a qualquer julgamento formal sobre estu-

dantes que apenas conhece de vista, se tenha pretendido compensar a falta deste julgamento por meio de certas provas momentâneas" (1933, p. 123).

Um clima educativo com boa comunicação pode permitir ao professor/a prescindir de avaliações formais, ao menos em grande parte. Quando esse clima não existe ou quando a comunicação está deteriorada, a falta de conhecimento direto é camuflada com a aplicação de técnicas formalizadas de avaliar, criando-se um certo círculo vicioso, pois a própria avaliação separada do processo de aprender perturba esse ambiente. A massificação do ensino, as repercussões que tem no conhecimento do aluno/a, o fato de que sejam vários professores/as que lecionam as áreas do currículo são, entre outras, condições negativas para essa avaliação integrada, apoiada no conhecimento direto. Uma avaliação diferente só é possível se se praticam métodos que a tornem possível e em condições apropriadas.

A avaliação, integrada de forma natural no ensino, pode utilizar múltiplas estratégias, ligadas à forma de gestão do trabalho em aula e o acompanhamento do mesmo:

1) Incorporando *perguntas-chave* no estudo de textos ou de unidades, chamando a atenção sobre informações concretas, sobre a existência de um princípio relevante, ou sobre o sentido geral que o aluno/a deve descobrir e compreender, respondendo por escrito ou oralmente uma vez compreendido esse texto. Hamaker (1986) ressalta a eficácia na lembrança que os alunos/as guardam da informação sobre fatos quando lhes são formuladas perguntas a respeito, provocada pelo efeito de enfoque da atenção sobre o estudado, ignorando talvez outro tipo de informações. Quando as perguntas são de alto nível cognitivo, obrigam à organização de informações diversas com efeitos positivos sobre o estudo, se é que não ultrapassam a capacidade de organização de conhecimentos dos alunos/as ou da própria informação contida no material estudado.

2) A programação de unidades de conteúdo ou de tarefas concretas, com um calendário e um *plano de trabalho fixado numa agenda*, diário pessoal, de grupo ou de aula, no qual se estabelece um compromisso escrito, que pode ser seguido em seu cumprimento, facilita para o aluno/a a auto-avaliação e dão ao professor/a notícia de como vai realizando o trabalho dado sem chegar a confundir cumprimento de tarefa com correta execução da mesma. Em muitos casos, os professores/as utilizam o mecanismo fácil de distinguir e julgar os alunos/as que completam o trabalho dos que não o fazem, sem entrar em critérios de qualidade.

3) O *acompanhamento das tarefas acadêmicas* é uma fonte natural de conhecimento direto e imediato sobre como o aluno/a trabalha. Os professores/as têm esquemas explícitos e implícitos sobre os *passos que devem ser seguidos* para desenvolver as tarefas acadêmicas e as atividades mais gerais. Dispõem de *critérios* para avaliar os produtos observáveis dessas tarefas, estendendo o julgamento realizado à qualidade do processo de aprendizagem. A partir de tais observações se estabelecem julgamentos sobre se "assimila o conteúdo", "melhora no trabalho", "o faz direito", etc.; sabem quando a atividade "anda bem" ou quando não. Quando se pedem valorizações aos professores/as sobre as aprendizagens de seus alunos/as, eles relacionam as qualificações que dão com a atividade e as atitudes valorizadas no trabalho exigido, sem apoiar-se numa teoria concreta da aprendizagem (Cardinet, 1986a, p. 191).

É importante que os professores/as explicitem os critérios de qualidade que têm para observar o trabalho dos alunos/as porque é um caminho muito usado para valorizá-los informalmente. Uma vez analisados e depurados os valores implícitos nesses critérios, o acompanhamento de tarefas é a forma mais natural de conhecer o aluno / a no trabalho e de poder julgá-lo.

4) É conveniente, por necessidade da aprendizagem dos conteúdos e para favorecer a expressão de meios diversos, que as atividades acadêmicas se reflitam em *produções* de algo. Quando se obtém das tarefas um *trabalho de elaboração* (resumos, esquemas, apresentações diversas, etc.), o professor / a dispõe de informação de como o aluno / a trabalha e de como progride, sem ter de exigir-lhe mais tarde a lembrança do que realizou. A avaliação desse trabalho serve para o aluno / a se corrigir. Cadernos, fichários em que cada aluno / a guarda suas realizações, sua exposição frente aos demais, o contraste entre o que fazem uns e outros são meios básicos para constatar as atividades realizadas. Dentro de um clima adequado, permitem a autocorreção.

5) É preciso fomentar o exercício de habilidades básicas, o trabalho com conteúdos essenciais e significativos por meio de atividades interessantes, para que os alunos / as assimilem o que é essencial. É necessário evitar a obsessão pela informação pouco relevante e ajudá-los com métodos e recursos para obterem dados e fatos concretos nos momentos em que os necessitem. Quanto mais informação pouco significativa se exija, maior será a tentação de aplicar procedimentos de exame para provocar sua retenção na memória e comprovar sua assimilação. Para obter um ensino menos preocupado pelo controle, no qual os alunos / as possam se sentir chamados a aprender pelo prazer de fazê-lo, é preciso selecionar mais conteúdos essenciais para o currículo e descobrir atividades acadêmicas atrativas do que buscar respostas em novas técnicas ou enfoques de avaliação. A avaliação que chamamos informal adquire mais sentido e vigência quando o processo de ensino abrange conteúdos e atividades essenciais e atrativas. Certamente, uma avaliação humanizadora e coerente só é possível quando exista um currículo e certos métodos interessantes para os alunos / as.

6) As *perguntas diagnósticas*, sem a finalidade de qualificar o estudante, os comentários em aula ou em pequenos grupos de trabalho, são uma base fundamental para conhecer o grupo e cada um de seus membros.

7) É preciso planejar o trabalho, e não a avaliação. É necessário entender que o aluno / a deve ir superando as tarefas dadas ao longo de um tempo que deve se prever e "negociar" com ele, em vez de estimular a aprendizagem com a pressão de que se aproxima o momento das provas que se aplicam depois de certos períodos de tempo. É preciso evitar que a distribuição do estudo e a realização de tarefas sejam feitas pelo aluno / a em função da avaliação formalmente estabelecida e planejada.

8) Estabelecer estratégias profissionais para os docentes para facilitar que o grupo de alunos / as trabalhe autonomamente, uma vez que se tenha marcado um plano, se tenha apontado as tarefas, as fontes de informação e o trabalho no qual se expressará a atividade realizada. Assim, o professor / a pode ir circulando sua atenção por diversos alunos / as e subgrupos, ocupando-se daqueles que necessitam de mais ajuda, conhecendo-os um pouco melhor.

9) Eliminando-se o caráter de exame que determinam o resultado final, dentro de um clima pedagógico apropriado, as provas formais podem servir de ajuda para recordar e também para aprender. Inclusive podem se dar de antemão ao aluno / a as provas que serão aplicadas, pois não se trata de surpreendê-lo para lhe descobrir as falhas, mas de ressaltar o que devem aprender ou reter mais cuidadosamente porque esse conteúdo tem certa importância. A avaliação que chamamos informal não pretende propor um modelo de comportamento para os professores / as que seja entendido como alternativo de outras proposições e técnicas de avaliação possível, apenas queremos ressaltar a importância do conhecimento que acontece de forma natural.

É preciso recuperar um certo senso naturalista da avaliação como meio de conhecimento. Não podemos esquecer um fato simples mas decisivo: só as informações obtidas pelos professores/as (a maioria delas por via de avaliação informal), de acordo com seus esquemas de apreciação e no transcurso da ação, são as que, certamente, eles utilizam com mais acerto como informação orientadora do curso que os acontecimentos seguem em aula, acomodação do processo didático, elaboração de julgamentos dos alunos/as, etc.

O maior obstáculo está em que não se concede legitimidade científica ao conhecimento obtido do aluno/a por esse tipo de avaliação informal; tampouco é possível expressá-lo, de uma forma sintética e resumida, numa nota ou classificação. Exige outra forma de expressão.

NOTA

1 - Taxionomia é a ordenação de objetivos do ensino segundo algum tipo de critério, como por exemplo, o nível de sua complexidade, a dependência entre els, etc.

CAPÍTULO 11

A FUNÇÃO E FORMAÇÃO DO PROFESSOR/A NO ENSINO PARA A COMPREENSÃO: DIFERENTES PERSPECTIVAS

A. I. Pérez Gómez

INTRODUÇÃO

A função do docente e os processos de sua formação e desenvolvimento profissional devem ser considerados em relação aos diferentes modos de conceber a prática educativa. Em nosso caso, e de modo coerente com as idéias expostas nos capítulos anteriores, devemos rastrear e debater as características que configuram um tipo de professor/a capaz de responder às exigências que são conceito de ensino e currículo que defendemos. Assim, e ainda levando em consideração as diferentes propostas e enfoques alternativos que se desenvolveram na teoria ou na prática, nos propomos no presente capítulo analisar as peculiaridades que definem o docente como profissional interessado e capacitado para provocar a reconstrução do conhecimento experiencial que os alunos/as adquirem em sua vida prévia e paralela à escola, mediante a utilização do conhecimento público como ferramenta conceitual de análise e contraste.

Kirk (1986), apoiando-se na famosa distinção de Van Mannen (1977), identificou três perspectivas ideológicas dominantes no discurso teórico e no desenvolvimento prático da função docente e da formação do professor/a. Podemos afirmar, de acordo com Zeichner (1990a), que tais perspectivas estiveram em conflito ao longo da história na maioria dos programas formalizados de formação do professorado. As três perspectivas ideológicas são as seguintes:

- A perspectiva tradicional que concebe o ensino como uma atividade artesanal, e o professor/a, como um artesão.
- A perspectiva técnica que concebe o ensino como uma ciência aplicada, e o docente, como um técnico.
- A perspectiva radical que concebe o ensino como uma atividade crítica e o docente, como um profissional autônomo que investiga refletindo sobre sua prática.

Também em nosso cenário, particularmente empobrecido no terreno da formação do professor/a desde a queda da Segunda República, embora com sorte muito diversa, essas três culturas profissionais encontram-se presentes no debate teórico e, em menor medida, na realização prática. A perspectiva radical surgiu recentemente no debate teórico espanhol e tem presença nula no campo da prática, se excetuamos as valiosas tentativas e experiências dos movimentos informais de caráter não-oficial, protagonizadas por grupos de docentes envolvidos voluntariamente em complexos e interessantes processos de renovação pedagógica (Movimento de Renovação Pedagógica – MRP).

A classificação de Kirk, apesar da clareza que comporta, sofre de excessiva simplicidade, deixando fora da mesma importantes tradições na cultura profissional do docente e nos programas de formação que, pela singularidade dos matizes que encerram, não podem ser reduzidos aos três enfoques propostos. Por isso, vamos estabelecer uma classificação mais complexa, que englobe os enfoques anteriormente propostos e que se abra para a consideração de outros novos. Uma classificação que nos sirva para responder, neste capítulo, aos dilemas impostos à formação do docente, levando em consideração as propostas e concepções sobre o ensino tratadas nas capítulos anteriores.

Para isso, levaremos em conta a proposta de Zeichner (1990a) e a de Feiman-Nemser (1990). Com alguns matizes singulares na organização e na conceitualização, podemos dizer que a proposta que apresentamos pretende ser uma síntese criativa das contribuições de ambos os autores.

Assim, distinguiremos quatro perspectivas básicas, estabelecendo dentro delas correntes ou enfoques que enriquecem ou singularizam as posições da perspectiva básica:

- Perspectiva acadêmica.
- Perspectiva técnica.
- Perspectiva prática.
- Perspectiva de reconstrução social.

Como em toda proposta de classificação em ciências sociais e humanas, mesmo nas mais depuradas, encontraremos limites difusos e exemplares difíceis de enquadrar, que facilmente deveriam encontrar-se na intersecção de alguma das perspectivas.

PERSPECTIVA ACADÊMICA

Em decorrência da orientação acadêmica sobre o ensino, esta perspectiva na formação do professor/a ressalta o fato de que o ensino é, em primeiro lugar, um processo de transmissão de conhecimentos e de aquisição da cultura pública que a humanidade acumulou. O docente é concebido como um especialista nas diferentes disciplinas que compõem a cultura, e sua formação estará vinculada estreitamente ao domínio dessas disciplinas cujos conteúdos deve transmitir.

Dentro desta perspectiva, devem-se diferenciar dois enfoques extremos entre os quais se encontram distintas posições intermediárias: o enfoque enciclopédico e o enfoque compreensivo.

Enfoque enciclopédico

De acordo com a concepção do ensino como transmissão dos conteúdos da cultura e da aprendizagem como acumulação de conhecimentos, esse enfoque propõe a formação do professor/a como a de um especialista num ou vários ramos do conhecimento acadêmico. Quanto mais conhecimento possua, melhor poderá desenvolver sua função de transmissão. Dentro desse enfoque confunde-se o docente com o especialista nas diferentes disciplinas, não se distingue com clareza entre saber e saber ensinar, dando-se pouca importância tanto à formação didática da própria disciplina quanto à formação pedagógica do docente. O processo de transmissão dos conhecimentos da cultura não requer mais estratégia didática do que respeitar a seqüência lógica e a estrutura epistemológica das disciplinas. O conhecimento do professor/a é concebido como uma acumulação dos produtos da ciência e da cultura do que como a compreensão racional dos processos de investigação, e sua tarefa docente como a exposição clara e ordenada dos componentes fundamentais das disciplinas do saber.

É evidente que dentro desta perspectiva só tem espaço a lógica didática da homogeneidade. O professor/a deve expor os conteúdos do currículo acomodados ao suposto nível médio dos indivíduos de uma determinada idade, agrupados num curso acadêmico e, portanto, com um nível relativamente similar. A competência do professor/a reside na posse dos conhecimentos disciplinares requeridos e na capacidade para explicar com clareza e ordem tais conteúdos, bem como na avaliação, com rigor, da aquisição destes por parte dos alunos/as.

A concepção e formação do professor/a do ensino médio ainda é, em nosso país, um exemplo evidente, na prática, das características deste enfoque.

Enfoque compreensivo

Esse enfoque parte da prioridade do conhecimento das disciplinas como objetivo-chave na formação do docente, concebido como um intelectual que põe o aluno/a em contato com as aquisições científicas e culturais da humanidade. Agora, o conhecimento das disciplinas, assim como sua transformação em conhecimento acadêmico – base do trabalho do aluno/a – deve integrar não apenas os conteúdos-resultados do conhecimento histórico da humanidade, mas também, principalmente, os processos de investigação e descoberta que o ser humano tem utilizado ao longo da história. O professor/a não pode ser visto como uma enciclopédia mas como um intelectual que compreende logicamente a estrutura da matéria e que entende de forma histórica e evolutiva os processos e vicissitudes de sua formação como disciplina desenvolvida por uma comunidade acadêmica. Como no ensino se busca o desenvolvimento da compreensão no aluno/a, não se pode apresentar o conteúdo das diferentes disciplinas como corpos estáticos de princípios e fatos interconectados. É o professor/a que deve ter um conhecimento criativo dos princípios e dos fatos de sua disciplina, assim como dos procedimentos metodológicos em sua produção. Deve transmitir ao aluno/a tanto a incerteza dos processos de busca quanto a utilidade e a temporalidade dos resultados da investigação humana (Floden e Bauchman, 1990).

Para isso, o docente formar-se-á na estrutura epistemológica de sua disciplina ou disciplinas, bem como na história e filosofia da ciência. Além do mais, se o professor/a deve aprender a estrutura da disciplina e os processos de investigação com o propósito de aprender a ensiná-la, deve incorporar o que Shulman (1989) chama de *conhecimento do conteúdo pedagógico* das disciplinas, a forma de representar seu conteúdo essencial, de modo que o aluno/a possa incorporá-lo de forma significativa às suas aquisições prévias. O conhecimento da disciplina ou disciplinas-objeto de ensino, bem como o domínio das técnicas didáticas para uma transmissão mais eficaz, ativa e significativa das mesmas, constituem as competências fundamentais do professor/a dentro desse enfoque. O *Programa de Aprendizagem Acadêmica* posto em ação na Universidade de Michigan é um exemplo claro desta concepção acadêmica da formação do professor/a para que seja capaz de ensinar as disciplinas, de modo que provoquem a compreensão conceitual das mesmas.

Em ambos os enfoques, a formação do docente firma-se na aquisição da investigação científica, seja disciplinar ou de didática das disciplinas. Na perspectiva acadêmica, o professor/a é visto como um intelectual a partir da aquisição do conhecimento acadêmico produzido pela investigação científica, não se dá demasiada importância ao conhecimento pedagógico que não esteja relacionado com as disciplinas ou seu modo de transmissão e apresentação, nem ao conhecimento que se deriva da experiência prática como docente. É claramente uma aprendizagem apoiada na teoria, procedente da investigação científica e que se refere fundamentalmente ao âmbito das ciências e das artes liberais.

PERSPECTIVA TÉCNICA

Como indicamos no Capítulo 4, a perspectiva técnica se propõe dar ao ensino o *status* e o rigor dos quais carecia a prática tradicional, mediante a consideração da mesma como uma ciência aplicada, à imagem e semelhança de outros âmbitos de intervenção tecnológica, superando o estado medieval de atividade artesanal. A qualidade do ensino dentro desse enfoque é evidenciado na qualidade dos produtos e na eficácia e economia de sua realização. O professor/a é um técnico que domina as aplicações do conhecimento científico produzido por outros e transformado em regras de atuação. Berliner, Roshenshine e Gage são claros representantes desta perspectiva.

A metáfora do professor/a como técnico aprofunda suas raízes na concepção tecnológica de toda atividade profissional, prática, que pretenda ser eficaz e rigorosa. É o que Schön (1983) denomina *a racionalidade técnica* como epistemologia da prática, herdada do positivismo, que prevaleceu ao longo de nosso século e na qual fomos educados e socializados, e na qual continua sendo a maioria dos profissionais, em geral, e dos docentes, em particular. De acordo com o modelo de *racionalidade técnica*, a atividade do profissional é instrumental, dirigida à solução de problemas mediante a aplicação rigorosa de teorias e técnicas científicas. Para serem eficazes, os profissionais de ciências sociais, como de outros âmbitos da realidade, devem enfrentar os problemas concretos que encontram em sua prática, aplicando princípios gerais e conhecimentos científicos derivados da investigação. Das leis ou princípios gerais podem se tirar normas ou receitas de intervenção, que aplicados rigorosa e matematicamente produzem os resultados requeridos.

Desta perspectiva, é necessário reconhecer uma hierarquia nos níveis de conhecimento, bem como um processo lógico de derivação entre os mesmos. Nesse sentido Schein (1973) distingue três componentes no conhecimento profissional:

- Um componente de *ciência básica* ou *disciplina* subjacente sobre o qual descansa a prática ou sobre o qual esta se desenvolve (em nosso caso, por exemplo, a psicologia ou a sociologia da educação).
- Um componente de *ciência aplicada* ou *engenharia* do qual se derivam os procedimentos cotidianos de diagnósticos e solução de problemas (a didática).
- Um componente de *competências* e *atitudes* que se relaciona com sua intervenção e atuação a serviço do cliente, utilizando o conhecimento subjacente básico e aplicado (competências e habilidades para a comunicação na aula).

É fácil compreender como o conhecimento técnico depende das especificações geradas pelas ciências aplicadas e como estas, por sua vez, apóiam-se logicamente nos princípios mais básicos, gerais e potentes que as ciências básicas desenvolvem. Ao mesmo tempo, convém ter presente que os diferentes níveis da hierarquia no conhecimento supõem, na realidade, distintos *status* acadêmicos e sociais para as pessoas que neles trabalham. O cientista básico tem um reconhecimento social superior ao que corresponde ao cientista aplicado ou tecnólogo, e este, por sua vez, é evidentemente superior ao que se reconhece ao técnico ou professor/a. Assim, na prática acontece uma autêntica divisão do trabalho e subordinação de categorias. O docente, nessa perspectiva, é um técnico que deve aprender conhecimentos e desenvolver competências e atitudes adequadas à sua intervenção prática, apoiando-se no conhecimento que os cientistas básicos e aplicados elaboram, ou seja, não necessita chegar ao conhecimento científico, mas dominar as rotinas de intervenção técnica que se derivam daquele. A racionalidade técnica impõe, pela própria natureza de sua concepção da produção do conhecimento social, uma relação de subordinação dos níveis mais aplicados e próximos da prática aos níveis mais abstratos de produção da ciência. No mesmo sentido e acompanhando a mesma lógica, deve-se produzir uma relação de subordinação do professor/a ao pedagogo ou psicólogo. Ao mesmo tempo, e devido à superespecialização que induz, em prol da eficácia, essa perspectiva prepara as condições para o isolamento dos profissionais e especialistas, o desconhecimento mútuo e o confronto de categorias.

Do mesmo modo, no modelo de racionalidade técnica, produz-se inevitavelmente a separação pessoal e institucional entre a investigação e a prática. Embora se estabeleçam com cuidado os contatos institucionais entre ambas as atividades, estas se consideram realmente distintas em sua natureza e, portanto, em sua localização pessoal e profissional. Os investigadores proporcionam o conhecimento básico e aplicado do qual se derivam as técnicas para o diagnóstico e resolução de problemas na prática, e a partir da prática se colocam para os teóricos e investigadores os problemas relevantes de cada situação.

Por outro lado, e segundo Habermas (1971, 1987), a racionalidade tecnológica reduz a atividade prática a uma mera atividade instrumental: a análise dos meios apropriados para determinados fins, esquecendo o caráter específico e inevitável do problema moral e político dos fins em toda atuação profissional que pretenda resolver problemas humanos. Ao reduzir a racionalidade prática a uma mera racionalidade instrumental, o profissional de ciências humanas deve aceitar as situações como dadas, do mesmo modo que aceita a definição externa das metas de sua intervenção.

Assim colocada a racionalidade da prática como uma racionalidade instrumental ou técnica, é fácil estabelecer em teoria os papéis e competências que o profissional deve desenvolver e, em conseqüência, a natureza, o conteúdo e a estrutura dos programas educativos que devem lhe conferir a preparação adequada. Schein (1973) descreve assim os programas de formação de profissionais conforme os princípios da racionalidade técnica:

> "Geralmente, o currículo profissional começa com um corpo central de ciência comum e básica seguido dos elementos que compõem as ciências aplicadas. Os componentes de competências e atitudes profissionais geralmente são denominados práticos ou trabalhos clínicos e podem ser oferecidos simultaneamente com os componentes das ciências aplicadas ou inclusive de forma posterior" (citado por Schön, 1987, p. 10).

Schön (1983) reafirma esta proposição ao considerar que, dentro da racionalidade tecnológica, o desenvolvimento de competências profissionais logicamente deve ser colocado *a posteriori* do conhecimento científico básico e aplicado, porque:

> "Em primeiro lugar, não se pode aprender competências e capacidades de aplicação enquanto não se tenha aprendido o conhecimento aplicável, e, em segundo lugar, porque as competências são um tipo de conhecimento ambíguo e de segunda ordem" (Schön, 1983, p. 52).

Dentro desta concepção epistemológica da prática como racionalidade técnica ou instrumental, desenvolveu-se ao longo de todo este século e, em particular, nos últimos 30 anos, a maior parte da investigação, da prática e da formação do profissional no âmbito educativo. A concepção dos processos de ensino como mera intervenção tecnológica, a investigação sobre o ensino dentro do paradigma processo-produto, a concepção do professor/a como técnico e a formação do docente dentro do modelo de treinamento baseado nas competências são eloqüentes indicadores da amplitude temporal e espacial do modelo de racionalidade técnica.

A própria configuração institucional dos estudos de formação inicial dos professores/as, dentro das Escolas de Formação do Professorado de EGB (Educação Geral Básica), como estudos de padrão intermediário, de nível de diplomatura, tem a ver com a convicção de que a tarefa do professor/a é fundamentalmente técnica, aplicada e não intelectual, clínica ou científica. O docente deve se preparar no domínio de técnicas derivadas desde fora, por especialistas externos, que ele deve aprender a aplicar; por isso, sua formação não requer um currículo mais dilatado, nem um nível superior de preparação.

Dentro desta ampla e influente perspectiva, podemos distinguir duas correntes com certos matizes diferenciais, que projetam dois modelos diferentes de formação do professor/a, bem como da utilização do conhecimento que provém da investigação científica e suas derivações tecnológicas: o modelo de *treinamento* e o modelo de *adoção de decisões*.

Modelo de treinamento

Supõe o modelo mais puro, fechado e mecânico dentro da perspectiva tecnológica. Apoiando-se nos resultados das investigações sobre eficiência docente, desenvolvidas dentro do modelo processo-produto, propõem planejar programas de formação cujo propósito fundamental é o treinamento do professor/a nas técnicas, nos procedimentos e nas habilidades que se demonstraram eficazes na investigação prévia. O objetivo prioritário é a formação, no docente, de competências específicas e observáveis, concebidas como habilidades de intervenção, as quais são consideradas suficientes para produzir na prática os resultados eficazes almejados.

Sua lógica é bem clara e simples: se por meio da investigação didática, dentro do paradigma processo-produto, conseguimos estabelecer relações de correspondência estáveis entre comportamentos docentes e rendimento acadêmico dos alunos/as, selecionemos aquelas condutas docentes que se correlacionam positivamente com elevados rendimentos acadêmicos dos estudantes e treinemos os futuros profissionais no domínio daquelas condutas. Grande parte dos programas de formação do professorado, apoiada no modelo de desenvolvimento de competências (Gage e Winne, 1975), assim como o micro-ensino (Allen e Ryan, 1969) ou os micro-cursos (Borg, 1970) seguiu este esquema mecânico e condutual. Atualmente, o modelo de competências, apresentado de forma mais elaborada, volta a ressurgir nos sistemas educativos com clara orientação conservadora (Elliott, 1990a).

Já vimos nos capítulos anteriores a crítica às limitações desta concepção mecânica e linear do ensino. É difícil estabelecer relações estáveis entre comportamentos separados e concretos dos professores/as e o rendimento acadêmico dos alunos/as. Parece necessário reconhecer que a aprendizagem dos estudantes é também o resultado da influência de muitas outras variáveis que intervêm e que, em grande parte, são situacionais e dependem do contexto concreto em que se produz o intercâmbio acadêmico. Por isso, são evidentes as limitações da proposição sobre concepção da função docente e formação do professor/a que se apóia em um pressuposto tão frágil.

Modelo de tomada de decisões

Supõe uma forma mais elaborada de propor a transferência do conhecimento científico sobre a eficácia docente para a configuração da prática. Considera que as descobertas da investigação sobre a eficácia do professor/a não devem ser transferidas mecanicamente em forma de habilidades de intervenção, mas transforma-se em princípios e procedimentos que os docentes utilizarão ao tomar decisões e resolver problemas em sua vida cotidiana na aula.

É evidente que, dentro deste modelo, os professores/as devem aprender técnicas de intervenção na aula, mas também saber quando utilizar umas e quando utilizar outras, e devido a isso se requer também a formação de competências estratégicas, de formas de pensar apoiadas em princípios e procedimentos de intervenção. De certo modo, o professor/a deverá utilizar seu raciocínio para definir os cursos de intervenção prática em função dos problemas que apresentam e das características diferenciais da situação na qual intervêm. Para estes processos de raciocínio e tomada de decisões se requer um conhecimento de princípios e procedimentos que se apóie também na investigação científica, mas que excede o conhecimento implícito nas técnicas e habilidades desenvolvidas mediante treinamento. *Proteach*, um programa de formação inicial do professorado que dura cinco anos e que começou em 1983, na Universidade da Flórida, e o Programa de *Ensino Reflexivo* de Cruickshank (1987) são bons exemplos dessa concepção.

Apesar da evolução da orientação técnica até nossos dias, adotando posições mais cognitivas, o eixo comum que agrupa todas elas é a crença no valor prioritário da investigação científica e técnica sobre o ensino e em suas derivações tecnológicas, como a fonte principal no momento de determinar o modelo de intervenção pedagógica, bem como na definição do currículo de formação do professorado.

Limites da perspectiva técnica

Não é difícil reconhecer o progresso que supôs a racionalidade técnica sobre o empirismo voluntarista e o obscurantismo teórico das posições que normalmente se agruparam sob os termos "enfoque tradicionalista", ou "artesanal" e "academicista".

Na base da perspectiva técnica se encontra a idéia de que é possível entender e explicar de uma forma mais rigorosa, sistemática e objetiva os processos de ensino-aprendizagem, de modo que o conhecimento adquirido por meio da investigação possa regular o processo de formação dos professores/as para o desenvolvimento de suas competências profissionais e para a própria atividade prática na escola: o planejamento, o desenvolvimento e a avaliação do currículo.

O enfoque racionalista ou técnico supõe uma crítica da cega ação empírica, ao propor a utilização do conhecimento e do método científico na análise da prática e na derivação de regras que normatizam e regulam a intervenção do professor/a. Além do mais, as proposições mais desenvolvidas e aperfeiçoadas dentro do enfoque "racionalista-técnico" têm alguma consideração pela problemática peculiar da atividade prática no âmbito das ciências sociais e, em particular, no âmbito do ensino. Dessa forma, Gage (1977, 1989) sugere que as empresas práticas, como o ensino, têm dois componentes característicos: o componente científico e o componente artístico. O ensino, como a medicina ou a engenharia, pode elaborar uma fundamentação científica, apoiando-se no conhecimento produzido pela investigação científica. Por isso, Gage sugere que se não se pode falar de uma ciência do ensino, deve-se propor como tarefa prioritária a elaboração das bases científicas para apoiar com rigor a arte de ensinar.

O problema, no entanto, seria, *em primeiro lugar,* determinar quais das diferentes aproximações teóricas poderiam ter uma "base científica" para assegurar a arte do ensino. *Em segundo lugar,* é fácil compreender que não é demasiado acertada a analogia proposta do ensino com a medicina e com a engenharia, embora ambos os casos sejam empresas práticas. Os fenômenos que a engenharia enfrenta e em alguma medida a medicina são inertes e portanto objetiváveis, enquanto que os professores/as tratam com pessoas que necessariamente sentem, pensam e agem; reagem ao aprender. Os processos de ensino e aprendizagem são processos de interação mental cuja riqueza está precisamente na singularidade subjetiva que os caracteriza.

> "Ao contrário do corpo na atenção médica, a mente geralmente não chega doente ao fato educativo, não se encontra na necessidade de recuperação. Necessita de coisas que lhe permitirão desenvolver-se, aprofundar-se e avançar. Não há um estado nominal de saúde para a mente, nem 99,8 graus F, nem um pulso correto, nem uma média adequada de pressão ou nível de colesterol. Não somos forçados a conduzir a mente num estado de balanço homeostático, mas, pelo contrário, a libertá-la, a desenvolver suas capacidades, a estender suas potencialidades tão longe quanto seja possível. E nenhum de nós sabe o quão longe é nem para nós mesmos, nem para qualquer outro" (Fenstermacher, 1986, p. 5).

Em terceiro lugar, o componente artístico que caracteriza toda a atividade prática é abertamente abandonado dentro da racionalidade técnica, inclusive quando foi identificado em teoria. Na concepção da ciência subjacente na epistemologia positivista não existem nem esquemas, nem métodos, nem estratégias que permitam aproximar-se da complexidade do componente artístico da atividade prática.

Por último, é importante destacar que as derivações normativas da racionalidade técnica configuraram tipicamente uma proposta estreita para a formação do professorado: o desenvolvimento prioritário e às vezes exclusivo de competências e habilidades técnicas.

De qualquer forma, os limites e lacunas da racionalidade técnica como concepção epistemológica da prática educativa têm raízes mais profundas e significativas. Como Schön (1983, 1987) evidenciou, a realidade social resiste a ser enquadrada em esquemas preestabelecidos de tipo taxionômicos ou procedimental. Apesar da tentativa exaustiva durante as última décadas, a tecnologia educativa não pode enfrentar as características, cada dia mais evidentes, dos fenômenos práticos: *complexidade, incerteza, instabilidade, singularidade e conflito de valores.* Tal incapacidade está na própria natureza de sua concepção epistemológica.

> "Desde a perspectiva da Racionalidade Técnica, a prática profissional é um processo de solução de problemas... de seleção, entre os meios disponíveis, daque-

le ou daqueles mais adequados para alcançar a meta estabelecida. Mas com a ênfase na solução de problemas, ignoramos a identificação dos mesmos. O processo mediante o qual concretizamos a decisão que tomamos, a meta a alcançar e os meios a utilizar. No mundo real da prática os problemas não se apresentam ao profissional como dados. Devem ser construídos desde os materiais das situações problemáticas, que são complexas, incertas e preocupantes. Para transformar uma situação problemática num problema, o profissional deve realizar um certo tipo de trabalho. Deve elaborar e construir o sentido da situação" (Schön, 1983, p. 40).

Os problemas da prática social não podem reduzir-se a questões meramente instrumentais, nas quais a tarefa do profissional é definida na escolha acertada de meios e procedimentos e na competente e rigorosa aplicação dos mesmos. De modo geral, não existem problemas mas situações problemáticas gerais. Neste sentido, na própria prática profissional e frente à consciência do profissional aparece com certa clareza que, ainda que a identificação do problema seja uma condição necessária para a solução técnica do mesmo, não é em si um problema técnico, mas um processo reflexivo mediante o qual "interativamente *nomeamos* as coisas sobre as quais nos deteremos e *enquadramos* o cenário dentro do qual nos moveremos" (Schön, 1983, p. 40). Para o profissional prático, os desafios não se reduzem à solução de problemas identificados previamente e desde fora, mas orientam-se para o esclarecimento de situações complexas em que os problemas devem ser em primeiro lugar colocados, situados e valorizados. A primeira tarefa do professor/a é a *construção* subjetiva do problema, é esclarecer o que acontece ao seu redor, identificando os termos da situação desde sua própria perspectiva pessoal. Além do mais, e como já repetimos em várias ocasiões, as situações problemáticas da prática se apresentam, com freqüência, como casos únicos e, como tais, não se ajustam adequadamente à categoria de problemas genéricos que a técnica e a teoria existente abordam. Por isso, o profissional prático não pode tratá-los como meros problemas instrumentais que possam ser resolvidos mediante a aplicação de regras armazenadas em seu conhecimento científico-técnico.

Por outro lado, e de acordo com a distinção de Habermas entre racionalidade prática e racionalidade instrumental, pode-se dizer que só quando há acordo nas metas, quando estas são claramente estabelecidas e facilmente identificáveis, a atividade prática pode se apresentar como um problema instrumental. Porém quando as metas são confusas ou conflitantes, ou meramente questionáveis e questionadas, já não existe nenhum "problema" para ser resolvido a partir da racionalidade técnica ou instrumental.

> "Os conflitos de objetivos não podem ser resolvidos utilizando-se as técnicas derivadas das ciências aplicadas" (Schön, 1983, p. 41).

A definição de metas e objetivos é um problema ético-político, nunca meramente técnico. Na prática da aula, a seleção dos conteúdos, a definição dos métodos, os modos de organização do espaço, do tempo e dos alunos/as, bem como a decisão sobre as formas de avaliação, são sempre, em alguma medida, decisões ético-políticas, e não meramente técnicas.

Assim, por duas razões fundamentais, a racionalidade técnica ou instrumental não pode ser aplicada em si mesma na solução geral dos problemas educativos. *Em primeiro lugar*, toda situação de ensino, seja no âmbito da *estrutura de tarefas acadêmicas* ou no âmbito da "estrutura de participação social" (Doyle, 1981; Pérez Gómez, 1983b; Erikson, 1989), é incerta, única, mutante, complexa e apresenta conflito de valores na definição das metas e na seleção dos meios. *Em segundo lugar*, não existe, nem pode existir, uma única e reconhecida teoria científica sobre os processos de ensino-aprendizagem que permita a derivação unívoca de meios, regras e técnicas que serão utilizadas na prática quando se identificou o problema e se esclareceu as metas em qualquer situação concreta. Quando a prática educativa aparenta na superfície seguir os padrões, fases, processos e e ritmos da lógica da racionalidade técnica, é porque o professor/a talvez ignore, consciente ou inconscientemente, as peculiaridades conflitantes da vida da aula e aja com a representação mental unívoca que, de maneira falsa constrói da realidade. Neste caso, o professor/a não resolve os problemas reais que o intercâmbio de conhecimentos e mensagens entre docentes e estudantes está provocando, mas limita-se a governar superficialmente o fluxo dos acontecimentos. Assim acontece quando um professor/a se conforma em manter a ordem e a disciplina na aula e seguir a seqüência do programa de ensino, sem chegar a compreender os fenômenos complexos de aprendizagem que acontecem subterraneamente no grupo e em cada um de seus membros. O docente conseguirá manter a ordem e desenvolver pontualmente o programa de conteúdos, mas lhe escapa o conhecimento dos importantes intercâmbios entre os alunos/as e, conseqüentemente, ignora o que eles realmente estão aprendendo, tanto sobre seus esquemas de pensamento quanto no que se refere às suas atitudes, formas de sentir e padrões de comportamento.

As premissas anteriores, como indicamos no Capítulo 4, não conduzem a uma recusa generalizada e *a priori* da utilização da racionalidade técnica em qualquer situação da prática educativa. É fácil identificar múltiplas tarefas concretas às quais se pode e se deve aplicar as teorias e as técnicas derivadas da investigação básica e aplicada como a melhor e, às vezes, única forma de intervenção eficaz. O que as colocações críticas anteriores negam é a possibilidade de considerar a atividade profissional, prática, do professor/a, como uma atividade exclusiva e prioritariamente técnica. Deveria se pensar que, numa tarefa reflexiva e artística, certas aplicações concretas de caráter técnico têm espaço. Não se deveria propor, portanto, o desenvolvimento das bases científicas para a arte de ensinar, mas a utilização do conhecimento mais potente como ferramenta de análise de cada complexa situação problemática, assim como para o planejamento, o desenvolvimento e a avaliação de qualquer projeto de experimentação. Geralmente, aqueles problemas bem definidos e com metas não-conflitantes e claramente determinadas, que podem ser abordados tecnicamente, costumam ser o tipo de problemas menos relevantes no conjunto da prática educativa.

> "As zonas indeterminadas da prática – incerteza, singularidade e conflito de valores – escapam aos cânones da racionalidade técnica. Quando uma situação problemática é incerta, a solução técnica do problema depende da construção prévia de um problema bem definido, o que em si mesmo não é uma tarefa técnica. Se alguém reconhece uma situação como única, não pode tratá-la somente mediante a aplicação de teorias e técnicas derivadas de seu conhecimento profissional. E situações de conflito de valores, não há nem claras, nem consistentes metas que guiem a seleção técnica dos meios. São precisamente estas zonas indeterminadas da prática, no entanto, que os profissionais práticos e os observadores críticos dos profissionais começaram a entender, com crescente clareza ao longo das duas últimas décadas, como centrais na prática profissional" (Schön, 1987, p. 6-7).

Assim, por trás dos problemas que foram apontados anteriormente, pulsa uma questão de caráter claramente epistemológico. Na tradição positivista, como vimos no Capítulo V, a primazia do *contexto de justificativa* sobre o *contexto de descoberta* forçou a investigação e a intervenção prática, de modo que se ajustem aos padrões que *a priori* validam o conhecimento científico ou suas aplicações tecnológicas. No campo das ciências sociais, em geral, e na educação, em particular, tal estratégia conduz à deformação da realidade, a uma leitura deformada da mesma, ao se impor desde fora como um esquema que restringe suas manifestações originais. Dificilmente, a prática profissional poderá resolver os problemas que apareçam numa situação concreta, quando seus esquemas de análise e interpretação e suas técnicas de intervenção são impostos sem consideração, afogando as manifestações mais peculiares e verdadeiras da complexa situação social que se enfrenta. O dilema epistemológico continua de pé: é a natureza da realidade que determina as características dos procedimentos, métodos e técnicas mais apropriados para compreender a complexidade peculiar da mesma e intervir sobre ela, ou são os critérios de validação do conhecimento científico que devem prevalecer? Pode-se considerar a natureza dos problemas e situações sociais como análoga à da realidade física e, portanto, igualmente abordável desde aqueles métodos e técnicas?

A consideração unívoca da ciência, seus princípios, métodos e técnicas tal como se concebe no enfoque positivista, tem uma utilidade muito limitada no âmbito da prática social, quando o profissional deve enfrentar problemas complexos que deve construir e definir dentro de uma situação mutante, incerta, confusa e carregada de problemas de valor.

PERSPECTIVA PRÁTICA

Fundamenta-se no pressuposto de que o ensino é uma atividade complexa, que se desenvolve em cenários singulares, claramente determinados pelo contexto, com resultados em grande parte imprevisíveis e carregados de conflitos de valor que requerem opções éticas e políticas. Por isso, o professor/a deve ser visto como um artesão, artista ou profissional clínico que tem de desenvolver sua sabedoria experencial e sua criatividade para enfrentar as situações únicas, ambíguas, incertas e conflitantes que configuram a vida da aula.

A formação do professor/a se baseará prioritariamente na aprendizagem da prática, para a prática e a partir da prática. A orientação prática confia na aprendizagem por meio da experiência com docentes experimentados, como o procedimento mais eficaz e fundamental na formação do professorado e na aquisição da sabedoria que requer a intervenção criativa e adaptada às circunstâncias singulares e mutantes da aula.

A orientação prática sofreu uma importante evolução ao longo de nosso século, diferenciando-se duas correntes bem distintas: o *enfoque tradicional* apoiado quase que exclusivamente na experiência prática, e o enfoque que enfatiza a *prática reflexiva*.

Enfoque tradicional

Stones e Morris (1972), Kirk (1986), Zeichner (1990a) e Elliott (1989) identificam esta perspectiva cultural na formação e no desenvolvimento profissional do docente como a responsável, junto com a perspectiva academicista, durante muitos decênios, pela forma como se concebeu a profissão docente, de acordo com o *status* social dessa atividade profissional. Atualmente, e ainda que suas proposições teóricas pareçam obsoletas, continua sendo um enfoque vivo que exerce notável influência no pensamento comum da sociedade e no pensamento e ação dos próprios professores/as.

Nesta perspectiva concebe-se o ensino como uma atividade artesanal. O conhecimento sobre a mesma foi se acumulando lentamente ao longo dos séculos por um processo de tentativa e erro, originando uma sabedoria profissional que se transmite de geração em geração, mediante o contato direto e prolongado com a prática especializada do professor/a experiente. O conhecimento profissional é tácito, escassamente verbalizado e menos ainda teoricamente organizado; está presente no bom desempenho do docente experiente o aprendiz o adquire num longo processo de indução e socialização profissional:

> "A relação mestre-aprendiz é considerada o veículo mais apropriado para transmitir ao novato o conhecimento 'cultural' que o bom professor/a possui. O futuro professor/a é considerado claramente como recipiente passivo desse conhecimento" (Zeichner, 1990a, p. 18).

De modo semelhante, Elliott (1989) sustenta que esta cultura é estruturada numa forma de prática não-reflexiva, intuitiva e fortemente rotineira que se realiza no mundo privado da aula, isolado do restante dos colegas de profissão.

Esse conhecimento profissional, acumulado ao longo de décadas e séculos, saturado de senso comum, destilado na prática, encontra-se inevitavelmente impregnado dos vícios e obstáculos epistemológicos do saber de opinião, induzidos e formados pelas pressões explícitas ou tácitas da cultura e ideologia dominantes. Nasce subordinado aos interesses sócio-econômicos de cada época e aparece saturado de mitos, preconceitos e lugares-comuns nada fáceis de questionar.

Tanto a forma de criar o conhecimento e a cultura profissional como o sistema de transmissão dão a este enfoque um caráter político essencialmente conservador. O conhecimento profissional é o produto da adaptação às exigências do contexto sobre a escola, e o modo de transmissão é o veículo mais eficaz de reprodução, no qual se prepara o aprendiz para aceitar lentamente a cultura profissional herdada e os papéis profissionais correspondentes.

A concepção das práticas em nossas Escolas de Formação do Professorado de EGB e os processos de iniciação profissional dos estagiários nas escolas e centros de *bachillerato*, abandonados tão prematuramente às pressões da cultura profissional organizada institucionalmente, são bons exemplos da vigência e predomínio, na prática, desta perspectiva ideológica tradicional sobre o desenvolvimento profissional do docente.

Sem o apoio conceitual e teórico da investigação educativa e da reflexão sistemática e compartilhada sobre a prática, o processo de socialização do professorado e de aprendizagem com a categoria reproduz facilmente em seu pensamento, e em sua prática, os vícios, os preconceitos, os mitos e os obstáculos espiste-mológicos acumulados na prática empírica, sob a pressão onipresente da cultura pedagógica dominante e das exigências que a instituição escolar impõe. Em relação a isso, é curioso comprovar como vai se modificando de forma acelerada o pensamento pedagógico dos professores/as novatos no sentido que determina a influência dos colegas, a rotina da escola ou as exigências da ideologia dominante sobre o ensino e a educação. Como se pode consultar nas investigações correspondentes (Pérez Gómez e Gimeno, 1986; Pérez Gómez e Barquin, 1991), o pensamento pedagógico dos docentes novatos, enriquecido teoricamente nos anos de formação acadêmica, deteriora-se, simplifica-se e empobrece-se, como conseqüência dos processos de socialização que acontecem nos primeiros anos de vivência institucional. A força do ambiente, a inércia dos comportamentos dos grupos de docentes e estudantes e da própria instituição, a pressão das expectativas sociais e familiares, vão minando os interesses, as crenças e as atitudes dos docentes novatos, acomodando-os, sem debate nem deliberação reflexiva, aos ritmos habituais do conjunto social que forma a escola.

Enfoque reflexivo sobre a prática

Com a crítica generalizada à racionalidade técnica pelas mais diversas frentes teóricas e distintas comunidades acadêmicas, aparecem metáforas alternativas para representar o novo papel que o professor/a deve desempenhar como profissional confrontado com situações complexas, mutantes, incertas e conflitantes. O docente como *investigador na aula* (Stenhouse, 1984), o *ensino como arte* (Eisner, 1985), o *ensino como uma arte moral* (Tom, 1984), o *ensino como uma profissão de planejamento* (Yinger, 1986), o professor/a como *profissional clínico* (Griffin, 1982a e b), o ensino como processo de *planejamento e tomada de decisões* (Clark e Peterson, 1986), o ensino como *processo interativo* (Holmes Group, 1986), o professor/a como *profissional prático reflexivo* (Schön, 1983, 1987), etc. Embora cada uma destas imagens e metáforas do docente e do ensino ofereça matizes distintos e ênfases diferentes, em todas elas está subjacente o desejo de superar a relação linear e mecânica entre o conhecimento científico-técnico e a prática na aula. Partem do reconhecimento da necessidade de analisar o que realmente fazem os professores/as quando enfrentam problemas complexos da vida da aula, para compreender como utilizam o conhecimento científico e sua capacidade intelectual, como enfrentam situações incertas e desconhecidas, como elaboram e modificam rotinas, experimentam hipóteses de trabalho, utilizam técnicas, instrumentos e materiais conhecidos e como recriam estratégias e inventam procedimentos, tarefas e recursos.

Na realidade, o professor/a intervém num meio ecológico complexo; a escola e a sala de aula; um cenário psicossocial vivo e mutante, definido pela interação simultânea de múltiplos fatores e condições. Dentro desse ecossistema complexo e mutante enfrenta problemas de natureza prioritariamente prática, problemas de definição e evolução incerta e, em grande parte, imprevisível, que não podem ser resolvidos mediante a aplicação de uma regra técnica ou procedimento. Os problemas práticos da aula, referindo-se a situações individuais de aprendizagem ou a formas e processos de comportamento de grupos reduzidos ou da aula em seu conjunto, exigem tratamento específico, pois, em boa medida, são problemas singulares, fortemente condicionados pelas características situacionais do contexto e pela própria história da aula como grupo social.

Para compreender melhor a riqueza dessas proposições, em plena efervescência na atualidade, considero conveniente apresentar o que, no meu entender, é uma evolução histórica de idéias, que emergem distantes no espaço e no tempo e que convergem num vivo movimento teórico-prático em permanente reconstrução. O problema central que se aborda neste enfoque, e que iremos examinando ao longo das diferentes contribuições, é como gerar um conhecimento que, longe de impor restrições mecanicistas ao desenvolvimento da prática educativa, emerja dela útil e compreensivo para facilitar sua transformação. Ao mesmo tempo, e ao pretender o desenvolvimento de um conhecimento reflexivo, se propõe evitar o caráter reprodutor, acrítico e conservador do enfoque tradicional sobre a prática.

Dewey

É obrigatório reconhecer em Dewey uma das primeiras e mais significativas contribuições a favor do ensino como atividade prática, com seu famoso princípio pedagógico de aprender mediante a ação (*learning by doing*) e sua não menos influente proposta de formar um professor/a reflexivo que combine as capacidades de busca e investigação com as atitudes de abertura mental, responsabilidade e honestidade (Dewey, 1933, 1965).

Para Dewey, a reflexão é um processo em que se integram atitudes e capacidades nos métodos de investigação, de modo que o conhecimento da realidade surge da experiência da mesma, impregnado de seus determinantes. A investigação, a intervenção reflexiva, aberta e sincera, na realidade, configuram o pensamento criador do ser humano apegado à realidade, mas crítico e reflexivo frente à mesma.

Schwab

Schwab aparece como o segundo grande ápice deste movimento que se distancia progressivamente das restrições da racionalidade técnica. Sua obra de 1969, *The practical, a language for curriculum,* supõe uma ponto obrigatório de referência para a análise histórica da crítica às implicações empobrecedoras da proposição tecnológica em educação e à abertura de um novo caminho de trabalho. Schwab expõe de forma corajosa a necessidade de um giro coperniquiano. A interpretação tecnológica do ensino conduziu inevitavelmente à fragmentação e atomização do pensamento educativo, a uma lamentável perspectiva do ensino, moralmente empobrecida, e à indigência nas capacidades do professor/a para enfrentar os problemas divergentes de sua prática cotidiana.

Apoiando-se na conhecida distinção artistotélica entre discurso técnico e discurso prático, Schwab defende decididamente que o ensino é mais uma atividade prática do que uma atividade técnica, já que implica o influência permanente de situações complexas e problemáticas, frente às quais o professor/a deve elaborar critérios racionais de compreensão e propostas argumentadas para definir seus fins gerais em projetos concretos de intervenção em cada situação específica. O discurso técnico somente é apropriado para pensar sobre como atuar de maneira mais eficaz para alcançar determinados objetivos preestabelecidos.

O ensino requer especialmente um discurso prático que nos sirva para pensar sobre como atuar, de modo que se possam desenvolver os valores éticos com os quais estamos comprometidos em nossa atividade pedagógica. No discurso prático, as decisões técnicas se subordinam à análise que se realiza sobre as características que definem a situação, a valorização dos objetivos e a consideração dos processos, não como meros instrumentos, mas como atividades educativas em si mesmas. Em conseqüência, a formação do professorado não poderá ser considerada como uma mera responsabilidade acadêmica de aquisição do conhecimento teórico, supostamente útil para a prática, mas como a preparação de um profissional capaz de intervir na arte da prática.

No entanto, as proposições de Schwab não chegam a propor a elaboração do conhecimento pedagógico a partir da própria prática. Como afirma Angulo (1989):

> "Não estabelece a possibilidade de construir teorias educativas desde a própria prática. Por assim dizer, sua proposta é, em última instância, uma proposta para acomodar de modo mais eficiente o conhecimento teórico (externo e descontextualizado) aos problemas educativos e curriculares, mas nunca uma reconceitualização e transformação profunda do conhecimento teórico-educativo a partir do conhecimento da prática" (p. 4).

Será Stenhouse, na Inglaterra, que, recolhendo esta herança tão valiosa, enfrenta com decisão o esclarecimento do problema do que significa a arte do ensino e da concepção do professor/a como investigador.

Vamos nos permitir um salto histórico para expor aqui as idéias de Fenstermacher que, em consonância com as proposições de Schwab, elabora um rico pensamento a respeito, sem que se possa, no meu entender, ser incluído com justiça na linha que a partir de Stenhouse até Elliott está configurando o pensamento atual desta crítica e enriquecedora corrente.

Fenstermacher

A partir da incisiva crítica aos enfoques tecnológicos, em especial àqueles que se apóiam na analogia com a medicina para defender o mesmo modelo de derivação da teoria para a prática, Fenstermacher (1987) afirma que:

> "Estamos obrigados moralmente a tratar a mente de forma que suas capacidades e suas potencialidades, de maneira que não se aprisione, estereotipe ou reifique o pensamento" (p. 4).

Acontece assim quando o estudante ou o docente têm acesso a um conhecimento produzido e organizado desde fora, que devem aceitar como tal, sem a possibilidade de recriá-lo, reorganizá-lo e adaptá-lo às situações problemáticas concretas em que se encontram.

> "O fenômeno da alienação se produz quando o professor/a, como aprendiz, não pode possuir o conhecimento, quando, como aprendiz, não lhe é permitido tomar posse dele, assimilá-lo e adaptá-lo a suas circunstâncias particulares" (Fenstermacher, 1987, p. 4).

As proposições tecnológicas sobre o ensino, a concepção do professor/a como técnico, conduzem inevitavelmente a este fenômeno de alienação, segundo Fenstermacher.

Em contraste com estas posições prévias, Fenstermacher (1987) propõe o que denomina o enfoque educativo no desenvolvimento profissional do docente:

> "Quando o conhecimento, as habilidades e a compreensão se apresentam com a intenção clara e primeira de mudar a ação (como quando ensinamos com esforço para conseguir que os estudantes sejam melhores cidadãos ou mais reflexivos ou menos dependentes), a aquisição positiva está estreitamente relacionada com o grau com que permitimos que os alunos/as tomem posse do novo material, o impregnem com significados pessoais, sociais e contextuais e o orientem com os objetivos e aspirações que têm para seu próprio trabalho" (p. 7).

Do mesmo modo, neste enfoque, o docente deve apoiar sua intervenção autônoma na incorporação de conhecimento significativo e relevante para compreender e experimentar em cada contexto singular:

> "o professor/a tem acesso aos novos conhecimentos e à nova compreensão, de forma que possa tomar posse daquele conhecimento, extrair suas implicações, bem como suas conseqüências para seu próprio cenário e contexto" (Fenstermacher, 1987, p. 5).

Esse enfoque se apóia na distinção entre descrição e atuação. Existe uma enorme distância entre descrever a vida da aula e mudá-la.

> "As descrições e explicações do investigador são claramente distintas das ações que se requerem para mudar o que o investigador descreve" (idem, p. 5).

A atuação do professor/a apóia-se em conhecimentos práticos adquiridos pela experiência cotidiana, nas interações da vida da aula.

> "O professor/a deve se sentir livre para integrar a perspectiva do investigador com sua própria sabedoria prática, com seu conhecimento prévio, com sua compreensão contextual" (idem, p. 5).

O modo habitual de integrar ambos os enfoques é provocar a elaboração e reelaboração consciente e permanente dos *argumentos práticos* que o professor/a utiliza para justificar explícita ou tacitamente suas atuações profissionais. O docente, em sua vida profissional, apoiando-se nas teorias implícitas que conscientemente ou não construiu ao longo de sua experiência, na maioria das vezes de forma tácita, concretiza *argumentos práticos*, conjuntos de premissas relacionáveis entre si, que representam uma descrição bastante completa de uma ação (Green, 1976; Fenstermacher, 1986).

Trabalhar com os argumentos técnicos que o professor/a utiliza é a melhor maneira de atender e enriquecer seu desenvolvimento profissional. *Em primeiro lugar*, só o conhecimento implícito nos argumentos práticos tem a flexibilidade necessária e suporta o grau exigido de ambigüidade para enfrentar a extraordinária complexidade, diversidade e mobilidade da vida da aula. *Em segundo lugar*, a análise e a reelaboração dos argumentos práticos requerem e permitem que o conhecimento acadêmico, procedente da investigação, adquira a significação e relevância indispensáveis para ser utilizado como instrumento de entendimento e de orientação para a ação. *Em terceiro lugar*:

> "O conhecimento procedente da investigação científica não é o *sine qua non* do mérito dos argumentos práticos. Não é mais do que um elemento, embora um importante elemento no quadro dos objetivos e fundamentos para a ação na aula" (Fenstermacher, 1987, p. 7).

Em quarto lugar, o conhecimento que se aloja nas premissas que compõem um argumento prático é o único conhecimento realmente eficaz para a prática. A virtude do conhecimento extraído na investigação acadêmica não garante por si só a melhora da qualidade da ação se não chega a formar os argumentos práticos que funcionam na mente do professor/a.

As investigações sobre o pensamento pedagógico dos professores/as (Clark e Peterson, 1986; Yinger, 1986; Pérez Gómez e Gimeno, 1988; Barquin, 1989) chegaram a esta evidente conclusão depois de anos de busca sistemática e minuciosa dos determinantes do pensamento, tanto no planejamento como nos processos de tomada de decisões.

Schön

Esclarecer as características do conhecimento profissional do docente bem como os processos de formação e mudança do mesmo, são as preocupações fundamentais dos trabalhos de Schön (1983, 1987, 1988).

Depois de uma excelente crítica ao modelo dominante de entender o conhecimento profissional do docente, que não compreende o componente artístico da atividade deste ao centrar-se numa errônea epistemologia da prática (a racionalidade técnica), Schön propõe o desenvolvimento de uma nova epistemologia da prática profissional, que situe os problemas técnicos dentro do marco da investigação reflexiva. Com esta meta como prioritária, Schön explora as peculiaridades do "pensamento prático" do profissional, o pensamento que este ativa quando enfrenta os problemas complexos da prática.

Como afirma Yinger (1986):

> "O êxito do profissional prático depende de sua habilidade para manejar a complexidade e resolver problemas práticos. A habilidade requerida é a interação inteligente e criadora do conhecimento e da técnica" (p. 275).

Esta habilidade ou *conhecimento prático* é analisada em profundidade por Schön como um processo de *reflexão na ação* ou como um *diálogo reflexivo* com a situação problemática concreta. Não se pode compreender a atividade eficaz do professor/a quando enfrenta os problemas singulares, complexos, incertos e conflitantes da aula, se não se entendem esses processos de *reflexão na ação*.

A vida de qualquer profissional prático depende do conhecimento tácito que ativa e elabora durante sua própria intervenção. O professor/a, sob a pressão das múltiplas e simultâneas demandas da vida da aula, ativa seus recursos intelectuais no mais amplo sentido da palavra (conceitos, teorias, crenças, dados, procedimentos, técnicas) para elaborar um diagnóstico rápido da mesma, valorizar seus componentes, planejar estratégias alternativas e prever, na medida do possível, o curso futuro dos acontecimentos. A maioria destes recursos intelectuais que se ativam na ação são de caráter tácito, implícito e, embora possam se explicitar e se tornar conscientes mediante um exercício de meta-análise, sua eficácia consiste em sua vinculação a esquemas e procedimentos de caráter semi-automático, uma vez consolidado no pensamento do professor/a.

Por sua importância para os pressupostos posteriores, convém que nos detenhamos no conceito de reflexão. É importante afirmar desde o princípio que a reflexão não é meramente um processo psicológico individual, que pode ser estudado desde esquemas formais, independentes do conteúdo, do contexto e das interações. A reflexão implica a imersão consciente do homem no mundo de sua experiência, um mundo carregado de conotações, valores, intercâmbios simbólicos, correspondências afetivas, interesses sociais e cenários políticos. A reflexão, ao contrário de outras formas de conhecimento, supõe um sistemático esforço de análise, como a necessidade de elaborar uma proposta totalizadora, que captura e orienta a ação. O conhecimento acadêmico, teórico, científico ou técnico só pode ser considerado instrumento dos processos de reflexão quando foi integrado significativamente, não em parcelas isoladas da memória semântica, mas nos esquemas de pensamento mais genéricos que o indivíduo ativa ao interpretar a realidade concreta em que vive e sobre a qual atua, e quando organiza sua própria experiência. Não é um conhecimento "puro", é um conhecimento contaminado pelas contingências que rodeiam e impregnam a própria experiência vital:

> "A reflexão é um processo de transformação de determinado material primitivo de nossa experiência (oferecido desde a história e a cultura e mediado pelas situações que vivemos) em determinados produtos (pensamentos compreensivos, compromissos, ações), uma transformação afetada por nossa tarefa concreta (nossos pensamentos sobre as relações entre o pensamento e a ação e as relações entre o indivíduo e a sociedade), utilizando determinados meios de produção (comunicação, tomada de decisões e ação)" (Kemmis, 1985, p.148-149).

Para compreender melhor este importante e complexo componente da atividade do profissional prático é necessário distinguir, de acordo com Schön (1983), três conceitos diferentes que se incluem no termo mais amplo de *pensamento prático*:

- Conhecimento na ação.
- Reflexão na ação.
- Reflexão sobre a ação e sobre a reflexão na ação.

Conhecimento na ação (conhecimento técnico ou solução de problemas, segundo Habermas) é o componente inteligente que orienta toda a atividade humana, manifesta-se a no *saber fazer*. Existe um tipo de conhecimento em toda a ação inteligente, ainda que este conhecimento, fruto da experiência e da reflexão passadas, tenha se consolidado em esquemas semi-automáticos ou rotinas. Toda a ação competente, inclusive espontânea ou improvisada, revela um conhecimento normalmente superior à verbalização que se pode fazer do mesmo. Saber fazer e saber explicar o que fazemos e o conhecimento e as capacidades que utilizamos quando atuamos de forma competente são, na realidade, duas capacidades distintas (Argyris e outros, 1985). No mesmo sentido, é importante citar as proposições de Polany (1964, 1967) sobre o conhecimento tácito que se ativa na ação, na utilização de instrumentos ou objetos, no reconhecimento de pessoas, objetos, procedimentos. Dentro desta linha, convém recordar outras múltiplas investigações em planejamento, psicologia, psicolingüística, etc. que manifestam a existência de uma rica bagagem de conhecimento implícito que se vincula à percepção, à ação, e inclusive ao julgamento, na espontaneidade da vida cotidiana.

Mas não há apenas um conhecimento implícito na atividade prática. Também é fácil reconhecer como na vida cotidiana freqüentemente pensamos sobre o que fazemos ao mesmo tempo que agimos. Schön denomina este componente do pensamento prático *reflexão na ou durante a ação* (deliberação prática para Habermas). Sobre o conhecimento de primeira ordem que se aloja e orienta toda a atividade prática se superpõe um conhecimento de segunda ordem, um processo de diálogo com a situação problemática e sobre a interação particular que supõe a intervenção nela. Esse conhecimento de segunda ordem ou *meta-conhecimento na ação* encontra-se limitado pelas pressões espaciais e temporais, assim como pelas demandas psicológicas e sociais do cenário em que se atua. É um processo de reflexão que não tem as condições da parcimônia, sistematicidade e distanciamento que a análise racional requer, mas conta com a riqueza da imediaticidade, da captação viva das múltiplas variáveis intervenientes e a grandeza da improvisação e criação, ao conseguir responder de forma nova às imperiosas demandas do meio. Por outro lado, é fácil reconhecer a impossibilidade de separar no processo de *reflexão na ação* os componente racionais dos componentes emotivos ou passionais que condicionam a atuação e sua reflexão. O profissional encontra-se envolto pela situação problemática que pretende, em alguma medida, modificar e, por isso mesmo, é sensível, afetivamente sensível, às resistências que a situação opõe às orientações de sua intervenção.

O processo de reflexão na ação é um processo vivo de intercâmbios, ações e reações, dirigidas intelectualmente, no vigor de interações mais complexas e totalizadoras; com suas dificuldades e limitações, é um processo de extraordinária riqueza na formação do profissional prático. Pode-se considerar o primeiro espaço de confrontação empírica dos esquemas teóricos e das crenças implícitas com os quais o profissional se depara na realidade problemática. Neste contraste com a realidade, as proposições prévias são confirmadas ou rejeitadas, e, em qualquer caso, são corrigidas, modeladas e depuradas durante o andamento da ação. Quando o profissional apresenta-se flexível e aberto, no cenário complexo de interações da prática, a *reflexão na ação* é o melhor instrumento de aprendizagem significativa. Não apenas se aprendem e se constroem novas teorias, esquemas e conceitos, mas também – o que é mais importante em nossa opinião – se aprende o próprio processo didático de aprendizagem em "diálogo aberto com a situação prática".

Segundo Carr (1989), a reflexão na ação implica refletir sobre o conhecimento na ação. É o processo mediante o qual aquele conhecimento implícito, dado por suposto e inquestionável, se torna explícito, é examinado criticamente e formulado e comprovado pelas ações futuras. Neste sentido, a reflexão na ação é um processo de investigação por meio do qual o desenvolvimento do conhecimento profissional e o aperfeiçoamento da prática profissional acontecem simultaneamente.

Para reafirmar essas idéias é importante citar a proposição de Yinger (1986):

> "O pensamento na ação não é uma série de decisões pontuais que configuram a ação rotineira, mas um permanente diálogo ou conversa que implica a construção de uma nova teoria sobre o caso único, a busca de adequadas

especificações da situação, a definição interativa de meios e fins e a reconstrução e reavaliação dos próprios procedimentos" (p. 275).

A *reflexão sobre a ação e sobre a reflexão na ação* (reflexão crítica, segundo Habermas) pode ser considerada como a análise que realiza o ser humano *a posteriori* sobre as características e processos de sua própria ação. É a utilização do conhecimento para descrever, analisar e avaliar as pegadas que na memória correspondem à intervenção passada. Na verdade deveria ser denominada reflexão sobre a representação ou reconstrução *a posteriori* da própria ação. Na reflexão sobre a ação, o profissional prático, liberado das restrições, demandas e urgências da própria situação prática, pode aplicar de forma tranqüila e sistemática seus instrumentos conceituais e suas estratégias de busca e análise na compreensão e valorização da reconstrução prática. Consciente do caráter de reconstrução de sua própria lembrança e da probabilidade de que neste processo se produzam inevitáveis deformações subjetivas, o professor/a deverá utilizar métodos, procedimentos e técnicas de contraste intersubjetivo ou dados registrados mais objetiva e mecanicamente sobre a própria realidade, para diminuir os efeitos deformadores da atividade de reconstrução.

A reflexão sobre a ação é um componente essencial do processo de aprendizagem permanente que constitui a formação profissional. Em tal processo se abrem para consideração e questionamento individual ou coletivo não apenas as características da situação problemática sobre a qual atua o profissional prático, mas também os procedimentos utilizados na fase de diagnóstico e definição do problema, a determinação de metas, a escolha de meios e a própria intervenção que aquelas decisões desenvolvem; e, o que em nossa opinião é mais importante, os esquemas de pensamento, as teorias implícitas, as crenças e as formas de representar a realidade que o profissional utiliza nas situações problemáticas, incertas e conflitantes. Enfim, supõe um conhecimento de terceira ordem, que analisa o *conhecimento na ação e a reflexão na ação* em relação com a situação problemática e seu contexto.

Estes três processos compõem o *pensamento prático* do profissional que se defronta com as situações "divergentes" da prática, em nosso caso o professor/a. Nenhum desses processos pode ser considerado independentes, nem, naturalmente, suficiente para explicar uma intervenção eficaz. Pelo contrário, se exigem e se completam entre si para garantir uma intervenção prática racional.

Por exemplo, quando a prática por força do tempo se torna repetitiva e rotineira e o *conhecimento na ação* se faz cada vez mais tácito, inconsciente e mecânico, o profissional corre o o risco de reproduzir automaticamente sua aparente competência prática e perder valiosas e necessárias oportunidades de aprendizagem ao *refletir na e sobre a ação*. Dessa forma, fossiliza e reifica seu conhecimento prático, aplicando indiferentemente os mesmos esquemas a situações cada vez menos similares e mais divergentes; torna-se incapaz de iniciar o diálogo criado com a complexa situação real; empobrece seu pensamento e torna-se rígida sua intervenção. Progressivamente torna-se insensível frente às peculiaridades dos fenômenos que não encaixam com as categorias de seu empobrecido pensamento prático e cometerá erros que não pode corrigir, por nãoconseguir nem sequer detectá-los. Assim se alimenta a espiral da decadência intelectual.

Do mesmo modo, a *reflexão na ação* tampouco pode ser considerada como um processo nem autônomo, nem auto-suficiente. A pressão onipresente das vitais situações da prática condiciona o marco de reflexão e a agilidade e honestidade dos próprios instrumentos intelectuais de análise. Com a distância e serenidade que oferece o pensamento *a posteriori*, o profissional docente deverá refletir sobre as normas, crenças e apreciações tácitas subjacentes que minam os processos de valorização e julgamento, sobre as estratégias e teorias implícitas que determinam uma forma concreta de comportamento, sobre os sentimentos provocados por uma situação e que condicionaram a opção de um determinado curso de ação, sobre a maneira com que se define e estabelece o problema e sobre o papel que ele mesmo desempenha como profissional dentro do contexto institucional, escolar, em que atua.

Na literatura acadêmica e na prática profissional, o conceito de reflexão não é unívoco de maneira nenhuma. Sob este termo se ocultam conceitos bem distintos que originaram a práticas também diversas e inclusive contraditórias.

Segundo Grimmett (1989), podemos distinguir basicamente três perspectivas claramente diferentes:

– Reflexão como ação mediatizada instrumentalmente. Nesta perspectiva, o processo de reflexão auxilia os professores/as a imitar as práticas de ensino que a investigação empírica considera eficazes. A reflexão nesta perspectiva cumpre uma função instrumental e esclarecedora com a pretensão de entender melhor as propostas e os métodos de intervenção elaborados por especialistas externos, a fonte de conhecimento é geralmente uma autoridade exterior e parece claro que o conhecimento teórico dirige a prática.

– Reflexão como processo de deliberação entre diversas, e com freqüência, confrontadas orientações de ensino. O processo de reflexão neste enfoque implica a consideração dos fenômenos educativos em seu contexto e a antecipação das conseqüências na opção das diferentes perspectivas. Também aqui a fonte de conhecimento é a autoridade externa, mas o modo de conhecer já é deliberativo, por meio do contraste com os colegas e em função das necessidades do contexto. O conhecimento, que se considera em certa medida relativo, já não dirige a ação mas simplesmente a informa, a orienta.

– Reflexão como reconstrução da experiência. Nesta perspectiva, a reflexão é um processo de reconstrução da própria experiência mediante três fenômenos paralelos.

- Reconstruir as situações nas quais se produz a ação. A reflexão assim concebida conduz os professores/as a redefinirem a situação problemática em que se encontram, atendendo a características da situação antes ignoradas ou reinterpretando e dando novo significado às características já conhecidas.
- Reconstruir-se a si mesmos como professores/as: este processo de reflexão também conduz os professores/as a terem consciência das formas em que estruturam seus conhecimentos, seus afetos e suas estratégias de atuação.
- Reconstruir os pressupostos aceitos como básicos sobre o ensino. A reflexão é uma forma de analisar criticamente as razões e os interesses individuais e coletivos subjacentes aos princípios e formas dominantes de conceber o ensino. Que valores éticos e que interesses políticos sustentam os pressupostos teóricos ou os modos de ação que aceitamos como básicos e indiscutíveis?

A reflexão assim desenvolvida é uma forma de praticar a crítica com o objetivo de provocar a emancipação das pessoas, quando descobrem que tanto o conhecimento quanto a prática educativa são construções sociais da realidade, que respondem a interesses políticos e econômicos contingentes a um espaço e a um tempo e que, portanto, podem mudar historicamente.

Neste último enfoque da reflexão, o conhecimento é um processo dialético, os professores/as constroem seu próprio conhecimento quando submergem num diálogo, tanto com a situação quanto com os pressupostos que orientam sua ação nesse cenário concreto. O conhecimento que se oferece desde fora é aceito apenas com um valor metafórico, tendo sempre presente que foi gerado em outro espaço e tempo, por outras pessoas, em condições peculiares e dentro de uma situação problemática sempre singular de certo modo. O docente enfrenta necessariamente a tarefa de gerar novo conhecimento para interpretar e compreender a específica situação em que se move. Assim, dentro deste enfoque de reflexão, o conhecimento, ao incluir e gerar uma forma pessoal de entender a situação prática, transforma a prática.

Este último modo de conceber a reflexão vai, em nosso entender, além da proposição de Schön, embora se apóie fortemente em suas contribuições sobre a reflexão na ação, ao colocar a reconstrução dialética da atividade docente penetrando nas condições políticas, sociais e econômicas que afetam seu pensamento e sua ação, assim como o cenário no qual se intervém. Podemos situar este enfoque na perspectiva que denominamos reconstrução social e que analisaremos a seguir.

PERSPECTIVA DE REFLEXÃO NA PRÁTICA PARA A RECONSTRUÇÃO SOCIAL

Na perspectiva de reconstrução social, agrupam-se aquelas posições que, com matizes diferentes, concebem o ensino como uma atividade crítica, uma prática social saturada de opções de caráter ético, na qual os valores que presidem sua intencionalidade devem ser traduzidos em princípios de procedimentos que dirijam e que se realizem ao longo de todo o processo de ensino-aprendizagem. O professor/a é considerado um profissional autônomo que reflete criticamente sobre a prática cotidiana para compreender tanto as características dos processos de ensino-aprendizagem quanto do contexto em que o ensino ocorre, de modo que sua atuação reflexiva facilite o desenvolvimento autônomo e emancipador dos que participam no processo educativo.

Nas palavras de Zeichner (1990a):

> "a tradição radical na formação do professor/a apóia somente aqueles enfoques que pretendem desenvolver ao mesmo tempo o pensamento reflexivo e a ação de reconstrução (pedagogia crítica) que, por definição, implica a problematização tanto da própria tarefa de ensinar, quanto do contexto em que se realiza" (p. 19).

Dentro desta ampla perspectiva, é necessário considerar desde aqueles autores que se manifestam abertamente defensores de trabalhar e desenvolver na escola e na aula uma proposta ética concreta de justiça, igualdade e emancipação social nos processos de ensino e nos programas de formação dos professores/as (Giroux, Smith, Zeichner, Apple, Kemmis) até aqueles outros que desde posições mais liberais defendem a coerência entre princípios, intencionalidades e procedimentos educativos democráticos, sem especificar de antemão um modelo concreto de sociedade (Stenhouse, Elliott, McDonald).

Enfoque de crítica e reconstrução social

Pode-se englobar neste trecho o enfoque de reconstrução social que, como antes indicamos, define-se claramente partidário da consideração no ensino e na formação do professor/a de valores singulares e concretos, que pretendem desenvolver explicitamente a consciência social dos cidadãos para construir uma sociedade mais justa e igualitária, propondo um claro processo de emancipação individual e coletiva para transformar a injusta sociedade atual.

Dentro deste enfoque, a escola e a educação do professor/a são elementos cruciais no processo de realização de uma sociedade mais justa. Para isso, a escola deve se propor como objetivo prioritário o cultivo, em estudantes e docentes, da capacidade de pensar criticamente sobre a ordem social. O professor/a é considerado como um intelectual transformador, com o claro compromisso político de provocar a formação da consciência dos cidadãos na análise crítica da ordem social da comunidade em que vivem. O professor/a é ao mesmo tempo um educador e um ativista político, no sentido de intervir abertamente na análise e no debate dos assuntos públicos, assim como por sua pretensão de provocar nos alunos/as o interesse e compromisso crítico com os problemas coletivos, como vimos no Capítulo 5.

Como afirma Zeichner (1990a), o objetivo dos programas de formação docente é:

> "Preparar professores/as que tenham perspectivas críticas sobre as relações entre a escola e as desigualdades sociais e um compromisso moral para contribuir para a correção de tais desigualdades mediante as atividades cotidianas na aula e na escola" (p. 32).

Os programas de formação do professor/a, dentro desse enfoque, enfatizam três aspectos fundamentais:

– *Em primeiro lugar,* a aquisição por parte do docente de uma bagagem cultural de clara orientação política e social. Assim, as disciplinas humanas (língua, história, política, cultura, etc.) são consideradas o eixo central dos conteúdos de uma parte importante de seu currículo de formação.

– *Em segundo lugar,* o desenvolvimento de capacidades de reflexão crítica sobre a prática, para desmascarar as influências ocultas da ideologia dominante na prática cotidiana da aula, no currículo, na organização da vida na escola e na aula, nos sistemas de avaliação, etc.

– *Em terceiro lugar,* o desenvolvimento das atitudes que requer o compromisso político do professor/a como intelectual transformador na aula, na escola e no contexto social. Atitudes de busca, de experimentação e de crítica, de interesse e trabalho solidário, de generosidade, de iniciativa e colaboração.

Em contraposição ao restante das proposições que defendem que os professores/as devem manter uma nítida neutralidade política, dentro desse enfoque se considera que tanto a intervenção do docente na aula, quanto os programas de formação do professorado sustentam posições políticas, explícitas ou implícitas, quanto à instituição escolar e ao contexto social da escola. Por isso, é mais honesto explicitar tais pressupostos, trabalhá-los e submetê-los à crítica e ao escrutínio público do que manter uma fictícia e enganosa neutralidade aparente.

> "Enquanto recusamos a perspectiva de que os estudantes de Magistério necessitam ser iluminados sobre o verdadeiro significado da realidade e manipulados para que aceitem a 'correta' solução de nossos problemas (doutrinamento), também recusamos o relativismo moral que nos conduz a nos darmos por satisfeitos com qualquer conhecimento gerado pela investigação dos estudantes, pela mera razão de que tal investigação foi desenvolvida por eles mesmos. Pensamos que existe uma obrigação moral por parte dos formadores de professores/as de chamar sua atenção sobre as implicações éticas e morais das práticas e estruturas das realidades de cada aula" (Gore e Zeichner, 1990, p. 17).

No processo de formação do professorado, dentro do programa em que trabalha Zeichner, na Universidade de Wisconsin-Madison, o contexto social e político em que se produz o ensino e a intervenção do professor/a é objeto direto de análise e crítica, para compreender melhor seus efeitos em relação aos valores de igualdade e justiça social.

> "Embora os projetos educativos por si mesmos, independentemente da qualidade de seu plano e desenvolvimento, desempenhem apenas um papel adicional na transformação das injustas e desumanas condições sociais, econômicas e políticas, têm de qualquer forma um papel importante" (Gore e Zeichner, 1990, p. 9).

Tanto este programa quanto o desenvolvido por Kemmis, na Universidade de Deakin, Austrália, são dos poucos exemplos que se pode citar sobre aplicação na prática deste interessante enfoque marginal, que, embora esteja tendo um importante desenvolvimento teórico, tem muito pouca influência prática na formação do professorado. Em ambos os programas se pretende desenvolver sua capacidade reflexiva mediante um processo de investigação-ação sobre a própria prática e as condições econômicas, sociais e políticas que rodeiam a intervenção do docente, que pretende facilitar sua emancipação e a do aluno/a. Dessa forma, a formação cultural, o estudo crítico do contexto e a análise reflexiva da própria prática são eixos sobre os quais se estrutura a formação do futuro professor/a.

Enfoque de investigação-ação e formação do professor/a para a compreensão

Dentro da perspectiva de reflexão sobre a prática e reconstrução social, desenvolve-se na Inglaterra, desde o final dos anos 60, e a partir do relevante trabalho de Stenhouse, uma importante corrente pedagógica cuja influência é facilmente perceptível na atualidade, na maior parte do mundo anglo-saxão. Seus principais representantes são Stenhouse, MacDonald e Elliott, mas nos deteremos na análise das contribuições de Stenhousee de Elliott, pois consideramos que representam com justiça as proposições mais fundamentais deste enfoque. No entanto, será necessário lançarmos mão das nuances diferenciais e complementares do restante dos autores, para ter uma visão mais completa e crítica das contribuições desse criativo enfoque.

Para Stenhouse, como já vimos no Capítulo 5, o ensino é em primeiro lugar uma arte em que as idéias educativas gerais adquirem uma expressão concreta. O ensino não pode ser considerado como uma rotina mecânica de gestão ou de engenharia, é mais claramente uma arte na qual as idéias são experimentadas na prática de maneira reflexiva e criativa. A natureza do homem e do conhecimento exigem uma aproximação prática aberta às imprevisíveis conseqüências de estimular o livre desenvolvimento da mente de cada indivíduo e do grupo.

Em convergência com as proposições de Peters, que defende decididamente o caráter ético e não-instrumental de todo o processo de ensino-aprendizagem, Stenhouse envolve-se no desenvolvimento de um projeto curricular de caráter nacional, para a etapa secundária, denominado *Humanities Curriculum Project.*

Contra a corrente dominante nos anos 60 e fiel às suas concepções sobre o ensino, recusa o enfoque por objetivos, no qual o desenvolvimento do currículo é considerado uma mera tarefa instrumental, relacionando os princípios e rotinas empiricamente verificados que definem um ensino eficaz, com a realização dos objetivos educativos previamente estabelecidos, mediante a avaliação de suas manifestações observáveis.

Em seu lugar propõe um modelo de desenvolvimento curricular que respeite o caráter ético da atividade de ensino. Um modelo, denominado processual, no qual os valores que regem a intencionalidade educativa devem ser erigidos e concretizados em princípios de procedimentos que orientem cada momento do processo de ensino. Isso significa que, se nos propomos, por exemplo, que os alunos/as aprendam e desenvolvam como cidadãos idéias e comportamentos democráticos, temos de ensinar democraticamente, criando um clima de autêntica participação na aula e na escola. Neste modelo, o desenvolvimento do currículo é construído pelo professor/a e, por isso, requer a atividade intelectual e criadora do mesmo, para aprofundar seus conhecimentos acerca dos valores educativos e para transferir tais valores para a prática da aula.

Por isso, Stenhouse chega a afirmar que não pode haver desenvolvimento curricular sem desenvolvimento profissional do docente. Concebido este, não fundamentalmente como uma prévia preparação acadêmica, mas como um processo de investigação, no qual os professores/as sistematicamente refletem sobre sua prática e utilizam o resultado de sua reflexão para melhorar a qualidade de sua própria intervenção. As proposições de Schön, Shulman e Grimmett, expostas antes, são, claramente, o complemento imprescindível destas propostas.

Para desenvolver o modelo processual do desenvolvimento curricular, o professor/a não pode ser um simples técnico que aplica as estratégias e rotinas aprendidas nos anos de sua formação acadêmica, mas deve necessariamente se transformar num investigador na aula, no âmbito natural em que se desenvolve a prática, onde aparecem os problemas definidos de maneira singular e onde devem ser experimentadas estratégias de intervenção também singulares e adequadas ao contexto e à situação. Dessa forma, surgem outras duas fecundas idéias que serão desenvolvidas e reelaboradas a seguir por, entre outros, Elliott: *O desenvolvimento do currículo na escola e a investigação-ação* como modo de provocar ao mesmo tempo o desenvolvimento do currículo, a melhora da qualidade do ensino e o desenvolvimento profissional do professor/a.

Para Elliott (1989), a investigação-ação surge durante os anos 60 na Inglaterra, ao menos em embrião, como uma forma de desenvolver o currículo nas escolas de inovação. Assim, seu objetivo fundamental é melhorar a prática antes que produzir conhecimento. Entre seus pressupostos caberia destacar as seguintes proposições:

– *Em primeiro lugar*, é claro que as condições de suas origens e as necessidades que se propõe satisfazer marcam esta linha de trabalho com uma indelével vinculação à prática. Melhorar a prática, compreendida esta como uma atividade ética e não-instrumental, exige um processo contínuo de reflexão de todos os que participam nela. Não há maneira de estabelecer de antemão qual é o método de ensino que garanta, em certas circunstâncias concretas e para um grupo específico de alunos/as, a correta realização dos valores que queremos desenvolver. Neste caso, e já que a correta realização dos valores é sempre condicionada pelo contexto, e de qualquer modo questionáveis, o único modo racional e ético de intervir é mediante a reflexão permanente na ação e sobre a ação.

– *Em segundo lugar*, a investigação na e sobre a ação deve abranger todos os aspectos que possam estar afetando a realização dos valores considerados educativos. De modo que estudantes adquiram consciência dos fatores que no processe de sua evolução estão afetando seus pensamentos, afetos e condutas. É, de certa forma, um processo de reflexão sem final preestabelecido, já que cada momento de reflexão conduz inevitavelmente a outro momento de experimentação na ação, sobre o qual, por sua vez, é indispensável que se reflita.

– *Em terceiro lugar*, nessa espiral de ciclos de experimentação reflexiva, na qual se entrecruzam os momentos de ação e de reflexão, transforma-se a prática ao se modificar os participantes e a situação. Por meio da investigação/ação educativa, os professores/as transformam o cenário da aprendizagem (currículo, método de ensino e clima da escola) em um que capacite os estudantes a descobrirem e desenvolverem por si mesmos seu poder e suas capacidades.

Os participantes se transformam ao desenvolver sua capacidade de distinguir e julgar em situações humanas complexas, conflitantes, incertas e singulares. Como afirma Elliott (1989):

> "Se a investigação consiste no desenvolvimento de uma forma de compreensão prática, constitui um modo de busca que reconhece plenamente as 'realidades' que os participantes enfrentam em toda sua singularidade e desordenada complexidade. Dessa forma, resiste à tentação de simplificar as coisas, as situações concretas, mediante a abstração teórica, mas deve utilizar, e inclusive gerar, teorias para esclarecer na prática os aspectos mais significativos de cada caso. Na investigação/ação, a compreensão teórico-analítica tem uma relação de subordinação ao desenvolvimento de uma apreciação holística ou sintética da situação como um todo" (p. 11).

Os participantes se transformam ao se verem induzidos a recompor seus esquemas padronizados de pensamento, pressionados pelas evidências construídas pelo processo criativo de interações que são estimuladas na aula e na escola.

> "Como Gadamar (1978) argumenta, compreender a prática implica chegar a descobrir o modo como as crenças e os valores (que são, por sua vez, construções históricas) alcançam forças poderosas que nos permitem dar significados particulares aos acontecimentos (...) nossa experiência como professores/as proporciona significado e sentido aos acontecimentos (...) nossa experiência como professores/as tem significado para nós em função de nossa própria consciência historicamente situada. O que devemos fazer é trabalhar para articular nossa consciência, de modo que possamos interpretá-la" (Smith, 1989, p. 4-5).

Para isso, e apoiando-se no trabalho de Freire, propõe quatro tarefas que respondem a diversas questões:

1. Descrever... O que faço?
2. Informar... O que significa o que faço?
3. Confrontar... Como cheguei a ser como sou?
4. Reconstruir... Como posso fazer as coisas de modo diferente?

Neste sentido, a situação transforma-se, ao se modificar o currículo e o contexto. Elliott afirma que:

> "A prática do ensino não é simplesmente uma criação de indivíduos no cenário da escola. Está formada por estruturas que transcendem o poder de qualquer indivíduo para realizar a mudança. Essa estruturação é evidenciada na seleção, na seqüenciação e na organização dos conteúdos do currículo; nos programas de tarefas de aprendizagem que controlam como se trabalha o conteúdo; na forma como os alunos/as são organizados socialmente e como os recursos e o tempo são atribuídos e distribuídos" (1991, p. 52-53).

A realidade é transformada porque este processo de interações inovadoras requer novas condições sociais, nova distribuição do poder e novos espaços para ir situando os retalhos de nova cultura que emergem na aula. Como todo processo de mudança conduz inevitavelmente a confrontos polêmicos, dentro de uma realidade plural cujo desenlace, ainda que imprevisível, será obviamente uma modificação da realidade.

– *Em quarto lugar*, pelas próprias exigências da natureza da reflexão, pelas conseqüências que o processo desencadeia, a investigação/ação não pode ser considerada um fenômeno solitário na cabeça de um professor/a que trabalha recluso em sua sala de aula. A reflexão sobre os complexos intercâmbios em certas situações práticas da aula requerem diálogo, debate de pareceres e expectativas. Se a tradução dos valores é sempre questionável e condicionada pelo contexto, as exigências racionais do processo de reflexão demandam, de forma inevitável o contraste intersubjetivo e plural, para poder suavizar os efeitos de uma argumentação unilateral, determinada como qualquer outra pelas condições do contexto. O contraste, o diálogo, o debate, as contribuições de observadores externos e o enriquecimento com experiências e teorias alheias constituem uma condição óbvia em todos os processos de investigação/ação.

Por outro lado, as conseqüências do desenvolvimento de experiências de investigação/ação numa aula afetam inevitavelmente os colegas, outros alunos/as e a vida da escola. Será com eles ou contra ela que o projeto em desenvolvimento abrirá caminho. De qualquer forma, se a investigação/ação, como qualquer outra prática social, vai afetar, no mínimo, os que integram um curso, ou uma escola, de algum modo se impõe iniciar estratégias de colaboração e debate aberto entre os participantes, de maneira que, em alguma medida, possam conhecer e intervir em sua própria vida e em seus próprios processos de desenvolvimento.

– *Em quinto lugar*, a investigação/ação, ao integrar, num mesmo processo, a investigação, o desenvolvimento curricular, o desenvolvimento profissional e a prática, conduz a uma concepção que recusa decididamente a estrita divisão do trabalho, imposta pela racionalidade tecnológica na qual os papéis e tarefas especializados se distinguem ao longo de posições e responsabilidades hierarquicamente organizadas. Os papéis e as tarefas dos especialistas externos à aula e à escola só poderão justificar-se, dentro dessa perspectiva educativa, à medida que sirvam para facilitar e apoiar a prática reflexiva dos que participam no intercâmbio educativo. Isto só pode acontecer se os especialistas externos participam em processos de colaboração abertos e negociados com os professores/as e não como agentes externos que ocupam uma posição privilegiada de influência e conhecimento.

Para Elliott, fica claro, como também para Fenstermacher, que o conhecimento especializado, criado fora do processo de investigação/ação, tem sempre um papel instrumental, subordinado ao serviço do processo de reflexão. Já que o conhecimento não tem valor independente de sua função para ajudar a compreender as peculiaridades da situação em que se trabalha, esquecer este aspecto supõe, como tem sido ao longo da história em muitas experiências, mais um modo de provocar a alienação do professor/a, impondo-lhe um conhecimento que não domina e que voltará a abandonar frente às exigências peremptórias da prática.

Enfim, a investigação/ação se propõe um vasto programa de integração de processos, num esforço unitário pela melhora da qualidade do ensino mediante o aperfeiçoamento da prática.

> "A investigação/ação unifica processos freqüentemente vistos como separados; por exemplo, o ensino, o desenvolvimento do currículo, a investigação educativa, a avaliação e o desenvolvimento profissional" (Elliott, 1991, p.53-54).

A *investigação/ação*, que requer a participação de grupos, integrando participantes e observadores no processo de indagação e diálogo, é, para Elliott, um instrumento privilegiado de desenvolvimento profissional dos docentes ao necessitar um processo de reflexão cooperativa mais do que privada; ao enfocar a análise conjunta de meios e fins na prática; ao se propor a transformação da realidade da escola e da aula mediante a compreensão prévia e a participação dos professores/as no planejamento, no desenvolvimento e na avaliação das estratégias de mudança; ao colocar como imprescindível a consideração do contexto psicossocial e institucional, não apenas como marco de atuação, mas como importante fator causador de comportamentos e idéias; ao propiciar, enfim, um clima de aprendizagem profissional *baseado na compreensão da prática na aula e orientado para facilitar a compreensão e transformação da própria prática.*

Nesse enfoque, a prática profissional do docente é considerada como uma prática intelectual e autônoma, não meramente técnica. É um processo de ação e de reflexão cooperativa, de indagação e experimentação, no qual o professor/a aprende a ensinar e ensina porque aprende, intervém para facilitar, e não para impor nem substituir a *compreensão* dos alunos/as, a reconstrução de seu conhecimento experiencial; e ao refletir sobre sua intervenção exerce e desenvolve sua própria *compreensão.* As escolas se transformam assim em *centros de desenvolvimento profissional do docente* (Holmes Group, 1990), onde a prática se transforma no eixo de contraste de princípios, hipóteses e teorias, no cenário adequado para a elaboração e experimentação do currículo, para o progresso da teoria relevante e para a transformação da prática e das condições sociais que a limitam.

BIBLIOGRAFIA

Alumnos de la Escuela de Barbiana (1970), *Carta a una maestra*. Barcelona. Nova Terra.

ÁLVAREZ, J. M. (1985), *Didáctica, currículo y evaluación*. Barcelona. Almex.

ALLEN, D. y RYAN, K. (1969), *Microteaching*. Reading Mass: Addison-Wesly Publishing Co.

ANGULO RASCO, F. (1989), "Hacia una perspectiva deliberativa en la construcción del curriculum". *Investigación en la escuela*. Núm. 8.Págs. 15-26.

AOKI, T. (1984), "Towards a reconceptualization of curriculum implementation". En: HOPKINS, D. y WIDEEN M. (Eds.), *Alternative perspectives on school improvement*. Londres. The Falmer Press.

APPLE, M. (1975), "The hidden curriculum and the nature of conflict". En: PINNAR, E. (Ed.), *Curriculum theoryzing. The reconceptualists*. Berkeley. McCutchan. Págs. 95-119.

APPLE, M. (1983), "Curricular form and the logic of technical control". En: APPLE, M. y WEIS, L. (Eds.), *Ideology and practice of schooling*. Filadélfia. Temple University Press. Págs. 143-165.

APPLE, M. (1986), *Ideología y curriculum*. Madrid. Akal.

APPLE, M. (1987), *Educación y poder*. Barcelona. Paidós-MEC.

APPLE, M. (1989), *Maestros y textos. Una economía política de las relaciones de clase y de sexo en educación*. Barcelona. Paidós-MEC.

APPLE, M. (1990), "No hay que ser maestro para enseñar esta unidad: La enseñanza, la tecnología y el control del aula". *Revista de educación*. Núm. 291. Enero-Abril. Págs. 149-172.

APPLE, M. y KING, N. (1983). "¿Qué enseñan las escuelas?" En: GIMENO, J. y PÉREZ, A. I. (Comp.), *La enseñanza. Su teoría y su práctica*. Madrid. Akal. Págs. 37-53.

ARGYRIS, C., PUTNAM, R. y SMITH, D. M. (1985), *Action science*. Londres. Jossey-Bass Publishers.

AUSUBEL, D. (1970), "Psicología de la educación". En: STONES, E., *Psicología de la educación*. Madrid. Morata. P. 242.

AUSUBEL, D. (1972), "Algunos aspectos psicológicos de la estructura del conocimiento". Em: ELAM, S. (Ed.), *La educación y la estructura del conocimiento*. Buenos Aires. El Ateneo. Págs. 211-252.

AUSUBEL, D. (1976), *Psicología educativa. Un punto de vista cognoscitivo*. México. Trillas.

BARTLETT, F. C. (1932), *Remembering*. Nova Iorque. Cambridge University Press.

BARNES, D. (1976), *From communication to curriculum*. Hardmondsworth. Penguin.

BARQUIN, J. (1989), *Evolución del pensamiento pedagógico de los profesores*. Tesis doctoral.. Universidad de Málaga.

BATES, R. (1984), "Educational versus managerial evaluation in schools". En: BROADFOOT, P., *Selection, certification and control*. Lewes. The Falmer Press. Págs. 127-143.

BATES, R. (1986), *The menagement of culture and knowledge*. Victoria. Deakin University Press.

BATES, R. (1988), *Evaluating schools: a critical approach*. Victoria. Deakin University Press.

BAUDELOT, CH. y ESTABLET, R. (1976), *La escuela capitalista en Francia*. Madrid. Siglo XXI.

BEAUCHAMP, G. (1981), *Curriculum theory*. (4ªed.). Itasca, Illinois. F. E. Peacock Publishers.

BELTRAN, F. (1991), *Política y reformas curriculares*. Valencia. Servei de Publicacions de la Universitat de València.

BENNETT, C. (1990), "Aspects of an educational learning theory". *Review of educational research*. Vol. 60. Núm. 4. Págs. 603-624.

BENNETT, S. (1987), "Architecture". En: DUNKIN, M. (Ed.), *The international encyclopedia of teaching and teacher education*. Oxford. Pergamon Press. Págs. 530-537.

BERNSTEIN, B. (1983), "Las pedagogías visibles e invisibles". En: GIMENO, J. y PÉREZ, A. I. (Comp.), *La enseñanza: su teoría y su práctica*. Madrid. Akal. Págs. 54-72.

BERNSTEIN, B. (1988), *Clases, códigos y control*. Madrid. Akal.

BERNSTEIN, R. J. (1987), "The varieties of pluralism". *American journal of education*. Vol. 95. Núm. 4. Págs. 509-525.

BERTALANFFY, L. V. (1976), *Teoría general de sistemas*. México. Fondo de Cultura Económica.

BEYER, L. e APPLE, M. (Eds.), (1988), *The curriculum. Problems, politics, and possibilities*. Albany. State University of New York Press.

BLACK, H. (1986), "Assessment for learning". En: NUTTALL, D. (Ed.), *Assessing educational achievement*. Lewes. The Falmer Press. Págs. 7-18.

BLOOM, B. (1971), *Taxonomía de los objetivos de la educación*. Buenos Aires. El Ateneo.

BLOOM, B., HASTINGS, Th. y MADAUS, G. (1975), *Evaluación del aprendizaje. 1*. Buenos Aires. Troquel.

BOBBITT, F. (1918), *The curriculum*. New york. Houghton.

BOBBITT, F. (1924), *How to make a curriculum*. Boston. Houghton Mifflin.

BOGOYAVLENSKY, D. N. (1973), "Aprendizaje y desarrollo". En: VYGOTSKY, T. L., LEONTIEV, A. N. y otros (1973), *Psicología y pedagogía*. Madrid. Akal. Págs. 59-81.

BONBOIR, A. (1974), *La docimología. Problemática de la evaluación*. Madrid. Morata.

BORG, W. (1970), *The minicourse*. Beverly Hills. Macmillan Educational Service.

BOURDIEU, P. (1983), "Sistemas de enseñanza y sistemas de pensamiento". En: GIMENO, J. y PÉREZ, A. I. (Comp.), *La enseñanza: su teoría y su práctica*. Madrid. Akal. Págs. 20-36.

BOURDIEU, P. (1988), *La distinción. Criterio y bases sociales del gusto*. Madrid. Taurus.

BOURDIEU, P. y GROS, F. (1990), "Principles for reflecting on the curriculum". *The curriculum Journal*. Vol. 1. Núm. 3. Págs. 307-314. Traducción al castellano en: *Revista de educación*. 1990. Núm. 292.

BOURDIEU, P. y PASSERON, J. (1977), *La reproducción: elementos para una teoría del sistema de enseñanza*. Barcelona. Laia.

BOWERS, C. A. y FLINDERS, D. (1990), *Responsive teaching*. New York. Teachers College Press.

BOWLES, S. y GINTIS, H. (1981), *La instrucción escolar en la América capitalista*. México. Siglo XXI.

BRIDGES, D. (1989), "Pupil assessment from the perspective of naturalistic research". En: SIMONS, H. y ELLIOTT, J. *Rethinking appraisal and assessment*. Milton Keynes. Open University Press.

BROADFOOT, P. (1984), *Selection, certificacion and control*. Lewes. The Falmer Press.

BROADFOOT, P. (1986), "Alternatives to public examinations". En: NUTTALL, D. (Ed.), *Assessing educational achievement*. Lewes. The Falmer Press. Págs. 54-77.

BROADFOOT, P., MURPHY, R. y TORRANCE, H. (1991), *Changing educational assessment*. Londres. Routledge.

BRONFENBRENNER, U. (1979), *The ecology of human development*. Cambridge Harvard University Press.

BROPHY, J. y ALLEMAN, J. (1991), "Activities as instructional tools: A framework for analysis and evaluation". *Educational researcher*. Mayo. Págs. 9-23.

BROWN, J. S., COLLINS, A. y DUGUID, P. (1989), "Situated cognition and the culture of learning". *Educational researcher*. Enero-Febrero. Págs. 32-42.

BRUNER, J. (1972), *El proceso de la educación*. México. UTEHA.

BRUNER, J. (1988a), *Realidad mental y mundos posibles*. Barcelona. Gedisa.

BRUNER, J. (1988b), *Desarrollo cognitivo y educación*. Madrid. Morata.

BUCHMAN, M. (1984), "The priority of knowledge and understanding in teaching". En: KATZ, L. y RATHS, J. (Eds.), *Advances in teacher education*. Vol. I. Norwood. Ablex. Págs. 29-50.

BUNGE, M. (1973), *La investigación científica*. Barcelona. Ariel.

BUNGE, M. (1976), *Tecnología y filosofía*. Nuevo León. Universidad Autónoma.

BUNGE, M. (1980), *A world of systems*. Amsterdan. Reidel Dordrech.

CALDERHEAD, J. (Ed.), (1988), *Teachers' professional learning*. Lewes. The Falmer Press.

CALFEE, R. y PLONTKOWSKI, D. (1987), "Grouping for teaching". En: DUNKIN, M. (Ed.), *The international encyclopedia of teaching and teacher education*. Oxford. Pergamon Press.

CARDINET, J. (1986a), *Evaluation scolaire et pratique*. Bruxelas. De Boeck.

CARDINET, J. (1986b), *Pour apprécier le travail des élèves*. Bruxelas. De Boeck.

CARR, W. (Ed.), (1989), *Quality in teaching.* Londres. The Falmer Press.

CAZDEN, C. y MEHAN, H. (1989), "Principles from sociology and anthropology: context, code, classroom and culture". En: MAYNARD, C. y REYNOLDS, M. *Knowledge base for beginning teacher.* Oxford, New York. Pergamon Press.

CLANDININ, D. J. (1986), *Clarroom practice. Teacher images in action.* Lewes. The Falmer Press.

CLANDININ, D. J. y CONNELY, F. M. (1986), "Rhythms in teaching: The narrative study of the teacher' personal practical knowledge of classrooms". *Teaching and teacher education.* Vol. 86. Núm. 2. P. 377-387.

CLARK, C. y PETERSON, P. (1986), "Teachers' thought processes". En: WITTROCK, M. C. (Ed.), *Handbook of research on teaching.* 3ª Ed. New York. Macmillan. (Traducción castellana: WITTROCK, M. C. *La investigación de la enseñanza, I. Enfoques, teorías y métodos.* Barcelona. Paidós, 1990.)

CLARK, C. y PETERSON, P. (1990), "Procesos de pensamiento de los docentes". En: WITTROCK, M. *La investigación de la enseñanza, III.* Barcelona. Paidós-MEC. Págs. 443-539.

CLARK, C. y YINGER, R. (1977), "Research on teacher thinking". *Curriculum inquiry.* 7, 4. Págs. 279-303.

CLARK, C. y YINGER, R. (1979), *Three studies of teacher planning.* East Lansing: University of State of Michigan.

CLAXTON, G. (1987), *Vivir y aprender.* Madrid. Alianza.

COLE, M. y SCRIBNER, S. (1977), *Cultura y pensamiento.* México, Limusa.

COLL, C. (1987), *Psicología y curriculum.* Barcelona. Cuadernos de Pedagogía-Editorial Laia.

CONNELL, R. (1985), *Teachers' work.* Londres. George Allen and Unwin.

CONNELY, F. y CLANDININ, D. (1988), *Teachers as curriculum planners.* New York. Teachers College Press.

CONTRERAS, J. (1990), *Enseñanza, curriculum y profesorado.* Madrid. Akal.

COOK, T. y REICHARDT, Ch. (1986), *Métodos cualitativos y cuantitativos en investigación evaluativa.* Madrid. Morata.

CORNBLETH, C. (1990), *Curricukum in context.* Londres. The Falmer Press.

COVILL-SERVO, J. L. (1983), "Toward a theory of instruction in the 1980s". *Instructional science.* 12. Págs. 301-319.

CRONBACH, L. (1963), "Course improvement through evaluation". *Teachers college record.* 64. Págs. 672-683.

CRONBACH, L. (1975), "Beyond the two disciplines of scientific psychology". *American psychologist.* 30. Págs. 116-127.

CROOKS, T. (1988), "The impact of classroom evaluation practices on students". *Review of educational research.* Vol. 58. Núm. 4. Págs. 438-481.

CRUICKSHANK, D. (1987), *Reflective teaching.* Restong. VA: Association of teacher educators.

CHAPMAN, J. (1990), *School-based decision-making and management.* Londres. The Falmer Press.

CHARLIER, E. (1989), *Planifier un cours c'est prendre des décisions.* Bruxelas. De Boeck.

CHARTERS, N. (1924), "Functional analysis as the basis for curriculum construction". *Journal of educational research.* Vol. X. Núm. 3. Págs. 214-221.

CHERRYHOLMES, C. (1988), *Power and criticism.* New York, Teachers College Press.

DAVIS, D. (1981), *Teachers as curriculum evaluators.* Sydney. George Allen and Unwin.

DE LA ORDEN, A. (1975), *El agrupamiento de los alumnos.* Madrid. ICE Universidad Complutense.

DEAKIN UNIVERSITY (1985a), *Classroom processes. Managing classroms.* Victoria. Deakin University.

DEAKIN UNIVERSITY (1985b), *Curriculum design and evaluation.* Victoria. Deakin University.

DEALE, R. (1975), *Assessment and testing in the secondary school.* Londres. Evans/Methuen Educational.

DEWEY, J. (1904), *The relation of theory to practice in education.* The third NSSE Yearbook (1ªparte). Chicago. The University of Chicago Press.

DEWEY, J. (1933), *How we think: a restatement of the relation of reflective thinking to the educative process.* Chicago. Henry Regnery.

DEWEY, J. (1944), *El niño y el programa escolar. Mi credo pedagógico.* Buenos Aires. Losada.

DEWEY, J. (1965), "The relation of theory to practice in education". En: BARROWMAN, M. L. (Ed.), *Teacher education in America: a documentary history.* New York. Teachers College Press. Págs. 140-171. (Publicación original en 1904.)

DEWEY, J. (1967), *Democracia y educación.* Buenos Aires. Losada.

DORNBUSCH, S. y SCOTT, W. (1975), *Evaluation and the exercise of authority.* San Francisco. Jossey-Bass.

DOTTRENS, R. (1959), *La enseñanza individualizada.* Buenos Aires. Kapelusz.

DOYLE, W. (1977), "Learning the classroom environment: an ecological analysis". *Journal of teacher education.* Vol. 28. Núm. 6. Págs. 51-55.

DOYLE, W. (1979a), "Classroom effects". *Theory into practice.* Vol. 18. Núm. 3. Págs. 138-144.

DOYLE, W. (1979b), "Making managerial decisions in classrooms". En: DUKE, D. (Ed.), *Classroom management.* Chicago. NSSE.

DOYLE, W. (1981), "Research on classroom contexts". *Journal of teacher education.* Vol. 32. Núm. 6. Págs. 3-6.DOYLE, W. (1983), "Academic work". *Review of educational research.* Vol. 53. Núm. 2.

Doyle, W. (1985), "Learning to teach: An emerging direction in research on preservice teacher education". *Journal of teacher education.* Vol. 36. Núm. 1.

Doyle, W. (1986a), "Classroom organization and management". En: WITTROCK, M. (Ed.), *Handbook of research on teaching.* New York. Macmillan. P. 392-431.

Doyle, W. (1986b), "Content representation in teachers' definitions of academic work". *Journal os curriculum studies.* 18. Págs. 365-379.

Doyle, W. (1990), "Classroom knowledge as a foundation for teaching". *Teacher college record.* Vol. 91. Núm. 3. Págs. 347-360.

Doyle, W. y PONDER, G. (1977), "The ethic of practicability: Implications for curriculum development". En: MOLNAR, A. y ZAHORIK, J. (Eds.) *Curriculum theory.* Washington. A.S.C.D. Págs. 74-80.

DREEBEN, R. (1983), "El curriculun no-escrito e su relación con los valores". En: GIMENO, J. y PÉREZ, A. (Comp.), *La enseñanza. Su teoría y su práctica.* Madrid. Akal. Págs. 7-85.

DREEBEN, W. (1973), "The school as a workplace". En: TRAVERS, R., *Second handbook on research of teaching.* Chicago. Rand McNally. Págs. 450-473.

DUNKIN, H. y BIDDLE, B. (1974), *The study of teaching,* New York. Holt, Rinehart and Winston.

DUNN, R. y K. (1972), *Procedimientos prácticos para individualizar la enseñanza.* Buenos Aires. Guadalupe.

DURKHEIM, E. (1982), *Historia de la educación y de las doctrinas pedagógicas. La evolución pedagógica en Francia.* Madrid. La Piqueta.

EDWARDS, D. y MERCER, N. (1988), *El conocimiento compartido.* Madrid. Paidós-MEC.

EGGLESTON, J. (1980), *Sociología del currículo escolar.* Buenos Aires. Torquel.

EISNER, E. (1979), *The educational imagination. On the design and evaluation of school programs.* New York. Macmillan.

EISNER, E. (1985), *Learning and teaching the ways of Knowing.* Chicago. University of Chicago Press.

ELMORE, R. y otros (1990), *Restructuring schools. The next generation of educational reform.* San Francisco. Jossey-Bass.

ELLIOTT, J. (1983), "Self evaluation, Professional Development and accountability". (Traducción castellana en: ELLIOTT, J. (1990), *La investigación-acción en educación.* Madrid. Morata.)

ELLIOTT, J. (1985), "Facilitating action-research in schools: some dilemmas". (Traducción castellana en: ELLIOTT, J. (1990), *La investigación-acción en educación.* Madrid. Morata.)

ELLIOTT, J. (1988), "Education in the shadow of the education reform act". (Traducción castellana en: ELLIOTT, J. (1990), *La investigación-acción en educación.* Madrid. Morata.)

ELLIOTT, J. (1990a), "Competency based training and the education of the professions: Is a happy marriage possible?" Trabajo mecanografiado. Centre for Applied Research in Education. Universidade de East Anglia.

ELLIOTT, J. (1990b), *La investigación-acción en educación.* Madrid. Morata.

ELLIOTT, J. (1991), "Studying the school curriculum through insider research: some dilemmas". En: ELLIOTT, J., *Action research for educational change.* Milton Keynes. Open University Press.

EMMER. E. (1987), "Classroom management". En: DUNKIN, M., *The international encyclopedia of teaching and teacher education.* Oxford. Pergamon Press. Págs. 437-446.

ERAULT, M. (1990), "Approaches to curriculum design". En: ENTWISTLE, N. (Ed.), *Handbook of educational ideas and practices.* Londres. Routledge and Keagan Paul. Págs. 539-553.

ERICKSON, F. (1989), "Métodos cualitativos de la investigación sobre la enseñanza". En: WITTROCK, M. C. (Ed.), *La investigación de la enseñanza, I, II y III.* Barcelona. Paidós-MEC.

FAIRBAIRN, D. (1988), "Pupil profiling: new approaches to recording and reporting achievement". En: NUTTALL, D. (Ed.), *Assessing educational achievement.* Lewes. The Falmer Press. Págs. 35-66.

FEIMEN-NEMSER, S. (1990), "Teacher preparation: structural and conceptual alternatives". En: HOUSTON, *Handbook of research on teacher education,* New York. Macmillan. Págs. 212-233.

FENSTERMACHER, G. (1986), "Philosophy of research in teaching: three aspects". En: WITTROCK, M. C., (Ed.), *Handbook of research on teacher.* (3 vol.) Nueva Jersey. Macmillan. Págs. 37-49. (Traducción castellana: WITTROCK, M. C., *La investigación de la enseñanza, I. Enfoques, teorías y métodos.* Barcelona. Paidós.)

FENSTERMACHER, G. (1987), "On understanding the connections between classroom research and teacher change". *Theory into practice.* XXVI. 1, 87. Págs. 3-8.

FERNÁNDEZ ENGUITA, M. (1986), *Integrar o segregar. La enseñanza secundaria en los países industrializados.* Barcelona. Laia.

FERNÁNDEZ ENGUITA, M. (1990a), *La escuela a examen.* Madrid. Eudema.
FERNÁNDEZ ENGUITA, M. (1990b), *La cara oculta de la escuela.* Madrid. Siglo XXI.
FERNÁNDEZ PÉREZ, M. (1986), *Evaluación y cambio educativo: el fracaso escolar.* Madrid. Morata.
FLANDERS, N. A. (1970), *Analizing teaching behavior.* Reading. Addisson Wesley.
FLODEN, R. E. y BAUCHMAN, M. (1990), "Philosophical inquiry in teacher education". En: HOUSTON, *Handbook of research on teacher education.*
FORQUIN, J. C. (1989), *École et culture. Le point de vue des sociologues britanniques.* Bruxelas. De Boeck.
FORREST, G. (1990), "Oral examinations". En: WALBERG, H. y HAERTEL, G. (Eds.), *The international encyclopedia of educational evaluation.* Oxford. Pergamon Press.
FOUCAULT, M. (1976), *Vigilar y castigar.* México. Siglo XXI.
FREIRE, P. (1990), *La naturaleza política de la educación.* Barcelona. Paidós.
FULLAN, M. (1982), *The meaning of educational change.* New York. Teachers College Press.
FURTH, H. G. (1974), *Las ideas de Piaget, su aplicación en el aula.* Buenos Aires. Kapelusz.
GADAMER, H. (1978), *Truth and method.* New York. Seabury Press.
GAGE, N. (1977), *The scientific basis of the art of teaching.* New York. Teachers College Press.
GAGE, N. L. y NEEDELS, M. (1989), Process-product research on teaching: A review of criticisms. *elementary school journal.* Vol. 89. Núm. 3. Págs. 253-300.
GAGE, N. y WINNE, P. (1975), Performance-based teacher education. En: RYAN, K. (Ed.) *Teacher Education.* Chicago. University Chicago Press.
GAGNÉ, R. M. (1970), "El aprendizaje de principios". En: STONES, E. (Op. cit.).
GAGNÉ, R. M. (1975), *Principios básicos del aprendizaje para la instrucción.* México. Diana.
GAGNÉ, R. M. (1979), *Las condiciones del aprendizaje.* México, Interamericana. (3ªed.).
GAGNÉ, R. M., BRIGG S, L. y WAGER, W. (1988), *Principles of instructional design.* New York. Holt, Rinehart and Winston.
GEERTZ. C. (1983), *Local knowledge.* New York, Basic Books.
GILBERT, J. K. y SWIFT, D. J. (1985), Towards a lakatosian analysis of the piagetian and alternative conceptions research programs. *Science education.* 69, 5, 681-696.
GILLY, M. (1990), *Maître-élève. Rôles institutionnels et représentations.* Paris. P.U.F.
GIMENO, J. (1982), *La pedagogía por objetivos. Obsesión por la eficiencia.* Madrid. Morata.
GIMENO, J. (1988), *El curriculum. Una reflexión sobre la práctica.* Madrid. Morata.
GINER DE LOS RÍOS, F. (1924), *Pedagogía universitaria.* Madrid. Espasa Calpe.
GINER DE LOS RÍOS, F. (1933), *Educación y enseñanza.* Madrid. Espasa Calpe.
GIROUX, H. (Ed.), (1989), *Popular culture, schooling and everyday life.* New York. Berguin & Garvey.
GIROUX, H. (1990), *Los profesores como intelectuales. Hacia una pedagogía crítica del aprendizaje.* Barcelona. Paidós-MEC.
GIROUX, H. e PENNA, A. (1981), "Social education in the classroom: the dynamics of the hidden curriculum". En: GIROUX, H., PENNA, A. y PINAR, W. (Eds.), *Curriculum and instruction.* Berkeley. McCutchan Publishing Corp. Págs. 209-230.
GITLIN, A. (1990), "Understanding teaching dialogically". *Teacher college record.* Vol. 91. Núm. 4. Págs. 538-563.
GLASER, R. (1970), "Evaluation of instruction and changing educational models". En: WITTROCK, M. y WILEY, D. (Eds.), *The evaluation of instruction. Issues and problems.* New York. Holt, Rinehart and Winston. Págs. 70-86.
GLASS, G. y otros (1982), *School class size: research and policy.* Beverly Hills. Sage.
GOACHER, B. (1990), "School records and reports". En: WALBERG, H. y HAERTEL, G. (Eds.), *The international encyclopedia of educational evaluation.* Oxford. Pergamon Press.
GOLDSTEIN, H. (1989), "Psychometric test theory and educational assessment". En: SIMONS, H. e ELLIOT, J., *Rethinking appraisal and assessment.* Milton Keynes. Open University Press. Págs. 140-148.
GOODLAD, J. (1984), *A place called school: prospects for the future.* New York, McGraw Hill.
GOODLAD, J. (Ed.), (1979), *Curriculum inquiry. The study of curriculum practice.* New York. McGraw Hill.
GOODLAD, J. y ANDERSON, R. (1976), *La escuela sin grados.* Buenos Aires. El Ateneo.
GOODMAN, J. (1989a), "Student participation and control for democratic schooling. Towards a conectionist power structure". *Curriculum and teaching.* Vol. 4. Núm. 2. Págs. 39-59.
GOODMAN, J. (1989b), "Education for critical democracy". *Journal of education.* Vol. 171. Núm. 2. Págs. 88-115.
GOODMAN, N. (1984), *Of mind and other matters.* Cambridge. Harvard University Press.
GOODSON, I. (1989), "'Chariots of fire': etymologies, epistemologies and emergence of curriculum". En: MILBURN, G., GOODSON, I. y CLARK, R. (Eds.), *Re-interpreting curriculum research: images and arguments.* Lewes. The Falmer Press. Págs. 13-25.
GORE, J. (1987), "Reflecting on reflective teaching". *Journal of teacher education.* Vol. 38. Núm. 2. Págs. 33-39.

GORE, J. M. y ZEICHNER, K. (1990), "Action Research and reflective teaching in preservice teacher education: a case study". Trabajo apresentado en la Asemblea anual de la Educational Research Association. Boston. Abril.
GREEN, M. (1990), "Social and political context". En: MAYNARD, C. y REYNOLDS, M. *Knowledge base for begining teacher.* Oxford. Pergamon Press. Págs. 143-154.
GREEN, P. (1986), "Círculos de tiza: el curriculum como área de conflicto". En: GALTON, M. y MOON, B., *Cambiar la escuela, cambiar el curriculum.* Barcelona. Martínez Roca. Págs. 156-179.
GREEN, T. F. (1976), "Teacher competence as practical rationality". *Educational theory.* Vol. 26. Págs. 249-262.
GRIFFIN, G. (1982a), "Clinical teacher education". En: HOFFMAN, J. y S. EDWARDS (Eds.) *Reality and reform in clinical teacher education.* Austin. Texas. The Research and Development Center for Teacher Education.
GRIFFIN, G. y otros (1982b), *Clinical preservice teacher education: final report of a descriptive study.* Austin. Texas. The Research and Development Center for Teacher Education.
GRIMMETT, P. P. (1989), "A commentary on Schön's view of reflection". *Journal of curriculum and supervision.* Vol. 5. Núm.1. Págs. 19-28.
GRUNDY, S. (1987) *Curriculum: product or praxis.* Lewes. The Falmer Press. (Traducción castellana: *Producto o praxis del curriculum,* Madrid. Morata, 1991.)
GUBA, E. G. (1983), "Criterios de credibilidad en la investigación naturalista". En: GIMENO, J. e PÉREZ GÓMES, A. I. (Comp.), *La enseñanza, su teoría y su práctica.* Madrid. Akal. Págs. 148-166.
GUBA, E. y LINCOLN, Y. (1981), *Effective evaluation.* San Francisco. Jossey-Bass.
GUERIN, G. y MAIER, A. (1983), *Informal assessment in education.* Palo Alto. Mayfield.
HABERMAS, J. (1971), *Knowledge and human interest.* Boston. Beacon Press. (Traducción castellana: *Conocimiento e interés.* Madrid. Taurus.)
HABERMAS, J. (1987), *Teoría de la acción comunicativa.* Madrid. Taurus.
HALKES, R. y OLSON, J. K. (1984), *Teacher thinking: a new perspective on persisting problems in education.* Lisse. Swets and Zeitlinger.
HAMAKER, C. (1986), "The effects of adjunct questions on prose learning". *Review of educational research.* 56. Págs. 212-242.
HARGREAVES, A. (1989), *Curriculum and assessment reform.* Milton Keynes. Open University Press.
HARLEN, W. (1978), "Evaluation and individual pupil". En: HARLEN, W. (Ed.), *Evaluation and the teacher role.* Londres. Macmillan. Págs. 1-28.
HEGARTY, S. y otros (1988), *Aprender juntos: la integración escolar.* Madrid. Morata.
HERRICK, V. (1950), "The concept of curriculum design". En: HERRICK, V. y TYLER, R. (Ed.), *Toward improved curriculum theory.* Chicago. The University of Chicago Press. Págs. 37-50.
HILGARD, R. R., y BOWER, G. (1973), *Teorías del aprendizaje.* Barcelona. Trillas.
HOLMES GROUP (1986), *Tomorrow's teachers: a report of the Holmes Group.* East Lansing. Michigan. Holmes Group Inc.
HOLMES GROUP (1990), *Tomorrow's schools: principles for the design of professional development schools.* Michigan. Holmes Group Inc.
HOPKINS, D. (1987), *Improving the quality of schooling.* Lewes. The Falmer Press.
HOSFORD, P. L. (1973), *An instructional theory. A beginning.* Englewood Cliff. Prentice Hall.
HOUSE, E. (1980), *Evaluating with validity.* Beverly Hills. Sage.
HOUSTON, W. R. (1990), *Handbook of research on teacher education.* New York. Macmillan.
HOYLE, E. (1980), "Professionalization and desprofessionalization in education". En: HOYLE, E. (Ed.), *World year book of education.* Londres. Kogan Page. Págs. 42-54.
HULMES, E. (1989), *Education and cultural diversity.* Londres. Longman.
HUNT, F. (1990), *The social dynamics of schooling: participants, priorities and strategies.* Londres. The Falmer Press.
JACKSON, Ph. (1987), *The practice of teaching.* New York. Teacher College Press.
JACKSON, Ph. (1975), *La vida en las aulas.* Madrid, Marova. Nueva traducción en Ediciones Morata, Madrid, 1991.
JOHNSON, M. (1981), "Definitions and models in curriculum theory". En: Giroux, H., PENNA, A. y PINAR, W. (Eds.) *Curriculum and instruction.* Berkeley. McCutchan. Págs. 69-86.
KEMMIS, S. (1985), "Action research and the politics of reflection". En: BOUD, D., KEOGH. R. e WALKER, D., *Reflection: turning experience into learning.* Londres. Kogan Page.
KEMMIS, S. (1988), *El curriculum: más allá de la teoría de la reprodución.* Madrid, Morata.
KIRK, D. (1986), "Beyond the limits of theoretical discourse in the teacher education: towards a critical pedagogy". *Teaching and teacher education.* Vol. 2. Núm. 2. Págs. 155-169.
KIRK, G. (1989), *El curriculum básico.* Barcelona. Paidós-MEC.
KLIEBARD, H. (1970), "The tyler rationale". En: GRESS, J. (Ed.) (1978), *Curriculum. An introduction to the field.* Berkeley. McCutchan Publishing Corporation.

KLIEBARD, H. (1975), "Bureaucracy and curriculum theory". En: PINNAR, E. (Ed.), *Curriculum theoryzing. The reconceptualists.* Berkeley. McCutchan. Págs. 51-69.

KLIEBARD, H. (1989), "Problems of definitions in curriculum". *Journal of curriculum and supervision.* Vol. 5. Núm. 1. Págs. 1-5.

KUNH, Th. (1975), *La estructura de las revoluciones científicas.* México. Fondo de Cultura Económica.

LAKOFF, G. y JOHNSON, M. (1980), *Metaphors we live by.* Chicago. The University of Chicago Press.

LANDSHEERE, G. de (1973), *Evaluación continua y exámenes.* Buenos Aires. El Ateneo.

LANDSHEERE, G. de (1978), *Los tests de instrucción.* Barcelona. Oikos-Tau.

LAW, B. (1984), *Uses and abuses of profiling.* Londres. Harper& Row.

LAWN, M. (1989), "Being caught in schoolwork: the possibilities of research in teachers' work". En: CARR, W. (Ed.), *Quality in teaching.* Lewes. The Falmer Press. Págs. 147-161.

LAWTON, D. (1983), *Curriculum studies and educational planning.* Londres. Hodder and Stoughton.

LAWTON, D. (1989), *Education, culture and the national curriculum.* Londres. Hodder and Stoughton.

LEONTIEV, A. N. (1973), "Desarrollo mental y retraso mental". En: VYGOTSKY, L. S., LEONTIEV, A. N. y otros (Op. cit.).

LERENA, C. (1980), *Escuela, ideología y clases sociales en España.* Barcelona. Ariel.

LERENA, C. (1983), *Reprimir y liberar.* Madrid. Akal.

LIPPIT y WHITE, (1943), "The social climate of children's groups". En: BAKER, R. G., KOUNIN, J. S. y WRIGHT, H. F., *Child behavoir and development.* New York. McGraw Hill.

LISTON, P. y ZEICHNER, K. (1989), "Critical pedagogy an teacher education". *Journal of education* (en la prensa).

LISTON, P. y ZEICHNER, K. (1990), *Teacher education and the conditions of schooling.* New York. Routledge.

LORTIE, D. (1975), *Schoolteacher: a sociological study.* Chicago. University of Chicago Press.

LOUIS, K. y SMITH, B. (1990), "Teacher working conditions". En: REYES, P. (Ed.), *Teacher and the workplace.* Newbury Park. (Calif.) Sage. Págs. 23-47.

LUNDGREN, U. (1983), *Between hope and happening: text and context in curriculum.* Victoria. Deakin University Press.

LURIA, A. R. (1973), "Lenguaje y formación de conexiones temporales". En: VYGOTSKY, L. S., LEONTIEV, A. N. y otros (Op. cit.).

LURIA, A. R., LEONTIEV, A. N, VYGOTSKY, L. S. (1973), *Psicología y pedagogía.* Madrid. Akal.

LYNCH, J. (1983), *The multicultural curriculum.* Londres. B. T. Batsford, Ltd.

LYNCH, J. (1989), *The hidden curriculum.* Lewes. The Falmer Press.

MACINTOSCH, H. y otros (1981), *Measuring learning outcomes.* Milton Keynes. The Open University Press.

MACINTOSCH, H. (1990), "External examinations". En: WALBERG, H. y HAERTEL, G. (Eds.), *The international encyclopedia of educational evaluation.* Oxford. Pergamon Press.

MACINTOSCH, H. y HALE, D. (1976), *Assessment and the secondary school teacher.* Londres. Routledge and Kegan Paul.

MACLEOD, F. (Ed.), (1989), *Parents and schools: the contemporary challenge.* Londres. The Falmer Press.

MAHONEY, J. (1974), *Cognitive behavior modification.* New York. Ballinger.

MANNEN, M. Van (1977), "Linking ways of knowing with ways of being practical". *Curriculum inquiry.* Vol. 6. Págs. 205-228.

MARSH, C. y otros, (Eds.), (1990), *Reconceptualizing school-based curriculum development.* Lewea. The Falmer Press.

MARTÍNEZ, J. (1989), *Renovación pedagógica y emancipación profesional.* Valencia. Servei de Publicacions Universitat de Valencia.

MATTINGLY, P. H. (1990), "Autonomía profesional y reforma de la educación". En: POPKEWITZ, T. (Ed.), *Formación del profesorado. Tradición, teoría y práctica.* Valencia. Servei de Publicacions Universitat de Valencia. Págs. 36-54.

McCUTCHEON, G. (1980), "How do elementary school teacher plan? The nature of planning and influences on it". *Elementary school journal,* 81. Págs. 4-23.

McCUTCHEON, G. (1988), "Curriculum and the work of teachers". En: BEYER, L. E. y APPLE, M. (Eds.), *The curriculum. Problems, politics and possibilities.* Albany. State University of New York Press. Págs. 191-203.

MELTON, A. W. y MARTIN, E. (1972), *Coding processes in human memory.* New York. Wiley.

MILLER, R. (1976), *La escuela no graduada.* Buenos Aires. El Ateneo.

MURPHY, R. y TORRANCE, H. (1988), *The changing face of educational assessment.* Milton Keynes. Open University Press.

NEVO, D. (1983), "The conceptualization of educational evaluation: an analytical review of the literature". *Review of educational research.* Vol. 53. Núm. 1. Págs. 117-128.

NEWELL, A., SHAW, J. C. y SIMON, H. (1958), "Elements of a theory of Human Problem Solving". En: *Psychological review.* Vol. 65. Págs. 151-156 e 426-428.

NOIZET, G. y CAVERNI, J. P. (1978), *Psychologie de l'évaluation scolaire.* Paris. P. U. F.

NOVAK, J. (1988), *Aprendiendo a aprender.* Barcelona. Martínez Roca.

NUNAN, T. (1983), *Countering educational design.* Londres. Croom Helm.

OAKES, J. (1985), *Keeping track. How schools structure inequality.* New Haven. Yale University Press.

OCDE (1973), *L'interdisciplinarité.* Paris. OCDE.

OCDE (1991), *Escuelas y calidad de la enseñanza.* Barcelona. Paidós-MEC.

OVERMAN, B. (1980), *Functions of schooling: perceptions and preferences of teacher, parents and students.* California, University Los Angeles.

PALACIOS, J. (1988), "Desarrollo cognitivo y educación en la obra de J. S. Bruner". En: BRUNNER, J. S., *Desarrollo cognitivo y educación.* Madrid. Morata.

PALACIOS, J., CARRETERO, M., y MARCHESI, A. (1984, 1985, 1986), *Psicología evolutiva.* Madrid. Alianza.

PARKER, D. (1969), *La enseñanza a multinivel.* México. Pax.

PARLETT, M. y HAMILTON, D. (1983), "La evaluación como iluminación". En: GIMENO, J. e PÉREZ, A. I. (Comp.), *La enseñanza: su teoría y su práctica.* Madrid. Akal. Págs. 450-466.

PÉREZ GÓMEZ, A. I. (1979), "Conocimiento y autonomía, una brecha en el pesimismo pedagógico de Bourdieu y Passeron". *Cuadernos de realidades sociales.* Núms. 14/15. Págs. 49-69.

PÉREZ GÓMEZ, A. I. (1983a), "Conocimiento académico y aprendizaje significativo. Bases para el diseño de instrucción". En: GIMENO, J. y PÉREZ, A. I. (Comp.), *La enseñanza: su teoría y su práctica.* Madrid. Akal. Págs. 322-349.

PÉREZ GÓMEZ, A. I. (1983b), "Paradigmas contemporáneos de investigación didática". Em: GIMENO, J. y PÉREZ, A. I. (Comp.), *La enseñanza: su teoría y su práctica.* Madrid. Akal. Págs. 95-138.

PÉREZ GÓMEZ, A. I. (1985), *La comunicación didáctica.* Málaga. Spicum.

PÉREZ GÓMEZ, A. I. (1988), "El pensamiento práctico del profesor: implicaciones en la formación del profesorado". En: VILLA, A. (Coord.), *Perspectivas y problemas de la función docente.* Madrid. Narcea. Págs. 128-148.

PÉREZ GÓMEZ, A. I. (1989), *Análisis didáctico de las teorías del aprendizaje.* Málaga. Spicum.

PÉREZ GÓMEZ, A. I. (1989), "Comprender y enseñar a comprender. Reflexiones en torno al pensamiento de J. Elliott". En: ELLIOTT, J., *La investigación-acción en educación.* Madrid. Morata. Págs. 10-19.

PÉREZ GÓMEZ, A. I. (1990), "Calidad de la enseñanza y desarrollo profesional del docente". En: FERNÁNDEZ ENGUITA, M. *Sociología y educación. En memoria de Carlos Lerena.* Madrid. Universidad Complutense. Págs. 367-401.

PÉREZ GÓMEZ, A. I. y ALMARAZ, J. (1988), *Lecturas de aprendizaje y enseñanza.* Madrid. Fondo de Cultura Económica.

PÉREZ GÓMEZ, A. I. y BARQUIN, J. (1991), *La evolución del pensamiento pedagógico de los docentes.* Málaga. Universidad de Málaga.

PÉREZ GÓMEZ, A. I. y GIMENO, J. (1986), *El pensamiento pedagógico de los docentes.* Memoria de investigación. Madrid. CIDE.

PÉREZ GÓMEZ, A. I. y GIMENO, J. (1988), "Pensamiento y acción en el profesor: de los estudios sobre planificación al pensamiento práctico". *Infancia y aprendizaje.* 42, 37-63.

PÉREZ GÓMEZ, A. I. y GIMENO, J. (1992), "El pensamiento pedagógico de los profesores: un estudio empírico sobre la incidencia de los cursos de aptitud pedagógica (CAP) y de la experiencia profesional en el pensamiento de los profesores". *Investigación en la escuela.* (en la prensa).

PERRENOUD, Ph. (1990), *La construcción del éxito y del fracaso escolar.* Madrid. Paideia-Morata.

PERRET-CLERMONT, A. N. y SCHUABAUER-LEONI, M. L. (1989), "Social factor in learning and teaching. Towards as integrative perspective". *Int. Education Res.* Núm. 13. Págs. 573-684.

PETERS, R. S. (1965), "Must an educator have an aim?". En: PETERS, R. S, *Authority, responsability and education.* Londres. Allen and Unwin.

PETERS, R. S. (1966), "Education as initiation". En: ARCHAMBAULT, R. D., *Philosophical analysis and education.* Londres. Routledge and Kegan Paul.

PETERSON, P., MARX, R. y CLARK, Ch. (1979), "Teacher planning, teacher behavior, and student achievement". *American educationl research journal.* 15. Págs. 417-432.

PHENIX, Ph. (1964), *Realms of meaning. A philosophy of the curriculum for a general education.* New York. McGraw-Hill.

PIAGET, J. (1964), "Development and learning". En: PIPPLE, R. E. y ROCKCASTLE, V. N. (Eds.), *Piaget rediscovered.* Ithaca, Núm. 4. Cornell School of Education Press.

PIAGET, J. (1970), "El método genético en la psicología del pensamiento". En: STONES, E., *Psicología de la educación.* Madrid. Morata.

PIAGET, J. (1973), *Psicología y Pedagogía*. Barcelona. Ariel. Págs. 88-89.
PIAGET, J. e outros (1967), *La nueva educación moral*. Buenos Aires. Losada.
PIERON, H. (1963), *Examens et docimologie*. Paris. P. U. F.
PLOWDEN. Informe (1976), *Children and their primary schools*. Londres. Central Advisory Council for Education.
POLANYI, M. (1964), *Personal knowledge*. New York. Harper and Row.
POLANYI, M. (1967), *The tacit dimension*. New York. Doubleday.
POPKEWITZ, T. (1987), "The formation of school subjects and the political context of schooling". En: POPKEWITZ, T. (Ed.), *The formation of the school subjects*. Lewes. The Falmer Press. Págs. 1-24.
POPKEWITZ, T., TABACHNICK, B. y WEHLAGE, G. (1982), *The myth of the educational reform*. Madison. The University of Wisconsin Press.
PORLAN ARIZA, R. (1989), *Teoría del conocimiento, teoría de la enseñanza y desarrollo profesional. Concepciones epistemológicas de los profesores*. Tesis doctoral. Universidad de Sevilla.
POSNER, G. e STRIKE, K. (1976), "A categorizing scheme for principles of secuencing content". *Review of educational research*. Vol. 46. Págs. 665-690.
POZO, J. I. (1989a), "Adquisición de estrategias de aprendizaje". *Cuadernos de pedagogía*. Núm. 175. Págs. 8-11.
POZO, J. I. (1989b), *Teorías cognitivas del aprendizaje*. Madrid. Morata.
PRATT, D. (1980), *Curriculum. Design and development*. New York. Harcourt Brace Jovanovich.
PRING, R. (1976), *Curriculum organization*. Milton Keynes. Open University Press.
PURKEY, S. y SMITH, M. (1983), "Effective schools: a review". *The elementary school journal*. 4. Págs. 427-452.
RATHS, J. (1971), "Teaching without specific objectives". *Educational leadership*. Abril. P. 714-720.
REID, W. (1978), *Thinking about curriculum*. Londres. Routledge and Kegan Paul.
RESNICK, L. B. (1987), *Education and learning to think*. Washington D. C. National Academic Press.
ROSENSHINE, B. (1971), *Teaching behaviors and student achievement*. Slough Eng. National Foundations for Educational Research in England an Wales.
ROSENTHAL, R. y JACOBSON, L. (1980), *Pygmalion en la escuela*. Madrid. Morata.
ROWAN, B. (1990), "Commitment and control: alternative strategies for the organizational design of schools". En: CAZDEN, C. (Ed.), *Review of research in education. 16*. Washington. AERA. Págs. 353-389.
RUBINSTEIN, S. L. (1967), *Principios de psicología general*. México Grijalbo.
RYAN, R., CONNELL, J. y DECI, E. (1985), "A motivational analysis of self-determination and regulation in education". En: AMES, C. (Ed.), *Research on motivation in education. V. 2. The classroom milieu*. New York. Academic Press.
SALINAS, B. (1987), *La planificación en el profesor de EGB*. Tesis doctoral. Universidad de Valencia.
SANTOS, M. A. (1990), *Hacer visible lo cotidiano*. Madrid. Akal.
SARUP, M. (1990), "El curriculum y la reforma educativa: Hacia una nueva política de la educación". *Revista de educación*. Núm. 291. Enero-Abril. Págs. 193-221.
SAYLOR, J., ALEXANDER, W. y LEWIS, A. (1981), *Curriculum Plannig for better teaching and learning*. New York. Holt, Rinehart and Winston.
SCARDAMALIA, L. y BEREITER, C. (1989), "Conceptions of teaching and approaches to care problem". En: MAYNARD, C. REYNOLS, *Knowledge base for the beginning teacher*. Oxford. Pergamon Press.
SCRIBNER, S. y COLE, M. (1982), "Consecuencias cognitivas de la educación formal e informal". *Infancia y aprendizaje*. Núm. 17. Págs. 3-18.
SCRIMSHAW, P. (1976), *Toward the whole curriculum*. Milton Keynes. The Open University.
SCRIVEN, M. (1967), "The metodology of evaluation". En: TYLER, R., GAGNÉ, R. y SCRIVEN, M. (Eds.), *Perspectives of curriculum evaluation*. New York. McGraw-Hill.
SCHEIN, E. (1973), *Professional education*. New York. McGraw-Hill.
SCHMIEDER, A. e J. (1966), *Didáctica general*. Buenos Aires. Losada.
SCHÖN, D. (1983), *The reflective practitioner*. Londres. Temple Smith.
SCHÖN, D. (1987), *Educating the reflective practitioner*. San Francisco. Jossey-Bass. (Traducción castellana: *La formación de profesionales reflexivos*. Barcelona. Paidós-MEC.)
SCHÖN, D. (1988), "Educating teacher as reflective practitioners". En: GRIMMETT, P. y ERICKSON, G. (Eds.), *Reflection in teacher education*. New York. Teachers College Press.
SCHUBERT, W. (1986), *Curriculum: perspective, paradigm and possibility*. New York. Macmillan.
SCHWAB, J. (1983), "Un enfoque práctico como lenguaje para el curriculum". En: GIMENO, J. y PÉREZ, A. I. (Comp.), *La enseñanza: su teoría y su práctica*. Madrid. Akal. Págs. 197-209.
SHAVELSON, R. y STERN, P. (1983), "Investigación sobre el pensamiento pedagógico del profesor, sus juicios, decisiones y conducta". En: GIMENO, J. y PÉREZ, A. I. (Comp.), *La enseñanza: su teoría y su práctica*. Madrid. Akal. Págs. 372-419.

SHULMAN, L. S. (1989), "Paradimas y programas de investigación en el estudio de la enseñanza: una perspectiva contemporánea". En: WITROCK, M. C., *La investigación de la enseñanza, I. Enfoques, teorías y métodos.* Barcelona. Paidós.

SIROTNIK, K. (1988), "What goes on in classroom? Is this the way we want it?". En: BEYER, L. y APPLE, M. (Eds.), *The curriculum. Problems, politics, and possibilities.* Albany. State University of New York Press. Págs. 56-74.

SIROTNIK, K. (1989), "The school as the centre of change". En: SERGIOVANNI, T. y MOORE, J., *Schooling for tomorrow. Directing reforms to issues that count.* Boston. Allyn and Bacon. Págs. 89-113.

SKILBECK, M. (1982), *A core curriculum for common school.* Londres. University of London. Institute os Education.

SKILBECK, M. (1984), *School-based curriculum development.* Londres. Harper and Row.

SKILBECK, M. (1989), "Revitalizing the core curriculum". *Journal of curriculum and supervision.* Primavera, 4, 3. Págs. 197-210.

SKILBECK, M. (1990), *La réforme des programmes scolaires. Oú sommes-nous?* Paris. OCDE.

SKINNER, B. F. (1968a), *Walden dos.* Barcelona. Fontanella.

SKINNER, B. F. (1968b), *The technology of teaching.* New York. Appleton-Century, Crofts.

SKINNER, B. F. (1972), *Más allá de la libertad y la dignidad.* Barcelona. Fontanella.

SKINNER, B. F. (1978), *Reflections on behaviorism an society.* New York. Englewood Cliffs.

SLAVIN, R. (1900), "Achievement effects of ability grouping in secondary schools: a best-evidence synthesis". *Review of educational research.* Vol. 60. Núm. 3. Págs. 471-499.

SMITH, J. (1989), "Developing and sustaining critical reflection in teacher education". *Journal of teacher education.* XXXX. Núm. 2. Págs. 2-9.

SMITH, O. (1950), "Social perspective as the basic orientation of the curriculum". En: HERRICK, V. y TYLER, R. (Eds.), *Toward improved curriculum theory.* Chicago. The University of Chicago Press.

SOCKETT, H. (1976), *Designing the curriculum.* Londres. Open Books.

STENHOUSE, L. (1970), *Humanities curriculum project: an introduction.* The School Council/ Nuffield Foudation. Londres. Heinemann Educational Books.

STENHOUSE, L. (1984), *Investigación y desarrollo del curriculum.* Madrid. Morata.

STENHOUSE, L. (1987), *La investigación como base de la enseñanza.* Madrid. Morata.

STÖCKER, K. (1964), *Principios de didáctica moderna.* Buenos Aires. Kapelusz.

STODOLSKY, S. (1975), "What tests do and don't do". En: COHEN, M. (Ed.), *Testing and evaluation: new views.* Washington. Association for Childhood Educational International.

STONES, E. (1970), *Psicología de la educación.* Madrid. Morata.

STONES, E. y MORRIS, M. (1972), *Teaching practice: problems and perspectives.* Londres. Methuen.

STUFFLEBEAM, D. (1987), *Evaluación sistemática.* Barcelona. Paidós-MEC.

STUFFLEBEAM, D. y otros (1971), *Educational evaluation and decision-making.* Itasca, III. Peacock.

SYKES, G. (1990), "Fostering teacher professionalism in school". En: ELMORE, F. y otros, *Restructuring schools. The next generation of educational reform.* San Francisco. Jossey-Bass Publishers. Págs. 59-96.

TABA, H. (1974), *Elaboración del currículo.* Buenos Aires. Troquel.

TANN, C. (1990), *Diseño y desarrollo de unidades didácticas en la escuela primaria.* Madrid. Morata.

TANNER, D. y TANNER, L. (1980), *Curriculum development. Theory into practice.* New York. Macmillan (2ªed.)

TANNER, D. y TANNER, L. (1990), *History of the school curriculum.* New York. Macmillan.

TAYLOR, Ph. (1970), *How teacher plan their courses.* NFER. Londres.

TIKUNOFF, W. Y. (1979), "Context variables of a teaching-learning event". En: BENET, D. y MCNAMARA, D., *Focus on teaching. readings in the observation and conceptualization of teaching.* New York. Longman.

TITONE, R. (1966), *Metodología didáctica.* Madrid. Rialp.

TOM, A. (1984), *Teaching as a moral craft.* New York. Logman.

TOM, A. (1985), "Inquiring into inquiry-oriented teacher education". *Journal of teacher education.* Vol. 36. Núm. 5. Págs. 35-44.

TOM, A. (1987), "Replacing pedagogical knowledge with pedagogical questions". En: SMITH, J., *Educating teachers. Changing the nature of pedagogical knowledge.* Londres. The Falmer Press.

TOMLINSON, S. (1990), *Multicultural education in white schools.* Londres. B. T. Batsford Ltd.

TRORRES, J. (1991), *El curriculum oculto.* Madrid. Morata.

TYLER, R. (1973), *Principios básicos del currículo.* Buenos Aires. Troquel.

TYLER, R. (1978), "Specific approaches to curriculum development". En: GRESS, J. y PURPEL, D. (Eds.), *Curriculum. An introduction to the field.* Berkeley. McCutchan. Págs. 239-254.

VARELA, J. y ALVAREZ URIA, F. (1991), *Arqueología de la escuela.* Madrid. La Piqueta.

VYGOTSKY, L. S. (1973), "Aprendizaje y desarrollo intelectual en la edad escolar". En: VYGOTSKY, L. S., LEONTIEV, A. N. y otros, *Psicología y pedagogía.* Madrid. Akal.
VYGOTSKY, L. S. (1975), *Pensamiento y lenguaje.* Buenos Aires. Pléyade.
VYGOTSKY, L. S. (1978), *Mind in society: the development of higher psychological processes.* Cambridge. Harvard University Press.
WALKER, D. (1971), "A naturalistic model for curriculum development". *Scholl review,* 80. Octubre. Págs. 51-65.
WALKER, D. (1982), "Curriculum theory is many things for many people". *Theory into practice.* V. XXI. Núm. 1. Págs. 62-65.
WALLACE, W. (1976), *La lógica de la ciencia en la sociología.* Madrid. Alianza Universidad.
WALLON, H. (1974), *Del acto al pensamiento.* Buenos Aires. Psiqué.
WALLON, H. (1975), *Los orígenes del carácter.* Buenos Aires. Nueva Visión.
WARWICK, D. (1987), *The modular curriculum.* Oxford. Basil Blackwell.
WERTSCH, J. V. (1988), *Vygotsky y la formación social de la mente.* Barcelona. Paidós.
WHEELER, D. (1976), *El desarrollo del curriculum escolar.* Madrid. Santillana.
WHITE, R. y GUNSTONE, R. (1992), *Probing understanding.* Londres. The Falmer Press.
WHITEHEAD, A. (1965), *Los fines de la educación.* Buenos Aires. (3ªed.)
WHITTY, G. (1985), *Sociology and school knowledge.* Londres. Methuen.
WILSON, B. y CORCORAN, Th. (1988), *Successful secondary schools.* Londres. The Falmer Press.
WINNE, P. y MARX, R. (1977), "Reconceptualizing research on teaching". *Journal of educational psychology.* Núm. 69. Págs. 668-678.
WOLFSON, B. (1977), "A phenomenological perspective on curriculum and learning". En: MOLNAR, A. y ZAHORIK, J. (Eds.), *Curriculum theory.* Washington. A.S.C.D. Págs. 81-89.
WOOD, G. (1984), "Schooling in a democracy: transformation or reproduction". *Educational theory.* Vol. 34. Núm. 3. Págs. 216-240.
WOOD, R. (1986), "The agenda for educational measurement". En: NUTTALL, D. (Ed.), *Assessing educational achievement.* Lewes. The Falmer Press. Págs. 185-203.
YATES, A. (Ed.), (1970), *Agrupamientos en educación.* Buenos Aires. Paidós.
YINGER, R. (1977), *A study of teacher planning: Description and theory development using ethnographic and information processing methods.* Michigan State University.
YINGER, R. (1980), "A study of teacher planning". *The elementary school journal.* V. 80. Núm. 3. Págs. 107-127.
YINGER, R. (1986), "Examining thought in action: a theoretical and methodological critique of research on interactive teaching". *Teaching and teacher education.* Vol. 2. Núm. 3. Págs. 263-282.
YOUNG, M. (1971), *Knowledge and control.* Londres. Collier-Macmillan.
ZAHORIK, J. (1975), "Teacher's planning models". *Educational leadership.* 33. Págs. 134-139.
ZANGWILL, O. L. (1972), "Remembering revisited". *Quaterly journal of experimental psychology.* 24. Págs. 123-138.
ZEICHNER, K. (1986), "The practicum as an occasion for learning to teach". *The south pacific. journal of teacher education.* Vol. 14. Núm. 2. Págs. 11-27.
ZEICHNER, K. (1987), "The ecology of field experience: toward an understanding of the role of field experience in teacher development." En: HABERMAS, M. e BACKUS, J. M., *Advances in teacher education.* 3. New Jersey. Ablex.
ZEICHNER, K. (1990a), "Traditions of reform in U.S. teacher education". *Journal of teacher education.* (en la prensa.)
ZEICHNER, K. (1990b), *Contradictions and tensions in the profesionalization of teaching and the democratization of schools.* Trabajo presentado en la Asamblea anual de la American Educational Research Association. Boston. Abril.

ÍNDICE ONOMÁSTICO

Gráfica
METRÓPOLE
www.graficametropole.com.br
comercial@graficametropole.com.br
tel./fax + 55 (51) 3318.6355